VLADÍMIR ILITCH LÊNIN

O DESENVOLVIMENTO DO CAPITALISMO NA RÚSSIA

O PROCESSO DE FORMAÇÃO DO MERCADO INTERNO PARA A GRANDE INDÚSTRIA

TRADUÇÃO: PAULA VAZ DE ALMEIDA

APRESENTAÇÃO: JOSÉ PAULO NETTO

© Boitempo, 2024

Traduzido do original constante de Lênin, *Полное собрание сочинений* [Obras completas], v. III: *Развитие капитализма в России* [O desenvolvimento do capitalismo na Rússia]. (5. ed., Moscou, Literatura Política, 1971).

Título original: Развитие капитализма в России: Процесс образования внутреннего рынка для крупной промышленности/Razvitiye kapitalizma v Rossiy: Process obrazovanija vnutrennego rynka dlja krupnoj promyshlennosti

Direção-geral	Ivana Jinkings
Conselho editorial	Antonio Carlos Mazzeo, Antonio Rago, Fábio Palácio, Ivana Jinkings, Marcos Del Roio, Marly Vianna, Milton Pinheiro, Slavoj Žižek
Edição	Frank de Oliveira e Thais Rimkus
Coordenação de produção	Livia Campos
Assistência editorial	Marcela Sayuri
Tradução	Paula Vaz de Almeida
Preparação	Mariana Echalar
Revisão	Clara Altenfelder e Silvia Balderama Nara
Capa	Maikon Nery
Diagramação	Antonio Kehl

Equipe de apoio Ana Slade, Artur Renzo, Davi Oliveira, Elaine Ramos, Frederico Indiani, Higor Alves, Isabella Meucci, Isabella Teixeira, Ivam Oliveira, Kim Doria, Letícia Akutsu, Luciana Capelli, Marina Valeriano, Marissol Robles, Mateus Rodrigues, Maurício Barbosa, Pedro Davoglio, Raí Alves, Renata Carnajal, Tulio Candiotto

SINDICATO NACIONAL DOS EDITORES DE LIVROS, RJ

L585d

Lênin, Vladímir Ilitch, 1870-1924

O desenvolvimento do capitalismo na Rússia : o processo de formação do mercado interno para a grande indústria / Vladímir Ilitch Lênin ; tradução Paula Vaz de Almeida. - 1. ed. - São Paulo : Boitempo, 2024.

624 p. ; 23 cm. (Arsenal Lênin)

Tradução de: Развитие капитализма в России : Процесс образования внутреннего рынка для крупной промышленности

ISBN 978-65-5717-330-5

1. Capitalismo - História. 2. Rússia - Condições econômicas. 3. Desenvolvimento econômico - Rússia. I. Almeida, Paula Vaz de. II. Título. III. Série.

CDD: 330.947

CDU: 338(470+571)

23-87296

Meri Gleice Rodrigues de Souza - Bibliotecária - CRB-7/6439

É vedada a reprodução de qualquer
parte deste livro sem a expressa autorização da editora.

Esta edição contou com o apoio da Fundação Maurício Grabois.

1ª edição: janeiro de 2024

BOITEMPO
Jinkings Editores Associados Ltda.
Rua Pereira Leite, 373
05442-000 São Paulo SP
Tel.: (11) 3875-7250 / 3875-7285
editor@boitempoeditorial.com.br
boitempoeditorial.com.br | blogdaboitempo.com.br
facebook.com/boitempo | twitter.com/editoraboitempo
youtube.com/tvboitempo | instagram.com/boitempo

SUMÁRIO

Nota da edição, 9

Apresentação – *José Paulo Netto*, 11
   Europa e Rússia, 1890-1900: a questão agrária na ordem do dia, 14
   O populismo russo e a sua crítica por Lênin, 19
   A estrutura textual do *Desenvolvimento*, 27
   O *Desenvolvimento*, uma obra clássica, 32

Prefácio à primeira edição, 35

Prefácio à segunda edição, 40

Capítulo I. Os erros teóricos dos economistas populistas, 45
   1. Divisão social do trabalho, 45
   2. O crescimento da população industrial em relação à agrícola, 48
   3. A ruína dos pequenos produtores, 49
   4. A teoria populista da impossibilidade de realizar o mais-valor, 51
   5. Concepções de A. Smith sobre a produção e a circulação de
   todo o produto social na sociedade capitalista e a crítica de Marx
   a essas concepções, 55
   6. A teoria da realização de Marx, 59
   7. A teoria do rendimento nacional, 66
   8. Por que o mercado externo é necessário a uma nação capitalista?, 72
   9. Conclusões do capítulo I, 74

Capítulo II. A decomposição do campesinato, 77
   1. Dados estatísticos do *zemstvo* da Nova Rússia, 77
   2. Dados estatísticos do *zemstvo* da província de Samara, 93
   3. Dados estatísticos do *zemstvo* da província de Sarátov, 101
   4. Dados estatísticos do *zemstvo* da província de Perm, 115
   5. Dados estatísticos do *zemstvo* da província de Oriol, 123
   6. Dados estatísticos do *zemstvo* da província de Vorónej, 126

7. Dados estatísticos do *zemstvo* da província de Níjni Nóvgorod, 130

8. Exame dos dados estatísticos do *zemstvo* de outras províncias, 133

9. Resumo dos dados estatísticos dos *zemstvos* sobre a decomposição do campesinato, 139

10. Dados totais das estatísticas dos *zemstvos* e do censo dos cavalos militares, 152

11. Comparação dos censos dos cavalos militares de 1888-1891 e 1896-1900, 157

12. Dados estatísticos dos *zemstvos* sobre os orçamentos camponeses, 159

13. Conclusões do capítulo II, 185

CAPÍTULO III. A PASSAGEM DA AGRICULTURA BASEADA NA CORVEIA PARA A CAPITALISTA, 201

1. Traços fundamentais da economia de corveia, 201

2. União do sistema de corveia com o sistema de economia capitalista, 203

3. Caracterização do sistema de pagamento em trabalho, 208

4. A queda do sistema de pagamento em trabalho, 216

5. A abordagem populista da questão, 222

6. História da propriedade agrícola de Engelhardt, 227

7. O emprego de máquinas na agricultura, 232

8. O significado das máquinas na agricultura, 241

9. O trabalho assalariado na agricultura, 250

10. O significado do trabalho livre assalariado na agricultura, 255

CAPÍTULO IV. O CRESCIMENTO DA AGRICULTURA MERCANTIL, 265

1. Dados gerais sobre a produção agrícola na Rússia pós-reforma e sobre os tipos de agricultura mercantil, 265

2. A região da economia cerealista mercantil, 270

3. A região de pecuária comercial. Dados gerais sobre o desenvolvimento da economia leiteira, 275

4. Continuação. Economia da propriedade agrícola latifundiária na região descrita, 281

5. Continuação. Decomposição do campesinato na região de economia leiteira, 288

6. Região de cultivo do linho, 295

7. Processamento técnico dos produtos agrícolas, 300

8. A horticultura e a fruticultura industriais. A economia dos subúrbios, 317

9. Conclusões sobre o significado do capitalismo na agricultura russa, 324

10. Teorias populistas sobre o capitalismo na agricultura.
A "desocupação hibernal", 331
11. Continuação. – Comunidade. – Visão de Marx sobre a pequena
agricultura. Opinião de Engels sobre a crise agrícola contemporânea, 336

CAPÍTULO V. PRIMEIROS ESTÁGIOS DO CAPITALISMO NA INDÚSTRIA, 345
1. A indústria domiciliar e os ofícios artesanais, 345
2. Os pequenos produtores de mercadorias na indústria.
O espírito de oficina das pequenas indústrias, 348
3. O crescimento dos pequenos industriais depois da reforma.
As duas formas desse processo e seu significado, 351
4. A decomposição dos pequenos produtores de mercadorias. Dados dos
censos domiciliares sobre a indústria artesanal na província de Moscou, 357
5. A cooperação capitalista simples, 368
6. O capital mercantil nas pequenas indústrias, 372
7. "Indústria e agricultura", 381
8. "A união da indústria e da agricultura", 390
9. Algumas observações sobre a economia pré-capitalista de nossas aldeias, 392

CAPÍTULO VI. MANUFATURA CAPITALISTA E TRABALHO CAPITALISTA
EM DOMICÍLIO, 397
1. A formação da manufatura e seus traços fundamentais, 397
2. A manufatura capitalista na indústria russa, 399
3. A técnica na manufatura. A divisão do trabalho e seu significado, 440
4. A divisão territorial do trabalho e a separação entre agricultura
e indústria, 443
5. A estrutura econômica da manufatura, 447
6. O capital mercantil e industrial na manufatura. O "comprador"
e o "fabricante", 451
7. O trabalho capitalista em domicílio como apêndice da manufatura, 454
8. O que é a indústria artesanal?, 460

CAPÍTULO VII. O DESENVOLVIMENTO DA GRANDE INDÚSTRIA MECANIZADA, 465
1. O conceito científico de fábrica e o significado da estatística "fabril", 465
2. Nossa estatística fabril, 467
3. Análise dos dados histórico-estatísticos sobre o
desenvolvimento da grande indústria, 479
4. O desenvolvimento da indústria mineira, 495

5. O número de trabalhadores nas grandes empresas capitalistas está aumentando?, 505

6. Estatística de motores a vapor, 516

7. Crescimento das grandes fábricas, 518

8. Distribuição da grande indústria, 524

9. Desenvolvimento da indústria madeireira e da indústria de construção, 531

10. Apêndice da fábrica, 540

11. A completa separação da indústria e da agricultura, 542

12. Os três estágios de desenvolvimento do capitalismo na indústria russa, 547

Capítulo VIII. A formação do mercado interno, 557

1. O crescimento da circulação mercantil, 557

2. O crescimento da população comercial-industrial, 562

3. O crescimento do uso do trabalho assalariado, 583

4. A formação do mercado interno para a força de trabalho, 588

5. O significado das regiões periféricas. Mercado interno ou externo?, 593

6. A missão do capitalismo, 597

Anexos, 603

Cronologia, 617

NOTA DA EDIÇÃO

Sétimo volume da coleção Arsenal Lênin, *O desenvolvimento do capitalismo na Rússia* foi escrito entre 1896 e 1899, período em que seu autor esteve preso em São Petersburgo e, depois, exilado em Chúchenskoie, na Sibéria – por conta de seu envolvimento com a Liga de Luta pela Emancipação da Classe Operária, por ele liderada. Em sua primeira carta enviada do cárcere já é possível notar suas intenções e progressos: "Tenho, desde minha prisão, um projeto que me ocupa muito, e quanto mais o tempo passa, mais ele se torna importante para mim. Há muito, venho estudando uma questão econômica (a distribuição dos produtos da indústria transformadora no mercado interno), coletei alguma documentação, fiz um plano de estudo sobre o assunto e até redigi alguns trechos". No mesmo documento encontra-se também, além de uma lista de materiais a serem empregados na concepção do trabalho, um plano de estruturá-lo em duas partes: uma primeira, de cunho teórico, e uma segunda, na qual as premissas teóricas seriam aplicadas à realidade concreta da Rússia.

Durante aproximadamente três anos Lênin realizou pesquisas extensivas, consultando mais de 500 títulos, e contou com a ajuda de inúmeros camaradas e familiares para obter os livros, relatórios e outras publicações de que necessitava para escrever esta obra.

Publicada pela primeira vez em 1899, assinada com o pseudônimo Vladimir Ilyin, a edição esgotou-se rapidamente, vindo a ter uma segunda apenas em 1908. Com o passar dos anos, no entanto, o livro foi alçado a clássico do pensamento econômico e social, tendo sido traduzido ao alemão, ao chinês, ao espanhol, ao francês, ao húngaro, ao inglês, ao japonês, ao tcheco, ao turco e a incontáveis outras línguas. Hoje, no mundo todo, esta obra frequenta prateleiras de livrarias e coleções lado a lado com expoentes da história do pensamento econômico burguês.

E é esse estudo, um dos mais significativos e alentados da produção leniniana, ainda indispensável 125 anos depois de lançado, que a Boitempo orgulhosamente oferece aos leitores, em tradução minuciosa, realizada diretamente do russo pela primeira vez para a língua portuguesa, no centenário de morte do líder soviético. Um esforço de vulto para preservar o estilo e a exatidão do precoce talento de um gênio que ainda não chegara aos trinta anos ao escrevê-lo.

As notas numeradas são de Lênin. As notas com chamada por asterisco são da tradução brasileira (N. T.), da edição brasileira (N. E.) e da edição russa (N. E. R.). Há indicação sempre que foi necessário adaptar as notas da edição russa. Quando foi possível, substituímos as edições citadas em línguas estrangeiras por referências em português. Os títulos de publicações em russo vão acompanhados, na primeira ocorrência, de traduções entre colchetes.

A editora agradece a todos os que contribuíram para tornar esta edição possível: Antonio Carlos Mazzeo, Antonio Rago, Fábio Palácio, Marcos Del Roio, Marly Vianna, Milton Pinheiro, Slavoj Žižek, membros do conselho editorial da coleção; Paula Vaz de Almeida, tradutora; Mariana Echalar, preparadora; Clara Altenfelder e Silvia Balderama Nara, revisoras; Maikon Nery, capista; Antonio Kehl, diagramador; José Paulo Netto, autor da apresentação; e Anderson Deo, autor do texto de orelha.

APRESENTAÇÃO

José Paulo Netto

Há que saudar esta que é a primeira edição em português traduzida diretamente do original russo de uma das peças fundamentais do imenso espólio textual de Vladímir I. Lênin – *O desenvolvimento do capitalismo na Rússia: o processo de formação do mercado interno para a grande indústria*[1]. Com ela, muito ganham os estudiosos interessados pela *questão agrária* (e, fique bem claro, não só por esta), sejam marxistas ou não – acadêmicos, intelectuais progressistas e militantes da causa socialista.

Concebida pelo autor já quando da sua prisão em São Petersburgo (dezembro de 1895), esta obra foi elaborada durante o período em que Lênin viveu o desterro a que foi condenado em Chúchenskoie (8/5/1897-29/1/1900)[2].

---

[1] Uma primeira edição desta obra em nosso idioma foi lançada há quatro décadas (São Paulo, Abril Cultural, 1982, coleção Os Economistas) e teve várias reimpressões; tal edição, traduzida por mim a partir do inglês e do francês, foi então revista – em cotejo com o original russo – pelo professor Paulo Bezerra. Em várias das notas bibliográficas que arrolarei a seguir (em especial nas notas 2 e 3), o leitor encontrará materiais pertinentes a O *desenvolvimento do capitalismo na Rússia: o processo de formação do mercado para a grande indústria*. Mas desde já assinalo a singular relevância de antigo texto sobre este trabalho de Lênin: o ensaio do grande marxista inglês Maurice Dobb (1900-1976), "Considérations sur *Le Développement du capitalisme en Russie* de Lénine", em Maurice Dobb et al., *Histoire du marxisme contemporain*, v. 4: *Lénine* (Paris, UGE/Ed. 10/18, 1978).

[2] Na Sibéria, Lênin não se ocupou somente do *Desenvolvimento*: ampliou seus conhecimentos idiomáticos (inclusive traduzindo, com a companheira Nadejda Krúpskaia, que esteve com ele durante parte de seu tempo no desterro, a obra do casal Sidney e Beatrice Webb, *The History of Trade Unionism*, Nova York, Longmans, Green and Co., 1920) e leu muito de literatura social e política – e ainda redigiu cerca de três dezenas de artigos teórico-políticos. Sabe-se, ademais, que o trabalho intelectual de Lênin não se mostrou prolífico apenas durante o período de seu desterro – mesmo biógrafos pouco simpáticos a ele reconhecem que sua atividade como teórico e publicista, ao longo da vida, foi realmente espantosa; um deles observou que pesquisas chegaram a registrar um total de 30.820 textos autógrafos de Lênin.

Sobre a biografia de Lênin e em particular as condições de sua vida no desterro siberiano, autores estranhos ao marxismo chegaram a escrever páginas minimamente sérias, embora muito discutíveis – ver, por exemplo, Louis Fischer, *A vida de Lênin*, v. 1 (trad. Pedro Ferraz e Maurício Quadros, Rio

Concluída nessa aldeia da Sibéria oriental em janeiro de 1899, saiu à luz em seguida (março daquele ano) numa edição de 2.400 exemplares, com o nome do autor dissimulado sob a firma Vladímir Ilin[3]. Ainda em vida de Lênin, a obra conheceu uma segunda edição em 1908, com um novo prefácio e várias alterações[4].

Sabe-se que, no espólio textual de Lênin, trabalhos voltados para o tratamento de questões e problemas econômicos (ou, mais largamente, escritos de natureza histórico-econômica) têm ponderação teórica e ideopolítica

de Janeiro, Civilização Brasileira, 1964), p. 44-9, e Adam B. Ulam, *Os bolcheviques: história política, intelectual e biográfica da Revolução Russa e de seus líderes* (Rio de Janeiro, Nova Fronteira, 1976), p. 151-61; após a dissolução da União Soviética e com a intensa degradação do nível da batalha das ideias, ganhou espaço um "biografismo revisionista" relativamente a Lênin, com destaque para uma bibliografia com nenhuns ou reduzidíssimos compromissos com a verdade histórica, seara em que mourejam ex-servidores do velho Estado soviético e anticomunistas profissionais, de que é canônico o premiadíssimo ensaio de Stéphane Courtois, *Lénine, l'inventeur du totalitarisme* (Paris, Pérrin, 2017). Assim, as hagiografias apresentadas como biografias de Lênin, divulgadas pelos/nos círculos comunistas até meados dos anos 1970, viram-se substituídas por copiosas estrumeiras ideológicas.

[3] Nesta "Apresentação", em que retomo passos daquela com que abri a edição da obra leniniana supracitada (nota 1), apenas tangenciarei uns poucos elementos biográficos de Lênin, uma vez que há incontáveis estudos de sua vida e de sua obra. Entre tais estudos, aliás muito diferenciados, destaco: Leon Trótski, *The Young Lenin* (Nova York, Doubleday & Co., 1972); Isaac Deutscher, *Lenin: los años de formación* (México, Era, 1975); Luiz Alberto Moniz Bandeira, *Lénin: vida e obra* (Rio de Janeiro, Paz e Terra, 1978); Luciano Gruppi, *O pensamento de Lênin* (trad. Nelson Coutinho, Rio de Janeiro, Graal, 1979); Roger Garaudy, *Lénine* (Paris, PUF, 1969); Instituto de Marxismo-Leninismo, *Lénine: biografia* (trad. José Oliveira e António Pescada, Moscou/Lisboa, Progresso/Avante!, 1984); Kevin B. Anderson, *Lenin, Hegel and Western Marxism: A Critical Study* (Illinois, University of Illinois Press, 1995); John Gooding, *Socialism in Russia: Lenin and His Legacy (1890-1991)* (Nova York, Palgrave Macmillan, 2002); Christopher Read, *Lenin: A Revolutionary Life* (Abingdon-on-Thames/Oxfordshire, Routledge, 2005); Lars T. Lih, *Lenin Rediscovered: What Is to Be Done?* (Chicago, Haymarket, 2008) e *Lénine: une biographie* (Paris, Les Prairies Ordinaires, 2015); György Lukács, *Lénin: um estudo sobre a unidade de seu pensamento* (trad. Rubens Enderle, São Paulo, Boitempo, 2012); *Actuel Marx: Lénine*, Paris, PUF, n. 62, 2017; Tamás Krausz, *Reconstruindo Lênin: uma biografia intelectual* (trad. Artur Renzo e José Baltazar Pereira Júnior, São Paulo, Boitempo, 2017); Jean-Jacques Marie, *Lénine: la révolution permanente* (Paris, Tallandier, 2018); Henri Lefebvre, *O pensamento de Lênin* (trad. Bruno Santana e Gabriel Landi Fazzio, São Paulo, LavraPalavra, 2020); G. Carpi, *Lenin*, v. I: *La formazione di un rivoluzionario (1870-1904)* e *Lenin*, v. II: *Verso da rivoluzione d'ottobre (1905-1917)* (Bari, Stilo, 2020-2021).

[4] Nessa segunda edição, além da correção de gralhas existentes na edição anterior e da substituição de expressões destinadas a burlar a censura vigente sob a autocracia tsarista, Lênin introduziu novos dados estatísticos e fez acrescentos aos capítulos II e VII. No novo prefácio (datado de julho de 1907, portanto no rescaldo da Revolução Russa de 1905-1907), o autor observou que uma reelaboração profunda do texto exigiria seu desdobramento em dois volumes: no primeiro, deveria caber uma análise da economia russa do período entre a reforma de 1861 e a revolução de 1905-1907; no segundo, um estudo das modificações sofridas por essa economia em consequência do movimento de 1905-1907.

muito significativa[5]. Porém, este *O desenvolvimento do capitalismo na Rússia: o processo de formação de um mercado interno para a grande indústria* (daqui por diante referido abreviadamente como *Desenvolvimento*) apresenta-se como particularmente importante na medida em que, vindo à luz pouquíssimo depois de *A questão agrária*, de Karl Kautsky, inaugura com essa obra o trato teórico pós-marxiano da problemática do campesinato e da economia agrária, analisando sistematicamente o dinamismo que o capitalismo instaura na agricultura[6]. De fato, como pôde observar Antonio Labriola àquele tempo, a *questão agrária* entrou "na ordem do dia" dos debates socialistas.

---

[5] São inúmeras as antologias que coligem tais trabalhos – para aqueles datados do século XIX, ver especialmente Vladímir I. Lênin, *Escritos económicos (1893-1899)* (Madri, Siglo XXI, 1974), 3 v., editados por Fernando Claudín. Também há farto tratamento desses escritos – um, específico e recente, deve-se a Fernando D. Dachevsky, "Lenin y la especificidad nacional en el capitalismo. Análisis de sus escritos económicos sobre Rusia", *Izquierdas*, n. 46, 2019, p. 162-93. Considerem-se igualmente as sintéticas apreciações de Paul Boccara, "Lénine, un grand théoricien marxiste", *Les Dossiers d'Économie et Politique: Révue Marxiste d'Économie*, set.-out. 2017, e do economista indiano Prabhat Patnaik, "Lénine et l'économie marxiste", *Solidarité Internationale PCF*, 19 ago. 2009, disponível em: <http://solidarite-internationale-pcf.over-blog.net/article-35042871.html>; acesso em: 9 out. 2023.

[6] Ver, dentre várias edições, Karl Kautsky, *A questão agrária* (trad. Otto Erich Walter Maas, São Paulo, Abril Cultural, 1983, coleção Os Economistas). Note-se que essa pesquisa de Kautsky, assim como o *Desenvolvimento* de Lênin, dava prosseguimento mais avançado às poucas elaborações anteriores operadas no interior do movimento socialista – ver Athar Hussain & Keith Tribe (orgs.), *Marxism and the Agrarian Question* (Londres, Macmillan, 1983); András Hegedüs, "A questão agrária", em Eric J. Hobsbawm (org.), *História do marxismo*, v. 4: *O marxismo na época da Segunda Internacional* (trad. Carlos Nelson Coutinho e Nemesio Salles, Rio de Janeiro, Paz e Terra, 1984) e ainda a contribuição de James D. White, "The Development of Capitalism in Russia in the Works of Marx, Danielson, Vorontsov and Lenin", em Paul Zarembka (org.), *Class History and Class Practices in the Periphery of Capitalism* (Bingley, Emerald, 2019).

No prefácio à primeira edição do *Desenvolvimento*, verifica-se que Lênin saudou com ênfase a referida obra de Kautsky, também publicada em 1899 e que ele provavelmente conheceu em finais de fevereiro ou inícios de março daquele ano, quando a maior parte de seu livro já estava composta. À época, Lênin apreciava muito positivamente o protagonismo do mais influente teórico da Segunda Internacional – é no decurso dos anos 1910 que profundas divergências ideopolíticas, evidenciadas especialmente na imediata sequência da Revolução Russa de 1917, levaram Lênin a caracterizar Kautsky como "renegado"; ver Karl Kautsky e Vladímir I. Lênin, *A ditadura do proletariado/A revolução proletária e o renegado Kautsky* (São Paulo, Lech, 1979).

Não cabe aqui a tematização dessa relevante polêmica da história do movimento socialista, aliás objeto de larga bibliografia; indique-se apenas que há elementos substantivos para abordá-la em Gian Enrico Rusconi, "Contro Kautsky, contro Lenin", em Karl Korsch, *Il materialismo storico* (Bari, Laterza, 1971); Richard J. Geary, "Défense et déformation du marxisme chez Kautsky", em Maurice Dobb et al., *Histoire du marxisme contemporain*, v. 1: *Kautsky, Bernstein, Schmidt* (Paris, UGE/Ed. 10/18, 1976); Fernando Claudín, "Democracy and Dictatorship in Lenin and Kautsky", *New Left Review*, v. 1,

EUROPA E RÚSSIA, 1890-1900: A QUESTÃO AGRÁRIA NA ORDEM DO DIA

Em textos de análise histórico-política de Marx e Engels, a questão das lutas sociais no campo e sua conexão com aquelas polarizadas pelas cidades é tematizada, assim como em passos de suas intervenções jornalísticas dos anos 1848-1849[7]. Todavia, salvo juízo mais exato, os registros de materiais teóricos marxiano-engelsianos pertinentes à questão agrária não foram muitos – à exceção, em Marx, das notas relativas à acumulação primitiva, das essenciais determinações acerca da renda fundiária e das pistas contidas em seus textos mais tardios e, em Engels, da original abordagem da questão da *marca*[8].

n. 106, 1977; John H. Kautsky, *Karl Kautsky: Marxism, Revolution and Democracy* (New Brunswick, Transaction, 1994); Ruy Fausto, "A polêmica sobre o poder bolchevista: Kautsky, Lenin, Trotsky", *Lua Nova*, n. 53, 2001; Ronald Rocha, *O movimento socialista no limiar dos impérios financeiros: crônica da Segunda Internacional* (Belo Horizonte, O Lutador, 2006), cap. VI; e a contribuição de Lars T. Lih a Alexander Anievas (org.), *Cataclysm 1914: The First World War and the Making of Modern World Politics* (Leiden, Brill, 2016). A polêmica é tratada em várias histórias do marxismo, das mais qualificadas – como a de Predrag Vranicki, *Storia del marxismo* (Roma, Editori Riuniti, 1973), 2 v., como as resultantes de competentes contribuições coletivas (Eric J. Hobsbawm, *História do marxismo*, e *Histoire du marxisme contemporain*, ambas já citadas, e ainda a editada por Stefano Petrucciani, *Storia del marxismo*, Roma, Carocci, 2015, 3 v.) – àquelas que são contaminadas por vieses antissocialistas, como a redigida pelo ex-comunista Leszek Kołakowski, *Las principales corrientes del marxismo* (Madri, Alianza, 1980-1985), 3 v. Como não conheço em português nenhuma biografia de Kautsky, ao leitor interessado sugiro três textos: Massimo Salvadori, *Karl Kautsky and the Socialist Revolution (1880-1938)* (Nova York, Verso, 1979); Gary P. Steenson, *Karl Kautsky, 1854-1938: Marxism in the Classical Years* (Pittsburgh, University of Pittsburgh Press, 1991); e Harald Koth, *Meine Zeit wird wieder kommen: Das Leben des Karl Kautsky* (Berlim, Dietz, 1993).

[7] Afora as aproximações incidentais nas contribuições de ambos à *Nova Gazeta Renana*, ver, dentre vários exemplos, de Marx, passagens de *As lutas de classes na França de 1848 a 1850* (trad. Nélio Schneider, São Paulo, Boitempo, 2012) e de *O 18 de brumário de Luís Bonaparte* (trad. Nélio Schneider, São Paulo, Boitempo, 2011); de Engels, ver especialmente *As guerras camponesas na Alemanha* (trad. B. A. Montenegro, Rio de Janeiro, Vitória, 1946) e "O problema camponês na França e na Alemanha", em José Francisco Graziano da Silva e Verena Stolcke, *A questão agrária* (trad. Sandra Brizolla, São Paulo, Brasiliense, 1981), p. 59-80.

[8] Ver, de Marx, *O capital*, Livro I: *O processo de produção do capital* (trad. Rubens Enderle, São Paulo, Boitempo, 2013), seção IV, cap. 24, e Livro III: *O processo global da produção capitalista* (trad. Rubens Enderle, São Paulo, Boitempo, 2017) (lembre-se que esse Livro III só veio à luz em 1894), seção VI, e os passos do que seria o Livro IV (também de publicação póstuma e traduzido no Brasil como *Teorias da mais-valia: história crítica do pensamento econômico*, trad. Reginaldo Sant'Anna, 2. ed., São Paulo, Bertrand Brasil, 1987) em que a renda fundiária é tratada; para seus textos tardios (1877-1882) sobre sociedades agrárias não capitalistas, recorrer a Teodor Shanin (org.), *Marx tardio e a via russa: Marx e as periferias do capitalismo* (São Paulo, Expressão Popular, 2017), e Kevin B. Anderson, *Marx nas margens: nacionalismo, etnia e sociedades não ocidentais* (trad. Allan M. Hillani e Pedro Davoglio, São

Na Europa ocidental, e em escala menor na Europa nórdica, o movimento operário que se reclamava vinculado às ideias de Marx e Engels confrontou--se com a *questão agrária* na última década do século XIX. Então, em meio às implicações da grande e prolongada crise econômica instaurada em 1873--1874[9], abriram-se possibilidades objetivas para que os social-democratas interviessem na dinâmica política institucional[10] e eles se defrontaram com a urgência de estabelecer uma programática capaz de viabilizar estratégias aptas a articular as aspirações da população dos campos com os avanços da classe operária urbana. De fato, a *questão agrária* impôs-se aos social-democratas europeus mais como exigência política que como demanda teórica – como o demonstra, por exemplo, o empenho pioneiro dos socialistas franceses para formular um "programa agrário" nos seus congressos de Marselha (1892) e Nantes (1894)[11]. Porém, a carência de uma elaboração cuidadosa,

Paulo, Boitempo, 2019). Ver, de Engels, o texto, pouco referido, "A marca" – traduzido por Christiana Freitas, João Quartim de Moraes e Lígia Maria Osório Silva e objeto da análise de Lígia Maria Osório Silva, texto e análise publicados em *Crítica Marxista*, n. 17, 2003 (disponível em: <https://www.ifch.unicamp.br/criticamarxista/sumario.php?id_revista=17&numero_revista=17>; acesso em: 9 out. 2023).

[9] Sobre a crise econômica aberta em 1873-1874, ver as indicações contidas em Eric J. Hobsbawm, *A era dos impérios: 1875-1914* (trad. Sieni Maria Campos e Yolanda Steidel de Toledo, Rio de Janeiro, Paz e Terra, 1988), cap. 2 e 3; David S. Landes, *Prometeu desacorrentado: transformação tecnológica e desenvolvimento industrial na Europa ocidental, desde 1750 até a nossa época* (trad. Vera Ribeiro, Rio de Janeiro, Nova Fronteira, 1994), cap. 5; Giovanni Arrighi, *O longo século XX* (trad. Vera Ribeiro, Rio de Janeiro/São Paulo, Contraponto/Ed. Unesp, 1996), partes do cap. 3. Estudo relevante sobre a crise na Inglaterra é o velho ensaio de Albert E. Musson, "The Great Depression in Britain, 1873--1896", *The Journal of Economic History*, v. 19, n. 2, 1959. Trato abrangente da crise é oferecido por Osvaldo Coggiola, *As grandes depressões (1873-1896 e 1929-1939)* (São Paulo, Alameda, 2009).

[10] Esse é o momento histórico em que surgem e se desenvolvem os partidos social-democratas; há farta bibliografia sobre a história da social-democracia – especialmente a alemã, em boa medida a *alma mater* das organizações social-democratas, a começar pelo clássico de Franz Mehring, *Histoire de la social-démocratie allemande de 1863 à 1891* (Pantin, Les Bons Caracteres, 2013), datado de 1897--1898, e a chegar a Joseph Rovan, *História da social-democracia alemã* (trad. Eduardo Saló, Lisboa, Perspectivas e Realidades, 1979), sem ladear Jacques Droz (org.), *Histoire générale du socialisme: de 1875 à 1918* (Paris, PUF, 1983), e a abordagem detalhada de David E. Barclay e Eric D. Weitz (orgs.), *Between Reform and Revolution: German Socialism and Communism from 1840 to 1990* (Nova York, Berghahn, 1998). Quanto ao crescimento eleitoral dos social-democratas na Europa ocidental e nórdica, de 1880 a 1918, ver o quadro de Donald Sassoon, *Cien años de socialismo* (Barcelona, Edhasa, 2001), p. 34, e a minuciosa e ampla pesquisa de Pascal Delwit, "This Is the Final Fall: An Electoral History of European Social Democracy (1870-2019)", *Cevipol Working Papers*, n. 1, 2021.

[11] Ver o antigo texto de Paul Louis, reeditado com o título original: *Histoire du Parti Socialiste en France (1871-1914)* (Paris, Forgotten, 2018).

bem fundamentada, no trato da *questão agrária* era sentida por todos os socialistas – tal como se assinala no III Congresso Internacional Operário Socialista (Zurique, agosto de 1893)[12]. E paralelamente aos esforços dos socialistas franceses para estabelecer seu "programa agrário", um debate semelhante mobilizou os social-democratas alemães – debate que marcou o congresso que realizaram em outubro de 1894, em Frankfurt, no qual as intervenções de Georg H. Vollmar (1850-1922) e Bruno Schönlank (1859-1901), representantes da direita reformista no interior do partido, foram importantes para sinalizar a premência de análises teoricamente fundadas. Na sequência daquele intenso debate, Kautsky publicou *A questão agrária*, já referida[13].

Também na Rússia, nessa derradeira década do século XIX, a *questão agrária* entrou na ordem do dia. Eram, contudo, diversos os pontos de partida dos social-democratas russos. Enquanto os social-democratas ocidentais lidavam com uma realidade histórico-social em que a consolidação do capitalismo era um fato óbvio, evidente e indiscutível, na Rússia eles se confrontavam com um capitalismo emergente, literalmente atrasado em comparação com o dos países euro-ocidentais – um capitalismo que se afirmava rapidamente, mas travado por fortes sobrevivências do *Ancien Régime*, mesmo após a emancipação dos servos (a *reforma* de 1861), com as instituições econômico-sociais ainda vigorosamente vincadas pelos traços da feudalidade[14]. Ao passo que o debate, no Ocidente, arrancava do caráter cristalinamente visível do ordenamento capitalista da economia (com suas incidências

---

[12] Nas resoluções do congresso, registra-se, considerando "que a questão agrária, em função da sua importância capital e da insuficiente atenção até aqui recebida nos congressos internacionais", que ela "deverá figurar na ordem do dia do próximo congresso". Ver: <http://www.antimythes.fr/syndicalisme/1893_congres_ouvrier_socialiste_international.pdf>; acesso: 9 out. 2023.

[13] Um breve e eficiente resumo daquele debate se encontra na bela introdução que Giuliano Procacci escreveu para a obra de Karl Kautsky, *La cuestión agraria* (México, Siglo XXI, 1977), p. xi-ciii.

[14] Sobre o quadro histórico em que se insere a *reforma de 1861*, ver Alexander Polunov, *Russia in the Nineteenth Century: Autocracy, Reform and Social Change (1814-1914)* (Nova York, M. E. Sharpe, 2005), e Dominic Lieven (org.), *The Cambridge History of Russia: Imperial Russia (1689-1917)* (Cambridge, Cambridge University Press, 2006); ver também a primeira seção do contributo de Luís Manuel Fernandes a José Luís Fiori (org.), *Estados e moedas no desenvolvimento das nações* (Petrópolis, Vozes, 1999). Sobre a estrutura social da Rússia, ver o artigo de Luís Henrique F. Calabresi, "Considerações acerca da estrutura social da Rússia tsarista", *Fronteiras: Revista de História*, v. 23, n. 41, 2021.

APRESENTAÇÃO 17

históricas, políticas, sociais e culturais), na Rússia o objeto da discussão era a própria viabilidade do capitalismo: o importantíssimo segmento intelectual constituído pelos *populistas* – a que voltarei adiante, dada a centralidade da polêmica que Lênin, contra eles, opera no *Desenvolvimento* – colocava em questão sua existência como base necessária para uma evolução histórica direcionada ao socialismo[15].

Por outra parte, as condições políticas a partir das quais, na Europa ocidental e nórdica, a *questão agrária* viu-se debatida nos fins do século XIX diferiam substantivamente daquelas existentes na Rússia. Enquanto os protagonistas ocidentais (e, noutra medida, nórdicos) do debate atuavam em sociedades nas quais a força do movimento operário e popular impunha à dominação política da burguesia e seus associados normas de convivência relativamente democráticas, asseguradas por um proletariado urbano-industrial cujo grau de disciplina e organização era já elevado (e, no caso específico dos alemães, com o respaldo de um grande partido de massas)[16], os protagonistas russos moviam-se numa sociedade cuja estrutura de poder era absolutamente autocrática, na qual o regime servil fora abolido havia apenas

---

[15] Como observou corretamente um estudioso, "o problema que se colocava, em primeiro plano, na discussão socialista russa, não era o das premissas do socialismo, era o das premissas do capitalismo" (Bo Gustafsson, *Marxismo y revisionismo: la crítica bernsteiniana del marxismo y sus premisas histórico-ideológicas*, Barcelona, Grijalbo, 1975, p. 396). É considerando essa diferencialidade, ademais de outras, entre o quadro russo e o euro-ocidental que se esclarece boa parte das distinções entre a análise de Lênin e a de Kautsky na questão agrária, evidenciadas, por exemplo, em passos relevantes de Ricardo Abramovay, *Paradigmas do capitalismo agrário em questão* (São Paulo, Edusp, 2007). Dentre os traços pertinentes às análises de Kautsky e de Lênin, um dos que mais as distingue é o tratamento das suas dimensões históricas. Recordo-me literalmente da observação que me fez, nos anos 1970, o historiador Jaime Pinsky (a quem sou grato por sua solidariedade nos meus primeiros anos de exílio): "O *Desenvolvimento* é obra de historiador, historiador cuidadoso, que pesquisa fontes, que não subestima fatos e que, partindo de uma teoria geral, não busca o concreto para ilustrar seu esquema, mas para enriquecer a própria análise teórica...".

[16] Ver Eric J. Hobsbawm, *A era dos impérios*, cit., esp. cap. 4. Não cabe, nesta oportunidade, sequer mencionar a enorme documentação, aliás muito heterogênea, acerca da emergência e do desenvolvimento da democracia moderna, de que são marcos, entre tantos, textos de Robert A. Dahl, Norberto Bobbio, Crawford Brough Macpherson e Richard Bellamy –, mas cumpre sugerir a reflexão sobre as limitações que, na reconstrução histórica da luta pela conquista dos direitos civis, políticos, econômicos e sociais, são destacadas por Domenico Losurdo em *Democracia ou bonapartismo: triunfo e decadência do sufrágio universal* (trad. Luiz Sérgio Henriques, Rio de Janeiro/São Paulo, UFRJ/Ed. Unesp, 2004).

18   O DESENVOLVIMENTO DO CAPITALISMO NA RÚSSIA

três décadas e o emergente proletariado não dispunha de tradições associativas nem de experiências políticas de organização partidária[17].

A diferencialidade dos debates sobre a *questão agrária*, na Europa e na Rússia, não deve creditar-se somente aos contextos históricos e sociopolíticos no interior dos quais eles se desenvolveram – também era muito distinto o particular *background* ideocultural em que se inscreviam. De fato, na Rússia, o debate surge originalmente com o evolver do movimento populista e se adensa quando este, em fins dos anos 1870 e ao longo da década seguinte, experimenta divisões e alguns de seus representantes evoluem para posições próximas ao pensamento de Marx-Engels ou mesmo acabam por filiar-se expressamente a este – como foi o caso de Gueórgui Plekhánov (1856-1918), egresso dos quadros do populismo e fundador do grupo *Osvobojdiénie Truda* (Emancipação do Trabalho)[18]. Por isso, é indispensável, para contextualizar minimamente a elaboração leniniana que é o *Desenvolvimento*, uma referência, mesmo que sumária, ao *populismo* russo e tangenciar, à partida, o diversificado tratamento que a *questão agrária*

---

[17] Nenhum historiador sério põe em questão o caráter autocrático do tsarismo, seu despotismo e sua tirania, mesmo depois da *reforma* de 1861 (ver, por exemplo, os textos em inglês referidos na nota 14, *supra*).

Mencionei, linhas acima, que na Alemanha, desde 1875, existia um partido que, na década de 1890, ganhou caráter massivo; na Rússia, a criação – na clandestinidade, em 1898 – do partido social-democrata, em relação, por exemplo, à Alemanha, dá-se mais tarde, justamente quando Lênin ainda permanecia confinado na Sibéria oriental, redigindo o *Desenvolvimento*.

[18] Sobre Plekhánov (e o grupo Emancipação do Trabalho), ver Samuel H. Baron, *Plekhanov: The Father of Russian Marxism* (Stanford, Stanford University Press, 1963), e *Plekhanov in Russian History and Soviet Historiography* (Pittsburgh, University of Pittsburgh Press, 1995); Michail Jowtschuk e Irina Kurbatowa, *Georgi Plechanov: Eine Biograpfie* (Berlim, Dietz, 1983); Israel Getzler, "Gueorgui V. Plekhanov: a danação da ortodoxia", em Eric J. Hobsbawm (org.), *História do marxismo*, cit. Não tive acesso a um trabalho sobre Plekhánov, muito louvado por vários historiadores, de Vagarshak Ter-Vaganian, *G. V. Plekhanov: An Attempt at a Characterization of his Socio-Political Views*, editado em Moscou, em 1924, mas praticamente todas as áreas da intervenção teórico-política de Plekhánov foram objeto das atenções de Samuel H. Baron, Andrzei Walicki e Vittorio Strada em Maurice Dobb et al., *Histoire du marxisme contemporain*, v. 3 (Paris, UGE/Ed. 10/18, 1977).

Sabe-se que o grupo Emancipação do Trabalho consultou Marx, na entrada da década de 1880, sobre as possibilidades evolutivas do capitalismo na Rússia em que era ponderável a gravitação econômica da comunidade agrária camponesa; sobre essa questão, ver José Paulo Netto, *Karl Marx: uma biografia* (São Paulo, Boitempo, 2020), p. 470-84, e Marcello Musto, *Karl Marx: biografia intelectual e política (1857-1883)* (São Paulo, Expressão Popular, 2023), p. 280-9.

APRESENTAÇÃO   19

recebeu antes e depois da publicação desta obra que foi, efetivamente, um divisor de águas na história da Rússia[19].

O POPULISMO RUSSO E A SUA CRÍTICA POR LÊNIN

Em meados da sexta década do século XIX, após a *reforma de 1861*, surgiu na Rússia o movimento que logo seria conhecido como *populista*: o movimento *khojdénie v narod* ("ir ao povo") – intelectuais deslocavam-se para o campo, no afã de divulgar ideias democráticas[20]. Originalmente, o movimento

[19]   Sobre o movimento populista russo, ao qual voltarei em seguida, dentre as bibliografias qualificadas, destaco Ghita Ionescu e Ernest Gellner (orgs.), *Populismo* (Buenos Aires, Amorrortu, 1970); o clássico de Franco Venturi, *Il populismo russo* (Turim, Einaudi, 1972); Valentina A. Tvardovskaia, *El populismo ruso* (México, Siglo XXI, 1978); Norman M. Naimark, *Terrorists and Social Democrats: The Russian Revolutionary Movement under Alexander III* (Cambridge, MA, Harvard University Press, 1983), e Giorgio Migliardi (org.), *Il populismo russo* (Milão, Franco Angeli, 1985); importa também a leitura de Andrzei Walicki, *Populismo y marxismo* (Barcelona, Estela, 1969), Franco Battistrada, *Marxismo e populismo: 1861-1921* (Milão, Jaca, 1980) e do volume, organizado por Rubem César Fernandes, *Dilemas do socialismo: a controvérsia entre Marx, Engels e os populistas russos* (Rio de Janeiro, Paz e Terra, 1982), com importantes documentos de populistas russos; aliás, fonte de abundante documentação sobre um período um pouco diverso é Neil Harding (org.), *Marxism in Russia: Key Documents (1879-1906)* (Cambridge, Cambridge University Press, 2008).

    A documentação quanto ao tratamento referido e à disposição dos estudiosos é muito rica e diversificada. Só é possível indicar aqui, dentre dezenas, umas poucas fontes que apresentam fecundas sugestões de pesquisa: Masaharu Tanaka, "The Controversies Concerning Russian Capitalism. An Analysis of the Views of Plekhanov and Lenin", *Kyoto University Economic Review*, v. 36, n. 2, 1966; Athar Hussain e Keith Tribe (orgs.), *Marxism and the Agrarian Question*, cit.; András Hegedüs, "A questão agrária", cit.; John Milios, "Preindustrial Capitalism Forms: Lenin's Contribution to a Marxist Theory of Economic Development", *Rethinking Marxism*, v. 11, n. 4, 1999; Utsa Patnaik, "Lenin and the Agrarian Question", em Jomo K. S. (org.), *The Pioneers of Development Economics* (Nova Delhi/Londres, Tulika/Zed, 2005); Henry Bernstein, "V. I. Lenin and A. V. Chayanov: Looking Back, Looking Forward", em Saturnino Borras Jr. (org.), *Critical Perspectives in Rural Development Studies* (Londres, Routledge, 2010); Lígia Maria Osório Silva, "Lenin: a questão agrária na Rússia", *Crítica Marxista*, n. 35, 2012; J. D. White, "The Development of Capitalism in Russia in the Works of Marx, Danielson, Vorontsov and Lenin", cit.; Lucas Bezerra, "Lenin e a questão agrária: pensamento e ação", *Germinal: Marxismo e Educação em Debate*, v. 12, n. 2, 2020.

[20]   Lênin sintetizou claramente sua compreensão do *populismo*: "Por populismo entendemos um sistema de concepções que compreende os três traços seguintes: 1) *considerar o capitalismo na Rússia como uma decadência, uma regressão.* Daí a tendência e o desejo de 'deter', de 'paralisar', de 'cessar a destruição' dos pilares pelo capitalismo e outros lamentos reacionários semelhantes. 2) *Considerar original o regime econômico russo em geral e o camponês com a sua comunidade, artel etc., em particular.* Não se considera necessário aplicar às relações econômicas russas os conceitos elaborados pela ciência moderna sobre as diferentes classes sociais e os seus conflitos. O campesinato da comunidade

20 O DESENVOLVIMENTO DO CAPITALISMO NA RÚSSIA

populista tinha caráter pacífico e, com o objetivo de deflagrar um processo de conscientização entre os camponeses, não dispunha de qualquer estrutura organizativa. Sua programática se explicita a partir de 1869, ano em que se publicam os textos básicos de seus primeiros ideólogos[21].

A perseguição que a autocracia tsarista promoveu contra os militantes do movimento, porém, conduziu à criação, em 1876, de uma organização francamente política, clandestina – *Zemliá i Vólia* (Terra e Liberdade), que,

é considerado como algo superior e melhor em comparação com o capitalismo; é a idealização dos 'pilares'. Negam e dissimulam as contradições que existem entre os camponeses, que são inerentes a qualquer economia mercantil e capitalista, negam a relação destas contradições com a sua forma mais desenvolvida na indústria e na agricultura capitalistas. 3) *Ignorar as relações entre a 'intelectualidade' e as instituições jurídico-políticas do país, por um lado, e os interesses materiais de determinadas classes sociais, por outro.* A negação desta relação, a ausência de uma interpretação materialista destes fatores sociais obriga a ver neles uma força capaz de 'empurrar a história por outra via' [...], 'desviar do caminho'" (Vladímir I. Lênin, "A que herança renunciamos?", em *Obras escolhidas em três tomos*, v. 1, Lisboa/Moscou, Avante!/Progresso, 1977, p. 63).

Muito posteriormente, em nota editorial a escritos de Lênin, historiadores russos caracterizaram assim o movimento populista: "Corrente pequeno-burguesa no movimento revolucionário russo, surgida nos anos [18]60/[18]70 [...]. Os populistas lutavam pela liquidação da autocracia, pela entrega das terras dos latifundiários aos camponeses. Consideravam-se socialistas, mas o seu socialismo era utópico. Os populistas negavam o caráter necessário do desenvolvimento das relações capitalistas na Rússia, viam na comunidade agrária o embrião do socialismo e pensavam, em conformidade com isso, que era o campesinato e não o proletariado a principal força revolucionária. Procurando erguer os camponeses na luta contra a autocracia, os populistas iam ao campo, 'ao povo' (daí seu nome), mas não encontravam apoio. O populismo atravessou várias etapas, evoluindo da democracia revolucionária para o liberalismo. Nos anos [18]80/[18]90, os populistas entraram na via da reconciliação com o tsarismo, exprimiam os interesses dos *kulaks* (camponeses ricos) e lutavam contra o marxismo" (Vladímir I. Lênin, *Obras escolhidas em três tomos*, cit., p. 695-6). Essa caracterização, corrente na ex-União Soviética, omite um fato de grande importância: *os populistas foram os pioneiros, na Rússia, da divulgação de obras de Marx*; dentre eles, destaque-se Nikolai F. Danielson (1844-1918), conhecido como *Nikolai-on*, tradutor de *O capital* para o russo e correspondente de Marx e Engels – ver, por exemplo, em Karl Marx e Friedrich Engels, *Cartas sobre* O capital (trad. Leila Escorsim, São Paulo, Expressão Popular, 2020), p. 272, 300-1, 304-5, 309, 329-36, 344-7, 386-8, 390-2, 395, 397-9, 400-3, 407-8, 425-8, 434-42, 444-8, 451.

[21] "Proponho o ano de 1869 como data convencional para marcar [...] o começo do populismo clássico. Nesse ano foram publicados três documentos clássicos da ideologia populista: as *Cartas históricas*, de Lavrov, o trabalho de Mikháilovski, *O que é o progresso?*, e a obra de Fleróvski, *A situação da classe trabalhadora na Rússia*" (Andrzei Walicki, "Rusia", em Ghita Ionescu e Ernest Gellner (orgs.), *Populismo*, cit., p. 95). Note-se que Marx apreciou muito o livro mencionado de N. Fleróvski (pseudônimo de Vassíli V. Biérvi, 1829-1918) e correspondeu-se com Piotr L. Lavrov (1823-1900) – ver Karl Marx e Friedrich Engels, *Cartas sobre* O capital, cit., p. 292-3 e 313-4; quanto à impressão de Marx sobre Nikolai K. Mikháilovski (1842-1904), ver, na supracitada obra organizada por Teodor Shanin, *Marx tardio e a via russa*, as p. 97-102; aliás, nessa obra, o contributo de Haruki Wada, p. 75-117, sumaria com propriedade os contatos de Marx com a intelectualidade revolucionária russa.

três anos depois, cinde-se em dois grupamentos: *Naródnaia Vólia* (Vontade/ Liberdade do Povo), em que pontificavam Andrei Jeliábov (1851-1881), Vera Figner (1852-1942) e Aleksandr F. Mikháilov (1853-1929), concentrando sua ação em atos violentos[22], e *Tchórny Peredel* (Repartição Negra), sob a liderança de Plekhánov, apoiado por Pavel Akselrod (1850-1928) e Vera Zassúlitch (1849-1919), que dirigiam seus esforços – prosseguindo a orientação original da *Zemliá i Vólia* – para a defesa de uma reforma agrária. Nos anos 1880, o esgotamento político do populismo, resultante quer da ineficácia das suas ações, quer da repressão da polícia política tsarista, reduziu a quase nada a intervenção prática de seus ativistas.

Substantivamente, os populistas

repeliam o capitalismo ocidental, com os seus cortiços e sua exploração, e esperavam que a amada Rússia pudesse ultrapassar o capitalismo, atravessar o atoleiro capitalista pela ponte do *mir* [comunidade rural aldeã], evitando a guerra de classes, transferindo-se diretamente do subdesenvolvimento para o socialismo agrário. Os populistas injetavam esse raciocínio social no seu místico e messiânico eslavofilismo.[23]

Com efeito,

eles estavam convencidos de que a economia rural e as instituições camponesas eram vigorosos antídotos contra o capitalismo. Este não se lhes afigurava como uma etapa histórica inelutável, mas como um produto artificial, uma importação estrangeira, desvinculada das instituições e das tradições russas. Parecia-lhes necessário, então, preservar as instituições aldeãs e tradicionais para dar um fundamento autenticamente russo ao sistema socialista ou comunitário da vida econômica e social, evitando, assim, o estágio histórico do capitalismo.[24]

Mesmo os populistas que mais se aproximaram de Marx não evoluíram para além da mística crença da tendência que atribuíam à comunidade

---

[22] A ação mais espetacular do grupo foi o assassinato do tsar Alexandre II, em 13 de março de 1881. Tempos depois, um irmão de Lênin (Aleksandr, nascido em 1866 e apelidado *Sacha*) vinculou-se à organização, envolveu-se na preparação de um atentado contra Alexandre III, foi preso e executado em 8 de maio de 1887 – a sorte de *Sacha*, segundo Deutscher (*Lenin: los años de formación*, cit.), impressionou vivamente o futuro líder bolchevique.

[23] Louis Fischer, *A vida de Lênin*, cit., p. 37.

[24] Maurice Dobb, "Considérations sur *Le Développement du capitalisme en Russie* de Lénine", cit., p. 8.

camponesa; para eles, a originalidade, a peculiaridade mesma do processo histórico-social russo consistia precisamente nela.

Afigura-se-me indiscutível que, nos anos 1860-1870, o populismo desempenhou um papel significativo e progressista no quadro teórico-ideológico e político da Rússia. Mas, a pouco e pouco, com as transformações econômico-sociais experimentadas pelo país, que registravam os avanços do desenvolvimento capitalista, o pensamento populista foi se alienando do processo histórico real, anquilosado nos seus preconceitos de cariz romântico sobre a vida camponesa, e acabou por converter-se numa visão deformada e atrasada da realidade russa.

O primeiro a dar-se conta dos vieses sociopolíticos que anacronizavam o populismo foi o já citado Plekhánov. Exilando-se na Suíça em 1880, ele se afasta dos populistas (aos quais se ligara em 1876) e já a partir de 1881 movimenta-se em direção à influência de Marx e Engels e, ao longo dos anos seguintes, exercitará uma severa crítica do populismo, seja no domínio de sua prática política, seja no âmbito de suas concepções filosóficas e ideológicas – nesse movimento, Plekhánov torna-se o pioneiro da análise do populismo à luz das ideias de Marx e de Engels[25]. Lênin travou relações pessoais com o "pai do marxismo russo" em sua primeira viagem ao exterior, na primavera de 1895; foi um encontro amistoso e, em seu regresso à Rússia, em setembro daquele ano, avançou na trilha aberta por Plekhánov, aprofundando a crítica aos populistas que já vinha desenvolvendo antes de conhecer pessoalmente o líder do grupo Emancipação do Trabalho[26].

---

[25] Não é este o lugar para refletir sobre o conjunto de materiais mediante o qual Plekhánov estabeleceu as primeiras críticas marxistas ao pensamento populista – especialmente os ensaios *O socialismo e a luta política* (1883) e *Nossas divergências* (1885) – e prosseguiu, entre a última década do século XIX e a primeira do século XX, elaborando textos que incidiram fortemente na formação de gerações de marxistas, coligidos em Gueorgui Plejánov, *Obras escogidas* (Buenos Aires, Quetzal, 1964), 2 v.

Em Portugal, logo após a Revolução dos Cravos, trabalhos de Plekhánov vieram à luz por iniciativa de editoras lisboetas (Germinal, Fronteira, Estampa, Presença, Horizonte); no Brasil, seus ensaios circularam desde os anos 1930 (ver Edgard Carone, *O marxismo no Brasil: das origens a 1964*, Rio de Janeiro, Dois Pontos, 1986, p. 126-7) e, nas últimas décadas, várias editoras os têm relançado (em especial as paulistanas Hucitec, Expressão Popular e LavraPalavra).

[26] Não cabe aqui tematizar as relações entre Plekhánov e Lênin, referidas em várias das fontes já citadas. Basta lembrar que foram amistosas até 1902, quando os social-democratas russos se dividiram entre

APRESENTAÇÃO   23

Ainda em 1888, residindo em Samara, quando se dedicou ao estudo intensivo de *O capital**, Lênin registrou seu distanciamento dos populistas – leu com cuidado *Os destinos do capitalismo na Rússia*, influente obra de 1882 do populista liberal Vassíli P. Vorontsov (1847-1918), que rechaçava o marxismo, negava o desenvolvimento do capitalismo na Rússia e louvava a pequena produção mercantil. Mas, de fato, a crítica leniniana direta aos populistas se inicia mesmo no segundo terço da década de 1890 (com o jovem advogado já radicado em São Petersburgo), com o ensaio "Sobre a chamada questão dos mercados", escrito no verão de 1893 – e a crítica leniniana haverá de se estender por todo o decênio, às vezes entrelaçada à sua crítica aos *marxistas legais*[27]. Estes, à diferença dos populistas – que viam no desenvolvimento capitalista russo uma regressão inaceitável –, concebiam tal desenvolvimento como necessário e inevitável, mas tergiversando suas contradições e aceitando-o com resignação; Lênin desvelará os equívocos teóricos e as limitações políticas dos *marxistas legais*, mas nos anos 1890 o essencial de sua crítica dirige-se mesmo contra os populistas[28]. Ademais do

bolcheviques e mencheviques; após tal divisão, especialmente depois de 1905, tais relações tornaram-se instáveis e enfim culminaram numa franca ruptura. Todavia, Lênin, mesmo com críticas a posições políticas de Plekhánov e à sua obra, sempre manteve, em face de seus trabalhos filosóficos, grande respeito – em 1921, afirmou: "Penso que não é demais observar aos jovens membros do Partido que não é possível tornar-se um verdadeiro comunista [...] sem estudar – friso *estudar* – tudo o que Plekhánov escreveu sobre filosofia, pois que é o que há de melhor na literatura internacional do marxismo" (extraio a passagem de uma intervenção recolhida em Vladímir I. Lênin, *Collected Works*, v. 32, Moscou, Progress, 1964-1977).

*   Karl Marx, *O capital* (trad. Rubens Enderle, São Paulo, Boitempo, 2013-2017), 3 v. (N. E.)

[27]   Não há espaço, nesta "Apresentação", para discorrer sobre o *marxismo legal*, que se desenvolveu, nos anos 1890, na Rússia, e teve como representantes mais destacados Mikhail Tugan-Baranóvski (1865-1919), Piotr Struve (1870-1944), Serguei Bulgákov (1871-1944) e depois o jovem filósofo Nikolai A. Berdiáiev (1874-1948) – sobre essa corrente, na verdade a modalidade especificamente russa do revisionismo que seria formalizado por Eduard Bernstein (ver Bo Gustafsson, *Marxismo y revisionismo*, cit., esp. cap. 7), recorra-se ao ainda esclarecedor livro de Richard Kindersley, *The First Russian Revisionists: A Study of Legal Marxism in Russia* (Oxford, Oxford University Press, 1962); há também interessantes subsídios em Maurice Dobb et al., *Histoire du marxisme contemporain*, v. 3, já citado.

Note-se que os *marxistas legais*, que já ao final dos anos 1890 inclinavam-se para uma conciliação com o regime tsarista, assumiram – especialmente depois da revolução de 1905-1907 – posições francamente reacionárias.

[28]   Como se verifica no ensaio, de 1894-1895, "O conteúdo econômico do populismo e a sua crítica na obra de Struve", em que critica o texto de Struve publicado em 1894 sob o título "Notas críticas sobre

ensaio citado há pouco e do mencionado nesta última nota, é substantiva a produção intelectual de Lênin voltada para o enfrentamento do populismo. Destaco pelo menos quatro dos seus textos mais relevantes desses anos:

1) entre a primavera e o verão de 1894, redige o ensaio "Quem são os 'Amigos do Povo' e como lutam contra os social-democratas?" – que teve considerável impacto na formação dos jovens marxistas (que então se caracterizavam como social-democratas);

2) em 1897, elabora "Uma caracterização do romantismo econômico" – em que já revela uma segura compreensão da história da economia política;

3) em fins de 1897, escreve o importantíssimo "A que herança renunciamos?", em que oferece um sintético balanço do populismo e de sua transformação numa concepção deformada e reacionária da realidade russa[29];

o desenvolvimento econômico da Rússia". Observe-se que, na batalha de ideias contra o populismo, os *marxistas legais*, mormente Struve e Tugan-Baranóvski, eram aliados de importância: "Na verdade, os representantes do *marxismo legal* moviam-se sobre a mesma linha teórica de Plekhánov e Lênin na análise do desenvolvimento do capitalismo na Rússia. Todavia, quanto aos problemas da revolução e da luta revolucionária, os *marxistas legais* eram os representantes da intelectualidade burguesa: seu oportunismo prático logo os conduziu ao revisionismo teórico. Struve, Bulgakóv e Berdiáiev abandonaram o materialismo e a dialética para acompanhar a moda filosófica da época, o neokantismo" (Predrag Vranicki, *Storia del marxismo*, v. 1, cit., p. 397). No que toca especificamente ao *Desenvolvimento*, a crítica ao *marxismo legal* só comparece em notas da sua segunda edição (1908).

Ao que sei, não são muitos os textos leninianos dos anos 1890 anteriores ao *Desenvolvimento* traduzidos para o português – um deles, "A que herança renunciamos?", vem mencionado na nota 20, *supra*, e outros foram coligidos em Vladímir I. Lênin, *Escritos de juventude* (São Paulo, LavraPalavra, 2022), 2 v.; minhas referências remetem ao volume 1 de seus já citados *Escritos econômicos (1893-1899)* (ver nota 5, *supra*) e estão disponíveis também nos volumes 1, 2 e 4 das suas *Collected Works* (Moscou, Progress, cit.).

[29] Nesse ensaio de finais de 1897, Lênin sustenta que o moderno pensamento social russo emerge nos anos 1860 com a *geração iluminista*, que tipifica na figura de Skaldin (Fiódor P. Elénev, 1828-1902), não mencionando – para evitar problemas com a censura – aquele que de fato era sua referência no iluminismo russo, Nikolai G. Tchernichévski (1829-1899). O perfil sociocultural da geração iluminista constitui-se com o ódio à servidão e pela defesa da instrução, da liberdade, da autonomia administrativa e das formas europeias de vida e das massas populares, especialmente dos camponeses – e essa era a "herança" reclamada pelos social-democratas russos, cujo projeto implicava seu consequente desenvolvimento. O que os social-democratas russos recusavam, segundo Lênin, era a versão populista dessa "herança"; ele demonstra que o populismo partiu dessa "herança", mas que não pode se identificar com ela (e, menos ainda, reduzir-se a ela); afirma, mais, que os social-democratas tinham de rechaçar a programática populista; para Lênin, se, sob alguns aspectos, o populismo representou um progresso em relação à "herança", *no conjunto ele a abastardou, convertendo-a numa concepção reacionária da dinâmica social russa* (observe-se que Lênin – conforme o já citado Walicki recordou –, quando qualifica o populismo como *reacionário*, fá-lo com a palavra empregada "no seu

APRESENTAÇÃO   25

4) em 1899, retorna – de forma mais refinada e instigante – a problemas sobre os quais já se pronunciara anteriormente em "Uma nota sobre a questão da teoria dos mercados. A propósito da polêmica dos senhores Tugan-Baranóvski e Bulgákov".

Desses anos de Samara e São Petersburgo, cabe afirmar que o essencial das pesquisas de Lênin – que se processaram simultaneamente a suas atividades de agitação/organização política (em especial no período em que se transferiu para a capital do império)[30] – foi de fato dirigido para fundar sua crítica, teórica e político-ideológica, ao populismo. E mais: cumpre realçar que, quando parte para o desterro na Sibéria, Lênin já tem determinada a perspectiva analítica com que enfrentará a concepção que articula a interpretação populista do desenvolvimento econômico da Rússia.

Vimos, linhas acima, que Lênin leu cuidadosamente a obra em que Vorontsov formulava os traços fundamentais da concepção populista; para o autor de *Os destinos do capitalismo na Rússia*, como resumiu Maurice Dobb,

> o baixo nível de produção e a quase autossuficiência da aldeia russa [...] retardariam e até colocariam em risco a possibilidade do desenvolvimento capitalista, dada a ausência de mercados internos para os produtos industriais. A indústria capitalista só poderia ser implantada para exportar, e com a ajuda de medidas políticas deliberadas. Nesse sentido, o crescimento forçado do capitalismo industrial seria *artificial*.[31]

Muito esquematicamente, pode-se dizer que, na teorização populista, a viabilidade do capitalismo na Rússia era extremamente problemática:

---

sentido histórico-filosófico, denotando apenas o erro dos teóricos que, para as suas teorias, extraem modelos de formas sociais *anacrônicas*").

[30] Em São Petersburgo, no outono de 1895, Lênin – juntamente com Julius Mártov (1873-1923) e outros jovens revolucionários – criou a *Soiuz borby za osvobojdiénie rabótchego klassa* (Liga de Luta pela Libertação da Classe Operária).
Sobre Mártov (pseudônimo de Iúli O. Tsederbaum), depois de 1902 destacado menchevique, que Leon Trótski (*A história da Revolução Russa*, v. 3, trad. E. Huggins, Rio de Janeiro, Saga, 1967, p. 954) chamou de "o Hamlet do socialismo democrático", ver especialmente Israel Getzler, *Martov: A Political Biography of a Russian Social Democrat* (Cambridge, Cambridge University Press, 1967) e, do mesmo autor, sua contribuição a Eric J. Hobsbawm (org.), *História do marxismo*, v. 5, cit. Vale ainda a leitura de Julius Martov, *Comment je suis devenu marxiste (textes choisis)* (Colligis-Crandelain, Blurb, 2016).

[31] Maurice Dobb, "Considérations sur *Le Développement du capitalisme en Russie* de Lénine", cit., p. 10.

arruinando a economia camponesa, limitava seu mercado interno, e como os mercados externos já estavam tomados pelas potências industrializadas, ele – o capitalismo – não tinha espaço para qualquer expansão. Ou seja: os fundamentos da concepção populista erigiam-se sobre a conjunção dos problemas colocados na agricultura pela dinâmica capitalista com aqueles da acumulação capitalista numa sociedade não industrializada.

Pois bem: nos trabalhos de Lênin dos anos 1890[32] que precedem o livro concluído em 1899, mormente na sua avaliação da obra de Vladímir E. Póstnikov e em "Sobre a chamada questão dos mercados", já está esboçado o eixo teórico-crítico que, desdobrado e ampliado, será explicitado no *Desenvolvimento*. Lênin demonstra que a ruína dos camponeses não implica a liquidação do mercado interno – ao contrário, é uma consequência necessária do processo de emergência e de evolução do capitalismo que promove a industrialização e que acelera e aprofunda os antagonismos já existentes no bojo da comunidade camponesa, desintegra o campesinato e libera massas para a formação do proletariado. Sobretudo, Lênin revela que o empobrecimento do grosso do campesinato não é um obstáculo para a expansão capitalista (e, aqui, ele corrige a teoria da acumulação esposada pelos populistas): o que importa, para o desenvolvimento capitalista, é a demanda originada pelos próprios capitalistas, a crescente transformação de mais-valia em capital constante, com o mais rápido crescimento do setor de bens de capital.

Nesses trabalhos dos anos 1890 que precedem a elaboração do *Desenvolvimento*, Lênin acumulou investigações e materiais para apreender a concreta realidade do processo econômico-social russo[33], ao mesmo

---

[32] Além dos ensaios leninianos já citados, haveria que acrescentar vários outros – como uma avaliação crítica (que, aliás, só se viu editada em 1923) da obra de Vladímir E. Póstnikov (1844-1908), *A economia camponesa da Rússia Meridional*, publicada em 1891.

Nesta "Apresentação" não cabem mais que breves alusões ao imenso repertório textual examinado por Lênin nos anos que precedem a redação do *Desenvolvimento* – aqui, um rol completo seria impossível. Sobre isso, ver o primeiro capítulo de Tony Cliff, *Lenin*, v. 1: *Building the Party (1893-1914)* (Londres, Pluto, 1975).

[33] Inclusive com a utilização de dados estatísticos, de que faz largo uso no *Desenvolvimento*. Ressalte-se que, nesta obra de Lênin, o recurso a dados quantitativos não surge como algo superposto à pesquisa dita qualitativa; indicadores numéricos não são "ilustrações" (e pouco importa que o próprio Lênin tenha feito concessões a essa palavra): inscrevem-se, primariamente, como momentos em que certas

APRESENTAÇÃO 27

tempo que criticava a concepção que dele tinham os populistas – e o fez não se prendendo estritamente às proposições populistas, mas envolvendo a complexa problemática do processo de emergência do capitalismo e suas implicações na transição de uma sociedade de base agrária a outra, em que a ponderação urbano-industrial acabará por ser dominante. Essa amplitude das formulações exaradas no *Desenvolvimento* também confere a esta obra uma força teórica realmente perdurável.

A ESTRUTURA TEXTUAL DO *DESENVOLVIMENTO*

Creio já ter sugerido que a refutação das concepções populistas se opera, no *Desenvolvimento*, com a afirmação – verificável a partir de dados empíricos – tanto da viabilidade histórico-real do capitalismo na Rússia quanto de sua efetiva emergência – constatável também mediante indicadores muito objetivos.

Antes, todavia, de oferecer ao leitor do *Desenvolvimento* uma sinopse da estrutura textual desta obra – que, em si mesma, consideradas tanto sua magnitude teórico-crítica quanto as condições em que foi elaborada, é prova da excepcional qualificação intelectual de um pesquisador que ainda não completara trinta anos –, é indispensável tangenciar uma característica peculiar da investigação nela exposta, que remete à questão do método (a que, de algum modo, aludirei ao fim desta "Apresentação"), e mencionar sua inserção na trajetória teórica e política de Lênin.

Ao longo do *Desenvolvimento*, a análise de Lênin, para apreender a *particularidade* histórico-social do evolver da Rússia pós-1861, avança mediante aproximações sucessivas a níveis societários cuja integração não é pressuposta como meramente funcional; antes, trata-se de um conjunto sistemático de

---

tendências são arrancadas de seu circuito para que se efetive sua ponderação relativa. Tal utilização já foi objeto de exame – ver, por exemplo, Samuel Kotz e Eugene Seneta, "Lenin as a Statistician: A Non-Soviet View". *Journal of the Royal Statistical Society*, v. 153, n. 1, 1990, e Denis V. Melnik, "Lenin as a Development Economist. A Study in Application of Marx's Theory in Russia", *Russian Journal of Economics*, v. 7, n. 1, 2021.

28 O DESENVOLVIMENTO DO CAPITALISMO NA RÚSSIA

démarches sobre níveis distintos que se conectam por *relações estruturais*, em que determinadas instâncias condicionantes se revelam como tais na escala em que seu dinamismo aparece como direcionador do movimento macroscópico da *formação econômico-social*, com essas relações estruturais não sendo *supostas* aprioristicamente, *mas revelando-se na própria análise*. Graças à instrumentalização analítica da ideia marxiana de *formação econômico-social* – e atrevo-me a levantar a hipótese de que Lênin foi, depois de Marx, o primeiro a fazê-lo –, o que se obtém como resultado das operações crítico-analíticas é uma síntese que reproduz idealmente uma totalidade histórica (a sociedade russa numa temporalidade determinada) na sua complexidade e concretude[34].

Quanto ao lugar do *Desenvolvimento* no conjunto da elaboração leniniana, há que partir da assertiva do maior cientista social brasileiro, Florestan Fernandes, e avançar sobre ela:

> Lênin nasceu, cresceu e viveu para a ação política – não para a ação política comum ou convencional, dentro das regras do jogo, para a qual também estaria credenciado, mas para a ação política revolucionária, consagrada ao socialismo. Todo o seu pensamento é político: em suas origens, em suas motivações ou em seus alvos. Mesmo sua maior obra de investigação científica (*O desenvolvimento do capitalismo na Rússia*) foi empreendida por inspiração política.[35]

A referência de Florestan é mesmo justa para situar o *Desenvolvimento* no conjunto da atividade de Lênin: esse livro é tanto a crítica leniniana ao

---

[34] Parece-me que foi Henri Lefebvre o primeiro a destacar a instrumentalização da ideia marxiana por parte de Lênin – ver, na edição francesa de seu *La Pensée de Lénine* (Paris, Bordas, 1957), p. 206 e seg. (livro cuja edição brasileira foi citada na nota 3, *supra*). Se quiser se aproximar seriamente da problemática teórica da *formação econômico-social*, o leitor tem necessariamente de socorrer-se da documentação coligida em *Cuadernos de Pasado y Presente 39* (2. ed., México, Siglo XXI, 1976), que recolhe, entre outros, os ensaios seminais de Cesare Luporini ("Dialéctica marxista e historicismo") e de Emilio Sereni ("La categoria de formación económico-social").

[35] Florestan Fernandes, *Marx, Engels, Lênin: a história em processo* (São Paulo, Expressão Popular, 2012), p. 252. A assertiva de Florestan é correta, desde que não seja absolutizada (procedimento que nosso querido e saudoso mestre não adota), tomando *toda* a atividade de Lênin como *diretamente* posta a serviço de sua política. O credo pobremente pragmático embutido na frase atribuída a Napoleão – *On s'engage et puis on voit* [Nós nos comprometemos e depois vemos] – e referida uma vez pelo próprio Lênin (ver seu breve texto, de maio de 1923, "Sobre a nossa revolução", em *Obras escolhidas em três tomos*, t. 3, cit., p. 663-5), não pode ser atribuído ao líder da Revolução de Outubro.

populismo quanto a necessária fundamentação para a tese leniniana segundo a qual, também na Rússia, o sujeito revolucionário por excelência era o proletariado. Recorro à formulação de Florestan: a "motivação" de Lênin para elaborar o *Desenvolvimento* era a crítica às concepções populistas e seu "alvo" era a demonstração de que se gestava na realidade russa uma massa proletária capaz de se organizar (mediante um instrumento partidário até então ali inexistente) e protagonizar um processo revolucionário. A emersão do proletariado russo, objetivamente em curso, haveria de viabilizar a vontade político-revolucionária a ser encarnada no *partido político de novo tipo* a construir-se na Rússia. Nesse sentido, o *Desenvolvimento* é a fundamentação teórico-econômica do projeto partidário que Lênin apresentaria, em 1902, em *O que fazer?**. Vê-se: a *unidade* do pensamento de Lênin, articulando brilhantemente teoria e prática, é real e concreta[36].

Isso posto, passo à estrutura textual do *Desenvolvimento*. A obra se abre com uma breve e contundente introdução teórica (capítulo I), que explicita o problema central da investigação leniniana: o processo de formação de um mercado interno para o capitalismo. Criticando os equívocos da teoria da acumulação assumida pelos populistas, a partir de uma interpretação estrita dos célebres esquemas de reprodução do Livro II de *O capital*, Lênin esclarece que a questão do mercado interno só pode ser legitimamente colocada no interior do problema global do desenvolvimento capitalista – de fato, o nível de desenvolvimento do mercado interno corresponde ao nível de desenvolvimento do capitalismo no país. Lênin, pois, situa a questão num plano bem diverso daquele em que a punham os populistas: ela não se vincula diretamente à capacidade de consumo das massas; o que é decisivo é o grau do consumo produtivo, da demanda de meios de produção. A análise leniniana, portanto, faz com que o esclarecimento da questão do mercado interno dependa da clarificação dos aspectos mais significativos da economia nacional como um todo.

---

* Vladímir I. Lênin, *O que fazer?* (trad. Paula Vaz de Almeida e Edições Avante!, São Paulo, Boitempo, 2020). (N. E.)

[36] Como o destacou György Lukács em seu *Lênin*, cit.

A economia rural camponesa constitui o foco da atenção do capítulo II do *Desenvolvimento*. O exaustivo estudo das relações econômico-sociais nela ocorrentes conduz à conclusão de que a comunidade camponesa (*obschina*) – igualitária e homogênea, tal como a visualizavam os populistas – desintegrou-se, dando origem a três segmentos nitidamente diferenciados e com interesses conflitantes: os camponeses ricos (que vão compor a burguesia rural), o campesinato médio e os camponeses pobres (que vão formar o proletariado rural). Essa desintegração, que põe fim à natureza do estatuto de casta do campesinato, é um processo determinado pela transformação das relações agrárias na direção do capitalismo: a "comunidade" camponesa está permeada por contradições inerentes à economia mercantil e capitalista. A funcionalidade dos segmentos emergentes daquela desintegração em face do mercado *fomenta* (ao contrário do que pensavam os populistas) diferencialmente o desenvolvimento do capitalismo, na mesma medida em que é variável de sua expansão.

O estudo da economia rural russa, todavia, não se esgota com a análise do campesinato; implica, ainda, a pesquisa da propriedade fundiária privada (*bárschina*). Essencialmente, ao centrar a atenção nas relações de trabalho que se articulam na economia do latifúndio (capítulo III), Lênin realiza uma importantíssima investigação sobre uma forma particular de transição do feudalismo para o capitalismo[37]. Ressaltando o caráter combinado e heteróclito da economia agrícola privada, a operação leniniana desvela as incidências do salariado na conformação de uma estrutura social adequada à dinâmica capitalista.

Configurado assim o mapeamento do conjunto da economia agrária russa, Lênin passa ao exame (capítulo IV) da mercantilização das atividades agrícolas. O processo de desenvolvimento da agricultura (incluída aí a pecuária) comercial – que cria um mercado interno para o capitalismo – evidencia, sob todos os aspectos, a natureza iniludível e progressista da

---

[37] A relevância de uma investigação como esta é tanto mais perceptível quanto, atualmente, a ciência histórica toma consciência da necessidade de revisar os esquemas teóricos que têm procurado apreender as modalidades daquela transição.

evolução capitalista (essa natureza, como Lênin destaca repetidas vezes, é medularmente contraditória).

Verificada a penetração do capitalismo na agricultura, com o registro de suas consequências mais importantes, o interesse de Lênin, nos três capítulos seguintes, desloca-se para as atividades industriais; aí, sua pesquisa procura estabelecer as fases evolutivas do capitalismo na indústria russa, até o ponto de enformá-la decisivamente. Na primeira fase (capítulo V), Lênin analisa como o capitalismo atravessa a antiga indústria doméstica e artesanal, impregnando-a com um conteúdo transicional, com a passagem – por intervenção do capital comercial (e usurário), representado pelo atacadista – do artesão para o regime do salariado. A seguir, o papel da manufatura é dissecado (capítulo VI): Lênin, depois de precisar o conceito, assinala as formas pelas quais se consolida na Rússia a manufatura capitalista, que, associada ao trabalho em domicílio, funciona como preliminar indispensável e histórica para a emergência da grande indústria mecanizada. Esta, que vai assegurar o ordenamento capitalista da economia e fundar a conclusiva separação entre a agricultura e a indústria, é minuciosamente examinada (capítulo VII), num espectro analítico que vai de suas peculiaridades sociais a suas características técnicas.

Só então (capítulo VIII) Lênin retorna ao problema colocado em sua introdução teórica – o processo de formação do mercado interno para o capitalismo. Agora, totalizando suas investigações setoriais (elas mesmas realizadas segundo uma óptica que levava em conta seu espaço próprio no complexo econômico-social) num quadro estrutural de conjunto que organiza, de acordo com sua lógica imanente, as determinações centrais e particulares da economia, da sociedade e da cultura russas, Lênin pode concluir com a apreensão reflexiva, mas concreta, do movimento geral da expansão capitalista na Rússia e de suas incidências mais cruciais (a proletarização maciça, a mobilidade da força de trabalho, a urbanização etc.).

É nas enxutas páginas da seção final ("A missão do capitalismo") desse último capítulo do *Desenvolvimento* que Lênin sumaria com brilhantismo sua polêmica contra o populismo e afirma expressamente que a admissão do caráter progressista do capitalismo na Rússia, sem nenhuma cedência a

32   O DESENVOLVIMENTO DO CAPITALISMO NA RÚSSIA

qualquer hipótese de apologia do mesmo, "é perfeitamente compatível [...] com o pleno reconhecimento dos aspectos negativos, sombrios do capitalismo, com o pleno reconhecimento das profundas e multifacetadas contradições sociais que são inevitavelmente próprias do capitalismo e revelam o caráter historicamente transitório desse regime econômico"[38].

O *DESENVOLVIMENTO*, UMA OBRA CLÁSSICA

O livro que Lênin elaborou em seu desterro siberiano, projetado já antes de seu deslocamento para Chúchenskoie[39], foi assim considerado por um dos mais respeitados historiadores do marxismo:

> [A obra] apresenta não só a mais profunda análise do desenvolvimento do capitalismo russo e a definitiva refutação das ilusões populistas de Vorontsov, Kárychev, Danielson etc., mas, ainda, permite ao próprio Lênin examinar, *melhor que todos os outros marxistas*, o movimento real da sociedade russa e sua estrutura – do que resultam suas lúcidas avaliações das diversas situações históricas concretas.[40]

Julgo que essa avaliação, de Predrag Vranicki (1922-2002), é inteiramente justa e parece-me apenas necessário precisá-la e sondá-la um pouco mais.

As duas operações analíticas levadas a cabo por Lênin – a crítica ao populismo e a investigação rigorosa da realidade econômico-social russa – são, no *Desenvolvimento*, concomitantes e articuladas. Não é casual que o livro

---

[38]   Ver, neste volume, p. 597.

[39]   Em carta à família, datada de 2 de janeiro de 1896, em que pede remessa de livros e revistas, Lênin escreve: "Tenho um projeto que, já antes da minha prisão, me atraía muito. Desde algum tempo, preocupo-me com um problema econômico (a venda, no interior do país, das mercadorias produzidas pela indústria); reuni bibliografia, esbocei o plano do trabalho e cheguei a redigir algo do que, se não tomar as dimensões de um livro, publicarei numa revista. Não quero abandonar esse projeto e, agora, sou obrigado a optar: ou escrevo aqui mesmo ou renuncio a ele" (ver Vladímir I. Lênin, *Collected Works*, v. 37, cit., p. 82).

[40]   Predrag Vranicki, *Storia del marxismo*, v. 1, cit., p. 413; itálicos meus. O apreço do próprio Lênin ao *Desenvolvimento* parece evidente: num exemplar da segunda edição do livro ele fez anotações autógrafas, provavelmente de 1910 ou 1911, que atestam seu cuidado na atualização de dados e na elaboração de novas classificações.

só contenha uma pequena introdução teórica, no mais breve de seus capítulos: a base da crítica, arrancando de umas poucas determinações teóricas, amplia-se e se consolida com a/na análise do processo histórico-social real. Com efeito, se o interlocutor é o populismo, se as balizas teórico-metodológicas gerais são extraídas de *O capital*, se os temas são as incidências do capitalismo emergente na economia agrícola (camponesa e latifundiária) e na esfera do comércio e da indústria da Rússia, *o objeto real é uma totalidade histórico-social, uma formação econômico-social determinada* – a Rússia posterior à reforma de 1861. A dinâmica interna própria do movimento do objeto é reproduzida (se se quiser, refletida) idealmente no movimento apreendido pelo sujeito que o pesquisa – *com o sujeito conduzindo-se com a máxima fidelidade possível ao movimento do objeto.*

É preciso dizê-lo da maneira mais clara e direta: o grande significado teórico do *Desenvolvimento* transcende a pletora de informações históricas, econômicas, sociais, culturais etc. que oferece acerca da evolução do capitalismo na Rússia. Nesta obra, a mais "russa" de todas as produzidas por Lênin – e, consideradas sua idade e as condições sob as quais a redigiu[41], verdadeiro *tour de force* para um intelectual que não completara trinta anos –, encontramos um *procedimento metodológico* exemplar: *o processo cognitivo, operado por um sujeito qualificado teoricamente* (mesmo que ainda jovem), é comandado pelas exigências postas pela irredutível objetividade do objeto. Um procedimento que não consiste em "aplicar" um método (no caso, aquele elaborado por Marx) na análise de uma dada realidade (no caso, a Rússia pós-1861)[42]. Antes, o procedimento leniniano consiste, *a partir* do conhecimento/domínio desse método, em perscrutar a realidade de modo tal que sua particularidade não resulte subsumida ao reducionismo de que geralmente enfermam as instâncias formais teórico-metodológicas. Daí a

---

[41] Na aldeia siberiana, inexistiam biblioteca e documentação necessárias e adequadas para o trabalho de Lênin. Porém, os correios funcionavam com alguma eficiência: a correspondência leniniana da época mostra o quanto ele ocupou familiares e amigos nas tarefas de enviar-lhe livros, revistas, documentos oficiais e levantamentos estatísticos.

[42] Gruppi, no seu sugestivo *O pensamento de Lênin* (cit., cap. I), tece interessantes observações sobre esse aspecto da elaboração leniniana.

originalidade do procedimento de Lênin no trato da realidade russa: o aparato metodológico não retorna, de seu mergulho na particularidade histórica, idêntico a si mesmo – amplia-se, enriquece-se com novas determinações. Em suma: a análise processada por Lênin no *Desenvolvimento* é rigorosamente *dialética*[43].

Na mais "russa" das obras de Lênin, o signatário desta "Apresentação" identifica um traço decisivo da universalidade do pensamento leniniano, universalidade que se encontra em seu caráter de exemplar e clássica, no interior da tradição marxista, reconstrução teórica do movimento real da formação econômico-social cujas especificidade e totalidade são garantidas e repostas no interior mesmo das próprias categorias que a refletem. Este é o valor maior e duradouro do *Desenvolvimento*: a efetiva comprovação de que, em face da irredutível particularidade que constitui toda formação econômico-social, o preciso método de pesquisa se recria no confronto com a empiria, cuja aparente e imediata opacidade é dissolvida e superada na correta apreensão de sua essência movente.

Recreio dos Bandeirantes, RJ,
7 de novembro de 2023

---

[43] Recordem-se, a propósito, as seguintes palavras de Goldmann: "A categoria da *totalidade*, que está no centro mesmo do pensamento dialético, proíbe uma separação rigorosa entre a reflexão sobre o método e a investigação concreta, que são as duas faces de uma mesma moeda. De fato, parece certo que o método só se encontra na própria investigação e que esta somente pode ser válida e frutífera na medida em que toma progressivamente consciência da natureza de seu próprio avanço e das condições que lhe permitem progredir" (Lucien Goldmann, prefácio a *El hombre y lo absoluto: el dios oculto*, Barcelona, Península, 1985, p. 7).

Relevante será investigar minuciosamente como o Lênin do *Desenvolvimento*, ainda teoricamente distante de um inteiro domínio *filosófico* da dialética – que só alcançará com seus estudos de Hegel, entre setembro e dezembro de 1914, quando de seu exílio suíço (ver Vladímir I. Lênin, *Cadernos filosóficos*, trad. José Paulo Netto, São Paulo, Boitempo, 2018) –, foi capaz de operar em 1899 um tratamento rigorosamente crítico, materialista e dialético da Rússia pós-reforma de 1861.

PREFÁCIO À PRIMEIRA EDIÇÃO

Neste trabalho, o autor se propôs examinar a questão: como se formou o mercado interno para o capitalismo russo? Sabe-se que esse ponto já foi levantado há muito tempo pelos principais representantes das concepções populistas (*naródniki*)* (liderados por V. V. e N.)** e nossa tarefa consistirá em criticar essas concepções. Não considerávamos possível limitar essa crítica à análise de erros e incorreções nas perspectivas dos adversários; pareceu-nos insuficiente para responder à questão trazer fatos que tratam da formação e do crescimento do mercado interno, pois se poderia argumentar que tais fatos foram escolhidos de maneira arbitrária e que foram omitidos aqueles que dizem o contrário. Pareceu-nos fundamental examinar e tentar representar todo o processo do desenvolvimento do capitalismo na Rússia em conjunto. É evidente que uma tarefa tão ampla estaria acima das forças de um só indivíduo caso não se colocasse uma série de limitações. Em primeiro lugar, como se pode ver já no título, tomamos a questão do desenvolvimento do capitalismo na Rússia exclusivamente do ponto de vista do mercado interno, deixando de lado a questão do mercado externo e os dados sobre o comércio exterior. Em segundo lugar, limitamo-nos à

---

* O termo "*naródniki*" (em russo: наро́дники) refere-se aos membros do movimento político-social e ideológico da *intelligentsia* russa atuante sobretudo a partir da segunda metade do século XIX que ficou conhecido como "populismo" (наро́дничество/naródnitchestvo). Em linhas gerais, havia duas tendências no interior do movimento: a radical (ou revolucionária) e a moderada (também denominada "liberal" ou reformista). As duas correntes desempenharam atividades políticas em momentos diferentes, sendo a primeira predominante nos anos 1860 e 1870, e a segunda nas décadas de 1880 e 1890. É comum em nossa tradição o emprego de ambos os termos, ou seja, tanto a tradução ao nosso idioma para "populismo" quanto a palavra russa transliterada. Aqui, por questões de simplicidade e clareza, optou-se pela primeira forma. (N. T.)

** As abreviaturas V. V. e N. são, respectivamente, pseudônimos utilizados por Vassíli Vorontsov (13/1/1847-9/12/1918) e Nikolai Danielson (7/2/1844-3/7/1918), destacados ideólogos da ala moderada do populismo. (N. T.)

época pós-reforma*. Em terceiro lugar, tomamos principal e quase exclusivamente os dados das províncias internas puramente russas. Em quarto lugar, limitamo-nos ao aspecto econômico do processo. Mas, apesar de todas as limitações apontadas, o tema permanece amplo demais. O autor não esconde de modo algum a dificuldade e até o perigo de abordar um assunto tão vasto, mas pareceu-lhe que, para examinar a questão do mercado interno para o capitalismo russo, era fundamental mostrar as conexões e a interdependência dos aspectos isolados desse processo, que ocorre em todos os domínios da economia social. Limitamo-nos, portanto, ao exame de seus traços essenciais, deixando para pesquisas posteriores seu estudo mais especializado.

O plano do nosso trabalho é o seguinte. No capítulo I, abordaremos da maneira mais breve possível as proposições teóricas fundamentais da economia política abstrata sobre a questão do mercado interno para o capitalismo. Isso servirá de introdução ao restante da obra, sua parte factual, e evitará a necessidade de fazermos múltiplas referências à teoria na exposição posterior. Nos três capítulos seguintes, buscaremos caracterizar a evolução capitalista da agricultura na Rússia pós-reforma: precisamente no capítulo II, serão examinados os dados estatísticos dos *zemstvos*** referentes à decomposição do campesinato; no capítulo III, os dados sobre a situação de transição da economia latifundiária, sobre a mudança do sistema de corveia dessa economia para o capitalista; e no capítulo IV, os dados sobre as formas nas quais ocorre a formação da agricultura mercantil e capitalista. Os outros três capítulos serão dedicados às formas e aos estágios do desenvolvimento do capitalismo em nossa indústria: no capítulo V, examinaremos os primeiros estágios do capitalismo na indústria, precisamente *na pequena indústria rural (a chamada "artesanal"***)*; no capítulo VI, os dados da manufatura

---

* "Época pós-reforma", ou seja, período que se inicia após a reforma camponesa de 1861, que aboliu a servidão no Império Russo. (N. T.)

** Pesquisa sobre as propriedades agrícolas dos camponeses empreendida por órgãos estatísticos e sujeitas, principalmente, a exigências fiscais. Apesar das limitações (das quais Vladímir Lênin também tratará neste livro), os censos constituíram um rico material publicado em coletâneas de distritos e províncias. Amplamente difundidos nos anos 1880, contaram com participação ativa dos populistas. (N. T.)

*** Em russo, "кустарный" (kustárni), refere-se à produção doméstica, manual, não fabril, para a venda no mercado; trata-se de um adjetivo derivado do substantivo "кустарь" (kustar), ou seja, a pessoa

PREFÁCIO À PRIMEIRA EDIÇÃO 37

capitalista e do trabalho capitalista doméstico; e no capítulo VII, os dados do desenvolvimento da grande indústria mecanizada. No último capítulo (VIII), tentaremos mostrar a relação entre os distintos aspectos do processo exposto e oferecer um quadro geral.

Obs.*: Pena não termos podido utilizar, para a presente obra, a notável análise do "desenvolvimento da economia rural na sociedade capitalista", oferecida por Karl Kautsky em seu livro *Die Agrarfrage* [A questão agrária] (Stuttgart, Dietz, 1899), seção I: "Die Entwicklung der Landwirtschaft in der kapitalistischen Gesellschaft" [O desenvolvimento da agricultura na sociedade capitalista].

Esse livro (que recebemos quando grande parte da presente obra já estava composta) representa, depois do Livro III de *O capital*, o acontecimento mais notável da literatura econômica recente. Kautsky investiga "as principais tendências" da evolução capitalista da agricultura; sua tarefa é examinar os distintos fenômenos da economia rural moderna como "manifestações parciais de um processo geral"[1]. É interessante notar até que ponto os principais traços desse processo geral são idênticos na Europa ocidental e na Rússia, não obstante a enorme particularidade desta última tanto nas relações econômicas quando nas extraeconômicas. Por exemplo, para a agricultura capitalista

---

que se ocupa dessa produção, o artesão, sendo estas sinônimas de *ремесленный* (remiésleni/artesanal) e *"ремесленник"* (remiéslennik/artesão), palavras derivadas, por sua vez, de *"ремесло"* (remesló), relativo a artes e ofícios; já o vocábulo "artesanato" pode ser, em russo, tanto *"кустарничество"* (kustárnitchestvo) quanto *"ремесленничество"* (remiéslennitchestvo). Ao longo do livro, Lênin utiliza ambos os termos e seus derivados, empregando, muitas vezes, *kustar* e *kustárni* entre aspas, dada a definição insatisfatória em seu uso para denominar a pequena indústria em geral e à agrícola ou rural em particular. Optou-se aqui pela tradução dessas palavras, em vez de sua transliteração, escolha igualmente válida presente em outras edições desta obra. Buscou-se, além disso e sempre que possível, preservar a diferenciação dos termos, de modo que, para as ocorrências de *kustar* e *kustárni*, será possível encontrar "artesão" e "artesanal"; já para *remiéslennik* e *remiésleni*, "artífice" e "de artífice", conforme as definições do *Dicionário Houaiss da Língua Portuguesa*. (N. T.)

* Em fevereiro ou início de março de 1899, Lênin, que se encontrava no exílio, recebeu o livro *Die Agrarfrage* [A questão agrária] de Karl Kautsky, até então um marxista. A essa altura, a maior parte do livro *O desenvolvimento do capitalismo na Rússia* já estava concluída, de modo que Lênin decidiu fazer referência ao trabalho de Kautsky em seu "Prefácio à primeira edição". (N. E. R. adaptada.)

[1] Karl Kautsky, "Vorrede" [Prefácio], em *Die Agrarfrage* (Stuttgart, Dietz, 1899), p. vi [ed. bras.: *A questão agrária*, trad. C. Iperoig, 3. ed., São Paulo, Proposta, 1980].

moderne, em geral, são típicos a divisão progressista do trabalho e o emprego de máquinas[2], o que chama especial atenção na Rússia pós-reforma[3]. O processo de "proletarização do campesinato" (título do capítulo VIII do livro de Kautsky) expressa-se em toda parte na disseminação de todo tipo de trabalho assalariado dos pequenos camponeses[4]; paralelamente, observamos na Rússia a formação de uma enorme classe de trabalhadores assalariados com terras de *nadiel*[5]. A existência do pequeno campesinato em qualquer sociedade capitalista explica-se não pela superioridade técnica da pequena produção na agricultura, mas pelo fato de o pequeno camponês reduzir suas necessidades a um nível inferior ao nível de necessidades dos trabalhadores assalariados e dedicar esforços incomparavelmente maiores ao trabalho[6]; fenômeno análogo observa-se na Rússia[7*]. É natural, portanto, que os marxistas da Europa ocidental e russos convirjam, por exemplo, na avaliação de fenômenos tais como "o trabalho agrícola fora da localidade de residência**", para empregar a expressão russa, ou "o trabalho agrícola assalariado de camponeses nômades", como dizem os alemães[8]; ou a transferência da grande indústria capitalista para o campo[9]. Já não estamos falando da avaliação idêntica do sentido *histórico* do capitalismo agrícola[10], do idêntico reconhecimento do caráter *progressista* das relações capi-

[2]   Karl Kautsky, *Die Agrarfrage*, cit., cap. IV, b, c.

[3]   Ver, neste volume, cap. III, seções 7 e 8, e cap. IV, sobretudo seção 9.

[4]   Karl Kautsky, *Die Agrarfrage*, cit., cap. VIII, b.

[5]   Ver, neste volume, cap. II [terras de *nadiel*: lotes de terras concedidos aos camponeses pelos seus antigos proprietários e pelo Estado após as reformas da década de 1860. Com tamanhos mínimos e máximos, eram geralmente de propriedade coletiva (N. T.)].

[6]   Karl Kautsky, *Die Agrarfrage*, cit., cap. VI, b. O "trabalhador agrícola assalariado encontra-se em melhor condição que o pequeno camponês", diz Kautsky reiteradamente. Ibidem, p. 110, 317 e 320.

[7]   Ver, neste volume, cap. II, seção 11.

*   Na segunda edição de *O desenvolvimento do capitalismo na Rússia* (1908), a numeração dos parágrafos foi alterada, uma vez que Lênin adicionou ao livro uma série de complementos. A passagem a que Lênin se refere aqui se encontra, na presente edição, no cap. II, seção 12, B, p. 160-1. (N. E. R.)

**   No original, *отхожий промысел* (*otkhói promysel*): trabalho temporário, na maioria das vezes sazonal, de camponeses no Império Russo fora do local de residência permanente, quando era necessário "sair", deixar a aldeia ou o povoado de moradia em busca de trabalho em outras aldeias ou povoados. (N. T.)

[8]   Karl Kautsky, *Die Agrarfrage*, cit., p. 192; ver adiante cap. VIII, seção 2.

[9]   Ibidem, p. 187; ver, neste volume, cap. VII, seção 8.

[10]   Ibidem, *passim*, especialmente p. 289, 292 e 298; ver, neste volume, cap. IV, seção 9.

PREFÁCIO À PRIMEIRA EDIÇÃO 39

talistas na agricultura em comparação com as pré-capitalistas[11]. Kautsky reconhece de maneira categórica que "não há sequer que se pensar"[12] na passagem da comunidade aldeã (*obschina*)* para a administração comunitária da grande agricultura contemporânea, que os agrônomos que demandam, na Europa ocidental, o fortalecimento e o desenvolvimento das comunidades não são de modo algum socialistas, mas representantes dos interesses dos grandes proprietários de terra, desejosos de submeter os trabalhadores alugando-lhes as chaves da terra[13], que em todos os países europeus os representantes dos interesses dos proprietários de terra desejam submeter os trabalhadores rurais concedendo-lhes terra e já tentando introduzir na legislação as medidas correspondentes[14], que "há de se lutar da maneira mais decidida"[15] contra todas as tentativas de ajuda ao pequeno campesinato por meio das indústrias artesanais (*Hausindustrie*) – já que esse é o pior tipo de exploração capitalista. Consideramos necessário destacar a completa solidariedade de opiniões entre os marxistas da Europa ocidental e os russos, tendo em vista a mais recente tentativa dos representantes do populismo de introduzir uma diferença nítida entre uns e outros[16].

---

[11] Ibidem, p. 383: "A substituição dos *Gesindes* (assalariados rurais dependentes, criados) e dos *Instleute* ('entre o lavrador e o arrendatário': camponês que paga o arrendamento da terra em trabalho nas terras senhoriais) por diaristas, que fora do trabalho são pessoas livres, seria um grande progresso social"; ver, neste volume, cap. IV, seção 9.

[12] Ibidem, p. 338.

* Em russo, *община*, termo utilizado para designar, entre outras coisas, a unidade mais baixa de autogestão econômica dos camponeses no Império Russo no período pós-reforma. É comum encontrar sua forma transliterada; aqui, todavia, optou-se pela tradução para "comunidade", visto que, na língua russa, o termo pode ter distintas acepções, convergindo, na maioria dos casos, para "comunidade". (N. T.)

[13] Ibidem, p. 334.

[14] Ibidem, p. 162.

[15] Ibidem, p. 181.

[16] Ver a declaração do senhor V. Vorontsov, dada em 17 de fevereiro de 1899 diante da Sociedade para a Promoção da Indústria e do Comércio Russos, em *Nóvoe Vriémia* [Novo Tempo], n. 8.255, 19 de fevereiro de 1899. [Em 17 de fevereiro de 1899, na Sociedade para o Fomento da Indústria e do Comércio Russos, foi discutido um relatório sobre o tema: "Não é possível reconciliar o populismo com o marxismo?". Participaram da discussão representantes do populismo liberal e "marxistas legais": V. P. Vorontsov (V. V.), P. B. Struve, A. A. Isáiev, M. M. Filíppov, A. Shtange, M. I. Tugan-Baranóvski e N. V. Levítski. Em seu discurso, Vorontsov afirmou que os representantes da "mais recente tendência do marxismo no Ocidente" estão mais próximos dos populistas russos do que dos marxistas russos. Um breve relatório sobre essa reunião foi publicado em 3 de março de 1899 no jornal reacionário de Petersburgo *Nóvoie Vriémia* [Novo Tempo]. (N. E. R.)]

PREFÁCIO À SEGUNDA EDIÇÃO

A presente obra foi escrita às vésperas da Revolução Russa*, durante a calmaria que se seguiu à explosão das grandes greves de 1895-1896. Parecia, então, que o movimento operário havia se fechado em si mesmo, estendendo-se em largura e profundidade e preparando o início do movimento de manifestações em 1901.

A análise da estrutura socioeconômica e, consequentemente, da estrutura de classe da Rússia que é fornecida na presente obra, feita com base no estudo econômico e no exame crítico das informações estatísticas, confirma-se, pela clara intervenção política de todas as classes no curso da revolução. O papel dirigente do proletariado revelou-se plenamente. Revelou-se também que sua força no movimento histórico é incomparavelmente maior que sua fração na massa geral da população. A base econômica de um e de outro fenômeno é demonstrada no trabalho aqui proposto.

Além disso, agora a revolução está revelando cada vez mais a posição e o papel duplos do campesinato. Por um lado, os enormes remanescentes da economia de corveia e os diversos resíduos da servidão, com a pauperização e a devastação dos pobres camponeses, explicam plenamente a fonte profunda do movimento revolucionário camponês, as profundas raízes da revolucionariedade do campesinato como massa. Por outro lado, tanto no curso da revolução quanto no caráter dos distintos partidos políticos, bem como em muitas tendências político-ideológicas, revela-se a estrutura de classe internamente contraditória dessa massa, seu caráter pequeno-burguês, o antagonismo entre as tendências patronais e proletárias em seu interior. A

---

* O autor refere-se à Revolução Russa de 1905. (N. T.)

PREFÁCIO À SEGUNDA EDIÇÃO   41

oscilação do pequeno proprietário empobrecido entre a burguesia e o proletário revolucionário é tão inevitável quanto é inevitável, em qualquer sociedade capitalista, que uma ínfima minoria de pequenos produtores lucre, "vire gente", converta-se em burguês, enquanto a esmagadora maioria ora se arruína por completo, ou se torna trabalhador assalariado ou *pauper*, ora vive eternamente no limite da condição proletária. A base econômica de ambas as tendências é demonstrada neste trabalho.

A partir dessa base econômica, está claro que a revolução na Rússia é, inevitavelmente, burguesa. Essa posição marxista é irrefutável. Não devemos jamais esquecê-la. É fundamental aplicá-la sempre a todas as questões econômicas e políticas da Revolução Russa.

Mas é preciso saber aplicá-la. A análise concreta da situação e dos interesses das diferentes classes deve servir à definição do significado exato dessa verdade em sua aplicação a esta ou àquela questão. O método inverso de reflexão, que não raro se encontra nos social-democratas da ala direita, com Plekhánov à frente, ou seja, a tentativa de buscar respostas para questões concretas no simples desenvolvimento lógico de uma verdade geral acerca do caráter fundamental da nossa revolução, é uma vulgarização do marxismo e um completo escárnio para com o materialismo dialético. Sobre tais pessoas, que deduzem, por exemplo, que o papel dirigente na revolução cabe à "burguesia" ou que os socialistas devem apoiar os liberais a partir da verdade geral acerca do caráter dessa revolução, Marx repetiria, sem dúvida, uma passagem de Heine que citou certa vez: "Semeei dentes de dragão e colhi pulgas"*.

Sobre essa base da Revolução Russa, são objetivamente possíveis duas linhas principais de desenvolvimento e resultado.

Ou a velha economia latifundiária, conectada por milhares de fios à servidão, conserva-se, transformando-se aos poucos em uma economia puramente capitalista, "*junker*". A base da transição definitiva do pagamento em trabalho na terra senhorial para o capitalismo é a transformação interna da economia latifundiária baseada na servidão. Toda a estrutura agrária

---

* Karl Marx e Friedrich Engels, *A ideologia alemã* (trad. Rubens Enderle, Nélio Schneider e Luciano Cavini Martorano, São Paulo, Boitempo, 2007), p. 491. (N. E.)

converte-se em capitalista, conservando por muito tempo traços da servidão. Ou a revolução destrói a velha economia latifundiária, aniquilando todos os resquícios da servidão e, antes de tudo, da grande propriedade fundiária. A base de transição definitiva do pagamento em trabalho para o capitalismo é o livre desenvolvimento da agricultura camponesa, que recebe um enorme impulso graças à expropriação das terras dos latifundiários em favor do campesinato. Toda a estrutura agrária torna-se capitalista, pois a decomposição do campesinato ocorre tanto mais depressa quanto mais completamente forem eliminados os vestígios da servidão. Em outras palavras, ou a conservação do grosso da propriedade latifundiária da terra e dos principais pilares da velha "superestrutura"; daí o papel predominante do burguês liberal-monárquico e do latifundiário, a rápida passagem do campesinato abastado para o lado deles, o rebaixamento da massa camponesa, que é não apenas expropriada em enormes proporções, mas é escravizada por uns e outros métodos de resgate dos *kadetes**, oprimida e embrutecida pelo domínio da reação; o executor de tal revolução burguesa serão os políticos de um tipo próximo ao dos outubristas**. Ou a destruição da propriedade latifundiária da terra e de todos os principais pilares correspondentes à velha "superestrutura"; o papel predominante do proletariado e da massa camponesa na neutralização da burguesia hesitante ou contrarrevolucionária; um desenvolvimento mais rápido e livre das forças produtivas sobre uma base capitalista, com uma melhor posição das massas trabalhadoras e camponesas – na medida do que é concebível, em geral, nas condições da produção mercantil; daí a criação das condições mais favoráveis para a efetivação posterior, pela classe operária, de sua tarefa verdadeira e radical de reorganização socialista. São possíveis, é

---

* Acrônimo utilizado para denominar os membros do Partido Democrático Constitucional (*Конституционно-демократическая партия/Konstitutsiónno-demokratítcheskaia pártia*); fundado em 1905, foi o principal partido da burguesia imperialista na Rússia. (N. T.)

** Partido dos Outubristas, ou "União de 17 de outubro", em referência ao manifesto publicado em 17 de outubro de 1905, por meio do qual o tsar Nicolau II, assustado com a revolução, prometeu ofertar ao povo "as bases inabaláveis da liberdade civil". O partido representava e defendia os interesses dos grandes industriais e latifundiários, orientados à maneira capitalista. Os outubristas apoiaram plenamente a política interna e externa do governo tsarista. A partir do outono de 1906, os outubristas tornaram-se o partido do governo. (N. E. R. adaptada.)

PREFÁCIO À SEGUNDA EDIÇÃO   43

claro, combinações infinitamente diversas de elementos de um ou outro tipo de evolução capitalista, e somente pedantes incorrigíveis poderiam resolver questões peculiares e complexas com apenas algumas citações desta ou daquela objeção de Marx acerca de uma época histórica diferente.

A obra proposta ao leitor é dedicada à análise da economia da Rússia pré-revolucionária. Em época revolucionária, o país vive tão rápida e impetuosamente que é impossível a definição dos grandes resultados da evolução econômica no auge da luta política. O senhor Stolypin, por um lado, e os liberais, por outro (e, de modo algum, não um único *kadet* à Struve, mas todos os *kadetes* em geral), trabalham de maneira sistemática, tenaz e consequente para a realização do primeiro modelo. O golpe de Estado de 3 de junho de 1907, pelo qual acabamos de passar, marca a vitória da contrarrevolução, que busca assegurar o predomínio completo dos latifundiários na assim chamada representação popular russa*. Já quão sólida é essa "vitória", essa é outra questão, e a luta pelo segundo desfecho da revolução prossegue. De maneira mais ou menos decidida, mais ou menos consequente, mais ou menos consciente, não apenas o proletariado, mas também as amplas massas camponesas aspiram a esse desfecho. A luta imediata das massas, por mais que a contrarrevolução tente sufocá-la pela violência direta, por mais que os *kadetes* tentem sufocá-la com suas ideias contrarrevolucionárias mesquinhas e hipócritas, essa luta irrompe aqui e acolá, apesar de tudo, e imprime sua marca na política dos partidos "trabalhistas", populistas, ainda que os políticos pequeno-burgueses que se encontram no topo estejam, sem dúvida, contaminados (sobretudo, os "sociais-populistas"** e

---

* Em 3 de junho de 1907, a II Duma de Estado foi dissolvida, e uma nova lei sobre as eleições para a III Duma de Estado foi promulgada, assegurando aos latifundiários e capitalistas a maioria na casa. O governo tsarista violou traiçoeiramente o seu próprio manifesto de 17 de outubro de 1905, destruiu os direitos constitucionais, levou a julgamento e deportou para trabalhos forçados a fração social-democrata da II Duma. O chamado golpe de Estado de junho marcou a vitória temporária da contrarrevolução. (N. E. R.)

** "Sociais-populistas" ou "NSs" (*народные социалисты/naródnie sotsialísty* ou *энесы/enéssy*): membros do Partido Socialista Populista Trabalhista, que se separou da ala direita do Partido Socialista Revolucionário em 1906. Refletiam os interesses dos cúlaques, pronunciavam-se pela nacionalização parcial da terra, com o resgate dos latifundiários e a distribuição entre os camponeses segundo a chamada norma do trabalho. Os NSs eram a favor do bloco dos *kadetes*. (N. E. R. adaptada.)

os *"trudóviki"**) pelo espírito *kadet* da traição, da bajulação** e da auto-complacência dos moderados e diligentes funcionários e filisteus. Como terminará essa luta, qual será o balanço do primeiro embate da Revolução Russa? Por enquanto, é impossível dizer. Por isso ainda não é chegada a hora (ademais, as obrigações partidárias imediatas como membro do movimento operário não me deixam tempo livre) para a reelaboração completa desta obra[1]. A segunda edição não pôde ir além das características da economia da Rússia pré-revolucionária. O autor foi obrigado a limitar-se à revisão e à correção do texto, bem como às adições *mais imprescindíveis* do material estatístico recente. Tais dados são os últimos censos dos cavalos, as estatísticas das colheitas, o balanço do censo da população de 1897, *os novos dados* das estatísticas fabris etc.

O autor
Julho de 1907.

---

*   Grupo de democratas pequeno-burgueses na Duma de Estado da Rússia, composto de camponeses e intelectuais de tendência populista. A fração dos *trudóviki* [em russo: *трудовики*] foi formada em abril de 1906 pelos deputados camponeses da I Duma de Estado. Exigiam a abolição de todas as restrições de estamentos e nacionais, a democratização da autogestão dos *zemstvos* e urbana e a implementação do sufrágio universal para as eleições para a Duma de Estado. Seu programa agrário partia dos princípios populistas do igualitarismo do uso da terra: a formação de um Fundo Nacional de Terras Estatais e monásticas, bem como de proprietários privados, se o tamanho da propriedade excedesse a norma estabelecida; e uma indenização pelas terras privadas alienadas. Na Duma de Estado, oscilavam entre os *kadetes* e os bolcheviques. (N. E. R. adaptada.)

**   No original: молчалинство (*moltchálinstvo*): sinônimo de "servilismo", "bajulação", em referência ao sobrenome Moltchálin, personagem da comédia de Aleksandr Griboiédov *A desgraça de ter inteligência*. (N. T.)

[1]   É possível que tal reelaboração demande a continuidade do trabalho proposto: o primeiro volume seria limitado à análise da economia da Rússia pré-revolucionária, e o segundo, ao estudo dos balanços e dos resultados da revolução.

CAPÍTULO I

OS ERROS TEÓRICOS DOS ECONOMISTAS POPULISTAS*

O mercado é uma categoria da economia mercantil que, em seu desenvolvimento, transforma-se em economia capitalista e, apenas com esta última, adquire completo domínio e difusão geral. Por isso, para a análise das teses teóricas fundamentais sobre o mercado interno, devemos partir da economia mercantil simples e seguir sua transformação gradual em capitalista.

1. DIVISÃO SOCIAL DO TRABALHO

A base da economia mercantil é a divisão social do trabalho. A indústria manufatureira se separa da indústria extrativista, e cada uma se subdivide em pequenos tipos e subtipos que dão origem a produtos especiais na forma de mercadoria e os trocam por todas as outras produções. O desenvolvimento da economia mercantil leva, dessa maneira, ao aumento do número de ramos da indústria isolados e independentes; a tendência desse desenvolvimento consiste em converter em um ramo particular da indústria a produção não apenas de cada produto isolado, mas até cada parte isolada do produto; e não apenas a produção do produto, mas até as operações isoladas de preparação dele para o consumo. Na economia de subsistência, a sociedade consistia em unidades econômicas homogêneas (famílias camponesas patriarcais, comunidades rurais primitivas, propriedades feudais), e cada uma dessas unidades produzia todos os tipos de trabalho econômico, desde a obtenção dos diversos tipos de matéria-prima até a preparação final para

---

* Na primeira edição de *O desenvolvimento do capitalismo na Rússia*, este capítulo se intitulava "Referências à teoria". (N. E. R.)

O DESENVOLVIMENTO DO CAPITALISMO NA RÚSSIA

o consumo. Na economia mercantil, criam-se unidades econômicas heterogêneas, aumenta-se o número de ramos isolados da economia, diminui-se a quantidade de fazendas que desempenham uma mesma função econômica. Esse crescimento progressivo da divisão social do trabalho é o ponto central no processo de criação do mercado interno para o capitalismo. Diz Marx:

> Na produção mercantil e em sua forma absoluta, a produção capitalista [...], esses produtos são mercadorias, valores de uso que possuem valor de troca, mais precisamente um valor de troca realizável, conversível em dinheiro, apenas na medida em que outras mercadorias constituem um equivalente para eles, em que outros produtos se confrontam com eles como mercadorias e como valores; ou seja, na medida em que não são produzidos como meios de subsistência diretos para seus próprios produtores, mas como mercadorias, como produtos que só se tornam valores de uso mediante sua conversão em valor de troca (dinheiro), mediante sua alienação. *O mercado para essas mercadorias se desenvolve por meio da divisão social do trabalho*; a divisão dos trabalhos produtivos transforma reciprocamente seus respectivos produtos em mercadorias, em equivalentes mútuos, *faz com que eles sirvam uns aos outros como mercado*.[1]

É evidente que a separação indicada entre a indústria manufatureira e a extrativista, entre a manufatura e a agricultura, transforma a própria agricultura em indústria, ou seja, em ramo da economia que produz *mercadorias*. Esse processo de especialização que separa os diversos tipos de processamento de produtos, criando um número cada vez maior de ramos da indústria, manifesta-se também na agricultura, criando zonas agrícolas especializadas (e sistemas de economia agrária)[2], originando a troca não apenas de produtos da agricultura e da indústria, mas também dos diferentes produtos da

---

[1] Karl Marx, *O capital: crítica da economia política*, Livro III: *O processo global da produção capitalista* (trad. Rubens Enderle, São Paulo, Boitempo, 2017), p. 699. Grifos nossos, assim como nas demais citações, exceto quando dito o contrário.

[2] Assim, por exemplo, I. A. Stebut, em seus *Fundamentos da cultura do campo*, distingue os sistemas de economia na agricultura de acordo com o principal produto destinado ao mercado. São três os principais sistemas de economia: 1) cultivo do campo (cerealista, segundo a expressão do senhor A. Skvortsov); 2) criação de gado (o principal produto de mercado são os produtos da pecuária); 3) fabril (técnica, segundo a expressão do senhor Skvortsov) – o principal produto de mercado são os produtos agrícolas submetidos a processamento técnico. Ver A. Skvortsov, *Влияние парового транспорта на сельское хозяйство* [Impacto do transporte a vapor na agricultura] (Varsóvia, 1890), p. 68 e seg.

economia rural. Essa especialização da agricultura *mercantil* (e capitalista) manifesta-se em todos os países capitalistas, manifesta-se na divisão internacional do trabalho, manifesta-se na Rússia pós-reforma, como mostraremos em detalhes adiante.

Assim, a divisão social do trabalho é a base de todo o processo de desenvolvimento da economia mercantil e do capitalismo. É, portanto, natural que nossos teóricos do populismo, ao declararem esse último processo resultado de medidas artificiais, resultado de "desvios de caminho" e assim por diante, tentem encobrir o fato da divisão social do trabalho na Rússia ou diminuir o significado desse fato. O senhor V. V., em seu artigo "Divisão do trabalho agrícola e industrial na Rússia", "negou" que haja na Rússia "o domínio do princípio da divisão social do trabalho", declarou que, entre nós, a divisão social do trabalho "não surgiu das profundezas da vida do povo, mas tentou-se enfiá-la de fora"[3]. O senhor N.*, em seus *Ensaios sobre nossa economia social pós-reforma*, refletiu da seguinte maneira acerca do aumento da quantidade de trigo colocada à venda: "Esse fenômeno poderia significar que a produção de trigo é distribuída de maneira mais uniforme pelo Estado, que agora o pescador de Arcangel come o trigo de Samara, enquanto o agricultor de Samara guarnece sua refeição com o peixe de Arcangel. *Na realidade, porém, não acontece nada semelhante*"[4]. Sem quaisquer dados, contrariando fatos notórios, decreta-se diretamente a ausência de divisão social do trabalho na Rússia! A teoria populista sobre a "artificialidade" do capitalismo na Rússia não poderia ser construída de outra forma senão negando ou declarando "artificial" a própria base de toda a economia mercantil: a divisão social do trabalho.

---

[3] V. V., "Разделение труда земледельческого и промышленного в России" [Divisão do trabalho agrícola e industrial na Rússia], *Viéstnik Evrópy* [Mensageiro da Europa], 1884, n. 7, p. 347 e 338.

[*] Nikolai F. Danielson (1844-1918), também conhecido como Nikolai-on ou N-on. Nesta tradução, optou-se pela forma "N.". (N. T.)

[4] N., *Очерки нашего пореформенного общественного хозяйства* [Ensaios sobre nossa economia social pós-reforma] (São Petersburgo, 1893), p. 37.

2. O CRESCIMENTO DA POPULAÇÃO INDUSTRIAL EM RELAÇÃO À AGRÍCOLA

Uma vez que, na época anterior à economia mercantil, a indústria manufatureira unia-se à extrativista, e que à frente desta última estava a agricultura, o desenvolvimento da economia mercantil representa a separação da agricultura de um ramo da indústria após o outro. A população de um país de economia subdesenvolvida (ou não desenvolvida em absoluto) é quase exclusivamente agrícola; isso, contudo, não deve nos levar a entender que a população se ocupa apenas da agricultura: significa somente que a população ocupada com a agricultura transforma ela mesma os produtos da agricultura, que a troca e a divisão do trabalho são quase ausentes. O desenvolvimento da economia significa, consequentemente, *eu ipso*, a separação de uma parte cada vez maior da população da agricultura, ou seja, o crescimento da população industrial em relação à agrícola.

> *É da natureza do modo de produção capitalista que este reduza continuamente a população agrícola em relação à população não agrícola*, porquanto na indústria (no sentido mais estrito) o crescimento do capital constante, em relação ao variável, está ligado ao crescimento absoluto – embora ele signifique um decréscimo relativo – do capital variável, ao passo que na agricultura diminui em termos absolutos o capital variável requerido para a exploração de um terreno determinado, ou seja, que tal capital só pode crescer na medida em que novas terras forem cultivadas, o que, por sua vez, pressupõe um crescimento ainda maior da população não agrícola.[5]

Sendo assim, é impossível imaginar o capitalismo sem o crescimento da população industrial em relação à agrícola, e todos sabem que esse fenômeno é mais pronunciado em países capitalistas. É quase desnecessário demonstrar que essa circunstância tem uma importância enorme na questão do mercado interno, pois está indissoluvelmente ligada à evolução da indústria e da agricultura; a formação de centros industriais, seu aumento em número e seu poder de atração sobre a população não podem deixar de exercer a mais profunda influência sobre toda a estrutura do campo, não

---

[5] Karl Marx, *O capital*, Livro III, cit., p. 698-9.

podem deixar de provocar o crescimento da agricultura mercantil e capitalista. Ainda mais notável é o fato de que os representantes da economia populista ignoram completamente essa lei, tanto em suas reflexões teóricas quanto em suas reflexões sobre o capitalismo na Rússia[6]. As teorias dos senhores V. V. e N. sobre a questão do mercado interno para o capitalismo omitem um detalhe fundamental: o desvio da população da agricultura para a indústria e a influência desse fato na agricultura[7].

3. A RUÍNA DOS PEQUENOS PRODUTORES

Até aqui, abordamos a simples produção de mercadorias. Passemos agora à produção capitalista, ou seja, suponhamos que, em vez de simples produtores de mercadorias, temos diante de nós, por um lado, os detentores dos meios de produção e, por outro, o trabalhador assalariado, que vende sua força de trabalho. A passagem do pequeno produtor para o trabalhador assalariado supõe a perda de seus meios de produção (terra, instrumentos de trabalho, oficina e assim por diante), ou seja, seu "empobrecimento", sua "ruína". Trata-se da concepção de que essa ruína "reduz o poder de compra da população", "reduz o mercado interno" para o capitalismo[8]. Aqui não referimos dados concretos sobre o decurso desse processo na Rússia; nos próximos capítulos, examinaremos esses dados com mais detalhes. No presente, a questão se coloca de maneira puramente teórica, ou seja, a produção mercantil em geral, quando se converte em capitalista. Os autores indicados também colocam a questão de maneira teórica, ou seja, a partir do simples

---

[6] Sobre as particularidades da manifestação dessa lei na Rússia, falaremos em detalhes no capítulo VIII deste volume.

[7] Sublinhamos a mesma atitude dos românticos europeus e dos populistas russos em relação à questão do crescimento da população industrial no artigo "К характеристике экономического романтизма. Сисмонди и наши отечественные сисмондисты" [Para uma caracterização do romantismo econômico: Sismondi e nossos sismondistas nacionais] (ver *Сочинения* [Obras], v. 2, 5. ed.)

[8] Senhor N., *Очерки нашего пореформенного общественного хозяйства*, cit., p. 185; ver também p. 203, 275, 287, 339-40 e outras. O senhor V. V. expressa o mesmo ponto de vista na maioria de suas obras.

fato da ruína dos pequenos produtores, eles chegam à conclusão da redução do mercado interno. Tal concepção está de todo errada, e sua persistência em nossa literatura econômica pode ser explicada apenas pelos preconceitos românticos do populismo[9]. Esquecem-se de que a "libertação" de uma parte dos produtores dos meios de produção pressupõe necessariamente que estes últimos passem para outras mãos, que se convertam em capital; pressupõe, como consequência, que os novos detentores desses meios de produção produzam na forma de mercadoria aqueles produtos que antes eram para o consumo do próprio produtor, ou seja, amplia-se o mercado interno; pressupõe que, ao ampliar sua produção, esses novos detentores levam para o mercado a demanda de novas ferramentas, de matérias-primas, de meios de transporte, e assim por diante, bem como de produtos de consumo (o enriquecimento desses novos detentores, como seria de esperar, pressupõe, ainda, o crescimento de seu consumo). Esquecem-se de que, para o mercado, o bem-estar do produtor não tem nenhuma importância, mas, sim, a disponibilidade de seus meios monetários; o declínio do bem-estar do camponês patriarcal, que antes era predominantemente de subsistência, é perfeitamente compatível com o aumento da quantidade de meios monetários em suas mãos, pois quanto mais o camponês é arruinado, mais é obrigado a recorrer à venda de sua força de trabalho, maior é a fração de meios de subsistência (ainda que mais escassos) que ele deve adquirir no mercado. "Com a liberação de parte da população rural [da terra], liberam-se também seus meios alimentares anteriores. Estes se transformam, agora, em elemento material do capital variável [capital despendido na compra da força de trabalho]."[10] "A expropriação e a expulsão de parte da população rural não só liberam trabalhadores para o capital industrial, e com eles seus meios de subsistência e seu material de trabalho, mas criam também o mercado interno."[11] Dessa maneira, do ponto de vista teórico-abstrato, a ruína do pequeno produtor

[9] Ver o artigo indicado na nota 7.

[10] Karl Marx, *O capital: crítica da economia política*, Livro I: *O processo de produção do capital* (trad. Rubens Enderle, São Paulo, Boitempo, 2013), p. 816.

[11] Ibidem, p. 818.

na sociedade de economia mercantil e no capitalismo significa exatamente o oposto do que desejam concluir os senhores N. e V. V.: significa a criação, não a redução, do mercado interno. Que esse mesmo senhor N., que declara *a priori* que a ruína dos pequenos produtores russos significa a redução do mercado interno, cite as afirmações contrárias de Marx aqui incluídas[12], isso apenas demonstra a notável capacidade desse autor de contradizer-se pelas citações de O *capital*.

4. A TEORIA POPULISTA DA IMPOSSIBILIDADE DE REALIZAR O MAIS-VALOR

Outra questão da teoria do mercado interno consiste no seguinte. Sabe-se que o valor de um produto na produção capitalista decompõe-se em três partes: 1) a primeira compensa o capital constante, ou seja, o valor que já existia antes sob a forma de matérias-primas e materiais auxiliares, máquinas e ferramentas de produção etc. e que só se reproduz em determinada parte do produto acabado; 2) a segunda parte compensa o capital variável, ou seja, compensa a manutenção do operário; e, finalmente, 3) a terceira parte constitui o mais-valor, que pertence ao capitalista. Costuma-se aceitar (expusemos essa questão no espírito dos senhores N. e V. V.) que a realização (ou seja, a presença de um equivalente correspondente, a venda no mercado) das duas primeiras partes não apresenta dificuldade, pois a primeira vai para a produção, enquanto a segunda vai para o consumo da classe operária. Mas como se realiza a terceira parte, o mais-valor? Ela não pode ser consumida integralmente pelos capitalistas! E nossos economistas chegam à conclusão de que "a saída para a dificuldade" da realização do mais-valor é a "aquisição de mercado externo"[13]. A necessidade de mercado externo para uma

---

[12] N., *Очерки нашего пореформенного общественного хозяйства*, cit., p. 71 e 114.

[13] Ibidem, seção II, § XV em geral e p. 205 em particular; V. V., "Излишек снабжения рынка товарами" [Oferta excedente de mercadorias no mercado], em *Отечественных Записках* [*Anais pátrios*], de 1883, e *Очерки теоретической экономии* [Ensaios de economia teórica] (São Petersburgo, 1895), p. 179 e seg.

nação capitalista explica-se, segundo os autores citados, pelo fato de que os capitalistas não podem realizar seus produtos de outra forma. Na Rússia, o mercado interno se reduz em consequência da ruína do campesinato e em consequência da impossibilidade de realizar o mais-valor sem o mercado externo, e o mercado externo é inacessível a um país jovem, que se lançou demasiado tarde no caminho do desenvolvimento capitalista – e eis que a falta de fundamento e o caráter natimorto do capitalismo russo são dados como demonstrados com base em algumas considerações aprioristicas (e, ademais, teoricamente incorretas)!

Pelo visto, ao tecer considerações sobre a realização, o senhor N. tinha em mente os estudos de Marx sobre o tema (ainda que não mencione sequer uma palavra sobre Marx nessa passagem de seus *Ensaios*), mas não o compreendeu e distorceu-o até que se tornasse irreconhecível, como veremos agora. Por isso, aconteceu o fato curiosíssimo de suas opiniões coincidirem em tudo que é essencial com as opiniões de V. V., o qual não se pode de modo algum acusar de "incompreensão" da teoria, pois seria a maior injustiça suspeitar de que tenha até mesmo o mínimo conhecimento acerca dela. Ambos os autores expõem suas doutrinas como se fossem os primeiros a falar desse assunto, que teriam chegado "pela própria inteligência" a determinadas soluções; ambos ignoram da maneira mais solene as reflexões dos velhos economistas sobre essa questão, e ambos repetem os velhos erros refutados de maneira exaustiva no Livro II de *O capital*[14]. Ambos os autores reduzem a questão sobre a realização do produto à realização do mais-valor, imaginando, evidentemente, que a realização do capital constante não apresenta dificuldades. Essa concepção ingênua contém em si o erro mais profundo do qual derivam os demais erros da doutrina populista sobre a realização. Na verdade, a dificuldade da questão em explicar a realização consiste justamente na explicação da realização do capital constante. Para ser realizado, o capital constante deve ser direcionado

---

[14] É particularmente surpreendente a audácia do senhor V. V., que ultrapassa todos os limites do que é admissível na literatura. Ao expor sua doutrina e demonstrando total desconhecimento do Livro II de *O capital*, que trata justamente da realização, o senhor V. V. declara, sem fundamento, que "utiliza para suas formulações" justamente as teorias de Marx!! Ver *Очерки теоретической экономии*, ensaio III: "Капиталистический закон [*sic*!?!] производства, распределения и потребления" [A lei capitalista [*sic*!?!] da produção, da distribuição e do consumo], p. 162.

outra vez para a produção, e isso só é imediatamente viável para o capital cujo produto consiste nos meios de produção. Se, porém, o produto que compensa a parte constante do capital consiste em bens de consumo, sua circulação direta para a produção é impossível, é fundamental *a troca* entre a subdivisão da produção social, que produz os meios de produção, e aquela que produz os bens de consumo. Nesse ponto, reside toda a dificuldade da questão, *que não foi notada* por nossos economistas. O senhor V. V. apresenta a coisa, em geral, como se o objetivo da produção capitalista não fosse a acumulação, mas o consumo, discorrendo profundamente sobre o fato de que "cai nas mãos de uma minoria uma massa de objetos materiais que excede a capacidade de consumo do organismo" [*sic*!] "no atual momento de seu desenvolvimento"[15], "não é a modéstia e a temperança dos fabricantes a causa do excedente de produtos, mas a limitação ou a insuficiente elasticidade do organismo humano [!!], que não consegue ampliar sua capacidade de consumo tão depressa quanto se dá o crescimento do mais-valor"[16]. O senhor N. tenta apresentar o assunto como se não considerasse o consumo o objetivo da produção capitalista, como se desse atenção ao papel e ao significado dos meios de produção na questão da realização; na verdade, ele não compreendeu o processo de circulação e reprodução de todo o capital social, enredando-se em uma série de contradições. Não nos deteremos em todas essas contradições[17], seria tarefa demasiado ingrata (já cumprida parcialmente pelo senhor Bulgákov[18] em seu livro *O mercado na produção capitalista*)[19]; além disso, para provar a avaliação dessas reflexões do senhor N., basta examinar sua conclusão definitiva, a saber, de que o mercado externo é a saída para a dificuldade da realização do mais-valor. Essa conclusão dele (em essência, simples repetição da conclusão

---

[15] V. V., *Очерки теоретической экономии*, cit., p. 149.

[16] Ibidem, p. 161.

[17] Ver p. 203-5 dos ensaios do senhor N.

[18] Não seria supérfluo recordar ao leitor contemporâneo que o senhor Bulgákov, bem como os senhores Struve e Tugan-Baranóvski, citados amiúde mais adiante, tentaram ser marxistas em 1899. Atualmente, todos eles se transformaram de prósperos "críticos de Marx" a vulgares economistas burgueses. [Nota da 2ª edição].

[19] S. Bulgákov, *О рынках при капиталистическом производстве* [Sobre os mercados na produção capitalista] (Moscou, 1897), p. 237-45.

do senhor V. V.) demonstra, da maneira mais evidente, que ele não compreendeu a realização do produto na sociedade capitalista (ou seja, a teoria do mercado interno) nem o papel do mercado externo. Com efeito, será que há ao menos um grãozinho de bom senso nessa introdução do mercado externo na questão da "realização"? A questão da realização é como encontrar no mercado, para cada parte do produto capitalista, segundo seu valor (capital constante, capital variável e mais-valor) e sua forma material (meios de produção, bens de consumo, em particular artigos de primeira necessidade e artigos de luxo), a outra parte do produto que a substitua. Está claro que, ao mesmo tempo, o mercado externo deve ser abstraído, pois sua introdução não faz avançar sequer um fio de cabelo na solução da questão, mas apenas a atravanca, transferindo a questão de um único país para vários países. O mesmo senhor N., que encontrou no mercado externo a "saída para a dificuldade" da realização do mais-valor, reflete da seguinte maneira, por exemplo, sobre o salário: com a parte do produto anual que os produtores diretos, os operários, recebem na forma de salário, "pode-se tirar de circulação apenas a parte dos meios de subsistência que, em valor, seja equivalente à soma bruta do salário"[20]. É de se perguntar como nosso economista sabe que os capitalistas de um dado país produzirão precisamente tantos meios de subsistência e precisamente de qual qualidade para que possam ser realizados pelo salário? Como sabe que é possível fazer isso sem o mercado externo? É evidente que não pode sabê-lo, que simplesmente descartou a questão do mercado externo, pois na reflexão sobre a realização do capital variável é importante a substituição de parte do produto por outra e não importa de modo algum se essa substituição ocorrerá no interior de um ou de dois países. Contudo, em relação ao mais-valor, recua diante dessa premissa fundamental e, em vez de resolver a questão, esquiva-se dela, falando em mercado externo. A venda do produto no mercado externo requer uma explicação, ou seja, encontrar um equivalente para a parte vendida do produto, encontrar a outra parte do produto capitalista capaz de substituir a primeira. Eis por que Marx diz, ainda, que "devemos abstrair por completo" o mercado exterior, o comércio exterior,

---

[20] N., *Очерки нашего пореформенного общественного хозяйства*, cit., p. 203.

na análise da questão da realização, porque "a introdução do comércio exterior na análise do valor-produto anualmente reproduzido só pode confundir, sem contribuir com nenhum elemento novo, nem para o problema, nem para a sua solução"[21]. Os senhores V. V. e N. imaginavam ter feito uma avaliação profunda das contradições do capitalismo, apontando a dificuldade para a realização do mais-valor. Na verdade, avaliaram as contradições do capitalismo de maneira extremamente superficial, pois para falar das "dificuldades" de realização, das crises que daí surgem etc., é preciso reconhecer que essas "dificuldades" não apenas são possíveis, como são necessárias a todas as partes do produto capitalista, não apenas ao mais-valor. Dificuldades desse tipo, que dependem da desproporcionalidade da distribuição dos distintos ramos da produção, surgem constantemente não só na realização do mais-valor, mas também na realização do capital variável e do capital constante; não só na realização do produto em bens de consumo, mas também nos meios de produção. Sem essa "dificuldade" e sem crises em geral, não pode existir produção capitalista, produção de produtores isolados para um mercado que lhes é desconhecido.

5. CONCEPÇÕES DE A. SMITH SOBRE A PRODUÇÃO E A CIRCULAÇÃO DE TODO O PRODUTO SOCIAL NA SOCIEDADE CAPITALISTA E A CRÍTICA DE MARX A ESSAS CONCEPÇÕES

Para compreender a doutrina da realização, devemos começar por Adam Smith, que colocou as bases de uma teoria equivocada sobre essa questão, a qual reinou absoluta na economia política até Marx. A. Smith dividia o preço da mercadoria apenas em duas partes: capital variável (salário, de acordo com a sua terminologia) e mais-valor (ele não juntava "lucro" e "renda", de modo que considerava propriamente três partes no fim)[22]. Exatamente

---

[21] Karl Marx, *O capital: crítica da economia política*, Livro II: *O processo de circulação do capital* (trad. Rubens Enderle, São Paulo, Boitempo, 2014), p. 575.

[22] Adam Smith, *An Inquiry into the Nature and Causes of the Wealth of Nations*, Livro I (4. ed., Londres, 1801), cap. 6, p. 75; ed. russa: *Исследование о природе и причинах богатства народов*, v. I (trad. Peter Bibikov,

da mesma maneira, dividia todo o conjunto de mercadorias, todo o produto anual da sociedade nessas mesmas partes, e referia-se diretamente ao "rendimento" das duas classes da sociedade: os operários e os capitalistas (empresários e proprietários de terra, para Smith)[23].

Em que se baseia a omissão da terceira parte do valor, o capital constante? Adam Smith não pôde deixar de ver essa parte, porém acreditava que ela consistia também do salário e do mais-valor. Eis como ele refletiu acerca desse assunto:

> No preço do trigo, por exemplo, uma parte paga a renda devida ao dono da terra, uma outra paga os salários ou manutenção dos trabalhadores e do gado empregado na produção do trigo, e a terceira paga o lucro do responsável pela exploração da terra. Essas três partes perfazem, diretamente ou em última análise, o preço total do trigo. Poder-se-ia talvez pensar que é necessária uma quarta parte, para substituir o capital do responsável direto pela exploração da terra ou para compensar o desgaste do gado empregado no cultivo e o desgaste de outros equipamentos agrícolas. Todavia, deve-se considerar que o próprio preço e qualquer equipamento ou instrumento agrícola, por exemplo de um cavalo utilizado no trabalho, se compõe também ele dos mesmos três itens enumerados [...] [a saber: renda, lucro e salário]. Eis por que, embora o preço do trigo possa pagar o preço e a manutenção do cavalo, o preço total continua a desdobrar-se, diretamente ou em última análise, nos três componentes: renda da terra, trabalho* e lucros.[24]

Marx adjetiva essa teoria de Smith como "impressionante". "Sua prova consiste simplesmente na repetição da mesma afirmação."[25] Smith "nos remete de Pôncio a Pilatos"[26]. Ao falar que o *próprio* preço dos equipamentos agrícolas se divide nessas mesmas três partes, Smith se esquece de acrescentar:

São Petersburgo, 1866), p. 171 [ed. bras.: *A riqueza das nações: investigação sobre sua natureza e suas causas*, trad. Luiz João Baraúna, São Paulo, Abril Cultural, 1996, coleção Os Economistas, p. 103-4].

[23] Ibidem, p. 78; ed. russa: p. 174 [ed. bras.: p. 111].

* Na edição russa, "salário". (N. T.)

[24] Adam Smith, *An Inquiry into the Nature and Causes of the Wealth of Nations*, Livro I, cit., p. 75-6; ed. russa: p. 171 [ed. bras.: p. 103-4].

[25] Karl Marx, *O capital*, Livro II, cit., p. 475.

[26] Idem, *O capital*, Livro I, cit., p. 665.

e também do preço dos meios de produção que são utilizados para a fabricação desses instrumentos. A exclusão equivocada da parte constante do capital do preço do produto em A. Smith (e nos economistas posteriores) está ligada à compreensão equivocada da acumulação na economia capitalista, ou seja, da ampliação da produção, da conversão do mais-valor em capital. Também aqui A. Smith omitiu o capital constante, supondo que a parte do mais-valor que se acumula, convertida em capital, é toda empregada nos trabalhadores produtivos, ou seja, vai inteiramente para o salário, quando, na verdade, a parte acumulada do mais-valor é gasta no capital constante (instrumentos de produção, matérias-primas e materiais auxiliares) mais o salário. Ao criticar essa concepção de Smith (e também de Ricardo, Mill e outros) no Livro I de *O capital* (seção VII: "O processo de acumulação do capital", capítulo 22: "Transformação de mais-valor em capital", item 2: "Concepção errônea, por parte da economia política, da reprodução em escala ampliada"), Marx anuncia que : no Livro II "será demonstrado que o dogma de A. Smith, herdado por todos os seus sucessores, impediu a economia política até mesmo do mecanismo mais elementar do processo de reprodução social". Adam Smith incorreu nesse erro porque confundiu o valor do produto com o valor criado novamente: o último, de fato, divide-se em capital variável e mais-valor, ao passo que o primeiro inclui, além disso, o capital constante. Esse erro já foi desmascarado na análise do valor de Marx, que estabelece a diferença entre trabalho abstrato, que cria um novo valor, e trabalho concreto, útil, que reproduz o valor antes existente em uma nova forma de produto útil.

A explicação do processo de reprodução e troca de todo capital social é especialmente necessária para a resolução da questão sobre o rendimento na sociedade capitalista. É bastante interessante que A. Smith, ao falar dessa última questão, já não foi capaz de sustentar sua teoria equivocada, que exclui o capital constante de todo o produto do país.

> A renda bruta [*gross revenue*] de todos os habitantes de um grande país compreende a produção anual total de sua terra e de seu trabalho; a renda líquida [*neat revenue*] engloba o que lhes resta livre, após deduzir a despesa necessária à manutenção: primeiro, seu capital fixo; segundo, seu capital circulante; ou seja, aquilo que, sem interferir em seu capital, consegue incorporar a seu capital

58 O DESENVOLVIMENTO DO CAPITALISMO NA RÚSSIA

reservado para consumo imediato, ou gastar em sua subsistência, em suas comodidades e divertimentos.[27]

Dessa maneira, A. Smith exclui o capital de todo o produto de um país, afirmando que ele se divide em salário, lucro e renda, ou seja, receita (líquida); mas ele inclui o capital na receita bruta da sociedade, separando-o dos bens de consumo (= receita líquida). É nessa contradição que Marx pega Adam Smith: como pode haver *capital* na receita, se não havia *capital* no *produto*[28]? Sem perceber, o próprio Adam Smith reconhece as três partes constitutivas do valor de todo o produto: não apenas o capital variável e o mais-valor, mas também o capital constante. Mais adiante em suas reflexões, esbarra em outra diferença importantíssima, que tem enorme significado para a teoria da realização. Diz ele:

> É evidente que o total de despesas necessárias para manter o capital fixo deve ser excluído da renda líquida da sociedade. *Jamais podem fazer parte dessa renda líquida* os materiais necessários para suas máquinas úteis e seus instrumentos de trabalho, suas construções etc., *nem o produto do trabalho necessário para processar esses materiais*. O preço dessa mão de obra pode fazer parte da renda líquida, já que os trabalhadores assim empregados podem incorporar o valor total de seus salários em seu capital reservado para o consumo imediato.[29]

Aqui se percebe a consciência da necessidade de distinguir dois tipos de trabalho: um que fornece o bem de consumo, que entra na "receita líquida"; e outro que fornece "máquinas úteis e [seus] instrumentos de trabalho, suas construções etc.", ou seja, aqueles bens que não podem nunca entrar no consumo pessoal. Daqui é um passo para o reconhecimento de que, para explicar a realização, é incondicionalmente necessário distinguir dois tipos de consumo: o pessoal e o produtivo (= destinado à fabricação). A correção desses dois erros de Smith (a omissão do capital constante do valor do produto e a confusão entre consumo pessoal e produtivo) deu a Marx a

---

[27] Adam Smith, *An Inquiry into the Nature and Causes of the Wealth of Nations*, cit., Livro II: *Of the Nature, Accumulation, and Employment of Stock*, cap. II, p. 18; ed. russa: p. 21 [ed. bras.: p. 296].

[28] Karl Marx, *O capital*, Livro II, cit., p. 464-5.

[29] Adam Smith, *An Inquiry into the Nature and Causes of the Wealth of Nations*, Livro II, cit., cap. II, p. 18; ed. russa: v. II, p. 21 [ed. bras.: p. 296].

possibilidade de elaborar sua notável teoria da realização do produto social na sociedade capitalista.

No que se refere a outros economistas entre A. Smith e Marx, todos repetiram o erro de Adam Smith[30] e, por isso, não deram sequer um passo adiante. No debate que foi travado acerca da possibilidade de uma superprodução geral de mercadorias – Ricardo, Say, Mill etc., de um lado, e Malthus, Sismondi, Chalmers, Kirchmann etc., de outro –, permaneceram no solo da teoria equivocada de Smith e, portanto, de acordo com a justa observação do senhor S. Bulgákov, "da incorreção de saída dos pontos de vista e das formulações incorretas do próprio problema, esses debates levam apenas a palavrórios vazios e escolásticos"[31].

6. A TEORIA DA REALIZAÇÃO DE MARX

A partir do que aqui foi exposto, depreende-se que as premissas fundamentais nas quais está fundada a teoria de Marx seguem as duas seguintes teses. A primeira é a de que todo o produto de um país capitalista, assim como o produto isolado, consiste nas três partes a seguir: 1) capital variável; 2) capital constante; 3) mais-valor. Para quem está familiarizado com a análise do processo de produção do capital no Livro I de *O capital*, de Marx, essa tese é evidente. A segunda tese é a da necessidade de distinguir duas grandes subdivisões na produção capitalista, a saber: (subdivisão I) a produção dos meios de produção – os objetos que servem para o consumo produtivo, ou seja, destinados à fabricação, que não são consumidos pelas pessoas, mas pelo capital – e (subdivisão II) a produção dos bens de consumo, ou seja, os objetos destinados ao consumo individual. "Só nessa divisão, há mais sentido teórico que em todos os palavrórios

---

[30] Por exemplo, Ricardo afirma: "O produto total do solo e do trabalho de cada país divide-se em três partes: uma delas destina-se ao salário; outra, ao lucro; a terceira, à renda". *Сочинения* [Obras] (trad. Zíber, São Petersburgo, 1882), p. 221.

[31] S. Bulgákov, *O рынках при капиталистическом производстве*, cit., p. 21. Ver uma amostra desses palavrórios em Tugan-Buranóvski, *Промышленные кризисы и т. д.* [Crises industriais etc.] (São Petersburgo, 1892), p. 377-404.

anteriores sobre a teoria dos mercados."[32] A questão que se coloca é por que tal divisão dos produtos segundo sua forma natural é necessária justamente agora, na análise da reprodução do capital social, enquanto a análise da produção e da reprodução do capital individual passou ao largo de tal divisão, deixando de lado a questão da forma natural do produto. Em que bases podemos introduzir a questão da forma natural do produto na pesquisa teórica da economia capitalista, fundada inteiramente no valor de troca do produto? O fato é que, na análise da produção individual do capital, a questão sobre onde e como o produto será vendido, onde e como os trabalhadores comprarão os bens de consumo e os capitalistas comprarão os meios de produção foi posta de lado, como se não oferecesse nada para a análise e não estivesse relacionada com ela. Ali caberia considerar apenas a questão do valor dos elementos isolados da produção e o resultado da produção. Hoje em dia, porém, a questão é precisamente: onde os operários e os capitalistas obterão seus bens de consumo? Onde os capitalistas obterão os meios de produção? De que maneira o produto fabricado cobrirá todas essas demandas e possibilitará o aumento da produção? Aqui temos, consequentemente, "reposição não só de valor, como de matéria"[33], e por isso a divisão dos produtos que desempenham um papel absolutamente heterogêneo no processo da economia social é uma necessidade incondicional.

Uma vez dada atenção a essas proposições fundamentais, a questão da realização do produto social na sociedade capitalista já não apresentará dificuldade. Suponhamos, primeiro, a reprodução simples, ou seja, a repetição do processo de produção na escala anterior, a ausência de acumulação. É evidente que o capital variável e o mais-valor da subdivisão II (existente na forma de bens de consumo) realizam-se pelo consumo individual dos trabalhadores e dos capitalistas dessa subdivisão (pois a reprodução simples pressupõe que todo o mais-valor é consumido, que todo o mais-valor seja utilizado e nenhuma parte se converta em capital). Além disso, o capital variável e o mais-valor existentes na forma de meios de produção (subdivisão I), para serem realizados, devem ser trocados por bens de consumo para os capitalistas e os

---

[32] S. Bulgákov, *О рынках при капиталистическом производстве*, cit., p. 27.

[33] Karl Marx, *O capital*, Livro II, cit., p. 498.

trabalhadores envolvidos na fabricação dos meios de produção. Por sua vez, também o capital constante, existente na forma de bens de consumo (subdivisão II), não pode ser realizado senão pela troca dos meios de produção a fim de ser novamente convertido à produção no ano seguinte. Dessa maneira, obtém-se a troca de capital variável e do mais-valor nos meios de produção contido no capital constante dos bens de consumo: trabalhadores e capitalistas (na subdivisão dos bens de consumo) obtêm, assim, os meios de subsistência, e os capitalistas (na subdivisão dos bens de consumo) vendem seu produto e recebem o capital constante para uma nova produção. Nas condições da simples reprodução, essas partes intercambiáveis devem ser iguais entre si: a soma do capital variável e do mais-valor nos meios de produção deve ser igual ao capital constante dos bens de consumo. Ao contrário, supondo-se a reprodução em escala crescente, ou seja, a acumulação, a primeira grandeza deve ser maior que a segunda, porque deve haver excedente dos meios de produção para o início de uma *nova* produção. Voltemos, todavia, à reprodução simples. Restava-nos, ainda, a parte não realizável do produto social, a saber, o capital constante dos meios de produção. Ele se realiza, em parte, pela troca entre os capitalistas dessa subdivisão (por exemplo, o carvão é trocado pelo ferro, pois cada um desses produtos serve como material necessário ou ferramenta para a produção do outro) e, em parte, pela conversão direta na produção (por exemplo, o carvão extraído para conversão para a produção nessa mesma empresa para nova extração de carvão; a semente para a agricultura etc.). No que se refere à acumulação, seu ponto de partida é, como vimos, o excedente dos meios de produção (que são tomados do mais-valor dos capitalistas dessa subdivisão), o qual demanda também a conversão em capital de parte do mais-valor dos bens de consumo. Consideramos supérfluo examinar detalhadamente a questão de como essa produção suplementar se associará à reprodução simples. Em nossa tarefa, não se inclui um exame especial da teoria da realização, mas, para esclarecer os erros dos economistas populistas e para que seja possível chegar a certas conclusões teóricas sobre o mercado interno, o que foi dito aqui basta[34].

---

[34] Ver Karl Marx, *O capital*, Livro II, seção III, em que se estudam tanto a acumulação quanto a divisão dos objetos em artigos de necessidade e artigos de luxo, bem como a circulação monetária e o desgaste do capital fixo etc. Para os leitores que não têm a possibilidade de conhecer o Livro II

Para a questão que nos interessa acerca do mercado interno, a principal conclusão da teoria da realização de Marx é a seguinte: o crescimento da produção capitalista e, consequentemente, do mercado interno dá-se à custa não tanto dos bens de consumo quanto dos meios de produção. Dito de outro modo: o crescimento da produção supera o crescimento dos bens de consumo. Com efeito, vimos que o capital constante nos bens de consumo (subdivisão II) é trocado por capital variável + mais-valor nos meios de produção (subdivisão I). Mas, pela lei geral da produção capitalista, o capital constante cresce mais depressa que o variável. Portanto, o capital constante dos bens de consumo deve crescer mais rapidamente que o capital variável e o mais-valor nos bens de consumo, enquanto o capital nos meios de produção deve crescer o mais rapidamente possível, superando, ainda, o crescimento do capital variável (+ mais-valor) nos meios de produção e o capital constante nos bens de consumo. A subdivisão da produção social, que fabrica os meios de produção, deve, portanto, crescer mais depressa que aquela que fabrica os bens de consumo. Dessa maneira, o crescimento do mercado interno para o capitalismo é, até certo ponto, "independente" do aumento do consumo individual, verificando-se mais à custa do consumo produtivo. Mas seria um erro compreender essa "independência" no sentido de completo isolamento do consumo produtivo e do pessoal: o primeiro pode e deve crescer mais rapidamente que o segundo (daí sua "independência" ser limitada), mas é evidente que, no fim das contas, o consumo produtivo permanece sempre ligado ao consumo individual. Marx diz a esse respeito:

> Como já vimos (Livro II, seção III [p. 526-9 e 533-7]), ocorre uma circulação contínua entre capital constante e capital constante [Marx tem em mente o capital constante nos meios de produção, realizado pela troca entre os capitalistas dessa subdivisão], circulação que, num primeiro momento, é independente do

---

de *O capital*, recomendamos a exposição da teoria marxista da realização feita no livro citado do senhor S. Bulgákov. A exposição dele é mais satisfatória que a do senhor M. Tugan-Baranóvski (*Промышленные кризисы и т. д.*, cit., p. 407-38), que faz um desvio muito infeliz de Marx na elaboração de seus esquemas e esclarece de maneira insatisfatória a teoria de Marx; é mais satisfatória também que a exposição do senhor Skvortsov (*Основания политической экономии* [Fundamentos de economia política], São Petersburgo, 1898, p. 281-95), que sustenta pontos de vista incorretos acerca de questões muito importantes referentes a lucro e renda.

consumo individual, porquanto ela jamais entra neste último. Esse consumo limita definitivamente a circulação, uma vez que a produção de capital constante jamais é um objetivo em si mesmo, mas se dá apenas porque uma quantidade maior de capital constante se faz necessária naquelas esferas da produção cujos produtos entram no consumo individual.[35]

Esse maior emprego de capital produtivo nada mais é que uma maior elevação do desenvolvimento das forças produtivas, expressa em termos de valor de troca, pois a principal parte dos "meios de produção" em rápido desenvolvimento consiste em materiais, máquinas, equipamentos, estruturas e todos os tipos de mecanismo para a grande produção, especialmente a mecanizada. É natural, portanto, que a produção capitalista, ao desenvolver as forças produtivas da sociedade, ao criar a grande produção e a indústria mecanizada, distinga-se também pela ampliação particular da parte da riqueza social que consiste nos meios de produção...

A distinção entre a sociedade capitalista e o selvagem não se encontra, como imagina Senior, no fato de o selvagem dispor do privilégio e ostentar o atributo de despender seu trabalho durante certo tempo, sem que este lhe proporcione frutos decomponíveis (conversíveis) em renda, isto é, em meios de consumo. Antes, a distinção consiste no seguinte:

a) A sociedade capitalista emprega uma parcela maior de seu trabalho anual disponível na produção de meios de produção (*ergo*, na produção de capital constante), os quais não são decomponíveis em renda nem sob a forma de salário, nem sob a do mais-valor, mas que podem atuar apenas como capital.

b) Quando o selvagem faz arcos, flechas, martelos de pedra, machados, cestos etc., ele sabe perfeitamente que o tempo assim despendido não foi empregado na confecção de meios de consumo; está consciente, portanto, de que satisfez sua necessidade de meios de produção e nada mais.[36]

Essa "clara consciência" da relação com a produção foi perdida na sociedade capitalista em decorrência do fetichismo a ela inerente, que representa as relações sociais entre as pessoas na forma de relações de produtos – decorrente da transformação do produto em mercadoria, produzida para

---

[35] Karl Marx, *O capital*, Livro III, cit., p. 347-8.

[36] Idem, *O capital*, Livro II, cit., p. 542-3.

um consumidor desconhecido, a ser realizada em um mercado desconhecido. E, como para o empresário individual é absolutamente indiferente *o gênero* do objeto por ele produzido – qualquer produto oferece "rendimento" –, esse mesmo ponto de vista superficial, individualista, foi assimilado pelos economistas teóricos em relação a toda a sociedade e impediu a compreensão do processo de reprodução de todo o produto social na economia capitalista.

O desenvolvimento da produção (e, por consequência, do mercado interno), ainda mais à custa dos meios de produção, parece paradoxal e representa, sem dúvida, uma contradição. É a verdadeira "produção para a produção", a expansão da produção sem a corresponde expansão do consumo. Mas não é uma contradição da doutrina, e sim da vida real; é justamente tal contradição que corresponde à própria natureza do capitalismo e às demais contradições desse sistema de economia social. É justamente essa ampliação da produção sem a ampliação correspondente do consumo que corresponde à missão histórica do capitalismo e à sua estrutura social específica: a primeira consiste no desenvolvimento das forças produtivas da sociedade; a segunda exclui da utilização dessas conquistas técnicas a massa da população. Entre a tendência ilimitada à ampliação da produção, inerente ao capitalismo, e o consumo limitado das massas populares (limitado em decorrência de sua condição proletária) existe, sem dúvida, uma contradição. É justamente essa contradição que Marx constata nas teses que os populistas citam de bom grado a fim de confirmar suas concepções sobre a suposta redução do mercado interno, o caráter não progressista do capitalismo, e assim por diante. Eis algumas dessas teses:

> Contradição no modo de produção capitalista: os trabalhadores, como compradores de mercadorias, são importantes para o mercado. Mas como vendedores de sua mercadoria – a força de trabalho –, a sociedade capitalista tem a tendência de reduzi-los ao mínimo do preço.[37]

> As condições [...] da realização [...] estão limitadas [...] pela proporcionalidade entre os diversos ramos de produção e pela capacidade de consumo da socieda-

---

[37] Ibidem, p. 412, nota 32.

OS ERROS TEÓRICOS DOS ECONOMISTAS POPULISTAS **65**

de. [...] Quanto mais se desenvolve a força produtiva, mais ela entra em conflito com a base estreita sobre a qual repousam as relações de consumo.[38]

Os limites nos quais unicamente se podem mover a conservação e a valorização do valor de capital, as quais se baseiam na expropriação e no empobrecimento da grande massa dos produtores, entram assim constantemente em contradição com os métodos de produção que o capital tem de empregar para seu objetivo e que apontam para um aumento ilimitado da produção, para a produção como fim em si mesmo, para um desenvolvimento incondicional das forças produtivas sociais do trabalho. [...] Assim, se o modo de produção capitalista é um meio histórico para desenvolver a força produtiva material e criar o mercado mundial que lhe corresponde, ele é, ao mesmo tempo, a constante contradição entre essa sua missão histórica e as relações sociais de produção correspondentes a tal modo de produção.[39]

A razão última de todas as crises reais é sempre a pobreza e a restrição ao consumo das massas em contraste com o ímpeto da produção capitalista a desenvolver as forças produtivas como se estas tivessem seu limite apenas na capacidade absoluta de consumo da sociedade.[40]

Em todas essas teses, constata-se a contradição apontada entre a tendência ilimitada de expandir a produção e o consumo limitado – nada mais[41]. Não há nada mais sem sentido que concluir, a partir dessas passagens de *O capital*, que Marx não admitia a possibilidade de realizar o mais-valor na

---

[38] Idem, *O capital*, Livro III, cit., p. 384.

[39] Ibidem, p. 289-90.

[40] Ibidem, p. 541. Precisamente essa passagem cita o famoso (famoso à maneira de Heróstrato) Eduard Bernstein em suas *Die Voraussetzungen* etc. [Premissas do socialismo] (Stuttgart, 1899, p. 67). Evidentemente, nosso oportunista, que está se afastando do marxismo rumo à economia burguesa, apressou-se em afirmar que isso é uma contradição da teoria das crises de Marx, que tal e tal ponto de vista de Marx "não difere muito daquele de Rodbertus". A bem da verdade, as "contradições" estão somente entre as pretensões de Bernstein, de um lado, e seu inconcebível ecletismo e sua relutância em encarar a teoria de Marx, de outro. Até que ponto Bernstein não entendeu a teoria da realização fica evidente em seu curioso raciocínio segundo o qual um grande crescimento da massa de mais-produto deve significar *necessariamente* um crescimento do número de abastados (ou a elevação do bem-estar dos trabalhadores), pois os próprios capitalistas, vejam bem, e seus "servidores" [*sic!*] (ibidem, p. 51-2) não podem "consumir" todo o mais-produto!! [Nota da 2ª edição.]

[41] Está errada a opinião do senhor Tugan-Baranóvski, que acredita que Marx, ao expor essas teses, cai em contradição com suas próprias análises da realização (*Mir Bóji* [Mundo de Deus], 1989, n. 6, p. 123, no artigo "Капитализм и рынок" [Capitalismo e mercado]). Não há nenhuma contradição de Marx, pois na análise da realização indica-se a ligação entre o consumo produtivo e o pessoal.

sociedade capitalista, que ele explicava as crises pelo consumo insuficiente etc. A análise da realização em Marx demonstrou que o consumo individual "limita definitivamente a circulação" entre capital constante e capital constante[42], mas essa análise demonstrou o verdadeiro caráter dessa "limitação", demonstrou que os bens de consumo desempenham um papel menor na formação do mercado interno em comparação com os meios de produção. Além do mais, não há nada mais ridículo que concluir, a partir das contradições do capitalismo, sua impossibilidade, seu caráter não progressista etc.: isso significa querer se proteger nas alturas celestiais dos sonhos românticos contra uma realidade desagradável, mas inquestionável. A contradição entre a tendência ilimitada de expansão da produção e o consumo limitado não é a única contradição do capitalismo, o qual, em geral, não pode existir e se desenvolver sem contradições. As contradições do capitalismo testemunham seu caráter historicamente transitório, elucidam as condições e as causas de sua decomposição e a passagem para uma forma superior, mas não excluem de modo algum a possibilidade do capitalismo nem seu caráter progressista, em comparação com os sistemas precedentes de economia social[43].

7. A TEORIA DO RENDIMENTO NACIONAL

Após expor as teses fundamentais da teoria de Marx sobre a realização, devemos indicar resumidamente sua enorme importância na teoria do "consumo", da "distribuição" e do "rendimento" de uma nação. Todas essas questões, em especial a última, foram até agora uma verdadeira pedra no caminho dos economistas. Quanto mais falavam e escreviam sobre isso, maior era a confusão provocada pelo erro fundamental de A. Smith. Citemos alguns exemplos dessa confusão.

É interessante notar, por exemplo, que Proudhon repetiu, em essência, aquele mesmo erro, apenas dando à velha teoria uma formulação um pouco diferente. Disse ele:

---

[42] Karl Marx, *O capital*, Livro III, cit., p. 348.

[43] Ver "К характеристике экономического романтизма", cit.

OS ERROS TEÓRICOS DOS ECONOMISTAS POPULISTAS   67

A (pelo qual se entendem todos os proprietários, empresários e capitalistas) começa uma empresa com 10 mil francos e com eles paga antecipadamente os operários, os quais devem, por isso, produzir os produtos; depois de *A* ter, dessa maneira, convertido seu dinheiro em mercadoria, ele deve, ao término da produção – por exemplo, ao fim de um ano – converter novamente as mercadorias em dinheiro. A quem ele vende sua mercadoria? Aos trabalhadores, é claro, uma vez que na sociedade existem apenas duas classes: os empresários, de um lado, e os operários, de outro. Esses operários, que recebem pelo produto de seu trabalho 10 mil francos na qualidade de salário, o qual deve ser empregado para a satisfação de suas necessidades, devem, porém, pagar mais de 10 mil francos, precisamente o suplemento recebido por *A* na forma de juros e outros lucros com os quais ele contava no início do ano: o operário só pode cobrir esses 10 mil francos por meio de empréstimo e, como consequência, ele cai em grandes dívidas e na miséria. Uma das duas coisas tem de acontecer obrigatoriamente: ou o operário pode consumir nove ao mesmo tempo que produziu dez, ou o próprio empresário irá à falência ou cairá em situação de pobreza, já que recebe juros sobre o capital, os quais, por sua vez, é obrigado a pagar.[44]

Como vê o leitor, trata-se da mesma dificuldade – como realizar o mais-valor – contra a qual se debatem os senhores V. V. e N. Já Proudhon apenas a expressou de uma forma um tanto peculiar. E essa peculiaridade de sua formulação o aproxima ainda mais de nossos populistas: eles, tal qual Proudhon, veem "dificuldade" precisamente na realização do mais-valor (juros e lucro, segundo a terminologia de Proudhon), sem compreender que a confusão, tomada de empréstimo dos velhos economistas, impede de explicar a realização não apenas do mais-valor, mas também do *capital constante*, ou seja, a "dificuldade" deles se reduz à incompreensão de todo o processo de realização do produto na sociedade capitalista.

Acerca dessa teoria de Proudhon, Marx observa com sarcasmo: "Proudhon manifesta sua incapacidade de entender isso [a saber, a realização do produto na sociedade capitalista] com a obtusa fórmula: *l'ouvrier ne peut pas racheter son propre produit* [o trabalhador não pode comprar seu

---

[44] Diehl, "Proudhon", II, 200, citado de acordo com a coletânea *Indústria*. Verbetes de *Handwörterbuch der Staatswissenschaften* (Moscou, 1896), p. 101.

68 O DESENVOLVIMENTO DO CAPITALISMO NA RÚSSIA

próprio produto], porque nele mesmo estão contidos os juros que foram agregados ao *prix-de-revient* [preço de custo]"[45].

E Marx cita a observação feita contra Proudhon por um economista vulgar, um tal de Forcade, que "generaliza corretamente a dificuldade que Proudhon só expressou sob um ponto de vista restrito", e justamente Forcade disse que o preço da mercadoria contém não só o excedente sobre o salário, o lucro, mas também a parte que repõe o capital constante. Isso quer dizer, concluiu Forcade contra Proudhon, que o capitalista não pode comprar outra vez mercadorias com seu lucro (o próprio Forcade não apenas não resolveu esse problema, como nem sequer o compreendeu).

Rodbertus também não forneceu nada sobre essa questão. Ao expor, com especial ênfase, a proposição de que "a renda da terra, o lucro sobre o capital e o salário é o rendimento"[46], Rodbertus não compreendeu em absoluto o conceito de "rendimento". Ao formular quais seriam as tarefas da economia política, caso seguisse um "método correto"[47], ele fala, ainda, da distribuição do produto nacional: "Ela (ou seja, a verdadeira 'ciência da economia *nacional*') [destaque de Rodbertus] deveria demonstrar de que maneira, de todo o produto nacional, uma parte é sempre destinada *à reposição* do capital empregado ou abatido na produção e a outra, na qualidade de *rendimento nacional*, é empregada na satisfação das necessidades imediatas da sociedade e de seus membros"[48]. Embora a verdadeira ciência devesse demonstrá-lo, a "ciência" de Rodbertus, sobre isso, nada demonstrou. O leitor pode ver que ele apenas repetiu Adam Smith palavra por palavra, e até sem perceber, pelo visto, que aqui a questão está apenas começando. Quais são os trabalhadores que "repõem" o capital nacional? Como seu produto se realiza? Quanto a isso, não disse palavra. Resumindo sua teoria (*diese neue Theorie, die ich der bisherigen gegenüberstelle* [essa nova teoria que contraponho às que existiam até aqui])[49] na forma de

---

[45] Karl Marx, *O capital*, Livro III, cit., nota 53, p. 905-6.

[46] Rodbertus-Jagetzow. *Zur Beleuchtung der sozialen Frage* [Para iluminar a questão social] (Berlim, 1875), p. 72 e seg.

[47] Ibidem, p. 26.

[48] Ibidem, p. 27.

[49] Ibidem, p. 32.

OS ERROS TEÓRICOS DOS ECONOMISTAS POPULISTAS   69

teses isoladas, Rodbertus fala, antes, sobre a distribuição do produto nacional da seguinte maneira: "A renda [sabe-se que com esse termo Rodbertus entendia o que comumente se chama mais-valor] e o salário são, consequentemente, frações nas quais se divide o produto, na medida em que este constitui o rendimento"[50]. Essa importantíssima ressalva deveria tê-lo conduzido à questão mais essencial: ele acaba de dizer que, por rendimento, entendem-se os objetos que servem para "a satisfação das necessidades imediatas". Quer dizer, existem produtos que não servem ao consumo individual. Como, pois, eles se realizam? Mas Rodbertus não nota aqui a ambiguidade e logo se esquece dessa ressalva, falando diretamente em "divisão do produto em três frações" (salário, lucro e renda)[51]. Dessa maneira, Rodbertus repetiu, em essência, a doutrina de Adam Smith, juntamente com seu erro fundamental, e também não explicou nada sobre a questão do rendimento. A promessa de uma teoria nova, completa e melhor *da distribuição do produto nacional*[52] não passou de palavras vazias. Na verdade, Rodbertus não avançou nem um passo na teoria dessa questão; quão confusas eram suas concepções sobre o "rendimento" está demonstrado por suas longas reflexões na quarta carta a Von Kirchmann[53] sobre se o *dinheiro* se refere ao rendimento nacional, se o salário é tomado do capital ou do rendimento – reflexões que, segundo Engels, "pertencem à escolástica" [Manual de ciência política][54]. Entre os economistas, reina ainda uma completa confusão sobre o rendimento nacional. Assim, por exemplo, Herkner, em seu verbete sobre as "Crises", em *Handwörterbuch der Staatswissenschaften*[55], ao falar sobre a realização do produto na sociedade capitalista (no § 5º – "distribuição"),

---

[50] Ibidem, p. 33.

[51] Ibidem, p. 49-50 e outras.

[52] Ibidem, p. 32: "*Bin ich genötigt, der vorstehenden Skizze einer besseren Methode auch noch eine vollständige, solcher besseren Methode entsprechende Theorie, wenigstens der Verteilung des Nationalproduhts, hinzuzufügen*" ["Sou obrigado a acrescentar ao esboço de um método melhor uma teoria completa correspondente a esse método melhor, pelo menos da distribuição do produto nacional." (N. T.)]

[53] Karl Marx, *O capital*, Livro I, cit., p. 84.

[54] Friedrich Engels, "Prefácio" ao Livro II de *O capital*, cit., p. 99. Por isso K. Diehl está errado quando diz que Rodbertus ofereceu "uma nova teoria da distribuição do rendimento" (*Handwörterbuch der Staatswissenschaften*, verbete "Rodbertus", t. V, p. 448).

[55] Coletânea citada, p. 81.

considera "feliz" o raciocínio de K. G. Rau, o qual, todavia, apenas repete o erro de A. Smith, dividindo todo o produto da sociedade em rendimentos. R. Meier, em seu verbete sobre o "Rendimento"[56], cita as definições confusas de A. Wagner (que também repete o erro de A. Smith) e confessa sem meias-palavras que "é difícil distinguir o rendimento do capital" e "ainda mais difícil é a diferença entre receita [*Ertrag*] e rendimento [*Einkommen*]".

Dessa maneira, vemos que os economistas que muito falaram e falam sobre a atenção insuficiente dada pelos clássicos (e por Marx) à "distribuição" e ao "consumo" não puderam sequer esclarecer o "X" das questões mais fundamentais da "distribuição" e do "consumo". E é compreensível, já que não se pode falar de "consumo" sem compreender o processo de reprodução de todo o capital social e a restituição das partes isoladas constitutivas do produto social. Com esse exemplo, confirma-se mais uma vez como é absurdo distinguir a "distribuição" e o "consumo" como ciências separadas, autônomas, correspondendo a processos e fenômenos autônomos da vida econômica. A economia política não se ocupa de modo algum da "produção", mas das relações sociais das pessoas na produção, a estrutura social da produção. Uma vez que essas relações sociais são elucidadas e analisadas até o fim, *com isso* fica definido também o lugar de cada uma das classes e, consequentemente, que fração do consumo nacional elas obtêm. E a solução desse problema diante do qual se deteve a economia política clássica e sobre o qual não fizeram avançar um fio de cabelo os vários especialistas em "distribuição" e "consumo" foi oferecida pela teoria que justamente aderiu aos clássicos e levou até o fim a análise da produção do capital, individual e social.

A questão do "rendimento nacional" e do "consumo nacional", que é absolutamente insolúvel se colocada à parte e que produziu apenas reflexões, definições e classificações escolásticas, resolve-se inteiramente quando se analisa a produção do capital social total. Além disso, essa questão deixa de existir isoladamente quando se esclarece a relação do consumo nacional com o produto nacional, e a realização de cada parte isolada desse produto. Falta apenas *dar um nome* a essas partes isoladas.

[56] *Handwörterbuch der Staatswissenschaften*, cit., p. 283 e seg.

Para não nos desviarmos em dificuldades estéreis, temos de distinguir entre, de um lado, rendimento bruto e rendimento líquido e, de outro, receita bruta e receita líquida.

Por rendimento ou produto bruto entende-se todo o produto reproduzido. [...] A receita bruta é a parte do valor – e a parcela do produto bruto medida por essa parte – que resta depois de deduzirmos da produção total a parte de valor – assim como a parcela dos produtos por ela medida – que repõe o capital constante adiantado e consumido na produção. A receita bruta é, pois, igual ao salário (ou à parte do produto destinada a reconverter-se na receita do trabalhador) + o lucro + a renda. A receita líquida, em contrapartida, é o mais-valor e, por conseguinte, o mais-produto que resta depois de deduzido o salário; portanto, ela representa, de fato, o mais-valor realizado pelo capital e que deve ser dividido com os proprietários fundiários e o mais-produto medido por esse mais-valor [e o produto excedente por ele medido].

[...] Quando se considera a receita da sociedade inteira, a receita nacional consiste em salário mais lucro mais renda, ou seja, em receita bruta. Mas isso também é uma abstração, uma vez que toda a sociedade baseada na produção capitalista se coloca do ponto de vista capitalista e, por isso, só considera como receita líquida aquela que é decomposta em lucro e renda.[57]

Dessa maneira, a elucidação do processo de realização jogou luz também sobre a questão do rendimento, resolvendo a principal dificuldade que impedia que se esclarecesse, nessa questão precisamente, de que maneira o "rendimento de um torna-se o capital de outro"? De que maneira o produto constituído de bens de consumo individual e decomposto completamente em salário, lucro e renda pode comportar, ainda, a parte constante do capital, que jamais seria rendimento? A análise da realização na seção III do Livro II de *O capital* resolveu essas questões, e Marx, na seção final do Livro III, dedicada à questão dos "rendimentos", somente precisou dar nome às partes isoladas do produto social e fazer referência a essa análise do Livro II[58].

---

[57] Karl Marx, *O capital*, Livro III, cit., p. 902-3.

[58] Ibidem, seção VII: "Os rendimentos e suas fontes", cap. 49: "Complemento à análise do processo de produção", p. 895-915. Aqui Marx indica também as circunstâncias que impediram os economistas precedentes de compreender esse processo.

8. POR QUE O MERCADO EXTERNO É NECESSÁRIO A UMA NAÇÃO CAPITALISTA?

A respeito da teoria da realização do produto na sociedade capitalista exposta previamente, pode surgir a questão: ela não contradiz a tese de que uma nação capitalista pode prescindir do mercado externo?

É preciso compreender que a análise da realização do produto na sociedade capitalista ora conduzida partiu do pressuposto da ausência de mercado externo: esse pressuposto já foi observado, e demonstrou-se essa *necessidade* por meio de tal análise. É evidente que a importação e a exportação de produtos apenas confundiriam o assunto, ajudando muito pouco a esclarecer a questão. O erro dos senhores V. V. e N. consiste em que eles trazem o mercado externo *para a explicação* da realização do mais-valor: sem nada explicar, essa indicação do mercado externo apenas encobre seu erro teórico – isso, por um lado. Por outro, permite que eles se desvencilhem, por meio dessas "teorias" equivocadas, da necessidade de *explicar* o fato do desenvolvimento do mercado interno para o capitalismo russo[59]. "O mercado externo" para eles é uma simples desculpa que obscurece o desenvolvimento do capitalismo (e, portanto, do mercado) no país; uma desculpa tanto mais cômoda quanto os poupa da necessidade de encarar os fatos que testemunham a conquista dos mercados externos pelo capitalismo russo[60].

A necessidade do mercado externo para os países capitalistas não é em absoluto determinada pelas leis da realização do produto social (e do mais-valor, em particular), mas, em primeiro lugar, pelo fato de que o capitalismo é apenas o resultado de uma *circulação* de mercadorias amplamente desenvolvida que ultrapassa as fronteiras do Estado. Por isso é impossível imaginar uma nação capitalista sem o mercado externo, e tal nação não existe.

---

[59] O senhor Bulgákov observa muito corretamente no livro citado: "Até agora, o crescimento da produção de tecido de algodão destinado ao mercado camponês realiza-se de maneira ininterrupta e, portanto, essa redução absoluta do consumo popular [do qual fala o senhor N.] é concebível apenas em teoria" (*O рынках при капиталистическом производстве*, cit., p. 214-5).

[60] Volguin, *Обоснование народничества в трудах г. Воронцова* [Fundamentos do populismo nos trabalhos do senhor Vorontsov] (São Petersburgo, 1896), p. 71-6.

Como vê o leitor, essa razão é de caráter histórico. E dela não poderiam se desvencilhar os populistas nem com um par de frases caducas sobre "a impossibilidade para os capitalistas de consumir o mais-valor". Aqui seria preciso examinar – se desejassem de fato colocar a questão do mercado externo – a história do desenvolvimento do comércio externo, a história do desenvolvimento da circulação de mercadorias. E, para examinar essa história, seria impossível, é claro, apresentar o capitalismo como um acidental desvio de curso.

Em segundo lugar, essa correspondência entre as distintas partes da produção social (segundo o valor e segundo a forma natural) que pressupunha a teoria da reprodução social do capital e que, na prática, estabelece-se somente como uma grandeza média de uma série de flutuações constantes, essa correspondência é constantemente violada na sociedade capitalista em decorrência do isolamento dos distintos produtores que trabalham para um mercado desconhecido. Os diversos ramos da indústria, que servem de "mercado" uns para os outros, não se desenvolvem de maneira uniforme, mas se sobrepõem uns aos outros, e a indústria mais desenvolvida busca o mercado externo. Isso de modo algum quer dizer "a impossibilidade para uma nação capitalista de realizar o mais-valor", como está disposto a concluir, em profunda reflexão, o populista. Indica apenas a desproporcionalidade no desenvolvimento das distintas produções. Com *outra* distribuição do capital nacional, a mesma quantidade de produtos poderia ser realizada dentro do país. Mas, para que o capital abandone um ramo da indústria e passe para outro, é necessário que haja uma crise nesse ramo, e quais causas, afinal, podem impedir os capitalistas, ameaçados por tal crise, de buscar o mercado externo? De buscar subvenções e bônus que facilitem a exportação etc.?

Em terceiro lugar, a lei dos modos de produção pré-capitalistas é a repetição do processo de produção na escala anterior, sobre as bases técnicas anteriores: tal era a economia da corveia dos latifundiários, a economia natural dos camponeses, a produção artesanal dos fabricantes. A lei da produção capitalista, pelo contrário, é a transformação constante dos meios de produção e o crescimento ilimitado da produção. Nos antigos modos de produção, as unidades econômicas podiam existir por séculos sem alterar seu caráter nem sua magnitude, sem sair dos limites dos feudos senhoriais, das aldeias camponesas ou do pequeno mercado circunvizinho movimentado pelos artífices rurais e pelos pequenos fabricantes (os assim chamados artesãos). A empresa capitalista, pelo contrário, transcende inevitavelmente as fronteiras da comunidade, do pequeno mercado, da região e, em seguida, do Estado. E uma vez que o isolamento e o insulamento dos Estados já foram violados pela circulação de mercadorias, a tendência de cada ramo da indústria capitalista leva à necessidade de "buscar o mercado externo".

Dessa maneira, a necessidade de buscar o mercado externo não prova de modo algum a inconsistência do capitalismo, como gostam de afirmar os economistas populistas. Muito pelo contrário. Essa necessidade demonstra de maneira concreta o trabalho histórico progressista do capitalismo, que viola os antigos isolamento e insulamento dos sistemas de economia (e, como consequência, a estreiteza da vida espiritual e política) e conecta todos os países do mundo em um todo econômico único.

Vimos até aqui que as duas causas da necessidade de mercado externo são também causas de caráter histórico. Para analisá-las, é preciso analisar cada ramo distinto da indústria, seu desenvolvimento no país, sua transformação em capitalista; em resumo, é preciso tomar *os fatos* do desenvolvimento do capitalismo no país – e não há nada de surpreendente no fato de os populistas se valerem da ocasião para esquivar-se desses fatos sob um dossel de frases que não se sustentam (e nada dizem) sobre a "impossibilidade" tanto do mercado interno quanto do externo.

9. CONCLUSÕES DO CAPÍTULO I

Resumiremos agora as teses até aqui examinadas e com as quais tem relação direta a questão do mercado interno.

1) O processo fundamental de criação do mercado interno (ou seja, o desenvolvimento da produção mercantil e do capitalismo) é a divisão social do trabalho. Consiste em se separarem da agricultura, um após o outro, os diferentes tipos de transformação da matéria-prima (e as diferentes operações

para essa transformação) e se formarem ramos independentes da indústria, que trocam seus produtos (agora já *mercadorias*) por produtos da agricultura. A agricultura, dessa maneira, torna-se ela própria uma indústria (ou seja, produção de mercadorias) e nela se dá o mesmo processo de especialização.

2) A conclusão direta da tese anterior é a lei de qualquer economia mercantil em desenvolvimento e, sobretudo, da capitalista de que a população industrial (ou seja, não agrícola) cresce mais rapidamente que a agrícola, a população é cada vez mais desviada da agricultura para a indústria manufatureira.

3) A separação do produtor direto dos meios de produção, ou seja, sua expropriação, marcando a transição da produção mercantil simples para a capitalista (e criando as condições necessárias para essa transição), *cria* o mercado interno. O processo dessa *criação* do mercado interno se dá por dois lados. Por um lado, *os meios de produção*, dos quais se "liberta" o pequeno produtor, convertem-se em capital nas mãos de um novo proprietário, servem para a produção de mercadorias e, consequentemente, convertem-se eles mesmos em mercadoria. Dessa maneira, mesmo a simples reprodução desses meios de produção já demanda, agora, sua compra (antes esses meios de produção eram reproduzidos em grande parte em sua forma natural e em parte eram fabricados em casa), ou seja, apresenta ao mercado os meios de produção e, em seguida, o produto, agora fabricado com a ajuda desses meios de produção, também se converte em mercadoria. Por outro lado, *os meios de subsistência* desse pequeno produtor se tornam elementos materiais do capital variável, ou seja, uma soma em dinheiro gasta pelo empresário (tanto faz se latifundiário, empreiteiro, madeireiro, fabricante etc.) na contratação de trabalhadores. Dessa maneira, esses meios de subsistência convertem-se, agora, em mercadoria, ou seja, criam o mercado interno dos bens de consumo.

4) A realização do produto na sociedade capitalista (e, por conseguinte, a realização do mais-valor) não pode ser explicada sem que se esclareça que: a) o produto social, assim como suas unidades, decompõe-se, de acordo com seu valor, em três partes, não em duas (em capital constante + capital variável + mais-valor, não apenas em capital constante + capital variável, como

ensinam Adam Smith e toda a economia política subsequente até Marx); b) por sua forma natural ele deve ser dividido em duas grandes subdivisões: os meios de produção (de consumo produtivo) e os bens de consumo (de consumo individual). Após estabelecer essas proposições fundamentais, Marx explicou plenamente a realização do produto em geral e do mais-valor em particular na produção capitalista e verificou que era um completo equívoco incluir o mercado externo na questão da realização.

5) A teoria da realização de Marx jogou luz também sobre a questão do consumo e do rendimento nacionais.

Do acima exposto fica evidente que não existe em absoluto a questão do mercado interno como questão separada e independente, não relacionada ao grau de desenvolvimento do capitalismo. É por isso que a teoria de Marx não coloca nunca, e em lugar nenhum, essa questão isoladamente. O mercado interno aparece quando aparece a economia mercantil; ele é criado pelo desenvolvimento dessa economia mercantil, e o grau de fracionamento da divisão social do trabalho determina o grau do seu desenvolvimento; ele se expande quando a economia mercantil dos produtos chega à força de trabalho, e só na medida em que esta última se converte em mercadoria é que o capitalismo abraça toda a produção do país, desenvolvendo-se principalmente à custa dos meios de produção, que na sociedade capitalista ocupam um lugar cada vez mais preponderante. O "mercado interno" para o capitalismo é criado pelo próprio capitalismo em desenvolvimento, que aprofunda a divisão social do trabalho e divide os produtores diretos em capitalistas e trabalhadores. O grau de desenvolvimento do mercado interno é o grau de desenvolvimento do capitalismo no país. É errôneo colocar a questão dos limites do mercado interno à parte da questão do grau de desenvolvimento do capitalismo (como fazem os economistas populistas).

Por isso a questão da formação do mercado interno para o capitalismo russo reduz-se à seguinte questão: de que maneira e em que direção se desenvolvem os distintos aspectos da economia nacional? Qual é a relação e a interdependência desses diferentes aspectos?

Os próximos capítulos serão dedicados ao exame dos dados que respondem a essas questões.

CAPÍTULO II
A DECOMPOSIÇÃO DO CAMPESINATO

Vimos que a base de formação do mercado interno na produção capitalista é o processo de desintegração dos pequenos proprietários em empresários e trabalhadores agrícolas. Quase todas as obras sobre a situação econômica do campesinato russo na época pós-reforma apontam para a assim chamada "diferenciação" do campesinato. Consequentemente, nossa tarefa consiste em estudar os traços fundamentais desse fenômeno e determinar seu significado. Na exposição a seguir, usaremos dados estatísticos dos censos domiciliares dos *zemstvos**.

1. DADOS ESTATÍSTICOS DO *ZEMSTVO* DA NOVA RÚSSIA**

O senhor V. Póstnikov em sua obra *A economia camponesa do sul da Rússia* (Moscou, 1891) reuniu e analisou os dados estatísticos do *zemstvo* relativos a Táurida e também, em parte, às províncias de Kherson e Ekaterinoslav. Essa obra deve estar em primeiro lugar na literatura sobre a decomposição camponesa e consideramos necessário resumir os dados do senhor Póstnikov de acordo com o sistema por nós adotado, complementando-os com dados das coletâneas dos *zemstvos*. Os estatísticos do *zemstvo* de Táurida adotaram o agrupamento de quintas camponesas de acordo com o tamanho da lavoura – um método

---

* No original: "Земско-статистические подворные переписи" (*Ziémsko-statistítcheskie podvórnye pérepissi*). O *zemstvo* é um sistema de administração local introduzido em 1864 por uma das reformas do tsar Alexandre II. Os censos domiciliares constituíram um conjunto de pesquisas socioeconômicas da situação do campesinato russo. (N. T.)

** Em russo, *Новороссия* [Novoróssia]: termo histórico utilizado para designar o território ao norte do Mar Negro, incorporado ao Império Russo como resultado das guerras russo-turcas na segunda metade do século XVIII. A região, que hoje corresponde a uma parte da Ucrânia, ao sul da Rússia e à Transnístria, na Moldávia, transformou-se de uma estepe quase inexplorada em uma potente área industrial, primeiro, no Império Russo, depois, na República Socialista Soviética da Ucrânia. (N. T.)

78 O DESENVOLVIMENTO DO CAPITALISMO NA RÚSSIA

muito bem-sucedido, que permite julgar com precisão *a economia* de cada grupo, dado que a agricultura extensiva de cereais predomina nessa localidade. Eis os dados gerais sobre os grupos econômicos do campesinato em Táurida[1].

| Grupos de camponeses | Por distrito de Dniepre | | | Nos três distritos | | | | |
| | % do número total de quintas | Por quinta | | % do número total de quintas | Tamanho médio da lavoura por 1 quinta, em *dessiatinas** | Superfície total de lavouras, em *dessiatinas* | Idem, em % do total | % do número total de quintas |
		Habitantes de ambos os sexos	Trabalhadores do sexo masculino					
I. Não plantam	9	4,6	1,0	7,5	—	—	—	
II. Plantam até 5 *dessiatinas*	11	4,9	1,1	11,7	3,5	34.070	2,4	
III. Plantam de 5 a 10 *dessiatinas*	20	5,4	1,2	21	8,0	140.426	9,7	12,1 → 40,2
IV. Plantam de 10 a 25 *dessiatinas*	41,8	6,3	1,4	39,2	16,4	540.093	37,6	37,6 — 39,2
V. Plantam de 25 a 50 *dessiatinas*	15,1	8,2	1,9	16,9	34,5	494.095	34,3	
VI. Plantam mais de 50 *dessiatinas*	3,1	10,1	2,3	3,7	75,0	230.583	16,0	50,3 → 20,6
Total	100	6,2	1,4	100	17,1	1.439.267	100	

A desigualdade na distribuição das lavouras é muito significativa: dois quintos do número total de quintas (representando cerca de três décimos da população, pois a composição das famílias aqui é menor que a média) têm em suas mãos cerca de um oitavo de todas as lavouras, pertencentes ao grupo pobre, que planta pouco e não pode cobrir suas necessidades com o rendimento de sua agricultura. Em seguida, o campesinato médio compreende cerca de dois quintos do número total de quintas, que cobrem seus gastos médios com o rendimento da terra (o senhor Póstnikov considera que, para cobrir os

---

[1] Os dados a seguir referem-se, em sua maioria, aos distritos continentais do norte da província de Táurida: Berdiansk, Melitópol e Dniepre.

* Unidade de medida russa para área de terra, equivale a 2.400 metros quadrados. (N. T.)

A DECOMPOSIÇÃO DO CAMPESINATO   79

gastos médios da família, são necessários de dezesseis a dezoito *dessiatinas* de lavouras). Finalmente, o campesinato abastado (cerca de um quinto das quintas e dois décimos da população) concentra em suas mãos mais da metade de todas as lavouras, e o tamanho da lavoura por quinta mostra claramente o caráter "comercial", mercantil da agricultura praticada por esse grupo. Para determinar com precisão as dimensões dessa agricultura mercantil nos diferentes grupos, o senhor Póstnikov emprega o seguinte método: do total da área agrícola cultivada, ele distingue a área alimentar (que fornece o produto para a manutenção da família e dos assalariados rurais*), a área forrageira (para a alimentação do gado) e a área econômica (sementeiras, área da propriedade, entre outros) e, dessa maneira, define o tamanho da área *do mercado ou comercial*, o produto que vai à venda. Ocorre que, no grupo de cinco a dez *dessiatinas*, apenas 11,8% de toda a área cultivada fornece produto de mercado, ao passo que, à medida que essa lavoura aumenta (por grupo), esse percentual sobe da seguinte maneira: 36,5% – 52% – 61%. Por conseguinte, o campesinato abastado (os dois grupos superiores) já pratica a agricultura mercantil, recebendo, ao ano, de 574 a 1.500 rublos de rendimento monetário bruto. Essa economia mercantil já está se transformando em capitalista, uma vez que o tamanho das lavouras dos camponeses abastados excede a norma do trabalho familiar (ou seja, a quantidade de terra que uma família é capaz de cultivar apenas com seu trabalho), impelindo-os a *recorrer à contratação de trabalhadores*: nas três províncias de Táurida, o campesinato abastado contrata, pelas contas do autor, mais de 14 mil trabalhadores rurais. Os camponeses pobres, ao contrário, "fornecem trabalhadores" (mais de 5 mil), ou seja, recorrem à venda de sua força de trabalho, uma vez que o rendimento da agricultura no grupo de cinco a dez *dessiatinas*, por exemplo, fornece apenas cerca de 30 rublos em dinheiro por quinta[2]. Aqui observamos, portanto, o

---

* Em russo, *батрак*: semelhantes aos boias-frias brasileiros, são trabalhadores rurais itinerantes ocupados em tarefas temporárias, deslocando-se de uma região agrícola a outra conforme o ciclo produtivo das diversas culturas. (N. T.)

[2] O senhor Póstnikov observa corretamente que, na realidade, as diferenças entre os grupos em termos de rendimento monetário obtido da terra são muito mais significativas, pois nos cálculos adotaram-se 1) igual rentabilidade e 2) igual preço do trigo vendido. Na prática, os camponeses abastados têm colheitas melhores e vendem o trigo a preços mais vantajosos.

80 O DESENVOLVIMENTO DO CAPITALISMO NA RÚSSIA

processo de criação do mercado interno, sobre o qual fala também a teoria da produção capitalista: o "mercado interno" cresce, de um lado, em consequência da transformação em mercadoria do produto da agricultura mercantil, empresarial, e, de outro, em consequência da transformação em mercadoria da força de trabalho vendida pelo campesinato desfavorecido.

Para conhecer melhor esse fenômeno, observemos a situação de cada grupo do campesinato. Começaremos pelo superior. Eis os dados sobre a posse e o uso da terra por esse grupo:

Distrito de Dniepre, província de Táurida

Grupos de quintas	*Dessiatinas* de terras aráveis por quinta			
	De *nadiel*	Compradas	Arrendadas	Total
I. Não plantam	6,4	0,9	0,1	7,4
II. Plantam até 5 *dessiatinas*	5,5	0,04	0,6	6,1
III. Plantam de 5 a 10 *dessiatinas*	8,7	0,05	1,6	10,3
IV. Plantam de 10 a 25 *dessiatinas*	12,5	0,6	5,8	18,9
V. Plantam de 25 a 50 *dessiatinas*	16,6	2,3	17,4	36,3
VI. Plantam mais de 50 *dessiatinas*	17,4	30,0	44,0	91,4
Em média	**11,2**	**1,7**	**7,0**	**19,9**

Vemos, portanto, que o campesinato abastado, apesar de sua maior segurança em decorrência das terras de *nadiel*, concentra nas mãos uma grande quantidade de terras compradas e arrendadas, com seus membros convertendo-se em pequenos latifundiários e responsáveis pela exploração da terra[3]. No arrendamento de 17 a 44 *dessiatinas* são gastos, em preços locais, cerca de 70 a 160 rublos por ano. Evidentemente, já temos aqui uma operação comercial: a terra se torna mercadoria, "uma máquina de fazer dinheiro".

Tomemos, a seguir, os dados do inventário vivo e morto:

---

[3] Notemos que o número relativamente significativo de terras compradas entre os que não plantam explica-se pelo fato de que, nesse grupo, estão incluídos lojistas, proprietários de estabelecimentos industriais etc. A mistura desses tipos de "camponês" com os agricultores constitui uma falha habitual nos dados estatísticos dos *zemstvos*. Falaremos dessa falha adiante.

Grupos de quintas	Nos três distritos da província de Táurida				No distrito de Dniepre	
	Correspondente a cabeças de gado por quinta				Correspondente a 1 quinta de inventário[4]	
	De trabalho	Outro	Total	% de quintas sem cabeça de gado de trabalho	De transporte	De cultivo
I. Não plantam	0,3	0,8	1,1	80,5	—	—
II. Plantam até 5 *dessiatinas*	1,0	1,4	2,4	48,3	—	—
III. Plantam de 5 a 10 *dessiatinas*	1,9	2,3	4,2	12,5	0,8	0,5
IV. Plantam de 10 a 25 *dessiatinas*	3,2	4,1	7,3	1,4	1,0	1,0
V. Plantam de 25 a 50 *dessiatinas*	5,8	8,1	13,9	0,1	1,7	1,5
VI. Plantam mais de 50 *dessiatinas*	10,5	19,5	30,0	0,03	2,7	2,4
Em média	**3,1**	**4,5**	**7,6**	**15,0**		

O campesinato abastado possui, muitas vezes, um inventário mais bem provido que o pobre e até mesmo que o médio campesinato. Basta dar uma olhada nessa tabela para compreender a completa ficção das "médias" com as quais tanto gostam de trabalhar entre nós ao falar do "campesinato". À agricultura mercantil da burguesia camponesa junta-se a pecuária mercantil, a saber, a criação de ovelhas de lã grosseira. Relativamente ao inventário morto, citaremos dados de instrumentos aperfeiçoados, recolhidos das estatísticas dos *zemstvos*[5]. Do total de ceifadeiras e roçadeiras (3.061), 2.841 (ou seja, 92,8%) encontram-se nas mãos da burguesia camponesa (um quinto do número total de quintas). É perfeitamente natural que, para o campesinato abastado, *a técnica agrícola* seja significativamente acima da média (fazenda de maior dimensão, maior abundância de inventário, disponibilidade de recursos monetários livres etc.),

---

[4] Inventário de transporte: carroças, telegas, carros cobertos etc. Inventário de cultivo: arados, semeadeiras (ferramentas de cultivo do solo), entre outros.

[5] *Сборник стат. свед. по Таврической губ.* [Coletânea das informações estatísticas da província de Táurida], v. I: *Сборник стат. свед. по Мелитопольскому уезду* [Coletânea das informações estatísticas do distrito de Melitópol]; v. II: *Сборник стат. свед. по Днепровскому уезду* [Coletânea das informações estatísticas do distrito de Dniepre] (Simferópol, 1885-1886).

a saber: os camponeses abastados "produzem suas colheitas mais depressa, aproveitam melhor o clima favorável, as sementes são plantadas em terra mais úmida", colhem a tempo o trigo; debulham-no enquanto o transportam etc. Também é natural que o montante gasto na produção de produtos agrícolas diminua (por unidade de produto) à medida que o tamanho da propriedade agrícola aumenta. O senhor Póstnikov prova essa tese com especial detalhamento: determina a quantidade de trabalhadores (inclusive assalariados), as cabeças de gado de trabalho, ferramentas e assim por diante, para cem *dessiatinas* de lavoura nos diferentes grupos do campesinato. Ocorre que essa quantidade diminui à medida que aumenta o tamanho da propriedade. Por exemplo, quem planta até 5 *dessiatinas* precisa, a cada 100 *dessiatinas* de terra de *nadiel*, de 28 trabalhadores, 28 cabeças de gado de trabalho, 4,7 arados e semeadeiras, 10 carroças; já quem planta mais de 50 *dessiatinas* necessita de 7 trabalhadores, 14 cabeças de gado de trabalho, 3,8 arados e semeadeiras, 4,3 carroças. (Omitimos dados mais detalhados de cada grupo, remetendo quem se interessar por mais detalhes ao livro do senhor Póstnikov.) A conclusão geral do autor é: "À medida que aumenta o tamanho da propriedade e das plantações dos camponeses, diminuem progressivamente os gastos com a manutenção da força de trabalho, de pessoas e do gado, principal gasto na agricultura, e, nos grupos que plantam mais, esse gasto é quase duas vezes menor por *dessiatina* de lavoura que nos grupos com roças pequenas"[6]. O senhor Póstnikov, de maneira absolutamente acertada, confere a essa lei da maior produtividade e, portanto, maior estabilidade das grandes propriedades agrícolas camponesas um importante significado, provando-a com dados deveras detalhados não apenas da Nova Rússia como das províncias centrais da Rússia[7]. Quanto maior é a penetração da

---

[6]   V. Póstnikov, *Южнорусское крестьянское хозяйство* [A economia camponesa do sul da Rússia] (Moscou, 1891), p. 117.

[7]   "A estatística do *zemstvo* demonstra com inegável clareza que, quanto maior o tamanho da propriedade camponesa, tanto menos inventário, trabalhadores e gado de trabalho são necessários para manter uma dada área de terra arável" (V. Póstnikov, *Южнорусское крестьянское хозяйство*, cit., p. 162). É interessante notar como essa lei repercutiu nas elaborações do senhor V. V. No artigo acima, ele faz uma comparação: na faixa central das Terras Negras, a um cavalo camponês correspondem 5-7-8 *dessiatinas* de terra arável, enquanto, "segundo as regras do cultivo em três campos", estimam-se de 7 a 10 *dessiatinas* ("Календарь" [Calendário], de Batalin). "Consequentemente, é preciso considerar a falta de cavalos de parte da população dessa região da Rússia, até certo ponto, um restabelecimento da relação normal entre a

produção mercantil na agricultura, quanto mais fortes, portanto, são a concorrência entre os agricultores, a luta pela terra, a luta pela independência econômica, tanto mais vigorosamente deve se manifestar essa lei, levando à substituição do campesinato médio e pobre pela burguesia camponesa. Devemos apenas observar que o progresso da técnica se expressa de maneira diferente, a depender do sistema agrícola, a depender do sistema de cultivo. Se em um sistema cerealista de agricultura ou na agricultura extensiva esse progresso pode se expressar na simples ampliação da lavoura e na diminuição do número de trabalhadores, da quantidade do gado etc. por unidade de cultivo, no sistema pecuário ou na agricultura industrial, quando se passa para a agricultura intensiva, o mesmo progresso pode se expressar, por exemplo, na cultura de tubérculos, que demanda uma maior quantidade de trabalhadores por unidade de cultivo, ou na criação de gado leiteiro, no plantio de gramíneas forrageiras etc. etc.

Para a caracterização dos grupos superiores do campesinato, devemos acrescentar ainda o emprego significativo do trabalho assalariado. Eis os dados dos três distritos da província de Táurida.

Grupos de quintas	Porcentagem de propriedades agrícolas com assalariados rurais	Fração da lavoura (em %) de cada grupo	
I. Que não plantam	3,8	—	
II. Que plantam até 5 *dessiatinas*	2,5	2	
III. Que plantam de 5 a 10 *dessiatinas*	2,6	10	
IV. Que plantam de 10 a 25 *dessiatinas*	8,7	38	
V. Que plantam de 25 a 50 *dessiatinas*	34,7	34	} 50
VI. Que plantam mais de 50 *dessiatinas*	64,1	16	
Total	**12,9**	**100**	

quantidade de gado de trabalho e a área passível de cultivo" (V. V., "Разделение труда земледельческого и промышленного в России", *Viéstnik Evrópy* [O mensageiro da Europa], 1884, n. 7, p. 376). Assim, a ruína do campesinato conduz ao progresso da agricultura. Se o senhor V. V. tivesse dado atenção não apenas ao aspecto agronômico desse processo, mas também ao socioeconômico, poderia ter visto que se trata de um progresso da agricultura capitalista, uma vez que o "restabelecimento da relação normal" do gado de trabalho e das terras aráveis é alcançado seja pelos latifundiários que fabricam o próprio inventário, seja pelos grandes agricultores dentre os camponeses, ou seja, a burguesia camponesa.

O senhor V. V., no referido artigo, refletiu sobre essa questão da seguinte maneira: pegou a porcentagem do número de propriedades com assalariados rurais em relação ao número total de propriedades camponesas e concluiu:

> O número de camponeses que recorrem ao trabalho assalariado para o cultivo da terra, em comparação com a massa geral do povo, é absolutamente insignificante: 2 a 3, *maximum* 5 proprietários de 100 – e eis todos os representantes do capitalismo camponês; isso [as propriedades camponesas com assalariados rurais da Rússia] não é um sistema solidamente enraizado nas condições da vida econômica contemporânea, mas uma casualidade, como era há cem e duzentos anos.[8]

Qual é o sentido de se comparar o número de propriedades agrícolas que empregam assalariados rurais e o número de propriedades agrícolas "camponesas", se este último inclui também as propriedades agrícolas dos assalariados rurais? Ora, por semelhante procedimento, poderíamos nos livrar do capitalismo na indústria russa: bastaria tomar a porcentagem de famílias industriais que mantêm trabalhadores assalariados (ou seja, "fabricantes e famílias de fabricantes") em relação ao número de famílias industriais da Rússia; o resultado seria "absolutamente insignificante" em relação à "massa do povo". Muito mais justo seria comparar o número de propriedades de assalariados rurais com o número de propriedades de fato independentes, ou seja, que vivem somente da agricultura e não precisam recorrer à venda de sua força de trabalho. Além disso, o senhor V. V. perde de vista um detalhe, ou seja, justamente que as propriedades agrícolas camponesas baseadas no trabalho de assalariados rurais estão entre as maiores: a porcentagem "insignificante" na "média geral" de propriedades que empregam assalariados rurais revela-se bastante impressionante (34-64%) entre os camponeses abastados, que têm nas mãos mais da metade de toda a produção e produzem grandes quantidades de grãos para a venda. Pode-se julgar, portanto, o absurdo da opinião de que a propriedade que emprega assalariados rurais é uma "casualidade", como há cem ou duzentos anos! Em terceiro lugar, somente ignorando as particularidades reais da agricultura pode-se considerar, no julgamento do "capitalismo camponês", apenas os assalariados rurais,

---

[8] V. V., "Разделение труда земледельческого и промышленного в России", cit., p. 332.

ou seja, os trabalhadores permanentes, omitindo os diaristas. Como se sabe, a contratação de trabalhadores por dia possui uma importância especialmente grande na exploração da terra[9].

Passemos ao grupo inferior. Ele é composto daqueles que não plantam e daqueles que plantam pouco; "não há grande diferença em sua situação econômica [...], tanto uns quanto outros ou servem de lavradores aos aldeões vizinhos ou negociam com terceiros, em sua maior parte, por meio de honorários agrícolas"[10], ou seja, entram para as fileiras do proletariado rural. Observemos que, por exemplo, no distrito de Dniepre, 40% das quintas estão no grupo inferior; já as que não possuem instrumentos para plantar correspondem a 39% do número total de quintas. Ao mesmo tempo que vende sua força de trabalho, o proletariado rural obtém rendimento do arrendamento de sua terra de *nadiel*:

Grupo de quintas	Distrito de Dniepre (%)	
	Agregado familiar que aluga terras de *nadiel*	Terra de *nadiel* alugada
I. Que não plantam	80	97,1
II. Que plantam até 5 *dessiatinas*	30	38,4
III. Que plantam de 5 a 10 *dessiatinas*	23	17,2
IV. Que plantam de 10 a 25 *dessiatinas*	16	8,1
V. Que plantam de 25 a 50 *dessiatinas*	7	2,9
VI. Que plantam mais de 50 *dessiatinas*	7	13,8
Para o distrito	**25,7**	**14,9**

No total, nos três distritos da província de Táurida, 25% de todas as terras aráveis camponesas foram alugadas (de 1884 a 1886), e aqui entram as

---

[9] A Inglaterra é o país clássico do capitalismo agrícola. E, nesse país, 40,8% dos responsáveis pela exploração da terra não possuem trabalhadores assalariados; 68,1% dos fazendeiros não possuem mais de dois trabalhadores; 82% dos responsáveis pela exploração da terra não possuem mais de quatro trabalhadores (Janson, *Comparative statistics*, v. II, p. 22-3, citado por Kablukov, N. A. Вопрос о рабочих в сельском хозяйстве [A questão dos trabalhadores na propriedade rural], Moscou, edição da *Iuridítcheski Viéstnik* [Mensageiro Jurídico], 1884, X, XXIV, 229 p., p. 16). Mas seria um bom economista aquele que se esquecesse de uma massa de proletários rurais contratados por diárias, tanto nômades quanto sedentários, isto é, que encontram "salários" em suas aldeias?

[10] V. Póstnikov, *Южнорусское крестьянское хозяйство*, cit., p. 134.

86 O DESENVOLVIMENTO DO CAPITALISMO NA RÚSSIA

terras alugadas não aos camponeses, mas aos *raznotchínets**. No total, nesses três distritos, cerca de um terço da população aluga terra, mas as terras de *nadiel* do proletariado rural são arrendadas sobretudo pela burguesia camponesa. Eis os dados:

Nos três distritos da província de Táurida	*Dessiatinas* de terra de *nadiel* alugada de vizinhos	Em %
Por patrões que plantam até 10 *dessiatinas* por quinta	16.594	6
Por patrões que plantam de 10 a 25 *dessiatinas* por quinta	89.526	35
Por patrões que plantam 25 *dessiatinas* ou mais por quinta	150.596	59
Total	256.716	100

"A terra de *nadiel* serve, no momento presente, como objeto de ampla especulação no cotidiano camponês no sul da Rússia. Pela terra, obtêm-se empréstimos por meio de notas promissórias [...], a terra é alugada ou vendida por um ou dois anos, ou até por períodos mais longos de oito, nove e onze anos"[11]. Dessa maneira, a burguesia camponesa é também representante dos capitais comercial e usurário[12]. Vemos aqui uma clara refutação do preconceito populista de que o "cúlaque" e o "usurário" não têm nada em comum com o "mujique agricultor". Pelo contrário, para as mãos da burguesia camponesa convergem os fios do capital comercial (empréstimo de dinheiro com a garantia da terra, aquisição de diferentes produtos, entre outros) e do capital industrial (agricultura comercial com a ajuda do trabalho assalariado etc.). Das circunstâncias do entorno, da maior ou menor substituição do asiatismo e da difusão da cultura em nossa aldeia depende de saber, dentre essas formas de capital, qual se desenvolverá em detrimento das outras.

---

* Termo genérico utilizado desde o século XVIII para designar as pessoas que não pertenciam a nenhuma das catorze classes criadas por Pedro, o Grande (1672-1725), em sua Tabela de Classificações; em linhas gerais, podemos dizer que eram "plebeus ilustrados" ou "proletários da burocracia". (N. T.)

[11] V. Póstnikov, *Южнорусское крестьянское хозяйство*, cit., p. 139.

[12] Aproveitando-se das "numerosíssimas" caixas rurais e cooperativas de empréstimos, que fornecem "assistência substancial" "aos camponeses com recursos". "Os camponeses pobres não conseguem fiadores e não aproveitam os empréstimos" (V. Póstnikov, *Южнорусское крестьянское хозяйство*, cit., p. 368).

Vejamos, finalmente, a situação do grupo médio (lavoura de 10 a 25 *dessiatinas* por quinta, com média de 16,4 *dessiatinas*). Sua situação é transitória: o rendimento monetário da agricultura (191 rublos) é ligeiramente inferior à soma do que o camponês médio gasta por ano (200 a 250 rublos). O gado de trabalho aqui é de 3,2 cabeças por quinta, enquanto, para um "imposto" completo, são requeridas 4 cabeças. Por isso, a propriedade agrícola do camponês médio encontra-se em uma situação instável, e para o cultivo de sua terra é necessário recorrer ao gado conjugado[13].

O cultivo conjugado da terra é, evidentemente, menos produtivo (perda de tempo com locomoção, cavalos insuficientes etc.), de modo que, por exemplo, em uma aldeia, disseram ao senhor Póstnikov que, "muitas vezes, aqueles que trabalham no cultivo conjugado não aram mais de uma *dessiatina* por dia, ou seja, duas vezes menos que a norma"[14]. Se a isso acrescentarmos que, no grupo médio, cerca de um quinto das quintas não possui equipamento de cultivo, que esse grupo mais dispensa que contrata trabalhadores (pelos cálculos do senhor Póstnikov), ficará claro para nós seu caráter instável, transitório, entre a burguesia camponesa e o proletariado rural. Tomemos alguns dados mais detalhados sobre o deslocamento do grupo médio [ver tabela na página seguinte]:

Dessa maneira, a distribuição da terra de *nadiel* é mais "equilibrada", ainda que se note nela um deslocamento do grupo inferior pelos grupos superiores. Mas a coisa muda radicalmente de figura quando passamos da propriedade *obrigatória* para a *livre*, ou seja, para a terra comprada e arrendada. A concentração é enorme e, em virtude disso, a distribuição do total da

---

[13] No distrito de Melitópol, das 13.789 quintas desse grupo, apenas 4.218 cultivam a terra com recursos próprios, enquanto 9.201 trabalham de forma conjugada. Em Dniepre, temos: das 8.234 quintas, 4.029 cultivam a terra com recursos próprios, enquanto 3.835 trabalham de forma conjugada. Ver as coletâneas de informações estatísticas dos distritos de Melitópol (*Сборник стат. свед. по Мелитопольскому уезду*, cit., p. B. 195) e Dniepre (ibidem, p. B. 123).

[14] O senhor V. V., no artigo indicado, reflete bastante sobre o gado conjugado como "um princípio de cooperação" etc. Ora, na prática, parece muito simples: silenciar o fato de que o campesinato se decompõe nitidamente em grupos distintos, que o gado conjugado é a cooperação das fazendas em declínio, suplantadas pela burguesia camponesa e, em seguida, interpretar "em geral" o "princípio da cooperação" – provavelmente, a cooperação entre o proletariado rural e a burguesia rural!

Distrito de Dniepre, província de Táurida[15]

Grupos de agregados familiares	% do total		Terra de *nadiel*		Terra comprada		Terra arrendada		Terra para locação		Toda a terra usada do grupo		Área lavrada	
	Quintas	Habitantes de ambos os sexos	*Dessiatinas*	%	*Dessiatinas*	%	*Dessiatinas*	%	*Dessiatinas*	%	*Dessiatinas*	%	*Dessiatinas*	%
Pobre	39,9	32,6	56.445	25,5	2.003	6	7.839	6	21.551	65,5	44.736	12,4	38.439	11
Médio	41,7	42,2	102.794	46,5	5.376	16	48.398	35	8.311	25,3	148.257	41,2	137.344	43
Abastado	18,4	25,2	61.844	28	26.531	78	81.646	59	3.039	9,2	166.982	46,4	150.614	46
Total no distrito	100	100	221.083	100	33.910	100	137.883	100	32.901	100	359.975	100	326.397	100

[15] Dados da coletânea estatística dos *zemstvos*. Referem-se a todo o distrito, incluindo as aldeias que não são classificadas como *vólost*. Os dados da coluna: "Toda a terra usada do grupo" foram calculados por mim; a quantidade de terra arrendada, alugada e comprada é somada e a terra arrendada é deduzida. [*vólost*: em russo, "волость": unidade administrativa e territorial. Na Rússia antiga, era o nome dado ao território subordinado a um príncipe (*kniaz*), que apresentava diferentes graus de autonomia em relação ao grão-príncipe (*vielíki kniaz*), sendo sinônimo de "principado" (*kniájestvo*); a partir do século XIV, denominava uma subdivisão dos distritos; no Império Russo, referia-se à menor unidade administrativa e era composta de alguns povoados e algumas aldeias; após a reforma de 1861, passou a designar a unidade territorial que era administrada pelo estamento dos camponeses, sob jurisdição do serviço distrital para assuntos camponeses a partir de 1879 e, a partir de 1889, sob jurisdição do chefe dos *zemstvos*. Foi abolida já na União Soviética, na reforma territorial-administrativa de 1923-1928. (N. T.)]

terra utilizada pelos camponeses não se assemelha em absoluto à distribuição da terra de *nadiel*: o grupo médio é deslocado para o segundo lugar (46% das terras de *nadiel* e 41% da terra utilizada), o grupo abastado aumenta consideravelmente sua propriedade agrícola (28% de terra de *nadiel* e 46% da terra utilizada), enquanto o grupo pobre vai sendo expulso do meio dos agricultores (25% de terra de *nadiel* e 12% da terra utilizada).

A tabela acima mostra um fenômeno interessante, ao qual ainda retornaremos, a saber, a diminuição do papel da terra de *nadiel* na economia camponesa. No grupo inferior, isso se dá em consequência da locação da terra; no superior, em consequência do fato de que, da área total da propriedade, a terra comprada ou arrendada tem enorme predominância. Os escombros da estrutura pré-reforma (fixação do camponês na terra e posse igualitária da terra imposta pelo fisco) estão sendo destruídos definitivamente pelo capitalismo, que está penetrando na agricultura.

No que se refere ao arrendamento em particular, os dados citados nos permitem analisar um erro bastante difundido nas reflexões dos economistas populistas sobre o tema. Tomemos as reflexões do senhor V. V. no artigo citado: ele estabelece uma relação direta entre o arrendamento e a decomposição do campesinato. "O arrendamento favorece a decomposição das propriedades agrícolas camponesas em grandes e pequenas, bem como a extinção da média, o grupo típico?"[16] O senhor V. V. resolve essa questão de maneira negativa. Eis seus argumentos: 1) "A grande porcentagem de pessoas que recorre ao arrendamento". Exemplos: 38-68%; 40-70%; 30-66%; 50-60%, em diferentes distritos de diferentes províncias; 2) São pequenos os lotes de terra arrendados por quinta: 3 a 5 *dessiatinas*, segundo os dados estatísticos de Tambov; 3) Os camponeses com um *nadiel* pequeno arrendam mais que aqueles com um grande.

Para que o leitor possa avaliar com clareza não a consistência, mas simplesmente a utilidade de tais argumentos, citaremos dados correspondentes ao distrito de Dniepre[17].

[16] V. V., "Разделение труда земледельческого и промышленного в России", cit., p. 339-40.

[17] Os dados são completamente análogos tanto no distrito de Melitópol quanto no de Berdiansk.

	% de quintas arrendadas	*Dessiatina* de terras aráveis por quinta arrendada	Preço de 1 *dessiatina* (em rublos)
Plantam até 5 *dessiatinas*	25	2,4	15,25
Plantam de 5 a 10 *dessiatinas*	42	3,9	12,00
Plantam de 10 a 25 *dessiatinas*	69	8,5	4,75
Plantam de 25 a 50 *dessiatinas*	88	20,0	3,75
Plantam mais de 50 *dessiatinas*	91	48,6	3,55
Por distrito	56,2	12,4	4,23

É de se perguntar que significado podem ter esses números "médios"? Por acaso seria o fato de que, pelos arrendatários serem "muitos" (56%), elimina-se a concentração de arrendamentos nas mãos dos ricos? Não é ridículo tomar o tamanho "médio" do arrendamento (12 *dessiatinas* por quinta arrendada, e muitas vezes não é nem por quinta arrendada, mas pelas quintas existentes)[18], somando-se os camponeses, dos quais um toma *2 dessiatinas* por um preço insano (15 rublos), evidentemente por extrema necessidade e em condições devastadoras, enquanto outro toma *48 dessiatinas* acima da quantidade suficiente de terras próprias, "comprando" terras no *atacado* a um preço incomparavelmente mais barato, por 3,55 rublos por *dessiatina*? Não menos sem conteúdo é o terceiro argumento: o próprio senhor V. V. presta-se a refutá-lo, reconhecendo que os dados referentes "a toda a comunidade [na distribuição dos camponeses por *nadiel*] não oferecem um conceito correto sobre o que acontece na própria comunidade"[19].

---

[18] É o que faz, por exemplo, o senhor Kárychev em seu *Крестьянские вненадельные аренды* [Os arrendamentos de terras camponesas que não são de *nadiel*] (Dorpt, 1892), segundo volume de *Итогов земской статистики* [Balanço da estatística dos *zemstvos*].

[19] V. V., "Разделение труда земледельческого и промышленного в России", cit., p. 342. O senhor Póstnikov cita um exemplo interessante de um erro semelhante cometido pelos estatísticos dos *zemstvos*. Observando a economia comercial dos camponeses abastados e sua demanda por terras, aponta que "os estatísticos do *zemstvo*, pelo visto, considerando tais manifestações da vida camponesa algo ilegítimo, tentam diminuí-los" e provar que o arrendamento é determinado não pela concorrência dos ricos, mas pela necessidade de terra dos camponeses. O senhor Werner, compilador do

A DECOMPOSIÇÃO DO CAMPESINATO   91

Seria um grande erro pensar que a concentração de arrendamento nas mãos da burguesia camponesa limita-se a um arrendamento individual, sem estender-se ao arrendamento social, comunal*. Não é nada disso. A terra arrendada é sempre dividida "de acordo com o dinheiro", e a relação entre os grupos de camponeses não se modifica em nada no regime de arrendamento comunal. Por isso, reflexões como as do senhor Kárychev, segundo as quais na relação entre os arrendamentos comunais e individuais manifesta-se "a luta de dois princípios [!?] – o comunitário e o pessoal"[20], segundo as quais os arrendamentos comunitários "caracterizam-se pelo princípio do trabalho e pelo princípio da divisão igualitária do lote alugado entre os comuneiros"[21]; tais argumentos podem ser colocados inteiramente no campo dos preconceitos populistas. Não obstante a tarefa de fazer "um balanço das estatísticas do *zemstvo*", o senhor Kárychev contorna cuidadosamente todo o abundante material estatístico do *zemstvo* sobre a concentração de terras arrendadas nas mãos de pequenos grupos de camponeses abastados. Citemos um exemplo. Nos três distritos da província de Táurida indicados, a terra arrendada ao erário pelas *sociedades* de camponeses é dividida em grupos da seguinte maneira:

Памятной книжки Таврической губ. [Livro comemorativo da província de Táurida] (1889), para demonstrar isso agrupou todos os camponeses da província de Táurida segundo a dimensão do *nadiel*, formando grupos de camponeses com um a dois trabalhadores e duas a três cabeças de gado de trabalho. Ocorre que, no interior desse grupo, com a expansão do tamanho do *nadiel*, a quantidade de quintas que arrendam terras e de terras arrendadas diminui. É evidente que tal método também não prova nada, pois foram tomados apenas os camponeses com a mesma quantidade de gado de trabalho e foram omitidos justamente os grupos extremos. É perfeitamente natural que, com a mesma quantidade de gado de trabalho, deve haver o mesmo tamanho de terra cultivada e, consequentemente, quanto menor o *nadiel*, maior o arrendamento. A questão consiste, justamente, em como se distribui o arrendamento entre as quintas com quantidade *desigual* de gado de trabalho, equipamentos etc.

* Em russo, мир/*mir* (substantivo) e мирской/*mirskói* (adjetivo) era o nome dado à comunidade rural camponesa, em vigor do século XIII ao início do XX. Originalmente, ocupavam terras estatais, palacianas, dos boiardos e dos monastérios. Seus membros reuniam-se numa espécie de assembleia para deliberar sobre a coleta de tributos, bem como sobre a redistribuição das terras comunitárias. Em seu uso jurídico-administrativo, pode ser considerado sinônimo de *obschina* (comunidade), de modo que aqui se optou por utilizar as palavras em português "comunal" para "*misrkói*", "comunitário" para "*obschíni*" e "comuneiro" para "*obschínik*", este último o camponês membro de uma comunidade rural. (N. T.)

[20] Kárychev, *Крестьянские вненадельные аренды*, cit., p. 159.

[21] Ibidem, p. 230.

	Número de quintas arrendadas	Número de *dessiatinas*	Porcentagem em relação ao total		*Dessiatinas* para cada quinta arrendada
Plantam até 5 *dessiatinas*	83	511	1	} 4	6,1
Plantam de 5 a 10 *dessiatinas*	444	1.427	3		3,2
Plantam de 10 a 25 *dessiatinas*	1.732	8.711	20		5,0
Plantam de 25 a 50 *dessiatinas*	1.245	13.375	30	} 76	10,7
Plantam mais de 50 *dessiatinas*	632	20.283	46		32,1
Total	4.136	44.307	100		10,7

Eis uma pequena ilustração do "princípio do trabalho" e do "princípio da distribuição igualitária"!

Tais são os dados da estatística do *zemstvo* sobre a propriedade agrícola camponesa no sul da Rússia. Quanto à completa decomposição do campesinato, ao completo domínio da burguesia camponesa no campo, esses dados colocam de lado qualquer dúvida[22]. Ainda mais interessante, portanto, é a atitude dos senhores V. V. e N. em relação a esses dados, tanto mais que ambos os escritores reconheceram antes a necessidade de se colocar a questão da decomposição do campesinato (o senhor V. V. no artigo de 1884 citado e o senhor N. no *Slovo* [A palavra], em 1880, pela observação relativa ao curioso fenômeno na própria comunidade, a saber, que os mujiques "não agricultores" abandonam suas terras, enquanto os "agricultores" pegam as melhores para eles)[23]. Deve-se notar que a obra do senhor Póstnikov possui um caráter dual: por um lado, o autor reuniu habilmente

---

[22] Dizem comumente que dados sobre a Nova Rússia não permitem tirar conclusões gerais em razão da particularidade dessa localidade. Não negamos que a decomposição do campesinato agrícola é mais acentuada aqui que no restante da Rússia, mas, como será visto a seguir, a particularidade da Nova Rússia não é de modo algum tão grande quanto às vezes se pensa.

[23] Ver N., *Очерки нашего пореформенного общественного хозяйства* [Ensaios sobre nossa economia social pós-reforma] (São Petersburgo, 1893), p. 71.

e elaborou com cuidado dados extremamente valiosos do *zemstvo*, tendo conseguido resistir, ao mesmo tempo, ao "desejo de enxergar a comunidade camponesa como um todo acabado e homogêneo, como ainda faz nossa *intelligentsia* urbana"[24]; por outro lado, o autor, que não se guiou pela teoria, não soube em absoluto avaliar os dados reunidos por ele e olhou-os do ponto de vista demasiado estreito das "medidas a tomar", lançando-se à elaboração de projetos relativos a "comunidades agrícolas-artesanais-fabris", à necessidade de "limitar", "obrigar", "observar" e assim por diante. E eis que nossos populistas trataram de não notar a primeira parte, positiva, da obra do senhor Póstnikov, voltando toda a sua atenção para a segunda. E tanto o senhor V. V. quanto o senhor N. puseram-se a "refutar" com muita seriedade os "projetos" nada sérios do senhor Póstnikov[25], acusando-o de um desejo nada bom de introduzir o capitalismo na Rússia e evitando cuidadosamente aqueles dados que revelavam o domínio das relações capitalistas no campo do sul da Rússia contemporaneamente[26].

2. DADOS ESTATÍSTICOS DO *ZEMSTVO* DA PROVÍNCIA DE SAMARA

Do extremo sul, passemos ao leste, à província de Samara. Tomemos o distrito de Novouzen, o último pesquisado; a coletânea relativa a esse distrito fornece um agrupamento mais detalhado dos camponeses segundo índices econômicos[27]. Eis os dados gerais dos grupos de camponeses (as informações

---

[24] V. Póstnikov, *Южнорусское крестьянское хозяйство*, cit., p. 351.

[25] O senhor V. V. no *Rússki Mysl* [Pensamento Russo], n. 2, 1894, e o senhor N. numa nota dos seus *Очерки нашего пореформенного общественного хозяйства*, cit., p. 233.

[26] "Curioso", escreveu o senhor N., que o senhor Póstnikov "projetou propriedades agrícolas camponesas de 60 *dessiatinas*". Mas, "uma vez que a propriedade rural cai nas mãos dos capitalistas", a produtividade do trabalho pode aumentar ainda mais "amanhã", "e será preciso transformar propriedades de 60 *dessiatinas* em propriedades de 200 ou 300 *dessiatinas*". Vejam como é simples: *já que* na nossa aldeia a pequena burguesia de hoje será amanhã ameaçada pela grande, o senhor N. não quer saber, *portanto*, nem da pequena de hoje nem da grande de amanhã!

[27] *Сборник стат. свед. по Самарской губ.* [Coletânea de informações estatísticas da província de Samara], v. VII: *Новоузенский уезд* [Distrito de Novouzen] (Samara, 1890). Um agrupamento homogêneo é fornecido também para o distrito de Nikoláievski (ibidem, v. VI, Samara, 1889), porém as informações aqui são muito menos detalhadas. Na *Сводном сборнике по Самарской губ.* [Coletânea

a seguir referem-se a 28.275 quintas da população com terras de *nadiel*, totalizando 164.146 habitantes de ambos os sexos, ou seja, à população russa do distrito, sem alemães e sem "sitiante" – agregados familiares que conduzem a propriedade rural tanto numa comunidade quanto num sítio. A adição dos alemães e dos sitiantes reforçaria significativamente o quadro da decomposição):

	Grupos de agregados familiares	% relativa ao número total de quintas		Área média de lavoura para 1 quinta, em *dessiatinas*	% da área de lavoura em relação ao total	
Pobre	Sem cabeças de gado de trabalho	20,7	}37,1%	2,1	2,8	}8,0%
	Com 1 cabeça de gado de trabalho	16,4		5,0	5,2	
Médio	Com 2 a 3 cabeças	26,6	}38,2%	10,2	17,1	}28,6%
	Com 4 cabeças	11,6		15,9	11,5	
Rico	Com 5 a 10 cabeças	17,1	}24,7%	24,7	26,9	}63,4%
	Com 10 a 20 cabeças	5,8		53,0	19,3	
	Com 20 cabeças ou mais	1,8		149,5	17,2	
	Total	**100**		**15,9**	**100**	

A concentração da produção agrícola revela-se muito significativa: os capitalistas "comunitários" (1/14 do número total de quintas, justamente as quintas com dez ou mais cabeças de gado de trabalho) têm 36,5% de toda a lavoura, tanto quanto os 75,3% do total do campesinato pobre e médio tomados juntos! O número "médio" (15,9 *dessiatinas* de lavoura por quinta) também aqui é, como sempre, absolutamente fictício, criando a ilusão de satisfação geral. Vejamos outros dados sobre a economia dos distintos grupos.

---

resumida da província de Samara], v. VIII, fasc. I (Samara, 1892), é fornecido apenas um agrupamento de terras de *nadiel*, de cujo caráter insatisfatório falaremos mais adiante.

Grupos de agregados familiares	% de patrões que trabalham com inventário próprio	% de patrões que têm equipamentos aperfeiçoados	Quantidade total de gado (convertido em gado bovino) por quintas (em cabeças)	% em relação à quantidade total de gado	
Sem cabeças de gado de trabalho	2,1	0,03	0,5	1,5	6,4%
Com 1 cabeça de gado de trabalho	35,4	0,1	1,9	4,9	
Com 2 a 3 cabeças	60,5	4,5	4,0	16,8	28,6%
Com 4 cabeças	74,7	19,0	6,6	11,8	
Com 5 a 10 cabeças	82,4	40,3	10,9	29,2	65,0%
Com 10 a 20 cabeças	90,3	41,6	22,7	20,4	
Com 20 cabeças ou mais	84,1	62,1	55,5	15,4	
Total	52,0	13,9	6,4	100	

Assim, no grupo inferior, há muito poucos patrões independentes; os equipamentos aperfeiçoados não chegam aos pobres e, aos camponeses médios, chegam em quantidade ínfima. A concentração de gado é ainda mais intensa que a concentração de lavouras; fica evidente que o campesinato abastado une, à grande lavoura capitalista, a pecuária capitalista. No polo oposto, vemos os "camponeses" que deveriam ser incluídos entre os assalariados rurais e diaristas com terras de *nadiel*, pois sua principal fonte de subsistência é a venda da força de trabalho (como agora veremos) e, às vezes, os proprietários de terra dão uma ou duas cabeças de gado a seus assalariados rurais, para ligá-los à propriedade agrícola e fazer baixar os salários.

Não resta dúvida de que os grupos de camponeses se distinguem não apenas pelo tamanho da propriedade agrícola, mas pelo modo de cultivá-la. Em primeiro lugar, no grupo superior, uma fração muito significativa de patrões (40-60%) dispõe de equipamentos aperfeiçoados (principalmente arados, em seguida debulhadoras por tração animal e a vapor, tararas, ceifadeiras etc.). Nas mãos de 24,7% das quintas do grupo superior, estão concentrados 82,9% de todos os equipamentos aperfeiçoados; 38,2% das quintas do grupo médio possuem 17% dos equipamentos aperfeiçoados; e os 37,1% de pobres possuem 0,1% (7 ferramentas de 5.724)[28]. Em segundo lugar, os camponeses com poucos cavalos, por força da necessidade empregam, em comparação com os camponeses com muitos cavalos, um "sistema distinto de agricultura, outra estrutura de atividade agrícola", como diz o organizador da compilação do distrito de Novouzen. Os camponeses em melhores condições "deixam a terra descansar [...] aram no outono com o arado [...] na primavera, aram novamente e semeiam sob o gradil [...] o alqueive arado é amaciado com rolos enquanto a terra areja [...] dividem a terra para o centeio", enquanto os camponeses desfavorecidos "não dão descanso à terra e, o ano todo, plantam nela o trigo russo [...] para o trigo, aram uma vez na primavera [...] para o centeio não descansam a terra nem a aram, mas plantam na várzea [...] para o trigo, aram no fim da primavera, por isso muitas vezes o trigo não brota [...] para o centeio, plantam uma vez, e na várzea e fora de época [...] anualmente, semeiam em vão a mesma terra, sem dar descanso". "Etc. etc. sem fim" – conclui o autor dessa lista. "Os fatos constatados da diferença radical entre os sistemas agrícolas entre os camponeses em melhores e em piores condições têm suas consequências em um grão de má qualidade e colheitas piores para uns, comparativamente às melhores colheitas para os outros."[29]

Mas como pôde se formar uma grande burguesia assim na propriedade agrícola comunitária? A resposta é fornecida pelos números referentes à posse e ao uso da terra por grupos. No total, os camponeses da subdivisão por nós adotada têm 57.128 *dessiatinas* de terra comprada (em 76 quintas) e 304.514 *dessiatinas* de terra arrendada, incluindo 177.789 *dessiatinas* de arrendamento de terras que não são de *nadiel* em 5.602 quintas; 47.494 *dessiatinas* de terra de *nadiel* arrendada a outras sociedades em 3.129 quintas

---

[28] É interessante que, desses dados, o senhor V. V. (*Прогрессивные течения в крестьянском хозяйстве* [Tendências progressistas da economia camponesa], São Petersburgo, 1892, p. 225) conclui que há um movimento "da massa camponesa" em direção à troca dos equipamentos antigos pelos melhorados (ibidem, p. 254). O método para obter essa conclusão completamente falsa é muito simples: o senhor V. V. pegou da coletânea do *zemstvo* os dados totais, sem se dar o trabalho de olhar a tabela que mostra a distribuição dos equipamentos! O progresso dos proprietários agrícolas capitalistas (membros da comunidade), que empregam máquinas para melhorar a produção do trigo-mercadoria, é convertido com um único traço da pena em progresso das "massas camponesas".

[29] Ibidem, p. 44-6.

e 79.231 *dessiatinas* de terra de *nadiel* arrendada em sua própria sociedade em 7.902 quintas. A distribuição dessa enorme área de terra, correspondente a mais de dois terços de toda a área cultivada, é a seguinte:

Grupos de agregados familiares	% de quintas com terra comprada	Dessiatinas para 1 quinta	% de toda a terra comprada	Arrendamentos que não são de terras de nadiel		Arrendamento de terras de nadiel				% relativa a toda a terra arrendada	% de quintas sem atividade que colocam a terra para locação
						Em outras sociedades		Na própria sociedade			
				% de quintas arrendadas	Dessiatinas para 1 quinta	% de quintas	Dessiatinas para 1 quinta	% de quintas	Dessiatinas para 1 quinta		
Sem cabeças de gado de trabalho	0,02	100	0,2	2,4	1,7	1,4	5,9	5	3	0,6	47,0
Com 1 cabeça de gado de trabalho	—	—	—	10,5	2,5	4,3	6,2	12	4	1,6	13,0
Com 2 a 3 cabeças	0,02	93	0,5	19,8	3,8	9,4	5,6	21	5	5,8	2,0
Com 4 cabeças	0,07	29	0,1	27,9	6,6	15,8	6,9	34	6	5,4	0,8
Com 5 a 10 cabeças	0,1	101	0,9	30,4	14,0	19,7	11,6	44	9	16,9	0,4
Com 10 a 20 cabeças	1,4	151	6,0	45,8	54,0	29,6	29,4	58	21	24,3	0,2
Com 20 cabeças ou mais	8,2	1.254	92,3	65,8	304,2	36,1	67,4	58	74	45,4	0,1
Total	0,3	751	100	19,8	31,7	11,0	15,1	25	11	100	12

Vemos aqui uma enorme concentração de terra comprada e arrendada. Mais de nove décimos de toda a terra comprada estão nas mãos de 1,8% das quintas dos mais ricos. Do total de terras arrendadas, 69% se concentram nas mãos dos camponeses capitalistas e 86,6% nas mãos do grupo superior do campesinato. A comparação dos dados de arrendamento e de locação das terras de *nadiel* mostra claramente a transição da terra para as mãos da burguesia camponesa. A transformação da terra em mercadoria leva também ao barateamento da terra no atacado (e, como consequência, à especulação com a terra). Ao determinar o preço de uma *dessiatina* de arrendamento de terra que não é de *nadiel*, obtemos os seguintes números, do grupo inferior ao superior: 3,94, 3,20, 2,90, 2,75, 2,08, 1,78 rublos. Para mostrar a que tipo de erros conduz essa ignorância dos populistas sobre a concentração do arrendamento, citaremos como exemplo o raciocínio do senhor Kárychev em seu conhecido livro *A influência das colheitas e do preço dos cereais em alguns aspectos da economia nacional russa*[30]. Quando caem os preços do trigo, devido à melhora da colheita, e os preços dos arrendamentos sobem, então – conclui o senhor Kárychev – os empresários arrendatários devem diminuir a demanda e isso significa a elevação do preço de arrendamento pelos representantes da economia para consumo[31]. A conclusão é completamente arbitrária: é plenamente possível que a burguesia camponesa baixe os preços do arrendamento, não obstante a diminuição do preço do trigo, pois a melhora da colheita pode compensar a baixa dos preços. É plenamente possível que o campesinato abastado, mesmo na ausência de tal compensação, baixe o preço do arrendamento, diminuindo o custo da produção de trigo por meio da introdução de máquinas. Sabemos que o emprego de máquinas na agricultura está crescendo e que essas máquinas estão concentradas nas mãos da burguesia camponesa. Em vez de estudar a decomposição do campesinato, o senhor Kárychev propõe premissas arbitrárias e incorretas sobre o campesinato médio. Por isso, todas as suas conclusões e deduções fundamentadas de maneira análoga na edição citada não podem ter nenhum significado.

Uma vez esclarecidos os elementos heterogêneos do campesinato, podemos compreender facilmente a questão do mercado interno. Se o campesinato abastado mantém em suas mãos cerca de dois terços de toda a produção agrícola, fica claro que deve fornecer uma fração incomparavelmente maior do trigo destinado para a venda. Ele produz o trigo para a

---

[30] Kárychev, *Влияние урожаев и хлебных цен на некоторые стороны русского народного хозяйства* [A influência das colheitas e do preço dos cereais em alguns aspectos da economia nacional russa] (São Petersburgo, 1897).

[31] Ibidem, v. I, p. 288.

venda, enquanto o campesinato pobre deve comprar o trigo, vendendo sua força de trabalho. Eis os dados[32]:

Grupos de agregados familiares	% de agregados familiares que mantêm trabalhadores assalariados	% de trabalhadores do sexo masculino empregados na indústria agrícola
Sem animais de trabalho	0,7	71,4
Com 1 cabeça de gado de trabalho	0,6	48,7
Com 2 a 3 cabeças	1,3	20,4
Com 4 cabeças	4,8	8,5
Com 5 a 10 cabeças	20,3	5,0
Com 10 a 20 cabeças	62,0	3,9
Com 20 cabeças ou mais	90,1	2,0
Total	9,0	25,0

Propomos aos leitores que comparem esses dados sobre o processo de criação do mercado interno com as elaborações dos nossos populistas... "Se um mujique é rico, a fábrica floresce, e vice-versa."[33] O senhor V. V., pelo visto, não se interessa nem um pouco pela questão da forma social dessa riqueza, que é necessária para a "fábrica" e não se cria de outro modo senão pela transformação em mercadoria do produto e dos meios de produção, por um lado, e da força de trabalho, por outro. O senhor N., ao falar da venda do trigo, consola-se com o fato de que esse trigo é produto de um "mujique lavrador"[34] e, transportado esse trigo, "as ferrovias vivem do mujique"[35]. Com efeito, por acaso esses capitalistas "comuneiros" não são "mujiques"? "Algum dia, teremos ainda a oportunidade de demonstrar", escreve

---

[32] À venda da força de trabalho equiparamos aquilo que os estatísticos denominam "indústrias agrícolas" (dentro e fora do local de residência). Que essas "indústrias" compreendem os assalariados rurais e os diaristas fica claro pela tabela de indústrias (*Сводный сборник по Самарской губ.*, cit.) de 14.063 homens empregados nas "indústrias agrícolas", 13.297 são assalariados rurais e diaristas (incluindo pastores e lavradores).

[33] V. V., *Прогрессивные течения в крестьянском хозяйстве*, cit., p. 9.

[34] N., *Очерки нашего пореформенного общественного хозяйства*, cit., p. 24.

[35] Ibidem, p. 16.

100 O DESENVOLVIMENTO DO CAPITALISMO NA RÚSSIA

o senhor N. em 1880 e na reimpressão de 1893, "que, nas localidades onde predomina a agricultura comunitária, a agricultura baseada em princípios capitalistas é quase absolutamente ausente [sic!!] e que ela só é possível ali onde os laços comunitários se romperam completamente ou estão se esgarçando"[36]. Tal "oportunidade" o senhor N. não encontrou nem poderia encontrar, pois os fatos demonstram justamente o desenvolvimento da agricultura capitalista *entre* os "comuneiros"[37] e a completa adaptação dos famigerados "laços comunitários" à economia agrícola das grandes lavouras, baseada no trabalho de assalariados rurais.

De maneira absolutamente análoga se dão as relações entre os grupos de camponeses do distrito de Nikoláievski[38]. Assim, por exemplo, 7,4% das quintas dos ricos (com dez ou mais cabeças de gado de trabalho), representando 13,7% da população, concentram 27,6% de todo o gado e 42,6% dos arrendamentos, enquanto 29% das quintas dos pobres (sem cavalos ou com um cavalo), representando 9,7% da população, têm apenas 7,2% do gado e 3% dos arrendamentos. Infelizmente, as tabelas do distrito de Nikoláievski, repetimos, são por demais resumidas. Para finalizar a província de Samara, citemos a seguinte caracterização, instrutiva no mais alto grau, da situação do campesinato, constante da *Coletânea resumida* da província de Samara:

> O crescimento natural da população, reforçado pela migração dos camponeses com pouca terra das províncias ocidentais, em conexão com o surgimento no campo da produção agrícola dos especuladores-comerciantes da terra, visando ao lucro, tornou mais complexas ano a ano as formas de aluguel da terra, aumentou seu valor, fez da terra uma mercadoria, de modo que alguns enriqueceram e muitos foram arruinados. Como ilustração, citemos as dimensões das plantações de algumas propriedades agrícolas mercantis e camponesas do sul, nas quais não são raras plantações de 3 a 6 mil *dessiatinas*, e algumas praticam

[36] Ibidem, p. 59.

[37] No distrito de Novouzen, que tomamos como ilustração, observa-se uma particular "vitalidade da comunidade" (segundo a terminologia do senhor V. V. e companhia): da tabela da *Сводного сборника* (cit., p. 26), vemos que, ali, 60% das comunidades dividem a terra, enquanto em outros distritos a proporção é de apenas 11 a 23% (13,8% de comunidades em toda a província).

[38] Coletânea citada, p. 826 e seg. Excluímos aqueles que vivem em outras localidades e os sem-terra.

colheitas de 8-10-15 mil *dessiatinas*, com arrendamento de alguns milhares de *dessiatinas* de terra do erário.

O proletariado agrícola (rural) da província de Samara deve, em grande medida, sua existência e seu crescimento aos últimos tempos, em que houve uma produção crescente de grãos para venda, elevação do preço do arrendamento, lavoura em terras virgens e de pastagem, desmatamento de florestas e fenômenos semelhantes. Em toda a província, contam-se ao todo 21.624 quintas de sem-terras, ao passo que os sem propriedade somam 33.772 (com terra de *nadiel*), e os sem cavalos ou com um cavalo chegam somados a 410.604 famílias, representando 600 mil habitantes de ambos os sexos, sendo cinco pessoas ou mais por família. Atrevemo-nos a considerá-los também proletariado, ainda que juridicamente disponham de uma ou outra parcela de terra comunitária; factualmente, são diaristas, lavradores, pastores, ceifadores e outros tipos de trabalhador das grandes propriedades agrícolas, que plantam em terras de *nadiel* de meia a uma *dessiatina* para alimentar toda a família que fica em casa.[39]

Assim, os pesquisadores reconhecem como proletariado não apenas os camponeses sem cavalo, mas também aqueles que possuem um cavalo. Assinalemos essa importante conclusão, que está em pleno acordo com as conclusões do senhor Póstnikov (e com os dados das tabelas dos grupos) e indica o verdadeiro significado socioeconômico dos grupos inferiores do campesinato.

3. DADOS ESTATÍSTICOS DO *ZEMSTVO* DA PROVÍNCIA DE SARÁTOV

Passemos agora à zona média das Terras Negras, à província de Sarátov. Tomemos o distrito de Kamychin: o único para o qual foram dados agrupamentos suficientemente completos de camponeses por gado de trabalho[40].

---

[39] Ibidem, p. 57-8.

[40] Para os quatro distritos da província, o agrupamento por gado de trabalho funde o campesinato médio e abastado. Ver *Свод статистических сведений по Саратовской губ.* [Coletânea de informações estatísticas da província de Sarátov] (Sarátov, 1888), parte I, B. Tabelas combinadas da província de Sarátov por categorias de camponeses. As tabelas combinadas dos estatísticos de Sarátov foram elaboradas da seguinte maneira: todos os agregados familiares foram divididos em 6 *categorias* de acordo com a quantidade de terra de *nadiel*, cada categoria em 6 *grupos* de acordo com o gado de trabalho e cada grupo em 4 *subcategorias* de acordo com o número de trabalhadores do

102   O DESENVOLVIMENTO DO CAPITALISMO NA RÚSSIA

Eis os dados de todo o distrito (40.157 quintas, 263.135 habitantes de ambos os sexos. *Dessiatinas* de lavoura: 435.945, ou seja, 10,8 *dessiatinas* por quinta "média"):

Grupos de agregados familiares	% de quintas		% da população de ambos os sexos	Tamanho médio da lavoura em *dessiatinas*	% de toda a área plantada		% de quintas sem lavoura	Total do gado convertido em gado bovino por quinta	% em relação à totalidade de gado	
Sem cabeças de gado de trabalho	26,4	} 46,7	17,6	1,1	2,8	} 12,3	72,3	0,6	2,9	} 11,8
Com 1 cabeça de gado de trabalho	20,3		15,9	5,0	9,5		13,1	2,3	8,9	
Com 2 cabeças	14,6	} 32,2	13,8	8,8	11,8	} 34,4	4,9	4,1	11,1	} 32,1
Com 3 cabeças	9,3		10,3	12,1	10,5		1,5	5,7	9,8	
Com 4 cabeças	8,3		10,4	15,8	12,1		0,6	7,4	11,2	
Com 5 cabeças ou mais	21,1	21,1	32,0	27,6	53,3	53,3	0,2	14,6	56,1	56,1
Total	100		100	10,8	100		22,7	5,2	100	

Dessa maneira, vemos novamente a concentração das lavouras nas mãos dos grandes lavradores: o campesinato abastado, que corresponde somente à quinta parte das quintas (e a cerca de um terço da população)[41], detém mais da metade de todas as lavouras (53,3%); ademais, a dimensão das lavouras indica claramente seu caráter comercial: 27,6 *dessiatinas* em média por quinta. O campesinato abastado tem também uma quantidade significativa de gado

---

sexo masculino. Os resultados são resumidos apenas por categorias, de modo que para os grupos é preciso fazer os próprios cálculos. Da importância dessa tabela falaremos adiante.

[41] Notemos que, agrupando as quintas por boa condição ou tamanho da propriedade, obtêm-se famílias maiores nas camadas abastadas do campesinato. Esse fenômeno indica a relação entre a burguesia camponesa e as grandes famílias, que recebem uma maior quantidade de *nadiel*; em parte, também o contrário: testemunha uma menor tendência à partilha entre o campesinato abastado. Não convém, contudo, exagerar a importância das famílias numerosas dos camponeses abastados, que, como visto em nossos dados, recorrem, em maior medida, à contratação de trabalhadores. A "cooperação familiar" sobre a qual tanto gostam de falar nossos populistas é, dessa maneira, a base da cooperação capitalista.

por quinta: 14,6 cabeças (convertidas em gado bovino, ou seja, calculando-se dez cabeças de gado caprino para uma de bovino), e, da totalidade de gado no distrito, quase três quintos (56%) estão concentrados nas mãos da burguesia camponesa. No outro polo do campo, vemos fenômeno oposto: a completa privação do grupo inferior, do proletariado rural, que constitui, no nosso exemplo, pouco menos da metade das quintas (cerca de um terço da população), cabendo-lhe, contudo, de toda a fração de lavouras, somente um oitavo da terra e menos ainda da totalidade do gado (11,8%). Já são principalmente assalariados rurais, diaristas e trabalhadores da indústria com *nadiel*.

A concentração das lavouras e do crescimento do caráter mercantil da agricultura caminha lado a lado com sua transformação em capitalista. Vemos um fenômeno já conhecido: a venda da força de trabalho nos grupos inferiores e sua compra pelos grupos superiores.

Grupos de agregados familiares	% de patrões com trabalhadores contratados do sexo masculino	% de propriedades agrícolas industriais
Sem cabeças de gado de trabalho	1,1	90,9
Com 1 cabeça de gado de trabalho	0,9	70,8
Com 2 cabeças	2,9	61,5
Com 3 cabeças	7,1	55,0
Com 4 cabeças	10,0	58,6
Com 5 cabeças ou mais	26,3	46,7
Total	8,0	67,2

Aqui é necessário um pequeno esclarecimento. P. N. Skvortsov notou de maneira absolutamente correta em um de seus artigos que as estatísticas atribuem um significado excessivamente "amplo" ao termo "indústria" (ou "salário"). Com efeito, inclui-se na "indústria" *toda e qualquer* ocupação dos camponeses fora do *nadiel*; fabricantes e operários, moleiros, plantadores de melões e diaristas, assalariados rurais; mercadores, comerciantes e peões; madeireiros e lenhadores; empreiteiros e trabalhadores da construção; representantes das profissões liberais, servidores e mendigos etc. – todos são "industriais"! Esse emprego selvagem da palavra constitui uma sobrevivência da concepção tradicional – com razão, podemos dizer oficial – segundo a qual o "*nadiel*" é a ocupação "verdadeira", "natural" do mujique, enquanto todas as outras ocupações referem-se indistintamente às indústrias "estranhas". Sob a servidão, tal emprego da palavra tinha sua *raison d'être**, mas agora é um flagrante anacronismo. Semelhante terminologia se mantém entre nós em parte porque se harmoniza de maneira notável com a ficção do campesinato "médio" e *exclui diretamente a possibilidade* de estudo da decomposição do campesinato (especialmente naquelas localidades onde as ocupações "estranhas" dos camponeses são abundantes e variadas. Lembremos que o distrito de Kamychin é um proeminente centro da indústria da *sarpinka***). O tratamento[42] das informações por quinta sobre a economia camponesa continuará insatisfatório enquanto as "indústrias" dos camponeses não forem distinguidas por tipo econômico, enquanto entre os "industriais" não forem diferenciados os patrões e os *trabalhadores assalariados*. Essa é a quantidade mínima de tipos econômicos sem cuja distinção a estatística econômica não pode ser considerada satisfatória. Seria desejável, evidentemente, um agrupamento mais detalhado, por exemplo: patrões com trabalhadores contratados; patrões sem trabalhadores contratados; comerciantes, compradores e lojistas, entre outros; artesãos, referindo-se ao manufatureiro que trabalha diretamente para o consumidor etc.

Voltando à nossa tabela, notemos que, apesar de tudo, tínhamos certo direito de incluir as "indústrias" na venda da força de trabalho, pois os trabalhadores contratados são habitualmente predominantes entre os "industriais" camponeses. Se fosse possível separar destes últimos os trabalhadores contratados, obteríamos, com certeza, uma porcentagem incomparavelmente maior de "industriais" nos grupos superiores.

No que se refere aos dados dos trabalhadores contratados, devemos notar aqui a completa falácia da opinião do senhor Kharizomiénov, segundo a qual "a contratação de curta duração [de trabalhadores] para ceifa, colheita e por dia

---

* Em francês no original: "razão de ser". (N. T.)

** Tecido de algodão de trama simples, listrado ou xadrez, feito de fios finos, produzido principalmente pelos colonos alemães da região do Volga. (N. T.)

42 Dizemos "tratamento", porque as informações recolhidas das indústrias camponesas nos censos por domicílio são muito circunstanciadas e detalhadas.

constitui um fenômeno demasiadamente difundido, não pode servir de sinal característico da força ou da fraqueza da propriedade agrícola"[43]. Tanto as considerações teóricas quanto os exemplos da Europa ocidental e os dados russos (trataremos deles adiante) nos obrigam, ao contrário, a ver na contratação de trabalhadores diaristas um traço bastante característico da burguesia rural.

Finalmente, sobre os arrendamentos, os dados mostram também aqui sua conquista pela burguesia camponesa. Notemos que nas tabelas combinadas das estatísticas de Sarátov não é fornecido o número de patrões que dispõem de terras para arrendamento ou locação, apenas a quantidade de terra arrendada e alugada[44]; teremos, portanto, de determinar o tamanho do arrendamento e da locação de acordo com as *quintas* existentes, e não com aquelas arrendadas.

Grupos de agregados familiares	Corresponde a 1 quinta com *nadiel*, em *dessiatinas*			% referente ao total de terra							
	Terra arável de *nadiel*	Terra arrendada	Terra cedida em arrendamento	*Nadiel*		Arrendada		Cedida em arrendamento		Porcentagem de terras em uso (terra de *nadiel* + arrendamento – locação)	
Sem gado de trabalho	5,4	0,3	3,0	16		1,7		52,8		5,5	
Com 1 cabeça de gado de trabalho	6,5	1,6	1,3	14		6		17,6		10,3	
Com 2 cabeças	8,5	3,5	0,9	13		9,5		8,4		12,3	
Com 3 cabeças	10,1	5,6	0,8	10	} 34	9,5	} 30,1	4,8	} 17,3	10,4	} 34,6
Com 4 cabeças	12,5	7,4	0,7	11		11,1		4,1		11,9	
Com 5 cabeças ou mais	16,1	16,3	0,9	36		62,2		12,3		49,6	
Total	**9,3**	**5,4**	**1,5**	**100**		**100**		**100**		**100**	

[43] Kharizomiénov, "Введения" [Introdução] ao *Своду* [Código], p. 46.

[44] No total, são alugadas no distrito 61.639 *dessiatinas* de lavoura, ou seja, cerca de um sexto do total de lavouras de *nadiel* (377.305 *dessiatinas*).

Dessa maneira, também aqui vemos que, quanto mais abastado é o campesinato, *mais* ele arrenda, *apesar* da maior segurança de sua terra de *nadiel*. E aqui vemos que o campesinato abastado desloca o campesinato médio, e o papel da terra de *nadiel na economia* camponesa tende a diminuir em ambos os polos da aldeia.

Detenhamo-nos nesses dados relativos ao arrendamento. Eles estão conectados a pesquisas e reflexões bastante interessantes e importantes do senhor Kárychev[45] e às "emendas" do senhor N.

O senhor Kárychev dedicou um capítulo especial (capítulo III) à "relação do arrendamento com a prosperidade dos inquilinos". A conclusão geral a que ele chega é a de que *"quando as demais condições são iguais*, a luta pela terra que pode ser alugada inclina-se em favor dos que estão em melhores condições"[46]. "As quintas comparativamente mais prósperas [...] deslocam para o segundo plano os grupos de quintas menos prósperas"[47]. Vemos, portanto, que a conclusão do exame geral dos dados estatísticos do *zemstvo* conduz à mesma conclusão que aquela à qual nos levaram os dados que analisamos. Além disso, o estudo da dependência do tamanho do arrendamento das dimensões da terra de *nadiel* conduziu o senhor Kárychev à conclusão de que o agrupamento em *nadiel* "eclipsou o sentido do fenômeno que nos interessa": "valem-se [...] de grandes arrendamentos a) *as categorias menos* providas de terras, mas b) dentro desse *grupo* as *categorias mais* providas de terras. Obviamente, trata-se aqui de duas influências diretamente opostas, cuja confusão impede a compreensão do significado de cada uma"[48]. Essa conclusão é evidente por si mesma, se aplicarmos de maneira consequente o ponto de vista que distingue os grupos de camponeses *de acordo com suas condições materiais*: vemos em todos os aspectos de nossos dados que o campesinato abastado acumula o arrendamento, apesar de ser mais bem provido de terras de *nadiel*. É claro que justamente a abundância da quinta é um *fator*

---

[45] Kárychev, *Итогов земской статистики*, cit.

[46] Ibidem, p. 156.

[47] Ibidem, p. 154.

[48] Ibidem, p. 139.

determinante para o arrendamento e que esse fator apenas muda de aspecto, mas não deixa de ser determinante quando mudam as condições do *nadiel* e as condições do arrendamento. Porém, o senhor Kárychev, ainda que tenha estudado a influência da "prosperidade", não aderiu de maneira consequente ao ponto de vista indicado, por isso caracterizou o fenômeno *imprecisamente*, ao falar da dependência direta entre a garantia de terra do inquilino e o arrendamento. Isso, por um lado. Por outro, a unilateralidade de sua pesquisa impediu o senhor Kárychev de avaliar todo o significado da acumulação dos arrendamentos pelos ricos. Ao estudar o "arrendamento, com exceção das terras de *nadiel*", ele se limita a coletar dados estatísticos do *zemstvo* sobre o arrendamento, sem levar em consideração a propriedade agrícola dos inquilinos. Compreende-se por que, com esse estudo mais formal, a questão da relação do arrendamento com a "abundância", do caráter mercantil ou comercial do arrendamento não pôde ser resolvida. O senhor Kárychev, por exemplo, tem nas mãos os mesmos dados do distrito de Kamychin, mas se limitou a reimprimir os números absolutos de um arrendamento[49] e calcular as dimensões médias de arrendamento por quinta de *nadiel*[50]. A concentração de arrendamentos nas mãos do campesinato abastado, seu caráter industrial, sua ligação com a locação da terra pelo grupo inferior – tudo isso foi deixado de lado. Assim, o senhor Kárychev não pôde deixar de notar que os dados estatísticos do *zemstvo* refutam a concepção populista sobre o arrendamento e mostram o deslocamento dos pobres pelo campesinato abastado, mas ofereceu uma caracterização imprecisa desse fenômeno e, sem estudá-lo em todos os seus aspectos, caiu em contradição com esses dados, repetindo a velha cantilena sobre o "princípio do trabalho" etc. Mas a simples constatação da disputa e da luta econômicas no campesinato pareceu uma heresia aos senhores populistas e, à sua maneira, eles se puseram a "corrigir" o senhor Kárychev. Eis como faz o senhor N., que "utiliza", como ele próprio afirma[51], as objeções de N. Kablukov contra o senhor Kárychev. No parágrafo IX de seus *Ensaios*, o

---

[49] Ibidem, anexo n. 8, p. xxxvi.

[50] Ibidem, p. 143.

[51] N., *Очерки нашего пореформенного общественного хозяйства*, cit., p. 153, nota.

senhor N. discorre sobre o arrendamento e suas diferentes formas. "Quando o camponês", diz ele, "possui terra suficiente para viver do trabalho agrícola na sua própria terra, ele não a arrenda"[52]. Assim, o senhor N. nega, sem rodeios, a existência da atividade empresarial no arrendamento camponês, sua acumulação pelos ricos, cujas lavouras são comerciais. Há provas? Absolutamente nenhuma: a teoria da "produção popular" não se prova, decreta-se. Contra o senhor Kárychev, o senhor N. cita uma tabela da coletânea do *zemstvo* sobre o distrito de Khvalynsk que mostra que, "com a mesma disponibilidade de gado de trabalho, quanto menor a terra de *nadiel*, tanto maior a necessidade de preencher essa deficiência com arrendamento"[53]. E ainda: "Se os camponeses se encontram em condições absolutamente idênticas quanto à posse de gado, e se em sua propriedade têm força de trabalho suficiente, tanto menor será o *nadiel* que eles mesmos possuem"[54]. O leitor vê que semelhantes "conclusões" são uma artimanha verbal baseada na fórmula inexata do senhor Kárychev, que sobre a relação entre o arrendamento e os recursos econômicos o senhor N. simplesmente se põe a falar ninharias sem conteúdo. Não é evidente por si mesmo que, com disponibilidade *idêntica* de gado de trabalho, quanto menor é a terra própria, tanto maior é o arrendamento? Sobre isso não há nem o que dizer, pois toma-se como idêntico justamente o *recurso econômico* de cujas *diferenças* se trata. A afirmação do senhor N. de que o campesinato que possui terras suficientes não arrenda não se prova em absoluto, e a tabela do senhor N. demonstra apenas que ele não compreende os números por ele citados: ao equiparar os camponeses pela quantidade de terra de *nadiel*, ele coloca mais ainda em relevo o papel do "recurso econômico" e o acúmulo de arrendamento em conexão com o aluguel de terras pelos pobres (alugadas por aqueles mesmos camponeses abastados, evidentemente)[55]. Lembre-se agora o leitor

---

[52] Ibidem, p. 152.

[53] Ibidem, p. 153. Os estatísticos fornecem uma tabela exatamente igual referente ao distrito de Kamychin (*Сборник стат. свед. по Сарат. губ.* [Coletânea de informações estatísticas da província de Sarátov], v. XI: *Камышинский уезд* [distrito de Kamychin], p. 249 e seg,). Portanto, podemos perfeitamente utilizar os dados por nós selecionados.

[54] N., *Очерки нашего пореформенного общественного хозяйства*, cit., p. 154.

[55] O fato de que os dados citados pelo senhor N. contradizem suas conclusões já fora indicado pelo senhor Struve nas suas *Notas críticas*.

dos dados citados acerca da distribuição dos arrendamentos no distrito de Kamychin; suponhamos que dividíssemos os camponeses com "disponibilidade idêntica de gado de trabalho" e, ao separá-los em categorias de acordo com o *nadiel* e em subcategorias de acordo com o número de trabalhadores, afirmássemos que, quanto menos terra têm, mais eles arrendam etc. Por acaso, com tal método, desapareceria o grupo do campesinato abastado? Pois o senhor N., com suas frases vazias, logrou justamente que ele desaparecesse e teve a chance de repetir os velhos preconceitos do populismo.

O método absolutamente inútil do senhor N. – calcular o arrendamento de camponeses por uma quinta, de acordo com grupos com 0, 1, 2 etc. trabalhadores – é repetido também pelo senhor L. Maress no livro *Influência das colheitas e do preço do trigo etc.*[56]. Eis um pequeno exemplo daquelas "médias" que o senhor Maress emprega com tanta audácia (como outros autores desse livro escrito a partir de um ponto de vista populista preconcebido). No distrito de Melitópol – discorre ele –, a cada quinta arrendada correspondem em arrendamento: 1,6 *dessiatina* em quintas sem trabalhadores do sexo masculino; 4,4 *dessiatinas* em quintas com um trabalhador; 8,3 *dessiatinas* em quintas com dois trabalhadores; 14 *dessiatinas* em quintas com três trabalhadores[57]. E a conclusão: "distribuição aproximadamente uniforme de arrendamentos *per capita*"!! O senhor Maress não considerou necessário examinar a distribuição *real* de arrendamento por grupos de quintas com condições econômicas diferentes, ainda que pudesse sabê-lo tanto pelo livro do senhor V. Póstnikov quanto pelas coletâneas dos *zemstvos*. O número "médio" de 4,4 *dessiatinas* por arrendamento, por quinta num grupo de quintas com um trabalhador do sexo masculino, é obtido da *soma* de números tais como 4 *dessiatinas* num grupo de quintas que plantam de 5 a 10 *dessiatinas* e têm 2 a 3 cabeças de gado de trabalho, e 38 *dessiatinas* num grupo de quintas que plantam mais de 50 *dessiatinas* e têm 4 ou mais cabeças de gado de trabalho[58].

---

[56] L. Maress, *Влияние урожаев и хлебных цен и т. д.* [Influência das colheitas e dos preços do trigo etc.] (São Petersburgo, 1897), v. I, p. 34.

[57] Ibidem, p. 34.

[58] Ver *Сборник по Мелитопольскому уезду*, p. G. 10-1.

Não é surpreendente que na *soma* de ricos e pobres e na divisão do número de componentes se possa, em toda parte, onde for conveniente, obter uma "distribuição uniforme"?!

Na realidade, no distrito de Melitópol, 21% das quintas dos ricos (25 ou mais *dessiatinas* de lavoura), com 29,5% da população camponesa, têm – não obstante sua maior quantidade de terras de *nadiel* e compradas – 66,3% de toda a terra arável arrendada[59]. Ao contrário, 40% das quintas dos pobres (até 10 *dessiatinas* de lavoura), representando 30,1% da população camponesa, têm – não obstante a menor quantidade de terras de *nadiel* e compradas – 5,6% de toda a terra arável arrendada. Como se vê, muito parecido com uma "distribuição *per capita* uniforme"!

O senhor Maress fundamenta todos os seus cálculos relativos ao arrendamento camponês na "suposição" de que "as quintas arrendadas correspondem, principalmente, aos dois grupos inferiores segundo a posse da terra" [por posse de *terra de nadiel*]; de que "a terra arrendada tem entre a população que arrenda uma distribuição *per capita* [*sic*!] uniforme"; e de que "o arrendamento condiciona a transição dos camponeses dos grupos inferiores, segundo a posse da terra, para os grupos superiores"[60]. Já demonstramos que *todas essas "suposições" do senhor Maress contradizem diretamente a realidade*. Com efeito, tudo isso se dá precisamente de maneira contrária, e o senhor Maress não teria deixado de notá-lo se, ao tratar das desigualdades do cotidiano econômico[61], tivesse tomado os dados sobre os agrupamentos das quintas segundo índices econômicos (e não segundo *a posse* de *nadiel*) e não tivesse se limitado às "suposições" infundadas dos preconceitos populistas.

Comparemos, doravante, o distrito de Kamychin com os outros distritos da província de Sarátov. A relação entre os grupos de camponeses é similar em todos os lugares, como mostram os dados dos quatro distritos (Volsk, Kuznets, Balachov e Serdobsk), nos quais, como dissemos, os campesinatos médio e abastado estão reunidos:

[59] Ibidem, p. B. 190-4.
[60] L. Maress, *Влияние урожаев и т. д.*, cit., p. 34-5.
[61] Ibidem, p. 35.

Grupos agregados familiares	4 distritos da província de Sarátov (% do total)						
	Quintas	População de ambos os sexos	Total de gado	Terra de *nadiel*	Arrendamento	Total de terras em uso	Lavouras
Sem gado de trabalho	24,4	15,7	3,7	14,7	2,1	8,1	4,4
Com 1 cabeça de gado de trabalho	29,6	25,3	18,5	23,4	13,9	19,8	19,2
Com 2 ou mais cabeças	46,0	59,0	77,8	61,9	84,0	72,1	76,4
Total	100	100	100	100	100	100	100

Consequentemente, em todos os lugares, vemos o deslocamento dos pobres pelo campesinato com recursos. Mas, no distrito de Kamychin, o campesinato abastado é numericamente superior e mais rico que nos demais distritos. Assim, nos cinco distritos (incluindo Kamychin), as quintas se distribuem da seguinte maneira, segundo o gado de trabalho: sem gado de trabalho – 25,3%; com uma cabeça – 25,5%; com duas – 20%; com três – 10,8%; e com quatro ou mais – 18,4%, enquanto no distrito de Kamychin, como vimos, o grupo abastado é maior, mas, por outro lado, o grupo não abastado é menor. Além disso, se reunirmos o campesinato médio e o abastado, ou seja, se tomarmos as quintas com duas ou mais cabeças de gado de trabalho, obteremos os seguintes dados por distrito:

Referente a cada 1 quinta com 2 ou mais cabeças de gado de trabalho

	Distritos				
	Kamychin	Volsk	Kuznets	Balachov	Serdobsk
Gado de trabalho (em cabeças)	3,8	2,6	2,6	3,9	2,6
Total do gado de trabalho (em cabeças)	9,5	5,3	5,7	7,1	5,1
Terra de *nadiel* (em *dessiatinas*)	12,4	7,9	8	9	8
Terra arrendada (em *dessiatinas*)	9,5	6,5	4	7	5,7
Terra de lavoura (em *dessiatinas*)	17	11,7	9	13	11

Ou seja, no distrito de Kamychin, o campesinato com mais recursos é mais rico. Esse distrito se refere àqueles com maior quantidade de terras: 7,1 *dessiatinas* de terra de *nadiel* por alma censitária* do sexo masculino contra 5,4 *dessiatinas* para a província. Consequentemente, a maior quantidade de terras do "campesinato" significa apenas que a burguesia camponesa é maior e mais rica.

Para finalizar esse exame dos dados da província de Sarátov, consideramos necessário nos determos na questão dos agrupamentos de quintas camponesas. Como provavelmente já deve ter notado o leitor, rejeitamos *a limine* o agrupamento por *nadiel* e utilizamos exclusivamente agrupamentos segundo a condição econômica (por gado de trabalho; por lavoura). É fundamental incentivar esse procedimento. O agrupamento por *nadiel* goza de uma difusão incomparavelmente maior nas estatísticas do *zemstvo* e, em sua defesa, são citados em geral os dois seguintes argumentos[62], à primeira vista muito convincentes. Diz-se, em primeiro lugar, que para o estudo do cotidiano do campesinato agrícola é natural e necessário o agrupamento de acordo com a terra. Tal argumento ignora uma particularidade essencial da vida russa, a saber: o caráter não livre da posse de terra de *nadiel*, a qual, por força da lei, guarda um caráter igualitário e cuja mobilização é, em última instância, restrita. Todo o processo de decomposição do campesinato agrícola consiste no fato de que a vida escapa a esses limites legais. Ao empregar o agrupamento por *nadiel*, juntamos o pobre, que coloca a terra para locação, e o rico, que arrenda ou compra a terra; o pobre, que abandona a terra, e o rico, que "recolhe" a terra; o pobre, que cultiva a pior propriedade agrícola com uma quantidade ínfima de gado, e o rico, que tem muito gado, fertiliza a terra, empreende melhorias e assim por

---

* "Almas censitárias" [em russo, *ревизские душиⁱ/revízskie duchi*]: na Rússia, durante a servidão, população masculina sujeita a um imposto *per capita* independentemente da idade e da capacidade de trabalho (sobretudo camponeses e pequeno-burgueses). O número de almas censitárias foi calculado com base em censos especiais, realizados na Rússia a partir de 1718; em 1857-1859, foi levada a cabo a última, décima, "pesquisa censitária". Em várias regiões, houve redistribuição das terras no interior das comunidades rurais de acordo com esse censo. (N. E. R.)

[62] Ver, por exemplo, as introduções à coletânea da província de Sarátov, à coletânea resumida da província de Samara, à coletânea das informações avaliadas sobre os quatro distritos da província de Vorónej e outras edições estatísticas dos *zemstvos*.

diante. Juntamos, em outras palavras, o proletariado rural e os representantes da burguesia rural. As "médias" derivadas de tal adição *encobrem a decomposição* e são, portanto, pura ficção[63]. As tabelas combinadas das estatísticas de Sarátov acima reproduzidas oferecem a possibilidade de demonstrarmos de maneira convincente a inutilidade do agrupamento por *nadiel*. Tomemos, por exemplo, a categoria dos camponeses sem *nadiel* do distrito de Kamychin[64]. O organizador do "Código", ao caracterizar essa categoria, classifica-a como "demasiado insignificante"[65], ou seja, refere-se a ela como pobre. Tomemos as tabelas. A "média" de lavouras dessa categoria é de 2,9 *dessiatinas* por quinta. Mas observem como é formada a "média": da soma das grandes lavouras (de 18 *dessiatinas* por quinta no grupo com 5 ou mais cabeças de gado de trabalho; em toda a categoria, as quintas desse grupo correspondem a cerca de um oitavo, mas possuem cerca de metade de toda a lavoura da categoria) com a dos pobres, sem cavalos, e com 0,2 *dessiatina* de lavoura por quinta! Tomemos as quintas com assalariados rurais. São muito poucos nessa categoria: 77, ou seja, 2,5%. Mas desses 77, 60 estão no grupo superior, que cultiva 18 *dessiatinas* por quinta, e neste, as quintas com assalariados rurais já representam 24,5%. É evidente que encobrimos a decomposição do campesinato, retratamos o campesinato despossuído numa situação melhor que aquela em que se encontra de fato (pela adição dos ricos e pelo cálculo das médias), enquanto o campesinato abastado, ao contrário, nós o retratamos como se tivesse menos vigor, pois, na

---

[63] Aproveitamos essa rara ocasião para assinalar nossa solidariedade à opinião do senhor V. V., que em seus artigos do ano 1885 e seguintes saudou o "novo tipo de publicação estatística dos *zemstvos*", a saber, as tabelas combinadas que permitem agrupar os dados por domicílio não apenas por *nadiel*, mas também por condição econômica. "É preciso", escreveu então o senhor V. V., "referir os dados numéricos não apenas *a um conglomerado de grupos econômicos dos mais diversos, como a aldeia ou a comunidade, mas aos próprios grupos*" (V. V. "Новый тип местно-стат. издания" [Novos tipos de publicações estatísticas locais], *Siéverny Viéstnik*, n. 3, p. 189 e 190, citado na introdução à coletânea da província de Sarátov, cit., p. 36). É uma grande pena que o senhor V. V. não tenha tentado, em nenhum de seus trabalhos posteriores, examinar os dados sobre os diversos tipos de campesinato e tenha até mesmo calado, como vimos, sobre uma parte factual do livro do senhor V. Póstnikov, que talvez tenha sido o primeiro a analisar os dados sobre os diversos grupos do campesinato, e não sobre "um conglomerado dos grupos mais diversos". A que isso se deve?

[64] Ver "Свод" [Código], p. 450 e seg., em *Сборник по Камышинскому уезду* [Coletânea do distrito de Kamychin], v. XI, p. 174 e seg.

[65] Ibidem, p. 45.

categoria dos que possuem muitas terras, juntamos à maioria que possui boas condições também aqueles que não têm condições (como se sabe, nas comunidades com muitas terras de *nadiel*, há sempre os que não têm condições). Está clara, então, também a incorreção do segundo argumento em defesa do agrupamento por *nadiel*. Diz-se que, nesse tipo de agrupamento, obtemos sempre um incremento regular das condições (quantidade de gado, de lavoura e assim por diante) com o incremento das dimensões do *nadiel*. Fato indiscutível, pois a terra de *nadiel* é um dos principais fatores de prosperidade. Por isso, no campesinato com muitas terras de *nadiel* encontramos sempre mais representantes da burguesia camponesa, o que eleva os números "médios" de toda a categoria. Contudo, disso não se pode de modo algum deduzir a correção de um método que funde a burguesia rural e o proletariado rural.

Concluímos: não devemos nos limitar ao agrupamento por *nadiel* na elaboração dos dados sobre o campesinato. A estatística econômica deve necessariamente basear-se no agrupamento *das dimensões* e *do tipo de propriedade agrícola*. Os indicadores para a diferenciação desses tipos devem ser tomados conforme as circunstâncias locais e as formas de agricultura; se se trata de agricultura extensiva cerealista é possível limitar o agrupamento por lavoura (ou gado de trabalho), mas em outras circunstâncias é preciso levar em conta a área de cultivo industrial, o tratamento técnico dos produtos agrícolas, o cultivo de tubérculos ou forragem, a exploração de gado leiteiro, a horticultura etc. Quando o campesinato une, em grandes dimensões, tanto a agricultura quanto a atividade industrial, é fundamental a combinação dos dois sistemas de agrupamento indicados, ou seja, agrupamento segundo as dimensões e tipo de agricultura e agrupamento segundo as dimensões e tipo de "indústria". A questão dos métodos para reunião dos registros do censo sobre a economia camponesa não é de modo algum extremamente especializada ou secundária, como se poderia imaginar à primeira vista. Ao contrário, não será nenhum exagero dizer que constitui, no presente, a principal questão da estatística do *zemstvo*. A totalidade das informações do censo domiciliar e a técnica de coleta[66] atingiram

---

[66] Sobre a técnica de recenseamento dos *zemstvos*, ver, além das edições acima citadas, o artigo do senhor Fortunátov, no volume I de *Итогов земской статистики* [Balanços das estatísticas dos *zemstvos*]. Modelos de fichas domiciliares foram publicados nas introduções à *Сводному сборнику*

certo grau de perfeição, mas, como consequência da incompletude de sua reunião, perde-se uma massa de informações muito valiosas, e o pesquisador tem à disposição apenas números "médios" (por comunidade, subdistrito, categorias de camponeses, tamanho do *nadiel* etc.). Já essas "médias", como vimos e veremos adiante, são, amiúde, completamente fictícias.

4. DADOS ESTATÍSTICOS DO *ZEMSTVO* DA PROVÍNCIA DE PERM

Passemos agora a analisar os dados estatísticos do *zemstvo* de uma província que se encontra em condições completamente distintas: Perm. Tomemos o distrito de Krasnoufimsk, do qual temos um agrupamento de quintas de acordo com a economia agrícola[67]. Eis os dados gerais da parte agrícola do distrito (23.574 quintas, representando 129.439 habitantes de ambos os sexos) [ver página seguinte].

E aqui, portanto, apesar das dimensões significativamente menores das lavouras, vemos as mesmas relações entre os grupos, a mesma concentração de lavoura e gado nas mãos do pequeno grupo do campesinato abastado. A relação entre a posse e o uso econômico real da terra aparece aqui também da mesma maneira conforme já tomamos conhecimento em outras províncias[68] [ver página seguinte].

по Самарской губ., cit., e ao código do distrito de Sarátov, em *Сборнике стат. свед. по Орловской губ.* [Coletânea de informações estatísticas da província de Orlov] (v. II, distrito de Ielets), em *Материалах для статистики Красноуфимского уезда Пермской губ.* [Materiais para uma estatística do distrito de Krasnoufimsk, província de Perm], fasc. IV. A ficha de Perm é especialmente completa.

[67] *Материалах для статистики Красноуфимского уезда Пермской губ.* cit., fasc. III, tabelas (Kazan, 1894). Para comparação, também citaremos os principais dados do distrito de Ekaterinburg, dos quais se fornece o mesmo agrupamento. *Сборник стат. свед. по Екатеринбургскому уезду Пермской губ. Изд. Екат. уездного земства* [Coletânea das informações estatísticas do distrito de Ekaterinburg, província de Perm. Edição do *zemstvo* do distrito de Ekaterinburg] (Ekaterinburg, 1891).

[68] Esses camponeses possuem um total de 410.428 *dessiatinas* de terras de *nadiel*, ou seja, 17,5 *dessiatinas* em média por quinta. Além disso, os camponeses arrendam 53.882 *dessiatinas* de pastos e 598.180 *dessiatinas* de prados, totalizando, portanto, 651.062 *dessiatinas* (quintas que arrendam pastos: 8.903; e que arrendam prados: 9.167) e colocam para locação a terra de *nadiel*: pastos – 50.548 *dessiatinas* (8.553 patrões) e prados – 7.186 (2.180 patrões), com um total de 57.734 *dessiatinas*.

116 O DESENVOLVIMENTO DO CAPITALISMO NA RÚSSIA

Grupos de agregados familiares	% de quintas	% da população de ambos os sexos	Lavoura por quinta, em *dessiatinas*	% em relação à quantidade total de lavouras	Gado por quinta		
					De trabalho	Total convertido em gado bovino	% em relação à quantidade total de gado
Que não cultivam a terra	10,2	6,5	—	— }8,9	0,3	0,9	1,7 }15,4
Que cultivam até 5 *dessiatinas*	30,3	24,8	1,7	8,9	1,2	2,3	13,7
Que cultivam de 5 a 10 *dessiatinas*	27,0	26,7	4,7	22,4	2,1	4,7	24,5
Que cultivam de 10 a 20 *dessiatinas*	22,4	27,3	9,0	35,1	3,5	7,8	33,8 }60,1
Que cultivam de 20 a 50 *dessiatinas*	9,4	13,5	17,8	28,9 }68,7	6,1	12,8	23,2 }26,3
Que cultivam acima de 50 *dessiatinas*	0,7	1,2	37,3	4,7 }33,6	11,2	22,4	3,1
Total	100	100	5,8	100	2,4	5,2	100

Grupos de agregados familiares	% em relação ao total de terras					
	Quintas	População de ambos os sexos	Terra de *nadiel*	Terra arrendada	Terra alugada	Total de terras em uso
Que não cultivam a terra	10,2	6,5	5,7	0,7	21,0	1,6
Que cultivam até 5 *dessiatinas*	30,3	24,8	22,6	6,3	46,0	10,7
Que cultivam de 5 a 10 *dessiatinas*	27,0	26,7	26,0	15,9	19,5	19,8
Que cultivam de 10 a 20 *dessiatinas*	22,4	27,3	28,3	33,7	10,3	32,8
Que cultivam de 20 a 50 *dessiatinas*	9,4	13,5	15,5	36,4	2,9	29,8
Que cultivam acima de 50 *dessiatinas*	0,7	1,2	1,9	7,0	0,3	5,3
Total	100	100	100	100	100	100

O mesmo acúmulo de arrendamentos pelo campesinato abastado com recursos; a mesma passagem da terra de *nadiel* (por meio da locação) do campesinato desfavorecido para os favorecidos, a mesma diminuição do papel da terra de *nadiel* como consequência de duas tendências distintas, em ambos os polos da aldeia. Para que o leitor possa ter uma ideia concreta desse processo, citemos de forma mais detalhada os dados dos arrendamentos:

Grupos de agregados familiares	Por quinta		% de quintas que arrendam terra arável	Por quinta que arrenda terra arável, em *dessiatinas*	% de quintas que arrendam prados	% de quintas que arrendam prados, em *dessiatinas*
	Habitantes de ambos os sexos	Terra de *nadiel*, em *dessiatinas*				
Que não cultivam a terra	3,51	9,8	0,0	0,7	7,0	27,8
Que cultivam até 5 *dessiatinas*	4,49	12,9	19,7	1,0	17,7	31,2
Que cultivam de 5 a 10 *dessiatinas*	5,44	17,4	34,2	1,8	40,2	39,0
Que cultivam de 10 a 20 *dessiatinas*	6,67	21,8	61,1	4,4	61,4	63,0
Que cultivam de 20 a 50 *dessiatinas*	7,86	28,8	87,3	14,2	79,8	118,2
Que cultivam acima de 50 *dessiatinas*	9,25	44,6	93,2	40,2	86,6	261,0
Total	5,49	17,4	37,7	6,0	38,9	65,0

Nos grupos superiores (que concentram, como sabemos, a maior fração de arrendamentos), o arrendamento, portanto, contém um evidente caráter industrial e empresarial, contrariando a opinião amplamente difundida dos populistas economistas.

Passemos aos dados de trabalho assalariado, especialmente valiosos nesse distrito em consequência de sua completude (a saber, foram acrescentados dados sobre a contratação de trabalhadores diaristas):

Grupos de propriedades	Número de trabalhadores do sexo masculino por quinta	Número de propriedades que contratam trabalhadores				% de propriedades que contratam trabalhadores			
		Por tempo determinado	Para ceifa	Para colheita	Para debulha	Por tempo determinado	Para ceifa	Para colheita	Para debulha
Que não cultivam a terra	0,6	4	16	—	—	0,15	0,6	—	—
Que cultivam até 5 *dessiatinas*	1,0	51	364	340	655	0,7	5,1	4,7	9,2
Que cultivam de 5 a 10 *dessiatinas*	1,2	268	910	1.385	1.414	4,2	14,3	20,1	22,3
Que cultivam de 10 a 20 *dessiatinas*	1,5	940	1.440	2.325	1.371	17,7	27,2	43,9	25,9
Que cultivam de 20 a 50 *dessiatinas*	1,7	1.107	1.043	1.542	746	50,0	47,9	69,6	33,7
Que cultivam acima de 50 *dessiatinas*	2,0	143	111	150	77	83,1	64,5	87,2	44,7
Total	1,2	2.513	3.884	5.742	4.263	10,6	16,4	24,3	18,8

Vemos aqui uma refutação patente da opinião dos estatísticos de Sarátov, segundo a qual a contratação de trabalhadores diaristas não constitui um sinal característico do vigor ou da debilidade da economia. Ao contrário, é no mais alto grau um sinal característico da burguesia camponesa. Em todos os tipos de contratação de diaristas, observamos um incremento da porcentagem de proprietários que contratam ao lado do incremento das condições, não obstante o fato de que o campesinato em melhores condições está mais bem provido de trabalhadores familiares. A cooperação familiar é aqui também a base da cooperação capitalista. Além disso, vemos que o número de propriedades agrícolas que contratam diaristas supera aquele das propriedades que contratam trabalhadores por tempo determinado em 2,5 vezes (na média do distrito). Tomemos a contratação de trabalhadores para a colheita: infelizmente as estatísticas não oferecem o número total de propriedades agrícolas que contratam diaristas, apesar de essas informações estarem disponíveis. Nos três grupos superiores, das 7.679 quintas, 2.190 contratam trabalhadores, enquanto 4.017 quintas, ou seja, a maioria do grupo do campesinato abastado, contratam diaristas para a colheita. Evidentemente, a contratação de diaristas não é de modo algum uma particularidade da província de Perm e se, como vimos acima, de dois décimos até seis décimos e nove décimos do número total de proprietários dos grupos abastados do campesinato contratam trabalhadores, a conclusão direta é a seguinte: *a maioria* das quintas camponesas abastadas emprega trabalho assalariado de uma ou de outra forma. *A necessidade das condições de existência do campesinato abastado é a formação de um contingente de assalariados rurais e diaristas.* Por fim, é extremamente interessante notar que a relação do número de propriedades agrícolas que contratam diaristas em relação ao número de propriedades que contratam assalariados rurais *cai dos grupos inferiores do campesinato para os superiores.* Nos grupos inferiores, o número de propriedades que contratam diaristas sempre excede, e em muitas vezes, o número de propriedades que contratam assalariados rurais. Ao contrário, nos grupos superiores, o número de propriedades que contratam assalariados rurais é, às vezes, maior que o número das que contratam diaristas. Esse fato indica claramente a formação nos grupos superiores do campesinato de verdadeiras propriedades rurais baseadas no emprego constante de trabalho assalariado; o trabalho assalariado é distribuído de forma mais uniforme nas estações do ano e possibilita evitar a contratação de diaristas, mais caros e que demandam maior ocupação. Citemos, a propósito, informações sobre o trabalho assalariado no distrito de Elábuga, província de Viatka (aqui o campesinato abastado está fundido ao médio) [ver página seguinte].

Se admitirmos que cada diarista trabalha por um mês (28 dias), verifica-se que o número de diaristas é três vezes superior ao número de trabalhadores por tempo determinado. Notemos de passagem que, também na província de Viatka, vemos que a relação entre os grupos já não é familiar, tanto no que se refere aos trabalhadores assalariados quanto ao arrendamento e à locação da terra.

Grupos de agregados familiares	Quintas		% de habitantes de ambos os sexos	Trabalhadores assalariados				% total de gado	% de terra de *nadiel* arável	% de quintas	
				Por tempo determinado		Diaristas				Que arrendam	Que cedem terra em aluguel
	Nº	%		Nº	%	Nº	%				
Sem cavalos	4.258	12,7	8,3	56	3,2	16.031	10,6	1,4	5,5	7,9	42,3
Com 1 cavalo	12.851	38,2	33,3	218	12,4	28.015	18,6	24,5	27,6	23,7	21,8
Com vários cavalos	16.484	49,1	58,4	1.481	84,4	106.318	70,8	74,1	66,9	35,3	9,1
Total	33.593	100	100	1.755	100	150.364	100	100	100	27,4	18,1

Bastante interessantes são os dados sobre a fertilização do solo, apresentados nas estatísticas de Perm. Eis o resultado da organização desses dados:

Grupos de agregados familiares	% de propriedades agrícolas que vendem adubo	Carroças de adubo por domicílio (para venda)
Que cultivam até 5 *dessiatinas*	33,9	80
Que cultivam de 5 a 10 *dessiatinas*	66,2	116
Que cultivam de 10 a 20 *dessiatinas*	70,3	197
Que cultivam de 20 a 50 *dessiatinas*	76,9	358
Que cultivam acima de 50 *dessiatinas*	84,3	732
Total	51,7	176

Dessa maneira, também vemos aqui uma profunda diferença no sistema e no método de cultivo dos camponeses pobres e dos abastados. E tal diferença deve existir em todos os lugares, pois o campesinato abastado, em todos os lugares, concentra a maior parte do gado e tem mais possibilidades de investir seu trabalho na melhoria da propriedade agrícola. Por isso, se sabemos, por exemplo, que o "campesinato" pós-reforma constituía, ao mesmo tempo, um contingente de quintas sem cavalos e sem gado e "incrementava a cultura agrícola", passando à fertilização da terra[69], isso indica

---

[69] Descrito em detalhes pelo senhor V. V. em suas *Прогрессивные течения в крестьянском хозяйстве*, cit., p. 123-60 e seg.

claramente que as "tendências progressistas" significam pura e simplesmente o progresso da burguesia rural. Isso se expressa ainda mais nitidamente na distribuição de ferramentas agrícolas melhoradas, sobre o que também há dados nas estatísticas de Perm. Dados estes, todavia, que não foram coletados em todas os setores agrícolas do distrito, mas somente nos bairros 3, 4 e 5, abrangendo 15.076 quintas das 23.574. As ferramentas melhoradas foram registradas da seguinte maneira: 1.049 tararas, 225 selecionadoras e 354 debulhadoras. Distribuídas por grupos da seguinte maneira:

Grupos de agregados familiares	Ferramentas aprimoradas, correspondente a 100 propriedades agrícolas	Total de ferramentas aprimoradas	% em relação ao total de ferramentas aprimoradas	
Que não cultivam a terra	0,1	2	0,1	
Que cultivam até 5 *dessiatinas*	0,2	10	0,6	
Que cultivam de 5 a 10 *dessiatinas*	1,8	60	3,7	
Que cultivam de 10 a 20 *dessiatinas*	9,2	299	18,4	
Que cultivam de 20 a 50 *dessiatinas*	50,4	948	58,3	77,2
Que cultivam acima de 50 *dessiatinas*	180,2	309	18,9	
Total	10,8	1.628	100	

Mais uma ilustração da tese "populista" do senhor V. V., segundo a qual "todos" os camponeses empregam equipamentos aperfeiçoados!

Os dados sobre as "indústrias" nos permitem destacar desta vez dois tipos fundamentais de "indústria", que assinalam: 1) a transformação do campesinato em burguesia rural (a posse de um estabelecimento comercial-industrial) e 2) a transformação do campesinato em proletariado rural (venda de

122 O DESENVOLVIMENTO DO CAPITALISMO NA RÚSSIA

força de trabalho, as assim chamadas "indústrias agrícolas"). Eis a distribuição por grupo desses "industriais" de tipos diametralmente opostos[70]:

Grupos de agregados familiares	Estabelecimento industrial-comercial, por 100 propriedades agrícolas	Distribuição dos estabelecimentos industriais-comerciais por grupo em % do total		% de propriedades agrícolas com indústrias agrícolas
Que não cultivam a terra	0,5	1,7		52,3
Que cultivam até 5 *dessiatinas*	1,4	14,3		26,4
Que cultivam de 5 a 10 *dessiatinas*	2,4	22,1		5,0
Que cultivam de 10 a 20 *dessiatinas*	4,5	34,3		1,4
Que cultivam de 20 a 50 *dessiatinas*	7,2	23,1	61,9	0,3
Que cultivam acima de 50 *dessiatinas*	18,0	4,5		—
Total	2,9	100		16,2

A comparação desses dados com os dados sobre a distribuição de lavouras e a contratação de trabalhadores mostra, mais uma vez, que a decomposição do campesinato cria um mercado interno para o capitalismo.

Vemos também quão profundamente se distorce a realidade ao se fundir os tipos mais diferentes de ocupação em uma só pilha denominada "indústrias" ou "salário", quando se apresenta a "união da agricultura com a indústria" (por exemplo, os senhores V. V. e N.) como algo idêntico, homogêneo, excluindo-se o capitalismo.

Assinalemos, para concluir, a homogeneidade dos dados do distrito de Ekaterinburg. Se distinguirmos das 59.709 quintas do distrito aquelas que não possuem terra (14.601 quintas), que plantam apenas feno (15.679 quintas) e que abandonaram o *nadiel* (1.612), obteremos das 27.817 quintas restantes os seguintes dados: 20 mil quintas que não cultivam ou cultivam

---

[70] As "indústrias agrícolas" também foram destacadas para as três últimas regiões. Estabelecimentos comerciais-industriais somam no total 692, sendo: 132 moinhos de água, 16 fábricas de óleo, 97 de resina e alcatrão, 283 "ferrarias e outros" e 164 "lojas, tabernas etc.".

pouco (até 5 *dessiatinas*) têm um total de 41 mil *dessiatinas* de lavoura das 124 mil *dessiatinas*, ou seja, menos de um terço. Ao contrário, 2.859 quintas abastadas (com lavoura de mais de 10 *dessiatinas*) têm 49.751 *dessiatinas* de lavoura, 53 mil *dessiatinas* de arrendamentos da quantidade total de 67 mil *dessiatinas* (incluindo 47 mil *dessiatinas* de 55 mil *dessiatinas* de terras camponesas arrendadas). A distribuição desses dois tipos opostos de "indústria", assim como das quintas com assalariado rural, mostra-se no distrito de Ekaterinburg completamente similar à distribuição desses indicadores de decomposição no distrito de Krasnoufimsk.

5. DADOS ESTATÍSTICOS DO *ZEMSTVO* DA PROVÍNCIA DE ORIOL

À nossa disposição, encontram-se duas coletâneas, dos distritos de Ielets e Trubtchevsk dessa província, que fornecem o agrupamento das quintas camponesas por número de cavalos de trabalho[71].

Reunindo ambos os distritos, citamos dados gerais por grupo.

Grupos de agregados familiares	% de famílias	% da população de ambos os sexos	Terra de *nadiel* por quinta (em *dessiatinas*)	% de terra		% de quintas que arrendam	% de terra		Total de terra utilizada		Cabeça de gado (convertida em bovino) por quinta	% total do gado
				De *nadiel*	Comprada		Arrendada	Alugada	Em %	Por quinta		
Sem cavalos	22,9	15,6	5,5	14,5	3,1	11,2	1,5	85,8	4,0	1,7	0,5	3,8
Com 1 cavalo	33,5	29,4	6,7	28,1	7,2	46,9	14,1	10,0	25,8	7,5	2,3	23,7
Com 2 a 3 cavalos	36,4	42,6	9,6	43,8	40,5	77,4	50,4	3,0	49,3	13,3	4,6	51,7
Com 4 cavalos ou mais	7,2	12,4	15,2	13,6	49,2	90,2	34,0	1,2	20,9	28,4	9,3	20,8
Total	100	100	8,6	100	100	52,8	100	100	100	9,8	3,2	100

---

[71] *Сборник стат. свед. по Орловской губ.* [Coletânea de informações estatísticas da província de Oriol] (Moscou, 1887), v. II: distrito de Ielets, v. III: Oriol (1887), distrito de Trubtchevsk. No último distrito, não entraram dados das comunidades suburbanas. Tomamos os dados de arrendamento gerais, reunindo o arrendamento de terras de *nadiel* e de não *nadiel*. Determinamos a quantidade de terra colocada para locação, aproximadamente, pelo número de quintas que alugam toda a sua terra de *nadiel*.

Aqui se vê como as relações gerais entre os grupos, também nesse caso, são as mesmas daquelas que vimos anteriormente (concentração de terra comprada e arrendada pelos abastados, transferência para eles da terra dos pobres etc.). São também absolutamente similares as relações entre os grupos naquilo que se refere ao trabalho assalariado, às "indústrias" e às "tendências progressistas" na economia:

Grupos de agregados familiares	% de propriedades com trabalhadores assalariados	% de quintas com indústrias	Empreendimentos comerciais e industriais, por 100 propriedades	Equipamentos aprimorados (no distrito de Ielets)	
				Equipamentos por 100 propriedades	% do número total de equipamentos
Sem cavalos	0,2	59,6	0,7	0,01	0,1
Com 1 cavalo	0,8	37,4	1,1	0,2	3,8
Com 2 a 3 cavalos	4,9	32,2	2,6	3,5	42,7
Com 4 cavalos ou mais	19,4	30,4	11,2	36,0	53,4
Total	3,5	39,9	2,3	2,2	100

Assim, na província de Oriol, vemos a decomposição do campesinato em dois polos de tipo diametralmente opostos: por um lado, no proletariado rural (abandono da terra e venda da força de trabalho) e, por outro, na burguesia camponesa (compra de terra, arrendamento de dimensões significativas, sobretudo arrendamento de terras de *nadiel*, melhoria da propriedade agrícola, contratação de assalariados rurais e diaristas, omitidos aqui, adesão à agricultura de empreendimentos comerciais e industriais). Mas, aqui, as dimensões da propriedade agrícola dos camponeses são em geral muito menores que aquelas dos casos citados; os grandes lavradores são incomparavelmente menores, e a decomposição do campesinato, a julgar por esses dois distritos, parece, portanto, mais frágil. Dizemos "parece" pelos seguintes motivos: em primeiro lugar, se aqui observamos que o "campesinato" se transforma muito mais rapidamente em proletariado rural, distinguindo os grupos quase imperceptíveis de burgueses rurais, já vimos, em contrapartida,

A DECOMPOSIÇÃO DO CAMPESINATO   125

exemplos opostos, em que esse último polo se torna particularmente percep-tível. Em segundo lugar, aqui a decomposição do campesinato *agrícola* (limi-tamo-nos neste capítulo justamente ao campesinato agrícola) é obscurecida pelas "indústrias", as quais atingem um desenvolvimento especial (40% das famílias). E entre os "industriais" incluem-se a maioria dos trabalhadores assalariados, a minoria dos comerciantes, compradores, empresários, pro-prietários etc. Em terceiro lugar, aqui, a decomposição do campesinato é obscurecida pela ausência de dados sobre os aspectos locais da agricultura, que são mais intimamente ligados ao mercado. O desenvolvimento da agri-cultura mercantil, comercial, não visa aqui à venda de grãos, mas à produ-ção de cânhamo. A esse produto está ligado o maior número de operações comerciais, mas os dados das tabelas citadas na coletânea não distinguem *justamente esse aspecto* da agricultura nos distintos grupos. "As plantações de cânhamo proporcionam o principal ganho dos camponeses" (ou seja, ganho em dinheiro)[72], "a atenção dos camponeses está voltada principalmente para o cultivo do cânhamo [...]. Todo o adubo [...] é destinado à fertilização das plantações de cânhamo"[73], os empréstimos têm o "cânhamo como garantia", o cânhamo salda dívidas[74]. Para a fertilização de suas plantações de cânha-mo, o campesinato abastado compra adubo dos pobres[75]; aluga e arrenda plantações de cânhamo em suas próprias comunidades ou na de terceiros[76]. E uma parte daqueles "empreendimentos industriais" de cuja concentração falávamos ocupa-se com o cultivo do cânhamo. Fica evidente o quão incom-pleto é o quadro da decomposição, no qual não há justamente informações sobre o principal produto comercial da agricultura local[77].

---

[72] *Сборник по Трубчевскому у.* [Coletânea do distrito de Trubtchevsk], p. 5 das descrições das aldeias e muitas outras.

[73] Ibidem, p. 87.

[74] Ibidem, *passim*.

[75] *Сборник по Орловскому у.* [Coletânea do distrito de Oriol], v. VIII (Oriol, 1895), p. 105.

[76] Ibidem, p. 260.

[77] O compilador da coletânea do distrito de Oriol (tabela n. 57) informa que os camponeses abasta-dos têm um estoque de adubo por cabeça de gado bovino que é *quase o dobro* daquele dos pobres (391 *puds* por cabeça com 7,4 cabeças de gado por quinta contra 208 *puds* por cabeça de gado com 2,8 cabeças de gado por quinta. E essa conclusão se obtém com base no agrupamento por *nadiel*, que

6. DADOS ESTATÍSTICOS DO *ZEMSTVO* DA PROVÍNCIA DE VORÓNEJ

A coletânea da província de Vorónej distingue-se pelas informações especialmente completas e pela abundância de agrupamentos. Além dos agrupamentos habituais, por *nadiel*, temos em alguns distritos agrupamentos por gado de trabalho, por trabalhadores (força de trabalho da família), por indústrias (os que não se ocupam e os que se ocupam com a indústria: a) agrícola, b) mista, c) comercial-industrial), por assalariados rurais (propriedades agrícolas còm assalariados rurais para contratação; sem assalariados rurais e sem assalariados rurais para contratação; com assalariados rurais contratados). Esse último agrupamento foi realizado na maior parte dos distritos e, à primeira vista, pode-se pensar que é o mais adequado para o estudo da decomposição do campesinato. Na prática, contudo, não é assim: o grupo de propriedades agrícolas que fornecem assalariados rurais está longe de abarcar todo o proletariado rural, pois nele não se incluem as propriedades que fornecem diaristas, peões, operários fabris, trabalhadores da construção e da terra, criados etc. Os assalariados rurais constituem somente uma parte dos trabalhadores fornecidos pelo "campesinato". O grupo de propriedades agrícolas que contratam assalariados rurais também é bastante incompleto, pois nele não se incluem as propriedades que contratam diaristas. O grupo neutro (que não fornece nem contrata assalariados rurais) funde em cada distrito dezenas de milhares de famílias, unindo milhares sem cavalo a milhares com muitos cavalos, unindo os que arrendam a terra aos que a colocam para locação, unindo os agricultores aos não agricultores, unindo milhares de trabalhadores assalariados a uma minoria de proprietários etc. A "média" geral para todo o grupo neutro é obtida, por exemplo, da soma de quintas de sem-terras ou que têm 3 a 4 *dessiatinas* por quinta (terra de *nadiel* e compra no total) com as quintas que têm acima de 25,5 *dessiatinas* de terra de *nadiel* e que compram em propriedade dezenas

---

enfraquece a real profundidade da decomposição). Isso ocorre porque os pobres são obrigados a usar a palha e o adubo para combustível, vendê-los etc. O estoque "normal" de adubo de uma cabeça de gado (400 *puds*) só é alcançado, portanto, pela burguesia camponesa. O senhor V. V. poderia tecer considerações (como ele tece acerca do fato de que os camponeses estão ficando sem cavalos) sobre "o restabelecimento da relação normal" entre a quantidade de gado e a quantidade de adubo.

e centenas de *dessiatinas* de terra[78], da soma de quintas com 0,8 a 2,7 cabeças de gado por família e quintas com 12 a 21 cabeças de gado no total[79]. Entende-se que com a ajuda de tais "médias" é impossível representar a decomposição do campesinato, e temos de tomar o agrupamento por gado de trabalho como o que mais se aproxima do agrupamento segundo as dimensões da economia agrícola. Temos à nossa disposição quatro coletâneas com tal agrupamento (dos distritos de Zemliansk, Zadonsk, Nijnedévitsk e Korotoiak), dos quais devemos escolher o distrito de Zadonsk, pois dos demais não são oferecidas informações separadas sobre a terra comprada e alugada por grupo. A seguir, citaremos dados resumidos de todos esses quatro distritos, e o leitor verá que as conclusões obtidas com base neles são as mesmas. Eis os dados sobre os grupos do distrito de Zadonsk (15.704 quintas, 106.288 almas de ambos os sexos, 135.656 *dessiatinas* de terra de *nadiel*, 2.882 *dessiatinas* de terra comprada, 24.046 *dessiatinas* de terra arrendada, 6.482 *dessiatinas* de terra alugada).

Grupos de agregados familiares	% de quintas	Habitantes de ambos os sexos, por quinta	% da população de ambos os sexos	Terra de *nadiel* por quinta, em *dessiatina*	% de terra				Total de terra utilizada		Total de terra cultivada		Total de gado por quinta
					De *nadiel*	Comprada	Arrendada	Colocada para locação	Por quinta	%	Por quinta	%	
Sem cavalos	24,5	4,5	16,3	5,2	14,7	2,0	1,5	36,9	4,7	11,2	1,4	8,9	0,6
Com 1 cavalo	40,5	6,1	36,3	7,7	36,1	14,3	19,5	41,9	8,2	32,8	3,4	35,1	2,5
Com 2 a 3 cavalos	31,8	8,7	40,9	11,6	42,6	35,9	54,0	19,8	14,4	45,4	5,8	47,0	5,2
Com 4 cavalos ou mais	3,2	13,6	6,5	17,1	6,6	47,8	25,0	1,4	33,2	10,6	11,1	9,0	11,3
Total	100	6,8	100	8,6	100	100	100	100	10,1	100	4,0	100	3,2

[78] *Сборник по Бобровскому уезду* [Coletânea do distrito de Bobrov], p. 336, rubrica n. 148; *Сборник по Новохоперскому уезду* [Coletânea do distrito de Novokhopiorsk], p. 222.

[79] Idem.

128 O DESENVOLVIMENTO DO CAPITALISMO NA RÚSSIA

Também aqui as relações entre os grupos são similares às das províncias e distritos anteriores (concentração de terra comprada e arrendada, passagem da terra de *nadiel* dos que a alugam para o campesinato arrendatário e abastado etc.), mas o significado do campesinato abastado aqui é incomparavelmente menor. A dimensão extremamente insignificante da economia agrícola dos camponeses levanta até mesmo a questão: os camponeses locais pertenceriam ao grupo dos agricultores e não ao dos "industriais"? Eis os dados das "indústrias", primeiramente, sobre sua distribuição em grupos.

Grupos de agregados familiares	Ferramentas melhoradas		% de propriedades		Empreendimentos comerciais-industriais, por 100 propriedades	% de propriedades			% de ganhos monetários provenientes	
	Por 100 propriedades agrícolas	% em relação ao gado	Que contratam assalariados rurais	Que fornecem assalariados rurais		Com "indústrias"	Que vendem trigo	Que compram trigo	Das "indústrias"	Da venda de produtos agrícolas
Sem cavalos	—	—	0,2	29,9	1,7	94,4	7,3	70,5	87,1	10,5
Com 1 cavalo	0,06	2,1	1,1	15,8	2,5	89,6	31,2	55,1	70,2	23,5
Com 2 a 3 cavalos	1,6	43,7	7,7	11,0	6,4	86,7	52,5	28,7	60,0	35,2
Com 4 cavalos ou mais	23,0	54,2	28,1	5,3	30,0	71,4	60,0	8,1	46,1	51,5
Total	**1,2**	**100**	**3,8**	**17,4**	**4,5**	**90,5**	**33,2**	**48,9**	**66,0**	**29,0**

A distribuição dos equipamentos aperfeiçoados e dos dois tipos opostos de "indústria" (venda da força de trabalho e atividade comercial-industrial) é aqui a mesma daquelas dos dados citados anteriormente. A enorme porcentagem de propriedades agrícolas com "indústrias", a predominância das propriedades que compram trigo sobre as propriedades que vendem trigo, a predominância dos ganhos monetários das "indústrias" sobre os ganhos monetários da agricultura[80], tudo isso dá as bases para se conside-

---

[80] No pequeno grupo superior do campesinato, vemos o contrário: a predominância da venda sobre a compra do trigo, a obtenção de renda em dinheiro sobretudo da terra, alta porcentagem de patrões com assalariados rurais, equipamentos aprimorados, estabelecimentos comerciais-industriais. Todos

rar esse distrito mais "industrial" que agrícola. Vejamos, contudo, de que tipo de indústria se trata. Na *Coletânea das informações de taxação da posse territorial camponesa dos distritos de Zemliansk, Zadonsk, Korotoiak e Nijnedévitsk*[81], há uma lista de todas as profissões dos "industriais" tanto locais quanto daqueles que trabalham fora do local de residência fixa (um total de 222 profissões), com distribuição em grupos por *nadiel* e indicação dos montantes dos salários de cada profissão. Por essa lista, vê-se que a *grande maioria das "indústrias" camponesas consiste em trabalho assalariado*. Dos 24.134 "industriais" do distrito de Zadonsk, 14.135 são assalariados rurais, cocheiros, pastores e peões, 1.813 são operários da construção, 298 são operários urbanos, fabris, entre outros, 446 encontram-se a serviço de particulares, 301 são mendigos etc. Em outras palavras, a grande maioria dos "industriais" são representantes do proletariado rural, *trabalhadores assalariados com terras de nadiel* que vendem sua força de trabalho tanto a empresários rurais quanto a empresários industriais[82]. Dessa maneira, se tomarmos a relação entre os grupos do campesinato numa dada província

os traços típicos da burguesia camponesa se manifestam de maneira evidente (apesar de seu pequeno número), revelam-se sob a forma de crescimento da agricultura mercantil e capitalista.

[81] *Сборнике оценочных сведений по крестьянскому землевладению в Землянском, Задонском, Коротоякском и Нижнедевицком уездах* [Coletânea das informações de taxação da posse territorial camponesa dos distritos de Zemliansk, Zadonsk, Korotoiak e Nijnedévitsk] (Vorónej, 1889).

[82] Como complemento ao conceito de "indústria" mencionado nas estatísticas do *zemstvo*, citaremos dados mais detalhados sobre as indústrias camponesas nessa localidade. As estatísticas do *zemstvo* dividiram-nas em seis categorias: 1) indústria agrícola (59.277 pessoas de um total de 92.889 "industriais" nos quatro distritos). A imensa maioria são trabalhadores assalariados, no entanto estão incluídos também patrões (donos de plantações de melões, horticultores, apicultores, talvez uma parte dos cocheiros etc.); 2) artesãos e artífices (20.784 pessoas). Entre os verdadeiros artesãos (= aqueles que trabalham por encomenda) há, aqui, muitos trabalhadores assalariados, sobretudo da construção etc. Calcula-se que estes últimos sejam mais de 8 mil (provavelmente há proprietários: padeiros etc.); 3) criados: 1.737 pessoas; 4) comerciantes e proprietários industriais: 7.104 pessoas. Como já dissemos, a separação dessa categoria da massa geral dos "industriais" é particularmente necessária; 5) profissões livres: 2.881 pessoas, incluindo 1.090 mendigos; além deles, vagabundos, gendarmes, prostitutas, policiais etc.; 6) trabalhadores urbanos, fabris e outros: 1.106 pessoas. Das indústrias locais: 71.112; de fora da localidade de residência: 21.777; do sexo masculino: 85.255; do sexo feminino: 7.634. Os salários são os mais variados: por exemplo, no distrito de Zadonsk, 8.580 trabalhadores ganham 234.677 rublos, e 647 comerciantes e patrões industriais, 71.799 rublos. Pode-se imaginar a confusão que seria se juntássemos em uma só pilha todas essas "indústrias" tão heterogêneas – e é assim que procedem comumente os nossos estatísticos dos *zemstvos* e os nossos populistas.

ou num dado distrito, veremos *em todos os lugares* traços típicos da decomposição, tanto nas províncias das regiões de estepes, com abundância de terras, com lavouras comparativamente enormes, quanto nas localidades com poucas terras, em que as "propriedades agrícolas" camponesas são de dimensões diminutas; não obstante, a maior diferença entre as condições agrárias e agrícolas, a relação entre o grupo superior do campesinato e o grupo inferior é a mesma em todos os lugares. Já se compararmos as diferentes localidades, em umas aparece com especial relevo a formação de empresários rurais entre os camponeses e, em outras, a formação do proletariado rural. É evidente que na Rússia, bem como em qualquer outro país capitalista, o último aspecto do processo de decomposição abarca um número incomparavelmente maior de pequenos agricultores (e, provavelmente, um número maior de localidades) que o primeiro.

7. DADOS ESTATÍSTICOS DO *ZEMSTVO* DA PROVÍNCIA DE NÍJNI NÓVGOROD

Para os três distritos da província de Níjni Nóvgorod – Kniaguínino, Makáriev e Vassil –, os dados estatísticos do censo do *zemstvo* foram resumidos em uma tabela na qual as propriedades agrícolas camponesas (apenas as terras de *nadiel* e, além do mais, apenas de camponeses que moram na aldeia) foram divididas em cinco grupos segundo o número de gado de trabalho[83].

Combinando esses três distritos, obtemos os seguintes dados por grupos de propriedade (nos três distritos mencionados, esses dados abrangem 52.260 quintas, 294.798 habitantes de ambos os sexos; terras de *nadiel*: 433.593 *dessiatinas*; terras compradas: 51.960 *dessiatinas*; terras arrendadas: 86.007 *dessiatinas*, considerando o arrendamento de qualquer tipo de terra, tanto de *nadiel* como de não *nadiel*, tanto as terras cultiváveis como de pastagem; e terra colocada para locação: 19.274 *dessiatinas*):

---

[83] *Материалы к оценке земель Нижегородской губернии. Экономическая часть* [Materiais para uma avaliação das terras da província de Níjni Nóvgorod. Parte econômica], fasc. IV, IX e XII (Níjni Nóvgorod, 1888, 1889 e 1890).

Grupos de agregados familiares	% de quintas	Habitantes de ambos os sexos por quinta	% da população de ambos os sexos	Terra de *nadiel*		Terra comprada	% do total de terra		Total da terra utilizada pelo grupo		Total do gado	
				Por quinta (*em dessiatinas*)	% do total	% do total	Arrendada	Colocada para locação	Por quinta (*em dessiatinas*)	% do total	Por quinta (em cabeça)	% do total
Sem cavalos	30,4	4,1	22,2	5,1	18,6	5,7	3,3	81,7	4,4	13,1	0,6	7,2
Com 1 cavalo	37,5	5,3	35,2	8,1	36,6	18,8	25,1	12,4	9,4	34,1	2,4	33,7
Com 2 cavalos	22,5	6,9	27,4	10,5	28,5	29,3	38,5	3,8	13,8	30,2	4,3	34,9
Com 3 cavalos	7,3	8,4	10,9	13,2	11,6	22,7	21,2	1,2	21,0	14,8	6,2	16,5
Com 4 cavalos ou mais	2,3	10,2	4,3	16,4	4,7	23,5	11,9	0,9	34,6	7,8	9,0	7,7
Total	100	5,6	100	8,3	100	100	100	100	10,3	100	2,7	100

E aqui, consequentemente, vemos que o campesinato abastado, não obstante a maior quantidade de terras de *nadiel* (a porcentagem das terras de *nadiel* nos grupos superiores é maior que a porcentagem de sua população), concentra terras compradas (9,6% das quintas abastadas têm 46,2% das terras compradas, enquanto dois terços das quintas do campesinato despossuído têm menos de um quarto do total das terras compradas), concentra também arrendamentos, "reúne" as terras de *nadiel* alugadas pelos pobres e, graças a tudo isso, a distribuição *real* da terra explorada pelo "campesinato" é absolutamente distinta da distribuição da terra de *nadiel*. Os camponeses que não possuem cavalos, na realidade, têm à sua disposição uma quantidade de terra menor do que a assegurada pela lei do *nadiel*. Os que possuem um ou dois cavalos têm propriedades apenas 10% a 30% maiores (de 8,1 a 9,4 *dessiatinas*, de 10,5 a 13,8 *dessiatinas*), enquanto a propriedade do camponês abastado aumenta *uma vez e meia a duas* vezes. Se as diferenças em termos de quantidade de terra de *nadiel* eram insignificantes entre os grupos, as diferenças *quanto ao tamanho real da propriedade agrícola* revelam-se enormes, como se pode ver pelos dados citados acima e pelos dados a seguir sobre a lavoura:

Grupos de agregados familiares	Lavoura por quinta, em *dessiatinas*	% em relação à quantidade total de lavouras	% de quintas com assalariados rurais	% de agricultores com empreendimentos industriais[84]	% de quintas com trabalho fora da localidade de residência
Sem cavalos	1,9	11,4	0,8	1,4	54,4
Com 1 cavalo	4,4	32,9	1,2	2,9	21,8
Com 2 cavalos	7,2	32,4	3,9	7,4	21,4
Com 3 cavalos	10,8	15,6	8,4	15,3	21,4
Com 4 cavalos ou mais	16,6	7,7	17,6	25,1	23,0
Total	5,0	100	2,6	5,6	31,6

A diferença entre os grupos segundo o tamanho das lavouras se revela ainda maior que segundo a posse e o uso real da terra, sem mencionar as diferenças segundo o tamanho do *nadiel*[85]. Isso mostra ainda mais uma vez a completa inutilidade do agrupamento por posse de terras de *nadiel*, cujo "caráter igualitário" se transformou em ficção jurídica. As demais colunas da tabela mostram de que maneira se dá "a união da agricultura com a indústria" no campesinato: o campesinato abastado une a agricultura mercantil e capitalista (alta porcentagem de quintas com assalariados rurais) com os estabelecimentos comerciais-industriais, enquanto os pobres unem a venda de sua força de trabalho ("salário obtido fora da localidade de residência") com dimensões ínfimas de lavoura, ou seja, convertem-se em assalariados rurais e diaristas com *nadiel*. Notemos que a ausência de uma diminuição regular da porcentagem de quintas com salário obtido fora da localidade de residência explica-se pela extraordinária diversidade desses "salários" e "indústrias" entre os camponeses de Níjni Nóvgorod: além dos trabalhadores

---

[84] Somente para o distrito de Kniaguínino.

[85] Se tomarmos a quantidade de terra de *nadiel* dos sem cavalos (para 1 quinta) por 100 nos grupos superiores, a quantidade de terra de *nadiel* se expressa pelas cifras: 159, 206, 259, 321. A série correspondente de cifras relativas à posse efetiva da terra de cada grupo será a seguinte: 100, 214, 314, 477, 786; e para o tamanho da lavoura por grupos: 100, 231, 378, 568, 873.

A DECOMPOSIÇÃO DO CAMPESINATO   133

rurais, peões, operários da construção e dos que trabalham em navios etc., inclui-se entre os industriais um número comparativamente muito significativo de "artífices", proprietários de oficinas industriais, comerciantes, grossistas etc. Compreende-se que a mescla de tipos tão distintos de "industriais" compromete a correção dos dados sobre "as quintas com salário obtido fora da localidade de residência"[86].

Quanto à questão das diferenças na propriedade agrícola dos distintos grupos de camponeses, notemos que, na província de Níjni Nóvgorod, "a fertilização consiste em umas das principais condições que determinam o nível de produtividade dos campos aráveis"[87]. A colheita média de centeio aumenta regularmente à medida que aumenta a fertilização: com 300 a 500 carroças de adubo por 100 *dessiatinas* de *nadiel*, a colheita do centeio é de 47,1 medidas* por *dessiatina*; com 1.500 ou mais carroças de adubo, a colheita é de 62,7 medidas[88]. Fica claro, portanto, que a diferença entre os grupos quanto à dimensão da produtividade agrícola deve ser ainda maior que a diferença quanto à dimensão da lavoura, e que os estatísticos de Níjni Nóvgorod cometeram um grande erro ao estudar a questão do rendimento dos campos dos camponeses em geral, e não dos campos do campesinato pobre e abastado em particular.

8. EXAME DOS DADOS ESTATÍSTICOS DO *ZEMSTVO* DE OUTRAS PROVÍNCIAS

Como já notou o leitor, somente empregamos, no estudo da decomposição do campesinato, os censos domiciliares estatísticos dos *zemstvos* que abrangem regiões mais ou menos significativas, que oferecem informações

---

[86] Sobre as "indústrias" do campesinato de Níjni Nóvgorod, ver em *Кустарные промыслы Нижегородской губернии* [Indústrias artesanais da província de Níjni Nóvgorod] (Níjni Nóvgorod, 1894), de M. Plótnikov, as tabelas no fim do livro e as coletâneas estatísticas do *zemstvo*, em especial dos distritos de Gorbátov e Semiónov.

[87] *Сборника по Княгининскому уезду* [Coletânea do distrito de Kniaguínino], p. 79.

* A "medida" corresponde a 26,21 litros. (N. T.)

[88] *Сборника по Княгининскому уезду*, cit., p. 84.

134 O DESENVOLVIMENTO DO CAPITALISMO NA RÚSSIA

suficientemente detalhadas sobre os principais índices de decomposição e que foram elaborados de modo que se possam distinguir os distintos grupos de camponeses de acordo com sua condição econômica (o que é particularmente importante). Os dados acima, referentes a sete províncias, esgotam o material estatístico dos *zemstvos* que satisfaz essas condições e que tivemos a possibilidade de utilizar. Para completar, indicaremos, agora brevemente, outros dados, menos completos, mas do mesmo tipo (ou seja, baseados nos censos domiciliares).

No distrito de Demiansk, na província de Nóvgorod, temos uma tabela que agrupa as propriedades camponesas por número de cavalos[89]. Não há informações sobre arrendamento e aluguel de terras (em *dessiatinas*), mas os dados que se têm dão testemunho de que as relações entre o campesinato abastado e o campesinato despossuído nessa província têm completa similaridade com aquelas que ocorrem nas outras províncias. E aqui, por exemplo, do grupo inferior ao superior (dos que não possuem cavalos aos que possuem três ou mais cavalos), é maior a porcentagem de propriedades com terras compradas e arrendadas, não obstante o fato de aqueles que contam com muitos cavalos possuírem terras de *nadiel* acima da média. Os 10,7% das quintas com três ou mais cavalos, representando 16,1% da população, têm 18,3% de toda a terra de *nadiel*, 43,4% das terras compradas, 26,2% das terras arrendadas (calculadas pelas dimensões da lavoura de centeio e aveia nas terras arrendadas), 29,4% de todas as "edificações industriais", enquanto 51,3% das quintas que não possuem cavalos ou possuem um cavalo, representando 40,1% da população, têm somente 33,2% das terras de *nadiel*, 13,8% das terras compradas, 20,8% das terras arrendadas (no sentido indicado) e 28,8% das "edificações industriais". Em outras palavras, também aqui o campesinato abastado "recolhe" a terra e conjuga a agricultura com "indústrias" comerciais-industriais; já os despossuídos abandonam a terra e se tornam trabalhadores assalariados (a porcentagem de "pessoas com

[89] *Материалы для оценки земельных угодий Новгородской губернии. Демянский уезд* [Materiais para uma avaliação das áreas de cultivo da província de Nóvgorod] (Nóvgorod, 1888).

indústrias" cai do grupo inferior para o superior, de 26,6% entre os que não possuem cavalos para 7,8% entre os que têm três ou mais cavalos). A incompletude desses dados nos obriga a não incluí-los no resumo do material sobre a decomposição do campesinato que virá a seguir.

Pela mesma razão, não incluímos dados *de parte* do distrito de Koziélets, na província de Tchernígov[90]. A relação entre os grupos aqui também é a mesma: 36,8% das quintas sem gado de trabalho, representando 28,8% da população, têm 21% das terras próprias ou de *nadiel* e 7% das terras arrendadas, mas 63% de toda a terra alugada por essas 8.717 quintas; 14,3% das quintas com quatro ou mais cabeças de gado de trabalho, representando 17,3% da população, têm 33,4% das terras próprias e de *nadiel*, 32,1% das terras arrendadas e somente 7% das terras alugadas. Infelizmente, as quintas restantes (com 1 a 3 cabeças de gado de trabalho) não estão subdivididas em grupos menores.

Nos *Materiais de pesquisa de uso da terra e cotidiano econômico da população rural das províncias de Irkutsk e Enisseisk*, há uma tabela bastante interessante que agrupa (por número de cavalos de trabalho) as propriedades agrícolas de camponeses e de colonos em quatro regiões da província de Enisseisk. É bastante interessante observar que a relação entre o siberiano abastado e o colono (e, nessa relação, dificilmente o populista mais ardente se atreveria a procurar a famigerada comunidade!) é absolutamente idêntica à relação entre os nossos comuneiros abastados e seus "irmãos" sem cavalos ou com um cavalo. Juntando os colonos e os camponeses siberianos (e tal junção é fundamental, porque os primeiros servem de força de trabalho para os segundos), obteremos os traços conhecidos dos grupos superiores e inferiores: 39,4% das quintas dos grupos inferiores (sem cavalos, com um ou dois cavalos), representando 24% da população, têm apenas 6,2% de toda a terra arável e 7,1% de todo o gado, enquanto 36,4% das quintas com cinco ou mais cavalos, representando 51,2% da população, têm 73% da terra arável e 74,5%

---

[90] *Материалы для оценки земельных угодий, собранные Черниговским стат. отделением при губ. земской управе* [Materiais para uma avaliação das áreas de cultivo, reunidos pela seção estatística de Tchernígov da administração provincial dos *zemstvos*], v. V (Tchernígov, 1882); dados sobre 8.717 quintas da região administrativa de Tchernígov, agrupadas por quantidade de gado de trabalho.

de todo o gado. Os últimos grupos (5 a 9 e dez ou mais cavalos), com 15 a 36 *dessiatinas* de terra arável por quinta, recorrem em larga escala ao trabalho assalariado (30-70% das propriedades agrícolas possuem trabalhadores assalariados), enquanto os três grupos inferiores, com 0, 0,2, 3 e 5 *dessiatinas* de terra arável por quinta, *fornecem* trabalhadores (20%, 35% e 59% das propriedades). Os dados sobre arrendamento e aluguel de terras representam a única exceção à regra apontada por nós (sobre a concentração de arrendamentos pelos abastados), e é a exceção que confirma a regra. O fato é que, justamente na Sibéria, não existem aquelas condições que criaram essa regra, não há o *nadiel* obrigatório e "igualitário", a propriedade privada da terra não se estabeleceu. O camponês abastado não compra nem arrenda terra, mas apodera-se dela (pelo menos tem sido assim até agora); o aluguel e o arrendamento da terra têm, antes, um caráter de troca entre vizinhos e, por isso, os dados dos grupos sobre arrendamento e aluguel não apresentam regularidade[91].

Em três distritos da província de Poltava, podemos determinar aproximadamente a distribuição da lavoura (conhecendo o número de propriedades agrícolas com diferentes tamanhos de lavoura, definidos na coletânea como "de – a" para um determinado número de *dessiatinas*, e multiplicando o número de quintas de cada subdivisão pela área média de lavoura dentro dos limites indicados), obtendo-se os seguintes dados sobre as 76.032 quintas (todas de colonos, sem pequeno-burgueses), com 362.298 *dessiatinas* de lavoura: 31.001 quintas (40,8%) não têm lavoura ou semeiam até 3 *dessiatinas*. Por quinta, são ao todo 36.040 *dessiatinas* de lavoura (9,9%); 19.017 quintas (25%) semeiam mais de 6 *dessiatinas*. Por quinta, são 209.195 *dessiatinas* de lavoura (57,8%)[92]. A *distribuição* da lavoura é muito parecida com aquela

---

[91] "Os materiais coletados localmente sobre os fatos referentes ao aluguel-arrendamento das terras foram reconhecidos como não servindo a um desenvolvimento especial, uma vez que o próprio fenômeno existe apenas em sua forma embrionária; casos isolados de locação-arrendamento ocorrem raramente, distinguindo-se pelo mais completo acaso, e não exercem ainda nenhuma influência sobre a vida econômica da província de Enisseisk" (*Материалы*, cit., v. IV, fasc. I, p. v). Das 462.624 *dessiatinas* de terras aráveis brandas dos camponeses siberianos da província de Enisseisk, 417.086 pertencem às terras "gentílicas usurpadas". O arrendamento (2.686 *dessiatinas*) é quase igual ao aluguel (2.639 *dessiatinas*), não correspondendo a 1% do total da terra usurpada.

[92] Ver *Сборники по хозяйственной статистике Полтавской губ.* [Coletânea das estatísticas econômicas da província de Poltava], distritos de Konstantinograd, Khorol e Priátin.

A DECOMPOSIÇÃO DO CAMPESINATO   137

que vimos na província de Táurida, apesar de as *dimensões* das lavouras serem menores. Compreende-se que uma distribuição tão desigual só é possível com a concentração de terras compradas e arrendadas nas mãos de uma minoria. Não temos dados completos sobre isso, pois nas coletâneas não há agrupamento de quintas por condição econômica, e devemos nos limitar aos seguintes dados do distrito de Konstantinograd. No capítulo sobre a economia dos estamentos rurais, o organizador da coletânea relata o seguinte fato: "Se dividimos os arrendamentos em três categorias: arrendamentos segundo correspondência por participante: 1) até dez *dessiatinas*; 2) de dez a trinta *dessiatinas*; e 3) mais de trinta *dessiatinas*, para cada uma dessas categorias obtêm-se os seguintes dados[93]:

	% de membros	Números relativos a		Da terra arrendada, coloca-se para locação a terceiros
		% de terras arrendadas	Terra correspondente a 1 participante, em *dessiatinas*	
Arrendamentos pequenos (até 10 *dessiatinas*)	86,0	35,5	3,7	6,6
Médios (10 a 30 *dessiatinas*)	8,3	16,6	17,5	3,9
Grandes (mais de 30 *dessiatinas*)	5,7	47,9	74,8	12,9
Total	100	100	8,6	9,3

Comentários aqui são supérfluos.

Da província de Kaluga, temos os seguintes dados, demasiado fragmentários e incompletos, sobre a lavoura de cereais em 8.626 quintas (cerca de um vigésimo do número total de quintas camponesas na província)[94].

---

[93] Ibidem, p. 142.

[94] *Стат. обзор Калужской губ. за 1896 год* [Levantamento estatístico de 1896 da província de Kaluga] (Kaluga, 1897), p. 43 e seg., 113 dos anexos.

138   O DESENVOLVIMENTO DO CAPITALISMO NA RÚSSIA

Grupos de quintas segundo o tamanho da lavoura

	Que cultivam no outono (em medidas)						
	Que não cultivam	Até 15	De 15 a 30	De 30 a 45	De 45 a 60	Mais de 60	Total
% de quintas	7,4	30,3	40,2	13,3	5,3	3,0	100
% de almas de ambos os sexos	3,3	25,4	40,7	17,2	8,1	5,3	100
% da área de lavoura	—	15,0	39,9	22,2	12,3	10,6	100
% total do número de cavalos de trabalho	0,1	21,6	41,7	19,8	9,6	7,2	100
% dos ganhos brutos da lavoura	—	16,7	40,2	22,1	21,0		100
Dessiatinas de lavoura por 1 quinta	—	2,0	4,2	7,2	9,7	14,1	—

Ou seja, 21,6% das quintas, representando 30,6% da população, têm 36,6% dos cavalos de trabalho, 45,1% das lavouras, 43,1% do ganho *bruto* das lavouras. É evidente que esses números falam da concentração de terras compradas e arrendadas pelo campesinato abastado.

Com relação à província de Tver, apesar da riqueza de informações das coletâneas, o processamento do censo domiciliar é extremamente incompleto; não há agrupamento de quintas segundo a condição econômica. Essa lacuna é aproveitada pelo senhor Vikhliáiev, na *Coletânea de informações estatísticas da província de Tver*[95], para negar a "diferenciação" do campesinato, para demonstrar a tendência a uma "maior uniformidade" e cantar o hino à "produção popular"[96] e à "economia natural". O senhor Vikhliáiev faz os jul-

[95] Vikhliáiev, *Сборнике стат. свед. по Тверской губ.* [Coletânea de informações estatísticas da província de Tver], v. XIII, fasc. II, *Крестьянское хозяйство* [Economia camponesa] (Tver, 1897).

[96] Ibidem, p. 312.

gamentos mais arriscados e infundados sobre a "diferenciação", não apenas sem citar qualquer dado exato sobre os grupos de camponeses, mas, ainda, sem esclarecer a verdade elementar de que a decomposição do campesinato ocorre dentro das comunidades e que, portanto, discorrer sobre a "diferenciação" e tomar *exclusivamente* os agrupamentos por comunidade ou por *vólost* é simplesmente ridículo[97].

9. RESUMO DOS DADOS ESTATÍSTICOS DOS *ZEMSTVOS* SOBRE A DECOMPOSIÇÃO DO CAMPESINATO

Para comparar e reunir os dados citados sobre a decomposição do campesinato, não podemos, evidentemente, tomar números absolutos e somá-los por grupos: para tanto, seriam necessários dados completos referentes a todo um grupo de regiões e uniformidade nos métodos de agrupamento. Podemos apenas comparar e confrontar *as relações entre os grupos superiores e inferiores* (segundo a posse da terra, o gado, os equipamentos etc.). Por exemplo, a relação expressa pelo fato de que 10% das quintas têm 30% da lavoura abstrai da diferença dos números absolutos e, portanto, é adequada para a comparação com qualquer relação semelhante em qualquer localidade. Mas, para tal comparação, é preciso destacar em outra localidade também 10% das quintas, nem mais nem menos. Entretanto, as dimensões dos grupos nos diferentes distritos e

---

[97] Como curiosidade, apresentamos uma amostra. A "conclusão geral" do senhor Vikhliáiev diz: "A compra de terras pelos camponeses da província de Tver tende a igualar a extensão da propriedade da terra" (*Сборнике*, cit., p. 11). Provas? Se tomarmos os *grupos de comunidades* por tamanho de *nadiel*, as *comunidades* com pouca terra de *nadiel* terão uma porcentagem maior de quintas com terras compradas. De que são os membros *abastados* das pequenas comunidades que compram essa terra, o senhor Vikhliáiev nem o suspeita! Compreende-se que não é necessário analisar tais "conclusões" do ardente populista, tanto mais que a audácia do senhor Vikhliáiev confundiu até mesmo os economistas de seu próprio campo. O senhor Kárychev, em *Русском Богатстве* [A riqueza russa] (1898, n. 8), embora expresse profunda simpatia pelo fato de que o senhor Vikhliáiev "orienta-se bem nas tarefas que se colocam no momento atual da economia do país", vê-se obrigado a reconhecer que o senhor Vikhliáiev é demasiado "otimista", que suas conclusões sobre a tendência à uniformidade são "pouco comprovadas", que seus dados "não dizem nada" e suas conclusões "não têm fundamento".

140 O DESENVOLVIMENTO DO CAPITALISMO NA RÚSSIA

nas diferentes províncias não são iguais. Assim, é preciso *dividir* esses grupos, para tomar em cada localidade *a mesma porcentagem de quintas*. Admitamos tomar 20% das quintas para o campesinato abastado e 50% para os que não possuem condições, ou seja, vamos compor um grupo de 20% das quintas dos grupos superiores, e um grupo de 50% das quintas dos grupos inferiores. Explicaremos esse método com um exemplo. Suponhamos que temos cinco grupos com as seguintes dimensões, do inferior ao superior: 30%, 25%, 20%, 15% e 10% das quintas (S = 100%). Para a composição do grupo inferior, tomemos o primeiro grupo e quatro quintos do segundo $(30 + \frac{25 \times 4}{5} = 50\%)$; já para a composição do superior, tomemos o último grupo e dois terços do penúltimo grupo $(10 + \frac{15 \times 2}{3} = 20\%)$; além disso, também as porcentagens de lavoura, gado, ferramentas e assim por diante serão determinadas da mesma maneira. Ou seja, se as porcentagens das lavouras correspondentes às frações de quintas indicadas forem as seguintes: 15%, 20%, 20%, 21% e 24% (S = 100%), então à fração de 20% de quintas do nosso grupo superior corresponderá $(24 + \frac{21 \times 2}{3} =)$ 38% da lavoura, já para a fração de 50% de quintas do nosso grupo inferior corresponderá $(15 + \frac{20 \times 4}{5} =)$ 31% da lavoura. É evidente que, ao dividirmos dessa maneira os grupos, não *alteramos nem em uma vírgula as reais relações* entre as camadas superiores e inferiores do campesinato[98]. Tal fracionamento é fundamental, em primeiro lugar, porque, dessa maneira, obteremos, em vez de quatro, cinco, seis, sete grupos diferentes, três grupos com traços definidos[99]; em segundo lugar, porque apenas por esse caminho lograremos comparar os dados sobre a decomposição do campesinato nas mais diferentes localidades, sob as mais diferentes condições.

[98] Em semelhante método há um pequeno erro, em virtude do qual a decomposição parece mais fraca do que realmente é. A saber: ao grupo superior, acrescentam-se os representantes médios e não os representantes superiores do grupo seguinte; ao grupo inferior, acrescentam-se os representantes médios e não os representantes inferiores do grupo seguinte. É claro que esse erro é tanto maior quanto maiores os grupos e quanto menor o número de grupos.

[99] No parágrafo seguinte, veremos que o tamanho dos grupos que tomamos se aproxima muito dos grupos de todo o campesinato russo, distribuídos pelo número de cavalos por quinta.

A DECOMPOSIÇÃO DO CAMPESINATO   141

Para julgar a inter-relação entre os grupos, tomemos os seguintes dados, que são os mais importantes para a questão da decomposição: 1) número de quintas; 2) número de almas de ambos os sexos; 3) quantidade de terras de *nadiel*; 4) compradas; 5) arrendadas; 6) *colocadas para locação*; 7) total da posse de terra ou do uso da terra pelo grupo (terras de *nadiel* + compradas + arrendamento-locação); 8) lavoura; 9) gado de trabalho; 10) total de gado; 11) quintas com assalariados rurais; 12) *quintas com salários* (destacando, se possível, os tipos de "salários", dentre os quais predomina o trabalho assalariado, a venda da força de trabalho); 13) empreendimentos comerciais-industriais; e 14) equipamentos agrícolas aprimorados. Os dados assinalados em itálico ("colocadas para locação" e "salários") têm um significado *negativo*, demonstrando a decadência da propriedade agrícola, a decomposição do campesinato e a transformação deste em trabalhador. Todos os dados restantes têm um significado *positivo*, demonstrando a ampliação da propriedade e a transformação do camponês em empresário rural.

Calculamos para cada grupo de propriedades, com base em todos esses dados, as porcentagens relativas ao total de distritos ou a alguns distritos de uma mesma província e, em seguida, determinamos (segundo o método que descrevemos) qual é a fração percentual da terra, da lavoura, do gado etc., correspondente às frações de 20% das quintas dos grupos superiores e de 50% das quintas dos grupos inferiores[100].

Citaremos a tabela composta dessa maneira, com dados de 21 distritos de 7 províncias sobre 558.570 propriedades agrícolas, representando uma população de 3.523.418 almas de ambos os sexos. [Ver as duas próximas páginas.]

---

[100] Pedimos ao leitor que não se esqueça de que, agora, não trataremos de números absolutos, mas somente da relação entre as camadas superiores e inferiores do campesinato. Por isso, por exemplo, tomamos agora as porcentagens do número de quintas com assalariados rurais (ou com pagamento de "salários") não em relação a um número de quintas de um dado grupo, mas ao número total de quintas com assalariados rurais (ou com pagamento de "salários") no distrito, ou seja, definiremos agora em que medida cada grupo utiliza trabalho assalariado (ou recorre à venda da força de trabalho), mas determinaremos apenas a relação entre o grupo superior e o inferior segundo o emprego do trabalho assalariado (ou participação nos "salários", na venda da força de trabalho).

142   O DESENVOLVIMENTO DO CAPITALISMO NA RÚSSIA

Tabela A* – Foi composto um grupo com 20% dos grupos superiores

Porcentagens em relação ao total por distrito ou grupo de distritos

Províncias	Distritos	Número de linhas no diagrama	Terra colocada para locação	Quintas com "salários"	Total de quintas	População de ambos os sexos	Terra: De nadiel	Terra: Comprada	Terra: Arrendada	Terra: Total em uso	Lavoura	Gado: De trabalho	Gado: Total	Empreendimentos comerciais-industriais	Quintas com assalariados rurais	Equipamentos aprimorados
Táurida	Dniepre, Melitópole e Berdiansk	1	9,7	12,6	20	27	36,7	78,8	61,9	49	49,1	42,3	44,6	—	62,9	85,5
Samara	Novouzen	—	0,7	—	20	28,4	—	99	82	—	56	62	57	—	78,4	72,5
Samara	Nikoláievski	—	0,3	4,1	20	29,7	—	—	60,1	—	—	48,6	47,1	—	62,7	—
Samara	Média	2	0,5	4,1	20	29	—	99	71	—	56	55,3	52	—	70,5	72,6
Sarátov	Kamychin	3	11,7	13,8	20	30,3	34,1	—	59	47	50,5	57,4	53,2	—	65,9	—
Sarátov	Krasnoufimsk	—	7,8	0,6	20	26,8	30	—	58,3	49,6	49,2	42,5	41,2	42,8	66,4	86,1
Perm	Ekaterinburg	—	—	4,3	20	26,1	—	—	83,7	—	55,1	42,3	41,8	37	74,9	—
Perm	Média	4	7,8	2,4	20	26,4	30	—	71	49,6	52,1	42,4	41,5	39,9	70,6	86,1
Oriol	Ielets e Trubtchevsk	5	2,7	15,8	20	27,4	29	63,4	51,7	38,2	—	42,1	37,8	49,8	57,8	75,5
Oriol	Zadonsk	6	11,9	11,6	20	28,1	29,1	66,8	53,6	34,6	33,9	41,7	39	47,4	56,5	77,3
Vorónej	Zadonsk, Zemliansk, Korotoiak, Nijnedévitsk	—	12,5	12,6	20	28,1	30,9 (De nadiel + Comprada)		49,2	34,1	—	38	37,2	45,9	48,4	70,1
Níjni Nóvgorod	Kniaguínino, Vassil e Makáriev	7	3,8	13,7	20	27,8	29,7	59,7	50,8	36,5	38,2	46,3	40,3	51,2	54,5	—

* Ver notas sobre a tabela na p. 144. (N. E. R)

Tabela B* – Foi composto um grupo com 50% dos grupos inferiores

Províncias	Distritos	Número de linhas no diagrama	Porcentagens em relação ao total por distrito ou grupo de distritos					Terra				Lavoura	Gado		Empreendimentos comerciais-industriais	Quinta com assalariados rurais	Equipamentos aprimorados
			Terra colocada para locação	Quintas com "salários"	Total de quintas	População de ambos os sexos	De *nadiel*	Comprada	Arrendada	Total em uso		De trabalho	Total			
Táurida	Dniepre, Melitópol e Berdiansk	1	72,7	68,2	50	41,6	33,2	12,8	13,8	23,8	21,5	26,6	26	—	15,6	3,6
Samara	Novouzen	—	93,8	74,6	50	39,6	—	0,4	5	—	16,3	11,3	14,4	—	4,4	2,8
	Nikoláievski	—	98	78,6	50	38	—	—	11,1	—	—	17,8	20,3	—	7,1	—
	Média	2	95,9	76,6	50	38,8	—	0,4	8	—	16,3	14,5	17,3	—	5,7	2,8
Sarátov	Kamychin	3	71,5	60,2	50	36,6	33	—	9,8	18,6	14,9	9,6	14,3	—	7,5	—
	Vólski, Kuznetsk, Balachov e Serdov	—	64,6	—	50	37,6	35	—	14,1	25,2	21	14,7	19,7	—	—	—
Perm	Krasnoufimsk	—	74	93,5	50	40,7	37,4	—	6,5	19,2	16,7	23,1	24	23,8	6,1	2
	Ekaterinburg	—	—	65,9	50	44,7	—	—	8,7	—	21,2	30,5	30,8	35,6	10,4	—
	Média	4	74	79,7	50	42,7	37,4	—	7,6	19,2	18,9	26,8	27,4	29,7	8,2	2
Oriol	Ielets e Trubtchevsk	5	93,9	59,3	50	39,4	37,2	8,9	12,9	24,9	—	17,7	23	20,2	7,8	2,4
Vorónej	Zadonsk	6	63,3	65,3	50	39,2	37,5	11	13,8	31,9	31	20	24,6	23,2	9,1	1,3
	Zadonsk, Zemliansk, Korotoiak, Nijnedévitsk	—	67	63,8	50	37,2	33,6 (Comprada/De nadiel)		15,4	29,9	—	20,3	23,4	17,3	13,1	3,6
Níjni Nóvgorod	Kniaguínino, Vassil e Makáriev	7	88,2	65,7	50	40,6	37,7	15,4	16,4	30,9	28,6	17,2	24,8	16,1	18,9	—

* Ver notas sobre a tabela na próxima página. (N. E. R.)

Observações sobre as tabelas das duas páginas anteriores:

1) Na província de Táurida, as informações sobre a terra alugada referem-se apenas a dois distritos: Berdiansk e Dniepre.
2) Na mesma província, os equipamentos aprimorados incluem segadeiras e ceifadeiras.
3) Em ambos os distritos da província de Samara, em vez da porcentagem de terra alugada, tomou-se a porcentagem da terra de *nadiel* oferecida em aluguel das quintas sem propriedade.
4) Na província de Oriol, a quantidade de terra alugada (e, consequentemente, de toda a terra em uso) é determinada de forma aproximada. O mesmo vale para os quatro distritos da província de Vorónej.
5) Na província de Oriol, as informações sobre as ferramentas aperfeiçoadas referem-se apenas ao distrito de Ielets.
6) Na província de Vorónej, em vez do número de quintas com salários (para os três distritos: Zadonsk, Korotoiak e Nijnedévitsk), foi tomado o número de quintas que fornecem assalariados rurais.
7) Na província de Vorónej, as informações sobre os equipamentos aprimorados referem-se apenas a dois distritos: Zemliansk e Zadonsk.
8) Na província de Níjni Nóvgorod, em vez das quintas com "indústrias" em geral, foram tomadas as quintas com indústrias fora da localidade de residência.
9) Em alguns distritos, em vez do número de empreendimentos comerciais-industriais, foi preciso tomar o número de quintas com empreendimentos comerciais-industriais.
10) Quando, nas coletâneas, havia colunas sobre os "salários", buscamos destacar aqueles "salários" que mais precisamente expressam o trabalho assalariado, a venda da força de trabalho.
11) Sempre que possível, foi tomada toda a terra arrendada: tanto a de *nadiel* quanto a de não *nadiel*, tanto a de aragem quanto a de pastagem.
12) Lembremos ao leitor que no distrito de Novouzen foram excluídos os artífices e os alemães; no distrito de Ekaterinburg, foram excluídos os que não possuem terras e os que têm apenas prados; no distrito de Trubtchevsk, foram excluídas as comunidades suburbanas; no distrito de Kniaguínino, foi excluída a aldeia industrial Bolchoe Muráchkino etc. Essas exceções em parte foram feitas por nós, em parte foram condicionadas pelo caráter do material. É evidente, portanto, que na realidade a decomposição do campesinato deve ser mais acentuada do que a apresentada em nossa tabela e em nosso diagrama.

A fim de ilustrar essa tabela resumida e tornar evidente a completa homogeneidade das relações entre os grupos superiores e inferiores do campesinato nas mais distintas localidades, compusemos o diagrama a seguir, no qual estão indicados os dados percentuais da tabela.

A DECOMPOSIÇÃO DO CAMPESINATO 145

Percentuais em relação aos totais por distritos ou por grupos de distritos

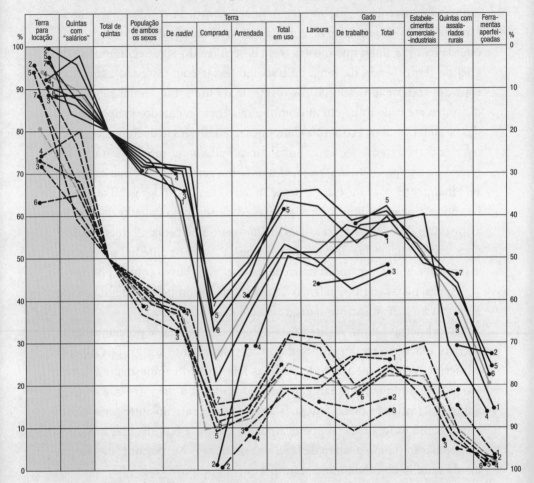

Diagrama formado a partir das tabelas A e B

As linhas contínuas mostram, em porcentagem (a partir da linha horizontal superior), a cota do campesinato abastado em relação ao total de terra, lavoura, gado etc.

As linhas tracejadas mostram, em porcentagem (a partir da linha horizontal inferior), a cota do campesinato pobre em relação ao total de terra, lavoura, gado etc.

As linhas pretas indicam o nível da decomposição por distritos separados ou grupos de distritos, cujos números (1-7) são mostrados nas tabelas A e B.

As linhas cinzas mostram o nível "médio" da decomposição (ou seja, as médias aritméticas dos dados percentuais assinalados no diagrama).

À direita da coluna que determina a porcentagem do número total de quintas há uma linha que mostra o sinal *positivo* da condição econômica (ampliação da posse da terra, aumento da quantidade de gado etc.) e à esquerda há uma linha que mostra o sinal *negativo* do vigor econômico (aluguel de terra, venda da força de trabalho; essas colunas estão assinaladas com um sombreado especial). A distância da linha horizontal *superior* do diagrama até cada linha curva *contínua* mostra a fração dos grupos *abastados* na soma geral da economia camponesa; já a distância da linha horizontal *inferior* do diagrama até cada linha curva *pontilhada* mostra a fração dos *grupos* do campesinato *desfavorecidos* na soma geral da economia camponesa. Finalmente, para ilustrar de maneira mais clara o caráter geral dos dados reunidos, traçamos uma linha "média" (definida pelo cálculo das médias aritméticas dos dados percentuais incluídos no diagrama. A linha "média", para se diferenciar das demais, é vermelha). Essa linha "média" mostra, por assim dizer, a decomposição típica do campesinato russo contemporâneo.

Agora, para fazer um balanço dos dados da decomposição acima citados (seções 1 a 7), examinemos o diagrama coluna por coluna.

A primeira coluna à direita da coluna que indica a porcentagem de quintas assinala a fração da *população* correspondente aos grupos superior e inferior. Vemos que em toda parte as famílias do campesinato abastado são maiores, enquanto as famílias desfavorecidas são menores que a média. Sobre o significado desse fato já falamos. Acrescentemos que seria errado tomar como unidade de comparação não a quinta, a família, mas uma alma da população (como gostam de fazer os populistas). Se, por um lado, os gastos da família abastada aumentam porque a composição familiar é maior, por outro o montante de gastos na quinta com famílias maiores diminui (construção, instalações, economia doméstica e assim por diante)[101]. Por isso, tomar como unidade de comparação um habitante, sem dar atenção a essa redução de gastos, significa equiparar artificial e falsamente a situação da "alma" em uma família grande e em uma pequena. Além do mais, o

---

[101] Engelhardt, em *Письмах из деревни* [Cartas da aldeia] (São Petersburgo, 1885), e Trigórov, em seu livro *Община и подать* [A comunidade e o imposto] (São Petersburgo, 1882), destacam de maneira especial as vantagens econômicas das famílias numerosas.

diagrama mostra claramente que o grupo abastado do campesinato concentra uma fração da produção agrícola muito maior do que lhe corresponderia se o cálculo fosse feito por habitante.

A coluna seguinte é de terra de *nadiel*. Em sua distribuição, nota-se uma maior equidade, como deve ser em virtude das propriedades jurídicas do *nadiel*. Contudo, mesmo aqui começa o processo de deslocamento dos pobres pelos abastados: *em todos os lugares*, vemos que os grupos superiores possuem uma fração um tanto maior da terra de *nadiel* em relação à fração da população; já nos grupos inferiores, ela é um tanto menor. A "comunidade" se inclina em direção aos interesses da burguesia camponesa. Mas, em comparação com a posse *real* da terra, a desigualdade na distribuição das terras de *nadiel* é, ainda, absolutamente insignificante. A distribuição das terras de *nadiel* não fornece (como fica claro pelo diagrama) a menor ideia sobre a distribuição real das terras e das propriedades agrícolas[102].

Em seguida, há uma coluna sobre a terra comprada. Em toda a parte, concentram-na os abastados: um quinto das quintas detém em suas mãos cerca de seis décimos ou sete décimos de todas as terras compradas, enquanto metade das quintas pobres chega a um *maximum* de 15%! É possível julgar, portanto, qual sentido têm as preocupações "populistas" de que o "campesinato" pode comprar o máximo de terras possível e ao menor preço possível.

A coluna seguinte refere-se ao arrendamento. E aqui vemos em toda parte a concentração de terras pelos abastados (a um quinto das propriedades correspondem de cinco décimos a oito décimos de toda a terra arrendada), que, além do mais, alugam a terra por um preço mais barato, como vimos acima. Esse acúmulo de arrendamentos pela burguesia camponesa prova de maneira evidente que o "arrendamento camponês" *guarda um caráter industrial* (compra de terra para a venda de produto)[103]. Ao dizermos isso, todavia, não nega-

---

[102] Basta um simples olhar para o diagrama para ver a inutilidade do agrupamento por lote para o estudo da decomposição camponesa.

[103] Muito curiosas as conclusões no livro do senhor Kárychev sobre os arrendamentos (*Итогов земской статистики*, cit., cap. VI). Depois de todas as suas afirmações infundadas e contrárias às estatísticas dos *zemstvos* sobre a ausência de caráter industrial no arrendamento camponês, o senhor Kárychev propõe uma "teoria do arrendamento" (emprestada de V. Roscher etc.), isto é, serve com molho científico os *desiderata* da exploração da terra da Europa ocidental: "arrendamento

mos de modo algum o fato do arrendamento por necessidade. Pelo contrário, o diagrama mostra um caráter absolutamente *diferente* do arrendamento entre os pobres, que se aferram à terra (para metade das quintas, de um a dois décimos de todos os arrendamentos). Existem camponeses e camponeses.

O sentido contraditório do arrendamento na "propriedade agrícola camponesa" aparece especialmente na comparação da coluna sobre o arrendamento com a coluna sobre o *aluguel da terra* (a primeira coluna *à esquerda*, ou seja, entre os sinais de negativo). Aqui vemos exatamente o oposto: os principais locadores de terra são os grupos inferiores (para metade das quintas, de sete a oito décimos são de terras colocadas para locação), os quais tentam desfazer-se do *nadiel*, que passam para as mãos de patrões (contrariamente às proibições e às restrições da lei). Assim, quando nos falam que o "campesinato" arrenda a terra e que o "campesinato" oferece a terra em locação, sabemos que o primeiro se refere, principalmente, à burguesia camponesa e o segundo, ao proletariado camponês.

A relação de compra, arrendamento e aluguel da terra com o *nadiel* determina *também a posse real da terra* pelos grupos (coluna 5, à direita). Vemos, em toda parte, que a distribuição real de toda a terra que se encontra à disposição dos camponeses já não tem nada em comum com a "equidade" do *nadiel*. À fração de 20% das quintas correspondem de 35% a 50% de toda a terra; já à fração de 50% das quintas, de 20% a 30%. Na distribuição da *lavoura* (coluna seguinte) o afastamento do grupo superior em relação ao inferior pronuncia-se de maneira ainda mais acentuada – provavelmente

---

de longa duração" ("é necessário [...] um tratamento 'agrícola' da terra pelo lavrador", ibidem, p. 371) e valor moderado pago pelo arrendamento, deixando para o arrendatário os salários, os juros, a amortização do capital aplicado por ele e o lucro (ibidem, p. 373). E o senhor Kárychev não se envergonha de que tal "teoria" figure ao lado da receita habitual dos populistas: "prevenir" (ibidem, p. 398). Para "prevenir" a exploração da terra, o senhor Kárychev coloca em marcha a "teoria" agrícola! Semelhante "conclusão" encerra naturalmente e a contradição fundamental do livro do senhor Kárychev, que, por um lado, compartilha de todos os preconceitos populistas e simpatiza sinceramente com os teóricos clássicos da pequena burguesia, como Sismondi (ver *Вечнонаследственный наем земель на континенте Европы* [Herança eterna de terras no continente europeu], Moscou, 1885), e, por outro, não pode deixar de reconhecer que o arrendamento dá um "impulso" (*Итогов земской статистики*, cit., p. 396) à desagregação do campesinato, que as "camadas mais abastadas" deslocam aquelas desfavorecidas, que o desenvolvimento das relações agrárias conduz precisamente ao assalariamento rural (ibidem, p. 397).

porque muitas vezes o campesinato despossuído não tem condições de utilizar economicamente sua terra e a abandona. Ambas as colunas (sobre a posse total da terra e a lavoura) mostram que a compra e o arrendamento de terras levam à *diminuição* da fração dos grupos inferiores no sistema geral da economia, ou seja, levam a seu deslocamento pela minoria abastada. Esta última desempenha já agora um papel preponderante na economia camponesa, concentrando em suas mãos quase a mesma fração da lavoura que todo o campesinato restante tomado em conjunto.

As duas colunas seguintes mostram a distribuição entre o campesinato do gado de trabalho e de todo o gado. As porcentagens de gado diferenciam-se de maneira insignificante das porcentagens de lavoura: e não poderia ser diferente, uma vez que a quantidade de gado de trabalho (bem como de todo o gado) determina a dimensão da lavoura e, por sua vez, é determinada por ela.

A tabela seguinte mostra a fração dos diferentes grupos do campesinato na soma geral dos empreendimentos comerciais e industriais. Um quinto das quintas (grupo abastado) concentra cerca de metade desses empreendimentos, enquanto metade das quintas pobres, cerca de um quinto[104]; ou seja, as "indústrias", que expressam a transformação do campesinato em burguesia, concentram-se preferencialmente nas mãos dos agricultores com melhores condições. Em consequência, os camponeses abastados investem capital tanto na agricultura (compra de terra, arrendamento, contratação de trabalhadores, melhoria das ferramentas e assim por diante) quanto em empreendimentos industriais, no comércio, na usura: o capital mercantil e o empresarial encontram-se em estreita relação, e das condições circundantes depende qual dessas formas de capital será predominante.

Os dados das quintas com "salários" (primeira coluna *à esquerda*, entre os sinais negativos) caracterizam também as "indústrias", todavia, em sentido oposto, que assinala a transformação do camponês em proletário. *Essas* "indústrias" estão concentradas nas mãos dos pobres (para cerca de 50% das quintas, de 60-90% do número total de quintas conta com salários), enquanto

---

[104] E essa cifra (cerca de um quinto de todos os estabelecimentos) é, naturalmente, exagerada, pois, na categoria dos camponeses sem cavalos e com um cavalo, os operários agrícolas, os serventes etc. estão misturados aos não agricultores (lojistas, artesãos etc.).

os grupos abastados têm uma participação insignificante (não se pode esquecer que não pudemos diferenciar com exatidão os patrões dos trabalhadores na categoria dos "industriais"). Vale comparar os dados dos "salários" com os dados dos "empreendimentos comerciais-industriais" para ver a completa oposição entre os dois tipos de "indústrias" e compreender a incrível confusão criada pela simples mistura desses dois tipos.

As quintas com assalariados rurais encontram-se, em toda parte, concentradas no grupo do campesinato abastado (para 20% das quintas de cinco a sete décimos do número total de propriedades agrícolas com assalariados rurais), que (não obstante a família maior) não pode existir sem sua classe "complementar" de trabalhadores rurais. Vemos aqui a confirmação da tese apresentada acima, a saber: a comparação entre o número de propriedades agrícolas com assalariados rurais e o número geral das "propriedades agrícolas" camponesas (incluídas as "propriedades" dos assalariados rurais) é absurda. *É muito mais correto* comparar o número de propriedades com assalariados rurais com *um quinto* das quintas camponesas, pois a minoria abastada concentra cerca de três quintos ou até dois terços do número total de propriedades com assalariados rurais. A contratação de trabalhadores no campesinato com fins empresariais excede em muito a contratação de trabalhadores motivada por falta de mão de obra familiar: para a fração de 50% dos camponeses despossuídos e *famílias pequenas* correspondem apenas cerca de um décimo do número total de propriedades com assalariados rurais (e aqui, além dos despossuídos, incluem-se lojistas, industriais, entre outros, que de modo algum contratam por necessidade).

A última coluna, que mostra a distribuição de equipamentos aprimorados, poderíamos intitular, seguindo o exemplo do senhor V. V.: "tendências progressistas na economia camponesa". A distribuição mais "justa" dessas ferramentas encontra-se no distrito de Novouzen, na província de Samara, onde a quinta parte das quintas dos abastados possui apenas 73 ferramentas de 100, enquanto metade das quintas dos pobres possui três peças de uma centena.

Passemos à comparação das diferentes localidades segundo o estágio da decomposição camponesa. No diagrama, destacam-se nitidamente dois tipos de localidade: nas províncias de Táurida, Samara, Sarátov e Perm, a decomposição do campesinato agricultor revela-se notavelmente mais vigorosa que nas províncias de Oriol, Vorónej e Níjni Nóvgorod. No diagrama, as linhas correspondentes às quatro primeiras províncias estão abaixo da linha vermelha média; já a linha correspondente às três últimas províncias está acima da média, ou seja, mostra uma menor concentração da economia nas mãos da minoria abastada. As localidades do primeiro tipo são aquelas que possuem muitas terras, mostram-se estritamente agrícolas (na província de Perm estão destacadas as partes agrícolas dos distritos) e praticam agricultura extensiva. Tal caráter da agricultura permite que a decomposição do campesinato agricultor seja facilmente calculada e, por isso, se manifeste de maneira mais evidente. Ao contrário, nas localidades do segundo tipo, vemos, por um lado, um desenvolvimento da agricultura mercantil que os nossos dados não levam em conta – por exemplo, as lavouras de cânhamo na província de Oriol; por outro, vemos aqui o enorme significado das "indústrias", tanto no sentido do trabalho por contrato (distrito de Zadonsk, província de Vorónej) quanto no sentido de ocupações não agrícolas (província de Níjni Nóvgorod). O significado de ambas as circunstâncias na questão da decomposição do campesinato agricultor é enorme. Da primeira (as diferenças nas formas da agricultura comercial e do progresso da agricultura nas localidades), nós já falamos. O significado do segundo (o papel das "indústrias") não é menos evidente. Se, numa dada localidade, a massa do campesinato é composta de assalariados rurais, diaristas e trabalhadores industriais assalariados com *nadiel*, a decomposição do campesinato agricultor expressa-se aqui, evidentemente, de maneira muito frágil[105]. Mas, para uma apresentação correta do caso, é preciso comparar esses típicos representantes do proletariado rural com os típicos representantes da burguesia camponesa. O diarista de Vorónej com *nadiel* que vai para o sul por um "salário temporário fora da aldeia" deve ser comparado ao camponês de Táurida que produz enormes lavouras. O carpinteiro de Kaluga, de Níjni Nóvgorod e de Iaroslav

---

[105] É muito possível que nas províncias da região central das Terras Negras, como Oriol, Vorónej etc., a divisão do campesinato seja de fato muito mais fraca, dada a escassez de terras, o peso dos impostos, em razão do grande desenvolvimento do pagamento em trabalho na terra senhorial: tudo isso são condições que detêm a decomposição.

deve ser comparado ao horticultor ou ao camponês de Moscou ou Iaroslav, que tem gado para a venda de leite etc. Exatamente do mesmo modo, se a massa do campesinato local se ocupa da indústria manufatureira, recebendo de suas terras de *nadiel* apenas uma pequena parte de seus meios de subsistência, os dados da decomposição do campesinato agricultor devem ser complementados pelos dados da decomposição do campesinato industrial. No capítulo V, trataremos dessa última questão, agora nos ocuparemos apenas da decomposição do campesinato tipicamente agricultor.

10. DADOS TOTAIS DAS ESTATÍSTICAS DOS *ZEMSTVOS* E DO CENSO DOS CAVALOS MILITARES*

Demonstramos que as relações entre os grupos superior e inferior do campesinato destacam-se precisamente pelos traços que são característicos para as relações entre a burguesia rural e o proletariado rural; que essas relações são notavelmente uniformes nas mais diversas localidades com as mais diversas condições; que mesmo as expressões numéricas dessas relações (ou seja, as porcentagens dos grupos em relação à quantidade geral de lavouras, de gado e assim por diante) variam em limites comparativamente muito pequenos. Naturalmente, coloca-se a questão: em que medida esses dados sobre *as relações* entre os grupos nas diferentes localidades podem ser utilizados para formar uma representação sobre os *grupos* nos quais se decompõe todo o campesinato russo? Em outras palavras: por meio de quais informações é possível julgar a composição e as inter-relações dos grupos superior e inferior em todo o campesinato russo?

Possuímos muito poucos desses dados, uma vez que na Rússia não se produzem censos rurais que submetam a um registro em massa todas as propriedades agrícolas do país. O único material para julgar os grupos econômicos nos quais se decompõe nosso campesinato são os dados resumidos das estatísticas dos *zemstvos* e o censo de cavalos militares sobre a distribuição

---

* Os censos de cavalos militares eram um cálculo que estabelecia o número de cavalos aptos para a guerra em caso de mobilização, realizado como regra, na Rússia tsarista, a cada seis anos. (N. E. R. adaptada.)

do gado de trabalho (ou cavalos) entre as quintas camponesas. Por mais escassos que sejam esses materiais, entretanto, a partir deles também é possível chegar a conclusões interessantes (claro, muito gerais, aproximadas, brutas), sobretudo porque as relações entre os camponeses que possuem muitos cavalos e os camponeses que possuem poucos cavalos já foram analisadas e se revelaram notadamente uniformes nas mais diversas localidades.

Segundo os dados da "Coletânea geral de informações econômicas sobre o censo domiciliar dos *zemstvos*", do senhor Blogoviéschenski[106], os censos dos *zemstvos* abarcaram 123 distritos em 22 províncias, com 2.983.733 quintas camponesas e 17.996.317 habitantes de ambos os sexos. Mas os dados sobre a distribuição das quintas de acordo com o gado de trabalho são uniformes em toda parte. Justamente em três províncias, devemos excluir onze distritos[107], nos quais a distribuição é dada não em quatro, mas apenas em três grupos. Nos *112 distritos* restantes de *21 províncias*, porém, obtivemos os seguintes dados resumidos referentes a quase 2,5 milhões de quintas com uma população de 15 milhões de pessoas:

Grupos de agregados familiares	Quintas	% de quintas		Cabeças de gado de trabalho que possuem[108]	% de todo o gado de trabalho	Cabeça de gado de trabalho por quinta
Sem gado de trabalho	613.238	24,7	} 53,3	—	—	—
Com 1 animal de trabalho	712.256	28,6		712.256	18,6	1
Com 2 animais	645.900	26,0		1.291.800	33,7	2
Com 3 animais ou mais	515.521	20,7		1.824.969	47,7	3,5
Total	2.486.915	100		3.829.025	100	1,5

Esses dados abarcam pouco menos de um quarto do número total de quintas camponesas na Rússia Europeia (segundo a *Coletânea dos materiais*

---

[106] Blogoviéschenski, "Сводного сборника хозяйственных сведений по земским подворным переписям" [Coletânea geral de informações econômicas sobre o censo domiciliar dos *zemstvos*], em *Крестьянское хозяйство* [Economia camponesa], v. 1 (Moscou, 1893).

[107] Cinco distritos da província de Sarátov, cinco da província de Samara e um da província da Bessarábia.

[108] Aqui, junto aos cavalos, entram também os bois, calculados um par para uma cabeça.

estatísticos referentes à situação econômica da população rural da Rússia Europeia, nas cinquenta províncias da Rússia Europeia há 11.223.962 quintas e *vólosts*, dos quais 10.589.967 de quintas camponesas)[109]. Os dados que temos sobre a distribuição de cavalos entre os camponeses, em toda a Rússia, estão nas *Estatísticas do Império Russo XX* e também nas *Estatísticas do Império Russo XXXI*[110]. A primeira contém o processamento dos dados coletados em 1881 em 41 províncias (incluindo 10 províncias do Reino da Polônia); já a segunda, dos dados de 18 províncias da Rússia Europeia mais o Cáucaso, a estepe dos Calmucos e a região dos cossacos do Don.

Tomando 49 províncias da Rússia Europeia (as informações da região do Don não estão completas) e combinando os dados de 1888 e 1891, obtemos a seguinte tabela de distribuição do número total de cavalos pertencentes *aos camponeses nas sociedades rurais:*

Em 49 províncias da Rússia Europeia

Grupos de agregados familiares	Quintas camponesas		Cavalos que possuem		Cavalos correspondentes a 1 quinta
	Total	Em %	Total	Em %	
Sem cavalos	2.777.485	27,3 } 55,9	—	—	—
Com 1 cavalo	2.909.042	28,6	2.909.042	17,2	1
Com 2 cavalos	2.247.827	22,1	4.495.654	26,5	2
Com 3 cavalos	1.072.298	10,6	3.216.894	18,9 } 56,3	3
Com 4 cavalos ou mais	1.155.907	11,4 } 22,0	6.339.198	37,4	5,4
Total	10.162.559	100	16.960.788	100	1,6

Assim, em toda a Rússia, a distribuição de cavalos de trabalho no campesinato revela-se muito próxima daquela grandeza "média" da decomposição

---

[109] *Свод статистических материалов, касающихся экономического положения сельского населения Европейской России* [Coletânea dos materiais estatísticos referentes à situação econômica da população rural da Rússia Europeia] (edição da chancelaria do Comitê de Ministros, São Petersburgo, 1894).

[110] *Estatísticas do Império Russo*, XX. Censo de cavalos militares, 1888 (São Petersburgo, 1891) e também nas *Estatísticas do Império Russo*, XXXI. Censo de cavalos militares, 1891 (São Petersburgo, 1894).

que deduzimos acima, em nosso diagrama. Na realidade, a decomposição revela-se até um tanto mais profunda: nas mãos de 22% das quintas (2,2 milhões de um total de 10,2 milhões) estão concentrados 9,5 milhões de cavalos de um total de 17 milhões, ou seja, 56,3%. O enorme montante de 2,8 milhões de quintas não tem absolutamente nenhum cavalo, já 2,9 milhões de quintas possuem um cavalo e correspondem a apenas 17,2% do número total de cavalos[111].

Apoiando-se na regularidade deduzida das relações entre os grupos, podemos, de agora em diante, determinar o verdadeiro significado desses dados. Se um quinto das quintas concentra metade do número total de cavalos, pode-se concluir sem erro que em suas mãos está não menos (e provavelmente mais) da metade de toda a produção agrícola dos camponeses. Tal concentração da produção somente é possível porque a maior parte das terras compradas e do arrendamento camponês, tanto das terras que são de *nadiel* como das terras que não são de *nadiel*, está concentrada nas mãos desse campesinato favorecido. É justamente essa minoria favorecida que compra e arrenda terras, apesar de, talvez, ser mais bem provida de terras de *nadiel*. Se o camponês russo "médio", a duríssimas penas, no melhor dos anos, mal consegue sobreviver (e talvez nem consiga), essa minoria favorecida, com condições significativamente acima da média, não apenas cobre todos os gastos que tem com sua propriedade agrícola independente como recebe excedentes. E isso significa que ela produz mercadorias, que produz produtos agrícolas para vender. Mais ainda: transforma-se em burguesia rural unindo uma propriedade agrícola relativamente grande a empresas comerciais-industriais – vimos que justamente esse tipo de "indústria" é o mais típico do mujique "agricultor". Não obstante possuir famílias maiores e um maior número de trabalhadores familiares (o campesinato favorecido sempre se caracteriza

---

[111] Como se modificou nos últimos tempos a distribuição dos cavalos no campesinato é algo que pode ser avaliado pelos seguintes dados do censo dos cavalos militares de 1893-1894 (*Статистика Росс. имп. XXXVII*). Em 38 províncias da Rússia Europeia, havia, em 1893-1894: 8.288.987 quintas camponesas; das quais, sem cavalos: 2.641.754, ou 31,9%; com um cavalo: 31,4%; com dois cavalos: 20,2%; com três cavalos: 8,7%; com quatro cavalos ou mais: 7,8%. Os camponeses tinham 11.560.358 cavalos; desse número, 22,5% tinham um cavalo; 28,9%, dois cavalos; 18,8%, três cavalos; e 29,8%, vários cavalos. Assim, 16,5% dos camponeses abastados tinham 48,6% do número total de cavalos.

por esses traços, e a um quinto das quintas corresponde uma fração maior da população, ao redor de três décimos), essa minoria bem provida utiliza em maiores proporções o trabalho de assalariados rurais e diaristas. Do número total das propriedades agrícolas russas que recorrem à contratação de assalariados rurais e diaristas, uma maioria significativa deve pertencer a essa minoria bem provida. Temos o direito de chegar a essa conclusão baseados tanto na análise precedente quanto na comparação da fração da população desse grupo com a fração de gado de trabalho e, consequentemente, com a fração da lavoura e da propriedade agrícola em geral. Finalmente, apenas essa minoria favorecida pode consistentemente tomar parte nas "tendências progressistas da economia camponesa". Tal deve ser a relação dessa minoria com o restante do campesinato, mas é evidente que, dependendo das diferenças das condições agrárias, do sistema agrícola e das formas de agricultura comercial, essa relação assume distintos aspectos e manifesta-se de maneira diferente[112]. Uma coisa é a tendência fundamental da decomposição camponesa; outra são suas formas, dependendo das diversas condições locais.

A situação do campesinato sem cavalos ou com um cavalo é exatamente oposta. Vimos acima que as estatísticas dos *zemstvos* classificam este último (para não falar daquele primeiro) como proletariado rural. Por isso, é pouco provável que haja exagero em nosso cálculo aproximado, que inclui no proletariado rural todos os camponeses que não possuem cavalos e até três quartos dos que possuem um cavalo (cerca de metade do número total de quintas). Esse campesinato é o menos provido de terras de *nadiel*, amiúde aluga essa terra por falta de equipamentos, sementes e assim por diante. Do arrendamento camponês e da compra de terras em geral, cabem-lhe miseráveis migalhas. Nunca se alimenta de sua propriedade agrícola, e sua principal fonte de meios de subsistência são as "indústrias" ou os "salários", ou seja, a venda de sua força de trabalho. Essa é classe dos trabalhadores assalariados, dos assalariados rurais, dos diaristas, dos peões, dos trabalhadores da construção etc. etc.

---

[112] É muito possível que, por exemplo, nas regiões produtoras de leite, o agrupamento pelo número de vacas seja incomparavelmente mais correto que aquele baseado no número de cavalos. Nas condições da horticultura, nem um nem outro podem ser satisfatórios etc.

A DECOMPOSIÇÃO DO CAMPESINATO   157

11. COMPARAÇÃO DOS CENSOS DOS CAVALOS MILITARES DE 1888-1891 E 1896-1900

Os censos dos cavalos militares de 1896 e 1899-1901 permitem, agora, compararmos os dados mais recentes com os dados citados.

Juntando as cinco províncias do sul (1896) com as demais (1899-1900), obtemos os seguintes dados para 48 províncias da Rússia Europeia:

1896-1900

Grupos de agregados familiares	Quintas camponesas		Cavalos que possuem		Cavalos por quinta
	Total	%	Total	%	
Sem cavalos	3.242.462	29,2 }55,9	—	—	—
Com 1 cavalo	3.361.778	30,3	3.361.778	19,9	1
Com 2 cavalos	2.446.731	22,0	4.893.462	28,9	2
Com 3 cavalos	1.047.900	9,4 }18,5	3.143.700	18,7 }51,2	3
Com 4 cavalos ou mais	1.013.416	9,1	5.476.503	32,5	5,4
Total	11.112.287	100	16.875.443	100	1,5

Para os anos de 1888-1891, citamos os dados de 49 províncias. Destas, não há informações recentes apenas de uma província, a saber, Arcangel. Subtraindo os dados a ela referentes dos acima citados, obtemos para as mesmas 48 províncias nos anos de 1888-1891 o seguinte quadro:

1888-1891

Grupos de agregados familiares	Quintas camponesas		Cavalos que possuem		Cavalos por quinta
	Total	%	Total	%	
Sem cavalos	2.765.970	27,3 }55,8	—	—	—
Com 1 cavalo	2.885.192	28,5	2.885.192	17,1	1
Com 2 cavalos	2.240.574	22,2	4.481.148	26,5	2
Com 3 cavalos	1.070.250	10,6 }22	3.210.750	18,9 }56,4	3
Com 4 cavalos ou mais	1.154.674	11,4	6.333.106	37,5	5,5
Total	10.116.660	100	16.910.196	100	1,6

158   O DESENVOLVIMENTO DO CAPITALISMO NA RÚSSIA

A comparação entre 1888-1891 e 1896-1900 mostra uma crescente *expropriação* do campesinato. O número de quintas aumentou quase 1 milhão. O número de cavalos diminuiu, ainda que muito debilmente. O número de quintas sem cavalos cresceu de modo particularmente rápido, a porcentagem subiu de 27,3% para 29,2%. Em vez de 5,6 milhões de camponeses pobres (sem cavalos ou com um cavalo), agora temos 6,6 milhões. Todo o aumento de quintas foi por conta do crescimento do número de quintas pobres. A porcentagem de quintas ricas, de acordo com o número de cavalos, diminuiu. Em vez de 2,2 milhões de quintas com muitos cavalos, temos agora apenas 2 milhões. O número de quintas médias e abastadas somadas (com dois ou mais cavalos) permaneceu quase inalterado (4.465.000 em 1888-1891 e 4.508.000 em 1896-1900).

Assim, as conclusões que se obtêm desses dados são as seguintes.

O crescimento da pobreza e da expropriação do campesinato não deixa dúvidas.

No que se refere à *correlação* entre os grupos superior e inferior do campesinato, essa relação quase não se alterou. Se, de acordo com o método acima descrito, compusermos o grupo inferior com 50% das quintas e o superior com 20% das quintas, obteremos o seguinte. Em 1888-1891, 50% das quintas dos pobres tinham 13,7% dos cavalos; 20% dos ricos tinham 52,6%. Em 1896-1900, 50% das quintas pobres tinham também 13,7% do total de cavalos camponeses, enquanto 20% das ricas tinham 53,2% do total de cavalos. A correlação entre os grupos, portanto, quase não se alterou.

Finalmente, o campesinato como um todo ficou mais pobre em cavalos. E o número e a porcentagem daqueles com muitos cavalos diminuíram. Por um lado, isso indica, ao que parece, o declínio de toda a economia camponesa na Rússia Europeia. Por outro lado, não podemos nos esquecer de que, na Rússia, o número de cavalos na economia rural é anormalmente mais alto em relação à área de cultivo. Num país de pequenos camponeses não poderia ser de outro modo. A diminuição do número de cavalos é, portanto, até certo ponto, "um restabelecimento da relação normal entre o gado de trabalho e a superfície arável" *na burguesia camponesa* (ver as reflexões do senhor V. V., acima, seção 1).

Será oportuno aqui fazer referência às reflexões dessa questão na mais recente obra do senhor Vikhliáiev[113] e do senhor Tchernénkov[114]. Ambos estão tão aficionados pela variedade das cifras sobre a distribuição dos cavalos no campesinato que transformaram a análise econômica em exercício estatístico. Em vez de estudar os tipos da economia camponesa (diarista, camponês médio, empresário), montam, como amadores, colunas infinitas de cifras, exatamente como se o objetivo fosse assombrar o mundo com sua diligência aritmética.

Apenas em razão de tal jogo de cifras, o senhor Tchernénkov pôde me fazer a objeção de que eu interpreto a "diferenciação" de maneira "preconcebida", como um fenômeno novo (e não velho) e, por alguma razão, necessariamente capitalista. O senhor Tchernénkov sentiu-se livre para pensar que tiro conclusões das estatísticas, esquecendo-me da economia! Como se fosse eu a demonstrar algo apenas pela alteração de números e distribuição de cavalos! Para abordar de maneira sensata a decomposição do campesinato, é preciso considerar todo o conjunto: tanto o arrendamento quanto a terra comprada, tanto as máquinas quanto o trabalho temporário exercido fora da aldeia, tanto a agricultura comercial quanto o trabalho assalariado. Ou talvez, para o senhor Tchernénkov, isso também não seriam fenômenos "novos" e "capitalistas"?

12. DADOS ESTATÍSTICOS DOS *ZEMSTVOS* SOBRE OS ORÇAMENTOS CAMPONESES

Para encerrar a questão da decomposição do campesinato, examinemos ainda outro aspecto, segundo dados mais concretos sobre os orçamentos camponeses. Veremos com clareza a profunda diferença entre esses tipos de campesinato dos quais estamos tratando.

---

[113] Vikhliáiev, *Очерки русской с.-х. действительности* [Ensaios sobre a realidade da agricultura russa] (São Petersburgo, edição do jornal *Khoziánin* [O Agricultor]).

[114] Tchernénkov, *К характеристике крестьянского хозяйства* [Para uma caracterização da economia camponesa], fasc. I (Moscou, 1905).

160 O DESENVOLVIMENTO DO CAPITALISMO NA RÚSSIA

No anexo à *Coletânea das informações de taxação da posse territorial camponesa dos distritos de Zemliansk, Zadonsk, Korotoiak e Nijnedévitsk*[115], há "dados estatísticos sobre a composição e o orçamento de propriedades agrícolas típicas", que se distinguem pela extraordinária completude[116]. Dos 67 orçamentos, descartamos um como absolutamente incompleto (o orçamento n. 14, referente ao distrito de Korotoiak); já os demais, nós os dividimos em seis grupos, segundo o gado de trabalho: *a* – sem cavalos; *b* – com um cavalo; *c* – com dois cavalos; *d* – com três cavalos; *e* – com quatro cavalos; *f* – com cinco ou mais cavalos (abaixo, para indicar os grupos, empregaremos apenas as letras *a-f*). O agrupamento, de acordo com esse índice, é verdade, não é de todo adequado para determinada localidade (em razão do enorme significado das "indústrias" para a economia tanto dos grupos inferiores quanto dos superiores), mas tivemos de empregá-la porque possibilita a comparação dos dados orçamentários com os dados do censo domiciliar acima reunidos. Tal comparação somente é possível pela divisão do "campesinato" em grupos, uma vez que as "médias" gerais e indiscriminadas têm um sentido completamente fictício, como já vimos e veremos adiante[117]. A propósito, assinalemos aqui o interessante fenômeno de que os dados orçamentários médios caracterizam quase sempre uma propriedade agrícola superior ao tipo médio, ou seja, representam a realidade melhor do que ela é de fato[118]. Isso ocorre

---

[115] *Сборнику оценочных сведений по крестьянскому землевладению в Землянском, Задонском, Коротоякском и Нижнедевицком уездах* [Coletânea das informações de taxação da posse territorial camponesa dos distritos de Zemliansk, Zadonsk, Korotoiak e Nijnedévitsk] (Vorónej, 1889).

[116] Um grande defeito desses dados é, em primeiro lugar, a ausência de agrupamentos por índices diversos; em segundo, a ausência de texto sobre as fazendas selecionadas que não puderam ser incluídas nas tabelas (por exemplo, os dados orçamentários do distrito de Ostrogójsk são fornecidos por textos assim); em terceiro, a extrema falta de desenvolvimento dos dados sobre todas as ocupações não agrícolas e todos os tipos de "salário" (*apenas quatro colunas* são fornecidas para todas as "indústrias", enquanto a descrição de roupas e sapatos ocupou 152 colunas!).

[117] O senhor Scherbin, por exemplo, utiliza exclusivamente essas "médias", tanto nas edições do *zemstvo* de Vorónej quanto no seu artigo sobre o orçamento camponês no livro *Влияние урожаев и хлебных цен и т. д.* [O impacto das colheitas e dos preços dos cereais etc.] (São Petersburgo, 1897).

[118] Isso se aplica, por exemplo, aos dados orçamentários da província de Moscou (*Сборник*, cit., v. VI e VII), da província de Vladímir (*Промыслы Владим. губ.* [As indústrias da província de Vladímir]), do distrito de Ostrogójsk, província de Vorónej (*Сборник*, cit., v. II, fasc. II), e, sobretudo, aos orçamentos

porque o próprio conceito de "orçamento" pressupõe uma propriedade agrícola mais ou menos equilibrada, o que não é fácil de encontrar entre os pobres. Para ilustrar, comparemos a distribuição de quintas segundo o gado de trabalho, orçamento e demais dados:

Grupos de agregados familiares	Total		Número de orçamentos (em porcentagem)			
	Em geral	%	Em 4 distritos da província de Vorónej	Em 9 distritos da província de Vorónej	Em 112 distritos de 21 províncias	Em 49 províncias da Rússia Europeia
Sem cabeças de gado de trabalho	12	18,18	17,9	21,7	24,7	27,3
Com 1 cabeça de gado de trabalho	18	27,27	34,7	31,9	28,6	28,6
Com 2 cabeças	17	25,76	28,6	23,8	26,0	22,1
Com 3 cabeças	9	13,64				
Com 4 cabeças	5	7,575	} 28,79	} 18,8	} 22,6	} 20,7	} 22,0
Com 5 cabeças ou mais	5	7,575				
Total	66	100	100	100	100	100

Daqui se depreende com clareza que os dados orçamentários só podem ser empregados por meio das médias de cada grupo do campesinato em separado. Foi esse o tratamento que conferimos aos referidos dados. Dividimo-los em três rubricas: (A) resultados gerais dos orçamentos; (B) características da propriedade agrícola e (C) características das condições de vida.

fornecidos em *Трудах комиссии по исследованию кустарной промышленности* [Trabalhos da comissão para o estudo da indústria artesanal] (em Viatka, Kherson, Níjni Nóvgorod, Perm e outras províncias). Os orçamentos dos senhores Karpov e Manókhin nos referidos *Трудах* [Trabalhos], bem como dos senhores P. Semiónov (na *Сборнике материалов по изучению сельской общины* [Coletânea de materiais para o estudo da comunidade rural], São Petersburgo, 1880) e Ossadtchi (*Щербановская волость, Елисаветградского уезда, Херсонской губ.* [*Vólost* de Scherbánov, distrito de Elisavetgrad, província de Kherson]), distinguem-se favoravelmente por caracterizarem os diversos grupos de camponeses.

(A) Os dados gerais do montante de gastos e rendimentos são os seguintes:

Corresponde a 1 propriedade agrícola (em rublos)

	Número de habitantes de ambos os sexos por família	Rendimento	Gasto	Rendimento líquido	Rendimento	Gasto	Balanço	Quantos rublos deve	Pagamentos atrasados
a)	4,08	118,10	109,08	9,02	64,57	62,29	+2,28	5,83	16,58
b)	4,94	178,12	174,26	3,86	73,75	80,99	−7,24	11,16	8,97
c)	8,23	429,72	379,17	50,55	196,72	165,22	+31,50	13,73	5,93
d)	13,00	753,19	632,36	120,83	318,85	262,23	+56,62	13,67	2,22
e)	14,20	978,66	937,30	41,36	398,48	439,86	−41,38	42,00	—
f)	16,00	1.766,79	1.593,77	173,02	1.047,26	959,20	+88,06	210,00	6
	8,27	491,44	443,00	48,44	235,53	217,70	+17,83	28,60	7,74

Dessa maneira, a diferença no tamanho do orçamento por grupo mostra-se enorme; mesmo que deixemos de lado os grupos extremos, ainda assim o orçamento de *e* é cinco vezes maior que o de *b*, enquanto a composição da família de *e* é três vezes maior que a de *b*.

Examinemos a distribuição dos gastos[119]:

Volume médio de gastos por propriedade agrícola

	Alimentação		Outros gastos pessoais		Na propriedade		Impostos e obrigações		Total	
	Rublos	%	Rublos	%	Rublos	%	Rublos	%	Rublos	%
a)	60,98	55,89	17,51	16,05	15,12	13,87	15,47	14,19	109,08	100
b)	80,98	46,47	17,19	9,87	58,32	33,46	17,77	10,20	174,26	100
c)	181,11	47,77	44,62	11,77	121,42	32,02	32,02	8,44	379,17	100
d)	283,65	44,86	76,77	12,14	222,39	35,17	49,55	7,83	632,36	100
e)	373,81	39,88	147,83	15,77	347,76	37,12	67,90	7,23	937,30	100

---

[119] A coletânea distingue todas as "despesas para as necessidades pessoais e econômicas, com exceção da alimentação", das despesas com a manutenção do gado e, na primeira rubrica, põe lado a lado as despesas, por exemplo, com iluminação e arrendamento. Obviamente, isso não está correto. Separamos o consumo *pessoal* do consumo da *propriedade agrícola* ("produtivo"), atribuindo a este último as despesas com alcatrão, cordas, ferragem dos cavalos, reparação de edifícios, equipamentos, arreios, trabalhadores e trabalhos por tarefa, pastores, arrendamentos de terras e manutenção de gado e aves.

	Alimentação		Outros gastos pessoais		Na propriedade		Impostos e obrigações		Total	
	Rublos	%	Rublos	%	Rublos	%	Rublos	%	Rublos	%
f)	447,83	28,10	82,76	5,19	976,84	61,29	86,34	5,42	1.593,77	100
	180,75	40,80	47,30	10,68	180,60	40,77	34,35	7,75	443,00	100

Basta olhar para a fração de gastos na propriedade em relação à soma geral dos gastos de cada grupo para ver que diante de nós figuram tanto o proletário quanto o *patrão*: para *a*, o gasto na propriedade é de apenas 14% do total, já para *e* é de 61%. Das diferenças no montante absoluto de gastos na propriedade não há nada o que dizer. Não apenas para o camponês sem cavalo e com um cavalo esse gasto é insignificante, como também o "patrão" com um cavalo está muito mais próximo do tipo habitual (nos países capitalistas) dos assalariados rurais e dos diaristas com *nadiel*. Notemos, ainda, as disparidades bastante significativas na *porcentagem* de gastos com alimentação (*a* gasta quase o dobro de *e*): como se sabe, o alto nível dessa porcentagem atesta baixas condições de vida e constitui a diferença mais acentuada entre o orçamento do *patrão* e o do *trabalhador*.

Tomemos agora a composição dos rendimentos[120]:

	Rendimento médio por propriedade				Composição do rendimento das "indústrias"			
	Da agricultura	Das "indústrias"	Saldo dos anos anteriores	Total	Das "indústrias particulares"	De "transporte"	De "estabelecimentos e empresas industriais"	"Rendimentos variados"
a)	57,11	59,04	1,95	118,10	36,75	—	—	22,29
b)	127,69	49,22	1,21	178,12	35,08	6	2,08	6,06
c)	287,40	108,21	34,11	429,72	64,59	17,65	14,41	11,56
d)	496,52	146,67	110	753,19	48,77	22,22	48,88	26,80

[120] O "saldo dos anos anteriores" consiste em cereais (*in natura*) e em dinheiro; aqui, dá-se a soma total, pois estamos lidando com o bruto, o natural e o monetário, a despesa e o rendimento. Quatro rubricas de "indústrias" são retiradas dos títulos da coletânea, que nada mais diz sobre as "indústrias". Note-se que, no grupo *e*, as empresas industriais devem, aparentemente, incluir também o transporte, que dá a dois patrões desse grupo 250 rublos de rendimento, e um desses patrões mantém um assalariado rural.

	Rendimento médio por propriedade				Composição do rendimento das "indústrias"			
	Da agricultura	Das "indústrias"	Saldo dos anos anteriores	Total	Das "indústrias particulares"	De "transporte"	De "estabelecimentos e empresas industriais"	"Rendimentos variados"
e)	698,06	247,60	33	978,66	112	100	35	0,60
f)	698,39	975,20	93,20	1.766,79	146	34	754,40	40,80
	292,74	164,67	34,03	491,44	59,09	19,36	70,75	15,47

Assim, o rendimento vindo da "indústria" excede o rendimento bruto da agricultura nos dois grupos extremos: do proletariado sem cavalos e do empresário rural. As "indústrias particulares" dos grupos inferiores de camponeses consistem, evidentemente, sobretudo no trabalho assalariado e, entre os "rendimentos variados", constitui um capítulo importante *o rendimento do aluguel da terra*. No número total de "patrões agricultores" entram até mesmo aqueles cujo rendimento do aluguel da terra é um pouco menor ou às vezes até maior que o rendimento bruto da agricultura: por exemplo, o rendimento bruto de um camponês sem cavalos proveniente da agricultura é de 6,19 rublos, enquanto o do aluguel da terra é de 40 rublos; de outro, o rendimento da agricultura é de 31,9 rublos, enquanto o do aluguel da terra é de 40 rublos. Não se pode esquecer, ademais, que o rendimento do aluguel da terra ou do trabalho como assalariado rural vai inteiramente para as necessidades pessoais do "camponês", enquanto no rendimento bruto da agricultura é preciso deduzir os gastos com a propriedade agrícola. Ao se fazer tal dedução, obtemos para o camponês sem cavalos um rendimento líquido da agricultura de 41,99 rublos e das "indústrias", 59,04 rublos; para o camponês com um cavalo é de 69,37 rublos e 49,22 rublos. Uma simples comparação dessas cifras mostra que temos diante de nós um tipo de trabalhador rural com terras de *nadiel* que cobrem parte de seus gastos de manutenção (e, por isso, diminuem o salário). Misturar tipos como esse com os *patrões* (agrícolas e industriais) significa violar de maneira escandalosa todas as exigências da pesquisa científica.

A DECOMPOSIÇÃO DO CAMPESINATO 165

No outro polo da aldeia, vemos justamente os tais *patrões* que unem à economia agrícola independente as operações comerciais-industriais, que proporcionam um rendimento significativo (para uma dada condição de vida), o qual chega a algumas centenas de rublos. A completa indefinição da rubrica "indústrias particulares" esconde as diferenças entre os grupos inferiores e superiores, mas as próprias dimensões dos rendimentos dessas "indústrias particulares" mostram a profundidade dessa diferença (lembremos que, na categoria de "indústrias particulares" da estatística de Vorónej, podem entrar tanto a mendicância como o trabalho como assalariado rural, o serviço em um posto do funcionalismo, da administração, entre outros).

No que diz respeito à dimensão da renda líquida, mais uma vez destacam-se acentuadamente os camponeses sem cavalos e com um cavalo, com os "restos" mais miseráveis (1 a 2 rublos) ou até mesmo um déficit em seu balanço monetário. Os recursos desses camponeses não são superiores, se não forem inferiores, aos recursos dos trabalhadores assalariados. Apenas a partir dos camponeses com dois cavalos é que vemos pelo menos algum tipo de rendimento líquido e sobras de algumas dezenas de rublos (sem as quais não se pode sequer falar de uma condução mais ou menos correta da propriedade agrícola). No campesinato abastado, a dimensão dos rendimentos líquidos atinge uma soma tal (120 a 170 rublos) que o distingue da condição geral da classe trabalhadora russa[121].

Compreende-se que a união num todo único de trabalhadores e patrões, e a conclusão do orçamento "médio" fornecem o quadro de "bem-estar moderado" e um rendimento líquido "moderado": 491 rublos de rendimento, 443 rublos de gasto, 48 rublos de sobra, sendo 18 rublos em dinheiro. Mas semelhante média é absolutamente fictícia. Encobre a completa miséria da

---

[121] Aparentemente, a exceção é a categoria *e*, com um enorme déficit (41 rublos), que, no entanto, é coberto por empréstimo. Isso se explica pelo fato de que em três quintas (das cinco quintas dessa categoria) houve casamentos que custaram 200 rublos (todo o déficit de cinco quintas = 206 rublos e 90 copeques). Por isso, a despesa desse grupo com consumo pessoal, exceto alimentação, aumentou para um valor muito alto – 10 rublos e 41 copeques por habitante de ambos os sexos, enquanto em nenhum outro grupo, sem excluir os ricos (*f*), essa despesa atinge 6 rublos. Em consequência, esse déficit é totalmente oposto, pela sua natureza, ao déficit dos pobres. Trata-se de um déficit proveniente não da impossibilidade de satisfazer às necessidades mínimas, mas de um aumento das necessidades desproporcional ao rendimento do ano em questão.

166 O DESENVOLVIMENTO DO CAPITALISMO NA RÚSSIA

massa do campesinato (*a* e *b*, ou seja, 30 orçamentos de 66), que, dada a insignificância de seu rendimento (120 a 180 rublos de rendimento *bruto* para a família), não tem, no final das contas, condições de se sustentar e sobrevive principalmente do trabalho como assalariado rural e diarista.

O cálculo exato dos rendimentos monetários e em espécie nos dá a possibilidade de determinar a relação entre a decomposição do campesinato e o *mercado*, para o qual apenas o rendimento e o gasto monetário são importantes. A parte monetária do orçamento, por grupos, é a seguinte:

Porcentagem da parte monetária

	Gasto	Rendimento
	Em relação ao	
	gasto bruto	rendimento bruto
a)	57,10	54,6
b)	46,47	41,4
c)	43,57	45,7
d)	41,47	42,3
e)	46,93	40,8
f)	60,18	59,2
	49,14	47,9

Vemos, consequentemente, que a porcentagem do rendimento e do gasto monetário (sobretudo, o gasto certo) aumenta *dos grupos médios para os extremos*. Um caráter mercantil mais acentuado é identificado nas propriedades sem cavalos e com muitos cavalos, e isso significa que ambas sobrevivem, em especial, da venda de mercadoria; no entanto, para uma, a mercadoria é sua força de trabalho e, para outra, é o produto gerado para a venda com significativo emprego do trabalho assalariado, ou seja, o produto que assume a forma de capital. Em outras palavras, também esses orçamentos mostram que *a decomposição do campesinato cria um mercado interno para o capitalismo*, transformando, por um lado, o camponês em assalariado rural e, por outro, o pequeno produtor de mercadoria em pequeno-burguês.

Outra conclusão não menos importante desses dados é o fato de que, *em todos os grupos do campesinato, a propriedade agrícola tornou-se, em grau bastante significativo, comercial*, tornou-se dependente do mercado: *em nenhum lugar* a fração monetária do rendimento e do gasto fica abaixo de 40%. E essa porcentagem deve ser considerada alta, pois se trata do rendimento bruto de pequenos agricultores, no qual conta até mesmo a manutenção do gado, ou seja, palha, joio etc.[122]. É evidente que mesmo o campesinato das zonas centrais das Terras Negras (onde a economia monetária é, em geral, menos desenvolvida que na zona industrial ou nas estepes periféricas) não pode existir sem a compra e venda e já é plenamente dependente do mercado, do *poder do dinheiro*. Nem é preciso mencionar o enorme significado que tem esse fato e em que grave erro caem nossos populistas quando tentam calá-lo[123], levados por suas simpatias pela economia natural, que se afogou irremediavelmente na eternidade. Na sociedade contemporânea, não se pode viver sem vender, e tudo que causa entrave ao desenvolvimento da economia mercantil leva apenas à deterioração da situação do produtor. Diz Marx sobre o campesinato que as "desvantagens do modo de produção capitalista [...] nesse caso coincidem com as desvantagens decorrentes do desenvolvimento incompleto do modo de produção capitalista. O camponês se torna comerciante e industrial, mas sem que estejam presentes as condições sob as quais pode produzir seu produto como mercadoria"[124].

Notemos que os dados orçamentários refutam completamente a opinião ainda bastante difundida que atribui um papel importante aos impostos quando se trata de desenvolvimento da economia mercantil. Sem dúvida, taxas e impostos foram a seu tempo um fator importante no desenvolvimento da troca, mas, no presente, a economia mercantil já está completamente de pé, e o significado *indicado* do imposto vai, de longe, para o segundo plano. Comparando os gastos com impostos e obrigações com todo o gasto

---

[122] O gasto de manutenção do gado é quase todo natural: dos 6.316,21 rublos gastos por todas as 66 propriedades agrícolas, apenas 1.535,2 rublos foram gastos em dinheiro, *dos quais 1.102,5 rublos* correspondem a um patrão-empresário com vinte cavalos, provavelmente com objetivos industriais.

[123] Esse erro é encontrado em particular nos debates (de 1897) sobre a importância dos baixos preços dos cereais.

[124] Karl Marx, *O capital*, Livro III: *O processo global da produção capitalista* (trad. Rubens Enderle, São Paulo, Boitempo, 2017), p. 872.

monetário dos camponeses, obtemos a relação: 15% (por grupos: *a* – 24,8%; *b* – 21,9%; *c* – 19,3%; *d* – 18,8%; *e* – 15,4%; e *f* – 9%). Em consequência, o gasto máximo com imposto é três vezes menor que os gastos obrigatórios do camponês nas condições atuais da economia social. Se, porém, falarmos não do papel do imposto no desenvolvimento da troca, mas de sua relação com o rendimento, veremos que a porcentagem será exorbitantemente alta. Por mais fortemente que pesem sobre o camponês contemporâneo as tradições da época pré-reforma, isso se vê com maior relevo na existência de um imposto que consome um sétimo do ganho *bruto* do pequeno agricultor, mesmo dos assalariados rurais com *nadiel*. Além disso, a distribuição do imposto no interior da comunidade revela-se espantosamente desigual: quanto melhores são as condições que tem o camponês, menor a fração correspondente ao imposto sobre o total de sua renda. O camponês sem cavalos paga comparativamente a seu rendimento quase três vezes mais que o camponês que têm muitos cavalos (ver acima a tabela sobre a distribuição dos gastos). Estamos falando da distribuição de impostos no interior da comunidade, porque, ao se calcular o montante de impostos e encargos por *dessiatina* de *nadiel*, esse montante é quase igual. Depois de tudo o que foi exposto, não devemos nos surpreender com essa desigualdade; ela é inevitável em nossa comunidade, desde que essa comunidade mantenha seu caráter obrigatório e tributário. Como se sabe, os camponeses dividem todos os impostos sobre a terra: a fração do imposto e da terra se funde, para eles, em um único conceito, o de "alma"[125]. Entretanto a decomposição do campesinato conduz, como vimos, à diminuição do papel da terra de *nadiel* em ambos os polos da aldeia contemporânea. Naturalmente, sob essas condições, a distribuição dos impostos sobre a terra de *nadiel* (indissoluvelmente ligada ao caráter obrigatório da comunidade) conduz à transferência de impostos do campesinato abastado para o pobre. A comunidade (ou seja,

---

[125] Ver V. Orlov, *Крестьянское хозяйство. Сборник стат. свед. по Моск. губ.* [A economia camponesa. Coletânea das informações estatísticas da província de Moscou], v. IV, fasc. I; Trirógov, *Община и подать* [A comunidade e a carga]; Keussler, *Zur Geschichte und Kritik des bäuerlichen Gemeindebesitzes in Russland* [Uma contribuição para a história e crítica da propriedade rural comunal camponesa na Rússia]; V. V., *Крестьянская община. Итоги земской статистики* [A comunidade camponesa. Resumos das estatísticas dos *zemstvos*], v. I.

A DECOMPOSIÇÃO DO CAMPESINATO 169

a caução solidária e a ausência de direito de recusar a terra) torna-se cada vez mais *perniciosa* para o camponês pobre[126].

(B) Passando às características da questão sobre a agricultura camponesa, citemos, primeiramente, dados gerais das propriedades agrícolas.

Grupos	Número de patrões	Número de habitantes de ambos os sexos	Número de trabalhadores por família			Quintas com assalariados rurais	Número de patrões		*Nadiel*	Lavoura por quinta, em *dessiatinas*			*Dessiatinas* de lavoura por pessoa	% de terra arrendada em relação à própria
			Próprios	Contratados	Total		Que alugam terra	Que arrendam terra	Terras por quinta (em *dessiatinas*)	Em terra própria	Em terra arrendada	Total		
a)	12	4,08	1	—	1	—	5	—	5,9	1,48	—	1,48	0,36	—
b)	18	4,94	1	0,17	1,17	3	3	5	7,4	2,84	0,58	3,42	0,69	20,5
c)	17	8,23	2,17	0,12	2,29	2	—	9	12,7	5,62	1,31	6,93	0,84	23,4
d)	9	13,00	2,66	0,22	2,88	2	—	6	18,5	8,73	2,65	11,38	0,87	30,4
e)	5	14,20	3,2	0,2	3,4	1	—	5	22,9	11,18	6,92	18,10	1,27	61,9
f)	5	16,00	3,2	1,2	4,4	2	—	5	23	10,50	10,58	21,08	1,32	100,7
Total	66	8,27	1,86	0,21	2,07	10	8	30	12,4	5,32	2,18	7,5	0,91	41,0

Por essa tabela, pode-se ver que a relação entre os grupos, de acordo com o aluguel e o arrendamento da terra, o tamanho da família e da lavoura, a contratação de assalariados rurais etc., é absolutamente uniforme tanto com os dados orçamentários quanto com os dados abundantemente expostos acima. Além disso, os dados absolutos sobre a economia de cada grupo

---

[126] É evidente que a destruição da comunidade de Stolypin (novembro de 1906) causará um dano ainda maior aos camponeses pobres. É o *"enrichissez-vous* [enriqueça]" russo: as centúrias negras são os camponeses ricos! Pilhe quando puder, contanto que apoie o absolutismo decadente! [Nota da 2ª edição.]

são muito próximos dos dados por distritos inteiros. Eis a comparação dos dados orçamentários com aqueles acima reunidos:

Por 1 quinta[127]

	Sem cavalos				Com 1 cavalo			
	Habitantes de ambos os sexos	Arrendamentos em *dessiatinas*	Lavoura em *dessiatinas*	Total de gado (em cabeças)	Habitantes de ambos os sexos	Arrendamentos em *dessiatinas*	Lavoura em *dessiatinas*	Total de gado (em cabeças)
Orçamento	4,1	—	1,5	0,8	4,9	0,6	3,4	2,6
4 distritos da província de Vorónej	4,4	0,1	1,4	0,6	5,9	0,7	3,4	2,7
Distrito de Novouzen, província de Samara	3,9	0,3	2,1	0,5	4,7	1,4	5,0	1,9
4 distritos da província de Sarátov	3,9	0,4	1,2	0,5	5,1	1,6	4,5	2,3
Distrito de Kamychin, província de Sarátov	4,2	0,3	1,1	0,6	5,1	1,6	5,0	2,3
3 distritos da província de Níjni Nóvgorod	4,1	0,2	1,8	0,7	5,2	1,1	4,4	2,4
2 distritos da província de Oriol	4,4	0,1	?	0,5	5,7	1,0	?	2,3

Dessa maneira, a situação do camponês sem cavalos ou com um cavalo, em todas as localidades indicadas, apresenta-se quase idêntica, de modo que os dados podem ser considerados suficientemente típicos.

Citemos os dados sobre bens e o inventário da propriedade camponesa dos distintos grupos.

---

[127] A área cultivada não se refere aos quatro distritos, mas apenas ao distrito de Zadonsk, província de Vorónej.

A DECOMPOSIÇÃO DO CAMPESINATO

Grupos	Valores em rublos, por propriedade agrícola						Valor em rublos			Número de construções por propriedade	Total de gado por propriedade, convertido em gado bovino	Custo de 1 cavalo de trabalho	Número de patrões sem equipamentos de cultivo	Número de patrões com equipamentos aprimorados	Custo dos últimos
	Construções	Inventário	Gado e aves	Utensílios	Roupas	Total	Total de habitantes de ambos os sexos	Inventário e gado	Idem, por *dessiatina* de lavoura						
a)	67,25	9,73	16,87	14,61	39,73	148,19	36,29	26,60	18,04	3,8	0,8	—	8	—	—
b)	133,28	29,03	62,04	19,57	61,78	305,70	61,83	91,07	26,56	5,9	2,6	27	—	—	—
c)	235,76	76,35	145,89	51,95	195,43	705,38	85,65	222,24	32,04	7,6	4,9	37	—	—	—
d)	512,33	85,10	368,94	54,71	288,73	1.309,81	100,75	454,04	39,86	10,2	9,1	61	—	1	50
e)	495,80	174,16	442,06	81,71	445,66	1.639,39	115,45	616,22	34,04	11,4	12,8	52	—	1	50
f)	656,20	273,99	934,06	82,04	489,38	2.435,67	152,23	1.208,05	57,30	13,0	19,3	69	—	3	170,3
	266,44	74,90	212,13	41,24	184,62	779,33	94,20	287,03	38,20	7,5	5,8	52	8	5	270,3

172 O DESENVOLVIMENTO DO CAPITALISMO NA RÚSSIA

Essa tabela ilustra claramente a diferença entre os diversos grupos no que diz respeito a equipamento e gado, sobre a qual falamos acima com base em dados massivos. Vemos aqui um abastecimento de bens completamente diferentes nos distintos grupos, sendo que essa diferença chega até mesmo ao fato de que os cavalos do camponês despossuído são absolutamente diferentes dos cavalos do camponês favorecido[128]. O cavalo de um camponês com um cavalo é uma verdadeira "fração viva"; é verdade que, de todo modo, não é "um quarto de cavalo", mas "27/52" de cavalo[129]!

Tomemos, agora, os dados sobre a composição dos gastos na propriedade agrícola[130]:

Composição dos gastos domésticos em rublos por quinta

| Grupos | Pastores e gastos menores | Para reabastecimento e reparação | | | Arrendamento | Trabalhadores e trabalhos por empreitada | Ao todo | Alimentação do gado | Total |
		Construções	Inventário e gado	Total					
a)	0,52	2,63	0,08	2,71	0,25	3,52	7,00	8,12	15,12
b)	2,94	4,59	5,36	9,95	6,25	2,48	21,62	36,70	58,32
c)	5,73	14,38	8,78	23,16	17,41	3,91	50,21	71,21	121,42
d)	12,01	18,22	9,70	27,92	49,32	6,11	95,36	127,03	222,39
e)	19,32	13,60	30,80	44,40	102,60	8,20	174,52	173,24	347,76
f)	51,42	56,00	75,80	131,80	194,35	89,20	466,77	510,07	976,84
	9,37	13,19	13,14	26,33	35,45	10,54	81,69	98,91	180,60

[128] Na literatura agrícola alemã, há monografias de Drechsler contendo dados sobre o *peso* do gado nos diferentes grupos divididos por quantidade de terra. Esses dados são ainda mais nítidos do que os dos dados das estatísticas dos *zemstvos* russas e mostram a qualidade *incomparavelmente pior* do gado dos pequenos camponeses em comparação com o dos grandes camponeses e, sobretudo, com os latifundiários. Espero processar esses dados para impressão num futuro não muito distante. [Nota da 2ª edição.]

[129] Se essas normas orçamentárias sobre o valor das construções, do inventário e do gado nos diferentes grupos do campesinato fossem aplicadas aos dados resumidos das 49 províncias da Rússia Europeia que foram citados acima, ver-se-ia que um quinto das famílias camponesas possui uma quantidade significativamente maior de meios de produção que todo o restante do campesinato.

[130] O gasto com a manutenção do gado é principalmente *in natura*, enquanto o restante das despesas agrícolas é principalmente monetário.

A DECOMPOSIÇÃO DO CAMPESINATO 173

Esses dados são muito eloquentes. Mostram-nos em relevo a completa miséria da "propriedade agrícola" não apenas do campesinato sem cavalo, mas também do campesinato com um cavalo, bem como a completa falta de correção do método habitual, que consiste em considerar juntos tais camponeses com o campesinato pouco numeroso, porém vigoroso, que gasta centenas de rublos com sua propriedade, tem a possibilidade de melhorar o inventário, contratar "trabalhadores" e investir na "compra" de terra, obtendo com o arrendamento 50-100-200 rublos ao ano[131]. Notemos, a propósito, que o gasto comparativamente alto do camponês sem cavalo com "trabalhadores e trabalhadores por tarefa" explica-se, com toda a probabilidade, pelo fato de que os estatísticos devem ter misturado nessa rubrica duas coisas completamente diferentes: a contratação de trabalhador, que deve trabalhar com o inventário do empregador – ou seja, a contratação de assalariados rurais ou diaristas – e a contratação do patrão-vizinho, que deve trabalhar com inventário próprio na terra do empregador. Esses tipos de "contrato", com significados diametralmente opostos, devem ser rigorosamente diferenciados, como faz, por exemplo, V. Orlov[132].

Examinemos os dados sobre o rendimento da agricultura. Infelizmente, esses dados estão longe de terem sido formulados adequadamente na *Coletânea* (em parte, talvez, em razão de seu pequeno número). Assim, não foi analisada a questão da produtividade do cultivo, não há dados sobre a venda de cada tipo de produto, tampouco sobre as condições dessa venda. Limitamo-nos, portanto, à breve tabela a seguir [ver página seguinte]:

Na tabela, salta imediatamente aos olhos uma exceção: a enorme queda do rendimento monetário da agricultura no grupo superior, apesar de suas maiores lavouras. A maior propriedade agrícola parece ser, dessa maneira, a mais natural. É extremamente interessante examinar mais de perto essa aparente exceção, que lança luz na questão deveras importante da ligação com

---

[131] Como deve ser cara a esse tal "camponês agricultor" a "teoria do arrendamento" do senhor Kárychev, que exige longos períodos de arrendamento, barateamento do arrendamento, remuneração por melhorias etc. É exatamente disso que ele precisa.

[132] Ver *Сборник стат. свед. по Моск. губ.* [Coletânea das informações estatísticas da província de Moscou], v. VI, fasc. I.

Rendimento da agricultura (em rublos)

Grupos	Total		Rendimento monetário		
	Por propriedade agrícola	Por habitante de ambos os sexos	Por propriedade agrícola	% em relação ao rendimento total da agricultura	Rendimento das indústrias por propriedade agrícola
a)	57,11	13,98	5,53	9,68	59,04
b)	127,69	25,82	23,69	18,55	49,22
c)	287,40	34,88	54,40	18,93	108,21
d)	496,52	38,19	91,63	18,45	146,67
e)	698,06	49,16	133,88	19,17	247,60
f)	698,39	43,65	42,06	6,02	975,20
	292,74	35,38	47,31	16,16	164,67

as "indústrias" de caráter empresarial. Como vimos, o significado desse tipo de indústria é especialmente importante para o orçamento dos patrões que possuem muitos cavalos. A julgar pelos dados por nós examinados, é especialmente típico da burguesia camponesa nessa localidade a tentativa de unir a agricultura aos empreendimentos comerciais-industriais[133]. Não é difícil ver que o patrão de semelhante tipo, em primeiro lugar, é incorretamente comparado aos agricultores puros; em segundo lugar, que a agricultura em tais condições, com frequência, somente *parece* natural. Quando a agricultura une o processamento técnico dos produtos agrícolas (moagem do trigo, fabricação de óleos e amido de batata, destilação, entre outras produções), o rendimento monetário de tal propriedade pode ser relacionado não ao rendimento da agricultura, mas ao rendimento do empreendimento industrial. Na verdade, porém, a agricultura seria, nesse caso, comercial e não natural. O mesmo se pode dizer da propriedade na qual a massa dos produtos agrícolas é consumida em espécie na manutenção de assalariados rurais e cavalos a serviço de uma empresa industrial (por exemplo, no serviço de correios). E é justamente esse tipo de propriedade que temos no grupo superior (orçamento nº 1 do

---

[133] Dos doze patrões sem cavalos, nenhum recebe renda de estabelecimentos industriais e empresas; dos dezoito patrões com um cavalo, um; dos dezessete patrões com dois cavalos, dois; dos nove patrões com três cavalos, três; dos cinco patrões com quatro cavalos, dois; dos cinco patrões com mais de quatro cavalos, quatro.

distrito de Korotoiak. Família de 18 pessoas, 4 trabalhadores familiares, 5 assalariados rurais, 20 cavalos; rendimento da agricultura – 1.294 rublos, quase todo em espécie, e das empresas industriais – 2.675 rublos. E é semelhante "propriedade natural camponesa" que é unida àquelas sem cavalos e com um cavalo para se extrair a "média" geral). Vemos mais uma vez, com esse exemplo, como é importante combinar o agrupamento segundo o tamanho e tipo de propriedade agrícola com o agrupamento segundo o tamanho e tipo de propriedade "industrial".

(C) Vejamos agora os dados sobre as condições de vida dos camponeses. A *Coletânea* não informa todo o gasto com comida em espécie. Destaquemos o principal: produtos agrícolas e carne[134].

Relativo a cada pessoa de ambos os sexos

Grupos	Produtos de grãos				Idem, na conversão para centeio (em *puds*)				
	Farinha de centeio, medida	Farinha de cevada e milheto (em *puds*)	Milheto e trigo-sarraceno, medida	Farinha de trigo e sêmola, libras	Batata, medida	Centeio e trigo	Outros grãos	Total	Carne (em *puds*)
a)	13,12	0,12	1,92	3,49	13,14	13,2	4,2	17,4	0,59
b)	13,21	0,32	2,13	3,39	6,31	13,4	3,0	16,4	0,49
c)	19,58	0,27	2,17	5,41	8,30	19,7	3,5	23,2	1,18
d)	18,85	1,02	2,93	1,32	6,43	18,6	4,2	22,8	1,29
e)	20,84	—	2,65	4,57	10,42	20,9	4,2	25,1	1,79
f)	21,90	—	4,91	6,25	3,90	22,0	4,2	26,2	1,79
	18,27	0,35	2,77	4,05	7,64	18,4	3,8	22,2	1,21

Com base nessa tabela, fica evidente que estávamos certos em reunir os camponeses sem cavalos e com um cavalo e contrapô-los aos demais. O traço distintivo dos grupos citados é a insuficiência da alimentação e a piora

---

[134] Combinamos sob esse termo as colunas da coletânea: carne de vaca, cordeiro, carne de porco, toucinho. A conversão de outros cereais para centeio é feita de acordo com as normas da "estatística comparativa" de Janson, adotada pelos estatísticos de Níjni Nóvgorod (ver materiais do distrito de Gorbátov. A base da conversão é a porcentagem de proteína assimilável).

de sua qualidade (batata). O camponês com um cavalo se alimenta pior, em alguns aspectos, que o sem cavalos. A "média" geral, mesmo nessa questão, revela-se absolutamente fictícia, encobrindo a alimentação insuficiente da massa dos camponeses e a alimentação satisfatória do campesinato abastado, que consome quase uma vez e meia mais produtos agrícolas e três vezes mais carne[135] que os pobres.

Para a comparação dos demais dados sobre a alimentação dos camponeses, devem ser tomados todos os produtos de acordo com seu valor, em rublos:

Relativo a cada pessoa (em rublos)

Grupos	Farinhas de todos os tipos e cereais	Legumes, óleos vegetais e frutas	Batata	Total de produtos agrícolas	Total de produtos da pecuária[136]	Total de produtos comprados[137]	Total de produtos	Destes, em espécie	Rendimento monetário	
									Em produtos da agricultura	Em produtos da pecuária
a)	6,62	1,55	1,62	9,79	3,71	1,43	14,93	5,72	3,58	0,71
b)	7,10	1,49	0,71	9,30	5,28	1,79	16,37	4,76	2,55	0,42
c)	9,67	1,78	1,07	12,52	7,04	2,43	21,99	4,44	1,42	0,59
d)	10,45	1,34	0,85	12,64	6,85	2,32	21,81	3,27	0,92	0,03
e)	10,75	3,05	1,03	14,83	8,79	2,70	26,32	4,76	2,06	—
f)	12,70	1,93	0,57	15,20	6,37	6,41	27,98	8,63	1,47	0,75
	9,73	1,80	0,94	12,47	6,54	2,83	21,84	5,01	1,78	0,40

Assim, os dados gerais sobre a alimentação dos camponeses confirmam o que foi dito acima. Três grupos se distinguem claramente: o inferior (sem

---

[135] O menor consumo de carne pelos camponeses das aldeias, em comparação com os habitantes das cidades, pode ser visto, ao menos, pelos dados fragmentários a seguir. Em Moscou, em 1900, cerca de 4 milhões de *puds*, no valor total de 18.986.714 rublos e 59 copeques, foram abatidos em matadouros urbanos (*Moskóvskie Viédomosti*, n. 55, 1901). Isso dá, para um habitante de ambos os sexos, cerca de 4 *puds* ou cerca de 18 rublos por ano. [Nota da 2ª edição.]

[136] Carne bovina, carne de porco, toucinho, cordeiro, manteiga de vaca, produtos lácteos, galinhas e ovos.

[137] Sal, peixe salgado e fresco, arenque, vodca, cerveja, chá e açúcar.

cavalos e com um cavalo), o médio (com dois e três cavalos) e o superior, que se alimenta quase duas vezes melhor que o inferior. A "média" geral oblitera os dois grupos extremos. O gasto *monetário* com alimentação é absoluto e relativamente maior nos dois grupos extremos: dos proletários rurais e da burguesia rural. Os primeiros *compram mais, ainda que consumam menos* que o campesinato médio; eles compram os produtos agrícolas de que mais necessitam. Estes últimos compram mais, pois consomem mais, ampliando especialmente o consumo de produtos não agrícolas. A comparação desses dois grupos extremos mostra claramente como se cria, num país capitalista, um mercado interno para artigos de consumo pessoal[138].

Os demais gastos com consumo pessoal são:

Despesas por pessoa (em rublos)

Grupos	Bens, roupas	Combustível (palha)	Roupa, calçado	Iluminação	Demais necessidades domésticas	Total com consumo pessoal, exceto alimentação	Destes, em espécie	Total com alimentação e demais gastos pessoais	Destes, em espécie
a)	9,73	0,95	1,46	0,23	1,64	4,28	3,87	19,21	9,59
b)	12,38	0,52	1,33	0,25	1,39	3,49	3,08	19,86	7,84
c)	23,73	0,54	2,47	0,22	2,19	5,42	4,87	27,41	9,31
d)	22,21	0,58	1,71	0,17	3,44	5,90	5,24	27,71	8,51
e)	31,39	1,73	4,64	0,26	3,78	10,41	8,93	36,73	13,69
f)	30,58	1,75	1,75	0,21	1,46	5,17	3,10	33,15	11,73
	22,31	0,91	2,20	0,22	2,38	5,71	4,86	27,55	9,87

[138] Dos gastos monetários com produtos agrícolas, ocupa o primeiro lugar a compra de centeio, sobretudo, pelos pobres; em seguida, vêm os vegetais. O gasto com vegetais constitui 85 copeques por 1 habitante de ambos os sexos (por grupos, de 56 copeques para *b* até 1 rublo e 31 copeques para *e*), sendo que, em dinheiro: 47 copeques. Esse interessante fato nos mostra que até mesmo entre a população rural, sem falar da urbana, está se constituindo um mercado para produtos de uma das formas de agricultura mercantil, a saber: a horticultura. Dois terços dos gastos com óleo vegetal são considerados algo natural; o que quer dizer que, nesse terreno, predomina ainda a produção doméstica e o artesanato primitivo.

Nem sempre é correto calcular por alma de ambos os sexos, já que, por exemplo, o valor do combustível, da iluminação, dos pertences domésticos, entre outros, não é proporcional ao número de membros da família.

Também esses dados mostram a divisão do campesinato (de acordo com as condições de vida) em três diferentes grupos. Com isso, descobre-se a seguinte e interessante particularidade: a parte monetária do gasto com todo o consumo pessoal é maior nos grupos *inferiores* (cerca de metade do gasto é realizado em espécie em *a*), enquanto nos grupos superiores o gasto monetário se eleva somente a cerca de um terço. De que maneira conciliar o fato mencionado de que a porcentagem de gasto monetário aumenta, em geral, em ambos os grupos extremos? Ao que parece, nos grupos superiores, o gasto *monetário* é direcionado, principalmente, ao *consumo produtivo* (gastos com a propriedade), enquanto nos inferiores, com o *consumo pessoal*. Eis os dados exatos:

Grupos	Gasto monetário por propriedade agrícola (em rublos)				Idem (em %)				% da parte monetária nos gastos	
	Com consumo pessoal	Com a propriedade	Com impostos e obrigações	Total	Com consumo pessoal	Com a propriedade	Com impostos e obrigações	Total	Consumo pessoal	Propriedade
a)	39,16	7,66	15,47	62,29	62,9	12,3	24,8	100	49,8	50,6
b)	38,89	24,32	17,77	80,98	48,0	30,0	22,0	100	39,6	41,7
c)	76,79	56,35	32,02	165,16	46,5	34,1	19,4	100	34,0	46,4
d)	110,60	102,07	49,55	262,22	42,2	39,0	18,8	100	30,7	45,8
e)	190,84	181,12	67,90	439,86	43,4	41,2	15,4	100	38,0	52,0
f)	187,83	687,03	84,34	959,20	19,6	71,6	8,8	100	35,4	70,3
	81,27	102,23	34,20	217,70	37,3	46,9	15,8	100	35,6	56,6

Consequentemente, a transformação do campesinato em proletariado cria o mercado, sobretudo, para os bens de consumo, e a sua transformação em burguesia rural cria o mercado, sobretudo, para os meios de produção.

Dito de outro modo, nos grupos inferiores do "campesinato", observamos a transformação da força de trabalho em mercadoria, nos superiores, a transformação dos meios de produção em capital. Ambas essas transformações produzem justamente esse processo de criação do mercado interno, estabelecido pela teoria em relação aos países capitalistas, em geral. Foi por isso que F. Engels escreveu que a fome de 1891 marcou *a criação do mercado interno para o capitalismo* – situação incompreensível para os populistas, que veem na ruína do campesinato apenas o declínio da "economia nacional" e não a transformação da economia patriarcal em capitalista.

O senhor N. escreveu um livro inteiro sobre o mercado interno sem notar o processo de criação de um mercado interno por meio da decomposição do campesinato. Em seu artigo "Como explicar o crescimento das nossas receitas estatais"[139], ele se refere a essa questão com o seguinte raciocínio: as tabelas dos rendimentos do trabalhador estadunidense mostram que, quanto mais baixo é o rendimento, mais alto é, relativamente, o gasto com a alimentação. Em consequência, se diminui o consumo de alimentos, diminui mais ainda o consumo de outros produtos. Já na Rússia, se diminui o consumo de pão e vodca, quer dizer que diminui também o consumo de outros produtos, donde se deduz que o consumo da "camada" abastada[140] do campesinato é mais que contrabalançado pela diminuição do consumo da massa. Nesse raciocínio, há três erros: primeiro, ao substituir o camponês pelo trabalhador, o senhor N. salta por cima da questão; trata-se justamente do processo de *criação* dos trabalhadores e dos *patrões*. Segundo, ao substituir o camponês pelo trabalhador, o senhor N. reduz todo o consumo a pessoal, esquecendo-se do consumo produtivo, do mercado dos meios de produção. Terceiro, o senhor N. se esquece de que o processo de decomposição do campesinato é, ao mesmo tempo, um processo de substituição da economia mercantil, e de que, consequentemente, pode-se criar o mercado não pelo fortalecimento do consumo, mas pela transformação do consumo natural (ainda que mais

---

[139] N., "Чем объяснить рост наших государственных доходов?" [Como explicar o crescimento das nossas receitas estatais], *Nóvoe Slovo* [Nova Palavra], n. 5, fev. 1896.

[140] Ibidem, p. 70.

180   O DESENVOLVIMENTO DO CAPITALISMO NA RÚSSIA

abundante) em consumo monetário ou pagante (ainda que menos abundante). Vimos agora, pela relação com os objetos de consumo pessoal, que os camponeses sem cavalos consomem menos, mas compram mais que o camponês médio. Ficam mais pobres, ao mesmo tempo que recebem e gastam mais – e ambos os lados do processo são necessários para o capitalismo[141].

Para concluir, utilizaremos os dados orçamentários para comparar as condições de vida dos camponeses e dos trabalhadores rurais. Calculando as medidas do consumo pessoal não por alma da população, mas por um trabalhador adulto (segundo as normas das estatísticas de Níjni Nóvgorod na coletânea citada acima), obtemos a seguinte tabela:

Relativo a um trabalhador adulto

Grupos	Produtos consumidos							Gasto em rublos		
	Farinha de centeio (medida)	Farinha de cevada e milheto (em *puds*)	Milheto e trigo-sarraceno (medida)	Farinha de trigo e sêmola (em libras)	Batata (medida)	Total da produção agrícola	Carne, *puds*	Alimentação	Demais necessidades pessoais	Total
a)	17,3	0,1	2,5	4,7	17,4	23,08	0,8	19,7	5,6	25,3
b)	18,5	0,2	2,9	4,7	8,7	22,89	0,7	22,7	4,8	27,5
c)	26,5	0,3	3,0	7,3	12,2	31,26	1,5	29,6	7,3	36,9
d)	26,2	1,4	4,3	2,0	9,0	32,21	1,8	30,7	8,3	39,0
e)	27,4	—	3,4	6,0	13,6	32,88	2,3	32,4	13,9	46,3
f)	30,8	—	6,9	8,5	5,5	36,88	2,5	39,3	7,2	46,5
	24,9	0,5	3,7	5,5	10,4	33,78	1,4	29,1	7,8	36,9

---

[141] Esse fato, que à primeira vista parece um paradoxo, está, na verdade, em perfeita harmonia com as contradições fundamentais do capitalismo, que se encontram a cada passo na vida real. Por isso, observadores atentos da vida rural puderam notar esse fato independentemente da teoria. "Para o desenvolvimento de sua atividade", diz Engelhardt sobre o cúlaque, o mercador etc., "é importante que os camponeses sejam pobres [...] para que os camponeses recebam muito dinheiro" (*Письмах из деревни*, cit., p. 493). A simpatia pelo "sólido [*sic*!!] cotidiano do agricultor" (idem) às vezes não impedia Engelhardt de revelar as contradições mais profundas da famigerada comunidade.

A DECOMPOSIÇÃO DO CAMPESINATO   181

Para comparar com esses dados sobre o nível de vida dos trabalhadores rurais, podemos, em primeiro lugar, tomar os preços médios do trabalho. Em dez anos (1881-1891), o pagamento médio anual de um assalariado rural na província de Vorónej foi de 57 rublos e, incluindo a manutenção, 99 rublos[142], de modo que a manutenção custou 42 rublos. O volume do consumo pessoal dos assalariados rurais e diaristas com *nadiel* (camponeses sem cavalos e com um cavalo) ficou abaixo desse nível. O custo de manutenção de toda a família soma apenas 78 rublos no caso do "camponês" sem cavalos (com uma família de 4 almas) e 98 rublos no caso do camponês com um cavalo (com uma família de 5 almas), ou seja, *menos do que custa a manutenção de um assalariado rural.* (Excluímos do orçamento dos camponeses sem cavalos e com um cavalo os gastos com a propriedade e com impostos e obrigações, pois nessa localidade não se aluga o *nadiel* por um preço mais baixo que o imposto.) Como era de esperar, a situação do trabalhador amarrado ao *nadiel* mostra-se pior do que a situação do trabalhador livre dessa amarra (e não estamos falando do enorme grau de servidão e dependência pessoal que a sujeição ao *nadiel* desenvolve). O gasto monetário do assalariado rural é incomparavelmente maior que o gasto monetário com consumo pessoal no caso do camponês com um cavalo ou sem cavalos. Consequentemente, a sujeição ao *nadiel* freia o crescimento do mercado interno.

Em segundo lugar, podemos usar as estatísticas dos *zemstvos* sobre o consumo do assalariado rural. Tomemos os dados da *Coletânea de informações estatísticas da província de Oriol*, referentes ao distrito de Karátchev[143], extraídos das informações sobre 158 casos de assalariados rurais[144]. Convertendo a ração mensal em anual, obtemos:

---

[142] *С.-х. и стат. свед., полученные от хозяев* [Informações agrícolas e estatísticas obtidas dos proprietários] (edição do Departamento de Agricultura, São Petersburgo, 1892); S. Korolenko, *Вольнонаемный труд в хозяйствах и т. д.* [O trabalho assalariado livre nas fazendas etc.] (São Petersburgo, 1892).

[143] *Сборника стат. свед. по Орловской губ.* [Coletânea de informações estatísticas da província de Oriol], v. V, fasc. II (1892).

[144] A diferença nas condições entre as províncias de Oriol e Vorónej é pequena e os dados, como veremos, são corriqueiros. Não tomamos os dados da obra acima mencionada de S. A. Korolenko (ver a comparação desses dados no artigo do senhor Maress: *Влияние урожаев и т. д.*, cit., I, p. 11), pois o

182 O DESENVOLVIMENTO DO CAPITALISMO NA RÚSSIA

	Manutenção de um assalariado rural na província de Oriol			Manutenção de um "camponês" na província de Vorónej		
	Mínimo	Máximo	Média	Com 1 cavalo		Sem cavalos
Farinha de centeio (em *puds*)	15,0	24,0	21,6	18,5		17,3
Cereais (em *puds*)	4,5	9,0	5,25	2,9		2,5
Milheto (em *puds*)	1,5	1,5	1,5	+4,8		4,9
Batata (medida)	18,0	48,0	26,9	8,7	Libras de farinha de trigo	17,4
Total (convertido em centeio)[145]	22,9	41,1	31,8	22,8		23,0
Toucinho (em libras)	24,0	48,0	33,0	28,0		32,0
Valor de toda a alimentação anual (em rublos)	—	—	40,5	27,5		25,3

Consequentemente, de acordo com seu nível de vida, os camponeses com um cavalo e sem cavalos *não* estão *acima dos assalariados rurais*, aproximando-se ainda mais do nível de vida *minimum* dos assalariados rurais.

A conclusão geral da análise dos dados sobre o grupo inferior do campesinato é, portanto, a seguinte: tanto por sua relação com outros grupos, que expulsam da agricultura o campesinato inferior, quanto pelo tamanho da propriedade, que cobre apenas parte dos gastos com a manutenção da família, bem como pela fonte dos meios de subsistência (venda da força de trabalho) e, finalmente, pelo nível de vida, esse grupo deve ser incluído *entre os assalariados rurais e os diaristas com nadiel*[146].

próprio autor reconhece que os senhores proprietários de terras, de quem esses dados foram obtidos, às vezes "se deixaram levar por fantasias".

[145] Calculado pelo método acima.

[146] É provável que os populistas deduzam, da nossa comparação entre o nível de vida dos assalariados rurais e o do grupo inferior do campesinato, que "somos a favor" da privação de terras do campesinato etc. Do que foi dito, segue-se apenas que "somos a favor" da abolição de todas as restrições ao direito dos camponeses à livre disposição da terra, à renúncia ao *nadiel*, à saída da comunidade. Só o camponês pode julgar se é mais vantajoso ser um assalariado rural com um *nadiel* ou um assalariado rural sem um *nadiel*. Portanto, tais restrições, em nenhum caso e em nada, podem ser justificadas. A defesa dessas restrições pelos populistas transforma estes últimos em servidores dos interesses dos nossos agrários.

A DECOMPOSIÇÃO DO CAMPESINATO   183

Para encerrar, com isso, a exposição dos dados estatísticos dos *zemstvos* sobre o orçamento camponês, não podemos deixar de nos deter na análise dos métodos de elaboração dos dados orçamentários empregados pelo senhor Scherbin, organizador da *Coletânea de informações estimadas* e autor de um artigo sobre o orçamento camponês no conhecido livro *Influência das colheitas e dos preços do trigo etc.*[147]. O senhor Scherbin, por alguma razão, declara em sua *Coletânea* que utiliza a teoria do "conhecido economista político K. Marx"[148]; na verdade, ele deturpa completamente essa teoria, confundindo a diferença entre capital constante e capital variável com a diferença entre capital fixo e capital circulante[149], transportando, sem nenhum fundamento, esses termos e categorias do capitalismo desenvolvido para a agricultura camponesa[150] etc. Todo o processamento dos dados orçamentários do senhor Scherbin reduz-se a um abuso contínuo e inacreditável das "grandezas médias". Todos os dados de avaliação referem-se ao camponês "médio". O rendimento da terra, calculado para os quatro distritos, é dividido pelo número de propriedades agrícolas (lembrem-se de que, para um camponês sem cavalos, o rendimento é de cerca de 60 rublos por família, enquanto para os ricos é de cerca de 700 rublos). Determina-se a "magnitude do capital constante" [*sic*!!?] "por propriedade agrícola"[151], ou seja, o valor de todos os bens; determina-se o valor "médio" do inventário; o valor médio dos empreendimentos comerciais-industriais [*sic*!] é de quinze rublos por propriedade. O senhor Scherbin ignora o mero detalhe de que esses empreendimentos são propriedade privada da minoria abastada e divide-os por todos "igualmente"! Determina o gasto "médio" com arrendamento[152], que, como vimos, consiste em seis rublos para os camponeses com um cavalo e de 100 a 200 rublos para os ricos. Tudo isso é somado e dividido pelo número de propriedades. Ele determina até mesmo o gasto "médio" com "reparo de capitais"[153].

---

[147] Scherbin, *Влияние урожаев и хлебных цен и т. д.*, cit., v. II.

[148] Ibidem, p. 111.

[149] Idem.

[150] Ibidem, *passim*.

[151] Ibidem, p. 114.

[152] Ibidem, p. 118.

[153] Idem.

184 O DESENVOLVIMENTO DO CAPITALISMO NA RÚSSIA

O que isso significa só Deus sabe. Se significa reabastecimento e reparo de inventário e gado, eis o que dizem os dados citados por nós: para os camponeses sem cavalos, o gasto equivale a *8 (oito) centavos* por propriedade, já para os ricos, *75 rublos*. Não é evidente que se somarmos semelhantes "propriedades camponesas" e dividirmos pelo número de componentes, obteremos a "lei do consumo médio", descoberta pelo senhor Scherbin ainda na coletânea do distrito de Ostrogójsk (v. II, fasc. II, 1887) e aplicada posteriormente de maneira tão brilhante? De tal "lei" já não é difícil concluir que "o camponês não satisfaz suas necessidades mínimas, apenas o nível médio delas"[154], que a propriedade rural constitui um "tipo de desenvolvimento" especial[155] etc. etc. O agrupamento por *nadiel*, como vimos, é um reforço desse método simplório de igualar o proletariado rural e a burguesia camponesa. Se a aplicássemos, por exemplo, aos dados orçamentários, juntaríamos num só grupo (na categoria dos que possuem muitas terras de *nadiel*, com 15 a 25 *dessiatinas* por família), por exemplo, um camponês que coloca para locação metade do *nadiel* (de 23,5 *dessiatinas*), cultiva 1,3 *dessiatina*, vive principalmente de "indústrias pessoais" (é surpreendente como soa bem!), recebe de rendimentos 190 rublos por 10 almas de ambos os sexos (orçamento n. 10 do distrito de Korotoiak); outro que arrenda 14,7 *dessiatinas*, cultiva 23,7 *dessiatinas*, mantém assalariados rurais, recebe 1.400 rublos de rendimentos por 10 almas de ambos os sexos (orçamento n. 2 do distrito de Zadonsk). Não fica claro que, ao somarmos as propriedades dos assalariados rurais e dos diaristas com as propriedades dos camponeses que contratam trabalhadores e dividirmos a soma pelo número de componentes, obteremos um "tipo de desenvolvimento" especial? Basta utilizar, contínua e exclusivamente, os dados "médios" sobre a propriedade agrícola camponesa que todas as "ideias equivocadas" sobre a decomposição do campesinato serão banidas para sempre. É justamente assim que procede o senhor Scherbin ao empregar semelhante método *en grand** em seu artigo no livro *Influência das colheitas etc.* Ali se faz uma grandiosa tentativa

---

[154] Ibidem, p. 123 e muitas outras.

[155] Ibidem, p. 100.

* De forma extensiva. (N. E.)

de calcular o orçamento de todo o campesinato russo, sempre por meio dessas mesmas "médias" já provadas. O futuro historiador da literatura econômica russa se surpreenderá ao notar que os preconceitos dos populistas levaram ao esquecimento das exigências mais elementares da estatística econômica, que obrigam a separar com rigor os patrões dos trabalhadores assalariados, qualquer que seja a forma de propriedade agrária pela qual estejam unidos, por mais numerosos e variados que sejam os tipos transitórios entre eles.

13. CONCLUSÕES DO CAPÍTULO II

Resumiremos as principais proposições que se extraem dos dados examinados acima:

1) O meio socioeconômico em que está inserido o campesinato russo contemporâneo é o da economia mercantil. Mesmo na zona agrícola central (mais atrasada em relação às regiões periféricas sul-orientais ou às províncias industriais), o camponês se encontra plenamente submetido ao mercado, do qual depende tanto para seu consumo pessoal quanto para sua propriedade agrícola, sem falar dos impostos).

2) A estrutura das relações socioeconômicas no campesinato (agrícola e comunitário) mostra-nos a existência de todas as contradições que são inerentes a qualquer economia mercantil e a qualquer capitalismo: concorrência, luta pela independência econômica, acúmulo de terras (compradas e arrendadas), concentração da produção nas mãos da minoria, deslocamento da maioria para as fileiras do proletariado, exploração da maioria pela minoria por meio do capital comercial e da contratação de assalariados rurais. Não há sequer um único fenômeno econômico no campesinato que não tenha essa forma contraditória especificamente característica da estrutura capitalista, ou seja, que não expresse a luta e o conflito de interesses, que não signifique mais para uns e menos para outros. Assim são tanto o arrendamento e a compra de terras quanto as "indústrias" em suas formas diametralmente opostas; assim é também o progresso técnico da propriedade agrícola.

Atribuímos a essa consequência um significado cardinal não apenas na questão do capitalismo na Rússia, mas também na questão do significado da doutrina populista em geral. Justamente essas contradições nos mostram de maneira evidente e irrefutável que a estrutura das relações econômicas na aldeia "comunal" não representa de modo algum um regime especial ("produção popular" etc.), mas um regime pequeno-burguês ordinário. Ao contrário do que dizem as teorias dominantes entre nós no último meio século, o campesinato comunal não é um antagonista do capitalismo, mas, ao contrário, é sua base mais profunda e mais sólida. Mais profunda, porque aqui, longe de qualquer influência "artificial" e, apesar das instituições que dificultam o desenvolvimento do capitalismo, vemos a formação constante dos elementos do capitalismo no interior da própria "comunidade". Mais sólida, porque em torno da agricultura em geral e do campesinato em particular gravitam com mais força as tradições dos velhos tempos, as tradições do cotidiano patriarcal e, como consequência, a ação transformadora do capitalismo (desenvolvimento das forças produtivas, mudança de todas as relações sociais etc.) manifesta-se de forma mais lenta e gradual.

3) O conjunto de todas essas contradições econômicas no campesinato constitui aquilo que chamamos de decomposição do campesinato. Os próprios camponeses, de maneira muito viva e certeira, caracterizam esse processo pelo termo: "descamponização"[156]. Esse processo significa a destruição radical do velho campesinato patriarcal e a criação de *novos tipos* de população rural.

Antes de passarmos à caracterização desses tipos, notemos o seguinte. A indicação desse processo tem sido feita em nossa literatura há muito tempo e com muita frequência. Por exemplo, ainda o senhor Vassíltchikov, valendo-se dos trabalhos da Comissão Valúiev, constatou a formação do "proletariado rural" na Rússia e a "desagregação da camada camponesa"[157]. V. Orlov também indicou tal fato[158] e muitos outros. Mas todas essas indicações permaneceram

---

[156] *Льскохозяйственный обзор по Нижегородской губ.* [Resumo agrícola da província de Níjni Nóvgorod], de 1892.

[157] Vassíltchikov, *Землевладение и земледелие* [A propriedade agrícola e a agricultura] v. I, cap. IX (1. ed.).

[158] V. Orlov, *Сборник стат. свед. по Московской губ.* [Coletânea das informações estatísticas da província de Moscou] v. IV, fasc. I, p. 14.

completamente fragmentárias. Nunca se fez um esforço para estudar de forma sistemática esse fenômeno e, por isso, apesar da riqueza de dados dos censos estatísticos dos *zemstvos*, até hoje não temos informações suficientes sobre ele. Com relação a isso, encontra-se também a circunstância de que a maioria dos autores que trataram da questão vê a decomposição do campesinato como simples surgimento da desigualdade de bens, como simples "diferenciação", como gostam de dizer os populistas em geral e o senhor Kárychev em particular (ver seu livro sobre *Arrendamentos* e seus artigos no *Rússkoe Bogátstvo* [A riqueza russa]). Não há dúvida de que o surgimento da desigualdade de bens é o ponto de partida de todo o processo, mas essa "diferenciação" sozinha não esgota de modo algum o processo. O velho campesinato não apenas se "diferencia", ele se desintegra completamente, deixa de existir, é substituído completamente por novos tipos de população rural – tipos que são a base da sociedade na qual predomina a economia mercantil e a produção capitalista. Esses tipos são a burguesia rural (sobretudo a pequena) e o proletariado rural, a classe dos produtores de mercadorias na agricultura e os trabalhadores agrícolas assalariados.

É extremamente instrutivo que a pura análise teórica do processo de formação do capitalismo agrícola indique a decomposição dos pequenos produtores como um fator importante desse processo. Temos em mente um dos capítulos mais interessantes do terceiro volume de *O capital*, justamente o capítulo 47: "Gênese da renda fundiária capitalista". Como ponto de partida dessa gênese, Marx toma *a renda em trabalho* (*Arbeitsrente*) – "em que o produtor direto trabalha parte da semana com instrumentos (arado, animais de carga etc.) que lhe pertencem de fato ou de direito, cultivando o solo que lhe pertence, ao passo que nos outros dias da semana trabalha na propriedade do senhor, para este último e sem remuneração"[159]. A próxima forma de renda é a *renda em produtos* (*Produktenrente*) ou renda natural, em que o produtor direto produz todos os produtos na terra por ele mesmo explorada, entregando ao proprietário da terra todo o produto excedente *in natura*. O produtor se torna aqui mais independente e obtém a possibilidade de

---

[159] Karl Marx, *O capital*, Livro III, cit., p. 850.

adquirir com seu trabalho alguma sobra além daquela quantidade de produtos que satisfaça suas necessidades. "Da mesma maneira, com essa forma [a renda] aparecerão diferenças maiores na situação econômica dos produtores diretos individuais. Isso é, pelo menos, possível, como também é possível que esse produtor direto tenha conseguido, ele mesmo, os meios para explorar trabalho alheio de forma direta"[160]. E assim, ainda sob o domínio da economia natural, com a primeira ampliação da autonomia dos camponeses dependentes, surgem já os germes de sua decomposição. Mas esses germes poderão se desenvolver apenas na forma seguinte de renda, com *a renda em dinheiro*, que é uma simples modificação da forma da renda natural. O produtor direto entrega ao proprietário da terra não o produto, mas o valor desses produtos[161]. A base desse tipo de renda permanece a mesma: o produtor direto é, como sempre, o proprietário tradicional da terra, apesar de essa base "se aproximar de sua dissolução"[162]. A renda em dinheiro "já pressupõe um desenvolvimento considerável do comércio, da indústria urbana, da produção de mercadorias em geral e, por conseguinte, da circulação monetária"[163]. A relação tradicional do direito consuetudinário do camponês dependente do proprietário de terra transforma-se aqui em uma relação puramente monetária, baseada no contrato. Isso leva, por um lado, à expropriação do velho campesinato e, por outro, faz com que o camponês resgate sua terra e sua liberdade.

Além disso, a transformação da renda em produtos em renda em dinheiro é não só obrigatoriamente acompanhada, como inclusive precedida pela formação de uma classe de jornaleiros [diaristas] despossuídos que se alugam por dinheiro.

---

[160] Ibidem, p. 856.

[161] É preciso distinguir rigorosamente a renda em dinheiro da renda capitalista da terra: a última pressupõe a existência na agricultura de capitalistas e trabalhadores assalariados; a primeira, os camponeses dependentes. A renda capitalista é a parte do mais-valor que permanece fora do lucro empresarial, e a renda em dinheiro é o preço do mais-produto total pago pelo camponês ao proprietário da terra. Um exemplo de renda em dinheiro na Rússia é o tributo do camponês ao latifundiário. Não há dúvida de que também nos impostos atuais de nossos camponeses existe uma certa parte da renda em dinheiro. Às vezes, o arrendamento camponês da terra aproxima-se da renda em dinheiro, quando o elevado pagamento da terra não deixa ao camponês nada mais que um salário escasso.

[162] Karl Marx, *O capital*, Livro III, cit., p. 857.

[163] Ibidem, p. 858.

Durante o período de surgimento dessa nova classe, em que ela só aparece de maneira esporádica, desenvolveu-se, entre os camponeses em melhor situação e sujeitos ao pagamento de rendas [*rentepflichtigen*], o hábito de explorar por conta própria os jornaleiros rurais [...]. Assim se desenvolve, pouco a pouco, entre eles a possibilidade de acumular certo patrimônio e se transformar em futuros capitalistas. Entre os próprios antigos possuidores da terra, que a cultivavam de maneira autônoma, surge assim uma incubadora de arrendatários capitalistas, cujo desenvolvimento está condicionado pelo desenvolvimento geral da produção capitalista fora do campo.[164]

4) A decomposição do campesinato, desenvolvendo seus grupos extremos à custa do "campesinato" médio, cria dois novos tipos de população rural. O traço geral de ambos os tipos é o caráter mercantil, monetário, da economia. O primeiro tipo é a burguesia rural ou o campesinato abastado. Incluem-se aqui os patrões independentes, que praticam a agricultura comercial em todas as suas variadas formas (descreveremos as formas mais importantes no capítulo IV), em seguida os proprietários de estabelecimentos comerciais-industriais, os patrões de empresas comerciais etc. A união da agricultura mercantil com as empresas comerciais-industriais constitui um tipo de "união da agricultura e da indústria" especificamente própria *desse* campesinato. Desse campesinato abastado forma-se uma classe de agricultores, pois o arrendamento da terra para venda de cereais desempenha (na zona agrícola) um enorme papel em sua economia, não raro, maior que o *nadiel*. As dimensões da economia excedem aqui, na maioria dos casos, a força de trabalho da família e, por isso, a formação de um contingente de assalariados rurais, e ainda mais de diaristas, é uma condição necessária para a existência do campesinato abastado[165]. O dinheiro livre, recebido na forma de rendimento líquido por esses camponeses, é convertido ou em operações comerciais e usurárias, tão desmedidamente desenvolvidas em nossas aldeias, ou – em condições favoráveis – é investido na compra de terra,

---

[164] Ibidem, p. 859.

[165] Notemos que o emprego do trabalho assalariado não é uma característica obrigatória do conceito de pequena burguesia. Nesse conceito, cabe toda a produção independente do mercado, desde que existam na ordem social da economia as contradições descritas acima (ponto 2), em particular com a transformação da massa de produtores em trabalhadores assalariados.

na melhoria da propriedade etc. Em resumo, são pequenos agricultores. Numericamente, a burguesia camponesa constitui uma pequena minoria de todo o campesinato – provavelmente, não mais que um quinto das quintas (o que corresponde a cerca de três décimos da população), e essa relação, evidentemente, varia de maneira acentuada nas diferentes localidades. Mas pelo seu significado em todo o conjunto das propriedades agrícolas camponesas – na soma total dos meios de produção pertencentes aos camponeses e na quantidade total dos produtos agrícolas produzidos pelos camponeses –, a burguesia camponesa é, sem dúvida, preponderante. Ela é a senhora da aldeia contemporânea.

5) Outro tipo novo é o proletariado rural, a classe *dos trabalhadores assalariados com nadiel*. Entra aqui o campesinato despossuído, inclusive aqueles completamente sem terras, mas os representantes mais típicos do proletariado rural russo são os assalariados rurais, os diaristas, os peões, os construtores ou algum outro tipo de trabalhador com *nadiel*. A dimensão insignificante da propriedade agrícola reduzida a um pequenino pedaço de terra e, ademais, uma propriedade que se encontra em pleno declínio (cujo testemunho particularmente evidente é o aluguel da terra), a impossibilidade de sobreviver sem a venda da força de trabalho (= "indústrias" do campesinato despossuído), o nível de vida extremamente baixo – e até inferior, eventualmente, ao nível de vida do trabalhador sem *nadiel* – são os traços distintivos desse tipo[166]. Entre os representantes do proletariado rural, deve-se incluir não menos da metade de todo o número de quintas camponesas (o que corresponde aproximadamente a quatro décimos da população), ou seja, todos os camponeses sem cavalos e grande parte dos que possuem um cavalo (trata-se, evidentemente, de um cálculo aproximado, sujeito, nas diferentes regiões, a modificações mais ou menos significativas, de acordo com as condições locais). Os fundamentos que nos levam a pensar que tal fração significativa do campesinato já pertence, atualmente, ao proletariado rural

---

[166] Para provar a correção de se classificar o campesinato pobre na classe dos operários assalariados com *nadiel*, é preciso mostrar não só como e que tipo de campesinato vende força de trabalho, mas também como e que empresários compram força de trabalho. Isso será mostrado nos capítulos a seguir.

foram citados acima[167]. Cabe acrescentar que, muitas vezes, em nossa literatura, compreende-se de maneira demasiado estereotipada a tese de que o capitalismo demanda trabalhadores livres, sem terras. Isso está absolutamente correto como tendência fundamental, mas o capitalismo penetra na agricultura de maneira particularmente lenta e sob uma extraordinária diversidade de formas. A concessão de terras ao trabalhador rural é feita, com bastante frequência, segundo os interesses dos próprios patrões rurais e, portanto, o trabalhador rural com terra de *nadiel* é característico de todos os países capitalistas. Nos distintos Estados, assume formas variadas: o *cottager* inglês não é igual ao camponês parceleiro da França ou das províncias renanas, e este último, por sua vez, não é igual ao *bobyl** ou *knecht* na Prússia. Cada um carrega traços de ordens agrárias peculiares, de uma história peculiar de relações agrárias, mas isso, todavia, não impede o economista de generalizá-los em um só tipo de proletário rural. A base jurídica de seu direito a um pedaço de terra é absolutamente indiferente a essa qualificação. Pertença-lhe a terra com pleno direito de propriedade (como o camponês parceleiro) ou lhe dê direito ao uso o *landlord* ou o *Rittergutsbesitzer*, ou, finalmente, ele a possua como membro da comunidade camponesa grã-russa, a questão não muda em nada[168]. Ao relacionarmos o campesinato pobre ao proletariado

---

[167] O professor Conrad considera norma para o verdadeiro camponês na Alemanha um par de rebanhos de trabalho (*Gespannbauerngüter*); ver *Землевладение и сельское хозяйство* [A propriedade da terra e a agricultura] (Moscou, 1896, p. 84-5). Na Rússia, essa norma deveria ser mais alta. Ao definir o conceito de "camponês", Conrad toma precisamente a porcentagem de pessoas ou quintas que exercem "trabalho assalariado" ou "indústrias auxiliares" em geral (idem). O professor Stebut, a quem não se pode negar autoridade em termos de fatos, escreveu em 1882: "Após a queda da servidão, o camponês com sua pequena unidade econômica, com o cultivo exclusivo de grãos, principalmente na região central das Terras Negras da Rússia, passou, na maioria dos casos, a artesão, trabalhador ou diarista, dedicando-se à agricultura apenas de maneira indireta" (*Статьи о русском сельском хозяйстве, его недостатках и мерах к его усовершенствованию* [Artigos sobre a agricultura russa, suas deficiências e medidas para sua melhoria], Moscou, 1883, p. 11). É evidente que, entre os artesãos, incluem-se também os trabalhadores assalariados da indústria (construção etc.). Por mais errado que seja esse emprego da palavra, é muito difundido em nossa literatura, em especial a econômica.

* Em russo, *бобыль*: no Estado russo do século XV ao XVIII, camponês solitário, ou seja, sem família, e sem terra, possuidor apenas de uma cabana e de uma horta. Nas províncias ocidentais, a mesma categoria social recebia o nome de *kutniki* (кутники). (N. T.)

[168] Citemos exemplos das diferentes formas europeias de trabalho assalariado na agricultura retirados de *Handwört. der Staatswiss.* "É preciso distinguir", diz J. Conrad, "a propriedade camponesa da parcela,

rural, não estamos dizendo nada de novo. Essa expressão já foi empregada reiteradamente por muitos escritores e apenas os economistas do populismo falam de forma obstinada do campesinato em geral como algo anticapitalista, fechando os olhos para o fato de que a massa do "campesinato" ocupou plenamente um lugar determinado no sistema geral da produção capitalista, a saber, o lugar de trabalhadores assalariados agrícolas e industriais. Nós, por exemplo, gostamos de exaltar nossa estrutura agrária, que conserva a comunidade e o campesinato etc., e opô-la à estrutura de Ostsee, com sua organização capitalista da agricultura. É interessante considerar, portanto, quais tipos de população rural são atribuídos, às vezes, à classe dos assalariados rurais e diaristas no território de Ostsee. Os camponeses das províncias de Ostsee dividem-se em camponeses com muitas terras (25 a 50 *dessiatinas* em uma área particular), *bobyles* (3 a 10 *dessiatinas*, áreas de *bobyles*) e camponeses sem terra. O *bobyl*, como bem nota o senhor S. Korolenko, "aproxima-se mais do tipo comum do camponês russo das províncias centrais"[169]; está sempre obrigado a dividir seu tempo entre buscar salário e cultivar sua própria propriedade agrícola. Mas nos interessa particularmente a situação econômica dos *assalariados rurais*. A questão é que os próprios latifundiários

do terreno, do '*bobyl*' ou 'horticultor', cujo dono precisa recorrer a ocupação ou salário extra" (p. 83-4). "Na França, pelo censo de 1881, 18 milhões de pessoas, ou seja, pouco menos da metade da população, viviam da agricultura: cerca de 9 milhões de proprietários de terra, 5 milhões de arrendatários e meeiros, 4 milhões de diaristas e pequenos proprietários de terra ou arrendatários que viviam, principalmente, do trabalho assalariado [...]. Estima-se que, na França, pelo menos 75% dos trabalhadores rurais tenham terra própria." Na Alemanha, entre os trabalhadores rurais que possuem terra, incluem-se as seguintes categorias: 1) *kutniki*, *bobyles*, horticultores [categoria próxima aos nossos *dárstvennie**]; 2) diaristas contratados; possuem terras, empregando-se em determinada parte do ano [ver, em nosso país, os *triokhdniévniki***]. "Os diaristas contratados constituem a grande maioria dos trabalhadores rurais nas localidades da Alemanha onde predomina a grande propriedade latifundiária" (p. 236); 3) trabalhadores rurais que praticam agricultura em terra arrendada (p. 237).

* Дарственние/*dárstvennie*: parte dos antigos camponeses pertencentes aos latifundiários, dos quais receberam, após a reforma de 1861, *nadiel* minúsculo, que constituía um quarto do *nadiel* camponês determinado por lei. Todo o restante da terra ficou para o latifundiário, que manteve o camponês escravizado mesmo após a abolição da servidão. (N. E. R. adaptada.)

** Трехдневники/*triokhdniévniki*: categoria de trabalhador rural assalariado, com terra de *nadiel* e agricultura pobre. Trabalhavam como diaristas, em condições análogas à servidão, três vezes na semana para latifundiários ou cúlaques. (N. E. R. adaptada)

[169] S. Korolenko, *Вольнонаемный труд в хозяйствах и т. д.*, cit., p. 495.

encontram vantagem em *provê-los de terras* em troca de pagamento. Eis exemplos de posse da terra pelos assalariados rurais: 1) 2 *dessiatinas* de terra (convertemos *lofstelle* em *dessiatina*: 1 *lofstelle* = um terço de *dessiatina*): o marido trabalha 275 dias e a mulher 50 em um ano, com pagamento de 25 copeques por dia; 2) 2 e dois terços de *dessiatinas* de terra: "o assalariado rural mantém 1 cavalo, 3 vacas, 3 ovelhas e 2 porcos"[170], trabalha semanas alternadas e a mulher 50 dias; 3) 6 *dessiatinas* de terra (distrito de Bauska, província da Curlândia), "o assalariado mantém 1 cavalo, 3 vacas, 3 ovelhas e alguns porcos"[171], trabalha 3 dias por semana e a mulher 35 dias no ano; 4) no distrito de Aizpute, província da Curlândia, 8 *dessiatinas* de terra: "em todos os casos, os assalariados rurais têm a moagem gratuita e recebem assistência médica com medicamentos, seus filhos estudam na escola"[172] etc. Chamamos a atenção do leitor para *as dimensões da posse da terra e da propriedade agrícola* desses assalariados rurais, ou seja, precisamente as condições que, na opinião dos populistas, distinguem nossos camponeses da estrutura agrária pan-europeia que corresponde à produção capitalista. Somemos *todos* os exemplos reunidos na edição citada: 10 assalariados rurais têm 31,5 *dessiatinas* de terra, uma média de 3,15 *dessiatinas* por assalariado rural. "Assalariados rurais" se refere aqui tanto aos camponeses que trabalham *a menor parte do ano* para o latifundiário (meio ano o marido e 35 a 50 dias a mulher) quanto aos camponeses com um cavalo e duas vacas, ou até três. Perguntamos: em que consiste a famigerada diferença do nosso "camponês da comunidade" em relação a esse tipo de assalariado rural de Ostsee? No território de Ostsee, dão-se às coisas os nomes que elas têm, já entre nós somam-se os assalariados rurais com um cavalo com os camponeses ricos, deduzem-se "médias", fala-se com ternura do "espírito da comunidade", do "princípio do trabalho", da "produção popular", da "união da agricultura e das indústrias"...

6) O elo intermediário entre esses tipos de "campesinato" pós-reforma é o *campesinato médio*. Ele se distingue pelo desenvolvimento *mínimo* da

---

[170] Ibidem, p. 508.

[171] Ibidem, p. 518.

[172] Ibidem, p. 519.

economia mercantil. O trabalho agrícola independente cobre somente, no melhor ano e em condições especialmente favoráveis, a manutenção de tal campesinato, e por isso ele se encontra em uma situação extremamente instável. Na maioria dos casos, o camponês médio não pode fazer face às despesas sem contrair dívidas a serem pagas com trabalho etc., sem buscar ganhos "extras" por fora, que também em parte advêm da venda da força de trabalho etc. Cada má colheita lança uma massa do campesinato médio às fileiras do proletariado. Em virtude de suas relações sociais, esse grupo oscila entre o superior, para o qual tende e no qual ingressa apenas uma pequena minoria de afortunados, e o inferior, no qual o lança todo o curso da evolução social. Vimos que a burguesia camponesa *desloca* não apenas o grupo inferior, mas também o grupo médio do campesinato. Dessa maneira, ocorre a dissolução dos grupos médios e o fortalecimento dos extremos – a "descamponização", especificamente característica da economia capitalista.

7) *A decomposição do campesinato cria um mercado interno para o capitalismo*. No grupo inferior, essa formação do mercado ocorre à custa dos bens de consumo (mercado do consumo pessoal). O proletariado rural, em comparação com o camponês médio, *consome menos* – e, ademais, consome produtos de pior qualidade (batata em vez de pão, entre outros) –, *mas compra mais*. A formação e o desenvolvimento da burguesia camponesa criam o mercado de duas maneiras: primeira e principal, à custa dos meios de produção (mercado de consumo produtivo), pois o campesinato abastado busca converter em capital os meios de produção que "recolhe" tanto dos latifundiários "empobrecidos" quanto dos camponeses arruinados; segunda, o mercado aqui é criado à custa do consumo pessoal, resultado da expansão do consumo dos camponeses em melhores condições de vida[173].

8) No que se refere à questão se a decomposição do campesinato está avançando e com que velocidade, não temos dados estatísticos exatos que

---

[173] Só esse fato da formação do mercado interno pela decomposição do campesinato pode explicar, por exemplo, o enorme crescimento do mercado interno de produtos de algodão, cuja produção cresceu tão rapidamente no período pós-reforma, de mãos dadas com a ruína em massa do campesinato. O senhor N., ao ilustrar suas teorias sobre o mercado interno precisamente com o exemplo da nossa indústria têxtil, não foi capaz de explicar como esse fenômeno contraditório pôde ter ocorrido.

pudéssemos colocar ao lado das tabelas combinadas (seções 1 a 4). Isso não surpreende, pois até agora (como já notamos) não houve sequer uma tentativa sistemática de estudar a estatística de decomposição do campesinato e indicar sob que formas ocorre esse processo[174]. Mas todos esses dados gerais sobre a economia do nosso campo testemunham o crescimento rápido e contínuo da decomposição: por um lado, os "camponeses" abandonam e alugam suas terras, cresce o número dos "camponeses" sem cavalos, os "camponeses" migram para a cidade etc.; por outro lado, seguindo a "tendência progressista da economia camponesa", os "camponeses" compram terras, fortalecem a economia, introduzem arados, desenvolvem as plantações, a economia leiteira etc. Sabemos, agora, *quais* "camponeses" fazem parte desses dois grupos de lados diametralmente opostos do processo.

Além disso, o desenvolvimento do movimento migratório dá um enorme impulso à decomposição do campesinato e, em especial, do campesinato agrícola. Como se sabe, os camponeses migram, sobretudo, das províncias agrícolas (das industriais, a emigração é absolutamente insignificante). Isso em primeiro lugar. Em segundo lugar, das áreas de emigração, partem, sobretudo, os camponeses em situação mediana, enquanto permanecem na terra natal os grupos extremos do campesinato. Dessa maneira, a migração intensifica a decomposição do campesinato nos locais de saída e transfere elementos de decomposição ao local de chegada (assalariados rurais na Sibéria durante o primeiro período de sua nova vida)[175]. Essa conexão entre as migrações e a decomposição do campesinato é plenamente comprovada por I. Gurvitch em sua excelente pesquisa: *Migrações dos camponeses da Sibéria* (Moscou, 1888). Recomendamos enfaticamente ao leitor esse livro, o qual nossa imprensa populista se esforçou de maneira tão diligente por calar[176].

---

[174] A única exceção é o excelente trabalho de I. Gurvitch: *The Economics of the Russian Village* (Nova York, 1892). É preciso surpreender-se com a arte com que o senhor Gurvitch elaborou as coleções estatísticas do *zemstvo*, que não fornecem tabelas combinadas sobre os grupos de camponeses segundo a condição econômica.

[175] A restrição das migrações exerce, dessa maneira, uma enorme influência retentiva na decomposição do campesinato.

[176] Ver também a obra do senhor Priimak: *Números para um estudo da migração na Sibéria*. [Nota da 2ª edição.]

9) Como se sabe, os capitais comercial e usurário desempenham, em nossas aldeias, um enorme papel. Consideramos supérfluo citar numerosos fatos e fontes sobre esse fenômeno: são fatos amplamente conhecidos e não se referem diretamente ao nosso tema. Interessa-nos apenas uma questão: qual é a relação dos capitais comercial e usurário naquilo que se refere em nossa aldeia à decomposição do campesinato?

Indiquemos, primeiramente, que tipo de formulação a teoria oferece a essa questão. Na análise da produção capitalista oferecida pelo autor de *O capital*, é atribuído um significado muito importante, como se sabe, aos capitais comercial e usurário. As principais teses das concepções de Marx acerca desse assunto consistem no seguinte: 1) os capitais comercial e usurário, por um lado, e o capital fabril (ou seja, o capital investido em produção, tanto faz se agrícola ou industrial), por outro, representam um só tipo de fenômeno econômico, abarcado pela fórmula geral: a compra de mercadoria para a sua venda com lucro[177]; 2) Os capitais comercial e usurário, historicamente, precedem a formação do capital fabril e são, logicamente, uma condição *necessária* dessa formação[178], mas nem o capital comercial nem o usurário constituem por si mesmos, ainda, uma condição *suficiente* para o surgimento do capital fabril; eles nem sempre decompõem o velho meio de produção e colocam em seu lugar o meio capitalista de produção; a formação deste último "depende inteiramente do estágio de desenvolvimento histórico e das circunstâncias a ele relacionadas"[179]. "Em que medida ele provoca a dissolução do antigo modo de produção [do comércio e do capital comercial] depende, antes de mais nada, da firmeza e da estrutura interna deste último. E onde esse processo de dissolução desembocará, isto é, que novo modo de produção ocupará o lugar do antigo, é algo que não depende do comércio, mas do caráter do próprio modo de produção antigo."[180] 3) O desenvolvimento independente do capital comercial está em relação inversa ao grau

---

[177] Karl Marx, *O capital*, Livro I: *O processo de produção do capital* (trad. Rubens Enderle, São Paulo, Boitempo, 2013), seção II, cap. 4, especialmente p. 238-9.

[178] Idem, *O capital*, Livro III, cit., p. 372-6; p. 653-8.

[179] Ibidem, p. 654.

[180] Ibidem, p. 376.

de desenvolvimento da *produção* capitalista[181]; quanto mais fortemente se desenvolvem os capitais comercial e usurário, mais fraco será o desenvolvimento do capital fabril (= *produção* capitalista), e vice-versa.

Por conseguinte, é preciso resolver a questão de sua aplicação à Rússia: os capitais comercial e usurário estão, entre nós, ligados ao fabril? O comércio e a usura, ao dissolver o velho modo de produção, levariam à sua substituição pelo meio capitalista ou por algum outro[182]? Essas questões são questões de fato e devem ser resolvidas para cada aspecto da economia nacional russa. Em relação à agricultura camponesa, os dados acima examinados trazem a resposta a essa pergunta, e justamente uma resposta afirmativa. A concepção populista habitual, segundo a qual o "cúlaque" e o "mujique doméstico" representam não duas formas de um mesmo fenômeno, mas tipos de fenômenos não interligados entre si e opostos, não se baseia em absolutamente nada. Trata-se de um dos preconceitos do populismo, os quais ninguém nunca sequer tentou provar por meio da análise de dados econômicos exatos. Os dados dizem o oposto. Quer o camponês contrate trabalhadores para ampliação da produção, quer o camponês comercialize a terra (lembre-se dos dados acima citados sobre a ampla extensão do arrendamento pelos ricos) ou mantimentos, quer comercialize cânhamo, feno, gado etc. ou dinheiro (usurário), ele representa um único tipo econômico, sua operação, no fundo, reduz-se a uma única e tão somente relação econômica. Além disso, que na aldeia comunal russa o papel do capital não se restringe à escravidão e à usura é evidente pelo fato de que o campesinato abastado investe dinheiro não apenas em empreendimentos e empresas comerciais (ver acima), mas na melhora da propriedade, na compra e no arrendamento de terras, na melhora do inventário, na contratação de trabalhadores etc. Se o capital,

---

[181] Ibidem, p. 372.

[182] O senhor V. V. abordou essa questão na primeira página de seus *Destinos do capitalismo*, mas nem nesta nem em outras de suas obras buscou analisar os dados sobre a relação entre o capital mercantil e industrial na Rússia. O senhor N., embora pretendesse permanecer fiel à teoria de Marx, preferiu, contudo, trocar a categoria exata e clara, "capital mercantil", por um termo confuso e vago de sua própria autoria, "capitalização" ou "capitalização dos rendimentos", e sob a cobertura desse termo nebuloso conseguiu contornar a questão, contornou-a diretamente. Para ele, o precursor da produção capitalista na Rússia não é o capital mercantil, mas... "a produção popular"!

em nossas aldeias, fosse impotente para criar algo além de escravidão e usura, não poderíamos, pelos dados da produção, constatar a decomposição do campesinato, a formação da burguesia rural e do proletariado rural, todo o campesinato representaria, então, um tipo bastante regular de patrões esmagados pela necessidade, dentre os quais se destacariam apenas os usurários, e destacar-se-iam exclusivamente pelas dimensões da posse monetária, e não pela dimensão e pela organização de sua produção agrícola. Finalmente, dos dados acima examinados, deduz-se a importante tese de que o desenvolvimento independente dos capitais comercial e usurário em nossas aldeias *detém* a decomposição do campesinato. Quanto mais avança o desenvolvimento do comércio, aproximando o campo e a cidade, deslocando as feiras rurais primitivas e minando o monopólio do lojista da aldeia, quanto mais se desenvolvem as formas europeias regulares de crédito, deslocando o usurário rural, tanto maior e mais profunda deverá ser a decomposição do campesinato. O capital dos camponeses abastados, deslocado do pequeno comércio e da usura, se converterá em maiores proporções à produção, para a qual já começa a dirigir-se.

10) Outro importante fenômeno na economia de nossas aldeias e que detém a decomposição do campesinato são os remanescentes da economia de corveia, ou seja, o trabalho na terra senhorial com inventário próprio. Esse trabalho pressupõe e exige justamente o camponês médio, que não está em plenas condições (ou então não se submeteria ao trabalho na terra senhorial), mas também não seria o proletário (para trabalhar na terra senhorial é preciso ter inventário próprio, é preciso ser, mal e mal, um patrão "remediado").

Ao dizer, acima, que a burguesia camponesa é senhora da aldeia contemporânea, abstraímos fatores que detêm a decomposição: a servidão, a usura, o trabalho na terra senhorial e assim por diante. Na realidade, nem sempre os verdadeiros senhores da aldeia contemporânea são a burguesia camponesa, mas os usurários rurais e os latifundiários vizinhos. Semelhante abstração representa, contudo, um método plenamente legítimo, pois, de outro modo, é impossível estudar a estrutura interna das relações econômicas no campesinato. É interessante notar que também o populista emprega tal método, porém, detém-se no meio do caminho, sem levar suas reflexões até o fim.

Ao falar do jugo dos impostos, o senhor V. V. observa que, para a comunidade, para a "*mir*", em virtude dessas razões, "as condições naturais [*sic*!] de vida não existem mais"[183]. Muito bem. Mas toda a questão reside, justamente, em quais são essas "condições naturais" que já não existem mais para nossas aldeias. Para responder a essa questão, é preciso estudar a estrutura das relações econômicas no interior da comunidade, levantando, se assim se pode dizer, os remanescentes da antiguidade pré-reforma, os quais obscurecem essas "condições naturais" de vida das nossas aldeias. Se o senhor V. V. o tivesse feito, teria visto que essa estrutura das relações da aldeia mostra a plena decomposição do campesinato, que quanto mais plenamente forem suplantados a servidão, a usura, o trabalho na terra senhorial com inventário próprio e assim por diante, mais profundamente se dará a decomposição do campesinato[184]. Mostramos acima, com base nos dados estatísticos dos *zemstvos*, que essa decomposição é um fato consumado, que o campesinato se dividiu completamente em dois grupos opostos.

---

[183] V. V., *Крестьянская община. Итоги земской статистики*, cit., p. 287.

[184] A propósito, ao falar dos *Destinos do capitalismo* do senhor V. V., e precisamente do capítulo VI, do qual a citação foi retirada, não se pode deixar de assinalar que há nele páginas muito boas e perfeitamente corretas. Justamente aquelas páginas nas quais o autor não fala sobre os "destinos do capitalismo" e mesmo sobre o capitalismo, mas sobre os métodos de cobrança de impostos. É característico que, com isso, o senhor V. V. não perceba a ligação indissolúvel entre esses métodos e os remanescentes da economia de corveia, a qual ele (como veremos a seguir) *é capaz de idealizar*!

CAPÍTULO III
A PASSAGEM DA AGRICULTURA BASEADA NA CORVEIA PARA A CAPITALISTA

Da economia camponesa, devemos agora passar à dos latifundiários. Nossa tarefa consiste em examinar, em seus traços fundamentais, a estrutura socio-econômica da economia latifundiária e delinear o caráter da evolução dessa estrutura na época pós-reforma.

1. TRAÇOS FUNDAMENTAIS DA ECONOMIA DE CORVEIA

Como ponto de partida, no exame do sistema contemporâneo da economia latifundiária, é fundamental tomarmos a estrutura dessa economia dominante na época da servidão. A essência do sistema econômico consistia, então, em que toda a terra de uma dada propriedade agrícola, ou seja, de uma dada *vótchina**, era dividida em senhorial e camponesa; esta última era entregue aos camponeses na forma de *nadiel,* os quais (recebendo, além disso, outros meios de produção – por exemplo, bosques, às vezes gado etc.) cultivavam a terra com seu trabalho e seu inventário, obtendo dela seu sustento. O produto desse trabalho representava um produto necessário, segundo a terminologia da economia política; necessário para o camponês, já que lhe dava meios de vida, e necessário para o latifundiário, já que lhe dava mão de obra; exatamente da mesma maneira que o produto que compensa a parte variável do valor do capital é necessário na sociedade capitalista. O mais-trabalho dos camponeses consistia em trabalho na terra do latifundiário por eles mesmos e *com o mesmo* inventário; o produto desse trabalho rendia frutos ao latifundiário. O mais-trabalho, portanto, diferenciava-se espacialmente do trabalho

---

* Em russo, "*вотчина*": na Rússia antiga, propriedade familiar e hereditária da terra. (N. T.)

necessário: para o latifundiário, os camponeses cultivavam a terra senhorial; para si mesmos, seu *nadiel*; para o latifundiário, trabalhavam alguns dias da semana; para si mesmos, nos outros. O *"nadiel"* do camponês servia, dessa maneira, nessa economia, como um salário natural pelo trabalho (para usar os conceitos contemporâneos) ou como um meio de assegurar mão de obra ao latifundiário. O cultivo "próprio" do camponês em seu *nadiel* era uma condição da economia do latifundiário, tinha o objetivo de "assegurar" não meios de vida ao camponês, mas mão de obra ao latifundiário[1].

Chamamos esse sistema econômico de economia de corveia. Evidentemente, sua predominância pressupunha as seguintes condições necessárias: em primeiro lugar, o domínio da economia natural. A fazenda em regime de servidão devia compor um todo autossuficiente, fechado, com uma relação muito frágil com o restante do mundo. A produção de cereais pelos latifundiários para a venda, desenvolvida, sobretudo, nos últimos tempos de existência da servidão, já era um prenúncio da desintegração do antigo regime. Em segundo lugar, para tal economia, é necessário que o produtor direto seja dotado dos meios de produção em geral e da terra em particular; além disso, que esteja fixado na terra, pois, de outro modo, o latifundiário não tem mão de obra garantida. Por conseguinte, os meios de obtenção do mais-produto nas economias de corveia e capitalista são diametralmente opostos: a primeira está baseada na concessão de terra ao produtor, a segunda, na liberação do produtor da terra[2]. Em terceiro lugar, uma condição de tal sistema de economia é a dependência pessoal do camponês em relação ao latifundiário. Se o latifundiário não tivesse poder direto sobre o camponês, não poderia obrigar

---

[1] A. Engelhardt caracteriza essa estrutura econômica com extremo destaque em suas *Письмах из деревни* [Cartas da aldeia] (São Petersburgo, 1885), p. 556-7. Ele aponta, muito justamente, que a servidão era um sistema ordenado e acabado cujo administrador era o latifundiário, que concedia terras aos camponeses e os designava para este ou aquele trabalho.

[2] Contra Henry George, que dizia que a expropriação da massa da população é a grande e universal causa da pobreza e da opressão, Engels escreveu em 1887: "Historicamente, isso não é inteiramente verdade [...]. Na Idade Média, não foi a emancipação (expropriação) do povo da terra, mas, ao contrário, sua incorporação à terra que constituiu a fonte da exploração feudal. O camponês conservava sua terra, mas estava ligado a ela como servo e era obrigado a pagar ao proprietário da terra com trabalho ou produto" (Friedrich Engels, "Preface to the American Edition", em *The Condition of the Working Class in England*, Nova York, 1887, p. iii).

a trabalhar para ele uma pessoa com terras de *nadiel* que conduz sua propriedade. É necessário, portanto, uma "coerção extraeconômica", como diz Marx ao caracterizar esse regime econômico (que ele inclui, como já foi indicado acima, na categoria de *renda em trabalho*)[3]. As formas e os graus dessa coerção podem ser os mais variados, começando pela servidão e terminando na ausência de direitos estamentais do camponês. Finalmente, em quarto lugar, uma condição e uma consequência do sistema de economia descrito acima era a condição técnica extremamente baixa e estagnada, pois a agricultura estava nas mãos dos pequenos camponeses, dominados pela necessidade, coagidos pela dependência pessoal e pela ignorância.

2. UNIÃO DO SISTEMA DE CORVEIA COM O SISTEMA DE ECONOMIA CAPITALISTA

O sistema de economia de corveia foi minado pela abolição da servidão. Foram minadas as principais bases desse sistema: a economia natural, o isolamento e o caráter autossuficiente da *vótchina* latifundiária, a estreita ligação entre os elementos isolados, o poder do latifundiário sobre os camponeses. A propriedade agrícola camponesa era separada da do latifundiário; o camponês teve de comprar sua terra em plena propriedade, o latifundiário teve de passar para o sistema capitalista de economia, apoiado, como ora se nota, em bases diametralmente opostas. Mas semelhante transição para um sistema completamente diferente não poderia, é claro, ocorrer de uma vez só, e isso por duas razões. Em primeiro lugar, ainda não existiam as condições exigidas para a produção capitalista. Exigia-se uma classe de pessoas acostumadas ao trabalho assalariado, exigia-se a substituição do inventário do camponês pelo do latifundiário; exigia-se a organização da agricultura como a de qualquer outro empreendimento comercial-industrial, e não como um negócio senhorial. Todas essas condições somente poderiam se realizar de maneira gradual, e a tentativa de alguns latifundiários, nos primeiros momentos

---

[3] Karl Marx, *O capital*, Livro III: *O processo global da produção capitalista* (trad. Rubens Enderle, São Paulo, Boitempo, 2017), p. 851.

após a reforma, de importar maquinário do estrangeiro, e mesmo de importar trabalhadores estrangeiros, só poderia terminar em um completo fiasco. Outra razão pela qual se mostrava impossível passar de imediato para a organização capitalista era o fato de que o velho sistema de corveia fora minado, mas não extinto definitivamente. A propriedade agrícola dos camponeses não fora totalmente separada da propriedade dos latifundiários, uma vez que nas mãos destes últimos havia ficado uma parte essencial das terras de *nadiel* camponesas: "os recortes de terra"*, os bosques, os prados, os bebedouros, os pastos etc. Sem essas terras (ou servidão administrativa), os camponeses não tinham nenhuma condição de conduzir a propriedade de forma independente, e os latifundiários, dessa maneira, tinham a possibilidade de manter o velho sistema de economia na forma de pagamento em trabalho na terra senhorial. A possibilidade de "coerção extraeconômica" também permanecera: o estado de dependência temporária**, a caução solidária, os castigos corporais, a condenação à prestação de trabalhos públicos etc. Assim, a economia capitalista não poderia surgir de uma vez só, e a corveia não poderia desaparecer de vez. O único sistema de economia possível era, portanto, um sistema de transição, um sistema que unisse os principais traços tanto do sistema de corveia quanto do sistema capitalista. E, de fato, o sistema da economia pós-reforma caracteriza-se justamente por esses traços. Mas apesar da infinita variedade de formas, própria de uma época de transição, a organização econômica da

---

* Em russo, "*отрезные земли*": terras separadas por agrimensura que constituem segmentos ou lotes de terra ("*отрезки*"). Esses segmentos ou lotes de terra foram subtraídos dos camponeses como resultado da reforma de 1861. Poderiam ser formados com base nas terras de *nadiel* utilizadas pelos camponeses latifundiários antes de 19 de fevereiro de 1861, caso a dimensão do *nadiel* excedesse o limite *per capita* estabelecido para uma dada localidade ou se os latifundiários, com a manutenção das terras de *nadiel* camponesas existentes, ficassem com menos de um terço (nas regiões das estepes, metade) de toda a terra da propriedade. Normalmente, os latifundiários ficavam com as partes mais necessárias aos camponeses, os quais, por sua vez, viam-se obrigados a arrendar os segmentos ou lotes em condições análogas à servidão (por exemplo, com pagamento em trabalho). (N. T.)

** Em russo, "временнообязанные крестьяне": antigos camponeses latifundiários que, após a abolição de 1861, ficaram sujeitos, para uso da terra, a certas obrigações (tributo e corveia) para com os latifundiários. A "condição provisória" perdurou até que os camponeses adquirissem, com o consentimento dos latifundiários, suas terras de *nadiel* como propriedade, em troca de um resgate. A transferência para o resgate se tornou obrigatória para os latifundiários apenas por decreto de 1881, que estabeleceu a cessação das "relações obrigatórias" dos camponeses com os latifundiários a partir de 1º de janeiro de 1883. (N. E. R.).

propriedade latifundiária contemporânea se reduz a dois sistemas principais sob as mais distintas combinações, a saber, o sistema *de pagamento em trabalho na terra senhorial*[4] e o *capitalista*. O primeiro consiste no trabalho na terra com inventário dos camponeses dos arredores, e a forma do pagamento não altera a essência desse sistema (seja pagamento em dinheiro, como na contratação por demanda, seja pagamento em produtos, como no caso da meação, seja pagamento em terras ou parcelas agrícolas, como no caso do trabalho na terra senhorial no sentido estrito do termo). Essa é uma experiência direta da economia de corveia[5], e a caracterização econômica desta última acima referida é aplicável quase integralmente ao sistema de pagamento em trabalho na terra senhorial (a única exceção é que, em uma das formas do sistema de pagamento em trabalho na terra senhorial, uma das condições da economia de corveia desaparece: justamente na contratação por demanda, em vez do pagamento natural do trabalho, o pagamento é em dinheiro). O sistema capitalista consiste na contratação de trabalhadores (por ano, por período, por dia e assim por diante) que cultivam a terra com inventário do proprietário. Os sistemas mencionados entrelaçam-se, na realidade, das mais estranhas e variadas maneiras: em um grande número de propriedades latifundiárias, unem-se ambos os sistemas, aplicados às diversas atividades agrícolas[6]. É

---

[4] Substituímos o termo "corveia" por "pagamento em trabalho na terra senhorial", uma vez que este último corresponde melhor às relações pós-reforma e já goza, em nossa literatura, do direito de cidadania.

[5] Eis um exemplo que se distingue com especial destaque: "No sul do distrito de Ielets (província de Oriol)", escreve um correspondente do Departamento de Agricultura, "nas grandes propriedades latifundiárias, além do cultivo realizado por trabalhadores contratados por um ano, uma parte considerável da terra é cultivada por camponeses em troca da terra que lhes é arrendada. Os antigos servos continuam a alugar terras dos antigos latifundiários e, por isso, cultivam as terras deles. Tais aldeias continuam a ser chamadas de 'corveia' de tal ou tal latifundiário" (S. Korolenko, *Вольнонаемный труд в хозяйствах и т. д.* [Trabalho livre assalariado nas propriedades etc.], São Petersburgo, 1892, p. 118). Ou ainda: "Na minha propriedade", escreve outro latifundiário, "todos os trabalhos são realizados pelos meus antigos camponeses (oito aldeias, aproximadamente seiscentos habitantes), pelo qual recebem pastagem para o gado (de 2.000 a 2.500 *dessiatinas*); os trabalhadores temporários apenas preparam a terra e semeiam com máquinas" (ibidem, p. 325; distrito de Kaluga).

[6] "A maioria das propriedades agrícolas é gerida de tal forma que uma parte da terra, embora seja a menor, é cultivada pelos proprietários com seus próprios equipamentos, trabalhadores contratados por ano e outros, enquanto o restante da terra é entregue aos camponeses para cultivo, seja por meação, seja em troca de terra ou de dinheiro" (ibidem, p. 96). "Na maioria das propriedades, quase todos ou

206   O DESENVOLVIMENTO DO CAPITALISMO NA RÚSSIA

perfeitamente natural que a união de sistemas de economia tão heterogêneos e até opostos leve, na vida real, a toda uma série de contradições e conflitos dos mais profundos e complexos, que sob a pressão dessas contradições toda uma série de patrões conheça a ruína etc. Todos esses fenômenos são característicos de qualquer época de transição.

Se nos perguntarmos sobre a prevalência relativa de ambos os sistemas, é preciso dizer, antes de mais nada, que não existem dados estatísticos exatos sobre essa questão, e muito dificilmente poderiam ser reunidos: para isso, seria necessário calcular não apenas todas as propriedades, mas ainda todas as operações econômicas de todas as propriedades. Há apenas dados aproximados, na forma de uma caracterização geral de localidades isoladas, de acordo com a predominância de um ou outro sistema. De maneira resumida em relação a toda a Rússia, tal gênero de dados é oferecido pela edição do Departamento de Agricultura já citado: *Trabalho livre assalariado nas propriedades etc.* O senhor Anniénski compôs, com base nesses dados, um cartograma muito ilustrativo que mostra a prevalência de ambos os sistemas[7]. Comparamos esses dados em forma de tabela, acrescentando informações sobre as dimensões da lavoura em terras privadas de 1883 a 1887 (segundo as *Estatísticas do Império Russo IV*)[8].

---

muitos dos métodos de contratação são praticados ao mesmo tempo" (isto é, métodos de "obtenção de mão de obra") (*Сельское и лесное хозяйство России* [Agricultura e silvicultura da Rússia], editora do Departamento de Agricultura para exposição em Chicago, São Petersburgo, 1893, p. 79).

[7]   Anniénski, *Влияние урожаев и т. д.* [A influência das colheitas etc.], v. I (São Petersburgo, 1897), p. 170.

[8]   *Статистике Российской империи* [Estatísticas do Império Russo], v. IV, *Средний урожай в Евр. России в пятилетие 1883-1887* [Estatísticas das colheitas na Rússia Europeia no quinquênio de 1883-1887] (São Petersburgo, 1888). Das cinquenta províncias da Rússia Europeia, foram excluídas Arkhangelsk, Vólogda, Olonets, Viatka, Perm, Orenburg e Astracã, nas quais, em 1883-1887, havia apenas 562 mil *dessiatinas* de lavouras em terras privadas de um total de 16.472 *dessiatinas* desse tipo de cultura na Rússia Europeia. O Grupo I incluiu as seguintes províncias: três bálticas, quatro ocidentais (Kovno, Vilno, Grodno, Minsk), três do Sudoeste (Kiev, Volínia, Podólia), cinco do Sul (Kherson, Táurida, Bessarábia, Ekaterinoslav, Don), uma do Sudeste (Sarátov), além de São Petersburgo, Moscou e Iaroslav. No Grupo II: Vitebsk, Mogilev, Smolensk, Kaluga, Vorónej, Poltava e Kharkov. No Grupo III incluíram-se as outras províncias. Para maior precisão, seria necessário subtrair do total de lavouras privadas as lavouras dos arrendatários, mas não há dados desse tipo. Notemos que tal correção dificilmente modificaria nossa conclusão sobre a predominância do sistema capitalista, uma vez que na faixa das Terras Negras arrenda-se uma grande fração das terras aráveis privadas e, nas províncias dessa faixa, predomina o sistema de pagamento em trabalho na terra senhorial.

Grupos de províncias segundo o sistema de economia predominante entre os proprietários rurais	Número de províncias			Área cultivada de cereais e batatas em terras privadas (em milhares de *dessiatinas*)
	Nas Terras Negras	Fora das Terras Negras	Total	
I. Províncias com predominância do sistema *capitalista*	9	10	19	7.407
II. Províncias com predominância do sistema *misto*	3	4	7	2.222
III. Províncias com predominância do sistema *de pagamento em trabalho na terra senhorial*	12	5	17	6.281
Total	24	19	43	15.910

Assim, se nas províncias puramente russas se destaca o pagamento em trabalho na terra senhorial, na Rússia Europeia, em geral, o sistema capitalista de economia latifundiária deve ser reconhecido, no presente, como predominante. Além disso, nossa tabela está longe de expressar inteiramente essa predominância, pois, no grupo I, há províncias em que o pagamento em trabalho não é em absoluto praticado (nas províncias bálticas, por exemplo), enquanto no grupo III não há, provavelmente, nem uma única província, ou mesmo uma única propriedade agrícola, que não empregue, ao menos em parte, o sistema capitalista. Eis uma ilustração com dados estatísticos dos *zemstvos*[9]:

Distritos da província de Kursk	% de propriedades que empregam trabalhadores por contratação livre		% de propriedades que mantêm assalariados rurais	
	Médias	Grandes	Médias	Grandes
Dmítrov	53,3	84,3	68,5	85,0
Fatiej	77,1	88,2	86,0	94,1
Lgov	58,7	78,8	73,1	96,9
Sudjá	53,0	81,1	66,9	90,5

Finalmente, é fundamental notar que, às vezes, o sistema de pagamento em trabalho na terra senhorial se converte em capitalista e se funde a tal ponto

---

[9] V. Raspopin, "Частновладельческое хозяйство в России по земским статистическим данным" [Propriedades agrícolas privadas na Rússia, segundo os dados estatísticos dos *zemstvos*], *Iuridítcheski Viéstnik*, n. 12, 1887, p. 634.

208 O DESENVOLVIMENTO DO CAPITALISMO NA RÚSSIA

com ele que é quase impossível separá-los e diferenciá-los. Por exemplo, um camponês aluga um pedaço de terra comprometendo-se a cultivá-lo em um número determinado de dias (o fenômeno, como se sabe, é o mais difundido; ver exemplos no parágrafo a seguir). Como estabelecer a diferença entre esse "camponês" e o "assalariado rural" da Europa ocidental ou da Ostsee, que recebe um pedaço de terra e é obrigado a trabalhar nela um determinado número de dias? A vida cria formas que unem, em graus notáveis, sistemas de economia que são opostos em seus traços fundamentais. É impossível dizer onde começa o "pagamento em trabalho na terra senhorial" e onde começa o "capitalismo".

Tendo, dessa maneira, estabelecido o fato fundamental de que toda a diversidade de formas da economia latifundiária reduz-se a dois sistemas, o de pagamento em trabalho na terra senhorial com inventário próprio e o capitalista, em distintas combinações, passaremos, doravante, à caracterização econômica de ambos os sistemas e veremos qual desses sistemas substitui o outro, por influência de todo o percurso da evolução econômica.

3. CARACTERIZAÇÃO DO SISTEMA DE PAGAMENTO EM TRABALHO

Os tipos de pagamento em trabalho são, como apontamos acima, extremamente diversos. Às vezes, o camponês é pago em dinheiro para cultivar com inventário próprio a terra do proprietário – os assim chamados "trabalho por *dessiatina*", "pagamento por *dessiatina*"[10], cultura por "ciclos"[11] (ou seja, uma *dessiatina* na primavera e uma *dessiatina* no inverno) etc. Às vezes, os camponeses fazem um empréstimo em trigo ou dinheiro, comprometendo-se a pagar toda a dívida ou os juros sobre a dívida com trabalho na terra senhorial[12]. Nessa forma, destaca-se de maneira muito clara o traço característico

---

[10] *Сборники стат. свед. по Рязанской гу* [Coletânea de informações estatísticas da província de Riazan].

[11] A. Engelhardt, *Письмах из деревни*, cit.

[12] *Сборник стат. свед. по Московской губ.* [Coletânea de informações estatísticas da província de Moscou], v. V, fasc. I (Moscou, 1879), p. 186-9. Citamos as fontes apenas como exemplo. Toda a literatura sobre a propriedade agrícola camponesa e a privada contém uma massa de informações como essa.

do sistema de pagamento em trabalho em geral e, em particular, o caráter de servidão e de usura desse tipo de contrato de trabalho. Às vezes, os camponeses trabalham "pelos danos" (ou seja, comprometem-se a pagar com trabalho na terra senhorial a multa prevista por lei para cobrir os danos causados pela intrusão de gado) ou trabalham simplesmente "pela honra"[13] – ou seja, trabalham gratuitamente, apenas em troca de bebida e alimento, para não perder outras "rendas" pagas pelo proprietário. Finalmente, muito difundido, o pagamento em trabalho em troca de terra, seja na forma de arrendamento camponês, seja na forma de trabalho direto na terra alugada pelo camponês, nas terras cultiváveis e assim por diante.

Com muita frequência, ademais, o pagamento pela terra arrendada adquire as mais variadas formas, as quais, às vezes, até se fundem, de modo que, além do pagamento em dinheiro, há pagamento em produtos e "pagamento em trabalho com inventário próprio". Eis alguns exemplos: por cada *dessiatina*, paga-se com o trabalho de 1,5 *dessiatina* + 10 ovos + 1 galinha + 1 dia de trabalho da mulher; por 43 *dessiatinas* de cultura de primavera, 12 rublos; e por 51 *dessiatinas* de cultivo de inverno, 16 rublos em dinheiro + bater certa quantidade de aveia, 7 pilhas de trigo-sarraceno e 20 pilhas de centeio + adubar a terra arrendada com o esterco dos gados de *sua própria* quinta, não menos que 5 *dessiatinas* por 300 carroças por *dessiatina*[14]. Aqui, até o esterco do camponês torna-se parte integrante da propriedade agrícola do senhor! A difusão e a variedade de trabalho na terra senhorial são demonstradas pela abundância de termos: pagamento em trabalho, *otbutch, otbutki*, corveia, trabalho para o senhor pelo arrendamento da terra, *possobka, panyschina, póstupok*, escavação e assim por diante[15]. Às vezes, o camponês compromete-se a trabalhar conforme "ordenar o patrão"[16], comprometendo-se, em geral, a "ouvi-lo", "obedecê-lo", "auxiliá-lo". O pagamento em trabalho "abarca todo o ciclo do trabalho cotidiano rural. Por meio do pagamento em trabalho,

---

[13] Ver A. Engelhardt, *Письмах из деревни*, cit., p. 56.

[14] Kárychev, *Крестьянские вненадельные аренды* [Os arrendamentos de terras camponesas que não são de *nadiel*] (Dorpt, 1892), p. 348.

[15] Ibidem, p. 342.

[16] Ibidem, p. 346.

210 O DESENVOLVIMENTO DO CAPITALISMO NA RÚSSIA

realizam-se todas as operações agrícolas: cultivo do campo, colheita do trigo e do feno, estocagem de lenha, preparação dos campos e transporte de carga"[17], conserto de telhados e canos[18] e até fornecimento de galinhas e ovos[19]. Um pesquisador do distrito de Gdov, província de São Petersburgo, diz, com razão, que há pagamentos com trabalho na terra senhorial que remetem "ao caráter de corveia anterior à reforma"[20].

É sobretudo interessante a forma de pagamento em trabalho em troca de terra, os assim chamados arrendamentos de pagamento em trabalho e naturais[21]. No capítulo anterior, vimos como, no arrendamento camponês, manifestam-se as relações capitalistas; aqui, veremos o "arrendamento" como simples sobrevivência da economia de corveia[22], a qual, às vezes, passa imperceptivelmente para o sistema capitalista, por assegurar trabalhadores rurais para a propriedade por meio da cessão de pedaços de terra de *nadiel*. Os dados estatísticos dos *zemstvos* estabelecem, indiscutivelmente, a ligação desses "arrendamentos" com as próprias propriedades agrícolas dos arrendadores de terra. "Com o desenvolvimento das terras próprias de plantio nas propriedades privadas dos senhores, surge uma demanda para *garantir trabalhadores para si mesmos no momento necessário*. Daí desenvolve-se em muitas localidades a tendência de distribuir terra aos camponeses em troca de pagamento em trabalho ou de produto e trabalho." Esse sistema de economia

---

[17] Ibidem, p. 346-7.

[18] Ibidem, p. 354 e 348.

[19] Idem.

[20] Ibidem, p. 349. É notável que toda a gigantesca variedade de formas de pagamento em trabalho na Rússia, toda a variedade de formas de arrendamento, com todas as suas sobretaxas etc., resumem-se inteiramente às formas fundamentais da ordem pré-capitalista na agricultura que Marx analisou no capítulo 47 do Livro III de *O capital*. No capítulo anterior, já assinalamos que essas formas fundamentais são três: 1) a renda do pagamento em trabalho; 2) a renda em produtos ou renda em espécie; e 3) a renda em dinheiro. É natural, portanto, que Marx quisesse tomar precisamente os dados russos para ilustrar a seção acerca da renda da terra.

[21] De acordo com os "resultados das estatísticas do *zemstvo*" (v. II), os camponeses pagam em dinheiro 76% de todas as terras arrendadas por eles; na forma de pagamento em trabalho, 3% a 7%; uma parte em produto, 13% a 17%; e, finalmente, com pagamento misto, 2% a 3% das terras.

[22] Ver exemplos na nota 5 da p. 205. Na economia de corveia, o latifundiário dava a terra ao camponês para que o camponês trabalhasse para ele. Na locação da terra em troca de pagamento em trabalho na terra senhorial, evidentemente, o aspecto econômico permanece o mesmo.

"é muito difundido. Quanto mais os arrendadores exploram sua propriedade, quanto menor a oferta de arrendamentos e maior a demanda por eles, mais amplamente se desenvolve esse tipo de contrato"[23]. Assim, vemos aqui um arrendamento de tipo absolutamente especial, que expressa não a renúncia do proprietário a sua própria propriedade, mas *o desenvolvimento das terras de plantio privadas*, que representa não o fortalecimento da propriedade agrícola camponesa mediante sua ampliação, mas *a transformação do camponês em trabalhador rural*. No capítulo anterior, vimos que, na propriedade agrícola camponesa, o arrendamento tem um sentido oposto, sendo, para alguns, uma ampliação vantajosa da propriedade e, para outros, uma barganha feita por necessidade. Estamos vendo agora que, na propriedade latifundiária, o aluguel da terra tem um sentido oposto: às vezes, é a transmissão da propriedade a outro indivíduo em troca de uma renda; às vezes, é um meio de administrar a propriedade, um meio de garantir força de trabalho.

Passemos à questão da remuneração pela atividade laboral nas condições do pagamento em trabalho na terra senhorial. Dados de diferentes fontes testemunham, por unanimidade, que a remuneração pela atividade laboral nas condições de contratação por pagamento em trabalho ou servil é sempre *mais baixa* que pela "livre" contratação capitalista. Em primeiro lugar, isso prova que o arrendamento natural, ou seja, com pagamento em trabalho ou por meação (que expressam, como vimos, somente a contratação por pagamento em trabalho ou servil), como regra, é em toda parte *mais caro* que o pagamento em dinheiro e, ademais, significativamente mais caro[24], às vezes o dobro[25]. Em segundo lugar, o arrendamento natural está mais vigorosamente desenvolvido nos grupos mais pobres de camponeses[26]. Trata-se de um arrendamento por necessidade, um "arrendamento" do camponês que, dessa maneira, já não tem forças para resistir à sua transformação em trabalhador agrícola assalariado. Os camponeses em melhores condições tentam

---

[23] Kárychev, *Крестьянские вненадельные аренды*, cit., p. 266, bem como p. 367.

[24] Ibidem, p. 350.

[25] Ibidem, p. 356, distrito de Rjev, província de Tver.

[26] Ibidem, p. 261 e seg.

alugar a terra em troca de dinheiro. "O locatário aproveita até a mais ínfima possibilidade de pagar o arrendamento em dinheiro para, com isso, baratear o valor de uso da terra alheia"[27] – e não apenas para baratear o valor do arrendamento, acrescentamos nós, mas também para livrar-se de contratações em condições de servidão. No distrito de Rostov do Don, constatou-se um fato notável: a passagem do arrendamento em dinheiro para a meação à medida que o preço do arrendamento aumentava, *não obstante a diminuição da fração do camponês na meação*[28]. O significado dos arrendamentos naturais, que arruinaram definitivamente o camponês e o transformaram em assalariado rural, é assim ilustrado de maneira absolutamente evidente[29]. Em terceiro lugar, a comparação direta entre o valor pago pela atividade laboral

---

[27] Ibidem, p. 265.

[28] Ibidem, p. 266.

[29] Um resumo dos dados mais recentes sobre os arrendamentos (G. Kárychev no livro *Влияние урожаев и пр.* [A influência das colheitas etc.], v. I) confirmou plenamente que só a necessidade obriga os camponeses a pegar a terra por meação ou pagamento em trabalho, enquanto os camponeses em melhores condições preferem alugar em troca de dinheiro (ibidem, p. 317-20), uma vez que os arrendamentos *in natura* são incomparavelmente mais caros para o camponês, em toda parte, do que os arrendamentos em dinheiro (ibidem, p. 342-6). Mas todos esses fatos não impediram o senhor Kárychev de representar o negócio assim: "um camponês desfavorecido [...] tem a possibilidade de melhor satisfazer às suas necessidades de alimentação aumentando um pouco sua lavoura na terra de meação" (ibidem, p. 321). Eis a que pensamentos selvagens a simpatia tendenciosa pela "economia natural" é capaz de levar as pessoas! Está provado que os arrendamentos *in natura* são mais caros que os arrendamentos pagos em dinheiro, que representam uma espécie de *truck-system* na agricultura, que arruínam definitivamente o camponês e o transformam em trabalhador assalariado – e o nosso economista fala de melhorar a alimentação! Os arrendamentos de meação, vejam bem, "devem ajudar" a "parte necessitada da população rural a obter" terra de arrendamento (ibidem, p. 320). O que o senhor Economista chama de "ajuda" é a obtenção de terra em piores condições, na condição de se transformar em assalariado rural! É de se perguntar onde está a diferença entre os populistas russos e os agrários russos, que sempre estiveram prontos e sempre estão dispostos a prestar tamanha "ajuda" à "parte necessitada da população rural". A propósito, eis um exemplo interessante. No distrito de Khotin, província de Bessarábia, o salário médio diário de um meeiro é 60 copeques, e o do diarista no verão, 35 a 50 copeques. "Verifica-se que *o pagamento do meeiro é, afinal de contas, superior ao pagamento do assalariado rural*" (ibidem, p. 344; grifo do senhor Kárychev). Esse "afinal de contas" é muito característico. Ora, o meeiro, ao contrário do assalariado rural, não tem despesas com a propriedade? Não deve ter um cavalo e arreios? Por que esses custos não são contabilizados? Se o salário médio diário no verão na província da Bessarábia é de 40 a 77 copeques (1883-1887 e 1888--1892), o salário médio de um trabalhador com cavalo e arreio é de 124 a 180 copeques (1883-1887 e 1888-1892). Antes, o que "se verifica" é que o assalariado rural, "afinal de contas", recebe mais que um meeiro? O pagamento diário médio para um trabalhador sem cavalo (média para um ano inteiro) era 67 copeques na província da Bessarábia de 1882 a 1891 (ibidem, p. 178).

na contratação com pagamento em trabalho e aquele na contratação capitalista "livre" mostra que este último é mais elevado. Na publicação citada do Departamento de Agricultura: *O trabalho livre assalariado nas propriedades etc.*, calcula-se que, para o pagamento médio pelo cultivo completo de uma *dessiatina* de trigo no inverno, com inventário do camponês, é preciso considerar 6 rublos (dados da zona central das Terras Negras no período de oito anos, 1883-1891). Se, porém, calculamos o valor desse trabalho na contratação livre, obtemos 6 rublos e 19 copeques apenas para a atividade laboral a pé, sem contar o trabalho do cavalo (é impossível chegar a menos de 4 rublos e 50 copeques pelo trabalho do cavalo[30]. O autor considera tal fenômeno "absolutamente anormal")[31]. Notemos apenas que o pagamento maior pela atividade laboral na contratação puramente capitalista, em comparação com qualquer forma de servidão e outras relações pré-capitalistas, é um fato estabelecido não apenas para a agricultura, mas para a indústria, e não apenas na Rússia, mas em outros países. Eis dados das estatísticas dos *zemstvos* mais exatos e mais detalhados sobre essa questão[32]:

Distrito de Sarátov

Tipos de trabalho	Valor médio (em rublos) de cultivo de uma *dessiatina*				
	Cultivo de inverno, com pagamento *adiantado* de 80% a 100% do salário	Em regime de trabalho na terra senhorial por arrendamento de terra arável		Em regime de contratação livre, segundo declaração	
		Segundo condições escritas	Segundo depoimento do locatário	Dos contratadores	Dos contratados
Cultivo completo e colheita com transporte e debulha	9,6	—	9,4	20,5	17,5
Idem, sem debulha (de primavera)	6,6	—	6,4	15,3	13,5

[30] S. Korolenko, *Вольнонаемный труд в хозяйствах и т. д*, cit., p. 45.

[31] Idem.

[32] *Сборник стат. свед. по Саратовскому уезду* [Coletânea de informações estatísticas do distrito de Sarátov], v. 1, seção III, p. 18-9. Citado de acordo com o senhor Kárychev, *Крестьянские вненадельные аренды*, cit., p. 353.

214   O DESENVOLVIMENTO DO CAPITALISMO NA RÚSSIA

Tipos de trabalho	Valor médio (em rublos) de cultivo de uma *dessiatina*				
	Cultivo de inverno, com pagamento *adiantado* de 80% a 100% do salário	Em regime de trabalho na terra senhorial por arrendamento de terra arável		Em regime de contratação livre, segundo declaração	
		Segundo condições escritas	Segundo depoimento do locatário	Dos contratadores	Dos contratados
Idem, sem debulha (de inverno)	7,0	—	7,5	15,2	14,3
Cultivo	2,8	2,8	—	4,3	3,7
Colheita (colheita e carroça)	3,6	3,7	3,8	10,1	8,5
Colheita (sem transporte)	3,2	2,6	3,3	8,0	8,1
Ceifa (sem transporte)	2,1	2,0	1,8	3,5	4,0

Assim, no pagamento em trabalho (tanto faz se é contratação servil associada a usura), o preço do trabalho é, em geral, mais de duas vezes menor que aquele da contratação capitalista[33]. Uma vez que só o camponês local, necessariamente "provido de *nadiel*", pode pagar com trabalho na terra senhorial, essa enorme redução do pagamento indica claramente o significado do *nadiel* como salário natural. O *nadiel*, em casos semelhantes, continua, ainda no presente, a servir como forma de "assegurar" mão de obra barata ao proprietário da terra. Mas a diferença entre o trabalho livre e o "semilivre"[34] está longe de se esgotar na diferença de formas de pagamento. É também de grande importância o fato de que o último tipo de trabalho pressupõe sempre a dependência pessoal do contratado em relação ao contratante, pressupõe sempre uma maior ou menor subsistência da "coerção extraeconômica". Engelhardt diz muito acertadamente que a distribuição de dinheiro para ser

---

[33] Como, depois disso, não chamar de reacionária a crítica do capitalismo feita, por exemplo, por um populista como o príncipe Vassíltchikov. Na própria expressão "livre assalariado" – exclama ele pateticamente – está contida a contradição, pois a contratação pressupõe a falta de independência, e a falta de independência exclui a "liberdade". O fato de que o capitalismo coloca a independência livre no lugar da independência servil é, naturalmente, esquecido pelo latifundiário populista.

[34] Expressão do senhor Kárychev, *Влияние урожаев и пр*, cit. Por pouco, o senhor Kárychev não chegou à conclusão de que os arrendamentos em meação "ajudam" a sobrevivência do trabalho "semilivre".

pago em troca de trabalho na terra senhorial explica-se pela maior garantia de pagamento de tais dívidas: receber de um camponês por meio de uma nota promissória é difícil, "já o trabalho, que o camponês se comprometeu a realizar, as autoridades o *obrigarão* a executar, ainda que sua colheita de trigo fique sem ser colhida"[35]. "Só muitos anos de escravidão, de trabalho servil para o senhor, poderiam formar um sangue tão frio" (apenas aparentemente), fazendo o agricultor deixar seu trigo na chuva para transportar as gavelas alheias[36]. Sem uma ou outra forma de fixação da população no local de residência, na "comunidade", sem uma determinada desigualdade civil, o pagamento em trabalho na terra senhorial, como sistema, seria impossível. É evidente que uma consequência inevitável das características do sistema de pagamento em trabalho descritas acima é a baixa produtividade do trabalho: os métodos da economia baseada no pagamento em trabalho são apenas os mais rotineiros; o trabalho do camponês subjugado não pode deixar de se aproximar, por sua qualidade, do trabalho do servo.

A união do sistema de pagamento em trabalho com o sistema capitalista faz com que a estrutura contemporânea da economia latifundiária seja muito semelhante à organização econômica que dominou nossa indústria têxtil antes do surgimento da grande indústria mecanizada. Ali, o comerciante realizava parte da operação com equipamentos próprios e trabalhadores contratados (entrelaçamento de fios, tingimento e acabamento dos tecidos e assim por diante) e parte com o equipamento dos camponeses-artesãos, que trabalhavam para ele usando seu próprio material; aqui, parte da operação é realizada por trabalhadores contratados que utilizam inventário do proprietário e parte com trabalho e inventário dos camponeses que trabalham em terras alheias. Ali, ao capital industrial juntou-se o mercantil e sobre o artesão pesavam, além do capital, a servidão, a intermediação das oficinas, o *truck-system*, entre outros; aqui, exatamente da mesma maneira, ao capital industrial juntam-se os capitais mercantil e usurário, com todas as formas de redução de pagamento e intensificação da dependência pessoal do produtor.

---

[35] A. Engelhardt, *Письмах из деревни*, cit., p. 216.

[36] Ibidem, p. 429.

216 O DESENVOLVIMENTO DO CAPITALISMO NA RÚSSIA

Ali, o sistema de transição se manteve por séculos: baseado em técnicas manuais primitivas, foi destruído em cerca de três décadas pela grande indústria mecanizada; aqui, o pagamento com trabalho na terra senhorial mantém-se no mínimo desde as origens da *Rus* (os proprietários de terra já subjugavam o *smierd** desde o tempo do *Rússkaia Pravda***), perpetuando a técnica usual, e começam rapidamente a ceder lugar ao capitalismo somente no período pós-reforma. E tanto aqui quanto lá, o velho sistema significa apenas a estagnação das formas de produção (e, consequentemente, também de todas as relações sociais) e o domínio do asiatismo. E tanto aqui quanto lá, as formas capitalistas da economia são um grande progresso, apesar de todas as contradições que lhes são características.

4. A QUEDA DO SISTEMA DE PAGAMENTO EM TRABALHO

Pergunta-se, agora, qual é a relação do sistema de pagamento em trabalho na terra senhorial e a economia pós-reforma na Rússia?

Antes de mais nada, o crescimento da economia mercantil não tolera o sistema de pagamento em trabalho, uma vez que esse sistema é baseado na economia natural, no estancamento da técnica, no laço indissolúvel entre o latifundiário e o camponês. Por isso, esse sistema é absolutamente irrealizável em sua forma acabada, e cada passo do desenvolvimento da economia mercantil e da agricultura mercantil mina as condições de sua exequibilidade.

Em seguida, deve-se prestar atenção à seguinte circunstância. Do acima exposto, depreende-se que o trabalho na terra senhorial sob a economia latifundiária contemporânea deveria ser dividido em dois tipos: 1) o pagamento em trabalho na terra senhorial que pode ser realizado apenas pelo

---

* Em russo, "*смердъ*": categoria da população registrada pelo *Rússkaia Pravda* como um camponês agricultor da *Rus* nos séculos IX a XIV. A princípio, eram livres, mas à medida que os sistemas locais se desenvolveram, foram sendo gradualmente escravizados, uma vez que o *smierd* dependia diretamente do príncipe (*князь/kniaz*). (N. T.)

** Em russo, *Русская правда*, que pode ser traduzido tanto como "A verdade russa" quanto como "A justiça russa", era o corpo de leis da *Rus* kievana e dos principados posteriores da *Rus* durante a divisão feudal. (N. T.)

camponês-proprietário com gado de trabalho e inventário (por exemplo, o cultivo "cíclico" de uma *dessiatina*, a lavoura e assim por diante); e 2) o pagamento em trabalho na terra senhorial que pode ser executado pelo proletário rural sem nenhum inventário (por exemplo, ceifar, segar, debulhar etc.). É evidente que, para a propriedade agrícola camponesa, assim como para a latifundiária, os pagamentos em trabalho do primeiro e do segundo tipos têm significados opostos e este último consiste em uma transição direta para o capitalismo, fundindo-se a ele por uma série de transições absolutamente sutis. Comumente, em nossa literatura, fala-se de pagamento em trabalho em geral, sem fazer essa distinção. Entretanto, no processo de substituição do pagamento em trabalho pelo capitalismo, a transferência do centro de gravidade do trabalho do primeiro tipo para o trabalho do segundo tipo tem um enorme significado. Eis um exemplo da *Coletânea de informações estatísticas da província de Moscou*: "Num *maior* número de propriedades [...] o cultivo dos campos e das lavouras, ou seja, o trabalho de cuja execução cuidadosa depende a colheita, é realizado pelos trabalhadores regulares, enquanto a colheita de cereais, na qual o mais importante é a pontualidade e a rapidez da execução, é entregue aos camponeses das redondezas em troca de dinheiro ou de terras aráveis"[37]. Nessas propriedades, a maior parte da mão de obra é obtida por meio de pagamento em trabalho, mas o sistema capitalista, sem dúvida, predomina, e o "camponês das redondezas" transforma-se essencialmente em trabalhador rural – como os "diaristas contratados" na Alemanha, que também possuem terras e também são contratados em determinado período do ano[38]. O enorme decréscimo do número de cavalos em posse dos camponeses e o aumento do número de quintas sem cavalos, por influência das más colheitas dos anos 1890[39], não pode deixar de resultar

---

[37] *Сборника стат. свед. по Московской губернии* [Coletânea de informações estatísticas da província de Moscou], v. V, fasc. II, p. 140.

[38] Ver nota 168, p. 191, cap. 2.

[39] O recenseamento dos cavalos de 1893-1894 em 48 províncias encontrou uma queda de 9,6% no número desses animais entre todos os donos de cavalos e uma queda de 28.321 pessoas no número de donos de cavalos. Nas províncias de Tambov, Vorónej, Kursk, Riazan, Oriol, Tula e Níjni Nóvgorod, a queda no número de cavalos de 1888 a 1893 foi de 21,2%. Em outras sete províncias das Terras Negras, a queda foi de 17% entre 1891 e 1893. Em 38 províncias da Rússia Europeia, em 1888-1891

218 O DESENVOLVIMENTO DO CAPITALISMO NA RÚSSIA

na aceleração desse processo de substituição do sistema de pagamento em trabalho na terra senhorial pelo sistema capitalista[40].

Finalmente, como razão principal da decadência do sistema de pagamento em trabalho, é preciso assinalar a decomposição do campesinato. Os laços do pagamento em trabalho (de *primeiro* tipo) justamente com o grupo médio do campesinato são claros e aprioristicos – como já apontamos anteriormente – e podem ser provados pelos dados dos *zemstvos*. Por exemplo, na coletânea do distrito de Zadonsk, província de Vorónej, estão disponíveis informações sobre o número de propriedades que tomam trabalhadores por demanda nos distintos grupos do campesinato. Eis os dados em relações proporcionais:

Grupos de agregados familiares	% de propriedades que contratam trabalho por demanda em relação ao total de propriedades por grupo	% em relação a	
		Total de quintas	Quintas que contratam trabalho por demanda
Sem cavalos	9,9	24,5	10,5
Com 1 cavalo	27,4	40,5	47,6
Com 2 a 3 cavalos	29,0	31,8	39,6
Com mais de 4 cavalos	16,5	3,2	2,3
Por distrito	23,3	100	100

Daqui se pode notar de maneira clara que a participação em trabalhos por demanda enfraquece em ambos os grupos extremos. A maior fração das quintas com trabalhos por demanda concentra-se no grupo médio do campesinato. Uma vez que, não raro, os trabalhos por demanda são referidos nas coletâneas

havia 7.922.260 quintas camponesas, das quais 5.736.436 com cavalos; em 1893-1894 havia, nessas províncias, 8.288.987 quintas, das quais 5.647.233 com cavalos. Ou seja, o número de quintas com cavalos diminuiu 89 mil e o número de quintas sem cavalos aumentou 456 mil. A porcentagem de pessoas sem cavalos subiu de 27,6% para 31,9% (*Статистике Российской империи* [Estatísticas do Império Russo], XXXVII, São Petersburgo, 1896). Mostramos acima que, nas 48 províncias da Rússia Europeia, o número de quintas sem cavalos aumentou de 2,8 milhões em 1888-1891 para 3,2 milhões em 1896-1900, ou seja, de 27,3% para 29,2%. Nas quatro províncias do Sul (Bessarábia, Ekaterinoslav, Táurida, Kherson), o número de pátios sem cavalos aumentou de 305,8 mil em 1896 para 341,6 mil em 1904, ou seja, de 34,7% para 36,4%. [Nota da 2ª edição.]

[40] Ver também S. Korolenko, Вольнонаемный труд в хозяйствахи т. д., cit., p. 46-7, em que, com base nos censos de cavalos de 1882 e 1888, cita exemplos de como a diminuição do número de cavalos dos camponeses coincide com o aumento do número de cavalos dos proprietários privados.

das estatísticas dos *zemstvos* como "salários" em geral, vemos aqui, por consequência, um exemplo dos típicos "salários" do campesinato médio – exatamente como tomamos conhecimento no capítulo anterior dos "salários" típicos dos grupos inferiores e superiores do campesinato. Os tipos de "salário" ali examinados representam o desenvolvimento do capitalismo (empreendimentos comerciais-industriais e venda de força de trabalho), já o presente tipo de "salário" representa o atraso do capitalismo e a predominância do pagamento em trabalho (se supomos que, na soma total dos "trabalhos por demanda", predominam os trabalhos que atribuímos ao pagamento em trabalho do primeiro tipo).

Quanto maior a queda da economia natural e do campesinato médio, maior a força com que o pagamento em trabalho é substituído pelo capitalismo. O campesinato abastado, naturalmente, não pode servir de base para o sistema de pagamento em trabalho, já que apenas a extrema necessidade obriga o camponês a aceitar os trabalhos mais mal pagos e prejudiciais à sua propriedade. Mas, do mesmo modo, o proletário rural também não é adequado ao sistema de pagamento em trabalho, ainda que por outra razão: por não possuir nenhuma propriedade ou por possuir um pedaço de terra insignificante, o proletário rural não está tão ligado a ela como o camponês "médio" e, consequentemente, é-lhe muito mais fácil partir para outra parte e se empregar em condições "livres", ou seja, com um pagamento mais alto e sem nenhum tipo de servidão. Daí o descontentamento geral de nossos agrários com a partida dos camponeses para as cidades e "o salário de terceiros" em geral, daí suas reclamações de que os camponeses "têm pouco apego"[41]. O desenvolvimento do trabalho assalariado puramente capitalista mina pela raiz o sistema de pagamento em trabalho na terra senhorial[42].

---

[41] Ver nota 54, p. 224.

[42] Eis um exemplo de especial relevo. As estatísticas do *zemstvo* explicam a prevalência comparativa de arrendamentos em dinheiro e *in natura* em várias localidades do distrito de Bakhmut, na província de Ekaterinoslav, da seguinte forma: "As localidades de maior distribuição de arrendamentos em dinheiro situam-se na área da indústria do carvão e do sal, já as localidades de menor distribuição situam-se na área das estepes e na área puramente agrícola. Os camponeses trabalham, em geral, de má vontade em terras alheias e, em particular, em tarefas embaraçosas e mal pagas em "grandes fazendas" privadas. O trabalho nas minas e, em geral, em depósitos e fábricas metalúrgicas é duro e prejudicial à saúde, mas, em termos gerais, é mais bem pago e atrai o trabalhador com a perspectiva de recebimento mensal ou semanal em dinheiro, o que ele comumente não vê quando trabalha na

É muito importante notar que esse laço indissolúvel entre a decomposição do campesinato e a substituição do pagamento em trabalho pelo capitalismo – laço bastante evidente na teoria – já fora apontado há muito tempo por autores especializados, que tinham estudado os diversos modos de administração nas propriedades latifundiárias. Em seu prefácio à coletânea de artigos sobre a agricultura russa, escritos entre 1857 e 1882, o professor Stebut afirma:

> Em nossa propriedade camponesa comunal, está ocorrendo *um confronto entre os patrões industriais rurais e os trabalhadores agrícolas*. Os primeiros, ao se tornarem lavradores em larga escala, começam a manter assalariados rurais e deixam de tomar trabalho por demanda, a não ser no caso de extrema necessidade de juntar mais terra à lavoura ou de utilizar lotes para pastagem do gado, o que não se pode conseguir, na maioria das vezes, senão pelo trabalho por demanda; os segundos, porém, não podem aceitar nenhum trabalho por demanda em razão da carência de cavalos. *Daí a evidente necessidade de se passar urgentemente para a economia baseada na contratação de assalariados rurais*, visto que os camponeses que ainda aceitam trabalhos por demanda e por *dessiatina*, em razão do estado de debilidade de seus cavalos e da grande quantidade de trabalhos que se comprometem a fazer, revelam-se maus cumpridores do trabalho, tanto em relação à qualidade quanto à pontualidade da execução.[43]

Indícios de que a ruína do campesinato conduz à substituição do pagamento em trabalho nas terras senhoriais aparecem também nas estatísticas

---

"grande fazenda", pois ali pagam em trabalho pela "terra", pela "palha", pelo "trigo", ou já receberam antecipadamente todo o dinheiro para suas necessidades cotidianas etc. Tudo isso leva o trabalhador a evitar o trabalho nas "grandes fazendas", o que ele faz quando existe a possibilidade de ganhar dinheiro fora das "grandes fazendas". E essa oportunidade é mais provável precisamente onde há muitas minas, nas quais os trabalhadores ganham um "bom" dinheiro. Tendo ganhado "ninharias" nas minas, o camponês pode arrendar a terra sem se comprometer com o trabalho na "grande fazenda" e, assim, estabelece-se o domínio do arrendamento em dinheiro (citado de acordo com o *Итогам земской статистики* [Balanço das estatísticas dos *zemstvos*], v. II, p. 265). Na estepe, nos *vólosts* não industriais do distrito, foram estabelecidos a meação e o arrendamento com pagamento em trabalho. Portanto, o camponês está disposto a correr do pagamento em trabalho na terra senhorial até para as minas! O pagamento pontual e em dinheiro vivo, a forma impessoal de contratação e o trabalho regulamentado o "atraem" de tal maneira que ele prefere *até* as minas subterrâneas à agricultura, àquela agricultura que nossos populistas gostam de pintar tão idilicamente. O fato é que o camponês sente na pele quanto valem os pagamentos em trabalho idealizados pelos latifundiários e pelos populistas e como são melhores as relações puramente capitalistas.

[43] *Статьи о русском сельском хозяйстве, его недостатках и мерах к его усовершенствованию* [Artigos sobre a agricultura russa, suas deficiências e medidas para sua melhoria] (Moscou, 1883), p. 20.

dos *zemstvos*. Na província de Oriol, por exemplo, foi notado que a queda do preço dos cereais arruinou muitos arrendatários e os proprietários foram obrigados a aumentar a área de cultivo nos moldes capitalistas.

> Além da expansão das lavouras capitalistas, observa-se a tentativa de substituir o trabalho por demanda pelo trabalho de assalariados rurais e abandonar o uso do inventário camponês [...], a tentativa de aperfeiçoar o processamento dos campos com a introdução de equipamentos aprimorados [...], de mudar o sistema da propriedade agrícola, introduzir pastagem, ampliar e melhorar a criação de gado, dar-lhe um caráter produtivo.[44]

Na província de Poltava, em 1890, com o baixo preço dos cerais, constatou-se "uma redução na aquisição de terras pelos camponeses [...] em toda a província [...]. Em consonância, em muitos lugares houve um aumento da dimensão das lavouras de propriedade dos latifundiários"[45]. Na província de Tambov, observou-se um vigoroso aumento no preço dos trabalhos executados com cavalos: no triênio de 1892-1894, esse preço era 25% a 30% mais alto que no triênio de 1889-1891[46]. O encarecimento dos trabalhos executados com cavalos – um resultado natural da diminuição de cavalos camponeses – não pode deixar de influenciar a substituição do pagamento em trabalho na terra senhorial pelo sistema capitalista.

Nós, de modo algum, temos em vista, claro, provar com essas indicações isoladas a tese da substituição do pagamento em trabalho na terra senhorial pelo capitalismo: não temos dados estatísticos completos para isso. Portanto, apenas ilustramos a tese da *conexão* entre a decomposição do campesinato e a substituição do pagamento em trabalho pelo capitalismo. Os dados gerais e maciços referem-se ao emprego de trabalho livre assalariado e de máquinas na agricultura. Mas, antes de passar aos dados, devemos nos deter nas concepções

---

[44] *Сельскохозяйственный обзор Орловской губ. за 1887/88 г.* [Revisão agrícola da província de Oriol de 1887/88], p. 124-6. Citado em P. Struve, *Критические заметки к вопросу об экономическом развитии России* [Notas críticas sobre a questão do desenvolvimento econômico da Rússia] (São Petersburgo, 1894), p. 242-4.

[45] L. Maress, *Влияние урожаев и хлебных цен и т. д.* [Influência das colheitas e dos preços do trigo etc.] (São Petersburgo, 1897), v. I, p. 304.

[46] *Nóvoe Slovo*, n. 3, 1895, p. 187.

5. A ABORDAGEM POPULISTA DA QUESTÃO

A tese de que o sistema de pagamento em trabalho na terra senhorial é a simples sobrevivência da economia de corveia não é negada pelos populistas. Ao contrário, reconhecem-no – ainda que de uma forma insuficientemente geral – tanto o senhor N.[47] quanto o senhor V. V.[48]. Tanto mais surpreendente é a circunstância de que os populistas se esquivam, com todas as suas forças, do fato simples e evidente de que a estrutura contemporânea de economia baseada na propriedade privada consiste na associação do sistema de pagamento em trabalho na terra senhorial com o capitalista e que, por consequência, quanto mais desenvolvida for a primeira, mais fraca será a segunda, e vice-versa; esquivam--se da análise do que consiste um e outro sistema em relação à produtividade do trabalho, ao salário do trabalhador, aos traços fundamentais da economia da Rússia pós-reforma etc. Colocar a questão nesse terreno, no terreno da constatação *das "mudanças" realmente em curso*, significa admitir o deslocamento inevitável do pagamento em trabalho na terra senhorial pelo capitalismo e o caráter progressista de tal deslocamento. Para esquivar-se dessa conclusão, os populistas não se detiveram nem mesmo diante da *idealização do sistema de pagamento em trabalho na terra senhorial*. Essa idealização monstruosa é o traço fundamental das concepções populistas acerca da evolução da economia latifundiária. O senhor V. V. chega a afirmar que "o povo permanece vencedor na luta pela forma de cultura agrícola, ainda que a vitória conquistada agrave sua ruína"[49]. O reconhecimento de *tal* "vitória" recebe mais destaque que a constatação da

---

[47] N., *Очерки нашего пореформенного общественного хозяйства* [Ensaios sobre nossa economia social pós-reforma] (São Petersburgo, 1893), § IX.

[48] Especial destaque para o artigo: "Наше крестьянское хозяйство и агрономия" [Nossa economia camponesa e a agronomia], *Otétchestvennie Zapíski* [Anais Pátrios], n. 8-9, 1882.

[49] V. V., *Судьбы капитализма в России* [Destinos do capitalismo na Rússia] (São Petersburgo, 1882), p. 288.

derrota! O senhor N. considera que a concessão de terras ao camponês na economia da corveia e no pagamento em trabalho o "princípio" da "união do produtor com os meios de produção", esquecendo-se da pequenina circunstância de que a terra de *nadiel* servia para assegurar mão de obra ao latifundiário. Como já dissemos, Marx, ao descrever os sistemas de agricultura pré-capitalista, analisou as relações econômicas sob *todas* as suas formas, tais como existem na Rússia, e colocou em relevo a necessidade da pequena produção e a conexão do camponês com a terra, seja pela renda obtida com o trabalho na terra senhorial, seja pela economia natural ou em dinheiro. Mas em algum momento lhe passou pela cabeça transformar essa concessão de terras ao camponês dependente em "princípio" da conexão secular do produtor com os meios de produção? Em algum momento ele se esqueceu de que *essa* conexão do produtor com os meios de produção era a fonte e a condição da exploração medieval, condicionava a estagnação técnica e social e exigia necessariamente todas as formas de "coerção extraeconômica"?

Uma idealização absolutamente análoga do pagamento em trabalho na terra senhorial e da servidão manifesta-se nos senhores Orlov e Kablukov, que nas coletâneas de estatísticas dos *zemstvos* de Moscou apresentam como modelo a propriedade agrícola de uma tal senhora Konstínskaia, do distrito de Podolski[50]. Segundo o senhor Kablukov, essa propriedade prova que "é possível apresentar um caso que exclui [*sic*!!] tal oposição" (ou seja, a oposição de interesses entre a propriedade agrícola latifundiária e a camponesa) "e que contribui para o florescimento [*sic*!] tanto da propriedade camponesa quanto da particular"[51]. Ocorre que o florescimento dos camponeses consiste... no pagamento em trabalho e na servidão. Eles *não têm pasto ou currais*[52] – o que não impede os senhores populistas de os considerar proprietários "regulares" – e arrendam seus lotes *para trabalhar* para os latifundiários, realizando "todos os trabalhos em sua propriedade com cuidado, em tempo hábil e rapidamente"[53].

[50] Ver *Сборник стат. свед. по Московской губ.*, v. V, fasc. I, p. 175-6, e v. II, p. 59-62, seção II.

[51] Ibidem, v. V, fasc. I, p. 175-6.

[52] Ibidem, v. II, p. 60-1.

[53] Ver Volguin, *Обоснование народничества в трудах г. Воронцова* [Fundamentos do populismo nos trabalhos do senhor Voróntsov] (São Petersburgo, 1896), p. 280-1.

Impossível ir mais longe na idealização de um sistema econômico que é a sobrevivência direta da corveia!

O método usado em todas essas reflexões populistas é muito simples; basta se esquecer de que a concessão de terra ao camponês é uma das condições da corveia ou da economia baseada no pagamento em trabalho; basta abstrair da circunstância de que o agricultor supostamente "independente" deve uma renda em trabalho nas terras do senhor, *in natura* ou em dinheiro, e obtém-se a ideia "pura" da "conexão do produtor com os meios de produção". Mas a relação real do capitalismo com as formas pré-capitalistas de exploração não muda em nada quando simplesmente se faz abstração dessas formas[54].

Detenhamo-nos em outra reflexão, demasiado curiosa, do senhor Kablukov. Vimos que ele idealiza o trabalho na terra senhorial; mas é notável que, quando, na qualidade de estatístico, ele caracteriza os tipos *reais* de propriedade agrícola *puramente capitalistas* na província de Moscou, em sua exposição – contra sua vontade e de forma deturpada – refletem-se justamente os fatos que provam o caráter progressista do capitalismo na agricultura russa. Pedimos a atenção do leitor e nos desculpamos de antemão por algumas citações um tanto longas.

Além dos velhos tipos de propriedades agrícolas com trabalho livre, na província de Moscou há ainda:

---

[54] Dizem que a difusão dos arrendamentos com pagamento em trabalho, em vez de dinheiro [...], é uma regressão. Por acaso estamos dizendo que esse fenômeno é desejável, vantajoso? Nós nunca afirmamos que esse é um fenômeno progressivo", declarou o senhor Tchuprov em nome de todos os autores do livro *A influência das colheitas etc.* (ver os relatórios estenográficos dos debates na Sociedade Econômica Livre Imperial, 1º e 2 de março de 1897, p. 38). Essa declaração também está errada formalmente, pois o senhor Kárychev (ver acima) retratou o pagamento em trabalho como uma "ajuda" à população rural. Em essência, essa declaração contradiz completamente o conteúdo real de todas as teorias populistas com sua idealização dos pagamentos em trabalho. O grande mérito dos senhores Tugan-Baranóvski e Struve consiste na colocação acertada da questão (1897) sobre o significado dos baixos preços dos cereais: o critério de sua avaliação deve ser se tais preços contribuem ou não para a substituição dos pagamentos em trabalho pelo capitalismo. Tal questão é, evidentemente, uma questão de fato, e na resposta a ela discordamos um pouco dos escritores citados. Com base nos dados expostos no texto (ver especialmente a seção 7 deste capítulo e o capítulo IV), consideramos possível e até provável que o período de preços baixos dos cereais seja marcado por uma substituição não menos rápida, se não até mais rápida, dos pagamentos em trabalho pelo capitalismo do que o período histórico precedente de altos preços dos cereais.

um novo tipo de propriedade, recente, que nasceu de modo absolutamente apartado de qualquer tradição e encarou o caso de maneira simples, assim como se olha para qualquer produção que deva servir de fonte de rendimento. A propriedade rural já não é vista como um passatempo senhorial, uma ocupação à qual qualquer um pode se lançar [...]. Não, aqui se reconhece a necessidade do conhecimento especializado [...]. A base para o cálculo [referente à organização da produção] é a mesma de todos os outros tipos de produção.[55]

O senhor Kablukov não nota sequer que essa característica do novo tipo de propriedade agrícola, que "surgiu há pouco tempo", nos anos 1870, prova justamente o caráter progressista do capitalismo na agricultura. Foi justamente o capitalismo que, pela primeira vez, fez a agricultura se transformar de "passatempo senhorial" em indústria regular; foi justamente o capitalismo o primeiro a obrigar a "encarar as coisas de maneira muito simples", "romper com a tradição" e armar-se de "conhecimento especializado". Até o capitalismo, isso era tão desnecessário quanto impossível, pois as propriedades latifundiárias, as comunidades, as famílias camponesas "bastavam-se a si mesmas", não dependiam de outras propriedades, e nenhuma força foi capaz de as arrancar da estagnação secular. O capitalismo foi justamente essa força que criou (por meio do mercado) o controle social da produção dos produtores isolados, que os obrigou a levar em conta as demandas do desenvolvimento social. Nisso consiste o papel progressista do capitalismo na agricultura de todos os países europeus.

Vejamos a seguir como o senhor Kablukov caracteriza as nossas propriedades agrícolas puramente capitalistas:

> Em seguida, considera-se que a força de trabalho é um fator necessário de influência sobre a natureza, sem o qual a organização de uma propriedade não leva a nada. Dessa maneira, ao mesmo tempo que se reconhece o significado desse elemento, não se considera que seja fonte de rendimento independente, semelhante ao que se via na servidão ou ao que se vê ainda hoje, nos casos em que a base do rendimento da propriedade repousa sobre o produto do trabalho – cuja obtenção é o objetivo direto de sua aplicação –, não sobre a tentativa de aplicar esse trabalho para a produção de seus mais-produtos e, com isso, tirar

---

[55] *Сборник стат. свед. по Московской губ.*, cit., v. V, fasc. I, p. 185.

proveito de seu resultado, mas sobre a tentativa de diminuir a fração do produto que o trabalhador recebe, o desejo de reduzir o valor do trabalho para o patrão ao mais próximo possível de zero.[56]

Menciona-se a administração da propriedade agrícola em troca de lotes:

Em tais condições, para a rentabilidade, não se demanda do proprietário nem conhecimento nem qualidades especiais. Tudo o que se obtém graças a esse trabalho consiste no rendimento líquido para o patrão ou, pelo menos, um rendimento que se obtém quase sem qualquer dispêndio de capital circulante. Mas tal propriedade, é claro, não pode prosperar e não pode ser chamada de propriedade agrícola em sentido estrito, tanto quanto não o pode o aluguel de todos os lotes de terra para arrendamento; aqui não há organização econômica.[57]

Depois de citar exemplos de aluguel de lotes de terra contra pagamento em trabalho na terra senhorial, o autor conclui: "O centro de gravidade da propriedade agrícola, o meio de obter rendimentos, tem suas raízes na pressão sobre o trabalhador, e não sobre a matéria e suas forças"[58].

Essa reflexão é uma amostra extremamente interessante de como os fatos realmente observados são distorcidos por uma teoria incorreta. O senhor Kablukov confunde a produção com a estrutura social da produção. Em qualquer estrutura social, a produção consiste na "ação" do trabalhador sobre a matéria e sua força. Em qualquer estrutura social, a fonte de "rendimento" para o proprietário de terra pode ser apenas o mais-produto. Em ambas as relações, o sistema econômico baseado no pagamento em trabalho na terra senhorial é completamente similar ao sistema capitalista, ao contrário do que opina o senhor Kablukov. A real diferença entre eles, porém, consiste no fato de que o pagamento em trabalho pressupõe, necessariamente, uma produtividade mais baixa; por isso, para aumentar o rendimento, não há como aumentar a quantidade de mais-produto; para tal, resta apenas um único meio: a adoção de todas as formas servis de contratação. Em uma economia puramente capitalista, ao contrário, as formas

---

[56] Ibidem, p. 186.

[57] Idem.

[58] Ibidem, p. 189.

A PASSAGEM DA AGRICULTURA BASEADA NA CORVEIA PARA A CAPITALISTA 227

servis de contratação devem desaparecer, pois o proletário que não está amarrado à terra é um objeto inútil para a servidão; a elevação da produtividade do trabalho torna-se não apenas possível, mas necessária, é o único meio de incrementar o rendimento e fazer frente à acirrada concorrência. Dessa maneira, a caracterização de nossas propriedades agrícolas puramente capitalistas oferecida pelo senhor Kablukov, que com tanto zelo tentou idealizar o pagamento em trabalho, confirma plenamente o fato de que o capitalismo russo *cria* as condições sociais que *exigem* necessariamente a racionalização da agricultura e o desaparecimento da servidão; já o pagamento em trabalho *exclui* a possibilidade de racionalização da agricultura, perpetua a estagnação técnica e a servidão do produtor. Não há nada mais leviano que a exultação dos populistas habituais acerca do fato de que o capitalismo em nossa agricultura é frágil. Tanto pior se é frágil, pois significa somente o vigor das formas pré-capitalistas de exploração, incomparavelmente mais pesadas para o produtor.

6. HISTÓRIA DA PROPRIEDADE AGRÍCOLA DE ENGELHARDT

Engelhardt ocupa um lugar absolutamente especial entre os populistas. Criticar sua avaliação sobre o pagamento em trabalho na terra senhorial e o capitalismo significaria repetir o que foi dito no parágrafo anterior. Consideramos muito mais apropriado contrapor as concepções populistas de Engelhardt à história da sua propriedade agrícola. Tal crítica terá ainda um sentido positivo, uma vez que a evolução de uma dada propriedade agrícola parece refletir em pequena escala os traços fundamentais da evolução de toda a economia privada na Rússia pós-reforma.

Quando Engelhardt se estabeleceu na propriedade, esta se baseava nos tradicionais pagamentos em trabalho na terra senhorial e na servidão, que excluem uma "exploração correta"[59]. O pagamento em trabalho na terra senhorial condicionou uma pecuária ruim, um mau cultivo da terra, à

---

[59] A. Engelhardt, *Письмах из деревни*, cit., p. 559.

228 O DESENVOLVIMENTO DO CAPITALISMO NA RÚSSIA

uniformidade dos sistemas de cultivo do campo[60]. "Vi que era impossível administrar a propriedade como antes."[61] A concorrência do cereal das estepes diminuía os preços e tornava a propriedade agrícola desvantajosa[62]. Notemos que, além do sistema de trabalho na terra senhorial, desde o princípio o sistema capitalista desempenhou um determinado papel: os trabalhadores assalariados, ainda que em número muito pequeno, já existiam na velha propriedade agrícola (vaqueiros, entre outros), e Engelhardt testemunha que o pagamento dos assalariados rurais (camponeses com terras de *nadiel*) era "fabulosamente baixo"[63] – baixo, porque "*não se podia oferecer mais*", em razão das más condições da pecuária. A baixa produtividade excluía a possibilidade de aumento de salário. Assim, o ponto de partida da propriedade de Engelhardt são os mesmos traços de todas as propriedades agrícolas russas já conhecidos por nós: pagamento em trabalho na terra senhorial, servidão, baixa produtividade, salários "incrivelmente baixos", a rotina da agricultura.

Em que consistem as mudanças introduzidas por Engelhardt nessa ordem? Ele passa ao cultivo do linho – uma planta mercantil-industrial que demanda uma mão de obra numerosa. Reforça-se, portanto, o caráter mercantil e capitalista da agricultura. Mas como obter mão de obra? Engelhardt tentou, primeiro, aplicar o velho sistema à nova agricultura (mercantil): o pagamento em trabalho na terra senhorial. Não deu certo, os camponeses trabalhavam mal: o "trabalho na terra senhorial por *dessiatina*" estava acima da força deles, que resistiram de todas as formas ao trabalho indiscriminado e servil. "Era preciso mudar o sistema. Entretanto, eu já tinha me estabelecido, já tinha adquirido cavalos, arreios, carroças, arados, cercas e podia conduzir a propriedade com assalariados rurais. Comecei a cultivar o linho em parte com assalariados rurais e em parte por empreitada, contratando

---

[60] Ibidem, p. 118.

[61] Idem.

[62] Ibidem, p. 83. O fato de a concorrência do cereal barato ser um incentivo para a transformação da técnica e, portanto, para a substituição do pagamento em trabalho pelo trabalho livre merece atenção especial. A concorrência do cereal das estepes também teve seu papel nos anos de preços altos do trigo; o período dos preços baixos dá a essa concorrência uma força especial.

[63] Ibidem, p. 11.

A PASSAGEM DA AGRICULTURA BASEADA NA CORVEIA PARA A CAPITALISTA   229

por tarefas determinadas."[64] Assim, a transição para um novo sistema de economia e de agricultura mercantil demandava que o pagamento em trabalho fosse substituído pelo sistema capitalista. Para aumentar a produtividade do trabalho, Engelhardt empregou um expediente comprovado da produção capitalista: o trabalho por demanda. As mulheres foram contratadas por pilha de feno, por *pud*, e Engelhardt (não sem certo triunfalismo ingênuo) relata o sucesso desse sistema; o custo do cultivo sofreu um aumento (de 25 rublos por *dessiatina* para 35 rublos), mas, em compensação, subiu também o rendimento (de 10 a 20 rublos), aumentou a produtividade das trabalhadoras na passagem do trabalho servil para o trabalho livre assalariado (de 20 libras para 1 *pud* por noite), aumentou o salário das trabalhadoras até 30-50 copeques por dia ("sem precedentes em nossas localidades"). Um comerciante de tecidos local elogiou sinceramente Engelhardt: "O cultivo do linho logrou dar grande movimento ao comércio"[65].

Aplicado de início ao cultivo de uma planta mercantil, o trabalho livre assalariado passou a abarcar paulatinamente as outras operações agrícolas. Uma das primeiras operações tiradas do pagamento em trabalho e angariadas pelo capital foi a debulha. Sabe-se que, em geral, em todos os tipos de propriedade agrícola privada, essa espécie de trabalho é feita com mais frequência do modo capitalista. "Uma parte da terra", escreveu Engelhardt, "eu alugo aos camponeses para cultivo cíclico, porque de outra forma seria difícil, para mim, cuidar da colheita do centeio."[66] O pagamento em trabalho, consequentemente, serve de transição direta para o capitalismo, assegurando ao proprietário o trabalho de diaristas nos períodos mais quentes. Originalmente, o cultivo cíclico era destinado à debulha, mas também aqui a má qualidade do trabalho obrigou a passagem para o trabalho assalariado livre. O cultivo cíclico passou a ser oferecido sem a debulha, e esta última era feita em parte por assalariados rurais e em parte era entregue a um encarregado com uma equipe de trabalhadores pagos por empreitada. Aqui também

[64]   Ibidem, p. 218.
[65]   Ibidem, p. 219.
[66]   Ibidem, p. 211.

um resultado da troca do pagamento em trabalho pelo sistema capitalista foi: 1) aumento da produtividade do trabalho: antes, dezesseis pessoas batiam nove centenas de feixes por dia; agora, oito pessoas batem onze centenas por dia; 2) aumento da quantidade de grãos; 3) redução do tempo de debulha; 4) aumento do salário do trabalhador; 5) aumento do lucro do proprietário[67].

Em seguida, o sistema capitalista abarcou as operações de cultivo do solo. Os arados foram introduzidos no lugar das antigas relhas, e o trabalho passou do servo para o assalariado rural. Engelhardt, triunfante, relata o sucesso da inovação, a atitude conscienciosa dos trabalhadores, provando com toda a razão que as habituais acusações de indolência e má-fé do trabalhador são resultado do "estigma da servidão" e do trabalho servil "para o senhor", que a nova organização da propriedade agrícola demanda do proprietário empreendedorismo, conhecimento das pessoas e capacidade de lidar com elas, conhecimento do trabalho e da medida do trabalho, familiaridade com o aspecto técnico e comercial da agricultura – ou seja, qualidades que não existiam nem poderiam existir nos Oblómov* da época da servidão ou da escravatura. As diferentes mudanças na técnica da agricultura estão indissoluvelmente ligadas umas às outras e conduzem inevitavelmente à transformação da economia. "Suponhamos, por exemplo, que você tenha introduzido a lavoura do linho e do trevo: agora, são necessárias muitas outras mudanças e, se não as fizer, o empreendimento não vai funcionar bem. Será necessário mudar as ferramentas de lavoura e, em vez da relha, usar o arado, em vez de cerca de madeira, uma de ferro, e isso, por sua vez, demandará cavalos diferentes, *trabalhadores diferentes, um sistema econômico diferente no que se refere à contratação de trabalhadores* etc."[68].

A mudança da técnica de agricultura revelou-se, dessa maneira, indissoluvelmente ligada à substituição do pagamento em trabalho na terra senhorial pelo capitalismo. É particularmente interessante aqui o caráter gradativo

---

[67] Ibidem, p. 212.

* Referência à personagem principal do romance homônimo de Ivan Gontcharov, nobre proprietário de terras caracterizado pela falta de ação. A personagem pode ser classificada como uma "pessoa supérflua", tipo característico da literatura russa. (N. T.)

[68] A. Engelhardt, *Письмах из деревни*, cit., p. 154-5.

A PASSAGEM DA AGRICULTURA BASEADA NA CORVEIA PARA A CAPITALISTA   231

dessa substituição: o sistema econômico combina, como antes, o pagamento em trabalho e o capitalismo, mas o centro de gravidade move-se aos poucos do primeiro para o segundo. Eis como era a propriedade agrícola de Engelhardt depois de reorganizada:

> Hoje tenho múltiplos trabalhos, porque mudei todo o sistema de economia. Uma parte significativa dos trabalhos é feita por assalariados rurais e diaristas. Os trabalhos são os mais diversos: queimo os bosques para semear o trigo, arranco as bétulas para semear o linho, aluguei prados no Dniepre, plantei trevos, centeio e muito linho. É necessária uma imensidão de mãos. Para ter trabalhadores, é fundamental se preparar, pois, quando chega a época dos trabalhos, todos estão ocupados ou em casa ou em outras propriedades. Esse recrutamento de mão de obra deve ser feito mediante adiantamento de dinheiro e de trigo em troca do trabalho. [69]

O pagamento em trabalho e a servidão, portanto, também permaneceram na economia organizada de maneira "correta", mas, em primeiro lugar, já ocupavam uma posição de subordinação no que se refere à contratação livre e, em segundo lugar, o próprio pagamento em trabalho havia mudado; permaneceram, principalmente, o pagamento em trabalho do segundo tipo, que pressupõe não os camponeses-proprietários, mas os assalariados rurais e os diaristas.

Assim, a própria propriedade agrícola de Engelhardt refuta melhor que qualquer reflexão as teorias populistas de Engelhardt. Ao se colocar o objetivo de estabelecer uma economia racional, pôde fazê-lo não sob as relações socioeconômicas dadas, mas por meio da organização da propriedade baseada no trabalho de assalariados rurais. O aprimoramento da técnica agrícola e a substituição do pagamento em trabalho na terra senhorial pelo capitalismo andaram de mãos dadas no caso dessa propriedade, exatamente como andam de mãos dadas em todas as propriedades latifundiárias da Rússia. Esse processo se faz sentir com mais relevo no emprego de máquinas na agricultura russa.

[69] Ibidem, p. 116-7.

7. O EMPREGO DE MÁQUINAS NA AGRICULTURA

A época pós-reforma divide-se em quatro períodos no que diz respeito ao desenvolvimento da fabricação e do emprego de máquinas na agricultura[70]. O primeiro período abrange os últimos anos que precederam a reforma camponesa e os primeiros anos que a ela se seguiram. Os latifundiários apressaram-se em comprar máquinas estrangeiras para dispensar o trabalho "gratuito" dos servos e eliminar as dificuldades da contratação de trabalhadores livres. Essa tentativa terminou, evidentemente, em fracasso; a febre logo passou e a partir de 1863-1864 a demanda por máquinas estrangeiras caiu. O segundo período iniciou-se a partir do fim dos anos 1870 e estendeu-se até 1885. Esse período se caracteriza por um crescimento extremamente regular e rápido da importação de máquinas estrangeiras; a produção interna também cresce de maneira regular, porém mais lentamente que a importação. De 1881 a 1884, a importação de máquinas agrícolas aumentou de maneira especialmente rápida, o que se explica, em parte, pelo fim em 1881 da isenção de impostos sobre o ferro e o ferro-gusa destinado a suprir as necessidades das fábricas de máquinas agrícolas. O terceiro período vai de 1885 ao início dos anos 1890. As máquinas agrícolas, importadas até esse momento sem taxações, foram, nesse ano, submetidas a imposto (50 copeques de ouro por *pud*). O imposto alto reduziu consideravelmente a importação de máquinas e, por outro lado, a produção interna se desenvolvia lentamente, sob influência da crise agrícola, cujo início foi justamente nesse período. Finalmente, a partir do começo dos anos de 1890, inicia-se, aparentemente,

---

[70] Ver *Ист.-стат. обзор промышленности в России* [Resumo histórico-estatístico da indústria na Rússia], v. I (São Petersburgo, 1883; edição para a exposição de 1882), artigo de V. Tcherniáev: "Сельскохозяйственное машиностроение" [Maquinário agrícola]. – Idem, v. II (São Petersburgo, 1886), no grupo IX. – *Сельское и лесное хозяйство России* [Agricultura e silvicultura da Rússia] (São Petersburgo, 1893; edição para a exposição de Chicago), artigo do senhor V. Tcherniáev: "Земледельческие орудия и машины" [Equipamentos e máquinas agrícolas"]. – *Производительные силы России* [Forças produtivas da Rússia] (São Petersburgo, 1896; edição para a exposição de 1896), artigo do senhor Lênin: "Сельскохозяйственные орудия и машины" [Equipamentos e máquinas agrícolas] (seção I). – *Viéstnik Finánsov* [Mensageiro das Finanças], n. 51, 1896, e n. 21, 1897. – V. Raspopin, "Частновладельческое хозяйство в России", cit. Apenas o último artigo coloca a questão no terreno político-econômico, já os anteriores foram escritos por especialistas agrônomos.

o quarto período, quando, outra vez, a importação de máquinas agrícolas aumenta e a produção interna cresce de maneira especialmente rápida.

Vejamos os dados estatísticos que ilustram o acima exposto. A média anual de importação de máquinas agrícolas por período foi de:

Períodos	Em milhares de *puds*	Em milhares de rublos
1869-1872	259,4	787,9
1873-1876	566,3	2.283,9
1877-1880	629,5	3.593,7
1881-1884	961,8	6.318
1885-1888	399,5	2.032
1889-1892	509,2	2.596
1893-1896	864,8	4.868

Sobre a produção de máquinas e ferramentas agrícolas na Rússia não se têm, infelizmente, dados tão completos e exatos. A insuficiência das nossas estatísticas fabris, a junção da produção de máquinas em geral com, precisamente, a produção de máquinas agrícolas, a ausência de quaisquer regras firmemente estabelecidas sobre a delimitação da produção "fabril" e a "artesanal" de máquinas agrícolas, tudo isso torna impossível representar o quadro completo do desenvolvimento do maquinário agrícola na Rússia. Reunindo os dados disponíveis nas fontes citadas, obtemos o seguinte quadro do desenvolvimento do maquinário agrícola na Rússia:

Produção, importação e emprego de máquinas e equipamentos agrícolas (em milhares de rublos)

Anos	No Reino da Polônia	Em 3 províncias do Báltico	Em 4 províncias das estepes do Sul, do Don, de Ekaterinburg, Táurida e Kherson	Nas demais províncias da Rússia Europeia	Nas 50 províncias da Rússia Europeia e no Reino da Polônia	Importação de máquinas agrícolas	Emprego de máquinas agrícolas
1876	646	415	280	988	2.329	1.628	3.957
1879	1.088	433	557	1.752	3.830	4.000	7.830
1890	498	217	2.360	1.971	5.046	2.519	7.565
1894	381	314	6.183	2.567	9.445	5.194	14.639

A partir desses dados, pode-se ver com que força se manifesta o processo de substituição das ferramentas agrícolas primitivas (e, consequentemente, o processo de substituição das formas primitivas de economia pelo capitalismo). Em dezoito anos, o emprego de máquinas agrícolas aumentou três vezes e meia, e isso ocorreu graças, principalmente, ao incremento da produção interna, que cresceu mais de quatro vezes. Também é notável a passagem do principal centro dessa produção das províncias do Vístula e do Báltico para as províncias das estepes do Sul da Rússia. Se nos anos 1870 o principal centro do capitalismo agrícola na Rússia eram as províncias ocidentais, nos anos 1890 criaram-se regiões ainda mais destacadas do capitalismo agrícola nas províncias puramente russas[71].

É preciso acrescentar, a respeito dos dados citados, que, ainda que sejam baseados em informações oficiais (e, até onde sabemos, as únicas) sobre o assunto em questão, eles estão longe de serem completos e não são plenamente comparáveis com os dados dos outros anos. Para 1876-1879, há informações coletadas *especialmente* para a exposição de 1882 que se distinguem por serem mais completas, abrangendo não apenas a produção "fabril" de ferramentas agrícolas, mas também a "artesanal"; em média, em 1876-1879, havia 340 estabelecimentos na Rússia Europeia, incluindo o Reino da Polônia, enquanto os dados da estatística "fabril" de 1879 contavam, na Rússia Europeia, não mais que 66 fábricas de máquinas e ferramentas agrícolas (calculados pelo *Índice de fábricas* de Orlov em 1879). A enorme diferença desses números explica-se pelo fato de que, dos 340 estabelecimentos, menos de um terço (110) possuía motores a vapor e mais da metade (196) eram estabelecimentos que utilizavam trabalho manual; 236 dos 340 estabelecimentos não possuíam fundição própria e encomendavam peças de ferro fundido de terceiros[72]. Entretanto, para os anos de 1890 e 1894, os dados foram tomados da *Coletânea de dados da indústria fabril na Rússia* (edição do

---

[71] Para avaliar como o caso mudou nos últimos tempos, citamos dados do *Ежегодника России* [Anuário da Rússia] (edição do Comitê Central de Estatística, São Petersburgo, 1906), de 1900 a 1903. A produção de máquinas agrícolas no Império é determinada, aqui, em 12.058.000 rublos e a importação, em 1902, em 15.240.000 rublos e, em 1903, em 20.615.000 rublos. [Nota da 2ª edição.]

[72] *Ист.-стат. обзор промышленности*, cit.

Departamento de Comércio e Manufatura)[73]. Essas informações não cobrem completamente nem sequer a produção "fabril" de máquinas e ferramentas agrícolas; por exemplo, em 1890, a *Coletânea* calculava, para a Rússia Europeia, 149 fábricas dessa produção, enquanto o *Índice* de Orlov menciona mais de 163 fábricas de máquinas e equipamentos agrícolas; em 1894, segundo os primeiros dados, na Rússia Europeia contavam-se 164 fábricas desse tipo[74] e, de acordo com a *Lista de fábricas e oficinas*[75], nos anos 1894-1895 existiam mais de 173 fábricas de máquinas e ferramentas agrícolas. Quanto à pequena produção "artesanal", esta não entra em absoluto nesses dados[76]. Por isso, não pode haver dúvidas de que as informações para 1890 e 1894 são significativamente inferiores à realidade; isso é confirmado pela opinião dos especialistas, que consideram que, no início dos anos 1890, produziram-se na Rússia máquinas e ferramentas agrícolas num valor total de cerca de 10 milhões de rublos[77]; já em 1895, esse valor foi de cerca de 20 milhões de rublos[78].

Citemos mais alguns dados similares sobre os tipos e a quantidade de máquinas e ferramentas agrícolas fabricadas na Rússia. Calcula-se que, em 1876, foram produzidas 25.835 ferramentas; em 1877, 29.590; em 1878, 35.226; e, em 1879, 47.892 máquinas e ferramentas agrícolas. O quanto esses números estão

---

[73] No *Viéstnik Finánsov*, n. 21, 1897, esses dados foram comparados com os dados dos anos 1888-1894, mas a fonte não é indicada com exatidão.

[74] Ibidem, p. 544.

[75] *Перечень фабрик и заводов. Фабрично-заводская промышленность России.* [Lista de fábricas e oficinas. A indústria fabril da Rússia], São Petersburgo, 1897, v. VI, 1047 p. (Ministério das Finanças. Departamento de Comércio e Manufatura).

[76] Em 1864, o número total de oficinas que fabricavam e reparavam equipamentos agrícolas era 64; em 1871, 112; em 1874, 203; em 1879, 340; em 1885, 435; em 1892, 400, e em 1895, cerca de 400 (*Сельское и лесное хозяйство России*, cit., p. 358, e *Viéstnik Finánsov*, n. 51, 1896). Enquanto isso, em 1888--1894, o *Código* contava apenas 157-217 fábricas desse gênero (183 em média para 7 anos). Eis um exemplo que ilustra a relação entre a produção "fabril" de máquinas agrícolas e a produção "artesanal": na província de Perm, em 1894, havia apenas 4 "fábricas" com um total de 28 mil rublos de produção, enquanto o censo de 1894-1895 contava 94, com um total de 50 mil rublos de produção, e entre os "artesanais" incluíam-se os estabelecimentos que, por exemplo, tinham 6 trabalhadores assalariados e um total de mais de 8 mil rublos da produção (*Очерк состояния кустарной промышленности в Пермской губ.* [Ensaio sobre o estado da indústria artesanal na província de Perm], Perm, 1896).

[77] *Сельское и лесное хозяйство России*, cit., p. 359.

[78] *Viéstnik Finánsov*, n. 51, 1896.

ultrapassados no tempo presente pode ser visto a partir das indicações a seguir. Produziram-se, em 1879, cerca de 14.500 arados, já em 1894, 75.500 em um ano[79].

> Se há cinco anos a questão da adoção de medidas para a disseminação de arados nas propriedades agrícolas camponesas era uma questão que exigia solução, no presente ela se resolveu por si mesma. A compra de um arado por um ou outro camponês já não parece uma raridade, mas tornou-se um fenômeno comum, e a quantidade anual de arados adquiridos por camponeses pode ser calculada em milhares.[80]

Dada a massa de ferramentas agrícolas primitivas que são utilizadas na Rússia, há ainda um amplo espaço para a produção e a comercialização de arados[81]. O progresso na utilização do arado levantou até mesmo a questão da aplicação da eletricidade. De acordo com o *Torgovo-Promychlénaia Gazieta* [Jornal do Comércio e da Indústria], no segundo congresso eletrotécnico, "atraiu grande interesse o relatório de V. A. Rjiev 'A eletricidade na agricultura'"[82]. O palestrante ilustrou de modo magnífico, com desenhos perfeitos, o uso da energia elétrica no cultivo dos campos na Alemanha e citou dados numéricos sobre a economia obtida com esse método, a partir de um projeto próprio e de cálculos feitos por ele a pedido de um latifundiário para sua propriedade em uma das províncias do Sul. De acordo com o projeto, propunha-se arar 540 *dessiatinas* anualmente, das quais uma parte duas vezes ao ano. A profundidade do sulco era de 4,5-5 *verchok*; o solo era de terra preta pura. Além dos arados, o projeto conta com equipamentos de máquinas para outros trabalhos do campo, bem como debulhadora e moinho, este último com 25 cavalos de força com 2 mil horas de trabalho anual. O palestrante estipulou em 41 mil rublos o custo do equipamento completo da propriedade, incluindo um cabo aéreo de 6 *verstas* e 50 milímetros de espessura. Arar uma *dessiatina* custa 7 rublos e 40 copeques com moinho, e 8 rublos e 70 copeques sem moinho. Descobriu-se que, a preços

---

[79] Idem, n. 21, 1897.

[80] *Отчеты и исследования кустарной промышленности в России* [Relatórios e estudos da indústria artesanal na Rússia], v. I (edição do Ministério de Bens Públicos, São Petersburgo, 1892), p. 202. A produção artesanal de arados caiu ao mesmo tempo e foi suplantada pela fabril.

[81] *Сельское и лесное хозяйство России*, cit., p. 360.

[82] *Torgovo-Promychlénaia Gazieta* [Jornal do Comércio e da Indústria], n. 6, 1902.

locais de mão de obra, gado e assim por diante, com equipamentos elétricos, obtém-se, no primeiro caso, uma economia de 1.013 rublos e, no segundo, com menos emprego de energia, já que é sem moinho, a economia é de 966 rublos.

Na produção de debulhadoras e tararas, não se nota uma revoluçáo tão brusca, porque esta se estabeleceu de maneira relativamente sólida já há um tempo[83]. Criou-se até mesmo um centro de produção "artesanal" dessas ferramentas na cidade de Sapojok, na província de Riazan, e aldeias circundantes, e os representantes da burguesia campesina local conseguiram um bom dinheiro com essa "indústria"[84].

Na produção de ceifadeiras, observa-se um crescimento particularmente rápido. Em 1879, cerca de 780 peças eram produzidas por ano; em 1893, calculava-se a venda de 7-8 mil peças por ano; já em 1894-1895, cerca de 27 mil peças. Em 1895, por exemplo, a fábrica de J. Greaves, na cidade de Berdiansk, província de Táurida – "a maior fábrica da Europa nessa linha de produção"[85] (ou seja, na produção de ceifadeiras) – fabricou 4.462 ceifadeiras. Entre os camponeses da província de Táurida, as ceifadeiras se espalharam de tal modo que se criou até mesmo um ofício específico: debulha mecânica de trigo alheio[86].

---

[83] Em 1879, foram produzidas cerca de 41,5 mil debulhadoras; em 1894-1895, cerca de 31,5 mil. Esta última cifra não abrange a produção artesanal.

[84] Ver *Отчеты и исследования кустарной промышленности в России.*, cit., v. I, p. 208-10.

[85] *Viéstnik Finánsov*, n. 51, 1896.

[86] Em 1893, por exemplo, "700 camponeses apresentaram-se com suas máquinas numa propriedade agrícola de Uspensky, do senhor Falz-Fein (proprietário de 200 mil *dessiatinas*), e ofereceram seus serviços, mas metade deles voltou para casa sem conseguir nada, já que só 350 foram contratados" (Chakhóvskoi, *Сельскохозяйственные отхожие промыслы* [Trabalhos agrícolas fora do local de residência], Moscou, 1896, p. 161). Mas em outras províncias das estepes, especialmente do Transvolga, as ceifadeiras são ainda pouco comuns. No entanto, nos últimos anos essas províncias vêm se esforçando para alcançar a Nova Rússia. Assim, pela ferrovia Syzran-Viazma foram transportadas máquinas agrícolas, locomotivas e suas partes: em 1890, 75 mil *puds*; em 1891, 62 mil; em 1892, 88 mil; em 1893, 120 mil; e, em 1894, 212 mil; ou seja, em um quinquênio, o transporte de máquinas quase triplicou. A estação de Ukhólovo despachou em 1893 cerca de 30 mil *puds* em máquinas agrícolas produzidas localmente; em 1894, cerca de 82 mil *puds*; enquanto, até 1892, o envio de máquinas agrícolas nessa estação não atingia 10 mil *puds* por ano. "De Ukhólovo, são enviadas sobretudo debulhadoras fabricadas na aldeia de Kánino, na aldeia de Smykovo e uma parte na cidade distrital de Sopojok (província de Riazan). Na aldeia de Kánino, existem três fundições, de propriedade de Ermakov, Kárev e Gólikov, que fabricam sobretudo partes de máquinas agrícolas. O acabamento e a montagem das máquinas envolvem os dois povoados mencionados (Smykovo e Kánino) quase por inteiro" ("Краткий обзор коммерческой деятельности Сызрано-Вяземской железной дороги за 1894 год" [Breve resumo

238   O DESENVOLVIMENTO DO CAPITALISMO NA RÚSSIA

Há também dados semelhantes sobre outros equipamentos agrícolas menos difundidos. As semeadoras a lanço, por exemplo, já são produzidas por dezenas de fábricas, e as semeadoras em linha, que em 1893 eram fornecidas apenas por duas fábricas[87], agora já são oferecidas por sete fábricas[88] que distribuem seus produtos de maneira especialmente ampla, mais uma vez, no Sul da Rússia. A aplicação de máquinas abrange todos os ramos da produção agrícola e todas as operações com tararas, separadoras, máquinas para limpar os grãos (*trieur*), secadoras de grãos, prensas de feno, trituradoras de linho etc. No "Anexo ao relatório agrícola de 1898"[89], publicado pela direção do *zemstvo* da província de Pskov, constata-se que a difusão das máquinas, especialmente as trituradoras de linho, está ligada à passagem do cultivo de consumo individual para o cultivo comercial do linho. Cresce o número de arados. Observa-se a influência da migração no crescimento do número de máquinas agrícolas e no aumento dos salários. Na província de Strávopol[90], em conexão com o crescimento da migração, houve aumento da disseminação de máquinas agrícolas. Em 1882, calculavam-se 908; em 1891-1893, em média, 29.275; em 1894-1896, em média, 54.874; em 1895, até 64 mil equipamentos e máquinas agrícolas.

Naturalmente, o crescente emprego de máquinas provoca, ainda, a procura por motores mecânicos: ao lado dos motores a vapor, "nos últimos tempos começou a difundir-se fortemente em nossas propriedades agrícolas o motor a querosene"[91], e apesar de aquele primeiro ter surgido no exterior há apenas sete anos, já temos entre nós sete fábricas que os produzem. Na província de Kherson, nos anos 1870, contavam-se apenas 134 locomóveis empregados na

---

das atividades comerciais da ferrovia Syzran-Viazma para 1894], fasc. IV, Kaluga, 1896, p. 62-3). Nesse exemplo, é interessante, em primeiro lugar, o enorme crescimento da produção exatamente nos últimos anos, anos de baixos preços dos cereais; em segundo lugar, a ligação entre a produção "fabril" e a chamada produção "artesanal". Esta última é pura e simplesmente um "anexo" da fábrica.

[87]   *Сельское и лесное хозяйство России*, cit., p. 360.

[88]   *Производительные силы России*, cit., v. I, p. 51.

[89]   "Добавление к сельскохозяйственному отчету за 1898 год" [Anexo ao relatório agrícola de 1898], *Siévierni Kurier* [O Correio do Norte], 1899, n. 32, 1899.

[90]   Ibidem, n. 33.

[91]   *Производительные силы России*, cit., v. I, p. 56.

agricultura[92] e, em 1881, cerca de 500[93]. Em 1884-1886, foram encontradas, em três (dos seis) distritos da província, 435 debulhadoras a vapor. "No momento presente [1895], o número dessas máquinas deve ser, pelo menos, o dobro"[94]. O *Viéstnik Finánsov* diz que na província de Kherson as debulhadoras a vapor:

> somam cerca de 1.150, na região de Kuban, seu número oscila em torno dessa mesma cifra etc. [...] A aquisição de debulhadoras a vapor adquiriu, nos últimos tempos, um caráter industrial [...]. Houve casos em que, em dois ou três anos de boa colheita, o empresário cobriu completamente os 5 mil rublos da debulhadora com o locomóvel e, logo em seguida, pegou uma nova nas mesmas condições. Dessa maneira, em pequenas propriedades da região de Kuban, pode-se, não raro, encontrar de cinco até dez máquinas desse tipo. Ali se tornaram acessórios imprescindíveis em qualquer propriedade mais ou menos organizada.[95]

"Em geral, no Sul da Rússia, há hoje mais de 10 mil locomóveis destinados à agricultura."[96]

Se lembrarmos que, em 1875-1878, havia em toda Rússia Europeia apenas 1.351 locomóveis agrícolas, enquanto em 1901, segundo dados incompletos[97],

---

[92] *Материалы для статистики паровых двигателей в Росс. империи* [Materiais para estatística de motores a vapor no Império Russo] (São Petersburgo, 1882).

[93] *Ист.-стат. обзор промышленности*, cit., v. II, seção de ferramentas agrícolas.

[94] Teziakov, *Сельскохозяйственные рабочие и организация за ними санитарного надзора в Херсонской губ.* [Os trabalhadores agrícolas e a organização de sua vigilância sanitária na província de Kherson] (Kherson, 1896), p. 71.

[95] *Viéstnik Finánsov*, n. 21, 1897.

[96] *Производительные силы России*, cit., v. IX, p. 151. Ver a nota do correspondente do distrito de Perekop, província de Táurida, em *Rússkie Viédomosti* [Notícias Russas], n. 167, 19 ago. 1898. "O trabalho no campo, graças à grande disseminação de colheitadeiras e debulhadoras a vapor e a cavalo entre os nossos agricultores, é realizado com extrema rapidez. A antiga maneira de debulha em 'rolos' ficou no passado. O agricultor da Crimeia aumenta a cada ano a área de lavoura, de modo que, involuntariamente, ele tem de recorrer a equipamentos e máquinas agrícolas aperfeiçoadas. Enquanto os rolos não conseguem moer mais que 150-200 *puds* de grãos por dia, uma debulhadora a vapor de 10 cavalos pode moer de 2 mil a 2,5 mil *puds* por dia, e uma debulhadora a cavalo, de 700 a 800 *puds* por dia. É por isso que a cada ano aumenta a procura por instrumentos agrícolas, ceifadeiras e debulhadoras, a tal ponto que as oficinas e as fábricas de equipamentos agrícolas, como aconteceu neste ano, ficam sem estoque e não podem satisfazer a demanda dos agricultores. Uma das razões mais importantes para a disseminação de equipamentos aprimorados é a queda dos preços dos cereais, que obriga os proprietários rurais a baixar o custo da produção.

[97] *Свод отчетов фабричных инспекторов за 1903 г.* [Compilação dos relatórios de inspetores fabris de 1903].

havia 12.902, em 1902, 14.609, em 1903, 16.021, em 1904, 17.287, torna-se evidente a gigantesca revolução que o capitalismo operou em nossa agricultura no decorrer das últimas duas ou três décadas. Os *zemstvos* prestaram um grande serviço, acelerando esse processo. No início de 1897, os armazéns de máquinas e equipamentos agrícolas "já existiam em 11 províncias e 203 administrações distritais dos *zemstvos*, com um capital de giro de cerca de 1 milhão de rublos"[98]. Na província de Poltava, o volume de negócios dos armazéns dos *zemstvos* aumentou de 22,6 mil rublos em 1890 para 94,9 mil rublos em 1892 e 210,1 mil rublos em 1895. Em seis anos, foram vendidos 12.600 arados, 500 tararas e separadoras, 300 ceifadeiras, 200 debulhadoras a tração equestre. "Os cossacos e os camponeses são os principais compradores de ferramentas dos armazéns dos *zemstvos*; eles são responsáveis por 70% de todas as vendas de arados e debulhadoras a tração equestre. Os compradores de semeadoras e ceifadeiras eram principalmente proprietários, e dos grandes, os que possuem mais de 100 *dessiatinas* de terra"[99].

Segundo o relatório da administração dos *zemstvos* da província de Ekaterinoslav para o ano 1895, "as ferramentas agrícolas aperfeiçoadas se difundem na província a passos bastante velozes". Por exemplo, no distrito de Verkhnednepróvsk, havia:

		1894	1895
Arados, semeadoras e plantadeiras	entre os donos de terras	5.220	6.752
	entre os camponeses	27.271	30.112
Debulhadoras de tração equestre	entre os donos de terras	131	290
	entre os camponeses	671	838[100]

De acordo com os dados da administração dos *zemstvos* da província de Moscou, os camponeses possuíam, em 1895, 41.210 arados; 20,2% do número total de agregados familiares tinham esses arados[101]. Na província de Tver,

[98] *Viéstnik Finánsov*, n. 21, 1897.

[99] Idem, n. 4, 1897.

[100] Idem, n. 6, 1897

[101] Idem, n. 31, 1896.

segundo cálculo especial de 1896, havia 51.266 arados, o que corresponde a 16,5% do número total de agregados familiares. No distrito de Tver, em 1890, havia apenas 290 arados, enquanto em 1896 eram 5.581 arados[102]. Pode-se julgar, portanto, com que velocidade se processa a consolidação e a melhora da agricultura entre a burguesia camponesa.

8. O SIGNIFICADO DAS MÁQUINAS NA AGRICULTURA

Uma vez estabelecido o fato do desenvolvimento extremamente rápido da maquinaria agrícola e do emprego de máquinas na agricultura russa pós-reforma, devemos examinar a questão do significado socioeconômico desse fenômeno. Do que foi exposto sobre a economia da agricultura camponesa e latifundiária, derivam as seguintes teses: por um lado, o capitalismo é justamente a força que provoca e amplia o uso de máquinas na agricultura; por outro, o emprego de máquinas na agricultura contém um caráter capitalista, ou seja, conduz à formação das relações capitalistas e ao seu posterior desenvolvimento.

Vamos nos deter na primeira dessas teses. Vimos que o sistema econômico de pagamento em trabalho na terra senhorial e a economia camponesa patriarcal, indissoluvelmente ligada àquele, baseia-se, por sua própria natureza, na técnica rotineira, na conservação dos antigos meios de produção. Na estrutura interna desse regime econômico, não há quaisquer impulsos para a transformação da técnica; pelo contrário, o afastamento e o isolamento da propriedade agrícola, a miséria e o rebaixamento do campesinato dependente excluem a possibilidade de introdução de aprimoramentos. Assinalemos, em particular, que o pagamento pela atividade laboral na economia de pagamento em trabalho é muito mais baixo (como vimos) que no emprego do trabalho livremente contratado; e é sabido que o baixo salário constitui um dos principais obstáculos à introdução de máquinas. Com efeito, os fatos nos dizem que o amplo movimento em direção ao aperfeiçoamento da técnica

---

[102] *Сборник стат. свед. по Тверской губ.* [Coletânea de informações estatísticas da província de Tver], v. XIII, fasc. II, p. 91 e 94.

agrícola teve início apenas no período pós-reforma, ou seja, no período de desenvolvimento da economia mercantil e do capitalismo. A concorrência criada pelo capitalismo e a dependência do agricultor em relação ao mercado mundial tornaram o aperfeiçoamento da técnica uma necessidade, e a queda dos preços dos cereais agudizou particularmente essa necessidade[103].

Para explicar a segunda tese, devemos considerar a propriedade latifundiária e a camponesa. Quando o latifundiário introduz uma máquina ou equipamento aprimorado em sua propriedade, ele substitui o inventário do camponês (que trabalhava para ele) pelo seu próprio inventário; passa, consequentemente, do sistema de pagamento em trabalho para o sistema capitalista. A proliferação de máquinas agrícolas significa a substituição do pagamento em trabalho pelo capitalismo. É possível, evidentemente, que, como condição, por exemplo, da locação da terra, o latifundiário exija pagamento em trabalho na forma de diária com uso de colheitadeira, debulhadora e assim por diante, mas esse é um pagamento de segundo tipo, que transforma o camponês em diarista. Semelhantes "exceções", portanto, apenas confirmam a regra de que a aquisição de inventários aprimorados pelos donos de propriedades agrícolas de posse privada significa transformar o camponês submetido à servidão ("independente", na terminologia populista) em trabalhador assalariado – exatamente do mesmo modo que a aquisição de equipamentos de produção próprios pelo mercador, que distribui trabalho em domicílio, significa transformar o "artesão" submetido à servidão em trabalhador assalariado. A aquisição de inventário próprio pelo latifundiário leva, inevitavelmente, à destruição do campesinato médio, que obtém sua subsistência por meio do pagamento em trabalho. Já vimos que o pagamento em trabalho é uma "indústria" específica precisamente do

---

[103] "Nos últimos dois anos, por influência dos baixos preços dos cereais e da necessidade de baratear a todo custo a produção agrícola, as colheitadeiras começaram a se espalhar tão rapidamente que os armazéns não foram capazes de satisfazer toda a demanda a tempo" (Teziakov, *Сельскохозяйственные рабочие и организация за ними санитарного надзора в Херсонской губ.*, cit., p. 71). A atual crise agrícola é uma crise capitalista. Como todas as crises capitalistas, arruína os fazendeiros e os patrões de uma localidade, de um país, de um ramo da agricultura, dando ao mesmo tempo um gigantesco impulso ao desenvolvimento do capitalismo em outra localidade, em outro país, em outros ramos da agricultura. A incompreensão desse traço fundamental da crise atual e de sua natureza econômica é o principal erro dos raciocínios acerca desse tema dos senhores N., Kablukov, entre outros.

campesinato médio, cujo inventário, portanto, é parte integrante não apenas da propriedade agrícola camponesa, mas também da latifundiária[104]. Por isso, a proliferação de máquinas agrícolas e ferramentas aperfeiçoadas, bem como a expropriação do campesinato, são fenômenos indissoluvelmente interligados. O fato de a proliferação de ferramentas aperfeiçoadas ter o mesmo sentido no campesinato dificilmente demandaria explicação depois do que foi exposto no capítulo anterior. O emprego sistemático de máquinas na agricultura substitui o camponês de maneira tão inexorável quanto o tear a vapor substituiu o tecelão artesanal.

Os resultados da utilização de máquinas na agricultura confirmam o que foi dito, mostrando os traços típicos do progresso capitalista com todas as suas contradições particulares. As máquinas aumentam, em grande medida, a produtividade do trabalho na agricultura, que até a época contemporânea manteve-se quase completamente à margem do desenvolvimento social. Por isso, o simples fato do uso crescente de máquinas na agricultura russa é suficiente para que se veja a completa inconsistência da afirmação do senhor N. sobre a "estagnação absoluta"[105] da produção de cereais na Rússia e até da "diminuição da produtividade" do trabalho agrícola. Ainda voltaremos a essa afirmação, que contradiz os fatos amplamente admitidos, mas era necessária ao senhor N. em sua idealização da ordem pré-capitalista.

Além disso, as máquinas conduzem à concentração da produção e à adoção da cooperação capitalista na agricultura. A introdução de máquinas, por um lado, requer uma quantidade significativa de capital e, por isso, só é acessível aos grandes patrões; por outro, a máquina só se paga se processar uma enorme quantidade de produtos; com a introdução de máquinas, o

---

[104] O senhor V. V. exprime essa verdade (de que a existência do campesinato médio é condicionada em grande parte pela existência do sistema de pagamento em trabalho nos latifúndios) de maneira original: "O proprietário participa, por assim dizer, dos custos de manutenção de seu (do camponês) inventário". "Daí resulta", observa com razão o senhor Sanin, "que não é o trabalhador que trabalha para o dono da terra, mas o dono da terra para o trabalhador" (A. Sanin, "Несколько замечаний по поводу теории народного производства" [Algumas observações sobre a teoria da produção popular], anexo à tradução russa do livro de Gúrvitch, *Экон. полож. русской деревни* [A situação econômica da aldeia russa] (Moscou, 1896), p. 47.

[105] N., *Очерки нашего пореформенного общественного хозяйства*, cit., p. 32.

aumento da produção se torna uma necessidade. A proliferação de colheita-deiras, debulhadoras, e assim por diante, indica, portanto, a concentração da produção agrícola; e, de fato, veremos a seguir que a região agrícola russa que desenvolveu particularmente o emprego de máquinas (Nova Rússia) distin-gue-se também pelas dimensões significativas de suas propriedades agrícolas. Notemos apenas que seria um erro supor que a concentração na agricultura se dá unicamente sob a forma de expansão extensiva das lavouras (como faz o senhor N.); na verdade, a concentração da produção agrícola manifesta-se sob as mais variadas formas, segundo aquelas da agricultura comercial (ver o próximo capítulo). A concentração da produção está indissoluvelmente ligada à ampla cooperação dos trabalhadores na propriedade agrícola. Vimos acima um exemplo de uma grande economia que, para a colheita de grãos, coloca em funcionamento *centenas* de colheitadeiras ao mesmo tempo. "A debulhadora movida por 4-8 cavalos demanda de 14 a 23 ou mais trabalhadores, dos quais metade são mulheres e meninos adolescentes, ou seja, semitrabalhadores [...]. As debulhadoras a vapor de 8 a 10 cavalos de força que existem em quase to-das as grandes propriedades [da província de Kherson] demandam ao mesmo tempo de 50 a 70 trabalhadores, dos quais mais da metade é composta de semi-trabalhadores, meninas e meninos entre 12 e 17 anos de idade"[106]. "As grandes propriedades, onde se reúnem ao mesmo tempo de 500 a mil trabalhadores, podem ser comparadas sem hesitação a empresas industriais", nota com razão o mesmo autor[107]. Assim, enquanto os populistas tagarelavam sobre o fato de que a "comunidade" "poderia facilmente" introduzir a cooperação na agricul-tura, a vida seguia seu curso e o capitalismo, tendo decomposto a comunidade em grupos econômicos com interesses opostos, criou grandes propriedades agrícolas baseadas na ampla cooperação de trabalhadores assalariados.

Do exposto anteriormente, fica claro que as máquinas *criam* um merca-do interno para o capitalismo: em primeiro lugar, um mercado para os meios de produção (produtos para a fabricação de máquinas, mineração etc. etc.)

---

[106] Teziakov, *Сельскохозяйственные рабочие и организация за ними санитарного надзора в Херсонской губ.*, cit., p. 93.

[107] Ibidem, p. 151. Ver também o capítulo seguinte, seção 2, em que são citados dados mais pormenori-zados sobre as dimensões das explorações agrícolas capitalistas nessa região da Rússia.

e, em segundo lugar, um mercado para a força de trabalho. A introdução de máquinas, como vimos, leva à substituição do pagamento em trabalho na terra senhorial pelo trabalho livre assalariado e à criação de propriedades agrícolas camponesas com trabalhadores rurais assalariados. O emprego maciço de máquinas agrícolas pressupõe a existência maciça de trabalhadores agrícolas assalariados. Em localidades onde o capitalismo agrícola está mais desenvolvido, esse processo de *introdução* do trabalho assalariado ao lado da introdução de máquinas entrecruza-se com outro processo: o da substituição dos trabalhadores pelas máquinas. Por um lado, a formação da burguesia camponesa e a passagem dos proprietários agrícolas do pagamento em trabalho para o capitalismo *criam* a demanda por trabalhadores assalariados; por outro, onde a propriedade já era baseada no trabalho assalariado, as máquinas *substituem* os trabalhadores assalariados. Sobre o resultado geral de ambos os processos para toda a Rússia, ou seja, o número de trabalhadores rurais assalariados aumenta ou diminui, não há dados estatísticos exatos e maciços. Não resta dúvida de que, até agora, esse número tem aumentado (ver o parágrafo a seguir). Supomos que ainda agora continue a aumentar[108]: em primeiro lugar, os dados de substituição de trabalhadores assalariados por máquinas agrícolas estão disponíveis unicamente para a Nova Rússia; já em outras regiões de agricultura capitalista (territórios bálticos e ocidentais, regiões periféricas orientais, algumas províncias industriais) esse processo não foi ainda computado em larga escala. Resta uma enorme região onde predomina o pagamento em trabalho na terra senhorial e, nessa região, a introdução de máquinas criou a procura por trabalhadores assalariados. Em segundo lugar, o aumento da intensidade da agricultura (introdução da cultura de raízes, por exemplo) amplia em enorme escala a procura por trabalho assalariado (ver o capítulo IV). A diminuição do número absoluto de trabalhadores rurais assalariados (em contraste com os industriais) deve ocorrer, é claro, em determinado estágio de desenvolvimento do capitalismo, a saber, quando a agricultura de todo o país estiver completamente organizada de

---

[108] É pouco provável que seja necessário esclarecer que, num país com uma massa de camponeses, o aumento absoluto do número de operários assalariados é plenamente compatível não só com a diminuição relativa, mas também com a diminuição absoluta da população rural.

maneira capitalista e o emprego de máquinas para as mais variadas operações da agricultura se generalizar.

No que se refere à Nova Rússia, pesquisadores locais constatam as consequências usuais do capitalismo altamente desenvolvido. As máquinas substituem os trabalhadores assalariados e criam um exército de reserva capitalista na agricultura. "Foram-se os tempos dos preços fabulosos da mão de obra na província de Kherson. Graças [...] ao fortalecimento da difusão de ferramentas agrícolas [...]" (entre outras coisas) *os preços da mão de obra estão caindo sistematicamente*" (destaque do autor). "A proliferação das ferramentas agrícolas, liberando as grandes propriedades agrícolas da dependência de trabalhadores[109] e, ao mesmo tempo, diminuindo a procura por mão de obra, coloca os trabalhadores em uma difícil situação"[110]. O mesmo constata outro médico sanitarista dos *zemstvos*, o senhor Kudriátsev, em seu trabalho: *Trabalhadores agrícolas forasteiros na feira de são Nicolau, no povoado de Kakhovka, província de Táurida, e sua inspeção sanitária em 1895*[111]. "O preço da mão de obra [...] continua a cair, e uma parte significativa dos trabalhadores forasteiros fica sem trabalho, sem receber salário nenhum, ou seja, cria-se o que, na língua da ciência econômica, chama-se exército trabalhador de reserva – um excedente artificial de população"[112]. A queda do preço do trabalho causada por esse exército de reserva chega às vezes a tal ponto que "muitos patrões, mesmo tendo suas próprias máquinas, preferiram (em 1895) "a colheita manual àquela feita

---

[109] O senhor Ponomariov exprime-se da seguinte maneira a esse respeito: "As máquinas, ao regularizar o preço da colheita, provavelmente disciplinarão ao mesmo tempo os trabalhadores" (artigo na revista *Sélskoe khoziaistvo i lessovódstvo* [Agricultura e silvicultura], citado conforme o *Viéstnik Finánsov*, 1896, p. 14). Lembremo-nos de como o "Píndaro da fábrica capitalista", o doutor Andrew Ure, saudou as máquinas que criam "ordem" e "disciplina" entre os trabalhadores. O capitalismo agrícola na Rússia conseguiu criar não só as "fábricas agrícolas", mas também os "Píndaros" dessas fábricas.

[110] Teziakov, *Сельскохозяйственные рабочие и организация за ними санитарного надзора в Херсонской губ.*, cit., p. 66-71.

[111] Kudriátsev, *Пришлые с.-х. рабочие на Николаевской ярмарке в местечке Каховке Таврической губернии и санитарный надзор за ними в 1895 году* [Trabalhadores agrícolas forasteiros na feira de são Nicolau, no povoado de Kakhovka, província de Táurida, e sua inspeção sanitária em 1895] (Kherson, 1896).

[112] Ibidem, p. 61.

com a máquina"[113]! Esse fato mostra da maneira mais evidente e persuasiva que qualquer reflexão toda a profundidade das contradições próprias do emprego capitalista das máquinas!

Outra consequência do emprego de máquinas é o aumento do uso do trabalho feminino e infantil. A agricultura capitalista em formação criou, em geral, uma certa hierarquia entre os trabalhadores que se assemelha em muito à hierarquia dos trabalhadores fabris. Assim, a economia do Sul da Rússia divide-se em: a) *trabalhadores completos*: homens adultos, capazes de realizar todos os trabalhos; b) *semitrabalhadores*: mulheres e homens até 20 anos; os semitrabalhadores se dividem em duas categorias: aa) *semitrabalhadores em sentido estrito*: de 12 a 13 anos até 15 a 16 anos; e bb) *semitrabalhadores de grande força* ("na linguagem econômica, 'três quartos' de trabalhador")[114]: de 16 a 20 anos, capazes de executar todos os trabalhos de um trabalhador completo, com exceção da ceifa; e, finalmente, c) *semitrabalhadores de pequena ajuda*: crianças que não sejam menores de 8 anos e maiores de 14 anos; elas cuidam de porcos, bezerros, capinam a lavoura e conduzem o animal no arado. Não raro elas trabalham em troca de comida e roupa. A introdução de equipamentos agrícolas "desvaloriza o trabalho do trabalhador completo" e possibilita que ele seja trocado pelo trabalho mais barato de mulheres e adolescentes. Os dados estatísticos sobre os trabalhadores forasteiros confirmam a substituição do trabalho masculino pelo feminino: em 1890, no povoado de Kakhovka e na cidade de Kherson, 12,7% do total de trabalhadores eram mulheres; em 1894, em todas as províncias, 18,2% (10.239 de 56.464); em 1895, 25,6% (13.474 de 48.753). Crianças em 1893, 0,7% (de 10 a 14 anos); em 1895, 1,69% (de 7 a 14 anos). Dos trabalhadores locais do distrito de Elisavetgrad, na província de Kherson, 10,6% são crianças[115].

As máquinas aumentam a intensidade da atividade laboral dos trabalhadores. Por exemplo, o tipo mais difundido de colheitadeira (com saída

---

[113] Idem, da coletânea dos *zemstvos* de Kherson, de agosto de 1895.

[114] Teziakov, *Сельскохозяйственные рабочие и организация за ними санитарного надзора в Херсонской губ.*, cit., p. 72.

[115] Idem.

manual) recebeu o nome característico de *"lobogreika"* e *"tchubogreika"**, uma vez que demanda do trabalhador um esforço extraordinário: o trabalhador substitui o mecanismo de despejo[116]. Exatamente da mesma maneira, a intensidade do trabalho aumenta com as debulhadoras. O emprego capitalista da máquina cria também aqui (assim como em toda parte) um enorme impulso para a ampliação da jornada de trabalho. Surge o trabalho noturno, nunca visto antes na agricultura. "Em anos de boa colheita [...], o trabalho em algumas propriedades agrícolas e fazendas é feito até mesmo à noite"[117], sob iluminação artificial com tochas. Finalmente, o emprego sistemático de máquinas causa lesões nos trabalhadores rurais; o emprego de moças e crianças em máquinas resulta naturalmente em um número particularmente elevado de acidentes. Os hospitais e dispensários do *zemstvo* da província de Kherson, por exemplo, ficam repletos "quase exclusivamente de pacientes lesionados" durante a temporada agrícola, servindo como "uma espécie de hospital de campanha para o enorme exército de trabalhadores agrícolas que ficam permanentemente fora de combate, vítimas da implacável e destruidora atividade das máquinas e ferramentas agrícolas"[118]. Está nascendo uma literatura médica especializada nas lesões causadas pelas máquinas agrícolas. Há propostas de promulgação de diretrizes obrigatórias relativas ao emprego de máquinas agrícolas[119]. Na agricultura, assim como na indústria, a grande produção de maquinários impulsiona com vigor férreo as demandas por controle e regulamentação social da produção. Sobre as tentativas de semelhante controle, falaremos mais adiante.

Notemos, a título de conclusão, a atitude extremamente inconsequente dos populistas quanto à questão do emprego de máquinas na agricultura. Reconhecer a utilidade e o aumento progressivo do emprego das máquinas, defender todas as medidas que desenvolvem e facilitam esse emprego e, ao

---

* "Queima-testa" e "queima-topete". (N. T.)

[116] Ver *Производительные силы России*, cit., v. I, p. 52.

[117] Teziakov, *Сельскохозяйственные рабочие и организация за ними санитарного надзора в Херсонской губ.*, cit., p. 126.

[118] Idem.

[119] Idem.

mesmo tempo, não admitir que as máquinas são empregadas de modo capitalista na agricultura russa significa assumir o ponto de vista dos pequenos e médios agricultores. Ora, ignorar o caráter capitalista do emprego de máquinas agrícolas e equipamentos aprimorados é justamente o que fazem os nossos populistas, sem nem sequer tentar analisar que tipo de propriedade agrícola camponesa e latifundiária adota maquinaria. Irritado, o senhor V. V. chama o senhor Tcherniáev de "representante da técnica capitalista"[120]. Deve ser culpa precisamente do senhor V. Tcherniáev ou de qualquer outro funcionário do Ministério da Agricultura que as máquinas sejam empregadas na Rússia de modo capitalista! O senhor N. – apesar da promessa verborrágica de "não se desviar dos fatos"[121] – preferiu esquivar-se do fato de que foi justamente o capitalismo que fez o emprego de máquinas se desenvolver na nossa agricultura e até elaborou uma teoria ridícula segundo a qual o intercâmbio diminui a produtividade do trabalho na agricultura[122]! Criticar essa teoria, decretada sem nenhuma análise dos dados, não é nem possível nem necessário. Limitemo-nos a oferecer uma pequena amostra do raciocínio do senhor N.: "Se a produtividade do nosso trabalho tivesse dobrado, por um *tchétviert*** de trigo se pagariam, hoje, não doze rublos, mas seis, e isso é tudo"[123]. Está longe de ser tudo, venerável senhor economista. "Entre nós" (como em qualquer sociedade de economia mercantil), o aprimoramento da técnica é empreendido por patrões isolados e só gradativamente é adotado pelos demais. "Entre nós", somente os empresários rurais têm condições de aprimorar a técnica. "Entre nós", o progresso dos empresários rurais, pequenos e grandes, está indissoluvelmente ligado à ruína do campesinato e à formação do proletariado rural. Por isso, se a técnica aprimorada que encontramos nas propriedades dos empresários rurais se tornasse socialmente necessária (apenas sob essas condições o preço cairia pela metade), isso significaria que quase

---

[120] V. V., *Прогресс, течения*, p. 11.

[121] N., *Очерки нашего пореформенного общественного хозяйства*, cit., § XIV.

[122] Ibidem, p. 74.

* Em russo, "*четверть*": antiga medida russa equivalente, originalmente, à quarta parte de uma unidade de medida, podendo ser usada para volume, comprimento ou área. (N. T.)

[123] N., *Очерки нашего пореформенного общественного хозяйства*, cit., p. 234.

toda a agricultura passou para as mãos dos capitalistas, significaria que milhões de camponeses foram completamente proletarizados, significaria um crescimento gigantesco da população não rural e o crescimento das fábricas (para que a produtividade do trabalho na nossa agricultura dobrasse, seriam necessários um enorme desenvolvimento da fabricação de máquinas, da indústria mineira, do transporte a vapor, a construção em massa de novos tipos de edificações rurais, lojas, armazéns, canais etc. etc.). O senhor N. repete aqui um erro habitual de suas reflexões: ele salta por sobre os passos consecutivos necessários para o desenvolvimento do capitalismo, salta por sobre o complexo conjunto de transformações socioeconômicas que acompanham necessariamente o desenvolvimento do capitalismo e, em seguida, lamenta e chora o perigo da "destruidora ação" capitalista.

9. O TRABALHO ASSALARIADO NA AGRICULTURA

Passaremos, agora, à principal manifestação do capitalismo agrícola: o trabalho livre assalariado. Esse traço da economia pós-reforma se manifestou de maneira mais vigorosa nos extremos sul e leste da Rússia Europeia, manifestou-se numa migração maciça de trabalhadores agrícolas assalariados que ficou conhecida como "êxodo rural". Por isso, apresentaremos inicialmente os dados sobre essa região principal do capitalismo agrícola na Rússia e, em seguida, examinaremos os dados relativos a toda a Rússia.

Os enormes deslocamentos dos nossos camponeses em busca de trabalho por contrato vêm sendo assinalados há muito tempo em nossa literatura. Flieróvski já os havia apontado[124] e tentou estabelecer sua relativa proliferação em diferentes províncias. Em 1875, o senhor Tchaslavski ofereceu uma visão geral dos "êxodos rurais de industriais"[125] e indicou seu verdadeiro sentido ("criou-se [...] um tipo de população seminômade [...] algo como futuros assalariados rurais"). Em 1887, o senhor Raspopin reuniu uma série de

---

[124] Flieróvski, *Положение рабочего класса в России* [Situação da classe trabalhadora na Rússia] (São Petersburgo, 1869).

[125] Tchaslávski, *Сборник госуд. знаний* [Coletânea de ciências políticas], v. II (São Petersburgo, 1875).

dados estatísticos dos *zemstvos* sobre esse fenômeno e viu-o não como um "salário" dos camponeses em geral, mas como um processo de formação da classe de trabalhadores assalariados na agricultura. Nos anos 1890, apareceram os trabalhos dos senhores Korolenko, Rúdniev, Teziakov, Kudriátsev e Chakhóvskoi, graças aos quais o fenômeno foi estudado de maneira incomparavelmente mais completa.

A principal região de *chegada* dos trabalhadores agrícolas assalariados são as províncias da Bessarábia, Kherson, Ekaterinoslav, Dom, Samara, Sarátov (parte sul) e Oremburgo. Limitamo-nos à Rússia Europeia, contudo é preciso notar que o movimento vai ainda mais longe (sobretudo nos últimos tempos), abrangendo o Cáucaso do Norte, a região dos Urais etc. Dados sobre a agricultura capitalista nessa região (região de cultura comercial de grãos) serão citados no próximo capítulo; ali indicaremos também outras localidades de chegada de trabalhadores agrícolas. A principal região de saída de trabalhadores agrícolas é formada pelas províncias centrais das Terras Negras: Kazan, Simbirsk, Kharkov, Poltava, Tchernígov, Kiev, Podólia e Volínia[126]. Dessa maneira, a migração dos trabalhadores dirige-se das localidades mais povoadas para as menos povoadas e colonizadas; das localidades nas quais a servidão se desenvolveu mais para aquelas onde a servidão se desenvolveu de maneira mais frágil[127]; das localidades com maior desenvolvimento do pagamento em trabalho em terras senhoriais para aquelas onde houve um frágil desenvolvimento do pagamento em trabalho e um maior desenvolvimento do capitalismo. Os trabalhadores fogem, portanto, do trabalho "semilivre" para o trabalho livre. Seria um erro imaginar que essa fuga se resume exclusivamente a um deslocamento dos lugares mais densamente povoados para aqueles menos povoados. Um estudo da migração dos trabalhadores[128] mostrou um fenômeno original e importante: em muitos lugares, os trabalhadores partem em número

---

[126] No capítulo VIII, ao examinar o processo de migração dos trabalhadores assalariados na Rússia em seu conjunto, descreveremos mais detalhadamente a natureza e a direção do êxodo em diferentes localidades.

[127] Já Tchaslávski assinalou que, nas regiões de chegada de trabalhadores, a porcentagem de servos era de 4% a 15%, e nas regiões de saída, de 40% a 60%.

[128] S. Korolenko, *Вольнонаемный труд в хозяйствах и т. д*, cit.

tão grande que nesses locais ocorre uma insuficiência de mão de obra, a qual é resolvida pela chegada de trabalhadores vindos de fora. Isso quer dizer que a partida dos trabalhadores traduz não apenas a tendência da população de se distribuir de maneira mais uniforme em dado território como a tendência dos trabalhadores de se deslocar para onde a situação é melhor. Essa tendência se tornará plenamente compreensível quando recordarmos que na região de saída, região de pagamento em trabalho, os salários pagos aos trabalhadores rurais *são particularmente baixos*, enquanto na região de chegada, na região do capitalismo, os salários são incomparavelmente mais altos[129].

No que se refere à dimensão do "êxodo agrícola", dados gerais encontram-se somente no trabalho já citado do senhor Korolenko, que estima um excedente de trabalhadores (em comparação com a demanda *local*) de 6.360.000 pessoas em toda a Rússia Europeia, das quais 2.137.000 nas 15 províncias de êxodo agrícola citadas anteriormente, enquanto nas 8 províncias de imigração há uma insuficiência de trabalhadores estimada em 2.173.000 pessoas. Independentemente do fato de que os métodos de cálculo do senhor Korolenko estão longe de ser sempre satisfatórios, suas conclusões gerais (como veremos resumidamente a seguir) devem ser consideradas bastante corretas, e o número de trabalhadores nômades não só não é exagerado, como ainda está defasado em relação à realidade. Sem dúvida, desses 2 milhões de trabalhadores que chegam ao Sul, parte são trabalhadores não agrícolas. Mas o senhor Chakhóvskoi[130] calcula, de maneira absolutamente arbitrária, que os trabalhadores industriais correspondem a metade desse número. Em primeiro lugar, sabemos por todas as fontes que os trabalhadores que chegam a essa região são predominantemente agrícolas; em segundo, os trabalhadores agrícolas não vão apenas para as províncias acima citadas. O próprio senhor Chakhóvskoi fornece um número que confirma os cálculos do senhor Korolenko. É precisamente ele quem informa que nas onze províncias das Terras Negras (incluídas na região de

---

[129] Ver a tabela com dados relativos a dez anos no capítulo VIII, seção 4: "Formação do mercado interno da força de trabalho".

[130] Chakhóvskoi, *Сельскохозяйственные отхожие промыслы*, cit.

êxodo rural) foram emitidos, em 1891, 2.000.703 passaportes e permissões de saída[131], enquanto, segundo o cálculo do senhor Korolenko, o número de trabalhadores que se retiraram dessas províncias equivale somente a 1.745.913. Consequentemente, os números do senhor Korolenko não são de modo algum exagerados e o número total de trabalhadores rurais nômades na Rússia deve ser, evidentemente, superior a 2 milhões de pessoas[132]. Tal massa de "camponeses" que abandonam sua casa e seu *nadiel* (quando têm casa e *nadiel*) atesta claramente o gigantesco processo de transformação dos pequenos agricultores em proletários rurais assalariados.

É de se perguntar agora: quão grande é o número total de trabalhadores rurais assalariados na Rússia Europeia, tanto nômades quanto sedentários? A única tentativa que conhecemos de resposta a essa pergunta foi feita no trabalho do senhor Rúdniev: "As indústrias camponesas da Rússia Europeia"[133]. Esse trabalho extremamente valioso oferece um resumo dos dados estatísticos de 148 distritos em 19 províncias da Rússia Europeia. Dos 5.129.863 trabalhadores de sexo masculino (18 a 60 anos), estima-se que o número total de "industriais" é 2.798.122 pessoas, ou seja, 55% do número total de trabalhadores camponeses[134]. Em relação aos "industriais agrícolas", o

---

[131] Ibidem, p. 24.

[132] Há outra maneira de verificar as cifras do senhor Korolenko. A partir dos livros citados dos senhores Tezlakov e Kudriávtsev, ficamos sabendo que o número de operários rurais que utilizam a estrada de ferro, ainda que parcialmente, para ganhar seu "salário", representa cerca de um décimo do número total de trabalhadores (combinando os dados de ambos os autores, verifica-se que dos 72.635 trabalhadores inquiridos, apenas 7.827 percorriam, ainda que parcialmente, a estrada de ferro). Entretanto, o número de trabalhadores transportados em 1891 pelas três principais ferrovias que vão na direção analisada não excede 200 mil pessoas (170 a 189 mil), segundo informa Chakhóvskoi (*Сельскохозяйственные отхожие промыслы*, cit., p. 71, segundo dados das ferrovias). Consequentemente, o número total de trabalhadores que partem para o sul deve girar em torno de 2 milhões de pessoas. A propósito, a pequena proporção de trabalhadores rurais que utilizam as ferrovias indica a falácia das opiniões do senhor N., que supunha que os trabalhadores agrícolas formavam o grosso do tráfego de passageiros nas nossas ferrovias. O senhor N. perdeu de vista o fato de que os trabalhadores não agrícolas, por conseguir pagamentos mais altos, usam mais as estradas de ferro, e o período de migração desses trabalhadores (por exemplo, construtores, escavadores, estivadores, entre muitos outros) também é na primavera e no verão.

[133] Rúdniev, "Промыслы крестьян в Европейской России" [As indústrias camponesas da Rússia Europeia], em *Сборник Саратовского земства* [Coletânea do *zemstvo* de Sarátov], 1894, n. 6 e 11.

[134] Esse número não inclui, portanto, a massa de camponeses para quem o trabalho agrícola por contrato não constitui a ocupação principal, mas é tão essencial quanto sua própria lavoura.

autor conta apenas os trabalhadores rurais que trabalham *por contrato* (assalariados rurais, diaristas, pastores, empregados de fazendas de gado).

A definição da porcentagem de trabalhadores agrícolas em relação ao número total de homens em idade de trabalhar nas distintas províncias e regiões da Rússia leva o autor à conclusão de que, na zona das Terras Negras, 25% dos trabalhadores de sexo masculino trabalham por contrato e, nas zonas fora das Terras Negras, cerca de 10%. Isso resulta numa cifra de 3,395 milhões de trabalhadores agrícolas na Rússia Europeia ou, arredondada, de 3,5 milhões de pessoas[135] (esse número corresponde a cerca de 20% do total de homens em idade de trabalhar). É preciso notar que, segundo afirma o senhor Rúdniev, "diárias e trabalhos por demanda foram incluídos pelos estatísticos como indústrias apenas nos casos em que constituíam a principal ocupação de uma determinada pessoa ou família"[136].

Os números do senhor Rúdniev devem ser considerados mínimos, primeiro, porque os dados dos censos dos *zemstvos* estão mais ou menos desatualizados, referindo-se aos anos 1880 e, às vezes, até aos anos 1870; segundo, porque na definição da porcentagem de trabalhadores agrícolas não se dá nenhuma atenção às regiões de capitalismo agrícola altamente desenvolvido – as províncias bálticas e ocidentais. Mas, na ausência de outros dados, devemos adotar esse número de 3,5 milhões de pessoas.

Verifica-se, portanto, que cerca de *um quinto* dos camponeses já se encontra em uma situação em que sua "principal atividade" é o trabalho assalariado realizado para camponeses abastados e latifundiários. Vemos aqui o primeiro grupo de empresários que buscam a força de trabalho do proletariado rural. São esses empresários rurais que empregam *cerca de metade do grupo inferior do campesinato.* Assim, observa-se uma completa

---

[135] Rúdniev, "Промыслы крестьян в Европейской России", cit., n. 11, p. 448.

[136] Ibidem, p. 446. Como também indica o senhor Rúdniev, nas "indústrias" estão incluídos todos os tipos de ocupação dos camponeses, exceto a cultura em terras próprias, compradas ou arrendadas. Não há dúvida de que a maioria desses "industriais" é de trabalhadores assalariados da agricultura e da indústria. É por isso que chamamos a atenção do leitor para a proximidade desses dados com a nossa estimativa do número de proletários rurais: no capítulo II, admitimos que estes últimos constituem cerca de 40% dos camponeses. Aqui vemos 55% de "industriais", dos quais, provavelmente, mais de 40% estão ocupados com todos os tipos de trabalho assalariado.

interdependência entre a formação da classe dos empresários rurais e a ampliação dos grupos inferiores do "campesinato", ou seja, o aumento do número de proletários rurais. Entre esses empresários rurais, desempenha um papel de destaque a burguesia camponesa: por exemplo, em nove distritos da província de Vorónej, do número total de assalariados rurais, 43,4% são contratados por camponeses. Se admitirmos essa porcentagem como norma para todos os trabalhadores rurais e para toda a Rússia, verificaremos que a burguesia camponesa necessita de 1,5 milhão de trabalhadores agrícolas. O mesmo "campesinato" que lança no mercado milhões de trabalhadores em busca de um empregador apresenta uma procura impressionante por trabalhadores contratados.

10. O SIGNIFICADO DO TRABALHO LIVRE ASSALARIADO NA AGRICULTURA

Tentemos delinear os principais traços das relações sociais que se formaram na agricultura com o emprego do trabalho livre assalariado, bem como definir seu significado.

Os trabalhadores agrícolas que chegam em massa ao Sul pertencem às camadas pobres do campesinato. Dos que chegam à província de Kherson, sete décimos vão a pé, porque não têm meios para comprar passagens ferroviárias: "percorrem centenas e milhares de *verstas* ao longo das estradas de ferro e às margens dos rios navegáveis, admirando os belos quadros dos trens velozes e dos navios a vapor que navegam suavemente"[137]. Em média, os trabalhadores carregam consigo cerca de dois rublos[138]; não raro, não têm dinheiro suficiente sequer para o passaporte e conseguem por dez copeques uma permissão de ausência mensal. A viagem dura de dez a doze

---

[137] Teziakov, *Сельскохозяйственные рабочие и организация за ними санитарного надзора в Херсонской губ.*, cit., p. 35.

[138] O dinheiro para a viagem é obtido com venda de bens, ou mesmo de pertences, hipoteca da terra de *nadiel*, penhora de objetos, roupas etc., ou até mesmo empréstimo de dinheiro "de sacerdotes, latifundiários e cúlaques locais", a ser pago em trabalho (Chakhóvskoi, *Сельскохозяйственные отхожие промыслы*, cit., p. 55).

dias, e os pés dos andarilhos, em virtude das tão enormes jornadas (às vezes descalços na lama fria da primavera), ficam inchados, cobertos de calos e escoriações. Cerca de um décimo dos trabalhadores viaja em *dubis* (grandes embarcações feitas de tábuas, com capacidade para cinquenta a oitenta pessoas e que, em geral, lotam completamente). Os trabalhos de uma comissão oficial (Zveguintsev) apontam o extremo perigo de tal meio de transporte: "Não se passa nem um ano sem que um, dois e até mais *dubis* superlotados afundem com seus passageiros"[139]. A grande maioria dos trabalhadores possui terras de *nadiel*, mas em quantidade absolutamente insignificante. "Em essência, pois", nota corretamente o senhor Teziakov, "todos esses milhares de trabalhadores agrícolas são proletários sem-terra, para quem toda a existência depende, agora, de trabalhos fora de sua localidade natal [...]. A perda de terras avança rapidamente e, com isso, cresce o número do proletariado rural."[140] A rapidez desse crescimento é evidenciada pelo número de trabalhadores novatos, ou seja, que são contratados pela primeira vez. Esses novatos somam cerca de 30%. Entre outras coisas, pode-se julgar por esse número a rapidez do processo, que cria quadros de trabalhadores rurais *permanentes*.

O deslocamento em massa de trabalhadores criou formas especiais de contratação, características do capitalismo altamente desenvolvido. No Sul e no Sudeste, formaram-se muitos mercados de trabalho, onde se reúnem milhares de trabalhadores e para onde concorrem os empregadores. Tais mercados ocorrem, em geral, nas cidades, nos centros industriais, nas aldeias mercantis, nas feiras. O caráter industrial dos centros atrai, sobretudo, trabalhadores que se empregam de maneira voluntária também em trabalhos não agrícolas. Por exemplo, na província de Kiev, os mercados de trabalho são os povoados de Chpola e Smila (grandes centros de indústria de açúcar de beterraba) e as montanhas de Bélaia Tserkov. Na província de Kherson, os mercados de trabalhadores são as aldeias mercantis (Nova Ucrânia, Birzula,

---

[139] Teziakov, *Сельскохозяйственные рабочие и организация за ними санитарного надзора в Херсонской губ.*, cit., p. 34.

[140] Ibidem, p, 77.

A PASSAGEM DA AGRICULTURA BASEADA NA CORVEIA PARA A CAPITALISTA   257

Mostovoe, onde, aos domingos, reúnem-se mais de 9 mil trabalhadores, entre outros), as estações ferroviárias (Znamenka, Dolínskaia, entre outras), as cidades (Elizavetgrad, Bobrínets, Voznessensk, Odessa, entre outras). No verão, os burgueses, os peões e os "cadetes" (nome local para os vagabundos) de Odessa também concorrem aos trabalhos agrícolas. Em Odessa, os trabalhadores rurais são contratados na chamada praça Sereda (ou "*Kossarka*"). "Os trabalhadores vão para Odessa, evitando outros mercados, na esperança de aqui encontrar melhores salários."[141] O povoado de Kryvy Rih é um grande mercado de contratação de trabalhadores agrícolas e mineiros. Na província de Táurida, destaca-se de maneira especial o mercado do povoado de Kakhovka, onde se reuniam até 40 mil trabalhadores e, nos anos 1890, de 20 mil a 30 mil – agora, a julgar por alguns dados, ainda menos. Na província da Bessarábia, convém citar a cidade de Akkerman, na província de Ekaterinoslav, a cidade de Ekaterinoslav e a estação de Lozova; na do Don, Rostov, para onde concorrem anualmente até 150 mil trabalhadores. No Cáucaso do Norte, as cidades de Ekaterinodar e Nova Rússia, a estação de Tikhoretsk e outras. Na província de Samara, o subúrbio de Pokrov (em frente a Sarátov), a aldeia de Balkovo e outras. Na província de Sarátov, as cidades de Khvalynsk e Volsk. Na província de Simbirsk, a cidade de Syzran. Dessa maneira, o capitalismo criou nas regiões periféricas uma nova forma de "união entre a agricultura e a indústria", a saber, a união do trabalho agrícola e não agrícola assalariado. Em larga escala, tal união é possível apenas na época do último estágio, o estágio superior do capitalismo, da grande indústria mecanizada, que mina a importância da arte, do "ofício", facilitando a passagem de uma ocupação para outra e nivelando as formas de contratação[142].

E, de fato, as formas de contratação nessa localidade são muito originais e bastante características da agricultura capitalista. Todas aquelas formas

---

[141] Ibidem, p. 58.

[142] O senhor Chakhóvskoi indica outra forma de combinar trabalho agrícola e trabalho não agrícola. Milhares de balsas descem o Dniepre em direção às cidades baixas. Em cada uma vão 15 a 20 trabalhadores (balseiros) – em sua maioria bielorrussos e grão-russos da província de Oriol. "Eles recebem literalmente um centavo por todo o tempo de navegação", esperando principalmente se empregar na colheita e na debulha. Essa esperança se justifica apenas nos anos "bons".

semipatriarcais, semiescravas de trabalho assalariado, tão frequentes na região central das Terras Negras, estão desaparecendo aqui. Restam apenas as relações entre contratante e contratado, uma transação comercial de compra e venda de força de trabalho. Como sempre nas relações capitalistas desenvolvidas, os trabalhadores preferem a contratação diária ou semanal, que lhes permite regular mais exatamente o pagamento de acordo com a demanda por trabalho. "Em torno de cada mercado (um círculo de umas 40 *verstas*), os preços são estabelecidos com precisão matemática, e regatear o preço é muito difícil para o contratante, visto que o mujique recém-chegado pode bem ficar no mercado ou seguir adiante antes de aceitar um pagamento mais baixo."[143] É evidente que fortes oscilações nos preços do trabalho levam a inúmeras violações de acordos, não apenas de uma parte, como afirmam normalmente os contratantes, mas de ambas as partes: "As greves ocorrem de ambas as partes; os trabalhadores combinam de pedir mais; já os contratantes, de oferecer menos"[144]. Até que ponto reina abertamente aqui, nas relações entre as classes, "o vil metal" fica evidente, por exemplo, no seguinte fato: "Os contratantes experientes sabem muito bem" que os trabalhadores "cedem" apenas quando já comeram todo o seu pão. "Um patrão contou que, ao chegar ao mercado para contratar trabalhadores [...], pôs-se a andar pelas fileiras e apalpar as bolsas com uma vara [*sic*!]: com aqueles trabalhadores que têm pão ele nem conversa, apenas vai embora do mercado" e espera até que "apareçam no mercado bolsas vazias"[145].

Como em qualquer capitalismo desenvolvido, nota-se também aqui que o pequeno capital oprime particularmente o trabalhador. Por um simples

---

[143] Chakhóvskoi, *Сельскохозяйственные отхожие промыслы*, cit., p. 104.

[144] Ibidem, p. 107. "Na época da colheita, quando a safra é boa, o trabalhador triunfa e não é fácil convencê-lo. Dão-lhe um preço, mas ele não aceita; continua repetindo: 'Se me der o que peço, eu vou'. E isso, não porque haja pouca mão de obra, mas porque, como dizem os próprios trabalhadores, 'é a nossa mão'" (Mensagem de um escrivão do *vólost* – ibidem, p. 125). "Se a colheita vai mal e o preço da mão de obra cai, o empregador-cúlaque aproveita-se disso e demite o trabalhador antes do prazo, e a temporada alta do trabalhador é gasta ou para encontrar trabalho na mesma região ou na viagem", confessa um correspondente latifundiário (ibidem, p. 132).

[145] Segundo o *Siélski Viéstnik* [Mensageiro Rural], n. 15, 1890; Chakhóvskoi, *Сельскохозяйственные отхожие промыслы*, cit., p. 107-8.

cálculo comercial[146], o grande contratante renuncia aos pequenos abusos, que dão pouco lucro e ameaçam grandes perdas por conflito. Por isso, por exemplo, os grandes contratantes (que contratam de trezentos a oitocentos trabalhadores) esforçam-se para não liberar os trabalhadores aos fins da semana e estabelecem eles mesmos os valores de acordo com a demanda de trabalho; alguns introduzem até mesmo um sistema de suplementação dos pagamentos quando há aumento do preço pago pelo tempo trabalhado nas redondezas; e todas as evidências mostram que essas suplementações são mais que recompensadas pelo melhor trabalho e pela ausência de conflitos[147]. O pequeno patrão, ao contrário, não se detém diante de nada. "Os mujiques sitiantes e os colonos alemães 'selecionam' os trabalhadores, pagam de 15% a 20% a mais, porém a quantidade de trabalho que esses patrões 'espremem' dos trabalhadores é cerca de 50% a mais."[148] As "moças", com esses patrões, não conhecem "nem dia nem noite", como elas mesmas dizem. Os colonos, ao contratar ceifeiros, obrigam seus filhos a ir na última fileira (ou seja, apressando os trabalhadores!) *em turnos*, de modo que se revezam três vezes por dia, tornando-se novas forças para apressar os trabalhadores: "Por isso é tão fácil reconhecer, pela aparência exaurida, aqueles que trabalham para colonos alemães". "Em geral, os mujiques sitiantes e os alemães evitam contratar trabalhadores que já tenham servido em grandes fazendas. '*Conosco, vocês não aguentarão*', dizem claramente."[149]

A grande indústria mecanizada, ao concentrar as massas de trabalhadores, ao transformar os modos de produção, ao violar todas as capas e ouropéis tradicionais e patriarcais que escondem as relações entre as classes, leva

---

[146] Ver Friedrich Engels, "Prefácio", em *Sobre a questão da moradia* (trad. Nélio Schneider, São Paulo, Boitempo, 2015).

[147] Chakhóvskoi, *Сельскохозяйственные отхожие промыслы*, cit., p. 130-2 e 104.

[148] Ibidem, p. 116.

[149] Idem. Encontramos as mesmas características nos "cossacos" da região de Kuban: "Os cossacos tentam reduzir o preço da mão de obra de todas as maneiras possíveis!, agindo sozinhos ou em comunidades inteiras" [*sic*! É uma pena que não tenhamos mais detalhes sobre essa nova função da "comunidade"!], "lucrando com a alimentação, o trabalho, os cálculos, retendo o passaporte dos trabalhadores, conseguindo sentenças públicas que obrigam os patrões a não pagar os trabalhadores acima do determinado sob pena de multa etc." (A. Beloboródov, "Пришлые рабочие на Кубанщине" [Trabalhadores forasteiros em Kuban], *Siévierni Viéstnik*, fev. 1896, p. 5).

sempre a atenção da sociedade para essas relações, para a tentativa de controle e regulação sociais. Esse fenômeno – que recebeu uma expressão particularmente evidente na inspeção fabril – começa a manifestar-se também na agricultura capitalista russa, justamente na região de seu maior desenvolvimento. A questão da situação sanitária dos trabalhadores foi colocada na província de Kherson ainda em 1875, no segundo congresso provincial de médicos do *zemstvo* de Kherson, tendo sido retomada em 1888; em 1889, foi criado um programa de estudo da situação dos trabalhadores. A pesquisa sanitária, realizada em 1889-1890 (longe de ser completa), levantou a ponta do véu que encobria as condições dos trabalhadores nas aldeias distantes. Verificou-se, por exemplo, que na maioria dos casos não há moradias para os trabalhadores; quando há barracas, são comumente construídas de maneira bastante anti-higiênica; "não é raro" que se encontrem *escavações* onde vivem, por exemplo, os pastores de ovelhas, sofrendo cruelmente com a umidade, o pouco espaço, o frio, a escuridão, a atmosfera sufocante. A alimentação dos trabalhadores é, muitas vezes, insatisfatória. A jornada de trabalho estende-se, em geral, de 12 horas e meia a 15 horas, ou seja, muito mais longa que a jornada de trabalho na grande indústria (11 a 12 horas). As pausas no trabalho nos períodos mais quentes do dia são apenas "exceção" – e não são raros os casos de insolação. O trabalho com máquinas cria a divisão profissional do trabalho e as enfermidades profissionais. Por exemplo, nas debulhadoras trabalham os "batedores" (que colocam os feixes nos tambores; trabalho muito perigoso e dos mais difíceis: dos tambores, saltam no rosto grossas partículas de palha); os "entregadores" (que entregam os feixes; o trabalho é tão pesado que eles se revezam a cada uma ou duas horas). As mulheres varrem a palha do chão e os meninos a retiram para o lado, enquanto de três a cinco trabalhadores a amontoam em pilhas. Em toda a província, o número de debulhadores deve girar em torno de 200 mil pessoas[150]. A conclusão do senhor Teziakov sobre a situação sanitária dos trabalhos agrícolas é a seguinte:

---

[150] Teziakov, *Сельскохозяйственные рабочие и организация за ними санитарного надзора в Херсонской губ.*, cit., p. 94. Notemos, a esse propósito, que a operação de debulha é realizada na maioria das vezes por trabalhadores livres assalariados. Pode-se avaliar, portanto, quão grande deve ser o número de debulhadores em toda a Rússia!

Em geral, a opinião dos antigos, que acreditavam que o trabalho na agricultura é "a ocupação mais agradável e útil", é pouco provável no presente, quando o espírito capitalista reina na esfera da agricultura. Com a introdução do cultivo mecanizado na agricultura, as condições sanitárias do trabalho agrícola não melhoraram, mas mudaram para pior. O cultivo mecanizado trouxe para o campo da agricultura uma especialização do trabalho até então pouco conhecida, o que se manifestou no desenvolvimento de enfermidades profissionais e de uma massa de lesões traumáticas sérias na população rural.[151]

O resultado das pesquisas sanitárias foi (depois de um ano de fome e cólera) a tentativa de criar postos de tratamento e alimentação, onde haveria registro dos trabalhadores, inspeção sanitária e refeições baratas. Por mais modestas que sejam as dimensões e os resultados dessa organização, por mais precária que seja sua existência[152], ela continua sendo um grande fato histórico, que revela as tendências do capitalismo na agricultura. Com base nos dados coletados pelos médicos, o congresso provincial de médicos da província de Kherson foi convidado a reconhecer a importância dos postos de tratamento e alimentação, a necessidade de melhorar suas condições sanitárias, ampliar suas atividades até o caráter de bolsa de trabalho para informar aos trabalhadores o preço dos trabalhos e suas oscilações, ampliar a inspeção sanitária a todas as propriedades mais ou menos grandes, com quantidade significativa de mão de obra, "semelhante aos empreendimentos industriais"[153], promulgar regulações obrigatórias sobre o emprego de máquinas agrícolas e registro de traumas, incentivar a questão do direito dos trabalhadores à segurança, melhorar e baratear o transporte a vapor. O quinto congresso de médicos russos decidiu chamar a atenção de outros *zemstvos* interessados para a obra do *zemstvo* de Kherson de organização de inspeções médico-sanitárias.

***

[151] Idem.

[152] Das seis assembleias do *zemstvo* distrital da província de Kherson, cujas observações sobre a organização da supervisão dos trabalhadores são relatadas pelo senhor Teziakov, quatro se manifestaram contra esse sistema. Os donos de terras locais acusavam a administração do *zemstvo* da província de "liquidar definitivamente a vontade dos trabalhadores" etc.

[153] Teziakov, *Сельскохозяйственные рабочие и организация за ними санитарного надзора в Херсонской губ.*, cit., p 55.

262 O DESENVOLVIMENTO DO CAPITALISMO NA RÚSSIA

Para concluir, voltemos mais uma vez aos economistas populistas. Vimos acima que eles idealizam os pagamentos em trabalho na terra senhorial, fechando os olhos para o caráter progressista do capitalismo em comparação com esse sistema. Aqui, devemos acrescentar que eles consideram negativo o "êxodo" de trabalhadores e simpatizam com o "salário" *local*. Eis como expressa essa habitual concepção populista, por exemplo, o senhor N.:

> Os camponeses [...] vão em busca de trabalho [...] Vale perguntar: quão vantajoso é isso do ponto de vista econômico? Não individualmente, para cada camponês em particular, mas quão vantajoso é isso para todo o conjunto do campesinato, na relação econômico-estatal? [...] Temos em vista indicar a vantagem puramente econômica da migração anual, Deus sabe para onde, durante todo o verão, quando, ao que parece, há ocupações à vontade ao alcance da mão [...].[154]

Afirmamos, contrariamente à teoria populista, que a "migração" de trabalhadores não apenas oferece vantagens "puramente econômicas" aos próprios trabalhadores, mas ainda, em geral, deve ser reconhecida como um fenômeno progressista; que a atenção da sociedade deve se orientar não para a substituição dos trabalhos na indústria de fora pelas "ocupações ao alcance da mão" locais, mas para a eliminação de todos os obstáculos ao êxodo, facilitando-o em todos os sentidos, para o fortalecimento e melhoria de todas as condições de circulação dos trabalhadores. As bases das nossas afirmações são as seguintes:

1) A "migração" traz vantagens "puramente econômicas" aos trabalhadores, porque eles vão a lugares onde os salários são mais altos, a lugares onde a condição de assalariado é mais vantajosa. Por mais simples que seja essa consideração, com demasiada frequência esquecem-se dela pessoas que gostam de se elevar a um ponto de vista superior, supostamente "econômico-estatal".

2) A "migração" destrói as formas servis de contratação e o pagamento em trabalho na terra senhorial.

Lembremos, por exemplo, que, antes, quando o êxodo era pouco desenvolvido, os proprietários de terra no Sul (e outros empresários) utilizavam de bom grado o seguinte método de contratação: enviavam seus intendentes

---

[154] N., *Очерки нашего пореформенного общественного хозяйства*, cit., p. 23-4.

às províncias do Norte e contratavam (por intermédio da autoridade rural) camponeses que possuíam dívidas fiscais, em condições extremamente desfavoráveis para estes últimos[155]. Os contratantes, portanto, gozavam de liberdade de concorrência, já os contratados, não. Citamos acima exemplos de camponeses que encaram trabalhar até nas minas para fugir da servidão e do pagamento em trabalho.

Não é surpreendente, portanto, que na questão da "migração" os populistas andem de mãos dadas com nossos latifundiários. Peguemos, por exemplo, o senhor Korolenko. Depois de citar em seu livro uma série de comentários de latifundiários contra o "êxodo" dos trabalhadores, ele cita vários "argumentos" contra os "trabalhos fora da localidade de residência": "devassidão", "violência", "embriaguez", "vontade de deixar a família, para se livrar da família e da supervisão dos pais", "desejo de entretenimentos e de uma vida mais alegre" etc. Mas eis um argumento particularmente interessante: "Finalmente, como diz o ditado: 'Pedra que rola não cria limo', e uma pessoa que permanece num mesmo lugar seguramente adquire bens e os valoriza"[156]. O ditado, de fato, fala muito enfaticamente das consequências do apego a um lugar. O descontentamento do senhor Korolenko é, em particular, com o fenômeno acima assinalado de trabalhadores saindo em número "demasiado" alto de algumas províncias e a escassez sendo suprida pela chegada de trabalhadores de outras províncias. Ao assinalar esse fato em relação, por exemplo, à província de Vorónej, o senhor Korolenko indica, ainda, uma das razões do fenômeno: a abundância de camponeses com *nadiel* doado. "É evidente que tais camponeses, encontrando-se em uma situação material relativamente ruim e não temendo a perda de sua propriedade, que é demasiado pequena, muitas vezes não cumprem as responsabilidades assumidas e, em geral, partem com facilidade para outras províncias, mesmo

---

[155] Chakhóvskoi, *Сельскохозяйственные отхожие промыслы*, cit., p. 98 e seg. O autor cita uma taxa de "recompensa" a escrivães e intendentes pela contratação vantajosa de camponeses. Teziakov, *Сельскохозяйственные рабочие и организация за ними санитарного надзора в Херсонской губ.*, cit., p. 65. – Trirógov, "Кабала в народном хозяйстве" [A servidão na economia nacional], em Община и подать [A comunidade e o tributo] (São Petersburgo, 1882).

[156] S. Korolenko, *Вольнонаемный труд в хозяйствах и т. д*, cit., p. 84.

quando poderiam encontrar rendimento suficiente em casa [...] Tais camponeses, pouco apegados [*sic*!] a um *nadiel* insuficiente, às vezes sem ter nem
mesmo inventário, largam facilmente sua casa e vão buscar a felicidade longe
da aldeia natal, sem se preocupar com o salário no local de chegada nem, às
vezes, com as obrigações assumidas, já que não possuem nada que lhes possa
ser tirado"[157].

"Pouco apegados!" Eis a expressão verdadeira.

Seria conveniente que aqueles que dissertam sobre as desvantagens da
"migração", sobre a preferência das "ocupações ao alcance da mão", pensas-
sem duas vezes[158]!

3) As "migrações" significam criação de mobilidade para a população. A
migração é um dos fatores mais importantes entre os que impedem os camponeses de "criar limo", com o qual a história já se encarregou de lhes acumular
mais que o suficiente. Sem criação de mobilidade para a população, não pode
haver desenvolvimento da população, e seria ingênuo pensar que uma escola
rural poderia oferecer aquilo que oferece às pessoas o conhecimento autôno-
mo, com relações e ordens desenvolvidas tanto no Sul quanto no Norte, tanto
na agricultura quanto na indústria, tanto na capital quanto nos confins.

---

[157] S. Korolenko, *Вольнонаемный труд в хозяйствах и т. д*, cit.

[158] Eis mais um exemplo da influência nociva dos preconceitos populistas. O senhor Teziakov, cujo excelente trabalho citamos com frequência, observa que, da província de Kherson, muitos trabalhadores locais partem para a província de Táurida, embora não haja uma grande massa de trabalhadores na primeira. Ele chama isso de "um fenômeno mais que estranho": "perdem tanto os patrões
quanto os operários, que abandonam o trabalho em casa e correm o risco de não encontrá-lo em
Táurida" (Teziakov, *Сельскохозяйственные рабочие и организация за ними санитарного надзора
в Херсонской губ.*, cit., p. 33). Parece-nos, ao contrário, mais que estranha tal declaração do senhor
Teziakov. Será que os trabalhadores não entendem suas vantagens e não têm o direito de buscar as
melhores condições de emprego? (Na província de Táurida, os salários dos trabalhadores rurais são
mais altos que em Kherson.) Devemos realmente pensar que é obrigatório que o camponês viva e
trabalhe onde está registrado e "provido de *nadiel*"?

CAPÍTULO IV
O CRESCIMENTO DA AGRICULTURA MERCANTIL

Depois de examinar a estrutura econômica interna da propriedade agrícola camponesa e latifundiária, devemos, agora, passar à questão das mudanças na produção agrícola: essas mudanças expressariam o crescimento do capitalismo ou do mercado interno?

1. DADOS GERAIS SOBRE A PRODUÇÃO AGRÍCOLA NA RÚSSIA PÓS-REFORMA E SOBRE OS TIPOS DE AGRICULTURA MERCANTIL

Examinemos, antes de tudo, os dados estatísticos gerais da produção de cereais na Rússia Europeia. As significativas flutuações das colheitas tornam completamente imprestáveis os dados relativos a períodos ou anos específicos[1]. É preciso pegar diferentes períodos e dados de vários anos seguidos. À nossa disposição, temos os seguintes dados: para os anos 1860, dados de 1864-1866[2]; para os anos 1870, dados do Departamento de Agricultura referentes a todo o decênio[3]; finalmente, relativos aos anos 1880, dados de cinco anos, 1883-1887[4]. Esse quinquênio pode representar toda a década de 1880, já que a média de colheitas em dez anos (1880-1889) é até um pouco

---

[1] Só por essa razão já é inteiramente errôneo o método do senhor N., que tira as conclusões mais ousadas dos dados de oito anos de uma mesma década (1871-1878)!

[2] *Военно-статистический сборник* [Coletânea de estatísticas militares], v. IV (São Petersburgo, 1871), dados de relatórios de governadores.

[3] *Историко-статистический обзор промышленности России* [Resumo histórico-estatístico da indústria na Rússia], v. 1 (São Petersburgo, 1883).

[4] *Статистике Российской империи. IV. Средний урожай в Евр. России в пятилетие 1883—1887 гг.* [Estatísticas do Império Russo, IV. Estatísticas das colheitas na Rússia Europeia no quinquênio de 1883-1887] (São Petersburgo, 1888).

266 O DESENVOLVIMENTO DO CAPITALISMO NA RÚSSIA

superior que a do quinquênio 1883-1887[5]. Em seguida, para avaliar em que direção se deu a evolução dos anos 1890, tomamos dados relativos a dez anos, 1885-1894[6]. Por fim, os dados de 1905[7] são perfeitamente adequados para o julgamento do presente. A colheita de 1905 foi um pouco inferior à média do quinquênio 1900-1904.

Comparemos todos esses dados[8]:

50 províncias da Rússia Europeia

Períodos	População de ambos os sexos (em milhões)	Milhões de *tchétvierts*				*Tchétvierts* por habitante		
		Área plantada	Colheita líquida	Área plantada	Colheita líquida			
		Todos os cereais mais batata		Batata		Cereais	Batata	Todos os cereais
1864-1866	61,4	72,2	152,8	6,9	17,0	2,21	0,27	2,48
1870-1879	69,8	75,6	211,3	8,7	30,4	2,59	0,43	3,02
1883-1887	81,7	80,3	255,2	10,8	36,2	2,68	0,44	3,12
1885-1894	86,3	92,6	265,2	16,5	44,3	2,57	0,50	3,07
(1900--1904) 1905	107,6	103,5	396,5	24,9	93,9	2,81	0,87	3,68

Vemos por essa tabela que, até 1890, a época da pós-reforma era caracterizada pelo crescimento da produção tanto de cereais quanto de batatas. A produtividade do trabalho agrícola aumenta: primeiro, o montante da colheita líquida cresce mais rapidamente que o montante da lavoura (com algumas exceções parciais); segundo, é preciso dar atenção ao fato de que parte da população ocupada com a produção agrícola no período indicado diminuiu constantemente em consequência do deslocamento da agricultura para o

---

[5] Ver *Сельское и лесное хозяйство России* [Agricultura e silvicultura da Rússia] (São Petersburgo, 1893, edição para exposição em Chicago), p. 132 e 142.

[6] *Производительные силы России* [Forças produtivas da Rússia] (São Petersburgo, 1896; edição para a exposição de 1896), v. I, p. 4.

[7] *Ежегодник России* [Anuário da Rússia], 1906.

[8] Para o período de 1883-1887, considerou-se a população de 1885; o crescimento adotado = 1,2%. A diferença entre os dados dos relatórios dos governadores e os dados do Departamento de Agricultura é, como se sabe, insignificante. Os números para 1905 são calculados pela conversão de *pud* para *tchétviert*.

comércio e a indústria, bem como em consequência do assentamento de camponeses fora da Rússia Europeia[9]. É especialmente notável o fato de que cresce justamente a agricultura *mercantil*: aumenta a quantidade de cereais colhidos (descontando-se as sementes) por habitante e, no interior dessa população, a divisão social do trabalho avança cada vez mais; aumenta a população comercial e industrial; a população agrícola se divide em empresariado e proletariado rural; cresce a especialização da própria agricultura, de modo que a quantidade de cereal produzido para a venda se amplia de maneira incomparavelmente mais rápida que a quantidade de cereal produzida pelo país. O caráter capitalista do processo é claramente ilustrado pelo papel desempenhado pela batata no volume geral da produção agrícola[10]. O crescimento das lavouras de batata significa, por um lado, o progresso da técnica agrícola (introdução da cultura de tubérculos na lavoura) e da melhora das técnicas de processamento dos produtos agrícolas (destilação e fabricação de amido de batata). Por outro lado, trata-se, do ponto de vista da classe dos empresários rurais, de produção de mais-valor relativo (barateamento da manutenção da força de trabalho, piora da alimentação do povo). Os dados do decênio de 1885-1894 mostram, ainda, que a crise de 1891-1892, que provocou um gigantesco aumento na expropriação do campesinato, causou uma significativa redução na produção de grãos e no rendimento de todos os cerais; mas o processo de substituição dos grãos pela batata continuou com tamanha força que a produção de batata, no cálculo por habitante, aumentou, não obstante a diminuição da colheita.

[9] Está totalmente equivocada a opinião do senhor N., que afirma que "não há razão alguma para supor uma diminuição de seu número" (do número de pessoas empregadas na produção agrícola), "pelo contrário" (N., *Очерки нашего пореформенного общественного* [Ensaios sobre nossa economia social pós-reforma], São Petersburgo, 1893, p. 33, nota). Ver capítulo VIII, seção 2.

[10] A colheita líquida de batatas, calculada por habitante, aumentou em todas as regiões da Rússia Europeia, sem exceção, de 1864-1866 a 1870-1879; de 1870-1879 a 1883-1887, houve aumento em sete das onze regiões (a saber: báltica, ocidental, industrial, do Noroeste, Norte, Sul, das estepes, do Baixo Volga e do Transvolga). Ver *Сельскохозяйственные статистические сведения по материалам, полученным от хозяев* [Informações estatísticas agrícolas segundo materiais recebidos dos proprietários], fasc. VII (São Petersburgo, 1897; edição do Ministério da Agricultura). Em 1871, as 50 províncias da Rússia Europeia plantaram 790 mil *dessiatinas* de batatas; em 1881, 1.375.000 *dessiatinas*; em 1895, 2.154.000 *dessiatinas*, ou seja, em 15 anos, um aumento de 55%. Supondo que a colheita de batatas em 1841 foi igual a 100, obtemos os seguintes números para o período posterior: em 1861, 120; em 1871, 162; em 1881, 297; em 1895, 530.

Por fim, o último quinquênio (1900-1904) mostra, de igual maneira, o crescimento da produção agrícola, a elevação do trabalho agrícola e a piora da situação da classe trabalhadora (aumento do papel da batata).

Como vimos acima, o desenvolvimento da agricultura mercantil se manifesta na especialização da agricultura. Os dados totais e maciços sobre a produção de grãos podem oferecer apenas (mas nem sempre) uma indicação geral desse processo, uma vez que eles não levam em conta as particularidades específicas das distintas regiões. Entretanto, o traço mais característico da agricultura russa pós-reforma é precisamente o isolamento das distintas regiões. Assim, o *Resumo histórico-estatístico da indústria na Rússia*[11], já citado por nós, aponta as seguintes regiões agrícolas: região de cultivo do linho; "região com significativa predominância da pecuária", em particular com "significativo desenvolvimento da produção leiteira"; região com predominância da cultura de grãos, em particular regiões onde se pratica a rotação trienal de culturas e regiões com sistemas de alqueives melhorados ou rotação múltipla com plantio de ervas (parte das estepes que "se caracteriza pela produção de grãos mais valiosos, do chamado trigo-sarraceno, destinado principalmente à exportação"); região da beterraba; região da batata para destilação. "As regiões agrícolas indicadas surgiram no território da Rússia Europeia há relativamente pouco tempo e a cada ano continuam a se desenvolver e a se isolar cada vez mais"[12]. Nossa tarefa, a partir de agora, deve consistir, portanto, em estudar esse processo de especialização da agricultura; devemos examinar se o crescimento da agricultura comercial se reflete em seus distintos ramos, se, com isso, dá-se a formação da agricultura capitalista, se o capitalismo agrícola se caracteriza por aquelas propriedades que indicamos acima, na análise dos dados gerais da propriedade camponesa e latifundiária. Evidentemente, para nosso objetivo, basta delimitar as características específicas das principais regiões da agricultura mercantil.

---

[11] *Историко-статистический обзор промышленности России*, cit., v. I.

[12] Ibidem, p. 15. Ver também *Сельское и лесное хозяйство России*, cit., p. 84-8; aqui o autor acrescenta, ainda, a região de cultivo do tabaco. Nos mapas compilados pelos senhores D. Semiónov e A. Fortunátov, as regiões se distinguem pelas plantas predominantes no campo, por exemplo, a região do centeio, cevada e linhaça corresponde às províncias de Pskov e Iaroslav; a região do centeio, cevada e batata, às províncias de Grodno e Moscou etc.

Mas, antes de passarmos aos dados das regiões específicas, notemos o seguinte: os economistas populistas, como vimos, buscam por todos os meios contornar o fato de que a época pós-reforma se caracteriza justamente pelo crescimento da agricultura *mercantil*. Naturalmente, com isso, ignoram também a circunstância de que a queda do preço dos grãos deve impulsionar a especialização da agricultura e introduzir a agricultura na troca de produtos. Eis um exemplo. Os autores do conhecido livro *A influência das colheitas nos preços dos cereais* partem da premissa de que, para a economia natural, o preço do trigo não tem importância e repetem essa "verdade" inúmeras vezes. Um deles, o senhor Kablukov, observa, todavia, que, *na situação geral da economia mercantil*, essa premissa, em essência, é errônea. "Claro, é possível", escreve ele, "que o grão destinado ao mercado seja produzido a um custo inferior àquele que é cultivado pelo consumidor em sua propriedade agrícola e, nesse caso, parece que também para o proprietário-consumidor é interessante passar do cultivo de grãos para o de outras culturas" (ou passar para outras ocupações, acrescentamos nós), "e, por conseguinte, o preço de mercado dos grãos também para ele adquire importância, uma vez que não coincide mais com o custo de *sua* produção"[13]. "Mas não podemos levar isso em conta", decreta. Por quê? Pelas seguintes razões: 1) a passagem para outras culturas é possível "somente em determinadas condições". Por esse truísmo vazio de sentido (tudo no mundo só é possível sob determinadas condições!), o senhor Kablukov contorna, tranquilamente, o fato de que a época pós-reforma criou e está criando na Rússia precisamente as condições que provocam a especialização da agricultura e o abandono da agricultura por parte da população... 2) Porque, "no nosso clima, é impossível encontrar um produto com valor nutricional igual ao dos cereais". Argumento muito original, expresso por uma simples resposta evasiva. O que tem a ver, aqui, o valor alimentício de outros produtos, se se trata da venda desses outros produtos e da compra de cereal barato?... 3) Porque "as propriedades agrícolas produtoras de grão do tipo consumidoras têm sempre uma base racional para sua existência". Em

---

[13] Kablukov, *Влияние урожаев и хлебных цен на некоторые стороны русского народного хозяйства* [A influência das colheitas e do preço dos cereais em alguns aspectos da economia nacional russa] (São Petersburgo, 1897), v. I, p. 98, notas e destaques do autor.

outras palavras: porque o senhor Kablukov "e seus companheiros" consideram a economia natural "racional". O argumento, como se vê, é irrefutável...

2. A REGIÃO DA ECONOMIA CEREALISTA MERCANTIL

Essa região compreende os extremos sul e leste da Rússia Europeia, as províncias de estepe da Nova Rússia e do Transvolga. Aqui a agricultura se distingue pelo caráter extensivo e pela enorme produção de trigo para venda. Se tomarmos oito províncias: Kherson, Bessarábia, Táurida, Don, Ekaterinoslav, Sarátov, Samara e Oremburgo, vamos verificar que de 1883 a 1887, para uma população de 13,877 milhões de pessoas, a colheita líquida de cereais (exceto aveia) foi de 41,2 milhões de *tchétvierts*, ou seja, mais de um quarto de toda a colheita líquida das cinquenta províncias da Rússia Europeia. O trigo, principal cereal de exportação, é o que mais se planta aqui[14]. A agricultura desenvolve-se aqui mais rapidamente (em comparação com outras regiões da Rússia), e essas províncias estão relegando a segundo plano as zonas centrais das Terras Negras, que antes se destacavam:

Regiões das províncias	Colheita líquida de cereais por habitante[15]		
	1864-1866	1870-1879	1883-1887
Estepes do Sul	2,09	2,14	3,42
Baixo Volga e Transvolga	2,12	2,96	3,35
Terras Negras centrais	3,32	3,88	3,28

Dessa maneira, vê-se que ocorreu um *deslocamento* do principal centro de produção de grãos: em 1860 e 1870, as províncias centrais das Terras Negras estavam em primeiro lugar; nos anos 1880, elas cederam a primazia às províncias do Baixo Volga e sua produção começou a *diminuir*.

[14] Além da província de Sarátov, com 14,3% das culturas de trigo, nas outras províncias mencionadas encontramos 37,6% a 57,8% das culturas de trigo.

[15] As fontes estão indicadas acima. As áreas das províncias estão citadas segundo o *Resumo histórico-estatístico*. A região do Baixo Volga e Transvolga está mal composta, porque a província de Astracã (onde falta trigo para consumo) e as de Kazan e Simbirsk, mais adequadas para a zona central das Terras Negras, foram anexadas às províncias das estepes, onde há uma enorme produção de grãos.

O CRESCIMENTO DA AGRICULTURA MERCANTIL   271

Esse interessante fato do enorme crescimento da produção agrícola na região mencionada é devido às periferias das estepes na época da pós-reforma terem sido *colônias* da região central, a Rússia Europeia há muito tempo povoada. A abundância de terras livres atraiu um fluxo de migrantes, os quais rapidamente ampliaram as lavouras[16]. O amplo desenvolvimento das lavouras *mercantis* só foi possível graças aos estreitos laços dessas colônias, por um lado, com a Rússia Central e, por outro, com os países europeus importadores de grãos. O desenvolvimento da indústria na Rússia Central e o desenvolvimento da agricultura mercantil nas periferias estão indissociavelmente ligados, criam mercados um para o outro. As províncias industriais recebem trigo do Sul, enviam para lá o produto de suas fábricas, provêm a colônia de mão de obra, artesãos[17] e meios de produção (madeira, material de construção, ferramentas etc.). Apenas graças a essa divisão social do trabalho, os colonos das estepes puderam dedicar-se exclusivamente à agricultura, vendendo uma grande quantidade de grãos para os mercados interno e, em especial, externo. Apenas graças à estreita ligação entre os mercados interno e externo, o desenvolvimento econômico dessas localidades pôde avançar tão velozmente; e esse desenvolvimento foi justamente de tipo capitalista, uma vez que, ao lado do crescimento da agricultura mercantil, avançaram velozmente também o deslocamento da população para a indústria, o processo de crescimento das cidades e a formação de novos centros de grande indústria (ver a seguir capítulos VII e VIII)[18].

[16] Ver o artigo do senhor V. Mikhailóvski (*Nóvaia Slova*, jun. 1897) sobre o enorme crescimento da população nas regiões periféricas e a migração, de 1885 a 1897, de centenas de milhares de camponeses das províncias interiores. Sobre a expansão das lavouras, ver a obra acima citada de V. Póstnikov, *Земско-стат. сборники по Самарской губ.* [*Coletânea de informações estatísticas do zemstvo de Samara*]; de V. Grigoriev, *Переселения крестьян Рязанской губ.* [*Migração de camponeses da província de Riazan*]. Sobre a província de Ufá, ver Rémezov, *Очерки из жизни дикой Башкирии* [*Ensaios sobre a vida do Bascortostão selvagem*], uma descrição viva de como os "colonizadores" reduziram os bosques a navios e transformaram os campos "limpos" dos "selvagens" basquires em "fábricas de trigo". É um capítulo da política colonial que pode ser comparado a qualquer uma das façanhas dos alemães na África.

[17] Ver cap. V, seção 3, sobre a migração de pequenos industriais para as periferias.

[18] Ver Karl Marx, *O capital*, Livro III: *O processo global da produção capitalista* (trad. Rubens Enderle, São Paulo, Boitempo, 2017), p. 873 – uma das principais características da colônia capitalista é a abundância de terras livres, facilmente acessíveis aos colonos. Ver também Livro III, cit., p. 733 – o enorme

No que se refere à questão de o crescimento da agricultura mercantil estar ligado nessa região ao progresso da técnica, já falamos anteriormente. No capítulo II, vimos que os camponeses têm grandes lavouras nessas localidades e que as relações capitalistas se manifestam nitidamente, mesmo dentro das comunidades. No capítulo anterior, vimos que, nessa região, o uso de máquinas se desenvolveu de maneira particularmente rápida, que as fazendas capitalistas dos rincões da Rússia atraíram centenas de milhares, milhões de trabalhadores assalariados e que elas desenvolveram grandes propriedades agrícolas na agricultura, de um modo nunca antes visto, com ampla cooperação de trabalhadores assalariados etc. Agora, resta pouco para completarmos esse quadro.

Nas regiões periféricas das estepes, as terras privadas se destacam não apenas por sua dimensão, às vezes enorme, mas também porque a exploração agrícola é muito grande. Citamos acima dados de lavouras de 8-10-15 mil *dessiatinas* na província de Samara. Na província de Táurida, Falz-Fein possui 200 mil *dessiatinas*, Mordvínov, 80 mil *dessiatinas*, duas outras pessoas possuem 60 mil *dessiatinas* cada uma "e muitos proprietários têm de 10 mil a 25 mil *dessiatinas*"[19]. Sobre as dimensões das propriedades, é ilustrativo o fato de que, por exemplo, Falz-Fein empregou 1,1 mil máquinas na ceifa (das quais mil de camponeses). Em 1893, na província de Kherson, havia 3,3 milhões de *dessiatinas* de lavouras, das quais 1,3 milhão de *dessiatinas* pertencia a proprietários privados; em cinco distritos da província (sem o de Odessa), calculava-se que havia 1.237 propriedades médias (de 250 a 1 mil *dessiatinas* de terra), 405 propriedades grandes (de 1 mil a 2,5 mil *dessiatinas*) e 226 propriedades que possuíam mais de 2,5 mil *dessiatinas* cada uma. Segundo informações recolhidas em 1890 em 526 propriedades, elas possuíam 35.514 trabalhadores, ou seja, uma média de 67 trabalhadores

excedente de cereais das colônias agrícolas explica-se pelo fato de que toda a sua população está, a princípio, ocupada "quase exclusivamente da agricultura, sobretudo de produtos em massa", que são trocados por produtos da indústria. Os colonos modernos obtêm, "pelo mercado mundial, produtos que em outras circunstâncias eles teriam de produzir por si mesmos".

[19] Chakhóvskoi, *Сельскохозяйственные отхожие промыслы* [Trabalhos agrícolas fora do local de residência] (Moscou, 1896), p. 42.

por propriedade, dos quais de 16 a 30 eram trabalhadores anuais. Em 1893, em 100 propriedades mais ou menos grandes do distrito de Elisavetgrad, havia 11.197 trabalhadores (uma média de 112 por propriedade!), dos quais 17,4% eram trabalhadores anuais, 39,5% temporários e 43,1% diaristas[20]. Eis os dados sobre a distribuição das lavouras entre *todas* as propriedades rurais do distrito, tanto privadas quanto camponesas[21]:

			Área plantada aproximada (em milhares de *dessiatinas*)	
Propriedades que não plantam	15.228		—	
Propriedades que plantam até 5 *dessiatinas*	26.963		74,6	
Propriedades que plantam de 5 a 10 *dessiatinas*	19.194		144	
Propriedades que plantam de 10 a 25 *dessiatinas*	10.234		157	
Propriedades que plantam de 25 a 100 *dessiatinas*	2.005	} 2.387	91	} 215
Propriedades que plantam de 100 a 1.000 *dessiatinas*	372		110	
Propriedades que plantam mais de 1.000 *dessiatinas*	10		14	
Total por distrito	**74.006**		**590,6**	

Dessa maneira, pouco mais de 3% dos proprietários (4%, se contarmos apenas os que plantam) concentra mais de um terço do total de lavouras, para cujo cultivo e colheita é necessária uma massa de trabalhadores temporários e diaristas.

Por fim, dados do distrito de Novouzen, na província de Samara. No capítulo II, consideramos apenas os camponeses russos que cultivam terras da comunidade; agora, adicionaremos os alemães e os sitiantes (camponeses

---

[20] Teziakov, *Сельскохозяйственные рабочие и организация за ними санитарного надзора в Херсонской губ.* [Os trabalhadores agrícolas e a organização de sua vigilância sanitária na província de Kherson] (Kherson, 1896).

[21] *Материалы для оценки земель Херсонской губ.* [Materiais para a avaliação das terras da província de Kherson], v. II (Kherson, 1886). A quantidade de *dessiatinas* de lavoura em cada grupo é determinada multiplicando-se o tamanho médio da lavoura pelo número de propriedades agrícolas. O número de grupos foi reduzido.

que cultivam lotes especiais de terra). Infelizmente, não temos, à nossa disposição, informações sobre as propriedades agrícolas privadas[22].

Distrito de Novouzen, província de Samara	Quintas	Terras			Cabeças de gado (total convertido em gado bovino)	Equipamentos agrícolas aperfeiçoados	Trabalhadores contratados	Por domicílio (em média)			
								Terras			
		Compradas	Arrendadas	Lavouras				Compradas	Arrendadas	Lavouras	Cabeças de gado (total convertido em gado bovino)
		Em *dessiatinas*						Em *dessiatinas*			
Total do distrito	51.348	130.422	751.873	816.133	343.260	13.778	8.278	2,5	14,6	15,9	6,7
Propriedades com 10 ou mais animais de trabalho	3.958	117.621	580.158	327.527	151.744	10.598	6.055	29	146	82	38
Dessas propriedades, os sitiantes russos com 20 ou mais animais de trabalho	218	57.083	253.669	59.137	39.520	1.013	1.379	261	1.163	271	181

Pelo visto, não há necessidade de comentarmos esses dados. Acima, já tivemos a ocasião de observar que a região descrita é a região mais típica do capitalismo na Rússia – típica não no sentido agrícola, é claro, mas no sentido econômico-social. Essas colônias, que se desenvolveram mais livremente, mostram quais relações poderiam e deveriam ter se desenvolvido também no restante da Rússia, se numerosos vestígios de costumes pré-reforma não tivessem detido o capitalismo. As formas do capitalismo agrícola, como veremos adiante, são extraordinariamente diversas.

---

[22] *Сборник по Новоузенскому у.* [Coletânea do distrito de Novouzen]. Toda a terra arrendada foi considerada: estatal, privada e de *nadiel*. Eis uma lista do equipamento aprimorado dos sitiantes russos: 609 arados de ferro, 16 debulhadoras a vapor, 89 debulhadoras movidas a cavalo, 110 segadeiras, 64 ancinhos movidos a cavalo, 61 tararas e 63 colheitadeiras. Entre os trabalhadores contratados não são considerados os diaristas.

3. A REGIÃO DE PECUÁRIA COMERCIAL. DADOS GERAIS SOBRE O DESENVOLVIMENTO DA ECONOMIA LEITEIRA

Passemos agora a outra região das mais importantes do capitalismo agrícola na Rússia, a saber, à área onde não são os cereais, mas os produtos da pecuária que têm significado preponderante. Essa área abrange, além das províncias bálticas e ocidentais, as províncias do Norte, as províncias industriais e algumas províncias centrais (Riazan, Oriol, Tula e Níjni Nóvgorod). A produtividade do gado, aqui, é orientada para a economia leiteira, e todo o caráter da agricultura é adaptado para obter a maior quantidade possível de produtos comercializáveis de todo tipo pelos maiores preços possíveis[23].

"Desenrola-se, bem diante de nossos olhos, a passagem da pecuária produtora de esterco à pecuária leiteira; o que se nota em especial nos últimos dez anos"[24]. Caracterizar as distintas regiões da Rússia nessa relação em termos estatísticos é muito difícil, pois, aqui, é importante não tanto a quantidade absoluta de gado bovino quanto, precisamente, a quantidade de gado leiteiro e sua qualidade. Se tomarmos a quantidade total de gado por cem habitantes, concluímos que, na Rússia, ela é maior nas regiões periféricas das estepes e menor na faixa exterior às Terras Negras[25]; ocorre que, com o tempo, essa quantidade *diminui*[26]. Aqui reflete-se, em consequência,

---

[23] Em outras regiões da Rússia, a pecuária tem um papel diferente. Por exemplo, no extremo sul e no sudeste, estabeleceu-se uma forma mais extensiva de pecuária, a saber, a criação de gado bovino. Ao norte, o gado bovino doméstico adquire importância como força de trabalho. Finalmente, na faixa central das Terras Negras, é "uma máquina que produz fertilizante a partir do estrume" (V. Kovaliévski e I. Levítski, *Статистический очерк молочного хозяйства в северной и средней полосах Европейской России* [Ensaio estatístico da economia leiteira nas regiões norte e média da Rússia Europeia], São Petersburgo, 1879). Os autores desse trabalho, como a maioria dos especialistas em agricultura, mostram muito pouco interesse e compreensão do aspecto socioeconômico da questão. É errado, por exemplo, concluir diretamente do aumento da rentabilidade das propriedades agrícolas a garantia "do bem-estar e da alimentação do povo" (ibidem, p. 2).

[24] V. Kovaliévski e I. Levítski, *Статистический очерк молочного хозяйства в северной и средней полосах Европейской России*, cit.

[25] *Сельское и лесное хозяйство России*, cit., p. 274.

[26] *Производительные силы России*, cit., v. III, p. 6; ver *Историко-статистический обзор промышленности России*, cit., v. I.

o mesmo que foi observado por Roscher, a saber, a quantidade de gado por unidade é maior em localidades de "pecuária extensiva"[27]. Interessa-nos a pecuária intensiva e, em particular, a leiteira. Convém, portanto, limitar-mo-nos ao cálculo *aproximado* oferecido pelos autores dos *Ensaios* acima citados, sem pretender calcular o fenômeno de modo exato; tal cálculo mostra claramente a relação entre as distintas regiões da Rússia por estágio de desenvolvimento da economia leiteira. Citamos esse cálculo *in extenso*, acrescentando-lhe algumas cifras médias calculadas e informações sobre a produção queijeira em 1890, segundo dados da estatística "fabril" [tabela na próxima página].

A tabela ilustra de maneira evidente (ainda que com muitos dados ul-trapassados) a formação de regiões especiais de economia leiteira, o desen-volvimento da agricultura mercantil nessas regiões (venda e processamento técnico do leite) e o aumento da produtividade do gado leiteiro.

Para avaliar o desenvolvimento da economia leiteira ao longo do tempo, podemos utilizar apenas os dados da produção de manteiga e queijo. Seu sur-gimento na Rússia data do fim do século XVIII (1795); a fabricação de queijo, que se inicia no século XIX, enfrentou uma forte crise nos anos 1860, mar-cando uma época de fabricação de queijo por camponeses e comerciantes.

Nas cinquenta províncias da Rússia Europeia, calcularam-se os estabele-cimentos que fabricavam queijo[28]:

• Em 1866, 72 com 226 trabalhadores e uma produção de 119 mil rublos.

• Em 1879, 108 com 289 trabalhadores e uma produção de 225 mil rublos.

• Em 1890, 265 com 865 trabalhadores e uma produção de 1,350 milhão de rublos.

---

[27] W. Roscher, *Nationalökonomik des Ackerbaues* (7. ed., Stuttgart, 1873), p. 563-4.

[28] Dados da *Coletânea de estatísticas militares* e do *Índice* do senhor Orlov (1. e 3. ed.). Para essas fontes, ver o capítulo VII. Notemos apenas que os números citados subestimam a velocidade real do desen-volvimento, pois o conceito de "fábrica" já era empregado em 1879 de modo mais estrito que em 1866, e em 1890 mais que em 1879. Na 3ª edição do *Índice*, há informações sobre a época da fundação de 230 fábricas: ocorre que apenas 26 foram fundadas antes de 1870, 68 nos anos 1870, 122 nos anos 1880 e 14 em 1890. Isso indica um rápido crescimento da produção. Quanto à mais recente *Lista de fábricas e oficinas* (*Указатель фабрик и заводов*, São Petersburgo, 1897), reina o caos completo: a produção de queijo foi registrada em duas ou três províncias e, nas restantes, foi omitida completamente.

Grupos de províncias	População de ambos os sexos (em milhares) (1873)	Vacas leiteiras (em milhares)	Quantidade		Média de aproveitamento por vaca (em baldes)	Por 100 habitantes			Produção aproximada de queijo, requeijão e manteiga (1879)	Produção queijeira (1890)
			Leite (em milhares de baldes)*	Manteiga (em milhares de *puds*)		Vacas leiteiras	Leite (em baldes)	Manteiga (em *puds*)	Em milhares de rublos	
I. Bálticas e ocidentais (9)	8.127	1.101	34.070	297	31	13,6	420	3,6	?	469
II. Norte (10)	12.227	1.407	50.000	461	35	11,4	409	3,7	3.370,7	563
III. Industriais (fora das Terras Negras) (7)	8.822	662	18.810	154	28	7,5	214	1,7	1.088	295
IV. Centrais (Terras Negras) (8)	12.387	785	16.140	133	20	6,3	130	1,0	242,7	23
V. Meridionais das Terras Negras, do sudoeste, do sul e orientais das estepes (16)	24.087	1.123	20.880	174	18	4,6	86	0,7	—	—
Total para as 50 províncias da Rússia Europeia	65.650	5.078	139.900	1.219	27	7,7	213	1,8	4.701,4	1.350

Assim, em 25 anos, a produção mais que decuplicou; por esses dados, extraordinariamente incompletos, é possível julgar apenas a dinâmica do fenômeno. Na província de Vólogda, a melhora da economia leiteira iniciou-se precisamente em 1872, quando foi inaugurada a estrada de ferro Iaroslav-Vólogdo; desde então, "os proprietários começaram a preocupar-se com a melhoria do rebanho, em cultivar gramíneas forrageiras, adquirir ferramentas aperfeiçoadas [...] procuraram assentar o negócio do leite sobre bases puramente comerciais"[30]. Na província de Iaroslav, "prepararam o terreno" os assim

---

* Antiga unidade de medida russa para líquidos, correspondente a aproximadamente 12,229 litros. Até meados do século XVII, 1 balde era igual a 12 canecas; já a partir da segunda metade desse século, 1 balde oficial, ou seja, definido pelo Estado, correspondia a 10 canecas, enquanto o balde comercial equivalia a 8 canecas. (N. T.)

[30] V. Kovalievski e I. Levitski, *Статистический очерк молочного хозяйства в северной и средней полосах Европейской России,* cit., p. 20.

278 O DESENVOLVIMENTO DO CAPITALISMO NA RÚSSIA

chamados *"artéis* de fabricantes de queijo" dos anos 1870, e "a fabricação de queijo continua a se desenvolver sobre as bases da empresa privada, conservando o '*artel*' apenas no nome"[31]; acrescentamos por nossa conta que os *"artéis*" queijeiros figuram no *Índice de fábricas e oficinas*[32] como estabelecimentos com trabalhadores assalariados. Os autores dos *Ensaios* calculam, com base em informações *oficiais*, que, em vez de 295 mil rublos, a produção de queijo e manteiga chega a 412 mil rublos (calculado com base nos números espalhados no livro); a correção dessa cifra dá uma produção de manteiga de nata e queijo no valor de 1,6 milhão de rublos e, se acrescentarmos a manteiga clarificada e o requeijão, 4.701.400 rublos, sem contar as províncias bálticas e ocidentais.

Sobre a época posterior, citemos os seguintes trechos da edição do Departamento de Agricultura acima referida, *Trabalho livre assalariado nas propriedades etc.*[33] Acerca das províncias industriais em geral, lemos: "Uma completa reviravolta foi causada nessa região pelo desenvolvimento da economia leiteira"; ela "influenciou de maneira indireta a melhoria da agricultura", "o negócio do leite na região cresce a cada ano"[34]. Na província de Tver, "há a tentativa de melhorar a manutenção do gado, tanto da parte dos proprietários privados quanto dos camponeses"; a renda da pecuária é calculada em 10 milhões de rublos[35]. Na província de Iaroslav, "a economia leiteira se desenvolve a cada ano [...] A fabricação de manteiga e queijo já começa até mesmo a adquirir um caráter industrial [...] compra-se leite de vizinhos e até de camponeses. Há fábricas de queijo mantidas por uma companhia completa de proprietários"[36]. "A tendência geral da economia dos proprietários locais", escreve um correspondente do distrito de Danílov, na província de

---

[31] Ibidem, p. 25.

[32] P. A. Orlove S. G. Budagov, *Указатель фабрик и заводов Европейской России. Материалы для фабрично-заводской статистики. Сост. по офиц. сведениям деп. торговли и мануфактур. Изд. 3-е, испр. и значит. доп* [Índice de fábricas e oficinas da Rússia Europeia. Materiais para uma estatística fabril. Segundo informações oficiais do Departamento de Comércio e Manufatura. 3ª ed., corrigida e ampliada, São Petersburgo, II, XVI, 827 p.

[33] S. Korolenko, *Вольнонаемный труд в хозяйствах и т. д.*, São Petersburgo, 1892.

[34] Ibidem, p. 258.

[35] Ibidem, p. 274.

[36] Ibidem, p. 285.

Iaroslav, "caracteriza-se, no presente, pelas seguintes marcas: 1) passagem da rotação de três campos para cinco a sete campos, com plantação de grama nos campos; 2) lavragem dos alqueives; 3) introdução da economia leiteira e, como consequência, seleção mais rigorosa do gado e melhoria no seu tratamento."[37] O mesmo se pode dizer da província de Smolensk, na qual a produção total de queijo e manteiga foi de 240 mil rublos em 1889, segundo os cálculos do governador (de acordo com as estatísticas, 136 mil rublos em 1890). Nota--se o desenvolvimento da economia leiteira nas províncias de Kaluga, Kovno, Níjni Nóvgorod, Pskov, Reval, Vólogda. A produção de manteiga e queijo na última província foi de 35 mil rublos, segundo as estatísticas de 1890 – 108 mil rublos, segundo os cálculos do governador –, *e 500 mil rublos*, segundo informações locais de 1894, que contavam *389 fábricas*. "Isso, segundo as estatísticas. Na realidade, porém, há muito mais fábricas, já que, segundo as pesquisas da administração do *zemstvo*, só no distrito de Vólogda, calculam-se 224." E a produção se desenvolveu nos três distritos e já começa a penetrar no quarto[38]. Pode-se avaliar, por isso, quantas vezes é preciso aumentar os números citados para se aproximar da realidade. A simples opinião do especialista de que, "no presente, o número de fábricas de manteiga e queijo chega a vários milhares"[39] oferece uma noção mais correta do negócio que a cifra de 265 fábricas. Assim, os dados não deixam nenhuma dúvida sobre o enorme desenvolvimento desse tipo particular de agricultura mercantil. O crescimento do capitalismo foi acompanhado, aqui, pela transformação das técnicas usuais. "No campo da fabricação de queijo", lemos, por exemplo, em *Agricultura e silvicultura*, "fez-se mais na Rússia nos últimos 25 anos que em qualquer outro país"[40]. O mesmo afirma o senhor Blajin no artigo: "Os progressos da técnica

---

[37] Ibidem, p. 292.

[38] *Nediélia* [A semana], n. 13, 1896. O negócio do leite é tão lucrativo que os comerciantes urbanos se lançaram a ele, introduzindo, entre outras coisas, o pagamento em mercadorias. Um dono de terras local, que possui uma grande fábrica, organiza um *artel* com o "pagamento imediato em dinheiro pelo leite", para libertar os camponeses da servidão dos compradores e "conquistar novos mercados". Um exemplo característico que mostra a verdadeira importância dos *artéis* e da famigerada "organização das vendas": a "libertação" do capital mercantil mediante o desenvolvimento do capital industrial.

[39] *Сельское и лесное хозяйство России*, cit., p. 299.

[40] Ibidem, p. 301.

na economia leiteira"[41]. A principal transformação consistiu na substituição do modo "tradicional" de separar a nata pela separação por meio de máquinas centrífugas (desnatadeiras)[42]. A máquina manteve a produção independentemente da temperatura do ar, aumentou a extração de manteiga do leite em 10%, melhorou a qualidade do produto, reduziu o custo de produção da manteiga (com a máquina, demanda-se menos trabalho, menos espaço, recipientes, gelo), provocou a concentração da produção. Surgiram grandes fábricas camponesas "que processam até quinhentos *puds* de leite por dia, o que seria impossível se o deixassem repousar"[43]. Ao aperfeiçoar as ferramentas de produção (caldeiras permanentes, prensas de parafuso, porões melhorados), recorre-se à ajuda da bacteriologia aplicada à produção, que oferece uma cultura pura de um tipo de bacilo de ácido láctico necessário para fermentar a nata.

Dessa maneira, em ambas as regiões de agricultura mercantil descritas por nós, o aprimoramento da técnica, provocado pelas exigências do mercado, dirigiu-se, antes de tudo, às operações mais fáceis de serem transformadas e que são particularmente importantes para o mercado, a saber, a colheita, a debulha, a limpeza dos grãos na economia cerealista comercial; a transformação técnica dos produtos da pecuária na região da pecuária mercantil. Por enquanto, o capital considera mais vantajoso deixar a manutenção do gado aos cuidados do pequeno produtor: deixar que ele cuide com "dedicação" e "zelo" do "seu" gado (comove-se com essa dedicação o senhor V. V.)[44], deixar para ele a maior parte do trabalho mais pesado e braçal do cuidado com a máquina que dá o leite. O capital dispõe de todos os métodos mais novos e aprimorados não apenas para separar a nata do leite, mas também para separar a "nata" dessa "dedicação" e tirar o leite dos filhos dos camponeses pobres.

---

[41] Blajin, "Успехи техники молочного хозяйства", em *Производительные силы России*, cit., v. III, p. 38-45.

[42] Até 1882, quase não havia separadores na Rússia. A partir de 1886, eles se espalharam tão rapidamente que substituíram em definitivo o método antigo. Na década de 1890, surgiram até mesmo separadores-extratores de óleo.

[43] Blajin, "Успехи техники молочного хозяйства", cit.

[44] Ver V. V., *Прогрессивные течения в крестьянском хозяйстве* [Tendências progressistas na economia camponesa] (São Petersburgo, 1892), p. 73.

4. CONTINUAÇÃO. ECONOMIA DA PROPRIEDADE AGRÍCOLA LATIFUNDIÁRIA NA REGIÃO DESCRITA

Já foram citados testemunhos de agrônomos e proprietários rurais de que a economia leiteira nas propriedades latifundiárias leva à racionalização da agricultura. Acrescentemos aqui que a análise dos dados estatísticos dos *zemstvos* sobre essa questão, produzida pelo senhor Raspopin[45], confirma plenamente tal conclusão. Remetendo o leitor ao artigo do senhor Raspopin para dados mais detalhados, citaremos apenas o principal de suas conclusões.

> É indiscutível a dependência entre a situação da pecuária e da indústria leiteira e o número de propriedades abandonadas e o caráter intensivo da exploração das propriedades. Os distritos (da província de Moscou) com maior desenvolvimento da pecuária leiteira, da economia leiteira, possuem a menor porcentagem de propriedades abandonadas e a maior porcentagem de propriedades com alto desenvolvimento de cultivo do campo. Em todas as partes da província de Moscou, a terra arável, tendo diminuído em suas dimensões, transforma-se em pradaria e pasto, as plantações rotativas de grãos dão lugar a uma multiplicidade de gramíneas. As gramas de pastagem e o gado leiteiro, e não o cereal, desempenham papel preponderante não apenas nas economias da província de Moscou, mas em toda a região industrial de Moscou.[46]

As dimensões da produção de manteiga e queijo têm uma importância particular justamente porque testemunham uma reviravolta completa na agricultura, que adquire um caráter empresarial e rompe com a rotina. O capitalismo subordina um dos produtos da agricultura, e a esse produto principal se adaptam os demais aspectos da propriedade. A manutenção do gado leiteiro conduz à plantação de gramínea, à passagem do sistema de três campos para o de muitos campos etc. Os resíduos obtidos com a produção do queijo são destinados à alimentação do gado destinado à venda. Não apenas o processamento do leite

---

[45] Essa questão foi *colocada* pelo senhor Raspopin (talvez pela primeira vez em nossa literatura) de um ponto de vista correto, teoricamente fundamentado. Ele observa desde o início que o "aumento da produtividade da pecuária" – em particular o desenvolvimento da economia leiteira – segue no nosso país o caminho *capitalista* e é um dos indicadores mais importantes da penetração do capital na agricultura.

[46] Raspopin, "Частновладельческое хозяйство в России по земским статистическим данным" [Propriedades agrícolas privadas na Rússia, segundo os dados estatísticos dos *zemstvos*], *Iuridítcheski Viéstnik*, n. 12, 1887.

se transforma em empresa, mas toda a propriedade rural[47]. A influência da fabricação de queijo e da fabricação de manteiga não se limita às propriedades nas quais foram implementadas, uma vez que, não raro, elas compram leite dos camponeses e dos latifundiários das redondezas. Por meio da compra do leite, o capital subordina também o pequeno agricultor – sobretudo, na estrutura dos assim chamados "centros de recolhimento de leite", cuja difusão já se constatava nos anos 1870[48]. Esses centros se estabelecem nas grandes cidades, ou próximo a elas, e processam uma quantidade muito grande de leite, transportado pelas estradas de ferro. Separam imediatamente a nata do leite, a qual é vendida fresca, e o soro do leite é vendido a preços baratos aos compradores pobres. Para garantir um produto de determinada qualidade, às vezes esses centros fecham contratos nos quais obrigam os fornecedores a observarem determinadas regras relativas à alimentação das vacas. É fácil, tamanha a importância desses grandes centros: por um lado, conquistam uma enorme parcela do mercado (venda de leite magro aos habitantes pobres da cidade), por outro, ampliam a imensas proporções o mercado para os empresários rurais. Estes últimos recebem um fortíssimo impulso para ampliar e melhorar a agricultura mercantil. A grande indústria, por assim dizer, empurra-os, exigindo um produto de determinada qualidade e expulsando do mercado (ou entregando nas mãos dos usurários) aquele pequeno produtor que se encontra abaixo do nível "normal". Nessa direção, pois, deve atuar também a cotação do leite, segundo sua qualidade (por exemplo, de acordo com seu teor de gordura), na qual trabalha com tanto zelo a técnica, inventando diversos lactodensímetros etc., e pela qual se levantam com tanto ardor os especialistas[49]. Nesse sentido, o papel dos centros

---

[47] O doutor Jbankov diz, em seu estudo sanitário das fábricas e oficinas da província de Smolensk (*Санитарном исследовании фабрик и заводов Смоленской губ.*, fasc. I, Smolensk, 1894, p. 7), que "o número de operários ocupados propriamente com a fabricação de queijos é muito pequeno [...]. Há muito mais trabalhadores auxiliares, que são necessários tanto para a fabricação de queijos quanto para a agricultura; são pastores, ordenhadores de vacas etc.; em todas as fábricas, esses trabalhadores são duas, três ou até quatro vezes mais numerosos que os produtores especiais de queijos". Note-se, a propósito, que, de acordo com a descrição do dr. Jbankov, as condições de trabalho aqui são muito anti-higiênicas, o dia de trabalho é excessivamente longo (16 a 17 horas) etc. Assim, também para essa região da agricultura mercantil, a concepção tradicional do trabalho idílico do agricultor está equivocada.

[48] Ver o ensaio dos senhores Kovaliévski e Levítski.

[49] Ver *Производительные силы России*, cit., v. III, p. 9 e 38.

coletores de leite no desenvolvimento do capitalismo é completamente análogo ao dos silos no cultivo comercial de cereais. Os silos, ao selecionar o grão de acordo com sua qualidade, não o tornam um produto individual, mas genérico (*res fungibilis*, como dizem os civilistas), ou seja, pela primeira vez são completamente adaptados para a troca[50]. Dessa maneira, os silos são um impulso para a produção mercantil de cereais e empurram o desenvolvimento da técnica, introduzindo do mesmo modo a cotação segundo a qualidade. Semelhante instituição golpeia o pequeno produtor com duas pancadas de uma vez. Em primeiro lugar, introduz como norma, torna legal, a qualidade superior do grão dos grandes lavradores e, com isso, desvaloriza definitivamente o cereal de pior qualidade dos camponeses pobres. Em segundo lugar, ao organizar a seleção e o armazenamento dos cereais à moda da grande indústria capitalista, barateia o gasto dos grandes lavradores com esse artigo, facilita e simplifica a venda do cereal e, com isso, coloca definitivamente na mão dos cúlaques e dos usurários o pequeno produtor que ainda vende de forma primitiva e patriarcal em carroças nas feiras. O rápido desenvolvimento da construção de silos nos últimos tempos denota, portanto, essa enorme vitória do capital no negócio do cereal e a depreciação do pequeno produtor mercantil, assim como o aparecimento e o desenvolvimento dos "centros coletores de leite" capitalistas.

Já está claro, com base nos dados citados, que o desenvolvimento da pecuária mercantil *cria* um mercado interno[51], em primeiro lugar, para os meios de produção (equipamentos para o processamento do leite, edificações, construções para o gado, equipamentos agrícolas aprimorados para a passagem da rotina de rotação em três campos, para a rotação em múltiplos campos etc.) e, em segundo lugar, para a força de trabalho. A pecuária, assentada sobre bases industriais,

---

[50] Ver o artigo de M. Zerguin sobre o comércio cerealista nos Estados Unidos, na coletânea *Землевладение и сельское хозяйство* [A propriedade agrária e a agricultura] (Vodovozovy, 1896), p. 281 e seg.

[51] O mercado *para* a pecuária mercantil é criado, principalmente, pelo crescimento da população industrial, do qual falaremos mais adiante (cap. VIII, seção 2). Sobre a questão do comércio exterior, limitemo-nos à seguinte observação: a exportação de queijo no início da era pós-reforma foi muito menor que a importação, mas nos anos 1890 elas quase se igualaram (por quatro anos, 1891-1894, a média anual de importação foi 41,8 mil *puds* e de exportação foi 40,6 mil *puds*; no quinquênio de 1886-1890, a exportação foi ainda maior que a importação). A exportação de manteiga de vaca e de ovelha sempre foi muito maior que a importação e está crescendo rapidamente: em 1866-1870, foram exportados 190 mil *puds* em média por ano e, em 1891-1894, 370 mil *puds* (*Производительные силы России*, cit., v. III, p. 37).

demanda um número incomparavelmente maior de trabalhadores que a antiga pecuária "de estrume". A região da economia leiteira – províncias industriais e do Noroeste – atraem, de fato, uma massa de trabalhadores agrícolas. Muita gente vai em busca de trabalho rural nas províncias de Moscou, São Petersburgo, Iaroslav, Vladímir; menos gente, mas ainda em número significativo, vai para Nóvgorod, Níjni Nóvgorod e outras regiões fora das Terras Negras. Segundo as respostas dos correspondentes do Departamento de Agricultura, na província de Moscou e em outras províncias, a exploração da propriedade agrícola se dá, principalmente, por trabalhadores forasteiros. Esse paradoxo – a migração de trabalhadores agrícolas das províncias agrícolas (eles partem principalmente das províncias centrais das Terras Negras e em parte das do Norte) para as províncias industriais em busca de trabalho agrícola, que os trabalhadores industriais abandonam em massa – é um fenômeno altamente característico[52]. Demonstra, de maneira mais convincente que quaisquer cálculos e raciocínios, que o nível de vida e a situação do povo trabalhador das províncias centrais das Terras Negras, as províncias menos capitalistas, são inferiores e piores que nas províncias industriais, as mais capitalistas; que, na Rússia, já se tornou geral um fenômeno característico em todos os países capitalistas, a saber, que a situação dos trabalhadores da indústria é melhor que a situação dos trabalhadores da agricultura (pois, na agricultura, à opressão do capitalismo adiciona-se a opressão das formas pré-capitalistas de exploração). Também por isso eles fogem da agricultura para a indústria, pois não apenas não há um fluxo em direção à agricultura nas províncias industriais (não há migração, por exemplo), como existe um menosprezo em relação aos trabalhadores rurais "cinzentos", aos quais se dá o nome de "pastores" (províncias de Iaroslav), "cossacos" (província de Vladímir), "cavouqueiros" (província de Moscou).

Em seguida, é importante notar que o cuidado com o gado requer uma quantidade maior de trabalhadores no inverno que no verão. Por essa razão, bem como em consequência do desenvolvimento das produções rurais técnicas, a demanda por trabalhadores não apenas aumenta na região descrita, como

---

[52] Ver S. Korolenko, *Вольнонаемный труд в хозяйствахи т. д.* [Trabalho livre assalariado nas fazendas etc.], São Petersburgo, 1892.

O CRESCIMENTO DA AGRICULTURA MERCANTIL   285

ainda *se distribui de maneira uniforme ao longo de todo o ano e em cada ano em particular*. Para avaliar esse interessante fato, o material mais confiável são os dados relativos aos salários, se tomarmos uma série de anos. Citemos esses dados, limitando-nos aos grupos das províncias da Grande e da Pequena Rússia. Deixaremos de lado as províncias ocidentais, em virtude das particularidades da vida cotidiana e do acúmulo artificial de população (zona de assentamento de judeus), e citaremos as províncias bálticas somente para ilustrar que tipos de relação se formam nas condições mais desenvolvidas do capitalismo agrícola[53].

Grupos de províncias	Média em 10 anos (1881-1891)			Média em 8 anos (1883-1891)					
	Salário do trabalhador (em rublos)		Salário no verão em relação ao anual (em %)	Salário do diarista durante a colheita (em copeques)		Diferença	Salário do diarista (em copeques)		Diferença
	Anual	No verão		Média inferior	Média superior		Para o plantio	Para a colheita (média)	
I. Províncias periféricas do sul e orientais	78	50	64%	64	181	*117*	45	97	*52*
II. Províncias centrais das Terras Negras	54	38	71%	47	76	*29*	35	58	*23*
III. Províncias fora das Terras Negras	70	48	68%	54	68	*14*	49	60	*11*
Províncias bálticas	82	53	65%	61	70	*9*	60	67	*7*

Examinemos essa tabela, na qual há três colunas principais destacadas em itálico. A primeira coluna mostra a proporção entre pagamentos no verão e

---

[53] O grupo I (região de economia capitalista de grãos) incluiu oito províncias: Bessarábia, Kherson, Táurida, Ekaterinoslav, Don, Samara, Sarátov e Orenburg. No grupo II (região de menor desenvolvimento capitalista), estão doze províncias: Kazan, Simbirsk, Penza, Tambov, Riazan, Tula, Oriol, Kursk, Vorónej, Kharkov, Poltava e Tchernígov. O grupo III (região de economia leiteira capitalista e capitalismo industrial) incluiu dez províncias: Moscou, Tver, Kaluga, Vladímir, Iaroslav, Kostromá, Níjni Nóvgorod, São Petersburgo, Nóvgorod e Pskov. Os números que determinam o valor dos salários são as médias dos números por província. Fonte: publicação do Departamento de Agricultura: *Вольнонаемный труд в хозяйствах и т. д.*, cit.

anual. Quanto *menor* essa proporção, quanto mais perto chega o pagamento semestral do pagamento no verão, mais uniformemente se distribui a demanda por trabalhadores ao longo do ano, *mais fraco é o desemprego no inverno*. Ainda nessa proporção, as menos favorecidas são as províncias centrais das Terras Negras, região de pagamento em trabalho na terra senhorial e de desenvolvimento mais fraco do capitalismo[54]. Nas províncias industriais, na região de economia leiteira, a demanda por trabalho é mais alta e o desemprego no inverno é mais fraco. E, para os anos tomados separadamente, o pagamento é mais estável, como visto na segunda coluna, que mostra a diferença entre as médias superior e inferior do pagamento pela colheita. Finalmente, a diferença entra o pagamento pela lavoura e o pagamento pela colheita – também menor fora das Terras Negras, ou seja, a demanda por trabalhadores é mais uniformemente distribuída entre a primavera e o verão. Entre todas as relações indicadas, a das províncias bálticas é superior, ainda, à da zona exterior às Terras Negras, enquanto as províncias das estepes, com trabalhadores forasteiros e uma maior oscilação das colheitas, apresentam uma menor estabilidade de salários. Assim, os dados de pagamentos de salários atestam que o capitalismo agrícola na região descrita não apenas cria a demanda por trabalho assalariado, mas também distribui uniformemente essa demanda ao longo de todo o ano.

Por fim, é fundamental indicar ainda um outro tipo de dependência do pequeno proprietário em relação ao grande proprietário na região descrita. Trata-se da reposição do rebanho dos latifundiários por meio da compra de gado dos camponeses. Os latifundiários acham mais vantajoso comprar o gado dos camponeses, que o vendem por necessidade, que criar seu próprio gado – exatamente como os nossos compradores da assim chamada indústria artesã, que, não raro, preferem comprar dos artesãos o artigo pronto, a um preço devastadoramente barato, a produzir o artigo em

---

[54] Rúdniev chega a uma conclusão do mesmo tipo: "Nas regiões em que o trabalho anual é relativamente valorizado, o salário do trabalhador de verão aproxima-se de mais da metade do salário anual. Por isso, inversamente, nas províncias ocidentais e em quase todas as províncias centrais densamente povoadas, a atividade laboral do trabalhador e o tempo de verão são muito pouco valorizados" (Rúdniev, "Промыслы крестьян в Европейской России" [As indústrias camponesas da Rússia Europeia], em *Сборник Саратовского земства* [Coletânea do *zemstvo* de Sarátov], 1894, n. 11, p. 455).

suas oficinas. Esse fato, que testemunha o extremo menosprezo pelo pequeno produtor, de que o pequeno produtor só pode se manter na sociedade contemporânea por meio de uma ilimitada redução de necessidades, é transformado pelo senhor V. V. em argumento a favor da pequena produção "popular"! "Temos o direito de concluir que nossos grandes proprietários não demonstram um grau suficiente de independência [...]. Já os camponeses [...] manifestam uma maior capacidade para a efetiva melhora da propriedade"[55]. Essa falta de independência se manifesta no fato de que "nossos patrões de empresas leiteiras [...] compram [as vacas] dos camponeses por um preço que raramente chega à metade do valor de sua criação, é comum não passar de um terço e, muitas vezes, até de um quarto desse valor"[56]. O capital comercial dos pecuaristas submeteu os pequenos camponeses a sua completa dependência, transformou-os em seus criadores de gado, criando os animais em troca de um centavo, transformou as mulheres deles em suas ordenhadoras de vacas[57]. Ao que parece, com base nisso deve-se concluir que não há sentido em deter a passagem do capital comercial para o industrial, não há sentido em manter a pequena produção, que leva o produtor a um nível de vida abaixo do nível de um assalariado rural. Mas o senhor V. V. pensa diferente. Fica admirado com a "diligência"[58] do camponês no trato com o gado;

---

[55] V. V., *Прогрессивные течения в крестьянском хозяйстве*, cit., p. 77.

[56] Ibidem, p. 71.

[57] Eis dois comentários sobre o nível e as condições de vida do camponês russo em geral. M. E. Saltykov em "Miudezas da vida" [referência ao escritor Mikhail Sáltykov-Schedrin e a seu Мелочи жизни [Miudezas da vida], ciclo de contos publicados em livro em 1887 (N. T.)] escreve sobre o "camponês senhorio": "O camponês precisa de tudo; mas, principalmente, precisa [...] da capacidade de se esgotar, não poupar trabalho pessoal [...] O camponês senhorio simplesmente morre nele [no trabalho]. E a esposa e os filhos adultos, todos sofrem mais do que se estivessem nos trabalhos forçados". V. Veresáiev, no artigo intitulado "Lizar" (*Siévierni Kurier* [Correio do Norte], 1899, n. 1), fala sobre o camponês da província de Pskov, o *lizar*, que prega o uso de gotas etc. para "reduzir os nascimentos". "Mais tarde", observa o autor, "de muitos médicos do *zemstvo* e, especialmente, das parteiras, ouvi mais de uma vez que, amiúde, têm de lidar com pedidos semelhantes de maridos e esposas da aldeia." "A vida, que se movia em certa direção, tentou todos os caminhos e, por fim, chegou a um beco. Não há saída desse beco. Assim, naturalmente, uma nova solução para o problema vai surgindo e amadurecendo cada vez mais". A situação do camponês na sociedade capitalista é de fato sem saída e conduz "naturalmente", tanto na Rússia comunal como na França dos pequenos proprietários [...], não à "solução do problema", mas a um meio antinatural de adiar a ruína da pequena propriedade agrícola. [Nota da 2ª edição.]

[58] V. V., *Прогрессивные течения в крестьянском хозяйстве*, cit., p. 73.

288 O DESENVOLVIMENTO DO CAPITALISMO NA RÚSSIA

fica admirado como "os resultados da pecuária são bons" para as mulheres, "que passam a vida toda com as vacas e as ovelhas"[59]. Imagine, que bênção! "A vida toda com as vacas" (cujo leite vai para uma máquina aprimorada que separa a nata); e como recompensa por essa vida: pagamento de "um quarto do valor" referente aos custos da criação dessa vaca! E, com efeito, como não se pronunciar em favor da "pequena produção popular"!

5. CONTINUAÇÃO. DECOMPOSIÇÃO DO CAMPESINATO NA REGIÃO DE ECONOMIA LEITEIRA

Na literatura sobre a influência da economia leiteira na situação do campesinato, a todo instante encontramos contradições: por um lado, indica-se o progresso da propriedade, o aumento dos rendimentos, o aprimoramento da técnica agrícola, a aquisição de ferramentas melhores; por outro, a piora da alimentação, o aparecimento de novos tipos de servidão e a ruína dos camponeses. Depois do que foi exposto no capítulo II, não nos devem surpreender essas contradições: sabemos que opiniões opostas se referem a grupos opostos do campesinato. Para um julgamento mais preciso desse assunto, tomemos os dados da distribuição das quintas camponesas em relação ao número de vacas de cada quinta[60]. [Ver próxima página.]

Dessa maneira, a distribuição de vacas entre os camponeses fora das Terras Negras é muito parecida com a distribuição do gado de trabalho entre os camponeses das Terras Negras[61]. Além disso, a concentração de gado

---

[59] Ibidem, p. 80.

[60] Dados estatísticos do *zemstvo*, segundo a coletânea resumida do senhor Blagovéschenski. Aproximadamente 14 mil quintas desses 18 distritos não estão classificados por número de vacas: não são no total 289.079, mas 303.262 quintas. O senhor Blagovéschenski fornece as mesmas informações sobre os dois distritos das províncias das Terras Negras, mas esses distritos são, aparentemente, atípicos. Em onze distritos da província de Tver (*Сборник стат. свед* [Coletânea de informações estatísticas], v. XII, p. 2), a porcentagem de quintais sem vacas é baixa (9,8%), mas 21,9% das quintas com 3 vacas ou mais concentram 48,4% do número total de vacas. A porcentagem de quintas sem cavalos é de 12,2%; quintas com 3 cavalos ou mais somam apenas 5,1% e têm apenas 13,9% do número total de cavalos. Note-se, a propósito, que uma menor concentração de cavalos (em comparação com a concentração de vacas) é observada em outras províncias que não são das Terras Negras.

[61] Ver cap. II.

Grupos de quintas	Províncias de São Petersburgo, Moscou, Tver e Smolensk (18 distritos)					Província de São Petersburgo (6 distritos)				
	Número de quintas	%	Número de vacas	%	Vacas por quinta	Número de quintas	%	Número de vacas	%	Vacas por quinta
Quintas sem vacas	59.336	20,5	—	—	—	15.196	21,2	—	—	—
Quintas com 1 vaca	91.737	31,7	91.737	19,8	1	17.579	24,6	17.579	13,5	1
Quintas com 2 vacas	81.937	28,4	163.874	35,3	2	20.050	28,0	40.100	31,0	2
Quintas com 3 ou mais vacas	56.069	19,4	208.735	44,9	3,7	18.676	26,2	71.474	55,5	3,8
Total	289.079	100	464.346	100	1,6	71.501	100	129.153	100	1,8

leiteiro na região descrita mostra-se maior que a concentração de gado de trabalho. Essa mesma relação, ao que parece, é indicada também pelos dados a seguir (infelizmente, não são completos). Se tomarmos os dados totais das estatísticas dos *zemstvos* (ver senhor Blagovéschenski; 122 distritos de 21 províncias), obteremos a média de 1,2 vaca por quinta. Por conseguinte, fora das Terras Negras, o campesinato parece ser mais rico em vacas que aqueles das Terras Negras, enquanto o campesinato de Petersburgo parece ser ainda mais rico que aquele de fora das Terras Negras em geral. Por outro lado, a porcentagem de quintas sem gado em 123 distritos de 22 províncias é igual a 13%; já nos 18 distritos que selecionamos = 17%, enquanto em 6 distritos da província de Petersburgo = 18,8%. Isso quer dizer que a decomposição do campesinato (na relação analisada) é mais forte na província de Petersburgo e, em seguida, fora das Terras Negras em geral, o que demonstra que a agricultura *mercantil* é justamente o principal fator da decomposição do campesinato.

Com base nos dados citados, fica evidente que cerca de metade das quintas camponesas (sem vaca e com uma vaca) pode participar apenas da parte negativa das benesses da economia leiteira. O camponês que tem uma vaca venderá leite apenas por necessidade, prejudicando a nutrição de seus filhos. Ao contrário, cerca de um quinto das quintas (com três ou mais vacas) concentram em suas mãos, provavelmente, mais da metade de toda a economia leiteira, já que o gado dessas quintas é de melhor qualidade e a rentabilidade da propriedade agrícola deve ser maior que a do camponês "médio"[62]. Uma ilustração interessante dessa conclusão é representada pelos dados de uma localidade com alto desenvolvimento da economia leiteira e do capitalismo em geral. Falamos sobre o distrito de Petersburgo[63]. A economia leiteira apresenta um desenvolvimento especialmente amplo na região de veraneio do distrito, habitada principalmente por russos; aqui se encontram mais desenvolvidas a cultura de gramíneas forrageiras (23,5% das terras aráveis de *nadiel* contra 13,7% do distrito), a plantação de aveia (52,3% das terras aráveis) e de batatas (10,1%). A agricultura está sob a influência do mercado de São Petersburgo, que necessita de aveia, batata, feno, leite, cavalos de tração[64]. "A indústria leiteira emprega 46,3% das famílias registradas. O leite de 91% do número total de vacas é destinado à venda. O rendimento da indústria é igual a 713.470 rublos (203 rublos por família, 77 rublos por vaca). A qualidade e o tratamento do gado serão tanto melhores quanto mais próxima de São Petersburgo estiver a localidade. A venda do leite se dá de duas maneiras: 1) aos compradores locais e 2) em São Petersburgo, nas "fazendas leiteiras" etc. O último tipo de venda é incomparavelmente mais vantajoso, mas "a maioria das propriedades que têm uma ou duas vacas, às vezes até mais, é privada de vender diretamente seu produto em São Petersburgo"[65] – faltam cavalos, o frete é caro para a pequena quantidade de

---

[62] É necessário termos em mente esses dados sobre os grupos opostos do campesinato quando encontramos, por exemplo, comentários generalizantes: "O rendimento da pecuária leiteira de 20 a 200 rublos por domicílio por ano não apenas é, na vasta extensão das províncias do Norte, uma alavanca muito forte para aumentar e melhorar a pecuária como influenciou a melhoria da agricultura e até a redução do desperdício de salários, abrindo à população o trabalho em domicílio, tanto para cuidar do gado quanto para conferir uma condição de cultivo a terras até então abandonadas" (*Производительные силы России*, cit., v. III, p. 18). Em geral, o desperdício não diminui, mas aumenta. Em certas localidades, a diminuição pode depender do aumento da porcentagem de camponeses ricos ou do desenvolvimento do "trabalho em domicílio", isto é, do emprego dos empresários rurais locais.

[63] *Материалы по статистике народного хозяйства в С. Петербургской губернии* [Materiais de estatísticas da economia nacional na província de São Petersburgo], fasc. V, parte II (São Petersburgo, 1887).

[64] Ibidem, p. 168.

[65] Ibidem, p. 240.

produto etc. Entre os compradores, além dos comerciantes especializados, há pessoas que possuem propriedade leiteira própria. Eis os dados de dois *vólosts* do distrito:

Dois *vólosts* do distrito de São Petersburgo	Número de famílias	Número de vacas	Vacas por família	"Salário" das famílias (em rublos)	Salário por	
					Família	Vaca
Famílias que vendem leite a revendedores	441	1.129	2,5	14.884	33,7	13,2
Famílias que vendem leite em São Petersburgo	119	649	5,4	29.187	245,2	44,9
Total	560	1.778	3,2	44.071	78,8	24,7

É possível julgar com base nisso como estão distribuídas as benesses da economia leiteira em todo o campesinato da faixa exterior às Terras Negras, entre as quais, como vimos, a concentração de gado leiteiro é ainda maior que entre essas 560 famílias. Falta acrescentar que 23,1% das famílias camponesas do distrito de São Petersburgo recorrem à contratação de trabalhadores (entre os quais, tanto aqui como em toda parte na agricultura, predominam os trabalhadores diaristas). "Levando em consideração que os trabalhadores rurais são contratados quase exclusivamente por famílias que possuem uma propriedade agrícola completa" (e em tal distrito corresponde apenas a 40,4% do número total de famílias) "deve-se concluir que mais da metade dessas propriedades não pode passar sem o trabalho assalariado."[66]

Dessa maneira, nos extremos opostos da Rússia, nas mais diferentes localidades, em Petersburgo e em algum distrito da província de Táurida, as relações econômico-sociais no interior da "comunidade" revelam-se absolutamente homogêneas. "O mujique lavrador" (expressão do senhor N.) representa, tanto lá quanto aqui, uma minoria de empresários rurais e uma massa de proletariado rural. A particularidade da agricultura consiste no fato de que em uma região o capitalismo subordina um aspecto da

---

[66] Ibidem, p. 158.

agricultura e, em outra região, outro aspecto, e é por isso que relações econômicas homogêneas se manifestam sob as mais distintas formas da agricultura e da vida cotidiana.

Após estabelecer o fato de que, na região descrita, o campesinato se desagrega em classes opostas, fica fácil compreender as opiniões contrárias que em geral são emitidas acerca do papel da economia leiteira. É plenamente natural que o campesinato abastado seja incentivado a desenvolver a agricultura, cujo resultado é a difusão da gramínea forrageira, que se torna parte integrante da pecuária mercantil. Na província de Tver, por exemplo, constata-se o desenvolvimento da gramínea forrageira e, no distrito de Kachin, o mais avançado, um sexto das quintas já planta trevo[67]. É interessante notar que, nas terras compradas, a parte das terras aráveis destinadas à plantação de gramíneas é maior que nas terras de *nadiel*: a burguesia camponesa prefere, naturalmente, a propriedade privada da terra que a posse comunal[68]. No *Resumo da província de Iaroslav*[69], encontramos uma grande quantidade de indicações do crescimento das plantações de gramíneas forrageiras e, mais uma vez, principalmente em terras compradas e arrendadas[70]. Na mesma edição, encontramos indicação da distribuição de equipamentos aprimorados: arados, debulhadoras, rolos compressores e assim por diante. A fabricação de manteiga, de queijo, se desenvolve intensamente etc. Na província de Nóvgorod, ainda no início dos anos 1880, nota-se que, apesar da deterioração e da diminuição gerais da pecuária camponesa, há uma melhora em algumas localidades, em particular onde existe a venda vantajosa do leite ou em que a indústria da criação de bezerros se estabeleceu há muito

---

[67] *Сборник стат. свед. по Тверской губ.* [Coletânea de informações estatísticas da província de Tver], v. XIII, fasc. II, p. 171.

[68] Uma melhora significativa na manutenção do gado bovino é observada apenas onde a extração de leite se desenvolveu para a venda (ibidem, p. 219 e 224).

[69] *Обзоре Ярославской губ.* [Resumo da província de Iaroslav], fasc. II, 1896.

[70] Ibidem, p. 39, 65, 136, 150, 154, 167, 170, 177 e outras. Nosso sistema de impostos pré-reforma retarda, também aqui, o progresso da agricultura. "A cultura de gramíneas", escreve um correspondente, "graças à aglomeração de propriedades, é instituída em todo o *vólost*, contudo o trevo é vendido para saldar os impostos atrasados" (ibidem, p. 91). Os impostos nessa província são tão pesados, às vezes, que o proprietário que cede a terra em aluguel tem de pagar uma determinada soma ao novo proprietário do *nadiel*.

tempo[71]. A criação de bezerros, que é um dos tipos da pecuária mercantil, constitui uma indústria bastante difundida nas províncias de Nóvgorod, Tver e em outras não muito longe das capitais[72]. "Essa indústria", diz o senhor Bytchkov, "constitui, em sua essência, o rendimento de camponeses já bem providos sem ele, que possuem uma grande quantidade de vacas, já que com uma vaca, às vezes até mesmo com duas de pouco rendimento, a criação de bezerros é impensável."[73]

Mas o sinal mais claro do sucesso econômico da burguesia camponesa na região descrita é a contratação de trabalhadores pelos camponeses. Os proprietários de terra locais dão-se conta de que estão nascendo concorrentes e, em seus comunicados ao Departamento de Agricultura, chegam a explicar que a falta de trabalhadores se deve ao fato de que os camponeses abastados os interceptam[74]. A contratação de trabalhadores por camponeses é notada nas províncias de Iaroslav, Vladímir, São Petersburgo, Nóvgorod[75]. Uma grande quantidade de referências semelhantes a essa encontra-se dispersa no *Обзоре Ярославской губ.* [Resumo da província de Iaroslav].

Todos esses progressos da minoria abastada, no entanto, pesam arduamente sobre a massa de camponeses pobres. Por exemplo, no *vólost* de Kóprino, distrito de Rybinsk, província de Iaroslav, nota-se a difusão da fabricação de queijos por iniciativa de "V. I. Blándov, conhecido fundador de *artéis* queijeiros"[76]. "Os camponeses mais pobres, que possuem uma vaca, ao

---

[71] Bytchkov, *Опыт подворного исследования экономического положения и хозяйства крестьян в трех волостях Новгородского уезда* [Ensaio de uma pesquisa domiciliar da situação econômica e da propriedade agrícola dos camponeses em três *vólosts* do distrito de Nóvgorod] (Nóvgorod, 1882).

[72] Ver *Вольнонаемный труд в хозяйствах и т. д.*, cit.

[73] Ibidem, p. 101. Notemos, a propósito, que a diversidade de "ofícios" do campesinato local levou o senhor Bytchkov a distinguir dois tipos de industriais por quantidade de salários. Descobriu-se que 3.251 pessoas (27,4% da população) recebem menos de 100 rublos, seus ganhos = 102 mil rublos, 31 rublos por pessoa; 454 pessoas (3,8% da população) recebem mais de 100 rublos: seus ganhos = 107 mil rublos, 236 rublos por pessoa. O primeiro grupo incluía, de preferência, todos os tipos de operários assalariados; o segundo, comerciantes, vendedores de feno, madeireiros etc.

[74] *Вольнонаемный труд в хозяйствах и т. д.*, cit., p. 490.

[75] Ibidem, *passim*.

[76] Os "*artéis* queijeiros" do distrito de Kóprino aparecem no *Índice de fábricas e oficinas*, e a empresa Blándov é a maior na produção de queijos: em 1890, possuía 25 fábricas em 6 províncias.

levar [...] o leite [para a fábrica de queijo] causam prejuízo, é claro, à sua alimentação"; de modo que aqueles em melhor situação melhoram seu gado[77]. Entre os tipos de trabalho assalariado, nota-se uma afluência às fábricas de queijo; forma-se um contingente de mestres queijeiros entre os jovens camponeses. No distrito de Pochekhónie, "o número de fábricas de queijos e manteiga aumenta mais e mais a cada ano", mas "os benefícios que as fábricas de queijo e manteiga trazem para a propriedade agrícola camponesa mal compensam as desvantagens que nossas fábricas de queijo e manteiga têm para a vida camponesa". De acordo com a consciência dos próprios camponeses, eles são obrigados muitas vezes a passar fome, pois, quando abre uma fábrica de queijo ou manteiga em determinada localidade, os produtos do leite vão para essa fábrica e os camponeses se alimentam geralmente de leite diluído em água. O pagamento em mercadoria se generaliza[78], de modo que se pode lamentar que não se estenda à nossa pequena produção "popular" a lei que proíbe o pagamento em mercadoria nas fábricas "capitalistas"[79].

Dessa maneira, as opiniões de pessoas diretamente familiarizadas com o assunto confirmam nossa conclusão de que a participação da maioria do campesinato nos progressos da agricultura local é puramente negativa. O progresso da agricultura mercantil piora a situação dos grupos inferiores de camponeses e os expulsa em definitivo das fileiras da agricultura. Note-se que, na literatura populista, foi indicada a contradição entre o progresso da

---

[77] *Указатель фабрик и заводов*, cit., p. 32-3.

[78] Ibidem, p. 43, 54, 59 e outras.

[79] Eis um comentário típico do senhor Stary Maslodel [Velho Fabricante de Manteiga]: "Quem viu e conhece a aldeia moderna, mas lembra-se da aldeia de quarenta ou cinquenta anos atrás, ficará espantado com a diferença. Nas aldeias antigas, as casas de todos os proprietários eram monótonas na aparência externa e na decoração interna; agora, ao lado das cabanas, há mansões pintadas, ao lado dos pobres vivem os ricos, ao lado dos humilhados e ofendidos, os que festejam e celebram. Nos tempos antigos, muitas vezes encontrávamos aldeias onde não havia um único camponês, agora em cada aldeia há pelo menos cinco, e até uma dúzia inteira. Que a verdade seja dita: a fabricação de manteiga é a grande responsável por essa transformação da aldeia. Durante trinta anos, a produção de leite enriqueceu muitos, pintou suas casas, muitos camponeses – fornecedores de leite – prosperaram durante o período de desenvolvimento da fabricação de manteiga, compraram gado, adquiriram terras em comunidades ou individualmente; muitos, porém, empobreceram, apareceram nas aldeias o camponês e os mendigos" (*Жизнь* [A Vida], n. 8, 1899, citado em *Siévierni Krai* [Extremo Norte], n. 223, 1899). [Nota da 2ª edição.]

economia leiteira e a piora da alimentação dos camponeses (o primeiro, ao que parece, foi Engelhardt). Mas justamente por esse exemplo se pode ver a estreiteza da avaliação populista acerca dos fenômenos que ocorrem no campesinato e na agricultura. Notam a contradição em uma forma, em uma localidade, e não compreendem que é característica de toda a estrutura socioeconômica, manifestando-se em toda parte sob distintas formas. Notam o significado contraditório de uma "indústria vantajosa" e aconselham com vigor que se "implantem" entre os camponeses todos os tipos de "indústria local". Notam o significado contraditório de um dos progressos agrícolas e não entendem que as máquinas, por exemplo, têm na agricultura o mesmo significado político-econômico que têm na indústria.

6. REGIÃO DE CULTIVO DO LINHO

Nós nos detivemos de maneira bastante detalhada na descrição dessas duas primeiras regiões da agricultura capitalista, levando em conta sua amplitude e a tipicidade das relações ali observadas. Na exposição a seguir, vamos nos limitar a indicações mais breves de algumas das regiões de maior destaque.

O linho é a mais importante entre as assim chamadas "plantas industriais". Só esse termo já indica que temos aqui precisamente a agricultura *mercantil*. Por exemplo, na província "linheira" de Pskov, o linho há muito tempo representa "o primeiro dinheiro" do camponês, segundo a expressão local[80]. A produção de linho representa apenas um dos meios de ganhar dinheiro. A época pós-reforma se caracteriza, em geral, por indubitável crescimento da fabricação comercial do linho. Assim, no fim dos anos 1860, o montante da produção de linho na Rússia era de aproximadamente 12 milhões de *puds* de fibra[81]; no início dos anos 1880, era de 20 milhões de *puds* de fibra[82]; no presente, em 50 províncias da Rússia Europeia, cole-

[80] *Военно-статистический сборник*, cit., p. 260.
[81] Idem.
[82] *Историко-статистический обзор промышленности России*, cit., p. 74.

tam-se mais de 26 milhões de *puds* de fibra[83]. Na região produtora de linho propriamente dita (19 províncias fora das Terras Negras), a área de plantação de linho cresceu nos últimos tempos: em 1893 eram 756,6 mil *dessiatinas*; em 1894, 816,5 mil *dessiatinas*; em 1895, 901,8 mil *dessiatinas*; em 1896, 952,1 mil *dessiatinas*; e em 1897, 967,5 mil *dessiatinas*. Em toda a Rússia Europeia (50 províncias), havia, em 1896, 1,617 milhão de *dessiatinas* para o linho; já em 1897, eram 1,669 milhão[84] contra 1,399 milhão no início de 1890[85]. Do mesmo modo, as revisões gerais da literatura testemunham o crescimento da fabricação comercial do linho. No que se refere, por exemplo, às primeiras duas décadas após a reforma, o *Resumo histórico-estatístico* constata que "a área de cultura do linho com fins industriais se estendeu a algumas províncias"[86], onde influenciou particularmente a expansão da malha ferroviária. Acerca do distrito de Iúrev, na província de Vladímir, o senhor Prugavin escreveu, no início dos anos 1880: "As plantações de linho tiveram aqui uma difusão extraordinariamente ampla nos últimos 10 a 15 anos". "Alguns patrões com família numerosa vendem o linho por 300 a 500 rublos ou mais, anualmente [...] Compram [linho para semear] em Rostov [...]. Os camponeses daqui dão extraordinária atenção à escolha das sementes."[87] Na cole-

---

[83] A média para 1893-1897 é de 26,291 milhões de *puds*, de acordo com o Comitê Central de Estatísticas. Ver o V*iéstnik Finánsov*, n. 9, 1897, e n. 6, 1898. No passado, as estatísticas sobre a produção de linho distinguiam-se por sua grande imprecisão, por isso preferimos tomar cálculos aproximados com base na comparação de especialistas das mais variadas fontes. Por ano, a produção de linho varia significativamente. Por isso, o senhor N., por exemplo, ao tirar as mais ousadas conclusões da "diminuição" da produção de linho e da "redução da colheita de linho" (*Очерки нашего пореформенного общественного*, cit., p. 236 e seg.) a partir de dados de apenas seis anos, cometeu os erros mais curiosos (ver sua análise em P. B. Struve, *Критические заметки к вопросу об экономическом развитии России* [Notas críticas sobre a questão do desenvolvimento econômico da Rússia] (São Petersburgo, 1894, p. 233 e seg.). Acrescentemos ao que foi dito no texto que, de acordo com o senhor N., o tamanho máximo das lavouras de linhaça na década de 1880 era de 1,372 milhão de *dessiatinas* e a colheita de fibras, de 19,245 milhão de *puds*, enquanto em 1896-1897 a área de lavoura atingiu 1,617-1,669 milhão de *dessiatinas*, e a colheita de fibra, 31,713 milhões e 30,139 milhões de *puds*.

[84] *Viéstnik Finánsov*, n. 7, 1898.

[85] *Производительные силы России*, cit., v. I, p. 36.

[86] *Историко-статистический обзор промышленности России*, cit., p. 71.

[87] V. Prugavin, *Сельская община, кустарные промыслы и земледельческое хозяйство Юрьевского уезда Владимирской губ.* [Comunidade rural, indústrias artesanais e a agricultura do distrito de Iúrev, província de Vladímir] (Moscou, 1884), p. 86-9.

tânea de estatísticas dos *zemstvos* da província de Tver[88], observa-se que "os cereais mais importantes do campo, a cevada e a aveia, estão cedendo lugar ao linho e à batata"[89]; em alguns distritos, o linho ocupa de um terço a três quartos do campo na primavera, por exemplo, em Zubtsov e Kachin, "nos quais a produção do linho já adquire claramente um caráter especulativo de indústria"[90], desenvolvendo-se de maneira especialmente intensa nas terras virgens ou de alqueives. Além disso, observa-se que em algumas províncias onde ainda há terra livre (terras virgens, terrenos baldios, bosques passíveis de desmatamento), a produção de linho expande-se de maneira intensa; já em províncias que há muito se dedicam à produção linheira, "a cultura do linho ou permanece do mesmo tamanho que antes ou está retrocedendo ante culturas novas, por exemplo, as raízes comestíveis, os legumes etc."[91], ou seja, está cedendo lugar a outros tipos de agricultura mercantil.

Quanto à exportação de linho, nas duas primeiras décadas após a reforma, ela cresceu de maneira notavelmente rápida: de 4,6 milhões de *puds* em média em 1857-1861 para 8,5 milhões de *puds* em 1867-1871, chegando a 12,4 milhões de *puds* em 1877-1881, mas, em seguida, parece que a exportação estacionou, ficando, em 1894-1897, em 13,3 milhões de *puds* em média[92]. O desenvolvimento da produção linheira levou, naturalmente, a trocas não apenas entre agricultura e indústria (venda de linho e compra de produtos manufaturados), mas também entre *os diferentes tipos de agricultura mercantil* (venda de linho e compra de trigo). Eis dados sobre esse interessante fenômeno, que demonstram de modo convincente que o mercado interno para o capitalismo é criado não apenas pelo deslocamento da população da agricultura para a indústria, mas também pela especialização da agricultura mercantil[93]:

---

[88] *Сборник стат. свед. о Тверской губ* [Coletânea de estatísticas dos *zemstvos* da província de Tver], v. III, fasc. II.

[89] Ibidem, p. 151.

[90] Ibidem, p. 145.

[91] *Viéstnik Finánsov*, n. 6, 1898, p. 376, e n. 29, 1897.

[92] Dados de exportação de linho, fibra e estopa. Ver *Историко-статистический обзор промышленности России*, cit.; P. Struve, *Критические заметки к вопросу об экономическом развитии России.*, cit., e *Viéstnik Finánsov*, n. 26, 1897, e n. 36, 1898.

[93] Ver N. Strokin. *Льноводство Псковской губ.* [O cultivo de linho na província de Pskov] (São Petersburgo, 1882). O autor tomou emprestado esses dados dos *Trabalhos* da comissão de arquivamento.

Períodos	Movimento de carga por ferrovia para Pskov ("província linheira") e de Pskov (média em milhares de *puds*)	
	Linho exportado	Cereais e farinhas importados
1860-1861	255,9	43,4
1863-1864	551,1	464,7
1865-1866	793,0	842,6
1867-1868	1.053,2	1.157,9
1869-1870	1.406,9	1.809,3

Como reage a esse crescimento da produção linheira mercantil o campesinato, que, como se sabe, é o principal produtor de linho[94]? "Ao viajar pela província de Pskov, ao olhar mais de perto seu cotidiano do ponto de vista econômico, é impossível não notar que, ao lado das raras unidades, povoados e aldeias, grandes e ricas, encontram-se unidades pobres; *esses extremos constituem o traço característico da vida econômica da região do linho*". "As plantações de linho tomaram um rumo especulativo" e "a maior parte" do rendimento "fica com os compradores e com aqueles que arrendam a terra para quem planta linho"[95]. Os valores devastadores do arrendamento representam uma verdadeira "renda em dinheiro"[96], e uma massa de camponeses encontra-se "em completa e desesperançada dependência"[97] em relação aos compradores. Essa localidade é dominada pelo capital mercantil há muito tempo[98], e a diferença em relação ao pós-reforma consiste na gigantesca concentração desse capital, na subversão do caráter monopolista dos antigos pequenos compradores, na constituição de "escritórios linheiros", que tomaram em suas mãos todo o comércio do linho. "A importância da produção

[94] De 1.399.000 *dessiatinas* de lavoura de linhaça, 745.400 *dessiatinas* estão na região fora das Terras Negras, onde apenas 13% pertencem aos proprietários. Nas Terras Negras, de um total de 609.600 *dessiatinas*, 44,4% pertencem aos proprietários (*Производительные силы России*), cit., v. I, p. 36.

[95] N. Strokin, *Льноводство Псковской губ.*, cit., p. 22-3.

[96] Ver acima.

[97] N. Strokin, *Льноводство Псковской губ.*, cit.

[98] Ainda na *Coletânea estatística militar*, indicava-se que "muitas vezes o linho plantado pelos camponeses é, na realidade, de propriedade de um *bulina*" (nome local dado aos pequenos compradores), "e o camponês é apenas um trabalhador em seu próprio campo" (*Военно-статистический сборник*, cit., p. 595). Ver *Историко-статистический обзор промышленности России*, cit., p. 88.

linheira", diz o senhor Strokin, "expressa-se [...] na concentração de capital em poucas mãos."[99] Ao transformar a indústria do linho num jogo de apostas, o capital arruinou uma massa de pequenos agricultores: a qualidade do linho produzido por eles decaiu, eles esgotaram suas terras, alugaram suas terras de *nadiel* e, no fim das contas, engrossaram o número de trabalhadores "que partem" em busca de trabalho. Uma minoria insignificante de camponeses abastados e comerciantes, porém, teve a possibilidade – e isso foi imposto pela concorrência – de aprimorar a técnica. Espalharam-se as máquinas *Couté*, tanto manuais (cujo preço chega a 25 rublos) quanto a cavalo (duas vezes mais caras). Em 1869, na província de Pskov, calculavam-se apenas 557 dessas máquinas; já em 1881, 5.710 (4.521 manuais e 1.189 a cavalo)[100]. "No presente", lemos no *Resumo histórico-estatístico*, "cada família camponesa bem assentada possui uma máquina manual *Couté*, que até recebeu o título de 'espadeladeira de Pskov'."[101] Já vimos no capítulo II qual é a relação dessa minoria de agricultores "bem assentados", que empregam máquinas, com o restante do campesinato. Em lugar da primitiva *trechotka*, que limpava muito mal as sementes, o *zemstvo* de Pskov passou a introduzir ferramentas aperfeiçoadas para limpar os grãos (*trier*), e os "camponeses industriais mais abastados" já veem vantagem em comprar essas máquinas e alugá-las aos fabricantes de linho[102]. Os maiores compradores de linho organizam a secagem, a espadelagem, contratam trabalhadores para selecionar e espadelar o linho[103]. Finalmente, é preciso acrescentar que o processamento da fibra de linho demanda uma quantidade particularmente grande de mão de obra: calcula-se que o cultivo de 1 *dessiatina* de linho demande 26 dias de trabalho propriamente agrícola e 77 dias de preparação da fibra[104]. Portanto, o desenvolvimento da produção linheira leva, por um lado, a uma maior ocupação do agricultor no período do inverno e, por outro, à formação de

---

[99] N. Strokin, *Льноводство Псковской губ*, cit., p. 31.

[100] Ibidem, p. 12.

[101] *Историко-статистический обзор промышленности России*, cit., p. 82-3.

[102] *Viéstnik Finánsov*, n. 29, 1897, p. 85.

[103] Ver o exemplo do senhor V. Prugavin.

[104] *Историко-статистический обзор промышленности России*, cit., p. 72.

demanda por trabalho assalariado por parte dos latifundiários e camponeses abastados que plantam linho[105].

Assim, também na região linheira, o crescimento da agricultura mercantil leva ao domínio do capital e à decomposição do campesinato. Um enorme freio para esse último processo são, sem dúvida, os preços ruinosamente altos dos arrendamentos de terra[106], a pressão do capital mercantil, a fixação do camponês ao *nadiel* e o elevado preço pago pela terra de *nadiel*. Por isso, quanto mais amplamente se desenvolver a compra de terra pelos camponeses[107] e os êxodos industriais[108], a difusão de equipamentos e métodos aprimorados de agricultura, tanto mais rapidamente o capital mercantil será suplantado pelo capital industrial, tanto mais rapidamente se dará a formação da burguesia rural a partir do campesinato e a suplantação do sistema de pagamento em trabalho da economia latifundiária pelo sistema capitalista.

7. PROCESSAMENTO TÉCNICO DOS PRODUTOS AGRÍCOLAS

Já tivemos a chance de explicar (capítulo I, seção 1) que os autores especializados em agricultura, ao dividir os sistemas agrícolas de acordo com seu principal produto mercantil, referem-se ao sistema fabril ou técnico da economia como um tipo especial. Sua essência consiste no fato de que o produto

---

[105] Ver, por exemplo, seu capítulo III, seção 6.

[106] Atualmente, o preço do arrendamento de terras para a plantação de linho está caindo, em razão da queda do preço do linho, mas a área de cultivo em 1896, na região linheira de Pskov, por exemplo, não diminuiu (*Viéstnik Finánsov*, n. 29, 1897).

[107] A província de Pskov é uma das primeiras na Rússia a desenvolver a compra de terras pelos camponeses. De acordo com os *Materiais estatísticos sobre a situação econômica da população rural* (edição da chancelaria do Comitê de Ministros), *Свод статистических материалов, касающихся экономического положения сельского населения Европейской России* [Coletânea dos materiais estatísticos referentes à situação econômica da população rural da Rússia Europeia] (edição da chancelaria do Comitê de Ministros, São Petersburgo, 1894) aqui, as terras camponesas compradas representam 23% da quantidade satisfatória de terras *de nadiel*; é o *maximum* para todas as cinquenta províncias. Para cada habitante do sexo masculino da população camponesa, em 1o de janeiro 1892, correspondia 0,7 *dessiatina* de terra comprada; nesse sentido, apenas as províncias de Nóvgorod e Táurida superam Pskov.

[108] O êxodo de homens na província de Pskov aumentou, segundo as estatísticas, *quase quatro vezes* de 1865-1875 a 1896 (*Промыслы крестьянского населения Псковской губ.* [Indústrias da população camponesa da província de Pskov], Pskov, 1898, p. 3).

agrícola, antes de ir para o consumo (pessoal ou produtivo), é submetido a um processamento técnico. Os estabelecimentos que realizam esse processamento ora constituem parte da propriedade agrícola que fornece o produto bruto, ora pertencem a indústrias especiais que compram o produto dos agricultores. Do ponto de vista político-econômico, a diferença entre esses dois tipos é insubstancial. O crescimento da produção agrícola técnica tem um significado muito importante na questão do desenvolvimento do capitalismo. Em primeiro lugar, esse crescimento representa uma das formas de desenvolvimento da agricultura mercantil e, ademais, é precisamente essa forma que denota, com particular relevo, a transformação da agricultura em um dos ramos da indústria na sociedade capitalista. Em segundo lugar, o desenvolvimento do processamento técnico dos produtos agrícolas está indissociavelmente ligado, em geral, ao progresso técnico da agricultura: por um lado, a própria produção de queijo para o processamento demanda, não raro, o aperfeiçoamento do cultivo agrícola (por exemplo, a plantação de tubérculos); por outro, os resíduos obtidos com o processamento, não raro, são utilizados na agricultura, aumentando seu sucesso, restabelecendo, ainda que parcialmente, o equilíbrio, a interdependência entre a agricultura e a indústria, cujo rompimento constitui uma das contradições mais profundas do capitalismo.

Devemos passar agora, consequentemente, à caracterização do desenvolvimento da produção agrícola técnica na Rússia pós-reforma.

1) Destilação

Consideramos aqui a destilação apenas do ponto de vista da agricultura. Por isso, não vemos necessidade de falar como foi rápida a concentração da destilação nas grandes fábricas (em parte, em razão da demanda do sistema de impostos), como foi rápido o progresso da técnica fabril, barateando a produção, como o aumento do imposto sobre o consumo superou esse barateamento e como seu valor exorbitante deteve o crescimento do consumo e da produção.

Citemos os dados da destilação "agrícola" em todo o Império Russo[109]:

---

[109] A lei de 4 de junho de 1890 estabeleceu os seguintes critérios para a destilação agrícola: 1) a produção vai precisamente de 1º de setembro a 1º de junho, quando não há trabalho no campo; 2) a quantidade

302 O DESENVOLVIMENTO DO CAPITALISMO NA RÚSSIA

Destilarias em 1896-1897	Número de usinas		Álcool destilado (em milhares de baldes)	
Rurais	1.474		13.521	
Mistas	404	} 1.878	10.810	} 24.331
Industriais	159		5.457	
Total	**2.037**		**29.788**	

Dessa maneira, mais de nove décimos do número total de destilarias (responsáveis por mais de quatro quintos da produção) estão diretamente ligadas à agricultura. Ao constituir grandes empresas capitalistas, essas fábricas conferem o mesmo caráter a todas as propriedades agrícolas latifundiárias nas quais estão estabelecidas (as destilarias pertencem quase exclusivamente a latifundiários e, principalmente, nobres). O tipo de agricultura mercantil analisado se desenvolve, sobretudo, nas províncias centrais das Terras Negras, que reúnem mais de um décimo do total de destilarias do Império Russo (239 em 1896-1897, das quais 225 agrícolas e mistas), e produzem mais de um quarto da quantidade total de álcool (7.785.000 baldes em 1896-1897, dos quais 6.828.000 fornecidos por fábricas agrícolas e mistas). Dessa maneira, na região onde predomina o pagamento em trabalho, o caráter comercial da agricultura quase sempre (em comparação com outras regiões) se manifesta no processamento de vodca de cereais ou de batata. A destilação da batata se desenvolveu de maneira especialmente rápida na época pós-reforma, como se pode ver pelos dados a seguir, referentes a todo o Império Russo[110]:

	Matérias-primas utilizadas na destilação (em milhares de *puds*)		
	Todas as matérias-primas	Somente batata	% de batata
Em 1867	76.925	6.950	9,1
Média de { 1873/1874-1882/1883	123.066	65.508	53
10 anos { 1882/1883-1891/1892	128.706	79.803	62
Em 1893/1894	150.857	115.850	76
Em 1896/1897	144.038	101.993	70,8

de álcool destilado deve ser proporcional ao número de *dessiatinas* de terra arável na propriedade. As fábricas que fazem, em parte, destilação rural e, em parte, destilação industrial são chamadas de destilarias mistas (ver *Viéstnik Finánsov*, n. 25, 1896, e n. 10, 1898).

[110] Fontes: *Военно-статистический сборник*, cit., p. 427; *Производительные силы России*, cit., v. IX, p. 49; e *Viéstnik Finánsov*, n. 14, 1898.

O CRESCIMENTO DA AGRICULTURA MERCANTIL   303

Dessa maneira, enquanto a quantidade de cereais destinados à destilação aumentou duas vezes, a quantidade de batatas destinadas à destilação cresceu umas quinze vezes. Esse fato confirma de maneira convincente nossa tese (seção 1 deste capítulo) de que o enorme crescimento das plantações e das colheitas de batata significa justamente o crescimento da agricultura mercantil e capitalista, além do aprimoramento da técnica agrícola, com a substituição da rotação em três campos para a rotação em vários campos etc.[111] A região de maior desenvolvimento da destilação distingue-se também por um maior valor (nas províncias russas, ou seja, excluídas as províncias bálticas e ocidentais) da colheita líquida de batata por habitante. Assim, para as províncias setentrionais das Terras Negras, esse valor correspondeu, nos períodos de 1864-1866, 1870-1879 e 1883-1887, a 0,44, 0,62 e 0,60 *tchétviert*, enquanto para toda a Rússia Europeia (cinquenta províncias) os números corresponderam a: 0,27, 0,43 e 0,44 *tchétviert*. Ainda no início dos anos 1880, o *Resumo histórico-estatístico* observou que "o território no qual se nota uma maior expansão da cultura da batata abrange todas as províncias centrais e setentrionais das Terras Negras"[112].

A expansão da cultura da batata pelos latifundiários e pelos camponeses abastados provoca o crescimento da demanda por trabalho assalariado; o cultivo de uma *dessiatina* de batata absorve uma quantidade muito maior de trabalho[113] que o cultivo de uma *dessiatina* de cereais; já o emprego de

[111] Ver Raspopin, "Частновладельческое хозяйство в России по земским статистическим данным", cit.; *Историко-статистический обзор промышленности России*, cit., p. 14. O resíduo da destilação (bagaço) é frequentemente descartado (não apenas pelas usinas agrícolas, mas também pelas comerciais) para manter a criação comercial de carne bovina. Ver *Сельскохоз. стат. свед.* [Informes estatísticos agrícolas], fasc. VII, p. 122 e *passim*.

[112] *Историко-статистический обзор промышленности России*, cit., p. 44. A gigantesca rapidez com que cresceu precisamente nas províncias agrícolas centrais a produção de batatas para destilação fica evidente nos dados a seguir. Em seis províncias – Kursk, Oriol, Tula, Riazan, Tambov e Vorónej –, a média de 1864-1865 a 1873-1874 foi de 407 mil *puds* de batatas por ano; de 1874-1875 a 1883-1884, de 7,482 milhões de *puds*; de 1884-1885 a 1893-1894, de 20,077 milhões de *puds*. Para toda a Rússia Europeia, os números correspondentes são: 10,633 milhões de *puds*; 30,599 milhões de *puds*; e 69,62 milhões de *puds*. O número de fábricas que consumiam batatas para destilação nas províncias indicadas foi, em média, de 29 por ano de 1867-1868 a 1875-1876; 130 de 1876-1877 a 1884-1885; 163 de 1885-1886 a 1893-1894. Para toda a Rússia Europeia, os números correspondentes são: 739, 979 e 1.195 (ver *С.-х. стат. свед.*, cit., fasc. VII).

[113] Por exemplo, na coletânea estatística do *zemstvo* do distrito de Balakhná, província de Níjny Nóvgorod, calcula-se que o cultivo de uma *dessiatina* de batata demanda 77,2 dias de trabalho, incluindo

máquinas, por exemplo, é muito fraco na região central das Terras Negras. Dessa maneira, se, por um lado, o número de trabalhadores empregados diretamente na destilação diminui[114], por outro, a substituição do pagamento em trabalho pelo sistema capitalista elevou a demanda por diaristas para trabalhar no cultivo de tubérculos.

2) Produção de açúcar de beterraba

A transformação da beterraba em açúcar está ainda mais concentrada nas grandes empresas capitalistas que a destilação e constitui, do mesmo modo, um anexo das propriedades latifundiárias (sobretudo dos nobres). A principal região dedicada a essa produção são as províncias do Sudeste e, em seguida, as províncias centrais e meridionais das Terras Negras. A área de cultivo de beterraba era, nos anos 1860, de cerca de 100 mil *dessiatinas*[115]; nos anos 1870, cerca de 160 mil *dessiatinas*[116]; em 1886-1895, 239 mil *dessiatinas*[117]; em 1869-1898, 369 mil *dessiatinas*[118]; em 1900, 478.778 *dessiatinas*; em 1901, 528.076 *dessiatinas*[119]; em 1905-1906, 483.272 *dessiatinas*[120]. Consequentemente, no período pós-reforma, o tamanho das plantações

---

59,2 dias de trabalho de uma trabalhadora rural para plantar, cavar, limpar e colher. O que mais cresce, portanto, é a demanda por trabalho diário de camponeses locais.

[114] Em 1867, calculavam-se 52.660 trabalhadores nas destilarias na Rússia Europeia (*Военно-статистический сборник*, cit. Mostraremos no capítulo VII que essa fonte, em geral, exagera em grande medida o número de trabalhadores fabris) e, em 1890, 26.102 (segundo o *Índice* de Orlov). Os trabalhadores empregados na destilação propriamente dita são pouco numerosos e pouco diferentes dos trabalhadores rurais. "Todos os trabalhadores das fábricas rurais", diz, por exemplo, o doutor Jbankov, "que não trabalham permanentemente, porque os trabalhadores vão trabalhar no campo durante o verão, distinguem-se nitidamente dos trabalhadores fabris ordinários: vestem-se como camponeses, conservam os hábitos do campo e não adquiriram o brilho especial peculiar aos trabalhadores fabris" (*Санитарном исследовании фабрик и заводов Смоленской губ.*, cit., fasc. II, p. 121).

[115] *Ежегодника министерства финансов* [Anuário do Ministério das Finanças], fasc. I; *Военно-статистический сборник*, cit.; *Историко-статистический обзор промышленности России*, cit., v. II.

[116] *Историко-статистический обзор промышленности России*, cit., v. I.

[117] *Производительные силы России*, cit., v. I, p. 41.

[118] *Viéstnik Finánsov*, n. 27, 1897, e n. 36, 1898. Na Rússia Europeia, sem o Reino da Polônia, havia 327 mil *dessiatinas* de lavouras de beterraba em 1896-1898.

[119] *Torgovo-Promychlenaia Gazieta* [Jornal da Indústria e do Comércio], n. 123, 1901.

[120] *Viéstnik Finánsov*, n. 12, 1906.

aumentou mais de cinco vezes. A uma velocidade incomparavelmente maior que a do tamanho das plantações, cresceu a quantidade de beterrabas colhidas e processadas: na média de 1860-1864, foram processados no Império 4,1 milhões de *bérkovtsev** de beterraba, em 1870-1874, 9,3 milhões, em 1875-1879, 12,8 milhões, em 1890-1894, 29,3 milhões e entre 1895-1896 e 1897-1898, 35 milhões de *bérkovtsev*[121]. A quantidade de beterraba processada cresceu, desde os anos 1860, mais de oito vezes. Consequentemente, o rendimento da beterraba, ou seja, a produtividade do trabalho nas grandes propriedades, organizadas ao modo capitalista, aumentou em enorme medida[122]. A introdução de uma raiz como a beterraba na rotação de culturas está indissociavelmente ligada à transição para um sistema de produção mais aperfeiçoado, com melhoria do cultivo da terra, da alimentação do gado etc. "A preparação do solo para a beterraba", lemos no *Resumo histórico-estatístico*, "em geral bastante complexa e difícil, atingiu um alto grau de aperfeiçoamento em muitas de nossas propriedades agrícolas, sobretudo nas províncias do Sudoeste e da Terra do Vístula. Para o preparo do solo, empregam-se, em distintas localidades, diferentes ferramentas e arados; em alguns casos, foi introduzido até mesmo o arado a vapor."[123]

Esse progresso da grande agricultura capitalista está bastante ligado ao aumento significativo da demanda por trabalhadores agrícolas assalariados, assalariados rurais e, sobretudo, diaristas, sendo o trabalho feminino e infantil amplamente utilizado[124]. Entre os camponeses das províncias circundantes surgiu até mesmo um tipo especial de êxodo: o êxodo "do açúcar"[125]. Considera-se que a preparação completa de um morgo = dois terços de *dessiatina*) de beterraba demanda quarenta

---

* Antiga medida de peso russa, equivalente a 10 *puds*. (N. T.)

[121] Além das fontes citadas, ver *Viéstnik Finánsov*, n. 32, 1898.

[122] Em média, em 1890-1894, de 285 mil *dessiatinas* de lavouras de beterraba do Império, 118 mil *dessiatinas* pertenciam às fábricas e 167 mil *dessiatinas* aos plantadores (*Производительные силы России*, cit., v. IX, p. 44).

[123] *Историко-статистический обзор промышленности России*, cit., v. I, p. 109.

[124] Ver ibidem, v. II, p. 32.

[125] Ibidem, p. 42.

trabalhadores por dia[126]. A *Coletânea de materiais sobre a situação da população rural* (edição do Comitê de Ministros) calcula que a preparação de uma *dessiatina* para o plantio da beterraba demanda, com o auxílio de máquinas, 12 trabalhadores homens por dia, enquanto, sem máquinas, são 25 trabalhadores homens por dia, sem contar mulheres e adolescentes[127]. Dessa maneira, o preparo do solo do conjunto de lavouras de beterraba na Rússia deve ocupar, provavelmente, não menos de 300 mil diaristas, entre homens e mulheres. Mas não é possível compor um quadro completo da demanda por trabalho assalariado apenas com base no aumento do número de *dessiatinas* de beterraba, pois alguns trabalhos são pagos em *bérkovtsev* de beterrabas. Eis o que lemos, por exemplo, em *Relatórios e pesquisas sobre a indústria artesanal na Rússia*[128]:

> A população feminina tanto da cidade quanto do distrito [trata-se da cidade de Krolevets, na província de Tchernígov] aprecia o trabalho nos campos de beterraba; no outono, a limpeza das beterrabas paga dez copeques por um *bérkovtsev*, duas mulheres limpam de seis a dez *bérkovtsev* por dia, mas algumas são contratadas também para cuidar da planta no período de crescimento: mondar e abacelar; assim, pelo cultivo completo, incluindo escavar e limpar, recebem 25 copeques por *bérkovtsev* de beterraba limpa.

A situação dos trabalhadores nas plantações de beterraba é muito difícil. Por exemplo, na *Crônica médica da província de Khárkov*[129], oferece-se "uma série de fatos mais que penosos sobre a situação *dos que trabalham nas plantações de beterrabas*". Assim, Podóslki, médico do *zemstvo* do assentamento de Kotelva, distrito de Akhtyrka, escreve:

> No outono, nota-se que *o tifo começa a se manifestar* comumente entre *os jovens que trabalham nas plantações dos camponeses abastados*. Os galpões, destinados

---

[126] *Вольнонаемный труд в хозяйствах и т. д.*, cit., p. 72.

[127] *Свод материалов о положении сельского населения* [Coletânea de materiais sobre a situação da população rural] (edição do Comitê de Ministros), p. x-xi.

[128] *Отчетах и исследованиях по кустарной промышленности в России* [Relatórios e pesquisas sobre a indústria artesanal na Rússia], v. II (São Petersburgo, 1894; edição do Ministério de Bens Públicos), p. 82.

[129] *Врачебной хронике Харьковской губернии* [Crônica médica da província de Khárkov], citado em *Rússkie Viédomosti*, n. 254, 1899.

ao descanso e pernoite dos trabalhadores, são mantidos por esses plantadores em tamanha sujeira que a palha na qual dormem, ao término do trabalho, transforma-se literalmente em estrume, já que nunca é trocada: aqui desenvolve-se o foco da infecção. Tivemos a ocasião de constatar de uma vez quatro a cinco doentes de tifo trazidos da mesma plantação.

Segundo o mesmo médico, "o principal contingente de sifilíticos está nas plantações de beterraba". O senhor Feinberg nota com muito fundamento que "não menos nocivo que o trabalho nas fábricas, tanto para os trabalhadores quanto para a população vizinha, o trabalho nas plantações é especialmente desastroso, ainda mais que nele se empregam massas de mulheres e adolescentes e os trabalhadores carecem aqui da mais elementar proteção da sociedade e do Estado"; tendo em vista o que foi dito, o autor adere inteiramente à opinião do doutor Romanenko, que declarou no VII Congresso de Médicos da Província de Khárkov que, "quando se decretam *normas obrigatórias*, há também de *se cuidar da situação dos trabalhadores das plantações de beterraba*. Esses trabalhadores carecem do mais necessário, vivem meses a céu aberto e comem todos do mesmo caldeirão".

Dessa maneira, o aumento da produção de beterraba elevou enormemente a demanda por trabalhadores rurais, transformando o campesinato das redondezas em proletariado rural. O aumento do número de trabalhadores rurais foi apenas ligeiramente contido pela pequena diminuição no número de trabalhadores ocupados de forma direta com a produção de açúcar de beterraba[130].

3) Produção de amido de batata

Das produções técnicas que constituem patrimônio exclusivo das propriedades latifundiárias, passemos àquelas que são mais ou menos acessíveis ao campesinato. Aqui nos referimos, antes de tudo, à transformação da batata (e em parte do trigo e de outros cereais) em amido e melaço. A produção de

---

[130] Na Rússia Europeia, em 1867, estavam empregados nas fábricas e refinarias de açúcar de beterraba 80.919 trabalhadores (*Ежегодника министерства финансов*, cit., fasc. I. A *Coletânea de estatísticas militares* exagerou esse número para 92 mil, contando, provavelmente, duas vezes os mesmos trabalhadores). Em 1890, o número correspondente era de 77.875 trabalhadores (*Índice* de Orlov).

308 O DESENVOLVIMENTO DO CAPITALISMO NA RÚSSIA

amido cresceu de forma particularmente rápida na época pós-reforma em razão do enorme crescimento da indústria têxtil, que apresentava demanda por amido. A região onde houve maior difusão dessa produção foram principalmente as províncias que se encontram fora das Terras Negras, as províncias industriais e, em parte, as províncias setentrionais das Terras Negras. O *Resumo histórico-estatístico* calcula que, em meados dos anos 1860, havia cerca de 60 fábricas com produção total de cerca de 270 mil rublos; e, em 1880, 224 fábricas com produção total de 1,317 milhão de rublos. Em 1890, segundo o *Índice de fábricas e oficinas*, existiam 192 fábricas, com 3.418 trabalhadores e uma produção total de 1,76 milhão de rublos[131]. "A produção de amido aumentou, nos últimos 25 anos, 4,5 vezes em relação ao número de fábricas", afirma-se no *Resumo histórico-estatístico*, "e 10,75 vezes em relação ao total do produto transformado; entretanto, essa produtividade está longe de satisfazer a demanda por amido"[132], como mostra o crescimento da importação de amido. Ao analisar os dados por província, o *Resumo histórico-estatístico* conclui que, entre nós, a produção de amido de batata (em contraposição à de amido de trigo) tem caráter agrícola e concentra-se nas mãos dos camponeses e dos latifundiários. "Prometendo amplo desenvolvimento [no futuro], traz, desde já, benefícios à nossa população rural."[133]

Vejamos agora quem recebe esses benefícios. Mas, primeiramente, notemos que, no desenvolvimento da produção de amido, é fundamental distinguir dois processos: por um lado, o surgimento de fábricas novas e pequenas

---

[131] *Историко-статистический обзор промышленности России*, cit., v. II. Tomamos o *Resumo histórico-estatístico* como o mais homogêneo e comparável. A *Coletânea de informações e materiais do departamento do Ministério das Finanças* (n. 4, 1866) calcula, de acordo com dados oficiais do Departamento de Comércio e Manufatura, que em 1864 havia, na Rússia, 55 fábricas de amido, com 231 mil rublos de produção. A *Coletânea de estatísticas militares* contava 198 fábricas em 1866, com uma produção de 563 mil rublos, mas aqui entraram, sem dúvida, pequenos estabelecimentos que agora não são mais classificados como fábricas. Em geral, as estatísticas dessa produção são muito insatisfatórias: ora consideram as pequenas fábricas, ora as omitem (muito mais frequentemente). Por exemplo, na província de Iaroslav, o *Índice* de Orlov calculou 25 fábricas em 1890 (20, na *Lista* de 1894-1895) e, de acordo com o *Resumo da província de Iaroslav* (fasc. II, 1896), havia 810 fábricas de amido de batata e melaço em um distrito de Rostov. Por isso, os números citados no texto podem apenas caracterizar a dinâmica do fenômeno, e não o desenvolvimento real da produção.

[132] *Историко-статистический обзор промышленности России*, cit., v. II, p. 116.

[133] Ibidem, p. 126.

e o crescimento da produção camponesa; por outro, a concentração da produção nas grandes fábricas a vapor. Por exemplo, em 1890, havia 77 fábricas a vapor que concentravam 52% do número total de trabalhadores e 60% da produção. Dessas fábricas, apenas 11 foram fundadas até 1870, 17 nos anos 1870, 45 nos anos 1880 e 2 em 1890[134].

Para conhecer melhor a produção camponesa de amido, recorramos a pesquisas locais. Na província de Moscou, em 1880-1881, a indústria do amido abarcava 43 aldeias de 4 distritos[135]. O número de estabelecimentos era de 130, com 780 trabalhadores e uma produção não inferior a 137 mil rublos. A indústria se expandiu principalmente após a reforma e sua técnica progrediu de maneira gradual; formaram-se estabelecimentos maiores, que demandavam grande capital fixo e se distinguiam por uma alta produtividade do trabalho. Os raladores manuais foram substituídos por raladores melhores; em seguida, surgiram os raladores movidos a tração animal; e, finalmente, foi introduzido o *tambor* – um aparelho que melhorou e barateou significativamente a produção. Eis dados que agrupamos com base no censo dos "artesãos" por domicílio, segundo o tamanho do estabelecimento:

Categor.as de estabelecimentos[136]	Número de estabelecimentos	Número de trabalhadores			Trabalhadores por estabelecimento			Semanas de trabalho (em média)	Soma da produção (em rublos)		
		Familiares	Assalariados	Total	Familiares	Assalariados	Total		Total	Por estabelecimento	Por trabalhador em 4 semanas
Pequenos	15	30	45	75	2	3	5	5,3	12.636	842	126
Médios	42	96	165	261	2,2	4	6,2	5,5	55.890	1.331	156
Grandes	11	26	67	93	2,4	6	8,4	6,4	61.282	5.571	416
Total	68	152	277	429	2,2	4,1	6,3	5,5	129.808	1.908	341

[134] V. Orlov, *Указатель фабрик и заводов*, cit.

[135] *Сборник стат. свед. по Моск. губ.* [*Coletânea de informações estatísticas da província de Moscou*], fasc. I (Moscou, 1882).

[136] Ver anexo ao capítulo V, indústria n. 24.

310   O DESENVOLVIMENTO DO CAPITALISMO NA RÚSSIA

Assim, temos aqui pequenos estabelecimentos capitalistas nos quais, à medida que a produção se expande, aumentam o emprego de trabalho assalariado e a produtividade do trabalho. Para a burguesia camponesa, esses empreendimentos proporcionam lucros significativos, elevando também a técnica da agricultura. Mas a situação dos trabalhadores nesses estabelecimentos é muito insatisfatória, em razão das condições extremamente anti-higiênicas do trabalho e da duração da jornada de trabalho[137].

Os camponeses que possuem estabelecimentos "raladores" encontram-se em situação muito favorável. As lavouras de batata (em terras de *nadiel* e, sobretudo, em terras arrendadas) fornecem um rendimento significativamente maior que as lavouras de centeio e aveia. Para ampliar sua propriedade, os pequenos fabricantes esforçam-se, de maneira vigorosa, para alugar as terras de *nadiel* dos camponeses pobres. Por exemplo, na aldeia de Tsybino (distrito de Brónnitsy), 18 produtores de amido (dos 105 agricultores que vivem no povoado) arrendam terras de *nadiel* dos camponeses que partiram em busca de salário e dos que não têm cavalos, anexando, dessa maneira, às suas 61 terras de *nadiel*, mais 133 arrendadas; eles concentram um total de 194 terras de *nadiel*, ou seja, 44,5% do número total de *nadiel* nessa aldeia. "Fenômeno idêntico", lemos na coletânea, "encontra-se em outras aldeias em que a indústria do amido é mais ou menos desenvolvida"[138]. Os produtores de amido têm mais que o dobro de gado em relação aos demais camponeses: em média, 3,5 cavalos e 3,4 vacas por quinta contra 1,5 cavalo e 1,7 vaca dos camponeses locais em geral. Dos 68 pequenos fabricantes (registrados pelo censo domiciliar), 10 têm terra comprada, 22 arrendam terras que não são de *nadiel* e 23 arrendam terras de *nadiel*. Em resumo, são típicos representantes da burguesia camponesa.

Relação completamente análoga apresenta a indústria de amido do distrito de Iúriev, na província de Vladímir[139]. E, ali, os pequenos fabricantes produzem

---

[137] Ibidem, p. 32. A jornada de trabalho nas fábricas camponesas é de treze a catorze horas, e nas grandes fábricas do mesmo ramo (segundo Deméntiev) predomina o dia de trabalho de doze horas.

[138] Ibidem, p. 42. Compare-se isso com a opinião geral de V. Orlov sobre toda a província de Moscou (v. IV da coletânea, fasc. I, p. 14): os camponeses abastados, amiúde, arrendam *nadiel* dos pobres, às vezes concentrando em suas mãos 5-10 terras de *nadiel* arrendadas.

[139] V. Prugavin, cit., p. 104 e seg.

O CRESCIMENTO DA AGRICULTURA MERCANTIL   311

principalmente com a ajuda do trabalho assalariado (de 128 trabalhadores em 30 fábricas, 86 são assalariados); e, ali, os pequenos fabricantes estão incomparavelmente acima da massa em relação à pecuária e à agricultura; além do mais, eles usam o bagaço da batata para alimentar o gado. Tem surgido entre os camponeses até mesmo autênticos fazendeiros. O senhor Prugavin descreve a propriedade de um camponês que tem uma fábrica de amido (avaliada em 1,5 mil rublos) e emprega 12 trabalhadores assalariados. Produz batatas em sua propriedade e ampliou-a com a ajuda do arrendamento. A rotação é de sete campos, com plantação de trevo. Para o cultivo da terra, conta com 7 a 8 trabalhadores, contratados da primavera até o outono. O bagaço vai para alimentar o gado, e o patrão pretende regar os campos com a água da lavagem.

O senhor Prugavin afirma que essa fábrica se encontra "em condições absolutamente excepcionais". É claro que, em qualquer sociedade capitalista, a burguesia rural será sempre constituída por uma minoria insignificante da população rural e, nesse sentido, se quiser, "excepcional". Mas essa qualificação não anulará o fato de que, na região produtora de amido, bem como em todas as outras regiões de agricultura mercantil na Rússia, está em curso a formação da classe dos empresários rurais, os quais estão organizando uma agricultura capitalista[140].

4) Produção de oleaginosas

A extração de óleo de linhaça, cânhamo, girassol, entre outros, também representa, não raro, a indústria agrícola. O desenvolvimento da produção de oleaginosas na época pós-reforma pode ser avaliado pelo fato de que, em 1864, o total da produção de oleaginosas era de 1,619 milhão de rublos, em 1879 era de 6,486 milhões de rublos e, em 1890, 12,232 milhões de rublos[141].

---

[140] Como curiosidade, notemos que o senhor Prugavin (cit., p. 107), bem como o autor da descrição das pequenas indústrias de Moscou (*Пром. Моск. губ.*, cit. p. 45) e o senhor V. V. (Voróvtsov, V. *Очерки кустарной промышленности в России* [Ensaios das indústrias artesanais na Rússia], São Petersburgo, 1886, III, p. 127) viu o "início do *artel*" (ou "princípio") no fato de que algumas instituições técnicas pertencem a vários proprietários. Nossos populistas perspicazes souberam assinalar um "início" particular na associação dos empresários rurais e não notaram nenhum "princípio" socioeconômico novo na própria existência e desenvolvimento da classe dos empresários rurais.

[141] *Сборник сведений и материалов по ведомству м-ва финансов* [Coletânea de informações e materiais do departamento do Ministério de Finanças], n. 4, 1866; V. Orlov, *Указатель фабрик и заводов*, cit. (1ª e 3ª edições). Não citamos dados sobre o número de fábricas, porque nossas estatísticas

E, nessa produção, observa-se um processo duplo de desenvolvimento: por um lado, surgem nas aldeias pequenos lagares de camponeses (às vezes, também de latifundiários) que fabricam o produto para a venda; por outro, desenvolvem-se as grandes fábricas a vapor, que concentram a produção e afastam os pequenos estabelecimentos[142]. Interessa-nos, aqui, apenas o processamento agrícola das plantas oleaginosas.

"Os donos de fábricas de óleo de cânhamo", lemos no *Resumo histórico-estatístico*, "pertencem aos representantes abastados do campesinato"[143], valorizam a produção de oleaginosas, sobretudo graças à possibilidade de obter um ótimo alimento para o gado (bagaços). O senhor Prugavin, observando "o amplo desenvolvimento da produção de óleo de linhaça" no distrito de Iúriev, província de Vladímir, constata que "não são poucas as vantagens"[144] para os camponeses, que a agricultura e a pecuária dos camponeses que têm uma fábrica de óleo estão significativamente acima da massa do campesinato e que alguns fabricantes recorrem à contratação de trabalhadores rurais[145]. O censo da produção artesanal de Perm para 1894-1895 demonstrou, exatamente do mesmo modo, que, para os fabricantes artesanais de óleo, a agricultura é muito superior à da massa (plantações maiores, muito mais gado, melhores colheitas etc.) e que o aprimoramento da agricultura vem acompanhado da contratação de trabalhadores rurais. Na província de Vorónej, na época pós-reforma, difundiram-se em especial as plantações *comerciais* de girassol, transformado em óleo pelas fábricas locais. Nos anos

fabris confundem as oficinas de oleaginosas pequenas e rurais com as grandes e industriais, ora considerando as primeiras, ora desconsiderando as distintas províncias nos distintos momentos. Na década de 1860, por exemplo, uma massa de pequenas oficinas de manteiga fazia parte das "fábricas".

[142] Por exemplo, em 1890, 11 das 383 fábricas tinham um total da produção de 7.170 de 12.322.000 rublos. Essa vitória dos empresários industriais sobre os empresários rurais causa profundo descontentamento de nossos agricultores (por exemplo, o senhor S. Korolenko, *Вольнонаемный труд в хозяйствах и т. д.*, cit.) e os nossos populistas (por exemplo, p. 241-242). Nós não compartilhamos de suas opiniões. As grandes fábricas aumentarão a produtividade do trabalho e socializarão a produção. Isso, por um lado. Por outro lado, a situação dos operários nas grandes fábricas será provavelmente melhor, não só em termos materiais, que nas pequenas fábricas de oleaginosas.

[143] *Историко-статистический обзор промышленности России*, cit., v. II.

[144] V. Prugavin, cit., p. 65-6.

[145] Ibidem, tabelas, p. 26-7 e 146-7.

1870, calculava-se que havia na Rússia cerca de 80 mil *dessiatinas* de plantações de girassol[146]; nos anos 1880, cerca de 136 mil *dessiatinas*, dois terços das quais pertencentes a camponeses. "Desde então, contudo, a julgar por certos dados, a área cultivada dessa planta cresceu significativamente – em alguns locais, até 100% ou mais."[147] "Em um subúrbio de Alekséievka [distrito de Biriutch, província de Vorónej]", lemos no *Resumo histórico-estatístico*, "contam-se mais de quarenta fábricas de óleo, e a própria Alekséievka enriqueceu graças ao girassol e transformou-se de uma miserável aldeola em um rico povoado, com casas e lojas com telhados de ferro."[148] Como essa riqueza da burguesia camponesa se refletiu na massa do campesinato fica evidente pelo fato de que, em 1890, no subúrbio de Alekséievka, das 2.273 famílias registradas (com 13.386 pessoas de ambos os sexos), 1.761 não tinham gado de trabalho, 1.699 não tinham inventário, 1.480 não cultivavam a terra e apenas 33 famílias não estavam ocupadas com indústrias[149].

Deve-se notar que, em geral, as fábricas de óleo camponesas figuram, nos censos domiciliares dos *zemstvos*, entre os "estabelecimentos comerciais-industriais", de cuja distribuição e papel já falamos no capítulo II.

5) Cultivo de tabaco

Como conclusão, daremos breves indicações do desenvolvimento do cultivo do tabaco. Em 1863-1867, foram recolhidos em média, na Rússia, 1.923.000 *puds* de 32.161 *dessiatinas*; em 1872-1878, 2.738.000 *puds* de 46.425 *dessiatinas*; nos anos 1880, 4 milhões de *puds* de 50 mil *dessiatinas*[150]. O número de

---

[146] *Историко-статистический обзор промышленности России*, cit., v. I.

[147] *Производительные силы России*, cit., v. I, p. 37.

[148] *Историко-статистический обзор промышленности России*, cit., parte II, p. 41.

[149] *Сборник стат. свед. по Бирюченскому уезду Воронежской губ* [Coletânea de informações estatísticas do distrito de Biriutch, província de Vorónej]. No subúrbio, havia 153 estabelecimentos industriais. De acordo com o *Índice* do senhor Orlov, em 1890 havia 6 fábricas de óleo com 34 trabalhadores e uma produção total de 17 mil rublos; já de acordo com a *Lista de fábricas e oficinas* [*Перечня фабрик и заводов*, cit.], em 1894-1895, havia 8 fábricas com 60 trabalhadores e uma produção total de 151 mil rublos.

[150] *Ежегодника министерства финансов*, cit., fasc. I; *Историко-статистический обзор промышленности России*, cit., v. I; *Производительные силы России*, cit., v. IX, p. 62. A área de lavouras de tabaco varia muito ao longo dos anos: por exemplo, a média em 1889-1894 foi de 47.813 *dessiatinas*

314   O DESENVOLVIMENTO DO CAPITALISMO NA RÚSSIA

plantações foi estimado, nesse mesmo período, em 75 mil, 95 mil e 650 mil, o que parece indicar um crescimento bastante significativo do número de pequenos agricultores envolvidos nesse tipo de agricultura. O cultivo do tabaco exige um número significativo de trabalhadores. Entre os tipos de êxodo agrícola, nota-se o deslocamento para as plantações de tabaco (sobretudo para as fronteiras das províncias do Sul, onde a cultura do tabaco espalhou-se particularmente rápido nos últimos tempos). A literatura já indica que a situação dos trabalhadores nas plantações de tabaco é das mais pesadas[151].

No que se refere à questão do cultivo de tabaco como um ramo da agricultura mercantil, temos dados particularmente detalhados e interessantes no *Resumo do cultivo de tabaco na Rússia* (publicado por instrução do Departamento de Agricultura)[152]. O senhor V. S. Scherbatchov, ao descrever o cultivo do tabaco na Pequena Rússia, cita informações notavelmente precisas sobre três distritos da província de Poltava (Priluki, Lókhvtsa e Romni). Esses dados, coletados pelo autor e processados pelo escritório de estatística da administração do *zemstvo* da província de Poltava, abrange 25.089 lavouras de tabaco de propriedades agrícolas camponesas em todos os três distritos, com 6.844 *dessiatinas* de área de plantação de tabaco e 146.774 *dessiatinas* de cereais. A distribuição dessas propriedades é a seguinte:

Três distritos da província de Poltava (1888)

Grupos de propriedades de acordo com o tamanho das lavouras de cereais	Número de propriedades	Lavoura (em *dessiatinas*)	
		De tabaco	De cereais
Menos de 1 *dessiatina*	2.231	374	448
De 1 a 3 *dessiatinas*	7.668	895	13.974
De 3 a 6 *dessiatinas*	8.856	1.482	34.967

(4.180.000 *puds* de colheita); em 1892-1894, 52.516 *dessiatinas* e 4.878.000 *puds* de colheita. Ver *Сборник сведений по России* [Coletânea de informações sobre a Rússia], 1896, p. 208-9.

[151] Beloboródov, artigo do *Siévierni Viéstnik*, n. 2, 1896, citado anteriormente; *Rússkie Viédomosti*, n. 127, 1897 (10 de maio): a análise do processo judicial sobre ação de vinte trabalhadores contra o dono de uma plantação de tabaco na Crimeia teve como resultado que "muitos fatos foram revelados no tribunal, caracterizando a situação insuportavelmente pesada dos trabalhadores empregados na plantação".

[152] *Обзоре табаководства в России* [Resumo do cultivo de tabaco na Rússia], fasc. II e III (São Petersburgo, 1894).

O CRESCIMENTO DA AGRICULTURA MERCANTIL   315

Grupos de propriedades de acordo com o tamanho das lavouras de cereais	Número de propriedades	Lavoura (em *dessiatinas*)	
		De tabaco	De cereais
De 6 a 9 *dessiatinas*	3.319	854	22.820
Mais de 9 *dessiatinas*	3.015	3.239	74.565
Total	25.089	6.844	146.774

Vemos uma enorme concentração de lavouras de tabaco e cereais em propriedades agrícolas capitalistas. Menos de um oitavo das propriedades (3 mil de 25 mil) concentra mais da metade de toda a colheita de cereais (74 mil de 174 mil), tendo em média 25 *dessiatinas*. Quase metade das lavouras de tabaco (3,2 mil de 6,8 mil) está nessas propriedades, sendo que, em média, cada propriedade tem mais de 1 *dessiatina* de lavouras de tabaco, enquanto, para todos os outros grupos, o montante de lavouras de tabaco não ultrapassa um a dois décimos de *dessiatina* por quinta.

O senhor Scherbatchov fornece, ademais, dados sobre o agrupamento dessas propriedades segundo as lavouras de tabaco:

Grupos de plantações de tabaco	Número de plantações		Lavoura de tabaco (em *dessiatinas*)	
0,01 *dessiatina* ou menos	2.919		30	
De 0,01 a 0,10 *dessiatina*	9.078		492	
De 0,10 a 0,25 *dessiatinas*	5.989		931	
De 0,25 a 0,50 *dessiatinas*	4.330		1.246	
De 0,50 a 1,00 *dessiatinas*	1.834	} 2.773	1.065	} 4.145
De 1,00 a 2,00 *dessiatinas*	615		720	
De 2,00 ou mais *dessiatinas*	324		2.360	
Total	25.089		6.844	

Daí se pode ver que a concentração de lavouras de tabaco é significativamente maior que a concentração de lavouras de cereais. O ramo da agricultura especialmente comercial da região está mais concentrado nas mãos dos capitalistas que a agricultura em geral. Em 2.773 propriedades de um total de 25 mil, concentram-se 4.145 *dessiatinas* de lavouras de tabaco de um total de 6.844 *dessiatinas*, ou seja, mais de três quintos. Os 324 maiores cultivadores de tabaco (pouco mais de um décimo do total de cultivadores) têm 2.360 *dessiatinas* de lavoura de tabaco, ou seja, mais de um terço do total. Em média, isso dá *mais de 7 dessiatinas de lavoura de tabaco* por propriedade. Para julgar de que tipo deve ser essa propriedade agrícola, lembremos que a cultura do tabaco requer um número muito grande de mão de obra. O autor calcula que 1 *dessiatina* demande, *pelo menos, 2 trabalhadores* por um período de 4 a 8 meses de verão, dependendo do tipo de tabaco.

O dono de sete *dessiatinas* de lavoura de tabaco deve ter, portanto, pelo menos catorze trabalhadores, ou seja, certamente deve estruturar sua propriedade com base no trabalho assalariado. Alguns tipos de tabaco demandam não dois, mas três trabalhadores por temporada para uma *dessiatina* e, além disso, exige trabalho adicional de diaristas. Em resumo, vemos com toda a evidência que quanto mais mercantil se torna a agricultura, tanto mais desenvolvida é sua organização capitalista.

A predominância de propriedades agrícolas pequenas e muito pequenas (11.997 propriedades de um total de 25.089 têm lavouras *de até um décimo* de *dessiatina*) não refuta de modo algum a organização capitalista desse ramo da agricultura mercantil, pois nessa massa de pequenas propriedades concentra-se uma porção ínfima da produção (11.997, ou seja, quase metade das propriedades têm ao todo 522 *dessiatinas* de um total de 6.844 *dessiatinas*, ou seja, menos de um décimo). De igual maneira, também as cifras "médias", às quais tão frequentemente se limitam os estudos, não fornecem uma boa representação da realidade (em média, a cada propriedade corresponde pouco mais de um quarto de *dessiatina*).

Em alguns distritos, o desenvolvimento da agricultura capitalista e a concentração da produção são mais acentuados. Por exemplo, no distrito de Lókhvtsa, 229 propriedades de um total de 5.957 têm 20 ou mais *dessiatinas* de lavouras de cereais. Esses proprietários têm 22.799 *dessiatinas* de cereais de um total de 44.751, ou seja, mais da metade. Cada proprietário tem quase 100 *dessiatinas* de lavouras. De lavouras de tabaco, têm 1.126 *dessiatinas* de um total de 2.003 *dessiatinas*. Já se considerarmos a classificação das propriedades por tamanho da lavoura de tabaco, temos, nesse distrito, 132 proprietários, de um total de 5.957, com 2 ou mais *dessiatinas* de tabaco. Das 2.003 *dessiatinas* de tabaco, 132 proprietários têm 1.441 *dessiatinas*, ou seja, 72%, mais de *10 dessiatinas* de tabaco por propriedade. No outro polo, nesse mesmo distrito de Lókhvtsa, temos 4.360 propriedades (de 5.957) que possuem um décimo de *dessiatina* de tabaco, um total de 133 *dessiatinas* das 2.003, ou seja, 6%.

Fica claro que a organização capitalista da *produção* é acompanhada aqui de um forte desenvolvimento do capital *mercantil* e de todo tipo de exploração fora da esfera de produção. Os pequenos produtores de tabaco não têm galpões para secar o tabaco, não têm a possibilidade de fermentar o produto e vendê-lo (em 3 a 6 semanas) em sua forma pronta. Vendem-no sem prepará-lo *pela metade do preço* a compradores que, não raro, plantam tabaco em terras arrendadas. Os compradores "pressionam de todas as maneiras os lavradores"[153]. A agricultura mercantil é a produção mercantil capitalista, e essa correspondência pode ser observada claramente (se soubermos escolher os métodos corretos) também em um dado ramo da agricultura.

8. A HORTICULTURA E A FRUTICULTURA INDUSTRIAIS. A ECONOMIA DOS SUBÚRBIOS

Com o fim da servidão, "a fruticultura latifundiária", que se encontrava bastante desenvolvida, "caiu de uma vez e de repente em quase toda a Rússia"[154]. A construção de ferrovias modificou as coisas, dando "um enorme impulso" ao desenvolvimento de uma nova fruticultura, mercantil, e promovendo "uma virada completa e para melhor" nesse ramo da agricultura mercantil[155]. Por um lado, a importação de frutas baratas do Sul minou a fruticultura nos antigos centros de distribuição[156]; por outro, a fruticultura industrial desenvolveu-se, por exemplo, nas províncias de Kovno, Vilno, Minsk, Grodno, Mogilev, Níjni Nóvgorod, em associação com a expansão das vendas[157].

---

[153] Ibidem, p. 31.

[154] *Историко-статистический обзор промышленности России*, cit., v. I, p. 2.

[155] Idem.

[156] Por exemplo, na província de Moscou. Ver S. Korolenko, *Вольнонаемный труд в хозяйствах и т. д.*, cit., p. 262.

[157] Ibidem, p. 335, 344 e seg.

O senhor Pachkévitch assinala que a pesquisa sobre a situação do cultivo de frutas demonstrou, em 1893-1894, um desenvolvimento significativo da fruticultura como ramo da indústria na última década, com aumento da demanda de fruticultores e trabalhadores especializados etc.[158] Os dados estatísticos confirmam esses resultados: o transporte de frutas pelas ferrovias russas está crescendo[159]; a importação de frutas, que aumentou na primeira década após a reforma, está diminuindo[160].

É evidente que a horticultura mercantil, que fornece produtos de consumo a uma massa incomparavelmente maior da população que a fruticultura, desenvolveu-se de maneira mais rápida e ampla. As hortas industriais alcançaram uma difusão significativa, em primeiro lugar, ao redor das cidades[161]; em segundo lugar, ao redor de povoações fabris e comerciais-industriais[162], bem como ao longo das ferrovias; em terceiro lugar, em aldeias espalhadas por toda a Rússia que ficaram conhecidas pela produção de legumes[163]. É preciso notar que a demanda por esse gênero de produto representa não apenas a população industrial, mas também a agrícola: lembremos que, segundo o orçamento dos camponeses, o gasto com legumes corresponde a 47 copeques por habitante, sendo que mais da metade desse gasto vai para produtos *comprados*.

Para conhecer melhor as relações socioeconômicas que se formam nesse ramo da agricultura mercantil, é preciso recorrer aos dados das pesquisas locais, sobretudo nas regiões desenvolvidas da horticultura. Nas redondezas de Petersburgo, por exemplo, a horticultura em estufas, iniciada por

---

[158] *Производительные силы России*, cit., v. IV, 13.

[159] Ibidem, p. 31; e *Историко-статистический обзор промышленности России*, cit., p. 31 e seg.

[160] Nos anos 1860, cerca de 1 milhão de *puds* foram importados; em 1878-1880, 3,8 milhões de *puds*; em 1886-1890, 2,6 milhões de *puds*; em 1889-1893, 2 milhões de *puds*.

[161] Adiantando a exposição futura, assinalamos aqui que, em 1863, havia na Rússia Europeia 13 cidades com uma população de 50 mil pessoas ou mais e, em 1897, elas eram 44 (ver cap. VIII, seção 2).

[162] Ver exemplos de povoações desse tipo nos capítulos VI e VII.

[163] Para indicações sobre essas aldeias nas províncias de Viatka, Kostromá, Vladímir, Tver, Moscou, Kaluga, Penza, Níjni Nóvgorod e muitas outras, sem mencionar Iaroslav, ver *Историко-статистический обзор промышленности России*, cit., v. I, p. 13 e seg., e *Производительные силы России*, cit., v. IV, p. 38 e seg. Ver também as coletâneas estatísticas dos *zemstvos* dos distritos de Semiónov, Níjni Nóvgorod e Balakhná, na província de Níjni Nóvgorod.

O CRESCIMENTO DA AGRICULTURA MERCANTIL   319

horticultores originários de Rostov, é amplamente desenvolvida. As estufas dos grandes horticultores contam-se aos milhares e as dos médios, às centenas. "Alguns grandes horticultores preparam chucrute para fornecer às tropas do Exército em dezenas de milhares de *puds*."[164] Segundo dados das estatísticas dos *zemstvos*, no distrito de Petersburgo, 474 quintas da população local estão ocupadas com a horticultura (cerca de 400 rublos de rendimento por quinta) e 230 com a fruticultura. As relações capitalistas encontram-se muito amplamente desenvolvidas, tanto na forma do capital comercial ("a indústria está submetida à mais cruel exploração dos revendedores") quanto na forma da contratação de trabalhadores. Na população forasteira, por exemplo, calculavam-se 115 patrões horticultores (com rendimento superior a 3 mil rublos por propriedade) e 711 trabalhadores horticultores (com rendimento de 116 rublos)[165].

Também são representantes típicos da burguesia rural os camponeses horticultores dos arredores de Moscou.

> Segundo cálculos aproximados, chegam anualmente aos mercados de Moscou mais de 4 milhões de *puds* de legumes e verduras. Alguns povoados mantêm um grande comércio de legumes em conserva: o *vólost* de Nogátino vende cerca de 1 milhão de baldes de chucrute para fábricas e quartéis, enviando até mesmo para Kronstadt [...]. As hortas comerciais estão distribuídas em todos os distritos de Moscou, preferencialmente nas proximidades de cidades e fábricas.[166]

"O repolho é picado por trabalhadores assalariados vindos do distrito de Volokolamsk."[167]

Relações completamente idênticas se observam na conhecida região horticultora do distrito de Rostov, na província de Iaroslav, que abrange 55 aldeias horticultoras: Poretchie, Ugóditchi, entre outras. Toda a terra, exceto

---

[164] *Производительные силы России*, cit., v. IV, p. 42.

[165] *Материалы по стат. нар. хоз. в С.-Петербургской губ.* [Materiais da estatística da economia nacional da província de São Petersburgo], fasc. V. Na realidade, há muito mais horticultores que o indicado no texto, pois a maioria pertence a propriedades agrícolas privadas, e os dados citados referem-se apenas à propriedade agrícola camponesa.

[166] *Производительные силы России*, cit., v. IV, p. 49 e seg. Curiosamente, várias aldeias se especializam na produção de certos tipos de legumes.

[167] *Историко-статистический обзор промышленности России*, cit., v. I, p. 19.

320 O DESENVOLVIMENTO DO CAPITALISMO NA RÚSSIA

pastos e prados, é aqui ocupada pela horticultura há muito tempo. O processamento técnico dos legumes é fortemente desenvolvido na produção de conservas[168]. Da mesma forma que os produtos da terra, a própria terra e a força de trabalho se transformam em mercadoria. Apesar da "comunidade", a desigualdade no uso da terra, por exemplo, no povoado de Poretchie, é muito grande: uma propriedade de quatro almas tem sete "hortas"; outra de três almas tem dezessete; isso se explica pelo fato de que as divisões de terra ali não são completas; as divisões são apenas parciais; ademais, os camponeses "trocam livremente" suas "hortas" e "lotes"[169]. "A maior parte do trabalho [...] é feita por diaristas, que na temporada de verão chegam em grande número, vindo tanto das aldeias quanto das províncias vizinhas."[170] Em toda a província de Iaroslav, calculam-se 10.322 pessoas (das quais 7.689 de Rostov) ocupadas com indústrias "agrícolas e de horticultura" *fora de sua localidade*, ou seja, na maioria dos casos trabalhadores assalariados de uma dada profissão[171]. Os dados acima citados, referentes à chegada de trabalhadores rurais às províncias da capital, de Iaroslav etc., devem ser relacionados ao desenvolvimento da economia leiteira, mas também da horticultura comercial.

A horticultura inclui também o cultivo de legumes em estufas, indústria que se desenvolve rapidamente entre os camponeses abastados das províncias de Moscou e Tver[172]. Na primeira província, o censo de 1880-1881

---

[168] Idem. – V. Orlov, *Указатель фабрик и заводов*, cit. *Труды комиссии по исследованию кустарной промышленности* [Trabalhos da comissão de pesquisa da indústria artesanal], v. XIV, artigo do senhor Stolpianski. *Производительные силы России*, cit., v. IV, p. 46 e seg. *Обзор Ярославской губ.* [Resumo da província de Iaroslav], fasc. II (Iaroslav, 1896). A comparação dos dados do senhor Stolpianski (1885) e do *Índice* (1890) mostra um forte aumento na produção fabril de conservas nessa região.

[169] *Обзор Ярославской губ.*, cit., p. 97-8. Assim, a referida publicação confirmou plenamente a "dúvida" do senhor Volgin de que, "muitas vezes, a terra ocupada por hortas é frequentemente redistribuída" (ibidem, p. 172, nota).

[170] Ibidem, p. 99.

[171] E aqui se observa uma especialização característica da agricultura: "é notável que nos lugares onde a horticultura se tornou a especialidade de uma parte da população camponesa, a outra parte quase não produz legumes, comprando-os em feiras e mercados" (S. Korolenko, *Вольнонаемный труд в хозяйствах и т. д.*, cit., p. 285).

[172] *Производительные силы России*, cit., v. IV, p. 50-1. S. Korolenko, *Вольнонаемный труд в хозяйствах и т. д.*, cit., p. 273. *Сборник стат. свед. по Моск. губ.*, cit., v. VII, fasc. I. *Сборник стат.*

calculou 88 estabelecimentos com 3.011 canteiros; havia 213 trabalhadores, dos quais 77 assalariados (22,6%); o total da produção foi de 54.400 rublos. O horticultor médio deve investir no "negócio" pelo menos 300 rublos. Dos 74 patrões dos quais há dados por quinta, 41 têm terra comprada e outros tantos arrendam terras; há 2,2 cavalos por propriedade. Disso fica claro que a indústria das estufas está ao alcance apenas dos representantes da burguesia camponesa[173].

No Sul da Rússia, inclui-se no tipo de agricultura mercantil que estamos analisando o cultivo de melões e melancias. Citemos breves indicações sobre seu desenvolvimento em uma das áreas descritas em um interessante artigo do *Viéstnik Finánsov* sobre "a produção industrial de melancias"[174]. A produção teve início no povoado de Bykov (distrito de Tsárev, província de Astracã), no fim nos anos 1860 e começo dos anos 1870. O produto que, a princípio, era encontrado apenas na região do Volga, seguiu para as capitais com a construção da ferrovia. Nos anos 1880, a produção "cresceu pelo menos dez vezes", graças aos enormes lucros (150 a 200 rublos por *dessiatina*) obtidos pelos pioneiros do negócio. Como verdadeiros pequeno-burgueses, esforçaram-se de todas as maneiras para impedir o aumento do número de produtores, escondendo zelosamente dos vizinhos o "segredo" do novo e lucrativo negócio. É evidente que todos esses heroicos esforços do "mujique-lavrador"[175] para conter a "fatal concorrência"[176] mostraram-se impotentes, e a produção se espalhou amplamente na província de Sarátov e na região do Don. A queda dos preços dos cereais nos anos 1890 deu um impulso especial à produção, "levando os agricultores locais a buscar uma saída para a difícil situação

---

свед. по Тверской губ., cit., v. VIII, fasc. I, distrito de Tver: pelo censo de 1886-1890 calculou-se aqui, para 174 camponeses e 7 donos de terras, mais de 4.426 canteiros, isto é, aproximadamente 25 canteiros por patrão. "Na economia camponesa, ela [a indústria] fornece um apoio significativo, mas apenas para os camponeses abastados [...]. Se as estufas tiverem mais de vinte divisões, contratam-se trabalhadores" (ibidem, p. 167).

[173] Ver os dados relativos a essa indústria no anexo do capítulo V, seção 9.

[174] *Viéstnik Finánsov*, n. 16, 1897.

[175] Expressão do senhor N. sobre o campesinato russo.

[176] Expressão do senhor Prugavin.

em cultivos alternativos"[177]. A expansão da produção aumentou de maneira intensa a demanda por trabalho assalariado (a cultura de melões demanda uma quantidade deveras significativa de trabalho, de modo que o cultivo de 1 *dessiatina* custa de 30 a 50 rublos), e aumentou, ainda mais intensamente, o lucro dos empresários e a renda da terra. Perto da estação de "Log" (ferrovia Griazi-Tsaritsyn) havia, em 1884, 20 *dessiatinas* de plantações de melancias, em 1890, 500-600 *dessiatinas*, em 1896, 1.400-1.500 *dessiatinas*, e o valor do arrendamento de terra de 1 *dessiatina* aumentou de 30 copeques para 1,5 a 2 rublos e 4 a 14 rublos nos anos indicados. Em 1896, a expansão frenética das lavouras levou, finalmente, à superprodução e à crise, o que sancionou em definitivo o caráter capitalista desse ramo da agricultura mercantil. O preço da melancia caiu tanto que não compensava o transporte por ferrovia. Melancias foram abandonadas nos campos, sem colheita. Depois de experimentar lucros gigantescos, os empresários conheciam então os prejuízos. Contudo, o mais interessante de tudo foi o meio que encontraram para enfrentar a crise: esse meio consistiu na conquista de novos mercados, no barateamento do produto e da tarifa ferroviária, para que o produto "passasse de artigo de luxo a artigo de consumo popular" (e, nos locais de produção, alimento para o gado). "A indústria do cultivo de melões", afirmam os empresários, "está no caminho do desenvolvimento; para seu futuro crescimento, não há obstáculos, exceto as tarifas. Mas a ferrovia Tsaritsyn-Tikhoretsk, atualmente em construção, abre uma nova e importante região para a indústria de melões." Qualquer que seja o destino dessa "indústria", em todo caso, a história da "crise da melancia" é bastante instrutiva, pois apresenta um quadro que, embora pequeno, é muito representativo da evolução capitalista da agricultura.

Resta dizer algumas palavras sobre *a economia dos subúrbios*. A diferença em relação aos tipos de agricultura mercantil acima descritos consiste em que, ali, toda a propriedade agrícola se adapta a um único produto principal, um produto destinado ao mercado. Aqui, ao contrário, o pequeno agricultor comercializa de tudo um pouco: tanto sua casa, alugando-a a veranistas ou

---

[177] As lavouras de melancia exigem um melhor tratamento do solo e o tornam mais produtivo para as subsequentes lavouras de cereais.

pelo ano inteiro, quanto sua quinta, seu cavalo e qualquer outro produto de sua propriedade rural ou doméstica: cereais, forragem para o gado, leite, manteiga, legumes, frutas silvestres, peixes, florestas e assim por diante; comercializam o leite de sua mulher (amas de leite nos arredores das capitais), ganham dinheiro com os mais variados serviços (nem sempre convenientes de serem descritos) aos que vêm das cidades[178] etc. etc.[179]. A completa transformação do velho agricultor patriarcal pelo capitalismo, a completa submissão desse agricultor ao "poder do dinheiro" expressa-se, aqui, de maneira tão clara que o populista costuma classificar o camponês suburbano numa categoria à parte, dizendo que ele "já não é mais camponês". Mas a diferença desse tipo de camponês para todos os outros descritos limita-se apenas à forma do fenômeno. A essência político-econômica da transformação que o capitalismo opera em toda a linha no pequeno agricultor é idêntica em toda parte. Quanto mais rapidamente aumenta o número de cidades, quanto mais povoados fabris e comerciais-industriais, quanto maior o número de estações ferroviárias, mais amplamente nosso "camponês da comunidade" se transforma nesse tipo de camponês. Não devemos nos esquecer do que foi dito por Adam Smith – que vias de comunicação aperfeiçoadas tendem a transformar qualquer aldeia em subúrbio[180]. Os cantos e rincões mais perdidos e afastados, que são desde já uma exceção, transformam-se a cada dia em raridades de antiquário, e o agricultor se transforma, cada vez mais rapidamente, em industrial submetido às leis gerais da produção mercantil.

---

[178] Ver Uspénski, *Деревенский дневник* [Diário da aldeia].

[179] Referimo-nos, para ilustrar, aos *Materiais* já citados sobre a economia camponesa no distrito de Petersburgo. Os tipos mais diversos de comércio tomaram aqui a forma de variadas "indústrias": aluguel de *datcha* e apartamentos, leiteira, horticultura, de bagas, "transporte a cavalo", amas de leite, pesca de lagostas e peixes etc. As indústrias dos camponeses suburbanos do distrito de Tula são completamente homogêneos: ver o artigo do senhor Boríssov na IX edição de *Трудов комиссии до исследованию кустарной промышленности* [Trabalhos da comissão de pesquisa da indústria artesanal].

[180] "Good roads, canals and navigable rivers, by diminishing the expense of carriage, put the remote parts of the country more nearly upon a level with those in the neighborhood of the town" ["Boas estradas, canais e rios navegáveis, diminuindo o custo do transporte, colocam as regiões remotas de um país no mesmo nível dos subúrbios das cidades"] (Adam Smith, *An Inquiry into the Nature and Causes of the Wealth of Nations*, livro I, 4. ed., Londres, 1801, p. 228-9) [ed. bras.: *A riqueza das nações* (trad. Paula Lima e Max Behar, Rio de Janeiro, Nova Fronteira, 2023].

324 O DESENVOLVIMENTO DO CAPITALISMO NA RÚSSIA

Para terminar esse resumo dos dados sobre o crescimento da agricultura mercantil, não consideramos supérfluo repetir que nossa tarefa, aqui, consistiu em examinar as principais (e de modo nenhum todas as) formas de agricultura mercantil.

9. CONCLUSÕES SOBRE O SIGNIFICADO DO CAPITALISMO NA AGRICULTURA RUSSA

Nos capítulos II a IV, a questão do capitalismo na agricultura russa foi examinada com base em dois aspectos. Primeiramente, examinamos a estrutura das relações socioeconômicas nas propriedades agrícolas camponesas e latifundiárias, uma estrutura formada na época pós-reforma. Verificou-se que o campesinato estava se dividindo, com enorme rapidez, em burguesia rural – insignificante em número, mas vigorosa por sua situação econômica – e proletariado rural. Em ligação indissolúvel com esse processo de "descamponização", houve a passagem do sistema de pagamento em trabalho na terra senhorial para o sistema capitalista. Em seguida, consideramos o mesmo processo sob outro aspecto: tomamos como ponto de partida a forma da transformação da agricultura em produção mercantil e analisamos as relações socioeconômicas que caracterizam as formas principais de agricultura mercantil. Verificou-se que os mesmos processos atravessam como um fio toda a diversidade de condições agrícolas das propriedades camponesas e latifundiárias. Examinemos, agora, as conclusões que decorrem de todos os dados acima expostos.

1) A principal característica da evolução da agricultura pós-reforma consiste no fato de que ela adquire cada vez mais um caráter mercantil, empresarial. Em relação à propriedade latifundiária, esse fato é tão evidente que não demanda esclarecimentos especiais. Já em relação à agricultura camponesa, esse fenômeno não é tão fácil de se constatar, em primeiro lugar porque o emprego de trabalho assalariado não é de modo algum uma característica necessária da pequena burguesia rural. Como notamos anteriormente, nessa categoria entra todo pequeno produtor de mercadorias que cobre seus gastos

O CRESCIMENTO DA AGRICULTURA MERCANTIL 325

graças à propriedade agrícola própria e independente, sob a condição de que a estrutura geral da propriedade seja baseada nas contradições capitalistas que analisamos no capítulo II. Em segundo lugar, o pequeno-burguês rural (tanto na Rússia quanto em outros países capitalistas) está ligado, por uma série de etapas transitórias, ao "camponês" parceleiro e ao proletário rural que possui um pedaço de terra de *nadiel*. Essa circunstância é uma das razões da persistência de teorias que não diferenciam no "campesinato" a burguesia rural e o proletariado rural[181].

2) Pela própria natureza da agricultura, sua conversão em produção mercantil se realiza por uma via especial, que não se parece com o processo correspondente da indústria. A indústria de transformação divide-se em ramos distintos, completamente independentes, que se destinam exclusivamente à fabricação de um produto ou de uma parte do produto. Já a indústria agrícola não se divide em ramos completamente distintos, mas apenas se especializa na produção, em um caso, de um produto mercantil, em outro caso, em outro produto mercantil, e os demais aspectos da agricultura se adaptam ao produto principal (ou seja, mercantil). Por isso as formas da agricultura mercantil destacam-se por uma gigantesca diversidade, modificando-se não só nas diferentes regiões como nas diferentes propriedades agrícolas. Por isso, na análise da questão do crescimento da agricultura mercantil, não podemos jamais nos limitar a dados globais de toda a produção agrícola[182].

---

[181] Ao ignorar essa circunstância, baseia-se, entre outras coisas, a tese preferida dos economistas populistas de que "a economia camponesa russa é, na maioria dos casos, uma economia puramente natural" (*Влияние урожаев a хлебных цен* [Influência das colheitas e do preço dos cereais], v. I, São Petersburgo, 1897, p. 52). Basta considerar os números "médios", que confundem a burguesia rural e o proletariado rural, e tal tese passará por comprovada!

[182] Justamente a tais dados se limitam, por exemplo, os autores do livro mencionado na nota anterior, quando falam do "campesinato". Admitem que cada camponês planta *precisamente* os cereais que consome, que planta *todos* os tipos de cereais que consome, *exatamente na proporção* que os consome. Não é necessário um esforço especial para tirar dessas "suposições" (que contradizem os fatos e ignoram o traço fundamental da época pós-reforma) a "conclusão" de que a economia natural predomina. Também é possível encontrar na literatura populista o seguinte método espirituoso de raciocínio: cada tipo *particular* de agricultura mercantil é uma "exceção", em comparação com a economia agrícola em seu conjunto. *Por isso* toda a agricultura comercial em geral deve ser considerada uma exceção, e a economia natural deve ser reconhecida como regra geral! Nos manuais de lógica ginasiais, na seção dos sofismas, é possível encontrar muitos paralelos desse raciocínio.

3) O crescimento da agricultura mercantil cria um mercado interno para o capitalismo. Em primeiro lugar, a especialização da agricultura provoca a troca entre diferentes regiões agrícolas, entre diferentes propriedades agrícolas, entre diferentes produtos agrícolas. Em segundo lugar, quanto mais a agricultura é atraída para a circulação de mercadorias, mais rapidamente cresce a demanda da população rural por produtos da indústria transformadora, que servem ao consumo pessoal; mais rapidamente, em terceiro lugar, cresce a demanda por meios de produção, pois, com a ajuda das velhas ferramentas e construções "camponesas" etc. etc., nenhum empresário rural, seja pequeno, seja grande, pode desenvolver uma nova agricultura mercantil. Por fim, em quarto lugar, cria-se a demanda por força de trabalho, uma vez que a formação da pequena burguesia rural e a passagem dos latifundiários para a economia capitalista pressupõe a formação de um contingente de assalariados rurais e diaristas. Apenas o crescimento da agricultura mercantil pode explicar a circunstância de que a época pós-reforma se caracteriza pela ampliação do mercado interno para o capitalismo (desenvolvimento da agricultura capitalista, desenvolvimento da indústria fabril em geral, desenvolvimento do maquinário agrícola em particular, desenvolvimento das assim chamadas "indústrias agrícolas", ou seja, do trabalho por contratação etc.).

4) O capitalismo, em grande medida, amplia e agrava na população rural as contradições sem as quais esse modo de produção não pode, em geral, existir. Mas, apesar disso, o capitalismo agrícola na Rússia é, por seu significado histórico, uma grande força progressista. Em primeiro lugar, o capitalismo transformou o agricultor, de "senhor feudal", de um lado, e camponês patriarcal dependente, de outro, no mesmo *industrial*, semelhante a qualquer patrão da sociedade moderna. Antes do capitalismo, a agricultura era, na Rússia, um negócio senhorial, uma distração de senhorzinho para alguns, uma obrigação para outros, pois não podia ser praticada de outro modo que não fosse por meio da rotina secular, implicando, necessariamente, o completo alheamento do agricultor de todas as coisas do mundo que estivessem fora dos limites de sua aldeia. O sistema de pagamento em trabalho na terra senhorial – esse vívido remanescente do passado na economia moderna – confirma de maneira evidente essa caracterização. O capitalismo, pela primeira vez, rompeu com

a agricultura estamental, transformando a terra em mercadoria. O produto da agricultura foi colocado à venda, passou a receber um valor social, primeiro no mercado local, depois no nacional e, por fim, no internacional; dessa maneira, o antigo alheamento do agricultor rude em relação ao resto do mundo foi definitivamente rompido. O agricultor, querendo ou não, sob ameaça de ruína, teve de considerar todo o conjunto de relações sociais, tanto em seu país quanto em outros países, agora ligados pelo mercado mundial. Até o sistema de pagamento em trabalho – que antes assegurava a Oblómov um rendimento seguro, sem nenhum risco, sem nenhum investimento de capital, sem nenhuma mudança na rotina tradicional de produção – mostrou-se sem forças para salvá-lo da concorrência do fazendeiro estadunidense. Eis por que se aplica completamente à Rússia o que foi dito há meio século sobre a Europa ocidental, a saber, que o capitalismo agrícola "se tornou a força motriz que lançou o idílio no movimento da história"[183].

Em segundo lugar, o capitalismo agrícola solapou, pela primeira vez, a estagnação secular da nossa agricultura e deu um enorme impulso à sua transformação técnica, ao desenvolvimento das forças produtivas do trabalho social. Algumas décadas de "destruição" capitalista fizeram mais por essa relação que séculos inteiros da história precedente. A uniformidade rotineira da agricultura natural foi substituída pela diversidade de formas da agricultura comercial; as ferramentas agrícolas primitivas deram lugar a ferramentas e máquinas aperfeiçoadas; a imobilidade dos antigos sistemas de cultivo do campo foi solapada por novos métodos de cultura. Todas essas mudanças

---

[183] Karl Marx, *Miséria da filosofia* (trad. José Paulo Netto, São Paulo, Boitempo, 2017), p. 137. O autor chama, desdenhosamente, de jeremiadas reacionárias os desejos daqueles que anseiam pelo retorno da boa vida patriarcal, dos costumes simples etc., que condenam a "sujeição do solo às leis que regem todas as outras indústrias" (idem).

Entendemos perfeitamente que o argumento apresentado no texto pode parecer aos populistas não só pouco convincente, como francamente incompreensível. Mas seria uma tarefa ingrata demais analisar em detalhes, por exemplo, as opiniões de que a mobilização da terra é um fenômeno "anormal" (senhor Tchuprov, no debate sobre o preço dos cereais, p. 39 das atas estenografadas), que a inalienabilidade das terras de *nadiel* camponesas é uma instituição que pode ser defendida, que o sistema da economia baseado no pagamento em trabalho é melhor ou, pelo menos, não é pior que o sistema capitalista etc. Toda a exposição precedente contém uma refutação dos argumentos político-econômicos que os populistas invocaram para justificar tais opiniões.

estão indissociavelmente ligadas ao fenômeno da especialização da agricultura acima mencionado. Por sua própria natureza, o capitalismo na agricultura (assim como na indústria) não pode se desenvolver uniformemente: em um lugar (em um país, em uma região, em uma propriedade agrícola), ele empurra para frente um aspecto da agricultura e, em outro lugar, outro aspecto etc. Em alguns casos, ele transforma a técnica em determinadas operações agrícolas, em outros casos, em outras, separando-as da propriedade camponesa patriarcal ou do sistema patriarcal de pagamento em trabalho. Como todo esse processo depende das caprichosas exigências do mercado, nem sempre conhecidas pelo produtor, a agricultura capitalista, em cada caso em particular (não raro, em cada bairro em particular e, às vezes, até mesmo em cada país em particular), torna-se mais unilateral, mais exclusiva em comparação com a anterior, mas, em compensação, no conjunto, torna-se incomparavelmente mais diversa e racional que a agricultura patriarcal. A formação de tipos especiais de agricultura mercantil torna possíveis e inevitáveis as crises capitalistas na agricultura, bem como os casos de superprodução capitalista, mas essas crises (assim como todas as crises capitalistas em geral) dão um impulso ainda mais forte ao desenvolvimento da produção mundial e da socialização do trabalho[184].

Em terceiro lugar, o capitalismo criou, pela primeira vez na Rússia, a grande produção agrícola, baseada no emprego de máquinas e na ampla cooperação de trabalhadores. Antes do capitalismo, a produção agrícola realizava-se sempre da mesma forma imutável, mesquinha e insignificante – tanto no caso em que o camponês trabalhava para si mesmo quanto no caso em que trabalhava para o latifundiário – e nenhum "caráter comunal" da agricultura foi capaz de demolir esse gigantesco fracionamento da produção. Em relação indissolúvel com esse fracionamento, estava o fracionamento dos próprios agricultores[185].

---

[184] Os românticos da Europa ocidental e os populistas russos destacam nesse processo, com diligência, a unilateralidade da agricultura capitalista, a instabilidade e as crises criadas pelo capitalismo – e, com base nisso, negam o caráter progressista do movimento capitalista em relação à estagnação pré-capitalista.

[185] Por isso, apesar das diferentes formas de propriedade fundiária, aplica-se perfeitamente ao camponês russo o que diz Marx sobre o pequeno camponês francês: "Os camponeses parceleiros constituem uma gigantesca massa, cujos membros vivem na mesma situação, mas não estabelecem relações

O CRESCIMENTO DA AGRICULTURA MERCANTIL   329

Acorrentados a seu *nadiel*, a sua minúscula "comunidade", não raro se encontravam isolados até mesmo dos camponeses da comunidade vizinha por diferença de categoria a que pertenciam (antigos camponeses de senhores feudais, antigos camponeses do Estado etc.), por diferença de tamanho da propriedade, por diferença de condições nas quais se emancipavam (e essas condições eram definidas, às vezes, simplesmente pelas características pessoais dos latifundiários e por seus caprichos). O capitalismo, pela primeira vez, destruiu essas barreiras puramente medievais e fez muito bem em destruí-las. Já agora, as diferenças entre os estratos de camponeses, entre as categorias a que pertencem de acordo com a posse da terra de *nadiel*, mostram-se incomparavelmente menor que as diferenças econômicas no interior de cada estrato, de cada categoria, de cada comunidade. O capitalismo destrói o isolamento e a estreiteza de espírito, substitui as pequenas divisões medievais entre os agricultores por uma divisão maior, que abarca toda a nação, dividindo-os em classes com posições diversas no sistema social da agricultura capitalista[186]. Se, antes, as próprias circunstâncias da produção condicionavam a sujeição das massas de agricultores ao local de residência, a formação de diferentes formas e diferentes áreas de agricultura comercial e capitalista não poderia deixar de provocar o deslocamento de enormes massas da população

diversificadas entre si. O seu modo de produção os isola uns dos outros, em vez de levá-los a um intercâmbio recíproco. O isolamento é favorecido pelos péssimos meios de comunicação franceses e pela pobreza dos camponeses. A sua unidade de produção, a parcela, não permite nenhuma divisão de trabalho no seu cultivo, nenhuma aplicação da ciência, portanto, nenhuma multiplicidade no seu desenvolvimento, nenhuma diversidade de talentos, nenhuma profusão de condições sociais. Cada família camponesa é praticamente autossuficiente, produzindo diretamente a maior parte do que consome e obtendo, assim, os seus meios de subsistência mais da troca com a natureza que do intercâmbio com a sociedade. Há a parcela, o camponês e a família; mais adiante, outra parcela, outro camponês e outra família. Sessenta conjuntos desse tipo constituem um povoado; e sessenta povoados, um departamento. Assim, a grande massa da nação francesa se compõe por simples adição de grandezas homônimas, como batatas dentro de um saco constituem um saco de batatas" (Karl Marx, *O 18 de brumário de Luís Bonaparte*, trad. Nélio Schneider, São Paulo, Boitempo, 2011, p. 142).

[186] "A necessidade de união, de associação na sociedade capitalista não enfraqueceu, mas, pelo contrário, cresceu incomensuravelmente. Tomar, porém, a velha medida para satisfazer essa necessidade da nova sociedade é completamente absurdo. Essa nova sociedade exige já, em primeiro lugar, que a união não seja local, de estamentos, de grupos; em segundo lugar, que o seu ponto de partida seja a diferença de posição e de interesses criada pelo capitalismo e pela decomposição do campesinato"; ver Lênin, *Полное собрание сочинений* [Obras completas], v. II, 5. ed., Moscou, 1967, p. 236, nota.)

por todo o país; e sem a mobilidade da população (como anotado acima), é inconcebível o desenvolvimento de sua consciência e independência.

Por fim, em quarto lugar, o capitalismo agrícola, pela primeira vez na Rússia, minou pela raiz o pagamento em trabalho e a dependência pessoal do agricultor. O sistema econômico baseado no pagamento em trabalho na terra senhorial imperou de maneira absoluta em nossa agricultura desde os tempos do *Rússkaia Pravda* até o atual sistema de cultivo dos campos dos proprietários fundiários com as ferramentas dos camponeses; seu companheiro de viagem fundamental era o atraso e o embrutecimento do agricultor, que era humilhado, se não pela servidão, então pelo caráter "semilivre" de seu trabalho; sem uma certa desigualdade nos direitos civis do agricultor (tais como pertencimento a uma camada social inferior, castigos corporais, condenação a trabalhos públicos, submissão ao *nadiel* etc.), o sistema de pagamento em trabalho teria sido impensável. Por isso, a substituição do pagamento em trabalho pelo trabalho livre assalariado é um grande mérito histórico do capitalismo agrícola na Rússia[187]. Resumindo o papel histórico progressista do capitalismo agrícola russo acima exposto, pode-se dizer que ele socializa a produção agrícola. Com efeito, o fato de que a agricultura tenha deixado de ser um privilégio da camada superior ou um imposto da camada inferior e tenha se transformado em uma ocupação industrial-comercial ordinária; que o produto do trabalho do agricultor tenha passado a receber valorização social no mercado; que a agricultura uniforme e rotineira esteja se transformado em uma agricultura mercantil tecnicamente diversa e melhorada; que o isolamento e a fragmentação locais do agricultor estejam desaparecendo; e que as variadas formas de servidão e dependência pessoal estejam sendo substituídas pelas transações impessoais de compra e

---

[187] Das incontáveis lamentações e suspiros do senhor N. acerca da destruição que o capitalismo está promovendo em nosso país, uma merece atenção especial: "Nem as desordens das guerras feudais nem o jugo tártaro abalaram as formas da nossa vida econômica" (*Очерки нашего пореформенного общественного хозяйства*, cit., p. 284); o capitalismo apenas "não faz caso de seu próprio passado histórico" (ibidem, p. 283). Santa verdade! É precisamente por isso que o capitalismo na agricultura russa é progressista: porque ele "não faz caso" das formas "seculares", "consagradas por séculos" de pagamento em trabalho e servidão, que nenhuma tempestade política, nem "as desordens das guerras feudais" nem "o jugo tártaro", puderam realmente abalar.

venda da força de trabalho são todos eles de um único processo que socializa o trabalho agrícola e aprofunda cada vez mais as contradições entre a anarquia das variações do mercado, entre o caráter individual de cada uma das empresas agrícolas e o caráter coletivo da grande agricultura capitalista.

Dessa maneira (repetimos mais uma vez), ao destacar o papel histórico progressista do capitalismo na agricultura russa, não nos esquecemos de modo algum do caráter historicamente transitório desse regime econômico nem das profundas questões sociais a ele inerentes. Pelo contrário, mostramos antes que são justamente os populistas, capazes apenas de lamentar a "destruição" capitalista, que avaliam de maneira superficial essas contradições, omitindo a decomposição do campesinato, ignorando o caráter capitalista do emprego de máquinas em nossa agricultura, encobrindo com expressões como "indústrias agrícolas" ou "pagamentos" a formação da classe dos trabalhadores agrícolas assalariados.

10. TEORIAS POPULISTAS SOBRE O CAPITALISMO NA AGRICULTURA. A "DESOCUPAÇÃO HIBERNAL"

As conclusões positivas sobre o significado do capitalismo acima referidas devem ser complementadas pela análise de algumas "teorias" particulares sobre essa questão difundidas em nossa literatura. Nossos populistas, na maioria dos casos, não conseguiram digerir as principais concepções de Marx sobre o capitalismo agrícola. Os mais francos afirmaram diretamente que as teorias de Marx não abarcam a agricultura (senhor V. V. em *Tendências*), enquanto outros (como o senhor N.) preferiram contornar diplomaticamente a questão da relação entre suas "construções" e a teoria de Marx. Umas das construções mais difundidas entre os economistas populistas é a da teoria da "desocupação hibernal". Sua essência consiste no que se segue[188].

---

[188] V. V., *Очерки теоретической экономии* [Ensaios de economia teórica] (São Petersburgo, 1895), p. 108 e seg. N., *Очерки нашего пореформенного общественного хозяйства* [Ensaios sobre nossa economia social pós-reforma] (São Petersburgo, 1893), p. 214 e seg. As mesmas ideias têm o senhor Kablukov, *Лекции но экономии сельского хозяйства* [Conferências sobre economia da agricultura] (Moscou, 1897), p. 55 e seg.

Na estrutura capitalista, a agricultura se transforma em um ramo especial da indústria, sem ligação com os outros. Entretanto, não ocupa os trabalhadores o ano todo, apenas cinco ou seis meses por ano. Por isso, a agricultura capitalista leva à "desocupação hibernal", à "limitação do tempo de trabalho da classe agrícola a uma parte do ano", o que é a "razão fundamental da piora da situação econômica das classes agrícolas" (senhor N.)[189], "da redução do mercado interno" e "do desperdício das forças produtivas" da sociedade (senhor V. V.).

Eis a famigerada teoria, cujas mais amplas conclusões histórico-filosóficas são baseadas unicamente nessa grande verdade de que, na agricultura, o trabalho é distribuído de maneira extremamente desigual ao longo do ano! Tomar esse *único* traço – levando-o ao absurdo por meio de teses abstratas –, deixar de lado todas as demais particularidades do complexo processo que está transformando a agricultura patriarcal em capitalista, tais são os métodos simplórios dessa mais nova tentativa de restaurar as doutrinas românticas sobre a "produção popular" pré-capitalista.

Para demonstrar como essa construção abstrata é terrivelmente estreita, indicaremos, de modo resumido, os aspectos do processo real que ou são omitidos em absoluto ou não são avaliados de maneira suficiente pelos nossos populistas. Primeiro, quanto mais avança a especialização da agricultura, mais acentuadamente a população rural diminui, constituindo uma fração cada vez menor da população total. Os populistas se esquecem disso, mas ao mesmo tempo, em sua abstração, levam a especialização da agricultura a um nível que ela quase nunca alcançou na prática. Eles pressupõem que somente as operações de plantar e colher cereais se tornaram um ramo especial da indústria, porém o cultivo e a adubação dos campos, o processamento e o transporte do produto, a pecuária, a silvicultura, a reparação de edifícios e do inventário etc. etc., tudo isso se tornou ramos *especiais* da indústria capitalista. A aplicação de semelhantes abstrações à realidade contemporânea serve muito pouco para esclarecê-la. Segundo, a hipótese de tão completa especialização da agricultura pressupõe uma operação puramente

---

[189] N., *Очерки нашего пореформенного общественного хозяйства*, cit., p. 229.

O CRESCIMENTO DA AGRICULTURA MERCANTIL   333

capitalista da agricultura, a completa cisão entre os fazendeiros capitalistas e os trabalhadores assalariados. Explicar, sob tais condições, o "campesinato" (como o faz o senhor N.)[190] é o cúmulo da falta de lógica. A organização puramente capitalista da agricultura, por sua vez, pressupõe uma distribuição mais uniforme do trabalho ao longo do ano (graças à rotação de culturas, à pecuária racional etc.), a combinação da agricultura com o processamento técnico do produto em muitos casos, uma maior quantidade de trabalho na preparação do solo etc.[191]. Terceiro, o capitalismo pressupõe uma completa separação entre *as empresas* agrícolas e as industriais. Mas de onde tiraram que essa separação não permite a união *do trabalho assalariado* agrícola com o industrial? Vemos tal união em qualquer sociedade capitalista desenvolvida. O capitalismo distingue os trabalhadores habilidosos dos simples peões, que passam de uma ocupação a outra, ora são recrutados por uma grande empresa, ora engrossam as filas de desempregados[192]. Quanto mais inten-

---

[190] Ibidem, p. 215.

[191] Para não fazermos nenhuma afirmação infundada, citaremos exemplos de propriedades agrícolas privadas cuja organização se aproxima mais do tipo puramente capitalista. Tomemos a província de Oriol (*Земско-стат. сборник по Кромскому у.* [Coletânea estatística do zemstvo do distrito de Krómi], v. IV, fasc. II, Oriol, 1892). A propriedade do nobre Khliustin possui 1.129 *dessiatinas*, das quais 562 de plantações, 8 edificações, uma variedade de equipamentos aperfeiçoados. Cultivo de gramíneas forrageiras. Criação de cavalos. Criação de gado. Secagem de brejos com ajuda de escavação de valas e drenagem ("a secagem é feita, em sua maior parte, no tempo livre"; ibidem, p. 146). O número de trabalhadores no verão é de 50-80 pessoas por dia; no inverno, até 30 pessoas. Em 1888, havia 81 trabalhadores, dos quais 25 eram para o verão. Em 1889, havia 19 carpinteiros. Propriedade do conde Ribopier; 3 mil *dessiatinas*, 1.293 de plantações, 898 arrendada de camponeses. Rotação de doze campos. Desenvolvimento de turfa para fertilizantes, extração de rocha fosfática. Desde 1889, campo experimental de 30 *dessiatinas*. Transporte de adubo no inverno e na primavera. Cultivo de gramíneas. Exploração regular dos bosques (ocupa 200-300 lenhadores de outubro a março). Criação de gado. Produção leiteira. Empregados em 1888: 90 pessoas, das quais 34 no verão. Propriedade de Ménschikov na província de Moscou (*Военно-статистический сборник*, cit., v. V, fasc. II): 23 mil *dessiatinas*. Força de trabalho por recortes de terra e livre contratação. Silvicultura. "No verão, os cavalos e os trabalhadores permanentes se ocupam com o campo; no fim do outono e em parte do inverno, transportam batata e amido para a secadora e a fábrica de amido, levam lenha da floresta para a estação ferroviária; graças a tudo isso, o trabalho é distribuído de maneira bastante uniforme durante o ano" (ibidem, p. 145), como se pode ver, entre outras coisas, pelo número de dias trabalhados por mês: 293 dias de cavalo por mês, flutuação: de 223 (abril) a 362 (junho). Dias de trabalho masculino, média: 216, flutuação: de 126 (fevereiro) a 279 (novembro). Dias de trabalho feminino, média: 23, flutuação: de 13 (janeiro) a 27 (março). Seria essa realidade parecida com a abstração que tanto preocupa os populistas?

[192] A grande indústria capitalista cria uma classe operária nômade. É formada pela população rural, mas ocupa-se principalmente com trabalhos industriais. "Ela constitui a infantaria ligeira do capital, que,

samente se desenvolvem o capitalismo e a grande indústria, mais intensas se tornam as oscilações na demanda por trabalhadores não apenas na agricultura, mas também na indústria[193]. Por isso, ao supormos o máximo de desenvolvimento do capitalismo, devemos pressupor que os trabalhadores passam com maior facilidade das ocupações agrícolas para as não agrícolas, devemos pressupor a formação de um exército de reserva geral, do qual todos os tipos de empresário recrutam força de trabalho. Quarto, se tomarmos os empresários agrícolas contemporâneos, não podemos negar, é claro, que eles, às vezes, encontram dificuldade em suprir a propriedade agrícola com força de trabalho. Também não podemos esquecer que eles têm meios de amarrar os trabalhadores à propriedade, entregando-lhes um lote de terra e assim por diante. O assalariado rural e o diarista com *nadiel* são tipos característicos de todos os países capitalistas. Um dos principais erros dos populistas consiste em ignorar a formação de algo semelhante na Rússia. Quinto, é um equívoco completo colocar a questão da desocupação hibernal do agricultor independentemente da questão geral da superpopulação capitalista. A formação de um exército de reserva de desempregados é uma característica do capitalismo em geral, e as particularidades da agricultura apenas determinam formas especiais do fenômeno. É por isso, por exemplo, que o autor de *O capital* aborda a questão da distribuição do trabalho na agricultura em conexão com a questão da "superpopulação relativa"[194] e volta ao assunto em

---

segundo suas próprias necessidades, ora a manobra para este lado, ora para aquele. [...] O trabalho nômade é empregado em diversas operações de construção e drenagem, na fabricação de tijolos, queima de cal, construção de ferrovias etc."; (Karl Marx, *O capital*, Livro I: *O processo de produção do capital*, trad. Rubens Enderle, São Paulo, Boitempo, 2013, p. 738). "Em geral, tais empresas em grande escala, como ferrovias, retiram do mercado de trabalho determinada quantidade de força de trabalho, que só pode proceder de certos ramos, como a agricultura [...]"; (Idem, *O capital*, Livro II: *O processo de circulação do capital*, trad. Rubens Enderle, São Paulo, Boitempo, 2014, p. 411).

[193] Por exemplo, a estatística sanitária de Moscou calculou nessa província 114.381 trabalhadores fabris; esse é o número disponível; máximo = 146.338, mínimo = 94.214, *Сборник статистических сведений по Московской губернии. Отдел санитарной статистики*. [Coletânea de informações estatísticas da província de Moscou. Departamento de Estatística Sanitária], v. IV, parte I, p. 98). Em porcentagens: 128%; 100%; 82%. Ao aumentar, em geral, as flutuações do número de operários, o capitalismo suaviza, também nesse aspecto, as diferenças entre indústria e agricultura.

[194] Por exemplo, a propósito das relações agrícolas inglesas, Marx diz: "Os trabalhadores agrícolas são sempre em número excedente para as necessidades médias e sempre em número insuficiente para as

um capítulo especial sobre a diferença entre "período de trabalho" e "tempo de produção"[195]. Denomina-se período de trabalho o tempo durante o qual o produto é submetido à ação do trabalho; já tempo de produção é o tempo durante o qual o produto encontra-se em produção, incluindo o período em que ele é submetido à ação do trabalho. O período de trabalho não coincide com o tempo de produção em muitos ramos da indústria, dos quais a agricultura é apenas o mais típico, mas de modo algum o único[196]. A diferença entre o período de trabalho e o tempo de produção na Rússia, em comparação com outros países europeus, é particularmente grande. "Como a produção capitalista veio mais tarde a consumar a cisão entre manufatura e agricultura, o trabalhador agrícola tornou-se cada vez mais dependente de uma ocupação acessória, meramente ocasional, o que faz piorar sua situação. Para o capital [...], todas as diferenças se compensam na rotação. Mas não para o trabalhador."[197] Assim, a única conclusão decorrente da particularidade da agricultura na relação analisada é a de que a situação do trabalhador agrícola deve ser ainda pior que a do trabalhador da indústria. Estamos aqui bem longe da "teoria" do senhor N., segundo a qual a desocupação hibernal é a "razão fundamental" da piora da situação das "classes agrícolas" (?!). Se o período de trabalho em nossa agricultura durasse doze meses, o processo de desenvolvimento do capitalismo seria exatamente igual ao de agora; toda diferença consiste no fato de que a situação do trabalhador agrícola se

necessidades excepcionais ou temporárias" (Karl Marx, *O capital*, Livro I, cit., p. 765), de modo que, apesar da constante "superpopulação relativa", o campo não é suficientemente povoado. Na medida em que a produção capitalista se apodera da agricultura, diz Marx em outra parte, forma-se uma população rural excedente. "Uma parte da população rural se encontra, por isso, continuamente em vias de se transferir para o proletariado urbano ou manufatureiro" (ibidem, p. 717); essa parte da população sofre eternamente de desemprego; suas ocupações são extremamente irregulares e pior remuneradas (por exemplo, trabalho em domicílio para lojas etc.).

[195] Karl Marx, *O capital*, Livro II, cit., cap. 13.

[196] É particularmente digna de nota a observação de Marx de que também na agricultura existem maneiras de distribuir "mais uniformemente", "ao longo de todo o ano", a demanda de trabalho, a saber, a fabricação dos produtos mais variados, a substituição da rotação de lavouras em três campos pela rotação em mais campos, a plantação de tubérculos, o cultivo de gramíneas forrageiras etc. Mas todos esses métodos "exigem o aumento do capital circulante adiantado na produção, do capital investido em salários, adubos, sementes etc." (ibidem, p. 336).

[197] Ibidem, p. 334-5.

aproximaria um pouco mais da situação do trabalhador industrial[198]. Dessa maneira, a "teoria" dos senhores V. V. e N. não oferece precisamente nada, até mesmo em relação à questão do desenvolvimento do capitalismo agrícola em geral. As particularidades da Rússia, então, ela não apenas não as esclarece como, ao contrário, as obscurece. O desemprego do nosso campesinato no inverno depende menos do capitalismo que da insuficiência do desenvolvimento do capitalismo. Já mostramos anteriormente[199], com base em dados relativos aos salários, que as províncias grã-russas onde o desemprego hibernal é mais acentuado são aquelas em que há menor desenvolvimento do capitalismo e predominância do pagamento em trabalho na terra senhorial. E isso é plenamente compreensível. O pagamento em trabalho atrasa o desenvolvimento da produtividade do trabalho, atrasa o desenvolvimento da indústria e da agricultura e, consequentemente, a demanda da força de trabalho – ao mesmo tempo, prender o camponês à terra de *nadiel* não lhe garante nem trabalho no inverno nem a possibilidade de subsistir de sua miserável agricultura.

11. CONTINUAÇÃO. – COMUNIDADE. – VISÃO DE MARX SOBRE A PEQUENA AGRICULTURA. OPINIÃO DE ENGELS SOBRE A CRISE AGRÍCOLA CONTEMPORÂNEA

"O princípio comunal impede que o capital se apodere da produção agrícola" – assim o senhor N. formula[200] outra teoria populista muito difundida, elaborada de modo tão abstrato quanto a anterior. No capítulo II, apresentamos uma série de fatos que demonstram a falsidade dessa premissa vacilante. Agora acrescentemos o seguinte: é um erro, em geral, pensar que, para o próprio surgimento do capitalismo agrícola, é necessária uma forma particular de posse da terra.

---

[198] Dizemos "um pouco" porque a situação do trabalhador agrícola está longe de piorar apenas pela irregularidade do trabalho.

[199] Seção 4 deste capítulo.

[200] N., *Очерки нашего пореформенного общественного хозяйства*, cit., p. 72

Mas a forma de propriedade fundiária com que se confronta o incipiente modo de produção capitalista não é adequada a este último. Apenas ele cria a forma correspondente a si mesmo mediante a subordinação da agricultura ao capital; com isso, também a propriedade feudal da terra, a propriedade do clã ou a pequena propriedade camponesa vinculada às terras comunais[201] [*Markgemeinschaft*] se transmutam na forma econômica correspondente a esse modo de produção, não importando quão diversas sejam suas formas jurídicas.[202]

Dessa maneira, nenhuma particularidade da propriedade fundiária pode constituir, pela própria essência da questão, um obstáculo intransponível ao capitalismo, que assume várias formas, segundo as diversas condições agrícolas, jurídicas e cotidianas. Daí se pode ver como a própria questão foi *mal colocada* pelos nossos populistas, que criaram toda uma literatura sobre o tema: "comunidade *ou* capitalismo". Quer dizer então que, se ocorresse a algum ilustre aristocrata anglófono premiar o melhor trabalho sobre a introdução da agricultura capitalista na Rússia, se uma sociedade científica propusesse um projeto para assentar os camponeses em fazendas, se algum funcionário ocioso criasse um projeto de lotes de 60 *dessiatinas*, o populista se apressaria em tirar as luvas e lançar-se na batalha contra esses "projetos burgueses" que querem "introduzir o capitalismo" e destruir o paládio da "produção popular", a comunidade. Nem sequer passou pela cabeça do bom populista que, enquanto se elaboravam e se refutavam todos os tipos de projeto, o capitalismo seguia seu caminho, e a aldeia comunal se transformava e se transformou[203] em uma aldeia de pequenos latifundiários.

---

[201] Em outra passagem, Marx assinala que a "propriedade comunal [*Gemeineigentum*], que por toda parte forma o segundo complemento da economia parcelária [pequena]" (Karl Marx, *O capital*, Livro III, cit., p. 867).

[202] Ibidem, p. 677-8.

[203] Se nos disserem que estamos nos antecipando ao fazer tal afirmação, responderemos o seguinte. Quem deseja representar um fenômeno vivo em seu desenvolvimento se deparará, inevitável e necessariamente, com um dilema: ou seguir adiante ou ficar para trás. Não há meio-termo aqui. E se todos os dados mostram que o caráter da evolução social é precisamente tal, que essa evolução já está bastante adiantada (ver cap. II), se ao mesmo tempo são indicadas com precisão as circunstâncias e instituições que impedem essa evolução (impostos proibitivos, isolamento estamental do campesinato, ausência completa de liberdade de mobilização da terra, de deslocamento e migração), então não há nenhum erro em tal antecipação.

338　O DESENVOLVIMENTO DO CAPITALISMO NA RÚSSIA

É por isso que somos muito indiferentes à questão da forma propriamente dita da posse camponesa da terra. Qualquer que seja essa forma de posse da terra, a atitude da burguesia camponesa em relação ao proletariado rural não mudará em nada em sua essência. A questão realmente importante não se refere de modo algum à forma da propriedade da terra, mas aos remanescentes da antiguidade puramente medieval que continuam a pesar sobre o campesinato: o isolamento estamental das sociedades camponesas, a caução solidária, a tributação excessivamente alta das terras camponesas, que não tem nenhuma comparação com a tributação das terras privadas, a ausência de liberdade de compra e venda das terras camponesas, de deslocamento e migração do campesinato[204]. Todas essas instituições antiquadas, que não protegem de modo algum o campesinato contra sua decomposição, conduzem apenas à multiplicação das diferentes formas de pagamento em trabalho e servidão, a um enorme atraso em todo o desenvolvimento social.

Para concluir, devemos nos deter ainda na tentativa original dos populistas de interpretar algumas das declarações de Marx e Engels no Livro III de *O capital*, em proveito de suas opiniões acerca da superioridade da pequena agricultura sobre a grande, acerca do fato de que o capitalismo agrícola não desempenha um papel histórico progressista. Para tanto, muitas vezes eles citam a seguinte passagem do Livro III de *O capital*:

> A moral da história, que também pode ser deduzida de outras considerações sobre a agricultura, é que o sistema capitalista se opõe a uma agricultura racional, ou que a agricultura racional é incompatível com o sistema capitalista (ainda que este promova seu desenvolvimento técnico) e carece da mão do pequeno camponês que vive de seu próprio trabalho ou do controle dos produtores associados.[205]

O que se deduz dessa afirmação (que, diga-se de passagem, é um excerto absolutamente isolado que foi incluído no capítulo que trata da influência das

---

[204] Na defesa de algumas dessas instituições, os populistas demonstram de modo particularmente evidente o caráter reacionário de suas concepções, que os aproxima cada vez mais dos latifundiários.

[205] Karl Marx, *O capital*, Livro III, cit., p. 151.

variações de preço da matéria-prima sobre o lucro, e não na seção VI, que trata especificamente da agricultura)? O capitalismo é incompatível com a organização racional da agricultura (e também da indústria), o que há muito se sabe, e não é acerca disso a polêmica com os populistas. Quanto ao papel *histórico* progressista do capitalismo na agricultura, Marx o enfatiza de modo especial nesse trecho. Resta a alusão ao "pequeno camponês que vive de seu trabalho". Nenhum dos populistas que se referiram a essa alusão se esforçou para explicar em que sentido ele a compreende, não se esforçou para conec-tá-la, por um lado, ao contexto e, por outro, à teoria geral de Marx sobre a pequena agricultura. No trecho de *O capital* citado, trata-se da enorme flutua-ção de preço das matérias-primas, como essa flutuação perturba a proporcio-nalidade e a sistematização da produção e como ela violava a correspondência entre a agricultura e a indústria. *É somente nesse sentido* – no que diz respeito à proporcionalidade, à sistematicidade e à planificação da produção – que Marx equipara a pequena economia camponesa à dos "produtores associa-dos". Nesse sentido, também a pequena indústria medieval (artesanato) se assemelha à economia da "produção de indivíduos associados"[206], e o capita-lismo se distingue desses dois sistemas de economia social pela anarquia da produção. Com base em que lógica se pode concluir que Marx reconhecia a viabilidade da pequena agricultura[207], que não reconhecia o papel histórico progressista do capitalismo na agricultura? Eis como ele se pronunciou sobre essa questão na seção dedicada à agricultura, *num parágrafo especial sobre a pequena propriedade agrícola camponesa* (cap. 47, item V):

> Por sua natureza, a propriedade parcelária exclui o desenvolvimento das forças produtivas sociais do trabalho, as formas sociais do trabalho, a concentração social dos capitais, a pecuária em larga escala e o emprego avançado da ciência. A usura e o sistema de impostos provocarão necessariamente sua ruína por toda parte. O dispêndio do capital no preço da terra subtrai esse capital ao cultivo. A

---

[206] Ver idem, *Miséria da filosofia*, cit., p. 87.

[207] Recordemos que Engels, pouco antes da sua morte e numa época em que a crise agrícola, em conse-quência da queda dos preços, se tinha manifestado de forma plena, considerou necessário revoltar-se decididamente contra os "discípulos" franceses, que tinham feito algumas concessões à doutrina da viabilidade da pequena agricultura.

fragmentação infinita dos meios de produção e o isolamento dos próprios produtores. O monstruoso desperdício das forças humanas. A piora progressiva das condições de produção e o encarecimento dos meios de produção constituem uma lei necessária da propriedade parcelária. A desgraça que as estações mais frutíferas do ano representam para esse modo de produção.[208]

[...]

A pequena propriedade do solo pressupõe que parcela imensamente maior da população seja rural e que não o trabalho social, mas o trabalho isolado seja o predominante; que, por isso, sob tais circunstâncias, estejam excluídos a riqueza e o desenvolvimento da reprodução, em condições tanto materiais quanto espirituais, assim como as condições de um cultivo racional.[209]

O autor dessas linhas não só não fechou os olhos para as contradições inerentes à grande agricultura capitalista, como, ao contrário, denunciou-as de maneira implacável. Mas isso não o impediu de avaliar o papel *histórico* do capitalismo.

Um dos grandes resultados do modo de produção capitalista é que, por um lado, ele transforma a agricultura, de mero procedimento tradicional, de natureza empírica e mecânica, praticado pela parte menos desenvolvida da sociedade, numa aplicação científica consciente da agronomia, na medida em que isso é possível, em geral, dentro das condições dadas com a propriedade privada; que libera por completo a propriedade fundiária, por um lado, das relações de dominação e servidão e, por outro, separa inteiramente o solo, enquanto condição de trabalho, da propriedade da terra e do proprietário fundiário [...]. A racionalização da agricultura, que permite a esta, pela primeira vez, ser praticada com critério social, e a redução da propriedade da terra *ad absurdum* são os grandes méritos do modo de produção capitalista. Como todos os seus outros avanços históricos, esse também foi obtido inicialmente por meio do empobrecimento total dos produtores diretos.[210]

Depois dessa afirmação categórica de Marx, pareceria impossível haver duas opiniões sobre como ele via a questão do papel histórico progressista do capitalismo agrícola. No entanto, o senhor N. encontrou outra desculpa:

---

[208] Karl Marx, *O capital*, Livro III, cit., p. 867-8.

[209] Ibidem, p. 873.

[210] Ibidem, p. 678-9.

citou a opinião de Engels sobre a crise agrícola contemporânea, que supostamente refutaria a tese sobre o papel progressista do capitalismo na agricultura[211].

Vejamos o que realmente diz Engels. Resumindo as principais teses da teoria de Marx sobre a renda diferencial, Engels estabelece a seguinte lei:

> quanto mais capital se investe no solo, quanto mais elevado é o desenvolvimento da agricultura e da civilização em geral num país, mais aumentam as rendas por acre, assim como a soma total das rendas, e maior se torna o tributo que a sociedade paga aos latifundiários na forma de lucros extras – isso enquanto todos os tipos de solo que alguma vez foram incorporados ao cultivo continuarem em condições de competir.[212]

"Essa lei", diz Engels, "explica a esplêndida vitalidade da classe dos latifundiários", que acumula massas de dívidas e, não obstante todas as crises, "sempre volta a ficar de pé"[213]: por exemplo, na Inglaterra, a abolição das leis dos cereais baixou o preço destes e não só não arruinou os *landlords*, como, ao contrário, enriqueceu-os extraordinariamente.

Poderia parecer, portanto, que o capitalismo não é capaz de derrubar a força do monopólio representada pela propriedade da terra. "Mas tudo é efêmero", continua Engels. Os navios transoceânicos, as ferrovias da América do Norte e do Sul e da Índia levaram ao surgimento de novos concorrentes. As pradarias da América do Norte, os pampas argentinos etc. inundaram o mercado mundial de trigo barato.

> Contra essa concorrência – tanto a do solo virgem das estepes quanto a do camponês russo ou indiano garroteado pelos impostos –, o arrendatário e o

---

[211] Ver em *Nóvoie Slovo*, n. 5, 1896, p. 256-61, carta à redação do senhor N. Aqui está a "citação" sobre a "moral da história". É notável que nem o senhor N. nem nenhum dos numerosos economistas populistas que apelaram para a atual crise agrícola para refutar a teoria do papel histórico progressista do capitalismo na agricultura jamais colocaram diretamente a questão no terreno de uma determinada teoria econômica; nunca expuseram as razões que obrigaram Marx a reconhecer o papel progressista do capitalismo agrícola na história, nunca especificaram precisamente que razões são essas nem por que as negam. E aqui, como em outros casos, os economistas populistas preferem não se opor diretamente à teoria de Marx, mas limitar-se a alusões vagas, acenando para os "discípulos russos". Limitando-nos na presente obra à economia da Rússia, citamos acima os motivos do nosso julgamento acerca dessa questão.

[212] Karl Marx, *O capital*, Livro III, cit., p. 786.

[213] Idem.

camponês europeus já não podiam prosperar e, ao mesmo tempo, pagar as antigas rendas. Na Europa, parte do solo foi definitivamente excluída da concorrência para o cultivo de grãos, e as rendas caíram por todo lado; o segundo caso, variante 2, preço decrescente e produtividade decrescente dos investimentos adicionais de capital, converteu-se na regra para a Europa, o que explica as lamentações dos agricultores, desde a Escócia até a Itália, e do sul da França até a Prússia Oriental. Felizmente, nem todas as terras de estepes foram submetidas ao cultivo; ainda resta o suficiente para arruinar toda grande propriedade rural europeia e, por acréscimo, a pequena.[214]

Se o leitor leu a passagem com atenção, deve ter ficado claro que Engels diz exatamente o oposto do que o senhor N. quer impingir-lhe. Na opinião de Engels, a atual crise agrícola reduz a renda e até tende a destruí-la por completo, ou seja, o capitalismo agrícola realiza sua tendência inerente de abolir o monopólio da propriedade fundiária. Não, definitivamente nosso senhor N. não tem sorte com suas "citações". O capitalismo agrícola ainda está dando um novo e enorme passo adiante; alarga imensamente a produção comercial dos produtos agrícolas, atraindo para a arena mundial toda uma série de novos países; expulsa da agricultura patriarcal seus últimos refúgios, como a Índia ou a Rússia; cria uma produção puramente fabril de cereais, sem precedentes na agricultura, baseada na cooperação das massas operárias dotadas das máquinas mais aperfeiçoadas; agrava da maneira mais intensa a situação dos velhos países europeus, reduz a renda, minando, assim, os monopólios que pareciam ser os mais estáveis, e levando a propriedade fundiária "ao absurdo" não só na teoria, mas também na prática; coloca com tal ênfase a questão da necessidade da socialização da produção agrícola que até mesmo os representantes das classes possuidoras começam a sentir essa necessidade no Ocidente[215]. E Engels, com a vigorosa ironia que o caracteriza, *saúda* os últimos passos do capitalismo mundial: felizmente, diz ele, resta ainda o suficiente de estepes não exploradas para que as coisas

---

[214] Ibidem, p. 787.

[215] Não são característicos, com efeito, os "sinais dos tempos", como o famoso Antrag Kanitz do Reichstag alemão ou o plano dos fazendeiros estadunidenses de transformar todos os silos em propriedade do Estado?

continuem como estão indo. E o bom senhor N., *à propos de bottes** suspira pelo velho "camponês", "pelos séculos, consagrado"... pela estagnação da nossa agricultura e de todas as formas de servidão agrícola, que "nem as desordens das guerras feudais nem o jugo tártaro" foram capazes de abalar e que agora começaram – oh, horror! – a vacilar da maneira mais decisiva com esse monstruoso capitalismo! Oh, *sancta simplicitas!*

---

* "Totalmente fora de propósito." (N. E.)

CAPÍTULO V
PRIMEIROS ESTÁGIOS DO CAPITALISMO NA INDÚSTRIA

Passemos agora da agricultura à indústria. Também aqui nossa tarefa se formula da mesma maneira que aquela referente à agricultura: devemos analisar as formas da indústria na Rússia pós-reforma, ou seja, estudar determinada estrutura das relações socioeconômicas na indústria de transformação e o caráter da evolução dessa estrutura. Vamos começar pelas formas mais simples e primitivas de indústria e acompanhar de perto seu desenvolvimento.

1. A INDÚSTRIA DOMICILIAR E OS OFÍCIOS ARTESANAIS

Chamamos de indústria domiciliar o processamento de matérias-primas na mesma propriedade agrícola (família camponesa) que as extrai. As indústrias domiciliares constituem um elemento indispensável da economia natural, cujos remanescentes quase sempre se conservam onde há um pequeno campesinato. É normal, portanto, que na literatura econômica da Rússia se encontrem reiteradas referências a esse tipo de indústria (produção domiciliar de artigos de linho, cânhamo, madeira etc., para consumo próprio). No entanto, a indústria domiciliar só pode ser encontrada hoje em dia em raras regiões, particularmente remotas, por exemplo, até recentemente, na Sibéria. A indústria, como profissão, ainda não adquiriu essa forma: a indústria está indissoluvelmente ligada à agricultura em um todo único.

A primeira forma de indústria que se separa da agricultura patriarcal é o artesanato, ou seja, a produção de artigos por encomenda de um consumidor[1]. O material, nesse caso, pode pertencer ao consumidor-cliente ou ao artífice, e

---

[1] *Kundenproduktion.* Ver Karl Bücher, *Die Entstehung der Volkswirtschaft* [A origem da economia] (Tubinga, 1893).

o pagamento pelo trabalho do artífice é efetuado em dinheiro ou em espécie (alojamento e manutenção do artífice, remuneração com uma parte do produto, por exemplo, farinha etc.). Sendo parte indispensável da vida urbana, o artesanato também é bastante difundido nas aldeias, servindo de complemento à economia camponesa. Uma certa porcentagem da população rural é constituída por artífices especializados, os quais se dedicam (às vezes exclusivamente, às vezes paralelamente à agricultura) ao curtume, à confecção de calçados e roupas, à forja, ao tingimento de tecidos domésticos, ao acabamento de lãs, à moagem de grãos etc. Visto o estado extremamente insatisfatório das nossas estatísticas econômicas, não existem dados precisos sobre o grau de difusão do trabalho artesanal na Rússia, mas há indicações sobre essa forma de indústria espalhadas em quase todas as descrições da economia agrícola camponesa, nas pesquisas sobre a assim chamada indústria "artesanal"[2] e até mesmo nas estatísticas fabris oficiais[3]. As coletâneas estatísticas dos *zemstvos*, ao registrar as indústrias camponesas, às vezes distinguem um grupo especial de "artífices"[4], mas nele incluem (segundo o uso corrente da palavra) todos os operários da construção. Do ponto de vista político-econômico, essa mistura é totalmente errada, já que a massa de trabalhadores da construção não é de industriais independentes que trabalham sob demanda do consumidor, mas sim de trabalhadores assalariados que são empregados por empreiteiros. É claro que nem sempre é fácil distinguir um artífice rural de um pequeno produtor de mercadorias ou de um trabalhador assalariado; para tanto, é necessária

---

[2] Apresentar aqui citações para corroborar o que foi dito seria impossível: essa massa de indicações sobre o artesanato está espalhada em todos os estudos da indústria "artesanal", embora – segundo a opinião mais aceita – os artífices não pertençam ao ofício dos "artesãos". Veremos mais de uma vez quão irremediavelmente vago é esse "ofício de artesão".

[3] O estado caótico dessa estatística é ilustrado, sobretudo, pelo fato de que, até agora, não se elaboraram métodos para distinguir entre estabelecimentos artesanais e estabelecimentos fabris. Nos anos 1860, por exemplo, a estes últimos pertenciam as tinturarias rurais de tipo puramente artesanal (*Ежегодник мин-ва фин.* [Anuário do Ministério das Finanças], v. I, p. 172-6); em 1890, os moinhos camponeses misturavam-se às fábricas de tecido (*Указатель фабрик и заводов* [Índice de fábricas e oficinas], 3. ed., Orlov, p. 21) etc. Dessa confusão não se libertou nem mesmo a mais recente *Перечень фабрик и заводов* [Relação de fábricas e oficinas] (São Petersburgo, 1897). Veja exemplos em nossos *Этюды* [Estudos de casos], p. 270-1.

[4] Ver Rúdniev, "Промыслы крестьян в Европейской России" [As indústrias camponesas da Rússia Europeia], em *Сборник Саратовского земства* [Coletânea do *zemstvo* de Sarátov], 1894, n. 6 e 11.

uma análise econômica dos dados relativos a cada pequeno industrial. Uma tentativa notável de diferenciar rigorosamente o artesanato das outras formas de pequena indústria é o tratamento de dados do censo artesanal de Perm de 1894-1895[5]. O número de artífices rurais foi calculado em aproximadamente 1% da população camponesa, ademais (como era de esperar) a maior porcentagem de artífices encontrava-se nos distritos que se distinguem por um menor desenvolvimento da indústria. Em comparação com os pequenos produtores de mercadorias, os artífices distinguem-se por ter laços mais fortes com a terra: para 100 artífices, há 80,6 agricultores (para os "artesãos", esse percentual é menor). Também se usa trabalho assalariado entre os artífices, mas é menos desenvolvido entre esse tipo de industrial que entre os demais. O tamanho dos estabelecimentos (segundo o número de operários) também é menor entre os artífices. O salário médio de um artífice agricultor é de 43,9 rublos por ano e o de um artífice não agricultor, de 102,9 rublos.

Limitamo-nos a essas breves indicações, pois não faz parte da nossa tarefa uma análise detalhada do artesanato. Nessa forma de indústria, ainda não existe produção de mercadorias; existe circulação de mercadorias apenas quando o artífice recebe pagamento em dinheiro ou vende uma fração do produto que recebeu em troca do seu trabalho para comprar matérias-primas e equipamentos de produção. O produto do trabalho do artífice não aparece no mercado e quase não sai da esfera da agricultura de subsistência do camponês[6]. É natural, portanto, que o artesanato se caracterize pela mesma rotina, pela mesma fragmentação e pela mesma estreiteza da pequena agricultura patriarcal. O único elemento de desenvolvimento inerente a essa forma de indústria é a saída dos artífices para outras regiões em busca de trabalho. Esse tipo de saída se desenvolveu amplamente em nossas aldeias,

---

[5] Dedicamos a esse censo um artigo especial de nossos *Этюды*, cit., p. 113-99.

[6] A proximidade do artesanato com a economia natural dos camponeses leva, por vezes, a tentativas da parte destes últimos de organizar o trabalho artesanal para todo o povoado: os camponeses sustentam o artífice, obrigando-o a trabalhar para todos os habitantes de um dado povoado. Atualmente, semelhante estrutura de indústria só pode ser encontrada como exceção ou nas regiões periféricas mais provincianas (por exemplo, a indústria da forja é organizada dessa maneira em algumas aldeias da Transcaucásia. Ver *Отчеты и исследования по кустарной промышленности в России* [Relatórios e estudos sobre a indústria artesanal na Rússia], v. II, p. 321).

348 O DESENVOLVIMENTO DO CAPITALISMO NA RÚSSIA

sobretudo nos tempos antigos; habitualmente, tinha como consequência a criação de estabelecimentos artesanais independentes nos locais de chegada.

2. OS PEQUENOS PRODUTORES DE MERCADORIAS NA INDÚSTRIA. O ESPÍRITO DE OFICINA DAS PEQUENAS INDÚSTRIAS

Já observamos que o artífice surge no mercado, mas não com seu produto. Naturalmente, uma vez em contato com o mercado, com o tempo ele passa também a produzir para esse mercado, ou seja, torna-se um *produtor de mercadorias*. Essa transição se dá de forma gradual, primeiro como experiência: ele vende os produtos que ocasionalmente ficam em suas mãos ou que fabrica em seu tempo livre. O caráter gradual dessa transição é reforçado ainda pelo fato de que, originalmente, o mercado para a venda desses artigos é bastante restrito, de modo que a distância entre o produtor e o consumidor aumenta muito pouco, o produto continua a passar diretamente das mãos do produtor para as mãos do consumidor e, às vezes, a venda do produto é precedida de sua troca por produtos agrícolas[7]. O desenvolvimento posterior da economia mercantil se manifesta pela ampliação do comércio, o surgimento de comerciantes-compradores especializados; o mercado para a venda de mercadorias não é o pequeno mercado camponês ou a feira[8], mas toda uma região, depois todo um país e, às vezes, até mesmo outros países. A fabricação dos produtos da indústria na forma de mercadoria constitui o primeiro fundamento para a separação da indústria e da agricultura, bem como

---

[7] Por exemplo, a troca de louça por cereais etc. Com o cereal barato, considerava-se às vezes como equivalente a um pote o tanto de cereal que coubesse nele. Ver *Отчеты и исследования*, cit., v. I, p. 340. – *Промыслы Владимирской губернии* [As indústrias da província de Vladímir]. Moscou., Baranov, 1882-1884 [Trabalhos da comissão do departamento de organização da Exposição Panrussa de indústria e arte de 1882]., v. V, p. 140. – *Трудах комиссии по исследованию кустарной промышленности* [Trabalhos da comissão para o estudo da indústria artesanal], v. I, p. 61.

[8] Um estudo de uma dessas feiras mostrou que 31% do volume total de negócios da feira (cerca de 15 mil rublos de um total de 50 mil rublos) correspondia justamente aos produtos "artesanais". Ver *Труды куст. ком.*, cit., v. I, p. 38. Quão estreito é originalmente o mercado de vendas entre os pequenos produtores de mercadorias fica evidente, por exemplo, no fato de que os sapateiros de Poltava vendem artigos a sessenta verstas ao redor de sua aldeia. *Отчеты и исследования*, cit., v. I, p. 287.

para o intercâmbio entre elas. O senhor N., com a banalidade e a abstração de entendimento que o caracterizam, limita-se a declarar que a "separação da indústria e da agricultura" é uma característica do "capitalismo" em geral, sem se preocupar em analisar as diferentes formas dessa separação nem os diferentes estágios do capitalismo. É importante notar, portanto, que a menor produção mercantil nas indústrias camponesas já começa a separar a indústria e a agricultura, embora o industrial e o agricultor, nesse estágio de desenvolvimento, na maioria dos casos ainda não se distingam um do outro. Na exposição a seguir, mostraremos como os estágios mais desenvolvidos do capitalismo conduzem à separação de empresas industriais e empresas agrícolas, à separação entre trabalhadores industriais e agricultores.

Nas formas embrionárias da produção mercantil, a concorrência entre os "artesãos" é ainda muito débil, mas à medida que o mercado se expande e abarca vastas regiões, ela se torna cada vez mais forte, afetando a prosperidade patriarcal do pequeno industrial, baseada numa posição monopolista de fato. O pequeno produtor de mercadorias sente que seus interesses, contrariamente aos interesses do restante da sociedade, exigem a manutenção dessa posição monopolista e, por isso, *teme* a concorrência. Emprega todos os esforços, individuais ou coletivos, para conter a concorrência, para "impedir" que rivais se estabeleçam em sua vizinhança, para fortalecer sua posição de pequeno proprietário que conta com certo número de compradores. Esse medo da concorrência revela de maneira tão clara a verdadeira natureza social do pequeno produtor de mercadorias que consideramos necessário nos deter mais detalhadamente nos fatos que se referem a ele. Primeiro, vamos dar um exemplo relacionado ao artesanato. Os curtidores de Kaluga vão a outras províncias para curtir pele de carneiro; a indústria decai após a abolição da servidão; os latifundiários, que liberavam o servo para "curtir pele de carneiro" em troca de um vultoso tributo, asseguravam-se de que os curtidores conhecessem seu "lugar" e não permitiam que outros curtidores invadissem a região alheia. A indústria organizada dessa maneira era tão vantajosa que os "arraiais" eram cedidos por quinhentos e até mil rublos, e a chegada de um curtidor artesanal a uma região alheia levava, às vezes, a confrontos sangrentos. A abolição da servidão minou essa prosperidade medieval; "a facilidade de locomoção pelas ferrovias também ajuda, nesse caso, a concorrência"[9]. Um fenômeno do mesmo gênero inclui a tendência dos pequenos industriais – constatada em toda uma série de indústrias e com caráter positivo de regra geral – de esconder invenções e aprimoramentos técnicos, de esconder dos outros uma atividade vantajosa, a fim de evitar uma "concorrência prejudicial". Os indivíduos que fundam uma nova indústria ou introduzem uma melhoria na indústria antiga escondem dos outros aldeões, com todas as suas forças, as ocupações lucrativas, usam vários truques (por exemplo, mantêm à vista o velho maquinário do estabelecimento), não deixam ninguém entrar na oficina, trabalham às escondidas, não dão informações sobre a produção nem aos próprios filhos[10]. O lento desenvolvimento da indústria de brochas na província de Moscou "explica-se, comumente, pelo desejo dos atuais produtores de não ter novos concorrentes. Diz-se que, na medida do possível, esforçam-se para não mostrar seu trabalho a pessoas estranhas, de modo que apenas um fabricante possui aprendizes que não são da família"[11]. Sobre a aldeia Bezvódnoe, na província de Níjni Nóvgorod, conhecida por sua indústria metalúrgica, lemos:

> É de notar que os habitantes da aldeia de Bezvódnoe, até hoje (exatamente no início dos anos 1880; essa indústria existe desde o início dos anos 1850), escondem cuidadosamente dos camponeses da vizinhança seus conhecimentos sobre o ofício. Mais de uma vez, tentaram fazer acordo com o conselho do *vólost* para punir aquele que transmitir conhecimentos do ofício a outra aldeia; como não conseguiram obter essa formalidade, a sentença pesa moralmente sobre cada um deles, por isso não casam suas filhas com pretendentes de aldeias vizinhas e, na medida do possível, não se casam com donzelas dali.[12]

[9]   *Труды куст. ком.*, cit., v. I, p. 35-6.

[10]   Ver ibidem, v. I, p. 81; v. V, p. 460; v. IX, p. 2.526. – *Пром. Моск. губ.* [A indústria na província de Moscou], v. VI, fasc. I, p. 6-7 e 253; v. VI, fasc. II, p. 142; v. VII, fasc. I, segunda parte, sobre o fundador da "indústria de prensas". – *Пром. Влад. губ.*, cit., v. I, p. 145 e 149. – *Отчеты и исследования*, cit., v. I, p. 89. Grigóriev, *Кустарное замочно-ножевое производство Павловского района* [A produção artesanal de fechaduras e facas do distrito de Pávlovo] (anexos à publicação do Volga, Moscou, 1881), p. 39. O senhor V. V. cita alguns desses fatos em seus *Очерки кустарной промышленности* [Ensaios sobre a indústria artesanal] (São Petersburgo, 1886), p. 192 e seg.; ele deduz apenas que os artesãos não são alheios às inovações; não lhe ocorre que esses fatos caracterizam a situação de classe dos pequenos produtores de mercadorias e seus interesses de classe na sociedade contemporânea.

[11]   *Пром. Моск. губ.*, cit., v. VI, fasc. II, p. 193.

[12]   *Труды куст. ком.*, cit., v. IX, p. 2.404.

PRIMEIROS ESTÁGIOS DO CAPITALISMO NA INDÚSTRIA   351

Os economistas populistas não apenas se esforçaram para deixar na sombra o fato de que a massa dos pequenos industriais camponeses são produtores de mercadorias, como também criaram toda uma lenda de um antagonismo profundo que supostamente existe entre a organização econômica das pequenas indústrias camponesas e a grande indústria. A inconsistência desse ponto de vista é evidenciada, entre outras coisas, pelos dados acima. Se o grande industrial não se detém diante de nenhum meio para assegurar seu monopólio, o camponês "artesão" é, nesse sentido, como um irmão; em essência, o pequeno-burguês procura defender, com seus pequenos meios, os mesmos interesses de classe para cuja defesa o grande fabricante deseja protecionismo, vantagens, privilégios etc.[13].

3. O CRESCIMENTO DOS PEQUENOS INDUSTRIAIS DEPOIS DA REFORMA. AS DUAS FORMAS DESSE PROCESSO E SEU SIGNIFICADO

Do acima exposto, derivam ainda as seguintes características da pequena produção que merecem atenção. O surgimento de uma nova indústria significa, como já observamos, um processo de crescimento da divisão social do trabalho. Por isso, tal processo deve necessariamente ter lugar em toda sociedade capitalista, na medida em que nela se conservam ainda, em maior ou menor grau, o campesinato e a agricultura seminatural, na medida em que as diversas instituições e tradições da antiguidade (em conexão com a má qualidade das vias de comunicação etc.) impedem a grande indústria mecanizada de tomar diretamente o lugar da indústria domiciliar. Qualquer passo no sentido do desenvolvimento da economia mercantil conduz inevitavelmente ao fato de se destacar do campesinato um número cada vez maior de novos industriais; esse processo pavimenta, por assim dizer, um novo terreno, prepara novas regiões nas partes mais atrasadas do país, ou nos ramos industriais mais atrasados, para a posterior tomada pelo capitalismo. Esse

---

[13] Sentindo que a concorrência o arruinará, o pequeno-burguês se esforça por detê-la, tal como seu ideólogo, o populista, sente que o capitalismo destrói os "pilares" que tanto lhe afagam o coração e, por isso, esforça-se por "prevenir", impedir, deter e assim por diante.

mesmo crescimento do capitalismo se manifesta em outras partes do país, ou em outros ramos da indústria, de maneira completamente diferente: não pelo aumento, mas pela diminuição do número de pequenas oficinas e de trabalhadores em domicílio que são absorvidos pela fábrica. Há que se compreender que, para estudar o desenvolvimento do capitalismo na indústria de um dado país, é necessário distinguir rigorosamente esses processos; sua mistura só pode levar à completa confusão de conceitos[14].

Na Rússia da época pós-reforma, o crescimento das pequenas indústrias, que exprime os primeiros passos do desenvolvimento do capitalismo, manifestou-se e manifesta-se de duas maneiras: em primeiro lugar, na migração dos pequenos industriais e artífices das províncias centrais, há muito povoadas e economicamente mais desenvolvidas, para as regiões periféricas; em segundo lugar, na formação de novas indústrias em pequena escala e na ampliação das indústrias anteriormente existentes na população local.

O primeiro desses processos é uma das manifestações da colonização das regiões periféricas que já indicamos[15]. O camponês industrial das províncias de Níjni Nóvgorod, Vladímir, Tver, Kaluga etc., ao sentir a intensificação da concorrência com o crescimento da população e o crescimento da manufatura e da fábrica capitalistas que ameaça a pequena produção, vai para o sul, onde os "mestres-artesãos" são ainda poucos, os salários são altos e a vida é barata. Um pequeno estabelecimento foi fundado em um novo lugar, que deu início a uma nova indústria camponesa, a qual se espalhou então numa determinada aldeia e em seus arredores. As áreas centrais do país, que

---

[14] Eis um exemplo interessante de como na mesma província, na mesma indústria, esses dois processos diferentes se combinam. A indústria de rocas (na província de Viatka) é um complemento da produção doméstica de tecidos. O desenvolvimento dessa indústria marca o nascimento da produção mercantil, que abrange a fabricação de um dos instrumentos da produção de tecidos. E aqui vemos que ao norte, nas localidades remotas da província, a roca é quase desconhecida (*Материалы по описанию промыслов Вятской губ.* [Materiais para uma descrição das indústrias da província de Viatka], v. II, p. 27), e ali "a indústria poderia nascer", ou seja, poderia abrir a primeira brecha na economia natural patriarcal dos camponeses. Entrementes, em outras partes da província, essa indústria já está em decadência, e os pesquisadores consideram que a causa provável dessa decadência é "o uso cada vez mais difundido entre os camponeses de tecidos de algodão produzidos em fábricas" (ibidem, p. 26). Aqui, portanto, o crescimento da produção mercantil e do capitalismo já se manifesta na substituição da pequena indústria pela fábrica.

[15] Ver capítulo IV, seção 2.

têm uma cultura industrial secular, ajudaram, dessa maneira, no desenvolvimento da mesma cultura nas novas partes do país em que começaram a se estabelecer. As relações capitalistas (próprias, como veremos adiante, das pequenas indústrias camponesas) migraram, dessa forma, para todo o país[16].

Passemos aos fatos que expressam o segundo dos processos mencionados acima. Observemos primeiramente que, ao constatar o crescimento de pequenos estabelecimentos e indústrias camponesas, não nos referimos por enquanto à sua organização econômica: veremos mais adiante que essas indústrias ou conduzem à formação de uma cooperação capitalista simples e de um capital comercial, ou são parte integrante da manufatura capitalista.

A indústria de peles do distrito de Arzamás, na província de Níjni Nóvgorod, nasceu na cidade de Arzamás e, em seguida, estendeu-se gradualmente às aldeias suburbanas, abrangendo uma área cada vez maior. No início, havia poucos curtidores nas aldeias e muitos trabalhadores assalariados; a mão de obra era barata, pois os trabalhadores eram contratados para aprender o ofício. Depois que o aprendiam, dispersavam-se e abriam pequenos estabelecimentos, preparando assim um terreno cada vez mais amplo para o domínio do capital, ao qual atualmente se submete a maior parte dos industriais[17]. Notemos que, em geral, essa abundância de trabalhadores assalariados nos primeiros estabelecimentos de uma indústria emergente e a posterior transformação desses trabalhadores assalariados em pequenos patrões é um fenômeno muito comum, com caráter de regra geral[18].

---

[16] Ver, por exemplo, V. Korolenko, *Вольнонаемный труд в хозяйствахи т. д.* [Trabalho livre assalariado nas propriedades etc.] (São Petersburgo, 1892), sobre o movimento dos trabalhadores industriais para as periferias, onde parte dos trabalhadores está assentada; *Труды куст. ком.*, fasc. I (sobre a predominância de industriais forasteiros das províncias centrais na província de Stávropol); fasc. III, p. 34 (migração dos sapateiros de Viezdnoie, província de Níjni Nóvgorod, para as cidades do baixo Volga); fasc. IX (os curtidores da aldeia de Bogoródski da mesma província estabeleceram fábricas em toda a Rússia); *Пром. Влад. губ.*, cit., v. IV, p. 136 (os ceramistas de Vladímir levaram sua produção para a província de Astracã). Ver *Отч. и иссл.*, cit., v. I, p. 125, 210; v. II, p. 160-5, 168, 222 – comentário geral sobre a predominância dos industriais forasteiros das províncias grão-russas "em todo o sul".

[17] *Труды куст. ком.*, cit., v. III.

[18] Por exemplo, o mesmo fenômeno é constatado entre os tintureiros da província de Moscou (*Пром. Моск. губ.*, cit., v. VI, fasc. I, p. 73-99), de chapéus (ibidem, v. VI, fasc. I), de peles (ibidem, v. VII, fasc. I, parte II), na siderurgia de Pávlovo (Grigóriev, *Кустарное замочно-ножевое производство Павловского района*, cit., p. 37-8), entre outras indústrias.

Evidentemente, seria um grande erro concluir disso que, "apesar de diversas considerações históricas [...] não são as grandes empresas que absorvem as pequenas, mas as pequenas que surgem das grandes"[19]. A grande dimensão dos primeiros estabelecimentos não significa de modo algum uma concentração da indústria; isso se explica pelo caráter singular desses estabelecimentos e pelo desejo dos camponeses vizinhos de aprender uma indústria lucrativa trabalhando neles. No que se refere ao processo de irradiação das indústrias camponesas de seus antigos centros para as aldeias vizinhas, tal processo se observa em muitos casos. Por exemplo, na época pós-reforma, desenvolveram-se (tanto pelo número de aldeias abarcadas pela indústria quanto pelo número de industriais e pela soma da produção) as seguintes indústrias, destacadas por seu significado: a siderurgia de Pávlovo; curtume e fabricação de sapatos na aldeia de Kimri; confecção de sapatos de tricô na cidade de Arzamás e arredores; a indústria metalúrgica na aldeia de Burmákino; a indústria de gorros na aldeia de Molvítino e região; as indústrias do vidro, chapéus e rendados na província de Moscou; a ourivesaria na região de Krásnoe Seló etc.[20] O autor do artigo sobre o artesanato nos sete *vólosts* do distrito de Tula afirma que é um fenômeno geral "o aumento do número de artífices após a reforma camponesa", "o surgimento de artífices e artesãos em áreas onde antes da reforma eles não existiam"[21]. Os estatísticos

[19] O senhor V. V. não demorou a chegar a essa conclusão a partir de um fato desse tipo em seu *Судьбах капитализма* [Destinos do capitalismo], p. 78-9.

[20] A. Smirnov, *Павлово и Ворсма* [Pávlovo e Vorsma] (Moscou, 1864). – N. Labzin, *Исследование промышленности ножевой и т. д.* [Estudo da indústria de facas etc.] (São Petersburgo, 1870). – Grigóriev, *Кустарное замочно-ножевое производство Павловского района*, cit. – N. Annénski, "Доклад и т. д." [Relatório etc.], no n. 1 do *Nijegórodski Viéstnik Parakhódstva i Promychliénosti* [Mensageiro da navegação e da indústria de Níjni Nóvgorod] (1891). – *Материалы земской статистики по Горбатовскому у. Нижний-Новгород* [Materiais da estatística do *zemstvo* do distrito de Gorbátov, Níjni Nóvgorod] (1892). – A. N. Potréssov, relatório da seção de São Petersburgo do Comitê da Sociedade de Poupança e de Empréstimos (1895). – *Статистический временник Росс. империи* [Estatísticas temporárias do Império Russo], v. II, fasc. III (São Petersburgo, 1872). – *Труды куст. ком.*, cit., v. VIII. – *Отчеты и исследования*, cit., v. I, III. *Труды куст. ком.*, cit., v. VI, XIII. – *Пром. Моск. губ.*, cit., v. VI, fasc. I, p. 111; ibidem, p. 177; v. VII, fasc. II, p. 8. – *Ист.-стат. обзор промышленности в России* [Resumo histórico-estatístico da indústria na Rússia], v. II, gráfico 6, produção 1. – *Viéstnik Finánsov*, n. 42, 1898. Ver também *Пром. Влад. губ.*, cit., v. III, p. 18-9 e outras.

[21] *Труды куст. ком.*, cit., v. III.

de Moscou têm visão análoga[22]. Podemos corroborar essa visão com dados estatísticos referentes ao período de surgimento de 523 estabelecimentos artesanais em 10 indústrias da província de Moscou[23].

Número total de estabelecimentos	Número de estabelecimentos fundados								
	Data desconhecida	Há muito tempo	No século XIX, por década						
			1810	1820	1830	1840	1850	1860	1870
523	13	46	3	6	11	11	37	121	275

Da mesma forma, o censo artesanal de Perm descobriu (segundo dados da época do surgimento de 8.884 pequenos estabelecimentos e indústrias artesanais) que a época pós-reforma é caracterizada por um crescimento particularmente rápido das pequenas indústrias. É interessante olhar mais de perto esse processo. A produção de tecidos de lã e seda mista na província de Vladímir surgiu recentemente, em 1861. De início, era uma indústria que se exercia fora do local de residência; em seguida, surgiram nas aldeias "mestres-artesãos" que distribuíam o fio. Um dos primeiros "fabricantes" na época era comerciante de cereais, que ele comprava nas "estepes" de Tambov e Sarátov. Com a construção das ferrovias, houve uma equiparação do preço dos cereais, o comércio de cereais se concentrou nas mãos dos milionários e nosso comerciante decidiu empregar seu capital na indústria têxtil; ele ingressou numa fábrica, conheceu o negócio e transformou-se em um "mestre-artesão"[24]. Portanto, a formação de uma nova "indústria" em uma dada localidade foi provocada pelo fato de que o desenvolvimento econômico geral do país estava deslocando o capital do comércio para a indústria[25]. O estudioso da indústria que citamos como exemplo afirma que

[22] *Пром. Моск. губ.*, cit., v. VI, fasc. II, p. 193.

[23] Os dados sobre as indústrias de escovas, alfinetes, ganchos, chapéus, amido, calçados, armação de óculos, luvas, artigos de cobre, passamanaria e móveis foram extraídos dos censos dos artesãos fornecidos em *Пром. Моск. губ.* (cit.) e no livro de mesmo título do senhor Isáiev.

[24] *Пром. Влад. губ.*, cit., v. II, p. 25 e 270.

[25] Em seu estudo sobre os destinos históricos da fábrica na Rússia, M. I. Tugan-Baranóvski mostrou que o capital comercial era uma condição histórica necessária para a formação da grande indústria. Ver seu livro *Фабрика и т. д.* [A fábrica etc.] (São Petersburgo, 1898).

o caso descrito por ele está longe de ser isolado: os camponeses que viviam de indústrias fora de seu local de residência

> foram os pioneiros de todos os tipos de indústria, levaram conhecimentos técnicos para sua aldeia natal, incentivaram novas forças de trabalho a migrar como eles e incendiaram a imaginação dos mujiques ricos com histórias sobre os fabulosos lucros que o comércio garante às pequenas oficinas e mestres-artesãos. O mujique rico, que guardava o dinheiro em vasos de barro ou se dedicava ao comércio de cereais, atento a essas histórias, lançou-se nas empresas industriais.[26]

O comércio de sapatos e lã no distrito de Aleksándrov, província de Vladímir, surgiu da seguinte maneira: os proprietários de pequenas oficinas de tecelagem ou escritórios que distribuíam trabalho em domicílio, vendo o declínio da tecelagem manual, montaram oficinas destinadas a outra produção, às vezes contratando mestres para aprender o negócio e ensiná-lo aos filhos[27]. À medida que a grande indústria substitui o pequeno capital de uma produção, esse capital é direcionado para outras produções, dando-lhes impulso na mesma direção.

As condições gerais da época pós-reforma que provocaram o desenvolvimento das pequenas indústrias no campo foram caracterizadas de maneira extremamente vívida pelos pesquisadores das indústrias de Moscou. "Por um lado, durante esse período, as condições de vida dos camponeses se deterioraram de forma considerável", lemos na descrição da indústria de rendados, "por outro lado, o consumo da população que se encontra em condições mais favoráveis aumentou consideravelmente."[28] E o autor constata, com base nos dados da região selecionada, um aumento no número de camponeses que não possuem cavalos e não estão envolvidos na produção de trigo, ao lado de um aumento no número de camponeses que possuem muitos cavalos e no total de gado no campo. Dessa maneira, por um lado, aumentou o número de pessoas que necessitavam de "salários extras", que buscavam trabalho industrial; por outro, a minoria das famílias abastadas

---

[26] Idem.

[27] *Пром. Влад. губ.*, cit., v. II, p. 25 e 270.

[28] *Пром. Моск. губ.*, cit., v. VI, fasc. II, p. 8 e seg.

enriqueceu, constituiu uma "poupança", teve "a possibilidade de contratar um ou dois trabalhadores ou distribuir trabalho em domicílio aos camponeses pobres". "Naturalmente", explica o autor, "não nos referimos aos casos em que, nessas famílias, surgem indivíduos conhecidos como cúlaques, exploradores, mas consideramos apenas os fenômenos mais comuns que ocorrem na população camponesa."

Assim, para os pesquisadores locais, há uma ligação entre a decomposição do campesinato e o crescimento das pequenas indústrias camponesas. E isso é plenamente compreensível. Dos dados expostos no capítulo II, extrai-se que a decomposição do campesinato agrícola teve necessariamente de ser complementada pelo crescimento das pequenas indústrias camponesas. À medida que a agricultura natural decaía, um a um os tipos de processamento de matérias-primas se transformaram em ramos especiais das indústrias; a formação da burguesia camponesa e do proletariado rural incrementou a demanda por produtos da pequena indústria camponesa, fornecendo ao mesmo tempo para essas indústrias tanto mão de obra livre quanto recursos financeiros livres[29].

4. A DECOMPOSIÇÃO DOS PEQUENOS PRODUTORES DE MERCADORIAS. DADOS DOS CENSOS DOMICILIARES SOBRE A INDÚSTRIA ARTESANAL NA PROVÍNCIA DE MOSCOU

Vejamos quais são as relações socioeconômicas que se formam entre os pequenos produtores de mercadorias na indústria. A tarefa de determinar o caráter dessas relações é idêntica à que foi colocada anteriormente, no capítulo II, em relação aos pequenos agricultores. Em vez do tamanho da propriedade agrícola, devemos agora tomar como base o tamanho das propriedades industriais; agrupar os pequenos industriais segundo

---

[29] O erro teórico fundamental do senhor N. em suas reflexões sobre a "capitalização das indústrias" consiste em ignorar os primeiros passos da produção mercantil e do capitalismo em seus sucessivos estágios. O senhor N. salta diretamente da "produção popular" para o "capitalismo" e depois se surpreende, com uma curiosa ingenuidade, que obtenha um capitalismo sem fundamento, artificial etc.

o tamanho de sua produção, examinar o papel do trabalho assalariado em cada grupo, a situação da técnica etc.[30]. Encontramos os dados necessários para tal análise nos censos domiciliares de artesãos da província de Moscou[31]. Para toda uma série de ocupações, os pesquisadores fornecem dados estatísticos precisos sobre a produção e, às vezes, sobre a agricultura de cada artesão em particular (data de fundação do estabelecimento, número de trabalhadores familiares e assalariados, produção total anual, número de cavalos, método de cultivo da terra etc.). Os pesquisadores não fornecem nenhum tipo de tabela por grupo e nós mesmos tivemos de compô-las, dividindo os artesãos de cada indústria em classes (I – inferior; II – média; e III – alta), segundo o número de trabalhadores (familiares e assalariados) por estabelecimento, às vezes segundo o tamanho da produção, organização técnica etc. Em geral, os critérios para a classificação dos artesãos baseiam-se em todos os dados fornecidos na descrição da indústria; mas, em diferentes indústrias, foi necessário adotar critérios distintos: por exemplo, em indústrias muito pequenas, incluímos na classe inferior os estabelecimentos com 1 trabalhador, na média, com 2, na superior, com 3 ou mais; já em indústrias maiores, colocamos na classe inferior estabelecimentos com 1 a 5 trabalhadores, na média, com 6 a 10 etc. Sem o emprego de diferentes métodos de agrupamento, não poderíamos fornecer,

---

[30] O senhor Várzer, ao descrever a indústria "artesanal" da província de Tchernígov, constata uma "diversidade das unidades econômicas" (por um lado, famílias com rendimento de 500 a 800 rublos e, por outro, famílias "quase mendigas") e faz a seguinte observação: "Em tais condições, o recenseamento domiciliar das propriedades e o agrupamento destas em determinado número de tipos médios de propriedade, com todo o seu equipamento, é o único meio de apresentar em toda a sua plenitude o quadro do cotidiano econômico dos artesãos. Todo o restante será fantasia de impressões aleatórias ou aritmética de gabinete baseada em vários tipos de normas médias [...]" (*Труды куст. ком.*, cit., fasc. V, p. 354).

[31] *Сборник стат. свед. по Моск. губ.* [Coletânea de informações estatísticas da província de Moscou], v. VI e VII; *Пром. Моск. губ.*, cit.; e A. Isáiev, *Промыслы Моск. губ.* [A indústria da província de Moscou] (Moscou, 1876-1877), 2 v. Para um pequeno número de indústrias, as mesmas informações foram publicadas em *Пром. Моск. губ.*, cit. É evidente que, neste capítulo, nos limitaremos a tratar apenas das indústrias em que os pequenos produtores de mercadorias trabalham para o mercado e não para os compradores, pelo menos na imensa maioria dos casos. O trabalho para compradores é um fenômeno mais complexo, que examinaremos de maneira particular a seguir. Os censos domiciliares dos artesãos que trabalham para compradores são insuficientes para julgar as relações entre os pequenos produtores de mercadorias.

para *cada* indústria, dados de estabelecimentos de diferentes tamanhos. A tabela elaborada desse modo encontra-se no anexo (Anexo I); nela, indicamos quais índices foram utilizados para classificar os artesãos de cada indústria, fornecemos para cada categoria de cada indústria números absolutos de estabelecimentos, de trabalhadores (tanto familiares quanto assalariados), de produção total, de estabelecimentos com trabalhadores assalariados e de trabalhadores assalariados; para caracterizar a agricultura praticada pelos artesãos, calculamos o número médio de cavalos por patrão em cada categoria e a porcentagem de artesãos que cultivam a terra com "trabalhador" (ou seja, recorrendo à contratação de trabalhadores rurais). A tabela abrange ao todo 37 indústrias, com 2.278 estabelecimentos, 11.833 trabalhadores e produção total de mais de 5 milhões de rublos; se desconsiderarmos 4 indústrias que foram excluídas do resumo geral porque os dados estavam incompletos ou tinham caráter excepcional[32], são ao todo 33 indústrias, 2.085 estabelecimentos, 9.427 empregados e uma produção total de 3.466.000 rublos e, com correções (para 2 indústrias), aproximadamente 3.750.000 rublos.

Uma vez que não há necessidade de examinarmos os dados de todas as 33 indústrias, o que seria demasiado custoso, dividimos essas indústrias em 4 categorias: 1) 9 indústrias com um número médio de trabalhadores (familiares e assalariados juntos) por estabelecimento de 1,6 a 2,5; 2) 9 indústrias com um número médio de trabalhadores de 2,7 a 4,4; 3) 10 indústrias com um número médio de trabalhadores de 5,1 a 8,4; e 4) 5 indústrias com um número médio de trabalhadores de 11,5 a 17,8. Em cada categoria, estão reunidas, assim, indústrias bastante similares em termos de número de operários por estabelecimento e, para a nossa exposição a seguir, limitamo-nos aos dados sobre essas 4 categorias de indústrias. Citemos esses dados *in extenso*.

---

[32] Por essa razão, a "indústria" da porcelana, que conta com 1.817 trabalhadores assalariados em 20 estabelecimentos, foi excluída do relatório. É característico da confusão de conceitos que domina entre nós que os estatísticos de Moscou incluam essa indústria entre as indústrias "artesanais" (ver as tabelas resumidas no fascículo III do volume VII de *Статистический временник Росс. империи*, cit.).

Categorias de indústrias	Números absolutos[33] a) de estabelecimentos b) de trabalhadores c) da produção em rublos	Distribuição em %[34]				a) % de estabelecimentos com trabalhadores assalariados b) % de trabalhadores assalariados[35]				Produção média em rublos a) por estabelecimento b) por trabalhador				Média de trabalhadores por estabelecimento a) familiares b) assalariados c) total			
		Total	Por classe			Total	Por classe			Total	Por classe			Total	Por classe		
			I	II	III		I	II	III		I	II	III		I	II	III
1ª (9 indústrias)	831	100	57	30	13									1,9	1,28	2,4	3,3
	1.776	100	35	37	28	12	2	19	40	430	243	527	1.010	0,2	0,02	0,2	1,2
	357.890	100	32	37	31	11	1	9	27	202	182	202	224	2,1	1,3	2,6	4,5
2ª (9 indústrias)	348	100	47	34	19									2,5	1,9	2,9	3,7
	1.242	100	30	35	35	41	25	43	76	1.484	791	1.477	3.291	1,0	0,3	0,8	3,0
	516.268	100	25	34	41	26	13	21	45	415	350	399	489	3,5	2,2	3,7	6,7
3ª (10 indústrias)	804	100	53	33	14									2,4	2,0	2,7	2,3
	4.893	100	25	37	38	64	35	95	100	2.503	931	2.737	8.063	3,7	0,8	3,9	14,9
	2.013.918	100	20	37	43	61	25	59	86	411	324	411	468	6,1	2,8	6,6	17,2
4ª (5 indústrias)	102	100	38	33	29									2,1	2,2	2,1	2,1
	1.516	100	15	24	61	84	61	97	100	5.666	1.919	3.952	12.714	12,7	3,5	8,7	29,6
	577.930[36]	100	13	23	64	85	60	81	93	381	331	363	401	14,8	5,7	10,8	31,7
Total para todas as categorias (33 indústrias)	2.085	100	53	32	15									2,2	1,8	2,6	2,9
	9.427	100	26	35	39	40	21	57	74	1.664	651	1.756	5.029	2,3	0,4	2,2	9,0
	3.466.006	100	21	34	45	51	20	46	75	367	292	362	421	4,5	2,2	4,8	11,9

[33] As letras a, b e c significam que os números correspondentes estão colocados nas células um embaixo do outro.

[34] Porcentagens do número total de estabelecimentos e trabalhadores de uma determinada indústria ou de um determinado tipo.

[35] Idem.

[36] Para duas indústrias, em vez do valor do produto (= soma da produção), são fornecidas informações referentes ao valor das matérias-primas que entram no processamento. Isso reduz a soma da produção em cerca de 300 mil.

Essa tabela, que reúne os dados mais importantes acerca das relações entre as classes superior e inferior dos artesãos, nos servirá para as conclusões posteriores. Os dados globais para todas as quatro categorias podemos ilustrar em um diagrama, construído exatamente da mesma maneira que o diagrama por meio do qual ilustramos, no capítulo II, a decomposição do campesinato agrícola. Determinamos, para cada categoria, a porcentagem do número total de estabelecimentos, do número total de trabalhadores familiares, do número total de estabelecimentos com trabalhadores assalariados, do número total de trabalhadores (familiares e assalariados juntos), da produção total e do número total de trabalhadores assalariados, e apresentamos essas porcentagens (segundo o método descrito no capítulo II) no diagrama.

Examinemos, agora, as conclusões extraídas desses dados.

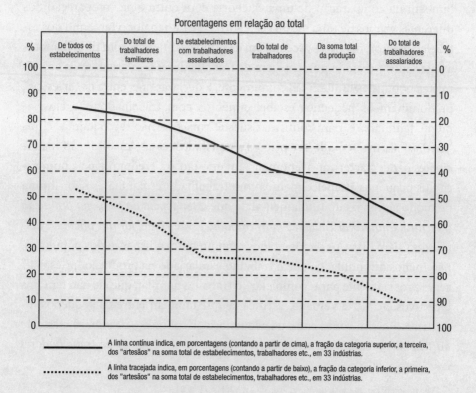

362 O DESENVOLVIMENTO DO CAPITALISMO NA RÚSSIA

Comecemos pelo papel do trabalho assalariado. Em 33 indústrias, o trabalho assalariado tem predominância sobre o trabalho familiar: 51% do número total de trabalhadores é assalariado; para os "artesãos" da província de Moscou, esse percentual é até mesmo inferior à realidade. Calculamos os dados de 54 indústrias da província de Moscou, para as quais são fornecidos números exatos de trabalhadores assalariados, e obtivemos 17.566 assalariados de 29.446 trabalhadores, ou seja, 59,65%. Para a província de Perm, a porcentagem de trabalhadores assalariados entre todos os artesãos e artífices foi calculada em 24,5% e, entre os produtores de mercadorias, em 29,4 a 31,2%. Mas essas cifras são globais e abrangem, como veremos adiante, não só os pequenos produtores de mercadorias, mas também a manufatura capitalista. Muito mais interessante, portanto, é a conclusão de que *o papel do trabalho assalariado cresce à medida que crescem os estabelecimentos*: isso se verifica também na comparação de uma categoria com outra e na comparação dos diferentes grupos de uma mesma categoria. Quanto maior o tamanho dos estabelecimentos, maior a porcentagem de estabelecimentos com trabalhadores assalariados e maior a porcentagem de trabalhadores assalariados. Os economistas populistas limitam-se, comumente, a declarar que, entre os "artesãos", predominam os pequenos estabelecimentos com trabalhadores exclusivamente familiares e, para confirmar suas afirmações, não raro citam as cifras "médias". Como se pode ver pelos dados citados, essas "médias" são insuficientes para caracterizar o fenômeno em questão, e a predominância numérica dos pequenos estabelecimentos com trabalhadores familiares não elimina de modo algum o fato fundamental de que *a tendência da pequena produção mercantil é empregar cada vez mais trabalho assalariado, formar oficinas capitalistas*. Além disso, os dados citados refutam outra afirmação dos populistas, não menos difundida, de que o trabalho assalariado na produção "artesanal" serve propriamente para "completar" o trabalho familiar, que ele não tem fins lucrativos etc.[37]. Na verdade, verifica-se que também entre os pequenos industriais – assim como entre os pequenos agricultores – *o emprego crescente do trabalho assalariado acompanha o aumento do número de trabalhadores*

---

[37] Ver *Сборник стат. свед. по Моск. губ.*, cit., v. VI, fasc. I, p. 21.

familiares. Na maioria das indústrias, vemos que o emprego do trabalho assalariado aumenta à medida que passamos da classe inferior para a superior, *apesar* do fato de o número de trabalhadores familiares por estabelecimento também aumentar. O emprego do trabalho assalariado não ameniza as diferenças na composição familiar dos "artesãos", mas reforça essas diferenças. O diagrama mostra claramente esse traço geral das pequenas indústrias: a classe superior concentra a enorme massa de trabalhadores assalariados, apesar de estar melhor provida de trabalhadores familiares. A *"cooperação familiar" é, dessa maneira, a base da cooperação capitalista*[38]. Pode-se notar claramente que essa "lei" se aplica apenas aos menores produtores de mercadorias, apenas ao germe do capitalismo; ela demonstra que a tendência do campesinato é se transformar em pequena burguesia. Uma vez formadas oficinas com um número suficientemente grande de trabalhadores assalariados, o significado da "cooperação familiar" deve inevitavelmente diminuir. E, de fato, vemos por nossos dados que a referida lei não é válida para as classes mais altas das categorias superiores. Quando o "artesão" se transforma em um autêntico capitalista, empregando de quinze a trinta trabalhadores assalariados, o papel do trabalho familiar em suas oficinas diminui, chegando a ser ínfimo (por exemplo, na classe mais alta da categoria superior, os trabalhadores familiares constituem apenas 7% do número total de trabalhadores). Em outras palavras: quando as indústrias "artesanais" são tão pequenas que a "cooperação familiar" tem nelas um papel predominante, essa cooperação familiar é a garantia mais segura do desenvolvimento da cooperação capitalista. Aqui se manifesta, portanto, com toda a evidência, a dialética da produção mercantil, que transforma a "vida ganha com o trabalho de suas próprias mãos" em vida baseada na exploração do trabalho alheio.

Passemos aos dados sobre a produtividade do trabalho. Os dados sobre a produção total, correspondendo a um trabalhador por cada classe, mostram que, *com o crescimento dos estabelecimentos, aumenta a produtividade do trabalho*. Isso pode ser observado na grande maioria das indústrias e em todas

---

[38] As mesmas conclusões podem ser tiradas dos dados relativos aos artesãos de Perm (ver nossos Этюды, cit., p. 126-8).

as categorias de indústrias, sem exceção; o diagrama ilustra essa lei com bastante evidência, mostrando que a fração da produção total fornecida pela classe superior é maior que a fração de trabalhadores que lhe corresponde; na categoria inferior, essa relação é inversa. O valor total da produção correspondente a um trabalhador em um estabelecimento da classe superior é 20% a 40% maior que esse mesmo total em um estabelecimento da classe inferior. É verdade que as grandes oficinas têm em geral um período de trabalho mais longo e, às vezes, processam material de maior valor que as pequenas, mas ambas as circunstâncias não eliminam o fato de que a produtividade do trabalho nas grandes oficinas é significativamente maior que nas pequenas[39]. E não poderia ser de outra forma. Os grandes estabelecimentos têm de três a cinco vezes mais trabalhadores (familiares e assalariados juntos) que os pequenos, e o maior emprego da cooperação não poderia deixar de influenciar no aumento da produtividade do trabalho. As grandes oficinas estão sempre mais bem supridas do ponto de vista técnico: melhores ferramentas, instrumentos, equipamentos, máquinas etc. Por exemplo, na indústria de escovas, uma "oficina devidamente organizada" deve ter cerca de 15 trabalhadores; na indústria de ganchos, 9 a 10 trabalhadores. Na indústria de brinquedos, a maioria dos artesãos usa fornos comuns para a secagem das mercadorias, os grandes patrões têm fornos de secagem especial e os muito grandes têm dependências de secagem especiais. Na produção de brinquedos de metal, de 16 patrões, 8 têm oficinas especiais; já por classe: I) 6 patrões com 0 oficina; II) 5 com 3; e III) 5 com 5. De 142 indústrias de espelhos e molduras, 18 têm oficinas especiais; já por classe: I) 99 com 3; II) 27 com 4; e III) 16 com 11. Na indústria de tecelagem, a urdidura das tramas é realizada manualmente (classe I), já os tecidos são feitos mecanicamente (classes II e III). Na indústria de alfaiataria, há máquinas de costura para cada patrão, segundo as classes: I) 1,3; II) 2,1; e III) 3,4 etc. etc. No estudo da indústria de móveis, o senhor Isáiev constata que as desvantagens de fazer negócios por conta

---

[39] Para a indústria de amido (incluída em nossas tabelas), há dados sobre a duração do período de trabalho em estabelecimentos de diferentes tamanhos. Verifica-se (como vimos acima) que, num estabelecimento grande, no mesmo período um trabalhador fornece uma quantidade de produto maior que num estabelecimento pequeno.

PRIMEIROS ESTÁGIOS DO CAPITALISMO NA INDÚSTRIA 365

própria são as seguintes: 1) falta de um conjunto completo de ferramentas; 2) limitação da variedade de mercadorias fabricadas, pois não há lugar para produtos volumosos na *isbá*; 3) a compra de material no varejo é muito mais cara (30% a 35% mais cara); 4) necessidade de vender mais barato as mercadorias, em parte por desconfiança em relação ao pequeno "artesão", em parte por necessidade de dinheiro[40]. Sabe-se que fenômenos completamente análogos podem ser observados não apenas no negócio de móveis, mas na imensa maioria das pequenas indústrias camponesas. Por fim, devemos acrescentar que se observa um aumento do preço de custo dos artigos produzidos por trabalhador não só da classe inferior à superior na maioria das indústrias, mas também das pequenas às grandes. Na primeira categoria de indústrias, um trabalhador produz em média 202 rublos; nas segunda e terceira categorias, cerca de 400 rublos; na quarta, mais de 500 rublos (a cifra de 381, pela razão acima mencionada, deve ser multiplicada por 1,5). Essa circunstância indica a relação entre o encarecimento das matérias-primas e o processo de substituição dos pequenos estabelecimentos pelos grandes. Cada passo adiante no desenvolvimento da sociedade capitalista é inevitavelmente acompanhado do encarecimento dos produtos, tais como a madeira etc., e, dessa maneira, o perecimento dos pequenos estabelecimentos se acelera.

Do acima exposto decorre que, mesmo nas pequenas indústrias camponesas, os estabelecimentos capitalistas relativamente grandes desempenham papel importante. Embora constituam uma pequena minoria no número total de estabelecimentos, eles concentram uma fração muito grande do número total de trabalhadores e uma fração ainda maior da produção total. Assim, nas 33 indústrias da província de Moscou, 15% dos estabelecimentos da classe superior concentram 45% do total da produção; 53% dos estabelecimentos da classe inferior respondem por apenas 21% do total da produção. É evidente que a distribuição do rendimento líquido da indústria deve ser incomparavelmente menos equilibrada. Os dados do censo artesanal de Perm de 1894-1895 ilustram muito claramente esse fato. Distinguindo os

---

[40] O pequeno produtor luta contra essas condições desfavoráveis prolongando a jornada de trabalho e aumentando sua intensidade (*Сборник стат. свед. по Моск. губ.*, cit., p. 38). Na economia mercantil, o pequeno produtor, tanto na agricultura quanto na indústria, só se mantém reduzindo o consumo.

maiores estabelecimentos em sete indústrias, obtemos o seguinte quadro das inter-relações entre os estabelecimentos pequenos e grandes[41]:

Estabelecimentos	Número de estabelecimentos	Número de trabalhadores			Rendimento bruto		Salário		Rendimento líquido	
		Familiares	Assalariados	Total	Total	Por trabalhador	Total	Por trabalhador assalariado	Total	Por trabalhador familiar
					Em rublos		Em rublos		Em rublos	
Todos os estabelecimentos	735	1.587	837	2.424	239.837	98,9	28.985	34,5	69.027	43
Grandes	53	65	336	401	117.870	293	16.215	48,2	22.529	348
Restantes	682	1.522	501	2.023	121.967	60,2	12.770	25,4	46.498	30,5

Uma fração ínfima dos grandes estabelecimentos (menos de um décimo do número total), com cerca de um quinto do número total de trabalhadores, concentra quase metade da produção total e cerca de dois quintos do rendimento total (calculando, conjuntamente, o salário dos trabalhadores e o rendimento dos patrões). Os pequenos patrões obtêm um rendimento líquido muito inferior ao honorário dos trabalhadores assalariados nos grandes estabelecimentos; em outra passagem, mostramos em detalhes que tal fenômeno não é exceção, mas a regra nas pequenas indústrias camponesas[42].

[41] Ver os nossos *Этюды*, cit., p. 153 e seg., nos quais citamos dados para cada indústria separadamente. Notemos que todos esses dados se referem aos agricultores-artesãos que trabalham para o mercado.

[42] Fica evidente, pelos dados citados, que nas pequenas indústrias camponesas desempenham um papel enorme, ou mesmo predominante, os estabelecimentos que possuem uma produção total superior a mil rublos. Recordemos que tais estabelecimentos sempre foram e continuam sendo referidos em nossa estatística oficial como "fábricas" (ver *Этюды*, cit., p. 267 e 270, e capítulo VII, seção 2). Dessa maneira, se considerássemos admissível um economista empregar a terminologia tradicional corrente – que nossos populistas jamais ultrapassaram –, teríamos o direito de estabelecer a seguinte "lei": entre os estabelecimentos camponeses "artesanais", desempenham papel predominante as "fábricas", que não entram na estatística oficial em virtude de sua qualidade insatisfatória.

Resumindo as conclusões que extraímos dos dados analisados, devemos dizer que a estrutura econômica das pequenas indústrias camponesas é uma estrutura pequeno-burguesa típica – o mesmo que constatamos anteriormente para os pequenos agricultores. A ampliação, o desenvolvimento, o aprimoramento das pequenas indústrias camponesas não pode ocorrer em determinada atmosfera socioeconômica, a não ser que haja, de um lado, uma minoria de pequenos capitalistas e, de outro, uma maioria de trabalhadores assalariados ou "artesãos independentes", vivendo ainda pior e com mais dificuldade que os trabalhadores assalariados. Observamos, portanto, que nas menores indústrias camponesas estão os germes mais evidentes do capitalismo, o mesmo capitalismo que diversos economistas à Manílov* descrevem como algo apartado da "produção popular". E, do ponto de vista da teoria do mercado interno, a importância dos fatos analisados não é pequena. O desenvolvimento das pequenas indústrias camponesas faz com que os industriais em melhores condições ampliem a demanda de meios de produção e a força de trabalho obtida nas fileiras do proletariado rural. O número de trabalhadores assalariados entre os artífices rurais e os pequenos industriais em toda a Rússia deve ser bastante imponente, visto que, por exemplo, apenas na província de Perm calcula-se que sejam cerca de 6.500[43].

---

* Manílov, personagem de *Almas mortas*, de Gógol, representando o sonhador fraco de vontade, vazio e tagarela inerte. No Brasil, houve vários lançamentos desse livro. Uma das edições mais recentes é de 2018, pela Editora 34, com tradução e prefácio de Rubens Figueiredo. (N. E.)

[43] Acrescentemos que em outras províncias, além das de Moscou e Perm, as fontes constatam relações completamente análogas entre os pequenos produtores de mercadorias. Ver, por exemplo, *Пром. Влад. губ.*, cit., fasc. II, censos domiciliares de sapateiros e feltristas; *Труды куст. ком.*, cit., fasc. II – sobre a fabricação de rodas no distrito de Medin; fasc. II – sobre os curtidores do mesmo distrito; fasc. III – sobre os curtidores do distrito de Arzamás; fasc. VI – sobre os feltristas do distrito de Semiónov e os curtidores do distrito de Vassil etc. Ver *Нижегородский сборник* [Coletânea de Níjni Nóvgorod], v. IV, p. 137; a revisão geral de A. S. Gatsísski sobre as pequenas indústrias constata a formação de grandes oficinas. Ver o relatório de Annénski sobre os artesãos de Pávlovo (acima indicado), sobre os grupos de famílias segundo o valor mensal do salário etc. etc. etc. Todas essas indicações distinguem-se dos censos domiciliares que analisamos apenas por sua incompletude e pobreza. A essência da coisa é, afinal, a mesma em todos os lugares.

5. A COOPERAÇÃO CAPITALISTA SIMPLES

A formação de oficinas relativamente grandes pelos pequenos produtores de mercadorias representa uma transição para uma forma mais elevada de indústria. Da pequena produção fragmentada nasce a *cooperação capitalista simples*:

> A produção capitalista só começa, de fato, quando o mesmo capital individual emprega simultaneamente um número maior de trabalhadores, quando, portanto, o processo de trabalho aumenta seu volume e fornece produtos numa escala quantitativa maior que antes. A atividade de um número maior de trabalhadores, ao mesmo tempo e no mesmo lugar (ou, se se preferir, no mesmo campo de trabalho), para a produção do mesmo tipo de mercadoria, sob o comando do mesmo capitalista, tal é histórica e conceitualmente o ponto de partida da produção capitalista. Com relação ao próprio modo de produção, a manufatura, por exemplo, em seus primórdios, mal se diferencia da indústria artesanal da corporação, a não ser pelo número maior de trabalhadores simultaneamente ocupados pelo mesmo capital. A oficina do mestre-artesão é apenas ampliada.[44]

É, portanto, precisamente esse ponto de partida do capitalismo que se observa em nossas pequenas indústrias camponesas ("artesanais"). Uma situação histórica diferente (ausência ou fraco desenvolvimento do artesanato) apenas modifica a forma como se manifestam essas mesmas relações capitalistas. A diferença entre a oficina capitalista e a oficina do pequeno industrial consiste, a princípio, apenas no número de trabalhadores simultaneamente empregados. Por isso, as primeiras instituições capitalistas, sendo em número muito menor, parecem desaparecer na massa dos pequenos estabelecimentos. Contudo, o emprego de um número maior de trabalhadores conduz inevitavelmente a transformações sucessivas na própria produção, a uma transformação gradual da produção. Na técnica manual primitiva, as diferenças entre os trabalhadores (em termos de força, destreza, arte etc.) são sempre muito grandes; só por essa razão a situação do pequeno industrial é extremamente precária; sua dependência das oscilações do mercado é das mais penosas. Contudo, quando há vários operários no estabelecimento, as diferenças entre

---

[44] Karl Marx, *O capital*, Livro I: *O processo de produção do capital* (trad. Rubens Enderle, São Paulo, Boitempo, 2013), p. 397.

eles diminuem na própria oficina; "a jornada de trabalho total de um grande número de trabalhadores simultaneamente empregados é em si mesma uma jornada de trabalho social médio" e, em virtude disso, a produção e a venda dos produtos da oficina capitalista adquirem uma regularidade e uma solidez incomparavelmente maiores. É a possibilidade de utilizar de forma mais completa edifícios, armazéns, instrumentos e equipamentos de trabalho etc.; e isso leva a um barateamento do custo de produção nas grandes oficinas[45]. Para produzir em maior escala e empregar ao mesmo tempo muitos trabalhadores, é necessária a acumulação de um capital bastante considerável, que muitas vezes se forma não na produção, mas no comércio etc. O tamanho desse capital determina a forma de participação do patrão na empresa: ele próprio é um trabalhador, se o capital ainda é muito pequeno, ou então ele renuncia ao trabalho pessoal e se especializa em funções comerciais e empresariais. Lemos numa descrição da indústria de móveis:

> Pode-se estabelecer uma relação entre a posição do dono da oficina e o número de trabalhadores que ele emprega. Dois ou três trabalhadores dão um lucro tão pequeno que o patrão trabalha ao lado deles [...]. Cinco trabalhadores já dão o suficiente para que o patrão se liberte, até certo ponto, do trabalho manual, tenha tempo vago e desempenhe principalmente os dois últimos papéis do patrão" (ou seja, a compra do material e a venda das mercadorias). Quando o número de trabalhadores assalariados chega a dez ou mais, o patrão não só abandona o trabalho manual, como praticamente cessa de vigiar os trabalhadores: coloca em ação um mestre encarregado dos trabalhadores [...]. Aqui ele já se torna um pequeno capitalista, um 'patrão raiz'.[46]

[45] Por exemplo, sobre os bate-folhas da província de Vladímir, lemos: "Com um número maior de trabalhadores, pode-se fazer reduções significativas nos custos; entre elas, as despesas com iluminação, corte, pedras e equipamento" (*Пром. Влад. губ.*, cit., v. III, p. 188). Na indústria do cobre da província de Perm, para um único trabalhador, é necessário um jogo completo de instrumentos (dezesseis tipos); para dois trabalhadores, é necessário um "complemento insignificante". "Para uma oficina de seis a oito pessoas, a coleção de instrumentos deve ser triplicada ou quadruplicada. Haverá sempre um torno, pelo menos para uma oficina de oito pessoas" (*Труды куст. ком.*, cit., v. X, p. 2.939). O capital fixo numa grande oficina é determinado em 466 rublos; na média, 294 rublos; na pequena, 80 rublos; e a produção total é de 6.200 rublos, 3.655 rublos e 871 rublos. Isso significa que nos pequenos estabelecimentos o total da produção é onze vezes maior do que a soma do capital fixo; na média, doze vezes; nas grandes, catorze vezes.

[46] Isáiev, *Пром. Моск. губ.*, cit., v. I, p. 52-3.

As estatísticas que apresentamos confirmam claramente essa característica, mostrando uma diminuição no número de trabalhadores familiares e o surgimento de um número significativo de trabalhadores assalariados.

O significado geral da cooperação capitalista simples no desenvolvimento das formas capitalistas da indústria é descrito pelo autor de *O capital* da seguinte maneira:

> Historicamente, porém, ela se desenvolve em oposição à economia camponesa e à produção artesanal independente, assumindo esta última a forma da guilda ou não. [...] Assim como a força produtiva social do trabalho desenvolvida pela cooperação aparece como força produtiva do capital, também a própria cooperação aparece como uma forma específica do processo de produção capitalista, contraposta ao processo de produção de trabalhadores autônomos e isolados, ou mesmo de pequenos mestres. É a primeira alteração que o processo de trabalho efetivo experimenta em sua subsunção ao capital. [...] Seu pressuposto, a ocupação simultânea de um número maior de trabalhadores assalariados no mesmo processo de trabalho, constitui o ponto de partida da produção capitalista [...]. Se, portanto, o modo de produção capitalista se apresenta, por um lado, como uma necessidade histórica para a transformação do processo de trabalho num processo social, essa forma social do processo de trabalho se apresenta, por outro lado, como um método empregado pelo capital para explorá-lo de maneira mais lucrativa, por meio do aumento de sua força produtiva.
>
> Em sua configuração simples, que consideramos até o momento, a cooperação coincide com a produção em maior escala, porém não constitui uma forma fixa, característica de um período particular de desenvolvimento do modo de produção capitalista. No máximo, ela se aproxima dessa forma nos primórdios ainda artesanais da manufatura [...].[47]

Na exposição a seguir, veremos que, na Rússia, os pequenos estabelecimentos "artesanais" que empregam trabalhadores assalariados possuem uma ligação estreita com as formas incomparavelmente mais desenvolvidas e mais difundidas do capitalismo. Quanto ao papel desses estabelecimentos nas pequenas indústrias camponesas, já foi demonstrado estatisticamente que eles criam uma cooperação capitalista bastante ampla, no lugar do

---

[47] Karl Marx, *O capital*, Livro I, cit., p. 409-10.

antigo fracionamento da produção, e aumentam em proporções consideráveis a produtividade do trabalho.

Nossa conclusão sobre o enorme papel da cooperação capitalista nas pequenas indústrias camponesas e seu significado progressista encontra-se na mais aguda contradição com a doutrina populista amplamente difundida da predominância do "princípio do *artel*", sob todas as suas formas, nas pequenas indústrias camponesas. Na realidade, ao contrário, é a pequena indústria (e o artesanato) que se caracteriza pela grande fragmentação dos produtores. Para confirmar um ponto de vista contrário, a literatura populista não foi capaz de fornecer nada além de uma coleção de exemplos isolados que, em sua imensa maioria, não se refere de modo algum à cooperação, mas a associações temporárias, minúsculas, entre patrões e mestres para a compra comum de matérias-primas, para a construção de uma oficina comum etc. Esses *artéis* nem sequer afetam o significado predominante da cooperação capitalista[48]. Para se ter uma ideia exata de quão ampla é, na realidade, a aplicação do "princípio do *artel*", não basta se referir a exemplos colhidos aqui e ali; para tanto, é preciso tomar integralmente os dados da região estudada e examinar a distribuição e o significado comparativos de umas ou de outras formas de cooperação. Por exemplo, os dados do censo "artesanal" de Perm de 1894-1895 e, em outro lugar[49], já mostramos a espantosa fragmentação dos pequenos industriais constatada por esse censo e quão grande é o significado da ínfima minoria de grandes estabelecimentos. A conclusão anterior sobre o papel das cooperativas capitalistas não se baseia em exemplos isolados, mas em dados precisos dos censos domiciliares, que abrangem dezenas de indústrias em diferentes localidades.

[48] Consideramos supérfluo confirmar com exemplos o que foi dito no texto; há uma quantidade grande deles no livro do senhor V. V., *Артель в кустарном промысле* [O *artel* na indústria dos artesãos] (São Petersburgo, 1895). O senhor Volguin já analisou o verdadeiro significado dos exemplos citados pelo senhor V. V. (ibidem, p. 182 e seg.) e mostrou o caráter completamente insignificante do "princípio do *artel*" em nossa indústria "artesanal". Observe apenas a seguinte afirmação do senhor V. V.: "[...] a união de vários artesãos independentes em uma unidade produtiva [...] não é provocada pelas condições imperiosas da concorrência, o que se demonstra, na maioria das indústrias, pela ausência de oficinas maiores ou menores com operários assalariados" (ibidem, p. 93). É claro que é muito mais fácil apresentar, sem nenhum fundamento, uma situação arbitrária como esta que analisar os dados disponíveis acerca dessa questão nos censos domiciliares.

[49] *Этюды*, cit., p. 182-7.

6. O CAPITAL MERCANTIL NAS PEQUENAS INDÚSTRIAS

Como se sabe, a pequena indústria camponesa dá origem, na maioria dos casos, a um tipo particular de comprador, especialmente ocupado com operações comerciais de venda de produtos e compra de matérias-primas, e ao qual normalmente estão subordinados, de uma forma ou de outra, os pequenos industriais. Vejamos de que maneira esse fenômeno se relaciona com a estrutura geral das pequenas indústrias camponesas e qual seu significado.

A principal operação econômica desse comprador consiste na aquisição da mercadoria (produto ou matéria-prima) para revendê-la. Em outras palavras, ele é o representante do capital mercantil. O ponto de partida de todo capital – tanto o industrial quanto o mercantil – é a formação de recursos monetários livres nas mãos de indivíduos em particular (entendendo-se por livre o recurso monetário que não precisa ser empregado no consumo pessoal etc.). A maneira pela qual se processa essa diferenciação de propriedade em nossa aldeia foi mostrada mais detalhadamente acima, nos dados sobre a decomposição do campesinato agrícola e industrial. Esses dados esclareceram uma das condições que levam ao surgimento do comprador, a saber: a fragmentação, o isolamento dos pequenos produtores, a existência de dissensos econômicos e de luta entre eles. Outra condição se refere ao caráter das funções desempenhadas pelo capital mercantil, ou seja, a venda de mercadorias e a compra de matérias-primas. Com um desenvolvimento insignificante da produção mercantil, o pequeno produtor limita-se à venda de artigos no pequeno mercado local ou, às vezes, à venda direta ao consumidor. Trata-se do estágio mais baixo do desenvolvimento da produção mercantil, que mal se distingue do artesanato. À medida que o mercado se expande, essa pequena venda fragmentada (que estava em perfeita harmonia com a pequena produção fragmentada) torna-se *impossível*. No grande mercado, as vendas devem ser grandes, maciças. E eis que a pequena produção entra em contradição irreconciliável com a necessidade de grandes vendas por atacado. Dadas as condições socioeconômicas, o isolamento dos pequenos produtores e sua decomposição, essa contradição não pôde se resolver de outro modo que não pelo fato de os representantes da minoria abastada tomarem as vendas em suas mãos, concentrando-as. Ao comprar artigos (ou matérias-primas) em grande escala, os compradores baratearam os custos da venda, transformaram a pequena venda ocasional e irregular em grande venda regular; e essa vantagem puramente econômica da grande venda teve como consequência inevitável que o pequeno produtor se visse isolado do mercado e indefeso diante do poder do capital mercantil. Assim, nas condições da economia mercantil, o pequeno produtor se torna inevitavelmente dependente do capital mercantil, em virtude da superioridade puramente econômica da grande venda maciça sobre a pequena venda fragmentada[50]. É evidente que, na realidade, o lucro dos compradores está longe, muitas vezes, de se limitar à diferença entre o valor da venda maciça e o valor da venda fragmentada, assim como o lucro do capitalista industrial consiste frequentemente em deduções do salário normal. No entanto, para explicar os lucros do capitalista industrial, devemos admitir que a força de trabalho é vendida por seu valor real. Da mesma forma, para explicar o papel do comprador, devemos admitir que ele compra e vende produtos segundo as leis gerais da troca de mercadorias. Apenas essas causas econômicas do domínio do capital mercantil podem fornecer a chave para compreendermos as diversas formas que ele assume na realidade e entre as quais se encontram constantemente (disso não se pode duvidar) mais de uma dúzia de trapaças. Agir ao contrário – como costumam fazer os populistas –, ou seja, limitar-se a indicar as diversas artimanhas dos "cúlaques" e, a partir disso, eliminar por completo a questão da natureza econômica do fenômeno, significa adotar o ponto de vista da economia vulgar[51].

---

[50] Acerca da importância do capital comercial e mercantil no desenvolvimento do capitalismo em geral, remetemos o leitor ao Livro III de *O capital* (trad. Rubens Enderle, São Paulo, Boitempo, 2017). Ver, especialmente, p. 253-4 sobre a essência do capital mercantil; p. 259 sobre a redução do preço de venda pelo capital mercantil; p. 337 sobre a necessidade econômica do fenômeno de que "a concentração se evidencia antes na empresa comercial que no estabelecimento industrial"; p. 371 sobre o papel histórico do capital mercantil como condição necessária "para o desenvolvimento do modo de produção capitalista".

[51] O ponto de vista preconcebido dos populistas – que idealizaram a indústria "artesanal" e representaram o capital mercantil como um triste desvio e não como um acessório necessário da pequena produção para o mercado – refletiu-se, infelizmente, também na pesquisa estatística. Assim, temos toda uma série de censos domiciliares sobre os artesãos (para as províncias de Moscou, Vladímir e

Para confirmar nossa tese da necessária relação causal entre a pequena produção para o mercado e o domínio do capital comercial, detenhamo-nos mais pormenorizadamente em uma das melhores descrições de como surgem os compradores e que papel eles desempenham. Referimo-nos ao estudo da indústria de rendados na província de Moscou[52]. O processo de surgimento das "comerciantes" é o seguinte. Nos anos 1820, ou seja, durante o surgimento da indústria e, mais tarde, quando ainda havia poucas rendeiras, os principais compradores eram os latifundiários, os "senhores". O consumidor estava próximo do produtor. À medida que a indústria se difundiu, os camponeses começaram a enviar as rendas para Moscou, "aproveitando qualquer ocasião", por exemplo, por intermédio dos fabricantes de pentes. A inconveniência de uma forma de venda tão primitiva logo se manifestou: "Como o mujique que não se dedica ao negócio pode ir de casa em casa?". A venda passou a ser encargo de uma das rendeiras, que foi recompensada pelo tempo investido. "Ela também trazia material para fazer renda." Dessa maneira, a inconveniência da venda isolada faz com que o comércio seja transformado em uma função especial, desempenhada por uma única pessoa que reúne os produtos de muitas trabalhadoras. A proximidade patriarcal dessas trabalhadoras umas com as outras (parentes, vizinhas, aldeãs etc.) conduz, em primeiro lugar, à tentativa de organizar a venda de maneira cooperativa, à tentativa de confiar a venda a uma das mestras-artesãs. Mas logo a economia monetária abre uma brecha nas antigas relações patriarcais e conduz àqueles fenômenos que constatamos acima, quando analisamos os dados globais da decomposição do campesinato. A fabricação de um produto para a venda ensina a valorizar o tempo em dinheiro. Torna-se necessário recompensar a intermediária pelo tempo e pelo trabalho investidos; a intermediária se acostuma com sua ocupação e começa a transformá-la em

---

Perm) que submeteram a um estudo preciso a propriedade agrícola de cada pequeno industrial, mas omitiram a questão da propriedade dos compradores, da composição do seu capital, e como se determina o montante desse capital, qual o valor de venda e de compra para o comprador etc. Ver nossos *Этюды*, cit., p. 169.

[52] *Пром. Моск. губ.*, cit., v. V, fasc. II.

profissão. "Viagens como essas, repetidas várias vezes, formaram um tipo, a comerciante."[53] Uma pessoa que viaja várias vezes a Moscou estabelece ali relações constantes, muito necessárias à venda regular. "Ela cria a necessidade e o costume de viver dos lucros da comissão." Além do pagamento da comissão, a comerciante "se esforça para ganhar em cima da matéria-prima, do papel, da linha", embolsa a diferença da venda da renda quando recebe acima do valor acordado; declara que recebeu abaixo do acordado: "É pegar ou largar". "As comerciantes começam a trazer mercadorias da cidade e desfrutam de um lucro significativo." A comissionista transforma-se, consequentemente, numa comerciante independente, que já começa a monopolizar as vendas e utilizar seu monopólio para subordinar por completo as mestras-artesãs. Ao lado das operações comerciais, surgem as operações de usura – o empréstimo de dinheiro às mestras-artesãs, a compra de mercadoria a preço reduzido etc.

> As moças pagam uma comissão de dez copeques por rublo e sabem muito bem que a comerciante lucra muito mais, vendendo a renda por um preço mais alto que o combinado. Mas elas, decididamente, não sabem como poderiam se organizar de outra forma. Quando eu lhes disse que se revezassem para ir a Moscou, responderam que seria pior, porque não sabem a quem vender, e a comerciante conhece bem todos os lugares. A comerciante vende as mercadorias prontas e traz pedidos, material, modelos (desenhos) e assim por diante; a comerciante também lhes adianta ou empresta dinheiro e, em caso de necessidade, até mesmo compra diretamente delas uma peça. Por um lado, a comerciante se torna uma pessoa extremamente necessária, fundamental; por outro, gradualmente se torna um indivíduo que explora de maneira intensa o trabalho alheio, uma mulher cúlaque.[54]

É necessário acrescentar que esses tipos são produzidos pelos próprios pequenos produtores.

> Não importa a quantas se perguntasse, todas as comerciantes tinham sido rendeiras, conhecedoras, portanto, da própria produção em si; elas saíram do meio dessas rendeiras; não possuíam capital no início e só pouco a pouco se

[53] Ibidem, p. 30.

[54] Ibidem, p. 32.

comprometeram a vender chita e outras mercadorias, à medida que lucravam com a comissão.[55]

Dessa maneira, não se pode duvidar de que, nas condições da economia mercantil, o pequeno produtor, inevitavelmente, extrai de seu meio não só os industriais mais abastados em geral, mas também os representantes do capital mercantil em particular[56]. E uma vez formados estes últimos, a substituição da pequena venda no varejo pela grande venda no atacado torna-se inevitável[57]. Eis alguns exemplos de como, na prática, os grandes patrões "artesãos", que são ao mesmo tempo compradores, organizam suas vendas. A venda dos ábacos fabricados pelos "artesãos" da província de Moscou (ver os dados estatísticos na tabela; Anexo I) é realizada principalmente em feiras por toda a Rússia. Mas para vender por conta própria a mercadoria, é preciso ter, em primeiro lugar, um capital significativo, já que o comércio nas feiras é realizado apenas no atacado; é preciso ter, em segundo lugar, uma pessoa para comprar os artigos onde eles são fabricados e enviá-los ao comerciante. Satisfaz essas condições "apenas o camponês-comerciante" que possui um capital significativo e é também o "artesão" que monta os ábacos (ou seja, a moldura e as pedras); seus seis filhos "dedicam-se exclusivamente ao comércio", de modo que, para o cultivo da terra de *nadiel*, ele precisa contratar dois trabalhadores. "Não é de admirar", observa o pesquisador, "que ele tenha a possibilidade de participar de todas as feiras, enquanto os comerciantes relativamente pequenos vendem em geral suas mercadorias nas redondezas."[58] Nesse caso, o representante do capital

---

[55] Ibidem, p. 31. Essa formação de compradores procedentes dos próprios pequenos produtores é um fenômeno geral que os pesquisadores quase sempre constatam tão logo se referem a esse tema. Ver, por exemplo, a mesma observação sobre as "distribuidoras em datchas" na indústria de luvas de pelica (*Пром. Моск. губ.*, cit., v. VII, fasc. II, p. 175-6), sobre os compradores da indústria de Pávlovo (Grigóriev, *Кустарное замочно-ножевое производство Павловского района*, cit., p. 92) e muitos outros.

[56] A. K. Korsak (*О формах промышленности* [As formas da indústria], Moscou, 1861) já assinalara, com toda a razão, a relação entre a desvantagem da pequena venda (assim como da pequena compra de matérias-primas) e o "caráter geral da pequena produção dispersa" (ibidem, p. 23 e 239).

[57] Muitas vezes, esses grandes patrões entre os artesãos, dos quais falamos detalhadamente acima, são em parte compradores. Por exemplo, a compra de artigos dos pequenos industriais pelos grandes industriais é um fenômeno bastante difundido.

[58] *Пром. Моск. губ.*, cit., v. VII, fasc. I, parte II, p. 141.

mercantil se diferenciava tão pouco da massa de "mujiques-lavradores" que conservava até mesmo sua propriedade de *nadiel* e a numerosa família patriarcal. Os fabricantes de óculos da província de Moscou dependem inteiramente dos industriais a quem vendem seu produto (armação de óculos). Esses compradores são eles mesmos "artesãos" que possuem seu próprio ateliê; emprestam matéria-prima aos "artesãos" pobres com a condição de entregar os produtos a eles, os "patrões" etc. Os pequenos industriais tentaram vender por conta própria a mercadoria em Moscou, mas fracassaram: provou-se muito desvantajoso vender em pequenas quantidades, por dez a quinze rublos[59]. Na indústria rendeira da província de Riazan, as comerciantes têm um lucro de 12% a 50% sobre os ganhos das mestras-artesãs. As comerciantes "mais sólidas" estabeleceram relações regulares com os centros de venda e enviam a mercadoria pelo correio, o que lhes economiza as despesas de viagem. Para entender até que ponto a venda por atacado é necessária, basta saber que as comerciantes consideram que não compensa arcar com os custos da venda, mesmo quando vendem por 150 a 200 rublos[60]. A organização das vendas de rendas de Beliov é a seguinte. Na cidade de Beliov, existem três categorias de comerciantes: 1) as "intermediárias", que distribuem pequenas encomendas, percorrem elas mesmas as oficinas das mestras-artesãs e entregam mercadorias às grandes comerciantes. 2) As comerciantes-clientes, que fazem pessoalmente os pedidos ou compram das intermediárias, levam mercadorias para as capitais e assim por diante. 3) As grandes comerciantes (2 a 3 "firmas"), que já fazem negócio com comissionistas, enviando-lhes mercadorias e recebendo grandes pedidos. Para as comerciantes da província, vender suas mercadorias às grandes lojas é "quase impossível": "As lojas preferem fazer negócio com comerciantes de atacado, que lhes entregam lotes completos de artigos, com uma variedade de urdiduras"; as comerciantes devem vender a essas "fornecedoras"; "por meio delas, fica-se sabendo de todas as condições do comércio; são elas que

---

[59] Ibidem, p. 263.

[60] *Труды куст. ком.*, cit., v. VII, p. 1.184.

determinam os preços; em resumo, sem elas, não há salvação"[61]. O número de exemplos desse tipo pode ser multiplicado. Mas os dados já citados são suficientes para ver a absoluta impossibilidade da pequena venda dispersa quando se produz para os grandes mercados. Com a fragmentação dos pequenos produtores e sua completa decomposição[62], a grande venda só pode ser organizada pelo grande *capital*, que, em virtude disso, coloca os artesãos numa situação de total impotência e dependência. Pode-se, portanto, julgar o absurdo das teorias populistas em voga que recomendam ajudar o "artesão" por meio da "organização das vendas". De um ponto de vista puramente teórico, semelhantes teorias pertencem às utopias pequeno-burguesas, baseadas na incompreensão do laço indissolúvel entre a produção *mercantil* e a venda *capitalista*[63]. No que se refere aos dados da realidade russa, eles são simplesmente ignorados pelos autores de teorias como essas: ignoram o fracionamento dos pequenos produtores de mercadorias e sua completa decomposição; ignoram o fato de que deles saíram e continuam a sair "compradores"; que, na sociedade capitalista, a venda só pode ser organizada pelo grande capital. É compreensível que, depois de eliminar todos esses traços de uma realidade desagradável, mas inequívoca, não é difícil fantasiar *ins Blaue hinein* [no vazio][64].

---

[61] *Труды куст. ком.*, cit., v. X, p. 2.823-4.

[62] O senhor V. V. assegura que o artesão subordinado ao capital mercantil "sofre perdas que, na essência da coisa, são absolutamente supérfluas" (*Очерки кустарной промышленности*, cit., p. 150). Será que o senhor V. V. acredita que a decomposição dos pequenos produtores é um fenômeno "completamente supérfluo", "na essência da coisa", ou seja, na essência da economia mercantil em cujas condições vive esse pequeno produtor?

[63] "A questão não é o cúlaque, mas a falta de capital entre os artesãos", declaram os populistas de Perm (*Очерк сост. куст. пром. в Пермской губ.* [Ensaio sobre o estado da indústria artesanal na província de Perm], p. 8). E o que seria um cúlaque senão um artesão com capital? E nisso reside o problema, os populistas não querem investigar esse processo de decomposição dos pequenos produtores, a partir dos quais se formam os empresários e os "cúlaques".

[64] Entre os fundamentos pseudoeconômicos das teorias populistas estão as considerações sobre o pouco capital "fixo" e "circulante" necessário para o "artesão independente". O curso desses argumentos, extremamente difundidos, é o seguinte. As indústrias artesanais são de grande benefício para o camponês e, portanto, é desejável implantá-las. (Não nos deteremos nessa ideia ridícula de que a massa do campesinato arruinado pode ser ajudada pela transformação de um certo número deles em pequenos produtores de mercadorias.) E, para implantar a indústria, é preciso saber quais as dimensões do "capital" necessário ao artesão para conduzir o negócio. Eis um dos muitos cálculos

Não temos aqui a possibilidade de entrar em detalhes descritivos sobre como exatamente o capital comercial se manifesta em nossas indústrias "artesanais" e em que situação impotente e miserável ele coloca o pequeno industrial. Além disso, no capítulo a seguir, será preciso caracterizar o domínio do capital mercantil no estágio superior de desenvolvimento, quando ele (como apêndice da manufatura) organiza em larga escala o trabalho capitalista em domicílio. Aqui, porém, limitamo-nos a indicar as formas fundamentais que o capital mercantil assume nas pequenas indústrias. A primeira forma, e a mais simples, é a aquisição de artigos pelo comerciante (ou proprietário de uma grande oficina) de pequenos produtores de mercadorias. Quando a compra é pouco desenvolvida ou quando a concorrência entre os compradores é abundante, a venda da mercadoria ao comerciante pode não diferir de qualquer outra venda; mas, na maior parte dos casos, o comprador local é a única pessoa a quem o camponês pode vender seus artigos com constância, e o comprador aproveita sua posição de monopólio para baixar imensamente o preço que paga ao produtor. A segunda forma de capital mercantil consiste em combiná-lo com a usura: o camponês, sempre necessitado de dinheiro, pede dinheiro emprestado ao comerciante e, em seguida, paga sua dívida com mercadoria. Nesse caso (amplamente difundido), a venda das mercadorias ocorre sempre a preços artificialmente reduzidos, o que, muitas vezes, não deixa na mão do artesão nem aquilo que receberia um trabalhador assalariado. Além disso, a relação do credor com o devedor

desse tipo. Para o artesão de Pávlovo – ensina-nos o senhor Grigóriev –, o "capital" básico é necessário na proporção de 3-5 rublos, 10-13-15 rublos etc., calculando o valor das ferramentas de trabalho, enquanto o "capital" circulante é de 6-8 rublos, contando o gasto semanal em gêneros alimentícios e matérias-primas. "Então, o tamanho do capital fixo e circulante [sic!] no distrito de Pávlovo é tão insignificante que obter as ferramentas e os materiais necessários para a produção independente [sic!!] é muito fácil" (Grigóriev, *Кустарное замочно-ножевое производство Павловского района*, cit., p. 75). E, na verdade, o que poderia ser "mais fácil" do que tal raciocínio? Com uma penada, o proletário de Pávlovo foi transformado em "capitalista": bastava denominar "capital" sua manutenção semanal e suas parcas ferramentas. O autor simplesmente abstraiu esse capital real, o mesmo capital real dos grandes compradores que monopolizavam a venda, os únicos que podem ser *de facto* "independentes" e comandam capitais na casa dos milhões! É verdade que são pessoas estranhas esses abastados de Pávlovo: durante gerações inteiras acumularam e continuam a acumular capitais de milhares de rublos, mediante toda a sorte de injustiças, ao passo que, segundo as mais recentes descobertas, bastam algumas dezenas de rublos de "capital" para ser "independente"!

conduz inevitavelmente à dependência pessoal deste último, à servidão, ao fato de o credor se aproveitar do caso particular de necessidade do devedor etc. A terceira forma de capital mercantil é o pagamento do artigo com mercadorias, sendo esse um dos métodos mais comuns dos compradores rurais. A peculiaridade dessa forma reside no fato de que ela caracteriza não só as pequenas indústrias, mas todos os estágios não desenvolvidos da economia mercantil e do capitalismo. Apenas a grande indústria mecanizada, que socializou o trabalho e rompeu radicalmente com todo o patriarcado, suplantou essa forma de servidão, fazendo com que fosse legalmente proibida nos grandes estabelecimentos industriais. A quarta forma de capital mercantil ocorre quando o comerciante paga justamente com as mercadorias de que o "artesão" necessita para produzir (matéria-prima ou material auxiliar etc.). A venda de material de produção ao pequeno industrial pode constituir também uma operação independente do capital comercial, completamente idêntica à operação de compra de artigos. Se o comprador dos artigos começa a pagar com as matérias-primas de que o "artesão" precisa, isso significa um passo muito grande no desenvolvimento das relações capitalistas. Depois de ter isolado o pequeno industrial do mercado de artigos prontos, o comprador o isola, agora, do mercado de matérias-primas e, assim, submete definitivamente o artesão. Assim, resta apenas um passo para aquela forma superior do capital mercantil, na qual o comprador distribui diretamente o material de produção para os "artesãos" em troca de um pagamento preestabelecido. O artesão torna-se de fato um trabalhador assalariado que trabalha em casa para o capitalista; o capital mercantil do comprador transforma-se aqui em capital industrial[65]. Nas pequenas indústrias, encontra-se de maneira mais ou menos esporádica; já sua aplicação em larga escala está relacionada ao estágio superior seguinte do desenvolvimento capitalista.

---

[65] A forma pura do capital mercantil consiste na compra de uma mercadoria para revender *essa mesma* mercadoria com lucro. A forma pura do capital industrial é a compra da mercadoria para revender seu *tipo transformado*, portanto, a compra de matérias-primas etc. e a compra da força de trabalho que as transforma.

7. "INDÚSTRIA E AGRICULTURA"

Esse é um título comum nas seções especiais dedicadas à descrição das indústrias camponesas. Uma vez que, no estágio inicial do capitalismo que analisamos aqui, o industrial ainda quase não se diferenciou do camponês, seu laço com a terra parece realmente muito característico e requer uma análise especial.

Comecemos com os dados da nossa tabela (ver Anexo I). Para caracterizar a agricultura dos "artesãos", citemos, primeiramente, dados do número médio de cavalos entre os industriais de cada classe. Somando-se as dezenove indústrias para as quais existem dados desse tipo, obtemos que, para cada industrial (patrão ou patroa), há em média no total 1,4 cavalo e para as classes: I) 1,1; II) 1,5; e III) 2,0. Dessa maneira, quanto mais alta a posição do patrão em termos de tamanho de propriedade industrial, mais alta será sua posição como agricultor. Os maiores industriais estão quase duas vezes acima dos pequenos em número de animais de trabalho. No entanto, mesmo os pequenos industriais (classe I) estão acima do campesinato médio, segundo as condições de sua propriedade agrícola, pois no conjunto, na província de Moscou em 1877, a cada quinta camponesa correspondia 0,87 cavalo[66]. Por conseguinte, só grandes industriais e pequenos camponeses relativamente abastados chegam a patrões. Os camponeses pobres, por sua vez, não fornecem proprietários industriais, mas principalmente trabalhadores industriais (trabalhadores assalariados dos "artesãos", trabalhadores que trabalham fora de seu local de residência etc.). Infelizmente, para a grande maioria das indústrias de Moscou, não há informações sobre a propriedade agrícola dos trabalhadores assalariados empregados em pequenas indústrias. Uma exceção é a indústria chapeleira (ver os dados gerais em nossa tabela, no Anexo I). Eis dados extremamente instrutivos sobre a propriedade agrícola dos patrões-chapeleiros e dos trabalhadores-chapeleiros.

---

[66] Ver "Данные земских подворных обследований" [Dados das pesquisas domiciliares dos *zemstvos*], em *Свод стат. материалов об эконом, положении сельского населения* [Coletânea de materiais estatísticos da situação econômica da população rural] (ed. Comitê de Ministros), anexo I, p. 372-3.

Situação dos chapeleiros	Quantidade de gado por quinta			Número de terras de *nadiel*	Desse número		Número de quintas			Número de quintas sem cavalos	Impostos devidos, em rublos
	Número de quintas	Cavalos	Vacas	Ovelhas		Cultivadas	Não cultivadas	Cultivam a terra de *nadiel*		Não se dedicam à lavoura		
								Sozinhos	Com trabalhadores assalariados			
Patrões	18	1,5	1,8	2,5	52	46	6	17	—	1	—	54
Trabalhadores	165	0,6	0,9	0,8	389	249	140	84	18	63	17	2.402

Assim, os patrões industriais pertencem à classe dos agricultores muito "bem colocados", ou seja, aos representantes da burguesia camponesa, enquanto os operários assalariados são recrutados da massa dos camponeses arruínados[67]. Ainda mais importantes para caracterizar as relações descritas são os dados sobre o método de cultivo da terra pelos patrões industriais. Os pesquisadores de Moscou distinguiram três maneiras de cultivar a terra: 1) por meio do trabalho pessoal do agregado familiar; 2) por "contratação", ou seja, pela contratação de um vizinho para cultivar com seu inventário a terra de um proprietário "falido". Esse modo de cultivo caracteriza os proprietários em piores condições, arruinados. Sentido oposto tem o terceiro modo: o cultivo com "trabalhadores", ou seja, a contratação pelo patrão de trabalhadores agrícolas ("da terra"); esses trabalhadores são contratados geralmente por todo o verão e, em épocas particularmente quentes, o patrão costuma enviar trabalhadores da oficina para ajudá-los. "Dessa maneira, o modo de cultivo da terra mediante o trabalhador 'da terra' é bastante vantajoso."[68] Em nossa tabela, citamos informações sobre esse método de cultivo da terra em 16 indústrias, das quais 7 não têm nenhum patrão que contrata

[67] É característico que o autor da descrição da indústria de chapéus "não tenha notado", mesmo aqui, a decomposição do campesinato nem na agricultura nem na indústria. Como todos os populistas, limitou suas conclusões a uma banalidade absolutamente vazia: "A indústria não atrapalha a agricultura" (*Пром. Моск. губ.*, cit., v. VI, fasc. I, p. 231). As contradições socioeconômicas, tanto na estrutura da indústria quanto na da agricultura, foram assim contornadas com segurança.

[68] Ibidem, p. 48.

"trabalhadores da terra". Para todas essas 16 indústrias, a porcentagem de patrões industriais que empregam trabalhadores rurais é 12%, e por classe: I) 4,5%; II) 16,7%; e III) 27,3%. Quanto melhores as condições dos industriais, com mais frequência eles se encontram entre os empresários rurais. A análise dos dados sobre o campesinato da indústria mostra, consequentemente, o mesmo quadro de decomposição paralela, tanto na indústria como na agricultura, que vimos no capítulo II, com base nos dados sobre o campesinato agrícola.

A contratação de "trabalhadores da terra" pelos patrões "artesãos" é, em geral, um fenômeno muito comum em todas as províncias industriais. Encontramos, por exemplo, indicações sobre a contratação de assalariados rurais pelos ricos fabricantes de esteiras da província de Níjni Nóvgorod. Os curtidores da mesma província contratam trabalhadores agrícolas que vêm em geral de povoados vizinhos puramente agrícolas. "Os camponeses comunais do distrito de Kimri" que fabricam calçados "acham vantajoso contratar para o cultivo de seus campos trabalhadores e trabalhadoras agrícolas que chegam em grande número a Kimri vindos de Tver e localidades vizinhas". Os ceramistas da província de Kostromá enviam seus trabalhadores assalariados, no período em que não estão ocupados nas indústrias, para trabalhar no campo[69]. "Os patrões independentes" (bate-folhas da província de Vladímir) "têm trabalhadores especialmente para o campo"; por isso suas terras são bem cultivadas, embora eles mesmos "muitas vezes não saibam nem arar nem ceifar"[70]. Na província de Moscou, recorrem à contratação de "trabalhadores da terra" muitos industriais além daqueles cujos dados foram citados em nossa tabela: por exemplo, fabricantes de alfinetes, feltros e brinquedos enviam trabalhadores para cultivar o campo; joalheiros, bate-folhas, fabricantes de botões e adornos de cobre mantêm assalariados rurais etc.[71] O significado desse fato – o emprego de trabalhadores *agrícolas* por camponeses *industriais* –

[69] *Труды куст. ком.*, cit., v. III, p. 57 e 112; v. VIII, p. 1.354; v. IX, p. 1.931, 2.093 e 2.185.

[70] *Пром. Влад. губ.*, cit., v. III, p. 187 e 190.

[71] *Пром. Моск. губ.*, cit.

é muito amplo. Mostra que, mesmo nas pequenas explorações camponesas, começa a manifestar-se um fenômeno que é próprio de todos os países capitalistas e serve de confirmação do papel progressista histórico do capitalismo, a saber: a elevação do nível de vida da população, a elevação de suas necessidades. O industrial começa a olhar de cima para baixo para o agricultor "cinza" com sua selvageria patriarcal e procura livrar-se dos trabalhos agrícolas mais pesados e menos bem-remunerados. Nas pequenas indústrias em que o capitalismo é pouco desenvolvido, esse fenômeno se manifesta ainda de maneira muito fraca; o trabalhador industrial está apenas começando a diferenciar-se do trabalhador agrícola. Nas etapas posteriores do desenvolvimento da indústria capitalista, esse fenômeno é observado, como veremos, em escala maciça.

A importância da questão da "relação entre a agricultura e a indústria" nos compele a nos determos mais detalhadamente na revisão dos dados que se aplicam às outras províncias, exceto a de Moscou.

Na província de Níjni Nóvgorod, entre um grande número de fabricantes de esteiras, a agricultura decai, o que os leva a abandonar a terra; cerca de um terço da lavoura de inverno e metade da de primavera são "terrenos baldios". Mas para os "mujiques ricos", "a terra não é mais uma madrasta malvada, mas uma mãe que amamenta": eles têm gado suficiente, têm adubo, arrendam terras, tentam não repartir seus lotes e cuidam melhor deles. "Agora seu irmão, o mujique rico, tornou-se latifundiário, já o outro mujique, o pobre, depende dele como se fosse um servo."[72] Os curtidores são "maus lavradores", mas também aqui é necessário distingui-los dos grandes patrões que "arrendam terra dos vizinhos pobres" etc.; eis o balanço do orçamento típico dos diferentes grupos [tabela na próxima página]:

O paralelo entre os agricultores e os industriais se manifesta aqui com extrema clareza. O pesquisador diz sobre os ferreiros que "a indústria é mais importante que a agricultura", por um lado, para os patrões ricos e, por outro, para os "*bobyles*"[73].

---

[72] *Труды куст. ком.*, cit., v. III, p. 65.

[73] Ibidem, v. IV, p. 168.

Tipo de família segundo sua condição	Número de habitantes de ambos os sexos	Trabalhadores do sexo masculino	Trabalhadores assalariados	Terras em *dessiatinas*	Terras		Rendimento em rublos					Gasto em rublos			Balanço	% de gastos em dinheiro
					Arrendamento	Locação	Em espécie	Em dinheiro	Proveniente de			Em espécie	Em dinheiro	Total		
									Agricultura	Curtume	Total					
Rica	14	3	2 contratados	19	5	—	212,8	697	409,8	500	909,8	212,8	503	715,8	+194	70
Média	10	2	—	16	—	—	88[74]	120	138	70	208	88	124	212	-4	58
Pobre	7	2	Contratam a si mesmos	6	—	6	15[75]	75	50	40	90	15	111	126	-36	88

[74] *Trudy kust. kom.*, cit., v. III, p. 38 e seg. Esses números são aproximados e foram calculados pelo autor com base em quanto tempo duram os grãos da família.

[75] Idem.

Em *As indústrias da província de Vladímir*, a questão da relação entre a indústria e a agricultura foi elaborada de maneira incomparavelmente mais detalhada que em qualquer outro estudo. São oferecidos, para toda uma série de indústrias, dados precisos sobre a exploração agrícola não só dos "artesãos" em geral (números "médios" desse tipo, como se depreende de tudo o que foi exposto acima, são uma completa ficção), mas também sobre a agricultura de várias categorias e grupos de "artesãos", tais como: grandes patrões, pequenos patrões, trabalhadores assalariados; candeeiros e tecelões; industriais patrões e o restante do campesinato; quintas ocupadas com a indústria local e não local etc. A conclusão geral do senhor Kharizomiénov a partir desses dados diz que, se dividirmos os "artesãos" em três categorias: 1) grandes industriais; 2) pequenos e médios industriais; 3) trabalhadores assalariados, vamos observar uma *deterioração da agricultura* da primeira para a terceira categoria, uma diminuição na quantidade de terra e gado, um aumento na porcentagem de fazendas "decadentes" etc.[76] Infelizmente, o senhor Kharizomiénov olhou para esses dados de maneira muito estreita e unilateral, sem levar em conta o processo paralelo e independente de decomposição dos camponeses agricultores. Por isso, não tirou desses dados a conclusão que deles decorre necessariamente, a saber, que o campesinato, tanto na agricultura quanto na indústria, divide-se em pequena burguesia e proletariado rural[77]. Por isso, ao

[76] Ver *Iuridítcheski Viéstnik*, v. XIV, n. 11 e 12, 1883.

[77] Quão próximo estava o senhor Kharizomiénov de tal conclusão fica evidente na descrição que ele faz do desenvolvimento econômico pós-reforma quando trata da indústria da seda: "A servidão nivelava o nível econômico do campesinato, amarrava as mãos do camponês rico, apoiava o pobre, impedia as divisões familiares. A economia natural limitava em demasia a arena para a atividade comercial e industrial. O mercado local não deu espaço suficiente ao espírito empreendedor. O camponês comerciante ou industrial acumulava dinheiro, é verdade, sem riscos, mas, em compensação, muito lentamente e com dificuldade; acumulava-o e colocava-o em um vaso. Desde os anos 1860, as condições mudaram. Acaba a servidão; o crédito e as ferrovias, ao criarem um mercado vasto e remoto, dão espaço ao camponês empreendedor, comerciante e industrial. Tudo o que estava acima do nível econômico médio rapidamente se ergue, expande seu comércio ou indústria, desenvolve quantitativa e qualitativamente sua propriedade. Todos os que estavam abaixo desse nível caem, arruínam-se, ingressam nas fileiras dos que não têm terra, dos que não têm propriedade, dos que não têm cavalo. O campesinato divide-se em grupos de cúlaques, de proletários medianamente abastados e do proletariado sem propriedade. O elemento cúlaque do campesinato adota rapidamente todos os hábitos do meio culto; vive ao pé dos senhores; dele se forma uma classe, numericamente enorme, de camadas semicultas da sociedade russa" (*Промыслах Владимирской губернии*, cit. v. III, p. 20-1).

PRIMEIROS ESTÁGIOS DO CAPITALISMO NA INDÚSTRIA   387

descrever as distintas indústrias, rebaixa-se, não raro, às reflexões populistas tradicionais acerca da influência da "indústria" em geral na "agricultura" em geral[78], ou seja, ignora as profundas contradições que existem na própria estrutura *tanto* da indústria *quanto* da agricultura, e que ele mesmo deveria constatar. Outro pesquisador da indústria da província de Vladímir, o senhor V. Prugavin, é um representante típico das concepções populistas sobre essa questão. Eis uma amostra do seu modo de raciocinar. A indústria de tecido de algodão do distrito de Pokrov "não pode ser considerada um começo prejudicial [*sic*!!] na vida agrícola dos tecelões"[79]. Os dados expõem as más condições da agricultura para uma massa de tecelões, bem como o fato de que, para os mestres intermediários, a agricultura está muito acima do nível geral[80]; as tabelas mostram que alguns mestres intermediários também contratam trabalhadores rurais. Conclusão: "A indústria e a agricultura andam de mãos dadas, uma condiciona o desenvolvimento e a prosperidade da outra"[81]. Uma das amostras de frases por meio das quais se obscurece o fato de que o desenvolvimento e a prosperidade da burguesia camponesa andam de mãos dadas tanto na indústria quanto na agricultura[82].

Os dados do censo do artesanato de Perm de 1894-1895 mostraram os mesmos fenômenos: entre os pequenos produtores de mercadorias (patrões e pequenos patrões), o nível da agricultura é mais elevado e encontram-se trabalhadores rurais; entre os artífices, o nível da agricultura é inferior e, entre os artesãos que trabalham para comerciantes, ele é ainda pior (infelizmente, não foram colhidos dados sobre a agricultura dos trabalhadores assalariados e dos vários grupos de patrões). O censo também descobriu que os

---

[78]   Ver, por exemplo, *Промыслах Владимирской губернии*, cit., v. II, p. 288; v. III, p. 91.

[79]   Ibidem, v. IV, p. 53.

[80]   Ver idem.

[81]   Ibidem, p. 60.

[82]   Às mesmas frases referentes a essa questão se limita também o senhor V. V. no capítulo VIII de seus *Очерки кустарной промышленности*, cit. "A lavoura de trigo apoia a indústria" (ibidem, p. 205). "As indústrias artesanais constituem um dos baluartes mais seguros da agricultura nas províncias industriais" (ibidem, p. 219). Provas? Quantas forem necessárias: tomem-se, por exemplo, os patrões curtidores, os fabricantes de amido e oleaginosas (ibidem, p. 224) etc. e ver-se-á que a agricultura deles é superior à da massa!

artesãos que não se dedicam à agricultura se distinguem na comparação com os agricultores por: 1) maior produtividade do trabalho; 2) rendimentos líquidos da indústria incomparavelmente mais altos; 3) maior nível de cultura e alfabetização. Tudo isso são fenômenos que confirmam a conclusão a que chegamos anteriormente de que, mesmo na primeira fase do capitalismo, a indústria tende a elevar o nível de vida da população[83].

Por fim, em relação à questão da relação entre a indústria e a agricultura, encontramos a seguinte circunstância. Os estabelecimentos maiores têm em geral um período de trabalho mais longo. Por exemplo, na indústria de móveis da província de Moscou, o período de trabalho na região que utiliza madeira branca é de 8 meses (composição média da oficina = 1,9 trabalhador); na região que fabrica móveis curvos é de 10 meses (2,9 trabalhadores por estabelecimento); na região que faz móveis grandes é de 11 meses (4,2 trabalhadores por estabelecimento). Na indústria de calçados da província de Vladímir, o período de trabalho em 14 pequenas oficinas é de 40 semanas, em 8 grandes oficinas é de 48 semanas (9,5 operários por estabelecimento contra 2,4 nas pequenas oficinas) etc.[84] Compreende-se que esse fenômeno está ligado ao grande número de trabalhadores (familiares, assalariados industriais e assalariados agrícolas) nos grandes estabelecimentos e mostra uma maior estabilidade destes últimos e sua tendência a especializar-se na atividade industrial.

Façamos agora um balanço dos dados expostos sobre "a indústria e a agricultura". No estágio inferior do capitalismo aqui analisado, o industrial quase não se diferencia do camponês. A união da indústria com a agricultura desempenha papel muito importante no processo de agudização e aprofundamento da decomposição camponesa: os patrões abastados e em melhores condições abrem oficinas, contratam trabalhadores do proletariado rural

---

[83] Ver nossos *Этюды*, cit., p. 138 e seg.

[84] As fontes estão indicadas acima. O mesmo fenômeno é constatado pelos censos domiciliares de produtores de cestos, violões e amido na província de Moscou. O censo da indústria artesanal de Perm também indicou um período de trabalho mais longo nas grandes oficinas (ver *Очерк куст. пром. в Пермской губ.* [Ensaios sobre a indústria artesanal na província de Perm], p. 78. Infelizmente, não há dados precisos sobre isso).

e acumulam recursos financeiros para operações comerciais e usurárias. O campesinato pobre, ao contrário, fornece os trabalhadores assalariados, os artesãos que trabalham para os comerciantes e os grupos inferiores dos patrões artesãos, os mais oprimidos pelo poder do capital mercantil. Dessa maneira, a união da indústria com a agricultura consolida e desenvolve as relações capitalistas, ampliando-as da indústria para a agricultura, e vice-versa[85]. A separação entre a indústria e a agricultura, característica da sociedade capitalista, manifesta-se, nesse estágio, ainda na sua forma mais embrionária, mas já se manifesta e – o que é particularmente importante – manifesta-se de modo completamente diferente do que imaginam os populistas. Quando diz que a indústria não "prejudica" a agricultura, o populista considera que prejuízo seria abandonar a agricultura por uma atividade mais vantajosa. Mas tal concepção é uma invenção (e não uma conclusão dos fatos), e uma invenção ruim, pois ignora as contradições que perpassam toda a estrutura econômica do campesinato. A separação entre a indústria e a agricultura decorre da decomposição do campesinato, segue caminhos diferentes em ambos os polos do campo: a minoria abastada cria estabelecimentos industriais, amplia-os, melhora a agricultura, contrata assalariados rurais para a agricultura, dedica à indústria uma parte cada vez maior do ano e – numa certa etapa de desenvolvimento da indústria – acha mais conveniente separar a empresa industrial da agrícola, ou seja, transferir a agricultura para outros membros da família ou vender edifícios, gado etc. e converter-se em pequena burguesia, comerciante[86]. A separação entre a indústria e a agricultura é precedida, nesse caso, pela formação de relações empresariais na agricultura. No outro extremo da aldeia, a separação entre a indústria e a

---

[85] Por exemplo, na indústria de lã da província de Vladímir, os grandes "fabricantes" e os subcontratantes distinguem-se pelo nível mais alto da agricultura que praticam. "Em momentos de estagnação da produção, os mestres intermediários tentam comprar bens, ocupar-se com a propriedade agrícola e abandonam completamente a indústria" (*Пром. Моск. губ.*, cit., v. II, p. 131). Esse exemplo é digno de nota, uma vez que tais fatos, às vezes, dão motivo aos populistas para concluir que "os camponeses estão voltando a se ocupar com a agricultura", que "os exilados do solo devem ser devolvidos à terra" (senhor V. V., no n. 7 da *Viéstnik Evrópi*, 1884).

[86] "Os camponeses explicaram que nos últimos tempos alguns patrões industriais ricos se mudaram para Moscou em razão de seu negócio" (*Щеточный пром. по исслед. 1895 г.* [A indústria de escovas segundo pesquisa de 1895], p. 5).

agricultura consiste em que os camponeses pobres se arruínam e se transformam em trabalhadores assalariados (industriais e agrícolas). Nesse polo da aldeia, não é a lucratividade da indústria, mas a miséria e a ruína que obrigam o camponês a abandonar a terra, e não só a terra, mas também o trabalho da indústria independente; o processo de separação entre a indústria e a agricultura consiste aqui no processo de expropriação do pequeno produtor.

8. "A UNIÃO DA INDÚSTRIA E DA AGRICULTURA"

Tal é a fórmula populista favorita por meio da qual os senhores V. V., N. e cia. pensam resolver o problema do capitalismo na Rússia. O "capitalismo" separa a indústria da agricultura; a "produção popular" as une na propriedade camponesa típica e normal – nessa oposição simplória reside boa parte de sua teoria. Temos agora a possibilidade de fazer um balanço de como, na realidade, nosso campesinato "une a indústria à agricultura", uma vez que acima foram examinadas em detalhe as relações típicas tanto no campesinato agrícola quanto no campesinato industrial. Enumeremos as diversas formas de "união da indústria e da agricultura" que se pode observar na economia da propriedade camponesa russa.

1) A agricultura patriarcal (natural) une-se às indústrias domésticas (ou seja, ao processamento de matérias-primas para consumo próprio) e ao trabalho servil para o proprietário da terra.

Esse tipo de união entre as "indústrias" camponesas e a agricultura é mais típico do regime econômico medieval, do qual é parte integrante e necessária[87]. De semelhante economia patriarcal – na qual ainda não há em absoluto nem capitalismo, nem produção mercantil, nem circulação de mercadorias – restaram, na Rússia pós-reforma, apenas escombros, a saber: as indústrias domiciliares dos camponeses e o pagamento em trabalho na terra senhorial.

---

[87] Korsak, no capítulo IV do livro mencionado, fornece evidências históricas do seguinte tipo, por exemplo: "o abade distribuía na aldeia o linho para fiar", os camponeses estavam obrigados a servir ao proprietário da terra "durante a colheita e em trabalhos acessórios".

2) A agricultura patriarcal se une à indústria na forma de artesanato.

Essa forma de união encontra-se ainda muito próxima da anterior, diferenciando-se somente pelo fato de que, aqui, aparece a circulação de mercadorias – quando o artífice é pago em dinheiro e surge no mercado comprando equipamentos, matérias-primas etc.

3) A agricultura patriarcal une-se à pequena produção de artigos manufaturados destinados ao mercado, ou seja, à produção de mercadorias na indústria. O camponês patriarcal transforma-se em pequeno produtor de mercadorias, que, como mostramos, tende ao emprego do trabalho assalariado, ou seja, à produção capitalista. A condição para essa transformação já configura um certo grau de decomposição do campesinato: vimos que os patrões e os pequenos patrões da indústria pertencem, na maioria dos casos, a um grupo de camponeses abastados ou em melhores condições. Por sua vez, também o desenvolvimento da pequena produção mercantil na indústria dá um novo impulso à decomposição dos camponeses agricultores.

4) A agricultura patriarcal une-se ao trabalho por contratação na indústria (bem como na agricultura)[88].

Essa forma constitui o complemento necessário da anterior: ali, o produto torna-se mercadoria; aqui, é a força de trabalho. A pequena produção mercantil na indústria vem acompanhada necessariamente, como vimos, do surgimento de trabalhadores assalariados e artesãos que trabalham para os compradores. Essa forma de "união da agricultura e da indústria" é própria de todos os países capitalistas, e uma das particularidades mais marcantes da

---

[88] Como já demonstramos, reina em nossa literatura sobre economia e em nossas estatísticas econômicas uma tal confusão terminológica que, entre as "indústrias" dos camponeses, se incluem a indústria domiciliar, o trabalho manual, o artesanato, a pequena produção mercantil, o comércio, o trabalho por contratação na indústria, o trabalho assalariado na agricultura etc. Eis um exemplo de como os populistas se aproveitam dessa confusão. O senhor V. V., ao gabar "a união da agricultura com a indústria", aponta, ao mesmo tempo, para fins ilustrativos, tanto a silvicultura quanto o trabalho braçal: "Ele (o camponês) é forte e acostumado ao trabalho duro, por isso é capaz de todo tipo de trabalho braçal" (*Очерки кустарной промышленности*, cit., p. 26). E tal fato figura entre muitos outros para corroborar a seguinte conclusão: "Vemos um protesto contra o isolamento das ocupações", "a solidez da organização da produção, criada ainda no período de predominância da economia natural" (ibidem, p. 41). Dessa maneira, até a transformação do camponês em lenhador e peão tornou-se, entre outras coisas, uma prova da solidez da agricultura natural!

história da Rússia após a reforma consiste na difusão extremamente rápida e extremamente ampla dessa forma.

5) A agricultura pequeno-burguesa (mercantil) une-se às indústrias pequeno-burguesas (a pequena produção mercantil na indústria, o pequeno comércio etc.).

A diferença entre essa forma e a terceira é que as relações pequeno-burguesas abarcam aqui não só a indústria, mas também a agricultura. Por ser a forma mais típica da união entre a indústria e a agricultura na economia da pequena burguesia rural, essa forma é, portanto, característica de todos os países capitalistas. Somente os economistas populistas russos tiveram a honra de descobrir um capitalismo *sem* pequena burguesia.

6) O trabalho assalariado na agricultura une-se ao trabalho assalariado na indústria. Já falamos acima como se manifesta *tal* união da indústria com a agricultura e qual o significado dessa união.

Assim, as formas de "união da agricultura e das indústrias" no nosso campesinato distinguem-se por uma extraordinária diversidade: há aquelas que expressam o regime econômico mais primitivo, com o predomínio da economia natural; há aquelas que expressam o alto desenvolvimento do capitalismo; há toda uma série de etapas transitórias entre umas e outras. Limitando-se a fórmulas gerais (tais como: "união entre a indústria e a agricultura" ou "separação entre a indústria e a agricultura"), não se pode dar sequer um passo em direção ao esclarecimento do processo real de desenvolvimento do capitalismo.

9. ALGUMAS OBSERVAÇÕES SOBRE A ECONOMIA PRÉ-CAPITALISTA DE NOSSAS ALDEIAS

Não é raro entre nós que a essência da questão dos "destinos do capitalismo na Rússia" seja apresentada como se a pergunta de maior significado fosse: *com que rapidez?* (ou seja, com que rapidez se desenvolve o capitalismo?). Na verdade, tem um significado incomparavelmente mais importante a pergunta: *como exatamente?* e também a pergunta: *de onde?* (ou seja, qual era a estrutura econômica pré-capitalista na Rússia?). Os principais erros da economia populista consistem precisamente na resposta equivocada a essas duas perguntas, ou seja, na representação infiel de como exatamente se desenvolve o capitalismo na Rússia, na falsa idealização da ordem pré-capitalista. No capítulo II (em parte do III) e no presente capítulo analisamos os estágios mais primitivos do capitalismo na pequena agricultura e na pequena indústria camponesa; nessa análise, foi necessário assinalar repetidamente os traços da ordem pré-capitalista. Se agora tentarmos reunir esses traços, chegaremos à conclusão de que o campo pré-capitalista era (no aspecto econômico) *uma rede de pequenos mercados locais, ligando pequenos grupos de pequenos produtores, fragmentados tanto pelo isolamento de sua propriedade agrícola quanto por uma infinidade de barreiras medievais colocadas entre eles, bem como pelos remanescentes da dependência medieval.*

No que diz respeito à fragmentação dos pequenos produtores, esta se manifesta mais nitidamente na decomposição que já foi constatada tanto na agricultura quanto na indústria. Mas essa fragmentação está longe de se limitar a isso. Unidos pela comuna por meio de pequenas associações administrativas, fiscais e fundiárias, os camponeses se fragmentam em um grande número de suas variadas divisões em classes, em categorias, segundo o tamanho de seu *nadiel*, segundo o montante de pagamentos, entre outras. Tomemos ainda que seja apenas a coletânea estatística dos *zemstvos* da província de Sarátov; o campesinato se divide aqui nas seguintes categorias: antigos servos com *nadiel*, proprietários, proprietários plenos, lavradores do Estado, lavradores do Estado com possessão comunal, lavradores meeiros do Estado, lavradores do Estado que eram antigos servos de latifundiários, lavradores das terras imperiais, arrendatários de lotes do tesouro, camponeses sem terra, proprietários que são antigos servos de latifundiários em propriedade de resgate, proprietários que são antigos servos de terras imperiais, camponeses proprietários, colonos, antigos servos de latifundiários com *nadiel*, proprietários que são antigos lavradores do Estado, libertos, isentos de impostos, lavradores livres, temporariamente dependentes, antigos trabalhadores fabris etc.; em seguida, camponeses registrados, forasteiros, entre outras. Todas essas categorias se distinguem pela história das relações agrárias, pelo tamanho das terras de *nadiel*, pelo montante dos pagamentos etc. etc. E, dentro dessas mesmas classes, há uma infinidade de distinções: às vezes, camponeses de uma mesma aldeia se dividem em duas categorias completamente diferentes: "antigos servos do senhor N. N." e "antigos servos da senhora M. M.". Toda essa diversidade era natural e necessária na Idade Média, em tempos remotos; no presente, a manutenção do caráter estamental fechado das sociedades camponesas é um anacronismo flagrante, que agrava enormemente a situação das massas trabalhadoras, e, ao mesmo tempo, não as livra do peso das condições da nova época, a capitalista. Os populistas geralmente fecham os olhos para essa fragmentação e, quando os marxistas expressam sua opinião sobre o caráter progressista da decomposição do campesinato, os populistas limitam-se a exclamações estereotipadas contra os "partidários da privação da terra", ocultando com isso o completo equívoco de suas representações da aldeia pré-capitalista. Basta imaginar a espantosa fragmentação dos pequenos produtores, consequência inevitável da agricultura patriarcal, para nos convencermos do caráter progressista do capitalismo, que destrói no fundo as antigas formas de economia e de vida, com a sua imobilidade e rotina seculares, destrói o sedentarismo dos camponeses congelados nas suas barreiras medievais e cria novas classes sociais, que necessariamente aspiram à ligação, à união, à participação ativa em toda a vida econômica (e não só econômica) do Estado e do mundo inteiro.

Tomem camponeses como os artífices ou pequenos industriais e verão a mesma coisa. Seus interesses não vão além do pequeno distrito das aldeias vizinhas. Em razão da diminuta extensão do mercado local, eles não entram em contato com industriais de outras regiões; temem como o fogo a "concorrência" que destrói impiedosamente o paraíso patriarcal dos pequenos artesãos e industriais, não perturbados por nada nem ninguém em sua rotina vegetativa. Em relação a esses pequenos industriais, a concorrência e o capitalismo fazem um trabalho histórico útil, arrancando-os de seus rincões e colocando-lhes todas as questões já apresentadas às camadas mais desenvolvidas da população.

Os pequenos mercados locais, além das formas primitivas de artesanato, são indispensáveis para as formas primitivas de capital mercantil e usurário. Quanto mais provinciana é a aldeia, quanto mais longe se encontra da influência das novas ordens capitalistas, das ferrovias, das grandes fábricas, da grande agricultura capitalista, tanto mais forte é o monopólio dos comerciantes e usurários locais, tanto mais forte é a subordinação dos camponeses vizinhos a eles e mais grosseiras são as formas dessa subordinação. A quantidade desses pequenos sanguessugas é enorme (em comparação com o escasso número de produto dos camponeses) e, para sua designação, existe uma rica seleção de nomes locais. Recordemos todos os *prassol, chibai, schestínnik, maiak, ivachi, bulyni* etc. etc. A predominância da economia natural, que determina a escassez e o alto custo do dinheiro na aldeia, faz com que a importância de todos esses "cúlaques" seja desproporcionalmente grande em comparação com o montante de seu capital. A dependência dos camponeses em relação aos detentores do dinheiro adquire inevitavelmente uma forma de servidão. Assim como não se pode conceber o capitalismo desenvolvido sem o grande capital mercantil e monetário, não se pode conceber uma aldeia pré-capitalista sem pequenos comerciantes e compradores que sejam "patrões" dos pequenos mercados locais. O capitalismo agrupa esses mercados, une-os num grande mercado nacional e, em seguida, mundial, destrói as formas primitivas de servidão e de dependência pessoal, desenvolve em profundidade e amplitude as contradições que, em forma embrionária, observam-se também no campesinato comunal, e, desse modo, prepara sua solução.

CAPÍTULO VI
MANUFATURA CAPITALISTA E TRABALHO CAPITALISTA EM DOMICÍLIO

1. A FORMAÇÃO DA MANUFATURA E SEUS TRAÇOS FUNDAMENTAIS

Como se sabe, na manufatura, a cooperação é baseada na divisão do trabalho. Por sua origem, a manufatura associa-se diretamente aos "primeiros estágios do capitalismo na indústria" descritos anteriormente. Por um lado, as oficinas com um número mais ou menos considerável de trabalhadores introduzem de forma gradual a divisão do trabalho e, assim, a cooperação capitalista simples se transforma em manufatura capitalista. As estatísticas sobre as indústrias de Moscou apresentadas no capítulo anterior mostram claramente o processo de surgimento da manufatura: em todas as indústrias da quarta categoria, em algumas da terceira e em umas poucas da segunda, as grandes oficinas aplicam sistematicamente a divisão do trabalho em larga escala e, portanto, devem ser incluídas nos modelos das manufaturas capitalistas. Mais adiante apresentaremos dados mais detalhados sobre a técnica e a economia de algumas dessas indústrias.

Vimos, por outro lado, que o capital mercantil, quando atinge um estágio superior de desenvolvimento na pequena indústria, reduz o produtor à condição de trabalhador assalariado que processa matérias-primas de terceiros em troca de um pagamento por peça. Se o desenvolvimento posterior leva à introdução de uma divisão sistemática do trabalho na produção, transformando a técnica do pequeno produtor; se o "comprador" distingue algumas operações detalhadas e coloca trabalhadores assalariados para realizá-las em sua oficina; e se, além da distribuição do trabalho em domicílio e em conexão indissolúvel com esta, aparecem grandes oficinas que praticam a divisão do trabalho (pertencentes, muitas vezes, aos mesmos compradores), então temos diante de nós outro tipo de processo de surgimento da manufatura capitalista[1].

No desenvolvimento das formas capitalistas da indústria, a manufatura adquire importante significado, sendo um elo intermediário entre o artesanato, a pequena produção de mercadorias que emprega formas primitivas de capital e a grande indústria mecanizada (fábrica). O que aproxima a manufatura das pequenas indústrias é que sua base continua a ser a técnica manual e, por isso, as grandes instituições não podem desalojar radicalmente as pequenas, não podem separar completamente o industrial da agricultura. A "manufatura não podia se apossar da produção social em toda a sua extensão, nem revolucioná-la em suas bases [*in Ihrer Tiefe*]. Como obra de arte econômica, ela se erguia apoiada sobre o amplo pedestal do artesanato urbano e da indústria doméstica rural"[2]. Mas, pela formação de um grande mercado, de grandes estabelecimentos com trabalhadores assalariados e de um grande capital, ao qual se subordinam completamente as massas de trabalhadores despossuídos, a manufatura se aproxima da fábrica.

Está tão difundido na literatura russa especializada o preconceito sobre a separação entre a chamada produção "fabril" e a produção "artesanal", sobre o caráter "artificial" da primeira e o caráter "popular" da segunda, que consideramos particularmente importante rever os dados sobre todos os ramos mais significativos da indústria de transformação e mostrar como eles se organizaram economicamente depois que saíram do estágio de pequenas explorações camponesas e antes que fossem transformados pela grande indústria mecanizada.

---

[1] Sobre esse processo de surgimento da manufatura capitalista, ver Karl Marx, *O capital*, Livro III: *O processo global da produção capitalista* (trad. Rubens Enderle, São Paulo, Boitempo, 2017), p. 318-20. "A manufatura nem sequer nasceu no seio das antigas corporações. Foi o comerciante que se tornou o chefe da oficina moderna, não o antigo mestre das corporações" (Karl Marx, *Miséria da filosofia*, trad. José Paulo Netto, São Paulo, Boitempo, 2017, p. 121). Já tivemos a oportunidade de enumerar em outro trabalho as principais características da manufatura segundo Marx (V. I. Lênin, Этюды [Estudos de casos], p. 179).

[2] Karl Marx, *O capital*, Livro I: *O processo de produção do capital* (trad. Rubens Enderle, São Paulo, Boitempo, 2013), p. 442.

2. A MANUFATURA CAPITALISTA NA INDÚSTRIA RUSSA

Vamos começar pela indústria de processamento de material fibroso.

1) Indústrias têxteis

A tecelagem de linho, lã, algodão, seda, a passamanaria, entre outros, teve entre nós, por toda a parte, a seguinte organização (antes do aparecimento da grande indústria mecanizada). Na dianteira da indústria, estavam as grandes oficinas capitalistas, com dezenas e centenas de trabalhadores assalariados. Os patrões dessas oficinas, detentores de grandes capitais, compravam matérias-primas em larga escala para, em parte, processá-las em seus estabelecimentos e, em parte, distribuir fios e tramas a pequenos produtores (mestres intermediários, tecelões, mestres de oficinas, camponeses-"artesãos" etc.), que também teciam em casa ou em pequenos estabelecimentos em troca de um pagamento por peça. A própria produção baseava-se no trabalho manual e repartia-se entre os trabalhadores nas seguintes operações: 1) tingimento dos fios; 2) limpeza dos fios (nessa operação, especializavam-se, muitas vezes, mulheres e crianças); 3) urdidura do fio (trabalhadores "urdidores"); 4) tecelagem; 5) enrolamento da trama para os tecelões (o trabalho de enrolar, na maioria das vezes, era feito por crianças). Nas grandes oficinas, às vezes ainda há trabalhadores especiais "passadores" (que enfiam os fios de urdidura através da malha e do pente)[3]. A divisão do trabalho é praticada em geral não apenas para as operações, mas também para as mercadorias, ou seja, os tecelões se especializam na produção de um determinado tipo de tecido. A divisão de certas operações da produção para trabalho em domicílio não altera, naturalmente, nada na estrutura econômica desse tipo de indústria. As pequenas oficinas ou as casas nas quais trabalham os tecelões não são mais que ramos externos da manufatura. A base técnica de tal indústria é a produção manual com ampla e sistemática divisão do trabalho; do ponto de vista econômico, vemos a formação de enormes capitais que administram a compra de matérias-primas e a venda de produtos em um mercado (nacional) muito vasto, e aos quais se subordina completamente a massa de proletários

---

[3] Ver *Сборник стат. свед. по Моск. губ.* [Coletânea de informações estatísticas da província de Moscou], v. VII, fasc. III (Moscou, 1883), p. 63-4.

tecelões; um número reduzido de grandes instituições (manufaturas em sentido estrito) domina a massa de pequenas empresas. A divisão do trabalho leva à separação entre artesãos especializados e camponeses; formam-se centros de manufatura não agrícolas, por exemplo, a aldeia de Ivánovo, na província de Vladímir (desde 1871, cidade de Ivánovo-Voznessensk, que atualmente é o centro de uma grande indústria mecânica); a aldeia de Velikoie, na grande província de Iaroslav, e muitas outras aldeias das províncias de Moscou, Kostromá, Vladímir e Iaroslav, que agora se transformaram em povoados fabris[4]. A indústria organizada dessa maneira é dividida comumente em duas partes em nossa literatura econômica e estatística: os camponeses que trabalham em casa ou em pequenos ateliês, oficinas etc. pertencem à indústria "artesanal"; já os grandes ateliês e oficinas incluem-se na lista das "fábricas" (e isso acontece inteiramente ao acaso, uma vez que não há regras fixas e uniformemente aplicadas sobre a separação entre os pequenos e grandes estabelecimentos, entre os ateliês e as oficinas, entre os trabalhadores que atuam em casa e os que atuam na oficina do capitalista)[5]. Fica evidente que esse tipo de classificação, que coloca, de um lado, alguns trabalhadores assalariados e, de outro, alguns patrões que empregam precisamente esses trabalhadores assalariados (com exceção dos trabalhadores de estabelecimentos), não tem nenhum sentido do ponto de vista científico.

Ilustraremos o que foi exposto com dados minuciosos de uma das indústrias de "tecelagem artesanal", a saber, a tecelagem de seda na província de Vladímir[6]. "A indústria da seda" é uma típica manufatura capitalista. A produção manual prevalece. Do total de estabelecimentos, a maioria é de pequenos estabelecimentos (179 dos 313 estabelecimentos, ou seja, 57% do número total, têm de 1 a 5 trabalhadores cada um), mas em sua maior parte são independentes

---

[4] Ver a lista dos mais importantes povoados desse tipo no capítulo a seguir.

[5] Daremos exemplos de semelhantes confusões no capítulo a seguir.

[6] Ver *Пром. Влад. губ.* [A indústria da província de Vladímir], v. III. Seria impossível e supérfluo citar dados detalhados sobre todos os trabalhos de tecelagem descritos na literatura de nossa indústria artesanal. Ademais, hoje em dia, na maioria desses negócios, a fábrica já reina. Sobre a "tecelagem dos artesãos", ver ainda *Сборник стат. свед. по Моск. губ.*, cit., v. VI e VII; *Труды куст. ком.* [Trabalhos da comissão das indústrias artesanais]; *Материалы по статистике ручного труда* [Materiais para uma estatística do trabalho manual]; *Отчеты и исследования* [Relatórios e pesquisas]; A. K. Korsak, *О формах промышленности* [As formas da indústria] (Moscou, 1861).

MANUFATURA CAPITALISTA E TRABALHO CAPITALISTA EM DOMICÍLIO   401

e muito inferiores aos grandes pela sua importância no total da indústria. Os estabelecimentos com 20 a 150 trabalhadores representam 8% do total (25), mas concentram 41,5% do total de trabalhadores e representam 51% do total da produção. Do conjunto de trabalhadores da indústria (2.823), 2.092 são trabalhadores assalariados, ou seja, 74,1%. "Na produção, encontra-se também uma divisão do trabalho tanto por mercadorias quanto por operação." Os tecelões raramente combinam a capacidade de trabalhar tanto o "veludo" quanto o "bordado" (os dois artigos principais dessa produção). "A divisão do trabalho por operações no interior da oficina somente se realiza de maneira mais rigorosa nas grandes fábricas" (ou seja, nas manufaturas) "com trabalhadores assalariados." Só há 123 patrões completamente independentes, que compram o material e vendem o produto; eles têm 242 trabalhadores familiares e "trabalham para eles 2.498 trabalhadores assalariados, que recebem, em sua maior parte, pagamento por peça"; um total, portanto, de 2.740 trabalhadores ou 97% do total de trabalhadores. Fica claro, dessa maneira, que a distribuição de trabalho em domicílio por esses manufatureiros por meio dos "pequenos empreendimentos" (mestres intermediários) não constitui de modo algum uma força especial da indústria, mas apenas uma das operações do capital na manufatura. O senhor Kharizomiénov observa, com razão, que "o verdadeiro caráter da produção é mascarado pela massa de pequenos estabelecimentos, enquanto o número de grandes estabelecimentos é ínfimo e a média de trabalhadores por estabelecimento é insignificante (7,5 pessoas)[7]. A especialização das ocupações, própria da manufatura, manifesta-se claramente na separação entre industriais e agricultores (os que abandonam a terra são, por um lado, os tecelões empobrecidos e, por outro, os grandes manufatureiros) e na formação de um tipo especial de população industrial que vive de maneira incomparavelmente "mais cômoda" que os agricultores e olha os mujiques de cima para baixo[8]. Nossas estatísticas fabris registraram apenas uma parte da indústria, sempre tomada ao acaso[9].

---

[7] *Пром. Влад. губ.*, cit., p. 39.

[8] Ibidem, p. 106.

[9] A *Coletânea de estatísticas militares* conseguiu calcular na província de Vladímir, em 1866, 98 fábricas de seda (!), com 98 trabalhadores e uma produção total de 4 mil rublos (!). Segundo o *Указатель* [Índice] de 1890, 35 fábricas, com 2.112 trabalhadores e produção de 936 mil rublos. Segundo a *Lista* de 1894-1995,

A "indústria de passamanaria" na província de Moscou é uma manufatura capitalista com uma organização inteiramente análoga[10]. A indústria de calicô no distrito de Kamychin, província de Sarátov, organiza-se exatamente da mesma maneira. Segundo o *Índice* de 1890, havia ali 31 "fábricas" com 4.250 trabalhadores e uma produção total de 235 mil rublos; já a *Lista* registra um "escritório de distribuição" com 33 trabalhadores e uma produção total de 47 mil rublos (ou seja, em 1890, os trabalhadores ocupados dentro e fora dos estabelecimentos estavam misturados!). Segundo pesquisas locais, a produção de calicô ocupou, em 1888, aproximadamente 7 mil teares[11], produzindo um total de 2 milhões de rublos; ademais, "todo o negócio é dirigido por alguns fabricantes", para os quais trabalham os "artesãos", inclusive crianças de 6-7 anos, em troca de um pagamento de 7 a 8 copeques por dia[12]. Etc.

2) Outros ramos da indústria têxtil. A produção de feltro

A julgar pelas estatísticas fabris oficiais, a produção de feltro representa um desenvolvimento demasiado fraco do "capitalismo": em toda a Rússia europeia, há apenas 55 fábricas, com 1.212 trabalhadores e uma produção de 454 mil rublos[13]. Mas esses números mostram apenas uma fatia arrancada acidentalmente de uma indústria capitalista amplamente desenvolvida. A província de Níjni Nóvgorod ocupa o primeiro lugar no desenvolvimento da

---

98 fábricas, com 2.281 trabalhadores, produção de 1,918 milhão de rublos e outros 2.477 trabalhadores "fora dos estabelecimentos". Que tal distinguir aqui os "artesãos" dos "trabalhadores fabris"?!

[10] Segundo o *Índice*, em 1890 havia fora de Moscou 10 fábricas de passamanaria, com 303 trabalhadores e uma produção total de 58 mil rublos (!). Já segundo a *Coletânea de informações estatísticas da província de Moscou* (v. VII, fasc. II), são 400 estabelecimentos com 2.619 trabalhadores (destes, 72,8% são assalariados), com uma produção de 963 mil rublos.

[11] O *Свод отчетов фабр. инспекторов за 1903 г.* [Conjunto de informes dos inspetores fabris correspondentes a 1903] (São Petersburgo, 1906) calcula que, em toda a província de Sarátov, há 33 escritórios de distribuição com 10 mil trabalhadores. [Nota da 2ª edição.]

[12] *Отчеты и исследования*, cit., v. I. O centro dessa indústria é o *vólost* de Sosnovka, para o qual o censo dos *zemstvos* calculou, em 1886, 4.626 quintas, com população de 38 mil habitantes de ambos os sexos e 291 estabelecimentos industriais. Somente nesse *vólost*, 10% do total de quintas sem casa (contra 6,2% do distrito), 44,5% de quintas sem lavoura (contra 22,8% do distrito). Ver *Сборник стат. свед. по Сарат. губ.* [Coletânea de informações estatísticas da província de Sarátov], v. XI. Também aqui a manufatura capitalista criou, portanto, centros industriais que afastam os trabalhadores da terra.

[13] *Указатель* [Índice] (1890).

produção "fabril" de feltro e, nessa província, o principal centro da indústria é a cidade de Arzamás e a área suburbana de Vyezdnaia Slobodá (possuem 8 "fábricas", com 278 trabalhadores e uma produção total de 120 mil rublos; em 1897, eram 3.221 habitantes e, na aldeia de Krásnoe, 2.835). Justamente nos arredores desses centros, desenvolve-se uma produção de feltro "artesanal" que ocupa cerca de 243 estabelecimentos, 935 trabalhadores, atingindo uma produção total de 103.847 rublos[14]. Para demonstrar com clareza a organização econômica da produção de feltro nessa região, podemos usar o método de gráficos, indicando com sinais especiais os produtores que ocupam um lugar especial na estrutura geral da indústria.

Representação gráfica da organização da indústria de feltro

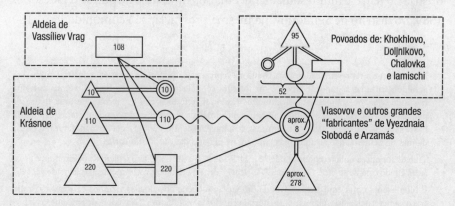

[14] *Труды куст. ком.*, cit., v. V.
[15] Fontes citadas nas notas. O número de estabelecimentos é aproximadamente duas vezes menor que o número de trabalhadores independentes (52 estabelecimentos em Vassíliev Vrag, 5 + 55 + 110 na aldeia de Krásnoe e 21 estabelecimentos em 4 pequenas aldeias). Em compensação, para a cidade de Arzamás e a área suburbana de Vyezdnaia Slobodá, o número 8 indica o número de "fábricas", não de trabalhadores.

404 O DESENVOLVIMENTO DO CAPITALISMO NA RÚSSIA

Fica claro, dessa maneira, que a separação entre as indústrias "fabril" e "artesanal" é puramente artificial, que temos diante de nós um sistema único e integral de indústria que se encaixa perfeitamente no conceito de manufatura capitalista[16]. Do ponto de vista técnico, é uma produção manual. A organização é a cooperação baseada na divisão do trabalho, que pode ser observada aqui sob duas formas: tanto aquela por mercadorias (algumas aldeias preparam o feltro; outras, botas, chapéus, palmilhas etc.) quanto aquela por operação (por exemplo, toda a aldeia de Vassíliev Vrag *prensa* chapéus e palmilhas para a aldeia de Krásnoe, onde o produto pré-fabricado recebe finalmente o acabamento etc.). Essa cooperação é capitalista, porque na sua dianteira está o grande capital, que criou as grandes manufaturas e submeteu (por meio de uma complexa rede de relações econômicas) uma massa de pequenos estabelecimentos. Em sua imensa maioria, os produtores se transformaram em *trabalhadores parciais* e, trabalham para os patrões em condições extremamente anti-higiênicas[17]. A antiguidade da indústria e as relações capitalistas plenamente estabelecidas fazem com que os industriais se separem da agricultura: na aldeia de Krásnoe, a agricultura está em completo declínio e a vida de seus habitantes difere da dos agricultores[18]. A organização da indústria do feltro é muito semelhante em toda uma série de outras regiões. Em 1889, no distrito de Semiónov, na mesma província, 363 comunidades, 3.180

[16] Notemos que a representação gráfica citada é a representação típica de todas as indústrias russas em geral, organizadas segundo o tipo de manufatura capitalista: em todos os lugares, vemos, à frente das indústrias, os grandes estabelecimentos (às vezes, referidos como "fábricas") e uma massa de pequenos estabelecimentos completamente subordinada a eles; em resumo, a cooperação capitalista baseada na divisão do trabalho e na produção manual. O centro não agrícola da manufatura se forma da mesma maneira, não só aqui, mas também na maioria das outras indústrias.

[17] Trabalham nus, a uma temperatura de 22 a 24°R [de 27,5 a 30°C]. O ar é repleto de poeira fina e grossa, lã e todo tipo de sujeira. O chão das "fábricas" é de terra batida (precisamente, nas lavanderias) etc.

[18] É interessante notar aqui a existência de um jargão especial dos aldeões vizinhos de Krásnoe; é um traço característico do isolamento territorial próprio da manufatura. "Na aldeia de Krásnoe, as fábricas são chamadas, em *matráiski*, "cozinhas" [...]. A língua *matráiski* pertence a um dos numerosos ramos dos *oféni* [vendedores ambulantes], dos quais há três principais: o próprio *ofénski*, usado principalmente na província de Vladímir; o *galivónski*, empregado em Kostromá; e o *matráiski*, usado nas províncias de Níjni Nóvgorod e Vladímir" (*Труды куст. Ком*, cit., v. V, p. 465). Só a grande indústria mecanizada destrói completamente o caráter territorial das relações sociais e coloca em seu lugar as relações nacionais (e internacionais).

quintas com 4.038 trabalhadores, ocupavam-se com essa indústria. Dos 3.946 trabalhadores, apenas 752 trabalhavam com a venda, 576 eram trabalhadores assalariados e 2.618 trabalhavam para patrões, em sua maioria com o material fornecido por estes; 189 quintas distribuíram o trabalho para outras 1.805 quintas. Os grandes patrões têm oficinas nas quais empregam até 25 trabalhadores assalariados e compram cerca de 10 mil rublos anuais de lã[19]. Os grandes proprietários são chamados de *milheiros*; seu volume de negócios é de 5 a 100 mil rublos; possuem armazéns de lã próprios e lojas próprias para vender os produtos[20]. Na província de Kazan, a *Lista* calcula 5 "fábricas" de feltro, com 122 trabalhadores, uma produção de 48 mil rublos e 60 trabalhadores à parte. É evidente que estes últimos figuram também entre os "artesãos", "sobre os quais lemos que, muitas vezes, trabalham para compradores" e que existem estabelecimentos com até 60 trabalhadores[21]. Das 29 "fábricas" de feltro da província de Kostromá, 28 estão concentradas no distrito de Kínechma, com 593 trabalhadores no estabelecimento e 458 à parte[22] (em duas empresas, há apenas trabalhadores à parte; já estão surgindo motores a vapor). Segundo os *Trabalhos da comissão das indústrias artesanais*[23], dos 3.908 fiadores de lã e feltreiros dessa província, 2.008 estão instalados precisamente no distrito de Kínechma. Os feltreiros de Kostromá são, em sua maioria, dependentes ou trabalhadores assalariados, empregados em oficinas extremamente anti-higiênicas[24]. No distrito de Kaliázin, província de Tver, vemos, por um lado, o trabalho domiciliar para os "fabricantes"[25] e, por outro, esse distrito é justamente um ninho de "artesãos" feltreiros, do qual saem até 3 mil pessoas, que passam pelo descampado de "Zimniak" (nos anos 1860, havia ali a fábrica de tecido de Alekséiev), formando "um enorme mercado de fiadores de lã e

---

[19] *Материалы к оценке земель Нижегородской губ.* [Materiais para uma avaliação da província de Níjni Nóvgorod], v. XI (Níjni Nóvgorod, 1893), p. 211-4.

[20] *Труды куст. ком.*, cit., v. VI.

[21] *Отчеты и исследования*, cit., v. III.

[22] *Перечень* [Lista], p. 68-70.

[23] *Труды куст. ком.*, cit., v. XV

[24] *Пром. Влад. губ.*, cit., v. II.

[25] *Перечень*, cit., p. 113.

feltreiros"[26]. Na província de Iaroslav, também há trabalho à parte para os "fabricantes"[27] e para os "artesãos", que trabalham para os patrões-comerciantes com a lã fornecida por estes últimos etc.

3) A produção de chapéus e gorros, e de cânhamo e corda

Citamos, anteriormente, dados estatísticos sobre a indústria de chapéus da província de Moscou[28]. A partir deles, pode-se ver que dois terços da produção e do total de trabalhadores se concentram em 18 estabelecimentos, com uma média de 15,6 trabalhadores assalariados por estabelecimento[29]. Os "artesãos" chapeleiros executam apenas uma parte da operação de fabricação dos chapéus: eles fabricam as *copas* e as vendem a comerciantes de Moscou, que têm seus próprios "estabelecimentos de acabamento"; por sua vez, as "tosquiadoras" (mulheres que cortam as penugens) trabalham em domicílio para os "artesãos" chapeleiros. Dessa maneira, vemos aqui, em geral, a cooperação capitalista baseada na divisão do trabalho e conectada por toda uma rede de formas diversas de dependência econômica. No centro dessa indústria (a aldeia de Kliónovo, distrito de Podolski), manifesta-se claramente a separação entre os industriais e a agricultura (principalmente, os trabalhadores assalariados)[30] e o aumento do nível de consumo da população: vivem de maneira "muito mais limpa", vestem-se de chitas, até de tecidos, adquirem samovares, abandonam costumes antigos etc., provocando, assim, amargas lamentações nos admiradores locais da antiguidade[31]. A nova época fez surgir até mesmo chapeleiros que trabalham fora de sua localidade de residência.

A indústria de chapéus na aldeia de Molvítino, no distrito de Bui, província de Kostromá, é uma típica manufatura capitalista[32]. "A principal ocupação

[26] *Пром. Влад. губ.*, cit., v. II, p. 271.

[27] *Перечень*, cit., p. 115.

[28] Ver anexo I ao capítulo V, indústria n. 27.

[29] Algumas dessas empresas são, às vezes, incluídas entre as "fábricas". Ver, por exemplo, o *Указатель* [Índice] de 1879, p. 126.

[30] Ver capítulo V, seção 7.

[31] *Сборник стат. свед. по Моск. губ.*, cit., v. VI, fasc. I, p. 282-7.

[32] Ver *Труды куст. ком.*, cit., v. IX, e *Отчеты и исследования*, cit., v. III.

do povoado de Molvítino e de outras 36 aldeias é a indústria de chapéus". A agricultura foi abandonada. Depois de 1861, a indústria se desenvolveu de maneira vigorosa; as máquinas de costura entraram em uso corrente. Em Molvítino, 10 oficinas trabalham durante o ano inteiro, mantendo de 5 a 25 mestres e de 1 a 5 mestras. "A melhor oficina faz circular aproximadamente 100 mil rublos por ano."[33] Há também distribuição de trabalho em domicílio (por exemplo, as mulheres preparam em casa o material para a fabricação da copa dos chapéus). A divisão do trabalho provoca mutilações nos operários, que trabalham sob as mais desfavoráveis condições de higiene e, em geral, adquirem tuberculose. O longo tempo de existência da indústria (mais de duzentos anos) levou ao desenvolvimento de mestres extremamente hábeis: os mestres de Molvítino são conhecidos nas capitais e nos subúrbios distantes.

O centro da indústria do cânhamo no distrito de Medin, província de Kaluga, é o povoado de Polotniáni Zavod. Trata-se de uma aldeia grande (segundo o censo de 1897, possui 3.685 habitantes), com uma população sem terra e muito industrial (mais de mil "artesãos"); é o centro dos ofícios "artesanais" do distrito de Medin[34]. A indústria do cânhamo é organizada da seguinte forma: os grandes patrões (são três, e o maior é Erókhin) têm oficinas com trabalhadores assalariados e capital de giro mais ou menos significativo para a compra de matérias-primas. A cardagem da fibra do cânhamo é realizada na "fábrica", a fiação é feita em domicílio pelas fiandeiras e a torção é feita tanto na fábrica quanto em domicílio. A urdidura é preparada na fábrica, já o tecido é produzido tanto na fábrica quanto em domicílio. Em 1878, calculava-se que havia 841 "artesãos" na indústria de cânhamo; Erókhin, que declarou empregar 94 trabalhadores em 1890 e 64 em 1894-1895, é considerado tanto "artesão" quanto "fabricante"; segundo os *Relatórios e pesquisas*[35], trabalham para ele "centenas de camponeses".

Também na província de Níjni Nóvgorod, o centro da indústria de cordas são povoados industriais não agrícolas: as aldeias de Níjni Izbilets e

---

[33] No entanto, por alguma casualidade, tais oficinas não foram incluídas até agora entre as "fábricas".

[34] *Труды куст. ком.*, cit., v. II.

[35] *Отчеты и исследования*, cit., v. II, p. 187.

408   O DESENVOLVIMENTO DO CAPITALISMO NA RÚSSIA

Vérkhni Izbilets, no distrito de Gorbátov[36]. De acordo com o senhor Karpov[37], Gorbátov e Izbilets formam uma única região produtora de cordas; parte dos pequenos burgueses da cidade de Gorbátov também está envolvida na indústria de cordas, e as aldeias de Vérkhni e Níjni Izbilets são "quase uma parte da cidade de Gorbátov". Seus habitantes vivem como pequenos burgueses: bebem chá todos os dias, vestem-se com roupa comprada, comem pão branco. No total, a indústria chega a ocupar dois terços da população de 32 aldeias: 4.701 trabalhadores (2.096 do sexo masculino e 2.605 do sexo feminino) com uma produção de cerca de 1,5 milhão de rublos. A indústria existe há cerca de duzentos anos e atualmente está em decadência. A organização é a seguinte: todos trabalham para 29 patrões com o material fornecido por estes, recebem pagamento por peça, encontram-se "sob a mais completa dependência dos patrões" e trabalham de 14 a 15 horas por dia. De acordo com as estatísticas dos *zemstvos* (1889), estão empregados na indústria 1.699 trabalhadores homens (mais 558 mulheres e meninos que não chegaram à idade de trabalhar). Dos 1.648 trabalhadores, apenas 197 produzem para a venda, 1.340 para algum patrão[38] e 111 são trabalhadores assalariados de 58 patrões. Dentre 1.288 quintas *com* terra de *nadiel*, apenas 727, ou seja, pouco mais da metade, cultivam toda a terra arável. Dos 1.573 trabalhadores com *nadiel*, 306, ou seja, 19,4%, não trabalham na agricultura. Ao nos voltarmos para a questão sobre quem são esses "patrões", devemos passar do domínio da indústria "artesanal" para o da "fabril". De acordo com a *Lista* de 1894-1895, havia na região duas fábricas de corda, com 231 trabalhadores trabalhando nos estabelecimentos e 1.155 trabalhando à parte, com uma produção total de 423 mil rublos. Ambos os estabelecimentos já possuem motores mecânicos (que não existiam nem em 1879 nem em 1890), portanto vemos claramente aqui a passagem da manufatura

---

[36] De acordo com as estatísticas dos *zemstvos* (fasc. VII dos *Материалы* [Materiais], Níjni Nóvgorod, 1892), em 1889 havia nesses povoados, respectivamente, 341 e 119 quintas com 1.277 e 540 habitantes de ambos os sexos. Quintas com *nadiel*: 253 e 103. Quintas com indústrias: 284 e 91, das quais 257 e 32 não ocupadas com agricultura. Sem cavalos: 218 e 51. Aqueles que dispõem de terras de *nadiel* para locação: 237 e 53.

[37] *Труды куст. ком.*, cit., fasc. VIII.

[38] Ver *Нижегородский сборник* [Coletânea de Níjni Nóvgorod], v. IV, artigo do padre Raslávliev.

MANUFATURA CAPITALISTA E TRABALHO CAPITALISTA EM DOMICÍLIO **409**

capitalista para a indústria capitalista mecanizada, a transformação de vendedores e compradores "artesanais" em verdadeiros fabricantes.

Na província de Perm, o censo de 1894-1895 registrou 68 estabelecimentos camponeses que produziam cabo e corda, com 343 trabalhadores (dos quais 143 assalariados), com uma produção de 115 mil rublos[39]. Na dianteira desses pequenos estabelecimentos, encontram-se as grandes manufaturas, calculadas em conjunto: 6 patrões têm 101 operários (91 assalariados) e produção total de 81 mil rublos[40]. A estrutura de produção desses grandes estabelecimentos pode servir como o modelo mais destacado de uma "manufatura orgânica" (segundo Marx), ou seja, de uma manufatura na qual diferentes trabalhadores realizam diferentes operações na transformação *sucessiva* da matéria-prima: 1) espadelar o cânhamo; 2) cardar; 3) fiar; 4) enrolar os "novelos"; 5) resinar; 6) desenrolar o fio dos carretéis; 7) passar os fios pelos orifícios da placa-guia; 8) passar os fios pelo tubo de ferro fundido; 9) torcer os fios, fabricar as cordas e recolhê-las[41].

Pelo visto, a organização da indústria de cânhamo é igual também na província de Oriol: do significativo número de pequenos estabelecimentos camponeses, destacam-se as grandes manufaturas, sobretudo nas cidades; elas são classificadas como "fábricas" (segundo o *Índice* de 1890, na província de Oriol existem 100 fábricas de algodão, com 1.671 trabalhadores e uma produção total de 795 mil rublos). Os camponeses trabalham na indústria de cânhamo "para os comerciantes" (provavelmente, para os mesmos manufatureiros) com o material fornecido por eles, em troca de pagamento por peça, e o trabalho é dividido em operações especiais: os "espadeladores" espadelam o cânhamo; os "fiadores" fiam; os "barbeiros" limpam os resíduos; os "rodeiros" giram a roda. O trabalho é muito duro; muitos trabalhadores

---

[39] *Очерк сост. куст. пром. в Пермской губ.* [Ensaio sobre a condição da indústria artesanal], p. 158; o resumo dos dado contém um erro ou uma falha tipográfica.

[40] Ibidem, p. 40 e tabela da p. 188. É provável que essas mesmas instituições figurem na p. 152 da *Lista*. Para comparar os grandes estabelecimentos com os pequenos, separamos os agricultores dos comerciantes. Ver também nossos *Этюды*, cit., p. 156.

[41] *Куст. пром. Перм. губ. на Сиб.-Уральской выставке* [A indústria artesanal da indústria de Perm na exposição da Sibéria e dos Urais], fasc. III, p. 47 e seg.

410 O DESENVOLVIMENTO DO CAPITALISMO NA RÚSSIA

pegam tuberculose ou desenvolvem hérnias. A poeira é tanta que "quem não está acostumado não resiste nem um quarto de hora". Trabalha-se em galpões simples, de sol a sol, de maio a setembro[42].

4) Produção de artigos de madeira

O modelo de manufatura capitalista mais típico nesse ramo é a fabricação de baús. De acordo com os dados dos pesquisadores de Perm, por exemplo,

> a organização é a seguinte: diversos grandes patrões que têm oficinas com operários assalariados compram o material e fabricam *parte* dos artigos, mas principalmente distribuem material para as pequenas oficinas destinadas à produção das peças, enquanto em suas oficinas eles montam as partes do baú e, após o acabamento, enviam a mercadoria para o mercado. Divisão do trabalho [...] que se emprega na produção em grande escala: a fabricação de um baú completo é dividida em 10 a 12 operações, realizadas individualmente, em peças, pelos artesãos. A indústria é organizada na forma de associação de trabalhadores parciais (*Teilarbeiter*, segundo a terminologia de *O capital*) sob o comando do capital.[43]

Trata-se, nesse caso, de uma manufatura heterogênea (*heterogene Manufaktur*, segundo Marx), na qual diferentes trabalhadores realizam não só as sucessivas operações de transformação da matéria-prima em produto como preparam as partes separadas do produto, que depois são montadas. A preferência dos capitalistas pelo trabalho doméstico dos "artesãos" deve-se, em parte, ao caráter dessa manufatura e, em parte (e sobretudo), ao preço menor da atividade laboral dos trabalhadores em domicílio[44]. Note-se que as oficinas relativamente grandes dessa indústria também são classificadas, às vezes, entre as "fábricas"[45].

---

[42] Ver as coletâneas estatísticas dos *zemstvos* dos distritos de Trubtchevsk, Karatchev, Oriol, província de Oriol. A conexão entre as grandes manufaturas e os pequenos estabelecimentos camponeses é igualmente evidente pelo fato de que também nestas se desenvolve o emprego do trabalho assalariado: por exemplo, no distrito de Oriol, 16 camponeses, donos de fiandeiros, têm 77 trabalhadores.

[43] V. I. Lênin, *Этюды*, cit., p. 176.

[44] Ver, no mesmo estudo, os dados exatos acerca do censo dos artesãos de Perm (cit., p. 177).

[45] Ver o *Índice* e a *Lista*, ambos relativos à província de Perm, sobre o povoado de Névianski Zavod (não agrícola), centro da indústria artesanal.

É provável que a indústria de baús do distrito de Múrom, na província de Vladímir, organize-se da mesma maneira; a *Lista* indica 9 "fábricas" (todas de trabalho manual), com 89 trabalhadores nos estabelecimentos e 114 à parte, e uma produção de 69.810 rublos.

Organização análoga encontra-se na indústria de veículos, por exemplo, da província de Perm: de uma massa de pequenos estabelecimentos, destacam-se oficinas de montagem com trabalhadores assalariados; os pequenos artesãos são trabalhadores parciais que fabricam partes do veículo, tanto com material próprio quanto com material dos "compradores" (ou seja, os proprietários das oficinas de montagem)[46]. Sobre os "artesãos" fabricantes de veículos de Poltava, lemos que no povoado de Ardon existem oficinas com trabalhadores assalariados e distribuição do trabalho em domicílio (os grandes patrões chegam a manter até vinte trabalhadores à parte)[47]. Na província de Kazan, na produção de veículos urbanos, observa-se uma divisão do trabalho por mercadoria: algumas aldeias produzem apenas trenós, outras apenas carroças etc.

> Os veículos urbanos chegam da aldeia aos comerciantes-clientes de Kazan já completamente montados (mas sem manilhas, rodas e eixos) e passam destes últimos para os artesãos ferreiros para a colocação das manilhas. Em seguida, retornam às lojas e oficinas da cidade, onde recebem acabamento, ou seja, os estofados e a pintura [...]. Kazan, onde antes se colocavam as manilhas nos veículos urbanos, transferiu pouco a pouco esse trabalho para os artesãos, que trabalham por um preço mais barato que os mestres urbanos [...].[48]

Consequentemente, o capital prefere a distribuição do trabalho em domicílio, pois, assim, a força de trabalho se torna mais barata. A organização da indústria de veículos, como se pode ver pelos dados citados, é, na maioria dos casos, um sistema de "artesãos" parciais subordinados ao capital.

A enorme aldeia industrial de Vorontsovka, no distrito de Pavlovsk, província de Vorónej (9.541 habitantes em 1897) é como uma única manufatura

---

[46] Ver nossos *Этюды*, cit., p. 177-8.

[47] *Отчеты и исследования*, cit., v. I.

[48] Ibidem, v. III.

de artigos de madeira[49]. Estão ocupados na indústria mais de oitocentos domicílios (e ainda algumas quintas do povoado de Aleksándrovka, que possui mais de 5 mil habitantes). Fabricam telegas, carroças, rodas, baús etc., num total de até 267 mil rublos. Proprietários independentes são menos de um terço; são raros os trabalhadores assalariados nas oficinas dos patrões[50]. A maioria trabalha para camponeses-comerciantes locais em troca de pagamento por peça. Os trabalhadores contraem dívidas com os patrões e extenuam-se no trabalho pesado: o povo está se tornando mais fraco. A população do povoado é do tipo industrial, não rural, quase não se dedica à agricultura (exceto à horticultura) e possui terras de *nadiel* miseráveis. A indústria, que existe há muito tempo, desvia a população da agricultura e acentua, cada vez mais, a divisão entre ricos e pobres. A população se alimenta de maneira escassa, veste-se "com mais elegância que antes", "mas isso está além dos seus meios"; tudo é comprado. "A população está dominada pelo espírito industrial e mercantil." "Quase todo mundo que não domina o artesanato vende alguma coisa [...]. Sob a influência da indústria e do comércio, o camponês tornou-se em geral mais expedito, o que fez dele mais desenvolto e mais ágil."[51]

A famosa indústria de colheres do distrito de Semiónov, na província de Níjni Nóvgorod, aproxima-se, por sua organização, da manufatura capitalista; é verdade que não há ali grandes oficinas que se distingam da massa das pequenas e as dominem, mas, em compensação, vemos ali uma divisão do trabalho profundamente arraigada e a completa subordinação de uma massa de trabalhadores parciais ao capital. Antes de sua finalização, a colher passa por pelo menos dez mãos; algumas operações são realizadas por

---

[49] *Труды куст. ком.*, cit., fasc. IX, artigo do padre Mitrofan Popov.

[50] São catorze grandes comerciantes de madeira. Eles possuem *instalações a vapor* (a um custo de cerca de 300 rublos); são no total 24 na aldeia e, para cada um, trabalham 6 pessoas. Esses mesmos comerciantes distribuem também material aos trabalhadores e os submetem economicamente, dando-lhes dinheiro adiantado.

[51] Convém observar, em geral, o processo pelo qual o capitalismo está se desenvolvendo na *indústria madeireira*. Os industriais não vendem a madeira em sua forma bruta, mas empregam trabalhadores para trabalhá-la e produzir diversos artigos, que em seguida vendem. Ver *Труды куст. ком.*, cit., v. VIII, p. 1.268 e 1.314. Ver também *Сборник стат. свед. по Орловской губ. Трубчевский у.* [Coletânea de informações estatísticas da província de Oriol, distrito de Trubtchevsk].

compradores ou trabalhadores assalariados especiais ou distribuídas a trabalhadores especializados (por exemplo, a coloração); algumas aldeias se especializam em operações específicas (por exemplo, na aldeia de Diákovo, é o torneamento das colheres, produzidas a pedido de um comprador em troca do pagamento por peça; nas aldeias de Khvóstikov, Diánova e Jujélki, é a pintura das colheres etc.). Os compradores adquirem madeira por atacado em Samara, entre outras províncias, enviam para lá *artéis* de operários assalariados, possuem armazéns de matérias-primas e artigos, entregam aos artesãos os tipos mais valiosos de material etc. A massa de trabalhadores parciais constitui um mecanismo produtivo complexo, inteiramente subordinado ao capital. "Para os fabricantes de colheres, tanto faz se são contratados por um patrão e trabalham nas instalações dele, ou se produzem em suas *isbás*, porque nessa indústria, como em outras, tudo já está pesado, medido e contado. Os fabricantes de colheres não ganham mais que o estritamente necessário, sem o que não se pode viver."[52] É natural que, em tais condições, os capitalistas que dominam toda a produção não se apressem em montar oficinas e a indústria baseada na arte manual e na divisão tradicional do trabalho vegete no abandono e na imobilidade. É como se os "artesãos" presos à terra estivessem petrificados em sua rotina: tanto em 1879 quanto em 1889, ainda contam o dinheiro à moda antiga, em rublos assinados*, e não em prata.

À frente da indústria de brinquedos da província de Moscou encontram-se, do mesmo modo, estabelecimentos de manufatura de tipo capitalista[53]. Das 481 oficinas, 20 têm mais de 10 trabalhadores. Na produção, aplica-se também muito amplamente a divisão por mercadoria e parcial do trabalho, o que aumenta em grande medida a produtividade do trabalho (ao custo da mutilação do trabalhador). Por exemplo, a rentabilidade de uma oficina pequena

---

[52] *Труды куст. ком.*, cit., fasc. II, 1879. Ver também os *Materiais* da estatística dos *zemstvos* do distrito de Semiónov (*Материалы*, cit., fasc. XI, 1893).

* Em russo, "ассигнационный рубль/assignatsiónni rubl": primeiro papel-moeda do Império Russo, vigorou de 1769 a 1849, paralelamente ao rublo de prata. (N. T.)

[53] As estatísticas que citamos (Anexo I ao capítulo V, indústrias n. 2, 7 e 26) abrangem apenas uma pequena parte de todos os fabricantes de brinquedos, mas apontam o surgimento de oficinas com 11 a 18 trabalhadores.

é determinada em 20% do preço de venda; já a de uma grande oficina, em 58%[54]. É evidente que os grandes proprietários têm também um capital fixo significativamente maior; encontram-se igualmente instalações técnicas (por exemplo, para a secagem). O centro da indústria é o povoado não agrícola de Serguiévski Posad (com 1.055 dos 1.398 trabalhadores e uma produção de 311 mil dos 405 mil rublos totais; e 15.155 habitantes, segundo o censo de 1897). O autor do ensaio sobre essa indústria, depois de assinalar a predominância das pequenas oficinas etc., considera mais provável a passagem da indústria para a manufatura do que para a fábrica, mas, ainda assim, improvável. "E no futuro", diz ele, "os pequenos produtores sempre terão a possibilidade de competir com mais ou menos sucesso com a grande produção."[55] O autor se esquece de que, na manufatura, a produção manual tem sempre a mesma base técnica que a pequena indústria; que a divisão do trabalho nunca pode constituir uma vantagem tão decisiva que suplante completamente os pequenos produtores, em especial se estes recorrem a meios como o prolongamento do dia de trabalho etc.; que a manufatura nunca pode abarcar toda a produção e que é sempre uma mera superestrutura sobre a massa de pequenos estabelecimentos.

5) Transformação de produtos de origem animal. Curtume e pelaria

As mais vastas regiões da indústria do couro são exemplos particularmente relevantes da completa fusão entre a indústria "artesanal" e a indústria fabril, exemplos de manufatura capitalista altamente desenvolvida (tanto em profundidade quanto em extensão). Já é característico que as províncias que se destacam pelo tamanho da indústria do couro "fabril" (Viatka, Níjni Nóvgorod, Perm e Tver) também se distingam pelo desenvolvimento particular das indústrias "artesanais" desse ramo.

Na aldeia de Bogoródski, distrito de Gorbátov, província de Níjni Nóvgorod, segundo o *Índice* de 1890, havia 58 "fábricas", com 392 trabalhadores e uma produção total de 547 mil rublos; já segundo a *Lista* de 1894-1895, havia 119 "fábricas", com 1.499 trabalhadores no local e 205 trabalhadores à

---

[54] *Сборник стат. свед. по Моск. губ.*, cit., v. VI, fasc. II, p. 47.

[55] Ibidem, p. 93.

parte, com uma produção total de 934 mil rublos (esses números abrangem apenas a transformação de produtos animais, principal ramo da indústria local). Mas esses dados representam somente o *topo* da manufatura capitalista. O senhor Kárpov calculou em 1879 que, nesse povoado e em seu entorno, havia mais de 296 estabelecimentos, com 5.669 trabalhadores (muitos deles trabalhando em domicílio para os capitalistas) e uma produção de cerca de 1,49 milhão de rublos[56], nas seguintes indústrias: curtimento, colagem de saltos com aparas, tecelagem de cestos (destinados às mercadorias), fabricação de correias, arreios, luvas e cerâmica (que ocupa um lugar especial). O censo dos *zemstvos* de 1889 calculava, nessa região, 4.401 indústrias e, dos 1.842 trabalhadores sobre os quais se têm dados detalhados, 1.119 trabalham por contratação em oficinas de terceiros e 405 trabalham em domicílio para patrões[57]. "Bogoródski, com sua população de 8 mil habitantes, é uma enorme fábrica de couro em atividade ininterrupta."[58] Mais precisamente, trata-se de uma manufatura "orgânica", subordinada a um pequeno número de grandes capitalistas que compram matérias-primas, preparam as peles, fabricam com elas artigos diversos, empregam alguns milhares de trabalhadores absolutamente despossuídos e dominam os pequenos estabelecimentos[59]. Essa indústria existe há muito tempo, desde o século XVII; em sua história, destacam-se os latifundiários de Cherométiev (início do século XIX), que contribuíram significativamente para seu desenvolvimento e, entre outras coisas, defenderam da ação dos ricaços locais o proletariado que havia muito se formara ali. A partir de 1861, a indústria se desenvolveu de maneira vigorosa, e os grandes estabelecimentos cresceram, sobretudo à custa dos pequenos; séculos de atividade comercial produziram mestres notavelmente hábeis, que difundiram a produção na Rússia. Quando esta se consolidou, as relações capitalistas levaram

---

[56] *Труды куст. ком.*, cit., fasc. IX.

[57] *Материалы к оценке земель* [Materiais para a avaliação das terras], distrito de Gorbátov.

[58] *Труды куст. ком.*, cit., fasc. IX.

[59] Por exemplo, à frente da indústria de arreios há 13 grandes patrões, com 10 a 30 trabalhadores assalariados e 5 a 10 trabalhadores externos. Os grandes fabricantes de luvas fazem o corte em suas oficinas (2 a 3 trabalhadores assalariados) e distribuem as peças para serem costuradas à parte por 10 a 20 mulheres; estas últimas se dividem em *apontadoras* e *encadernadoras*; as primeiras pegam o trabalho com os patrões e distribuem-no às segundas, explorando-as por sua vez (informações de 1879).

416 O DESENVOLVIMENTO DO CAPITALISMO NA RÚSSIA

à separação entre indústria e agricultura: não só o povoado de Bogoródski quase não se ocupa da agricultura como afasta da terra os camponeses dos arredores, que migram para essa "cidade"[60]. Em Bogoródski, o senhor Karpov constata "a completa ausência de qualquer caráter camponês nos habitantes": "não se pode sequer pensar que se está numa aldeia e não numa cidade". Esse povoado já deixou para trás Gorbátov e todas as demais cidades distritais da província de Níjni Nóvgorod, com exceção, quiçá, de Arzamás. É "um dos centros mercantis e industriais mais significativos da província, produzindo e comercializando na casa dos milhões". "A zona de influência industrial e comercial de Bogoródski é muito extensa, mas sua indústria está intimamente ligada à de seus arredores, num raio de cerca de dez a doze *verstas*. É como se esse subúrbio industrial fosse uma continuação de Bogoródski." "Os habitantes de Bogoródski não se assemelham em nada aos mujiques cinzentos comuns: esses artesãos pequeno-burgueses constituem um povo inteligente, experiente, que despreza o camponês. A situação de vida e o repertório de conceitos morais do habitante da cidade de Bogoródski são inteiramente pequeno-burgueses." Resta acrescentar que os povoados industriais do distrito de Gorbátov distinguem-se pela alfabetização relativamente alta de sua população: assim, a porcentagem de homens e mulheres alfabetizados e estudantes, para as aldeias de Pávlovo, Bogoródski e Vorsma é de 37,8% e 20,0%, respectivamente, e no restante do distrito é de 21,5% e 4,4%[61]. Relações completamente semelhantes (em escala menor) são encontradas na indústria de transformação do couro nos povoados de Katunki e Gorodets, no distrito de Balakhná; Bolchoe Muráchkino, no distrito de Kniaguin; Iúrino, no distrito de Vássil; Tubanáievka, Spásskoe, Vatras e Latychikha do mesmo distrito. Os mesmos centros não agrícolas, com um "círculo" de colônias agrícolas a seu redor, os mesmos ofícios e numerosos pequenos estabelecimentos (assim

---

[60] Em 1889, dos 1.812 domicílios (com 9.241 habitantes), 1.469 não tinham lavoura (em 1897, 12.342 habitantes). Pávlovo e Bogoródski distinguem-se das demais aldeias do distrito de Gorbátov por uma migração particularmente fraca da população; pelo contrário, de todo o número de camponeses ausentes do distrito de Gorbátov, 14,9% vivem em Pávlovo, 4,9%, em Bogoródski. O crescimento da população de 1858 a 1889 no distrito = 22,1%, e no povoado de Bogoródski = 42%. (Ver os *Materiais* estatísticos dos *zemstvos*.)

[61] Ver os *Materiais* estatísticos dos *zemstvos*.

MANUFATURA CAPITALISTA E TRABALHO CAPITALISTA EM DOMICÍLIO 417

como trabalhadores em domicílio), subordinados aos grandes empresários, cujas oficinas capitalistas são classificadas, em alguns casos, entre as "fábricas"[62]. Sem entrar em detalhes estatísticos que não contêm nada de novo em comparação com o acima exposto, citaremos apenas a seguinte característica extremamente interessante da aldeia de Katunki[63]:

> Uma certa simplicidade patriarcal nas relações entre patrões e trabalhadores, que, aliás, não salta aos olhos à primeira vista e, infelizmente [?], desaparece mais e mais a cada ano, atesta o caráter artesanal das indústrias [?]. O caráter fabril, tanto das indústrias quanto da população, só começou a se manifestar nos últimos tempos, sob influência sobretudo da cidade, com a qual as relações foram facilitadas pelo surgimento da navegação a vapor. Hoje em dia, o povoado já é visto como uma localidade completamente industrial: ausência total de qualquer sinal de agricultura, construção de casas compactas que se assemelham às da cidade, palacetes de pedra para os ricos e, ao lado deles, as miseráveis cabanas dos pobres, os longos edifícios de madeira e pedra das fábricas amontoados no centro da aldeia – tudo isso distingue nitidamente Katunki das aldeias vizinhas e indica com clareza o caráter industrial da população local. Os próprios moradores lembram, em virtude de certos traços de seu caráter, um tipo de "fábrica" já estabelecido desde a *Rus*: certa elegância no ambiente doméstico, nos trajes, nas maneiras, um modo de vida desregrado na maioria dos casos e uma pequena preocupação com o dia de amanhã, um discurso ousado, às vezes rebuscado, certa atitude orgulhosa em relação ao mujique aldeão – todos esses traços são comuns a todo o povo fabril na Rússia.[64]

Na cidade de Arzamás, na província de Níjni Nóvgorod, as estatísticas "fabris" calculavam, em 1890, um total de 6 curtumes, com 64 trabalhadores

---

[62] Ver os *Materiais* estatísticos dos *zemstvos* para os distritos indicados. – *Труды куст. ком.*, cit., fasc. IX e VI. – *Índice* e *Listas*. – *Отчеты и исследования*, cit., v. II.

[63] Em 1889, havia 380 quintas (todos sem lavoura), com 1.305 habitantes. Em todo o distrito de Katunki, 90,6% das quintas estão ocupados com a indústria, 70,1% dos trabalhadores estão empregados apenas na indústria (ou seja, não estão envolvidos na agricultura). Quanto ao nível de alfabetização, esse *vólost* está muito acima da média do distrito, perdendo a esse respeito apenas para o *vólost* Tchernorétski – também não agrícola e com uma indústria náutica muito desenvolvida. No povoado de Bolchoe Muráchkino, em 1887 havia 856 quintas (das quais, 853 sem lavoura), com 3.473 habitantes de ambos os sexos. Segundo o censo de 1897, Gorodets tinha 6.330 habitantes; Bolchoe Muráchkino, 5.341; Iúrino, 2.189; Spásskoe, 4.494; Vatras, 3.012.

[64] *Труды куст. ком.*, cit., fasc. IX, p. 2.567. Informações de 1880.

418 O DESENVOLVIMENTO DO CAPITALISMO NA RÚSSIA

(*Índice*); e isso é apenas uma pequena parte da manufatura capitalista que abarca os ofícios de peles, a fabricação de calçados, entre outras. Esses mesmos fabricantes mantêm trabalhadores em domicílio na cidade de Arzamás (em 1878, chegavam a 400 pessoas) e mais 5 aldeias suburbanas, onde, das 360 casas dedicadas ao manejo de peles, 330 trabalhavam para os comerciantes de Arzamás com material fornecido por eles, com jornadas de 14 horas diárias por 6 a 9 rublos ao mês[65]; é por isso que esses trabalhadores são um povo de rosto pálido, fraco, em processo de degeneração física. Das seiscentas casas de sapateiros de Vyezdnaia Slobodá, quinhentas trabalham para patrões, recebendo, para a fabricação das botas, as peças já cortadas. A indústria é antiga, tem cerca de duzentos anos, cresce e se desenvolve cada vez mais. Os moradores quase não se ocupam com a agricultura e toda a aparência externa de suas vidas é puramente urbana: eles vivem "luxuosamente". O mesmo se aplica às aldeias dedicadas ao manejo de pele acima mencionadas, cujos habitantes "olham com desprezo para o camponês agricultor, chamando-o de 'mãezinha aldeã'"[66].

Vemos exatamente a mesma coisa na província de Viatka. Os distritos de Viatka e Slobodskoi são centros fabris e "artesanais" de produção de couro e pele. No distrito de Viatka, os curtumes artesanais estão concentrados nas proximidades da cidade e "complementam" a atividade industrial das grandes fábricas[67], por exemplo, trabalhando para os grandes fabricantes; na maioria dos casos, os "artesãos" costureiros e os fabricantes de cola também trabalham para eles. Os fabricantes de peles empregam centenas de trabalhadores ocupados com a atividade em domicílio para costurar peles de carneiro etc. Trata-se de uma manufatura capitalista com filiais: curtidores de pele, fabricantes de peliça e pelica, dedicados ao acabamento etc. No distrito de Slobodskoi (o centro da indústria se encontra na periferia de Demianka), as relações são ainda

---

[65] A situação dos trabalhadores das fábricas de Arzamás é melhor, comparativamente, que a situação dos trabalhadores rurais (*Труды куст. ком.*, cit., fasc. III, p. 133).

[66] Ibidem, p. 76.

[67] *Труды куст. ком.*, cit., fasc. XI, p. 3.084. (Ver o *Índice* de 1890.) Entre os artesãos, foi incluído o camponês agricultor Dolguchin, proprietário de uma fábrica com sessenta trabalhadores. Há vários artesãos como esse.

MANUFATURA CAPITALISTA E TRABALHO CAPITALISTA EM DOMICÍLIO   419

mais nítidas; vemos um pequeno número de grandes fabricantes[68] na dianteira dos artesãos curtidores (870 pessoas), dos fabricantes de sapatos e luvas (855 pessoas), curtidores de peles de ovelha (940 pessoas), alfaiates (309 pessoas) que confeccionam peliças por encomenda de capitalistas. Em geral, tal organização é, aparentemente, muito difundida na produção de artigos de couro: por exemplo, na cidade de Sarapul, na província de Viatka, a *Lista* registra 6 curtumes que também fabricam calçados e empregam, além de 214 trabalhadores que trabalham no próprio estabelecimento, outros 1.080 trabalhadores externos[69]. Aonde iriam parar nossos "artesãos", esses representantes da indústria "popular" tão elogiados pelos Manílovs de toda a sorte, se todos os compradores e fabricantes russos contassem, com igual detalhe e precisão, com os trabalhadores que atuam em domicílio para eles[70]!

Vale mencionar ainda a aldeia industrial de Rasskázovo, no distrito e província de Tambov (em 1897, 8.283 habitantes), centro da produção "fabril" (pano, sabão, pele e couro, destilarias) e "artesanal", estando esta última intimamente ligada à primeira; as indústrias são de curtimento, feltro (cerca de 70 patrões; há estabelecimentos com 20 a 30 trabalhadores), cola, calçados, meias (não há uma quinta onde não se tricotem meias da lã distribuída a peso pelos "compradores") etc. Perto dessa aldeia, encontra-se o subúrbio de Biélaia Poliana (trezentas quintas), conhecida pela indústria do mesmo tipo. No distrito de Morchansk, o centro da indústria "artesanal" é a aldeia de Pokróvskoe-Vassílievskoe, que é, ao mesmo tempo, o centro da indústria fabril[71]. Na província de Kursk, povoados industriais e centros de indústrias "artesanais" dignos de nota são as aldeias de Veliko--Mikháilovka (no distrito de Nóvi Oskol; em 1897, havia 11.853 habitantes),

---

[68] Segundo o *Índice* de 1890, havia cerca de 27 patrões, com mais de 700 trabalhadores.

[69] *Перечень*, cit., p. 495.

[70] Ver também *Перечень*, cit., p. 489, sobre a famosa aldeia "artesanal" de Dunílov, no distrito de Chuiski, província de Vladímir. Em 1890, o *Índice* contava aqui 6 fábricas de peles, com 151 trabalhadores, e, de acordo com os dados dos *Труды куст. ком.* (cit., fasc. X), nessa área havia aproximadamente 2.200 fabricantes de peles e 2.300 peliceiros; em 1877, calculava-se cerca de 5,5 mil "artesãos". Provavelmente, organiza-se de maneira similar a indústria de produção de peneiras, ocupando cerca de 40 aldeias e até 4.000 pessoas entre os assim chamados "*mardasstsi*" (denominação comum a toda a área). Descrevemos a organização análoga da indústria de couro e de calçados na província de Perm nos nossos *Этюдах*, cit., p. 171 e seg.

[71] Ver *Índice*; *Отчеты и исследования*, cit., v. III.

Boríssovka (distrito de Gráivoron, com 18.071 habitantes), Tomárovka (distrito de Bélgorod, com 8.716 habitantes) e Mirópolis (distrito de Sudjá, com mais de 10 mil habitantes)[72]. Nesses mesmos povoados, é possível encontrar "fábricas" de couro[73]. A principal indústria "artesanal" é a de couro e sapatos. Nascida ainda na primeira metade do século XVIII, atingiu nos anos 1860 seu mais alto desenvolvimento, engendrando uma "organização sólida, de caráter puramente comercial". Todo o negócio era monopolizado por intermediadores, que compravam e distribuíam o couro entre os artesãos. As ferrovias extinguiram esse caráter monopolista do capital e os capitalistas intermediadores transferiram seu capital para empresas mais lucrativas. Hoje em dia, a organização é a seguinte: existem cerca de 120 grandes empresários; eles possuem oficinas com trabalhadores assalariados e distribuem trabalho em domicílio; os pequenos produtores independentes (os quais, todavia, compram pele dos grandes) chegam a cerca de 3 mil pessoas; 400 pessoas trabalham em domicílio (para grandes patrões) e há o mesmo número de trabalhadores assalariados; em seguida, vêm os aprendizes. O total de sapateiros chega a mais de 4 mil pessoas. Além disso, há artesãos ceramistas, marceneiros, pintores de ícones, tecelões etc.

A indústria da pele de esquilo no distrito de Kargópol, província de Olonets, é uma manufatura capitalista altamente característica, descrita com conhecimento de causa por um mestre-escola, que dá uma representação muito verdadeira e simples da vida da população, nos *Trabalhos da comissão das indústrias artesanais*[74]. Segundo sua descrição (1878), a indústria existe desde o início do século XIX: 8 patrões empregam 175 trabalhadores, mas chegam a trabalhar para eles mil costureiras em domicílio e cerca de 35 famílias de peleiros (nas aldeias), ou seja, 1.300 a 1.500 pessoas no total, com uma produção de 336 mil rublos. Como curiosidade, vale notar que, enquanto florescia, essa produção não estava incluída nas estatísticas das "fábricas". Não há indicações sobre ela no *Índice* de 1879. Mas, assim que começou a entrar em declínio, também foi incluída nas estatísticas. O *Índice* de 1890 calcula que

---

[72] Ver *Отчеты и исследования*, cit., v. I, dados de 1888-1889.

[73] Ver o *Índice* de 1890.

[74] *Труды ком. и т. д.*, cit., fasc. IV.

na cidade de Kargópol e no mesmo distrito existem 7 fábricas, com 121 trabalhadores e uma produção de 50 mil rublos; já a *Lista* calcula 5 fábricas, com 79 trabalhadores (e 57 pessoas à parte) e uma produção de 49 mil rublos[75]. O ordenamento dessa manufatura capitalista é muito instrutivo como amostra do funcionamento das nossas antigas "indústrias artesanais", puramente russas e preservadas, perdidas em um dos muitos confins da Rússia. O mestre trabalha 15 horas por dia em uma atmosfera extremamente anti-higiênica, recebendo 8 rublos por mês, menos de 60 a 70 rublos ao ano. O rendimento dos patrões é de cerca de 5 mil rublos ao ano. As relações dos patrões com os trabalhadores são "patriarcais": seguindo um antigo costume, o patrão fornece gratuitamente *kvas** e sal aos trabalhadores, que os solicitam à cozinheira. Como sinal de gratidão ao patrão (por lhes "dar" trabalho), os trabalhadores cortam o rabo dos esquilos e limpam a pele ao término do trabalho. Os mestres vivem a semana inteira nas oficinas e os patrões batem neles, aparentemente como uma espécie de brincadeira[76], e os obrigam a realizar todo tipo de trabalho: juntar o feno, limpar a neve, buscar água, lavar roupa etc. O baixo custo da mão de obra surpreende, mesmo em Kargópol, e os camponeses das vizinhanças estão "dispostos a trabalhar quase de graça". A produção é manual, com divisão sistemática do trabalho e um longo período de aprendizado (8 a 12 anos); o destino dos aprendizes é fácil de imaginar.

6) Demais ramos da indústria de transformação de produtos de origem animal

Um exemplo particularmente notável de manufatura capitalista é a famosa indústria de calçados da aldeia de Kimri, no distrito de Kórtcheva, província

---

[75] Eis informações sobre os "artesãos" referentes ao ano de 1894. "A costura de peles de esquilo já curtidas é feita pelas mulheres mais pobres da cidade de Kargópol e pelas camponesas do *vólost* de Pavlóvski. Pagam-lhes um preço irrisório", de modo que uma costureira ganha apenas 2,40 a 3 rublos por mês, sem alimentação, e, para receber (o pagamento é por peça), deve ficar sentada doze horas por dia, sem esticar as costas. "O trabalho é muito desgastante, em virtude da extrema tensão e assiduidade que requer." O número de costureiras atualmente é de duzentos (*Кустарная промышленность в Олонецкой губ.* [A indústria artesanal na província de Olonets], ensaio dos senhores Blagovéschenski e Gariazin. Petrozavodsk, 1895, p. 92-3).

* Bebida fermentada de baixo teor alcoólico, produzida a partir de pão e água. (N. T.)

[76] *Труды ком. и т. д.*, cit., fasc. IV, p. 218.

de Tver e seus arredores[77]. É uma indústria antiga, que existe desde o século XVI. Na época pós-reforma, continua a crescer e se desenvolver. No início dos anos 1870, Pletniov calculou quatro *vólosts* na área tomada por essa indústria e, em 1888, já contava nove *vólosts*. A base da organização da indústria é a seguinte. Na dianteira da produção, encontram-se os patrões das grandes oficinas com trabalhadores assalariados, que entregam o couro cortado para costureiros à parte. Pletniov calculou 20 patrões, com 124 funcionários e 60 meninos, e uma produção de 818 mil rublos; o número de trabalhadores em domicílio mantidos por esses capitalistas, o autor o define em aproximadamente 1.769 trabalhadores e 1.833 meninos. Em seguida, vêm os pequenos patrões, com 1 a 5 trabalhadores assalariados e 1 a 3 meninos. Esses patrões vendem suas mercadorias principalmente nas feiras da aldeia de Kimri; são 224 patrões, com 460 funcionários e 301 meninos; a produção é de 187 mil rublos. Um total, portanto, de 244 patrões, 2.353 trabalhadores (incluindo 1.769 em domicílio) e 2.194 trabalhadores meninos (incluindo 1.833 em domicílio), com uma produção de 1.005.000 rublos. Depois, temos as oficinas que executam várias operações parciais: raspadores (que limpam a pele com o raspador); os recortadores (que colam as aparas da limpeza); os transportadores da mercadoria (4 patrões empregam 16 trabalhadores e até 50 cavalos); marceneiros (que fazem as caixas) etc.[78]. Pletniov estima uma produção de 4,7 milhões de rublos para toda a região. Em 1881, foram

---

[77] Ver *Стат. временник Росс. империи* [Periódico das estatísticas do Império Russo], v. II, fasc. III (São Petersburgo, 1872). Materiais para um estudo da indústria artesanal e trabalho manual da Rússia. Redação de L. Máikov. Artigo de V. A. Pletniov. Esse trabalho é o melhor, em termos de clareza da descrição de toda a *organização* da indústria. Trabalhos posteriores fornecem estatísticas e dados valiosos do cotidiano, mas explicam de maneira menos satisfatória a ordem econômica dessa complexa indústria. Ver, ademais, *Труды куст. ком.*, cit., fasc. VIII, artigo do senhor Pokróvski; *Отчеты и исследования*, cit., v. I.

[78] Ver *Отчеты и исследования* (cit.): sete grupos de industriais: 1) comerciantes de artigos de couro; 2) compradores de sapatos; 3) patrões de grandes oficinas (5 a 6 pessoas) que cortam e distribuem a mercadoria em domicílio; 4) patrões de pequenas oficinas com trabalhadores assalariados; também distribuem trabalho em domicílio; 5) um indivíduo sozinho que trabalha para o mercado ou para patrões (grupos 3 e 4); 6) trabalhadores assalariados (mestres, aprendizes, meninos); 7) "construtores, entalhadores, bem como patrões e trabalhadores das oficinas de limpeza e colagem de saltos" (*Отчеты и исследования*, cit., p. 227). O número de moradores da cidade de Kimri, segundo o censo de 1897, é de 7.017.

calculados 10.638 artesãos, os quais, somados aos trabalhadores vindos de fora, chegavam a 26 mil pessoas, e o total da produção era de 3,7 milhões de rublos. Quanto às condições de trabalho, é importante notar a jornada de trabalho excessivamente longa (14 a 15 horas) e as condições de trabalho extremamente anti-higiênicas, o pagamento em mercadorias etc. O centro da indústria, a aldeia de Kimri, "mais parece uma cidade pequena"[79]; os moradores são maus agricultores, ocupados durante todo o ano com a indústria; apenas os artesãos rurais se afastam dela durante a colheita do feno. As casas na cidade de Kimri são de estilo urbano e os moradores se distinguem pelos hábitos de vida urbanos (por exemplo, a "elegância"). Essa indústria, até muito recentemente, estava ausente das "estatísticas fabris", talvez porque os patrões "se denominam de bom grado artesãos"[80]. Na *Lista*, entraram pela primeira vez 6 oficinas de calçados da região de Kimri com 15 a 40 trabalhadores empregados no estabelecimento e sem trabalhadores à parte. É claro que há aqui um poço de lacunas.

Na manufatura, também se inclui a indústria de botões dos distritos de Brónnitsy e Bogoródski, província de Moscou: a produção de botões a partir de cascos e chifres de carneiro. Estão empregados na indústria 487 trabalhadores em 52 estabelecimentos, com uma produção total de 264 mil rublos. Estabelecimentos com menos de 5 pessoas: 16; com 5 a 10 pessoas: 26; com 10 ou mais pessoas: 10. Somente 10 patrões sem trabalhadores assalariados prestam serviço para os grandes com o material fornecido por estes. Apenas os grandes industriais são completamente independentes (que, como se vê pelos números citados, devem manter de 17 a 21 trabalhadores por estabelecimento). Ao que parece, figuram no *Índice* como "fabricantes" (2 estabelecimentos com 4 mil rublos de produção e 73 trabalhadores)[81]. Trata-se de uma "manufatura orgânica"; os chifres são primeiro aquecidos na chamada "forja" (uma *isbá* de madeira com forno), depois são transferidos para a *oficina*, onde são cortados com uma prensa, o desenho é estampado na

---

[79] *Отчеты и исследования*, cit., v. I, p. 224.

[80] Ibidem, p. 228.

[81] Ver *Указатели*, cit., p. 291.

prensa de alto-relevo e, finalmente, são rematados e polidos. Há aprendizes na indústria. A jornada de trabalho é de catorze horas. O pagamento habitual é em mercadorias. A relação dos patrões com os trabalhadores é patriarcal: o patrão se dirige aos trabalhadores como "rapaziada" e o livro de contas é denominado "livro da rapaziada"; nos pagamentos, o patrão faz sermões aos trabalhadores e nunca satisfaz integralmente os "pedidos" de dinheiro.

As indústrias de chifre desse tipo foram incluídas em nossa tabela como pequenas indústrias[82]. "Artesãos" com dezenas de trabalhadores contratados também figuram no *Índice*, na qualidade de "fabricantes". Na produção, aplica-se a divisão do trabalho; há também distribuição de trabalho em domicílio (polidores de pentes). O centro da indústria no distrito de Bogoródski é a grande aldeia de Khotéitchi, onde a agricultura já é relegada a segundo plano (em 1897, 2.494 moradores). Diz-se, com razão, na edição dos *zemstvos* de Moscou, *As indústrias artesanais do distrito de Bogoródski, província de Moscou, em 1890*, que essa aldeia "*não representa nada além de uma vasta manufatura de pentes*"[83]. Em 1890, calculavam-se mais de 500 industriais nessa aldeia, com a produção de 3,5 a 5,5 milhões de pentes. "Quase sempre, o vendedor de chifres é, ao mesmo tempo, um comprador de artigos e, além disso, não raro é um grande fabricante de pentes." Particularmente ruim é a situação daqueles patrões obrigados a pegar os chifres "por peça": "de fato, sua situação é ainda pior que a dos trabalhadores assalariados dos grandes estabelecimentos". A necessidade obriga-os a explorar excessivamente o trabalho de toda a família e a *prolongar a jornada de trabalho*, empregar o trabalho de adolescentes. "No inverno, em Khotéitchi, o trabalho começa à 1 hora da manhã e é difícil dizer, com certeza, quando termina na *isbá* do artesão 'independente', que trabalha 'por peça'." Em grande escala, com pagamento em mercadoria. "Esse sistema, tão arduamente extirpado das fábricas, encontra-se ainda em pleno vigor nos pequenos estabelecimentos artesanais."[84] É bem provável que também seja assim a organização

---

[82] Anexo I ao capítulo V, indústrias n. 31 e 33.

[83] *Кустарные промыслы Богородского уезда Моск. губ. в 1890 г.* (Moscou, 1890), p. 24; destaque nosso.

[84] Ibidem, p. 27.

da indústria de artigos de chifre no distrito de Kádnikov, província de Vólogda, na região da aldeia de Ustie (a chamada "*Ustiánschina*"), com 58 aldeias. O senhor V. Boríssov[85] conta ali 388 artesãos com uma produção total de 45 mil rublos; todos os artesãos trabalham para os capitalistas que compram os chifres em São Petersburgo, e a carapaça de tartaruga, no estrangeiro.

Na dianteira da indústria de escovas da província de Moscou[86], vemos grandes estabelecimentos com um elevado número de trabalhadores assalariados e uma divisão sistemática do trabalho[87]. É interessante notar aqui a mudança que se produziu na organização dessa indústria de 1879 a 1895[88]. Alguns industriais abastados mudaram-se para Moscou para dedicar-se à indústria. O número deles aumentou 70%, com um crescimento particular no número de mulheres (+ 170%) e moças (+ 159%). O número de grandes oficinas com trabalhadores assalariados diminuiu: a porcentagem de estabelecimentos com trabalhadores assalariados caiu de 62% para 39%. Isso se explica pelo fato de os patrões terem passado a *distribuir trabalho em domicílio*. A introdução do amplo emprego da broca (para perfurar as tábuas) acelerou e facilitou um dos principais processos de preparação das escovas. A demanda por "plantadores" (artesãos que "implantam" as cerdas nas tábuas) aumentou, e essa operação, cada vez mais especializada, acabou sobrando para as mulheres, como mão de obra mais barata. As mulheres começaram a implantar as cerdas em suas próprias casas, recebendo pagamento por peça. Dessa maneira, a intensificação do trabalho em domicílio foi aqui engendrada pelo progresso da técnica (a broca), pelo progresso da divisão do trabalho (as mulheres não fazem mais que implantar as cerdas), pelo progresso da exploração capitalista (o trabalho de mulheres e moças é mais barato). Nesse exemplo, fica particularmente claro que *o trabalho em domicílio de modo*

---

[85] V. Boríssov, em *Труды куст. ком.*, cit., fasc. IX.

[86] Ver anexo I ao capítulo V, indústria n. 20.

[87] O "serrador" corta as tábuas para os pentes; o "broqueador" faz os furos; o "limpador" limpa as cerdas; o "plantador" "implanta" as cerdas; o "carpinteiro" cola a madeira compensada nas escovas (*Сборник стат. свед. по Моск. губ.*, cit., v. VI, fasc. I, p. 18).

[88] Ver edição dos *zemstvos* de Moscou: *Щеточный промысел по исследованию 1895 года* [A indústria de escovas segundo pesquisa de 1895].

426 O DESENVOLVIMENTO DO CAPITALISMO NA RÚSSIA

algum elimina o conceito de manufatura capitalista, mas, pelo contrário, é, por vezes, até mesmo *um sinal de seu desenvolvimento ulterior*.

7) As indústrias de transformação de produtos de origem mineral

No ramo de produção de cerâmica, o exemplo de manufatura capitalista vem das indústrias da região de Gjel (área de 25 aldeias dos distritos de Brónnitsy e Bogoródski, na província de Moscou). Tais dados estatísticos foram incluídos em nossa tabela de pequenas indústrias[89]. Como se vê com base nesses dados, apesar de todas as enormes diferenças entre os três ofícios de Gjel – o da cerâmica, o da porcelana e o da pintura –, as transições entre diferentes classes de estabelecimentos em cada indústria suavizam essas diferenças e temos toda uma série de oficinas que se multiplicam sucessivamente, segundo suas dimensões. Eis o número médio de trabalhadores por estabelecimento, de acordo com as classes dessas três indústrias: 2,4 – 4,3 – 8,4 – 4,4 – 7,9 – 13,5 – 18 – 69 – 226,4. Ou seja, a série vai da menor oficina para a maior. Não há dúvida quanto ao fato de os grandes estabelecimentos se incluírem na manufatura capitalista (na medida em que não introduziram maquinário, não se transformaram em fábricas), mas não é só isso que é importante: também importa o fato de *os pequenos estabelecimentos estarem ligados aos grandes* e vermos ali *uma estrutura de indústria única*, e não oficinas isoladas de um ou de outro tipo de organização econômica. "Gjel forma um todo econômico"[90] e as grandes oficinas da região se constituíram gradual e lentamente, crescendo tendo por base as pequenas[91]. A produção é manual[92], com significativa aplicação da *divisão do trabalho*: entre os ceramistas, encontram-se polidores (especializados de acordo com o tipo de louça),

[89]   Anexo I ao capítulo V, indústrias n. 15, 28 e 37.

[90]   A. Isáiev, *Промыслы Моск. губ.* [A indústria da província de Moscou] (Moscou, 1876), v. I, p. 138.

[91]   Ibidem, p. 121.

[92]   Notemos que, nessa indústria, bem como nas indústrias de tecelagem acima descritas, a manufatura capitalista é, propriamente, uma economia do passado. O pós-reforma caracteriza-se pela transformação dessa manufatura em uma grande indústria mecanizada. O número de fábricas de Gjel que utilizavam motores a vapor era: uma em 1866, duas em 1879 e três em 1890 (de acordo com os dados do *Ежегодника министерства финансов* [Anuário do Ministério das Finanças], fasc. I, e o *Índice* de 1879 e 1890).

MANUFATURA CAPITALISTA E TRABALHO CAPITALISTA EM DOMICÍLIO   427

trabalhadores encarregados do cozimento do produto e assim por diante; às vezes, há também um trabalhador específico para a preparação das tintas. Entre os fabricantes de porcelana, o trabalho encontra-se extraordinariamente repartido: moedores, polidores, transportadores, fornistas, pintores etc. Os polidores chegam até mesmo a se especializar em determinados tipos de louça (em um caso, a divisão do trabalho aumentou a produtividade em 25%)[93]. As oficinas de pintura trabalham para os fabricantes de porcelana, portanto são apenas filiais dessa manufatura e realizam uma operação parcial específica. É característico da manufatura capitalista aqui em formação que a força física se torne também uma especialidade. Assim, em Gjel, algumas aldeias estão ocupadas (quase sem exceção) com a extração de argila; para os trabalhos pesados e que não requerem uma arte especial (o trabalho de batedor), são empregados quase exclusivamente trabalhadores vindos das províncias de Tula e Riazan, que superam em força e disposição os naturais de Gjel. O pagamento em troca de mercadorias é amplamente difundido. A agricultura está em situação ruim. "Em Gjel, há uma geração em degeneração"[94] – de peito miúdo, ombros encolhidos, pouco vigor, os pintores logo perdem a visão etc. A divisão capitalista do trabalho esmaga e desfigura as pessoas. A jornada de trabalho é de doze a treze horas.

8) Indústrias de transformação de metais. As indústrias de Pávlovo

As famosas indústrias de aço de Pávlovo cobrem toda a área do distrito de Gorbátov, na província de Níjni Nóvgorod, e do distrito de Múrom, na província de Vladímir. A origem dessas indústrias é muito antiga: Smirnov indica que no ano 1621 havia (de acordo com o livro do escriba)* onze forjas em Pávlovo. Em meados do século XIX, essas indústrias já constituíam uma

---

[93]   Ver A. Isáiev, *Промыслы Моск. губ.*, cit., p. 140.

[94]   Ibidem, p. 168.

*   Os "livros dos escribas" [em russo: писцовые книги] são os principais documentos de taxação dos moradores das cidades, povoados e aldeias, nos quais se indicavam o caráter das terras e a prosperidade dos habitantes, descreviam-se ruas, subúrbios, mosteiros, fortalezas etc. Os inventários eram feitos na própria localidade pelos "escribas" (comissões especiais dos centros). Os livros de escribas mais antigos datam do final do século XV, mas a maioria dos que foram conservados é do século XVII. (N. E. R.)

428 O DESENVOLVIMENTO DO CAPITALISMO NA RÚSSIA

rede amplamente difundida de relações capitalistas plenamente estabelecidas. Após a reforma, a indústria dessa área continuou a se desenvolver em amplitude e profundidade. De acordo com censo dos *zemstvos* de 1889 no distrito de Gorbátov, ocupavam-se com a indústria 5.953 quintas de 13 *vólosts* e 119 povoados, com 6.570 trabalhadores do sexo masculino (54% do número total de trabalhadores desses povoados) e 2.741 idosos, adolescentes e mulheres; no total, 9.311 pessoas. O senhor Grigóriev calculou no distrito de Múrom, em 1881, 6 *vólosts* industriais, 66 povoados, 1.545 quintas e 2.205 trabalhadores do sexo masculino (39% do total de trabalhadores desses povoados). Não apenas se formaram aldeias industriais de grande porte (Pávlovo, Vorsma), não dedicadas à agricultura, mas também os camponeses dos arredores foram desviados da agricultura: fora de Pávlovo e Vorsma, havia, no distrito de Gorbátov, 4.492 trabalhadores, dos quais 2.357 – ou seja, *mais da metade* – não se dedicavam à agricultura. A vida de centros como Pávlovo se formou de modo completamente urbano, engendrando necessidades de consumo, cultura, vestuário, modo de vida etc. incomparavelmente mais elevadas que as dos agricultores "cinzentos" dos arredores[95].

Ao nos voltarmos para a questão da organização econômica das indústrias de Pávlovo, devemos, antes de mais nada, constatar o fato incontestável de que à frente dos "artesãos" se encontram manufaturas capitalistas típicas. Por exemplo, num estabelecimento de Zaviálov (que já nos anos 1860 empregava mais de 100 trabalhadores e agora introduziu o motor a vapor), um canivete passa por 8 a 9 mãos: nele, trabalham o forjador, o funileiro, o que faz as garras (geralmente em domicílio), o temperador, o polidor, o lustrador, o finalizador, o afiador, o marceneiro. Trata-se de uma ampla cooperação capitalista baseada na divisão do trabalho, sendo que grande parte dos trabalhadores parciais estão ocupados não na oficina do capitalista, mas em domicílio. Eis os dados do senhor Labzin (1866) acerca dos maiores estabelecimentos das aldeias de Pávlovo, Vorsma e Vatcha, correspondentes a todos os ramos de produção dessa região: 15 patrões mantinham 500

---

[95] Sobre a alfabetização da população em Pávlovo e Vorsma e o reassentamento de camponeses das aldeias para esses centros, ver acima.

trabalhadores nos estabelecimentos e 1.134 trabalhadores à parte; um total de 1.634 pessoas, com uma produção total de 351.700 rublos. Em que medida essa característica das relações econômicas se aplica, no presente, a toda a região, fica evidente tendo por base os seguintes dados[96]:

Região	Número de trabalhadores empregados nas indústrias e que trabalham					Total aproximado da produção (em milhões de rublos)
	Para venda no mercado	Para um patrão em domicílio	Por contratação	Para um patrão em domicílio e por contratação	Total	
De Pávlovo	3.132	2.819	619	3.438	6.570	} 2
Da aldeia de Selitba	41	60	136	196	237	
De Múrom	500	?	?	2.000	2.500	1
Total	3.673	—	—	5.634	9.307	3

Dessa maneira, a organização da indústria que delineamos predomina em todas as regiões. De modo geral, cerca de *três quintos* do número total de trabalhadores estão empregados ao modo capitalista. Também vemos aqui, portanto, que a manufatura ocupa posição dominante na estrutura geral da indústria[97] e subordina as massas de trabalhadores, sem, no entanto, estar em condições de eliminar pela raiz a pequena produção. A relativa vitalidade desta última explica-se, primeiramente, pelo fato de que, em alguns ramos da indústria de Pávlovo, ainda não foi introduzida a produção mecânica (por exemplo, o negócio de fechaduras); segundo, pelo fato de que o pequeno produtor se defende da decadência por meio de recursos cuja aplicação o faz decair a um nível muito mais baixo que o do trabalhador assalariado. Esses recursos são o prolongamento da jornada de trabalho, a diminuição do

---

[96] Dados dos *Materiais* estatísticos dos *zemstvos* e do *Relatório* do senhor Annénski, bem como da pesquisa de A. N. Potréssov (citada no capítulo V). As cifras relativas à região de Múrom são aproximadas. O número de habitantes, segundo o censo de 1897, era de 4.674 em Vorsma e 12.431 em Pávlovo.

[97] Os dados citados estão longe de expressar plenamente esse predomínio: a continuação do texto mostra que os artesãos que trabalham para a venda nos bazares estão *ainda mais* subordinados ao capital que os que trabalham para os patrões, e estes últimos *ainda mais* que os trabalhadores assalariados. As indústrias de Pávlovo mostram com particular relevo o laço indissolúvel entre o capital mercantil e o industrial que caracteriza a manufatura capitalista em geral em sua relação com os pequenos produtores.

430 O DESENVOLVIMENTO DO CAPITALISMO NA RÚSSIA

nível de vida e do consumo. "O grupo de artesãos que trabalha para patrões está menos sujeito a flutuações salariais"[98]; na fábrica Zaviálov, por exemplo, recebe menos quem coloca os cabos no canivete: "trabalha em domicílio e, por isso, satisfaz-se com salários mais baixos"[99]. Os artesãos que trabalham "para os fabricantes" "têm a oportunidade de ganhar um pouco mais que com a produção média de um artesão que leva seu produto ao mercado. O aumento dos salários é, sobretudo, notável entre os operários que moram nas fábricas"[100]. A jornada de trabalho nas "fábricas" é de 14,5 a 15 horas, *maximum* 16. "Para os artesãos que trabalham em domicílio, a jornada de trabalho é sempre de pelo menos 17 horas e, às vezes, chega a 18 ou mesmo a 19 horas por dia."[101] Não seria nenhum pouco de admirar que a lei de 2 de junho de 1897 tenha intensificado o trabalho em domicílio; já faz tempo que esses "artesãos" dirigem todas as suas preocupações e os seus esforços para conseguir dos patrões a construção de fábricas! Que o leitor se lembre também do famoso "compra a crédito" de Pávlovo, a "troca", o "dote das esposas" e outros tipos semelhantes de servidão e humilhação pessoal com os quais o pequeno produtor *quase* independente é esmagado[102]. Felizmente, a grande indústria mecanizada em rápido crescimento não tolera tão facilmente as piores formas de exploração, como a manufatura. A seguir, apresentamos dados sobre o crescimento da produção fabril na região[103].

---

[98] Grigóriev, *Кустарное замочно-ножевое производство Павловского района* [A produção artesanal de fechaduras e facas do distrito de Pávlovo] (anexos à publicação do Volga, Moscou, 1881), p. 65.

[99] Ibidem, p. 68.

[100] Ibidem, p. 70. Na redução dos salários, a ligação com a terra também desempenha papel importante. Os artesãos da aldeia "em geral ganham menos que os chaveiros de Pávlovo" (Annénski, *Доклад* [Relatório], p. 61). É verdade que é preciso levar em conta que os primeiros têm trigo próprio, todavia "a situação do artesão comum dificilmente pode ser considerada mais favorável que a do chaveiro médio de Pávlovo" (ibidem, p. 61).

[101] Grigóriev, *Кустарное замочно-ножевое производство Павловского района*, cit.

[102] Em tempos de crise, chegam a trabalhar literalmente de graça, trocam o "branco pelo preto", ou seja, artigos acabados por matérias-primas, e isso ocorre "com bastante frequência" (Ibidem, p. 93).

[103] Dados do *Índice* e da *Lista* para toda a região, inclusive as aldeias de Selitba e Vatcha e seus arredores. O *Índice* de 1890 inclui, sem dúvida, os trabalhadores à parte no número total de trabalhadores fabris; determinamos o número desses trabalhadores à parte de maneira aproximada, limitando-nos a fazer uma correção nos dois maiores estabelecimentos (Zaviálov e F. Varipáiev). Para comparar o número de "fábricas" de acordo com a *Lista* e o *Índice*, devemos tomar apenas estabelecimentos com quinze

Anos	Número de "fábricas"	Número de trabalhadores			Produção total (em milhares de rublos)	Número de estabelecimentos com máquina a vapor	Número de estabelecimentos com 15 ou mais trabalhadores
		Nos estabelecimentos	À parte	Total			
1879	31	?	?	1.161	498	2	12
1890	38	Cerca de 1.206	Cerca de 1.155	2.361	594	11	24
1894-1895	31	1.905	2.197	4.102	1.134	19	31

Dessa maneira, vemos como um número cada vez maior de trabalhadores se concentra nos grandes estabelecimentos que recorrem ao uso de máquinas[104].

9) Outras indústrias de transformação de metais

Também pertencem à manufatura capitalista as indústrias da aldeia de Bezvódnoe, na província e distrito de Níjni Nóvgorod. Trata-se, ainda, de uma daquelas aldeias industriais cuja maioria dos habitantes não se dedica em absoluto à agricultura e que serve como centro de um distrito industrial de vários povoados. Segundo o censo dos *zemstvos* de 1889[105], no *vólost* de Bezvódnoe (581 quintas), 67,3% das quintas não tinham lavoura, 78,3% das quintas não tinham cavalos, 82,4% das quintas contavam com indústrias, em 57,7% das quintas havia pessoas alfabetizadas e estudantes (contra a média de 44,6% do distrito). As indústrias de Bezvódnoe fabricam vários artigos

ou mais trabalhadores (ver mais sobre isso em nossos *Этюды*, cit., no artigo "К вопросу о нашей фабр.-зав. статистике" ["Sobre a questão de nossa estatística fabril"].

[104] Num ramo da indústria de Pávlovo, precisamente na produção de fechaduras, verifica-se, pelo contrário, uma diminuição do número de oficinas com trabalhadores assalariados. A. N. Potréssov (*Кризис в замочном промысле кустарного Павловского района*) constatou esse fato em detalhes e apontou também sua razão: a concorrência da fábrica de fechaduras na província de Kovno (em 1890, a fábrica dos irmãos Schmidt tinha 500 trabalhadores e 500 mil rublos de produção; em 1894-1895, 625 trabalhadores e 730 mil rublos de produção).

[105] *Материалы*, fasc. VIII (Níjni Nóvgorod, 1895).

de metal: correntes, anzóis, telas metálicas; o montante da produção foi determinado em 2,5 milhões de rublos em 1883[106] e 1,5 milhão de rublos em 1888-1889[107]. A organização da indústria consiste no trabalho realizado para os patrões, com material deles, distribuído para uma série de trabalhadores parciais e realizado, em parte, nas oficinas dos patrões e, em parte, em domicílio. Na produção de anzóis, por exemplo, várias operações são realizadas por "torcedores", "cortadores" (que trabalham em uma sala especial) e "afiadores" (mulheres e crianças que afiam os anzóis em domicílio); todos esses trabalhadores se dedicam à atividade laboral para o capitalista em troca de um pagamento por peça, e os responsáveis pela torção distribuem por conta própria o trabalho aos cortadores e afiadores. "O fio de ferro é hoje esticado com ajuda dos arreios dos cavalos; antes, o fio era esticado por cegos, que se reuniam aqui em grande número [...]." Uma das "especialidades" da manufatura capitalista! "Pela sua constituição, essa produção difere acentuadamente de todas as outras. As pessoas têm de trabalhar em uma atmosfera abafada, saturada pelos vapores nocivos das fezes acumuladas dos cavalos."[108] Na província de Moscou, estão organizadas de acordo com esse mesmo tipo de manufatura capitalista as indústrias de telas metálicas[109], de alfinete[110] e de filamentos[111]. Nessa última indústria, no início da década de 1880, calculavam-se 66 estabelecimentos, com 670 trabalhadores (dos quais 79% assalariados) e uma produção total de 368.500 rublos, e alguns desses estabelecimentos capitalistas eram ocasionalmente incluídos também entre as "fábricas"[112].

É bem provável que o mesmo tipo de organização se encontre na indústria de serralheria do *vólost* de Burmákino (e dos *vólosts* das

---

[106] *Труды куст. ком.*, cit., fasc. IX. Em 1887, a aldeia de Bezvódnoe tinha 3.296 habitantes.

[107] *Отчеты и исследования*, cit., v. I; a *Lista* indica nessa região 4 fábricas com 21 trabalhadores no estabelecimento e 29 trabalhadores à parte, e uma produção total de 68 mil rublos.

[108] *Отчеты и исследования*, cit., v. I, p. 186.

[109] Anexo I ao capítulo V, indústria n. 29.

[110] Ibidem, n. 32.

[111] *Сборник стат. свед. по Моск. губ.*, cit., v. VII, fasc. I, parte II, e *Пром. Богор. у. в 1890 г.* [A indústria do distrito de Bogoródski em 1890].

[112] Ver, por exemplo, *Перечень*, cit., n. 8.819.

redondezas), na província e no distrito de Iaroslav. Vemos aqui, ao menos, a mesma divisão de trabalho (ferreiros, foleiros, serralheiros), o mesmo desenvolvimento extensivo do trabalho assalariado (de 307 forjas do distrito de Burmákino, 231 contam com trabalhadores assalariados), o mesmo predomínio do grande capital sobre todos esses trabalhadores parciais (os comerciantes estão na dianteira; para eles, trabalham os ferreiros, e para os ferreiros, os serralheiros), a mesma união da compra com a produção de artigos nas oficinas capitalistas, das quais algumas são, às vezes, incluídas nas listas de "fábricas"[113].

No anexo ao capítulo anterior, foram citadas estatísticas sobre a indústria de bandejas e artigos de cobre[114] da província de Moscou (esta última na região denominada "Zagárie"). Com base nesses dados, pode-se ver que o trabalho assalariado desempenha papel predominante nessas indústrias, na dianteira das quais se encontram oficinas tão grandes que há nelas, em média, 18 a 23 trabalhadores assalariados por estabelecimento e uma produção de 16 mil a 17 mil rublos. Se acrescentarmos a isso que a divisão do trabalho é aqui aplicada em proporções muito amplas[115], torna-se claro que temos diante de nós uma manufatura capitalista[116]. "As pequenas unidades industriais que constituem uma anomalia nas condições existentes da técnica e da divisão do trabalho só podem se manter ao lado das grandes oficinas mediante o prolongamento do trabalho até limites extremos"[117]; por

---

[113] *Труды куст. ком.*, cit., fasc. VI, pesquisa de 1880; *Отчеты и исследования*, cit., v. I (1888-1889), p. 271: "quase toda a produção está concentrada em oficinas com trabalhadores assalariados". Ver também *Обзор Яросл. губ.* [Resumo da província de Iaroslav], fasc. II (Iaroslav, 1896), p. 8, 11; *Перечень*, cit., p. 403.

[114] Anexo I ao capítulo V, indústrias n. 19 e 30.

[115] Nas oficinas de produção de artigos de cobre, são necessários cinco trabalhadores para realizar as distintas operações; nas de bandeja, um *minimum* de três; e uma "oficina normal" requer nove trabalhadores. "Nos amplos estabelecimentos", aplica-se uma "divisão refinada do trabalho", "com o propósito de aumentar a produtividade" (A. Isáiev, *Промыслы Моск. губ.*, cit., p. 27 e 31).

[116] O *Índice* de 1890 calcula na região de Zagárie 14 fábricas com 184 trabalhadores e uma produção total de 37 mil rublos. O confronto dessas cifras com os dados das estatísticas dos *zemstvos* citados acima mostra que as estatísticas fabris, mesmo nesse caso, abarcam apenas as camadas superiores da manufatura capitalista amplamente desenvolvida.

[117] A. Isáiev, *Промыслы Моск. губ.*, cit., p. 33.

exemplo, entre os que fazem bandejas, a jornada pode chegar a *dezenove horas*. A jornada de trabalho, em geral, é de treze a quinze horas, enquanto entre os pequenos proprietários é de dezesseis a dezessete horas. Muito difundido é o pagamento em mercadorias (tanto em 1876 quanto em 1890)[118]. Acrescentemos que a existência de longa data da indústria (remonta, pelo menos, aos inícios do século XIX), com ampla especialização de ocupações, desenvolveu, no presente caso, trabalhadores extremamente hábeis: os moradores de Zagárie são famosos por sua maestria. Na indústria, também surgiram especialidades que não requerem capacitação prévia e estão disponíveis diretamente para os trabalhadores menores de idade. "Só essa possibilidade", observa com razão o senhor Isáiev, "de contratar um trabalhador menor idade, sem ensinar-lhe o ofício, demonstra que o espírito do trabalho artesanal, que exige a educação da força de trabalho, está desaparecendo; a simplicidade de muitos procedimentos parciais é um sinal da transição do artesanato para a manufatura."[119] Notemos apenas que o "espírito do trabalho artesanal" permanece, até certo ponto, na manufatura, pois sua base é também a produção manual.

10) Produção de joias, de samovares e de acordeões

O povoado de Krásnoe, da província e do distrito de Kostromá, é um daqueles povoados industriais que são em geral o centro da nossa manufatura capitalista "popular". Esse grande povoado (em 1897, havia 2.612 habitantes) possui um caráter puramente urbano, os habitantes vivem como pequeno-burgueses e não se dedicam à agricultura (com bem poucas exceções). O povoado de Krásnoe é o centro da indústria joalheira, abrangendo 4 *vólosts* e 51 aldeias (inclusive o *vólost* de Sídorov, do distrito de Nerekhta), nos quais se encontram 735 quintas e aproximadamente 1.706 trabalhadores[120]. "Os principais representantes da indústria", diz

---

[118] Ver *Куст. пром. Богор. уезда* [A indústria artesanal do distrito de Bogoródski].

[119] A. Isáiev, *Промыслы Моск. губ.*, cit., p. 34.

[120] *Труды куст. ком.*, cit., fasc. IX, artigo do senhor Tillo. – *Отчеты и исследования*, cit., v. III (1983). A indústria se desenvolve cada vez mais. Ver a correspondência em *Rússkie Viédomosti*, n. 231, 1897.

o senhor Tillo, "devem, sem dúvida, ser considerados os grandes industriais do povoado de Krásnoe: os comerciantes Putílov, Mázov, Sorokin, Tchulkov, entre outros. Eles compram material – ouro, prata, cobre –, mantêm mestres-artesãos, adquirem artigos prontos, distribuem encomendas de trabalho em domicílio, entregam amostras de artigos etc."[121] Os grandes industriais têm oficinas, "*rabótorni*" [laboratórios], onde os metais são forjados e fundidos, depois distribuídos aos "artesãos" para acabamento; possuem maquinário técnico: prensas, matrizes de corte; aparelhos para imprimir desenhos e esticar metal, bancadas de trabalho etc. A divisão do trabalho é amplamente aplicada à produção:

> O trabalho de cada produto passa quase sempre por várias mãos, de acordo com uma ordem estabelecida. Assim, por exemplo, para fazer brincos, a prata é entregue primeiro pelo patrão industrial a sua oficina, onde parte é transformada em placas e parte em arame; em seguida, esse material fica a cargo de um mestre-artesão em particular, que, se tiver família, divide o trabalho entre várias pessoas: um estampa a placa de prata com o desenho ou a forma de um brinco, o outro dobrará o fio em um gancho com o qual se pendura o brinco na orelha, um terceiro soldará essas coisas e, finalmente, um quarto fará o polimento do brinco pronto. O trabalho completo não é difícil e não requer preparação significativa; muitas vezes, mulheres e crianças de 7 a 8 anos se ocupam com a solda e o polimento.[122]

Também aqui a jornada de trabalho se distingue por uma duração desmedida, chegando, em geral, a dezesseis horas. Pratica-se o pagamento em mantimentos.

As estatísticas a seguir (publicadas recentemente pelo inspetor de perfuração de metais local) ilustram de maneira clara a estrutura econômica da indústria:

E *Viéstnik Finánsov*, n. 42, 1898. O total da produção é de mais de 1 milhão de rublos, dos quais os trabalhadores recebem cerca de 200 mil e os compradores e comerciantes, cerca de 300 mil rublos.

[121] Ver artigo do senhor Tillo em *Труды куст. ком.*, cit., fasc. IX, p. 2.043.

[122] Ibidem, p. 2.041. "Entre os artesãos de Krásnoe, cada gênero e até mesmo cada parte dos artigos têm seus mestres-artesãos, por isso é muito raro encontrar anéis e brincos, pulseiras e broches etc. sendo produzidos numa mesma casa; geralmente um único artigo é preparado em partes por trabalhadores especialistas que vivem não apenas em casas diferentes, mas até mesmo em aldeias diferentes."

Grupos de mestres-artesãos	Número de mestres--artesãos	%	Total de todos os trabalhadores (aproximadamente)	%	Quantidade de artigos (em *puds*)	%
Não apresentaram artigos	404	} 66,0	1.000	58 {	—	—
Apresentaram até 12 libras de artigos	81				11	1,3
Apresentaram 12 a 120 libras de artigos	194	26,4	500	29	236	28,7
Apresentaram 120 libras ou mais de artigos	56	7,6	206	13	577	70,0
Total	735	100	1.706	100	824	100

"Os dois primeiros grupos (cerca de dois terços do número total de mestres-artesãos) podem ser equiparados não aos artesãos, mas aos trabalhadores fabris que trabalham em domicílio." No grupo superior, "o trabalho assalariado é cada vez mais frequente [...] Os mestres-artesãos já começam a comprar artigos de terceiros", nas camadas superiores do grupo "a compra predomina" e "quatro compradores não têm nenhuma oficina".[123]

O comércio da cidade de Tula e o de seus arredores são amostras extremamente típicas da manufatura capitalista. Em geral, as indústrias "artesanais" dessa área se distinguem por uma grande longevidade: seu início remonta ao século XV[124]. Apresentaram um desenvolvimento especial desde meados do século XVII; a partir de então, o senhor Boríssov considera que esse é o segundo período de desenvolvimento das indústrias de Tula. Em 1637, foi construída a primeira fundição de ferro (pelo holandês Vinius). Os armeiros de Tula formaram um subúrbio especial de ferreiros, constituíram uma casta especial, com direitos e privilégios especiais. Em 1696, surgiu a primeira fundição de ferro em Tula, construída por um notável ferreiro da cidade, e a indústria se expandiu para os Urais e a Sibéria[125]. A partir desse momento, inicia-se o terceiro período na história das indústrias de Tula. Os mestres-artesãos começaram a

---

[123] *Viéstnik Finánsov*, n. 42, 1898.

[124] Ver o artigo do senhor V. Boríssov em *Труды куст. ком.*, cit., fasc. IX.

[125] O ferreiro Nikita Demídov Antúfiev, de Tula, caiu nas graças de Pedro, o Grande, ao construir uma fábrica perto dessa cidade e em 1702 ganhou a fábrica de Neviansk. Seus descendentes são os famosos Demídov, mineiros dos Urais.

montar estabelecimentos, ensinando o ofício aos camponeses dos arredores. Nos anos 1810 a 1820, surgiram as primeiras fábricas de samovares. "Em 1825, já havia em Tula 43 fábricas diferentes pertencentes a armeiros, e quase todas as que existem hoje pertencem a antigos armeiros, agora convertidos em comerciantes de Tula".[126] Ali vemos, portanto, uma continuidade e uma ligação imediata entre os antigos mestres de ofícios e os chefes da manufatura capitalista posterior. Em 1864, os armeiros de Tula foram libertados da dependência servil* e alistados na pequena burguesia; os salários caíram em virtude da forte concorrência dos artesãos rurais (o que provocou um reassentamento dos industriais da cidade no campo); os trabalhadores se voltaram para as indústrias: de samovares, de fechaduras, de facas, de acordeão (os primeiros acordeões de Tula apareceram nos anos de 1830 a 1835).

A indústria organiza-se da seguinte forma. Na dianteira, estão os grandes capitalistas, donos de oficinas com dezenas e centenas de trabalhadores assalariados; eles também delegam a trabalhadores em domicílio muitas das operações parciais, tanto urbanas quanto rurais; aqueles que as executam têm, às vezes, eles próprios oficinas com trabalhadores assalariados. É evidente que, ao lado das grandes oficinas, há também as pequenas, com todos os sucessivos graus de dependência dos capitalistas. A divisão do trabalho constitui a base comum de toda a estrutura dessa produção. O processo de preparação do samovar é dividido nas seguintes operações: 1) fazer os tubos com o uso de placas de cobre (enrolar); 2) soldá-los; 3) limar as junções; 4) anexar o pedestal; 5) forjar os detalhes (o chamado "bater"); 6) limpar o interior; 7) fazer o corpo e o pescoço do samovar; 8) estanhar; 9) perfurar as saídas de pressão no pedestal e na boca; 10) montar o samovar. Em seguida, há a fundição em separado

---

[126] V. Boríssov em *Труды куст.* ком., cit., fasc. IX, cit., p. 2.262.

* Até 1864, os armeiros de Tula eram servos, armeiros do tesouro (do Estado) e viviam em subúrbios especiais (subúrbio dos ferreiros do tesouro etc.). Eram divididos em guildas: os que faziam os canhões, a caixa, a fechadura, a pontaria etc. Para a realização de trabalhos auxiliares nas fábricas de Tula, eram adscritos os servos de distintas aldeias. Esses camponeses preparavam o carvão para os armeiros, guardavam as florestas atribuídas às fábricas, trabalhavam nos pátios destas últimas. Na época da libertação da servidão, havia cerca de 4 mil armeiros em Tula, dos quais 1.276 trabalhavam em fábricas e 2.362 trabalhavam em domicílio; somados a suas famílias, os armeiros constituíam uma população de mais de 20 mil pessoas. (N. E. R.)

das pequenas peças de cobre: a) moldagem e b) fundição[127]. Ao distribuir o trabalho em domicílio, cada uma dessas operações pode constituir uma indústria "artesanal" específica. Uma dessas "indústrias" foi descrita pelo senhor Boríssov no fascículo VII dos *Trabalhos da comissão das indústrias artesanais*. Essa indústria (do samovar) consiste em que os camponeses executem, com o material fornecido pelos comerciantes, e em troca de pagamento por peça, uma das operações parciais descritas por nós. Depois de 1861, os artesãos se mudaram da cidade de Tula para se estabelecer no campo: na aldeia, a manutenção é mais barata e o nível de consumo é menor[128]. O senhor Boríssov explica, acertadamente, que essa capacidade de sobrevivência do "artesão" deve-se ao fato de que os samovares continuam a ser forjados à mão: "o artesão do campo sempre será mais vantajoso para o cliente-fabricante, porque trabalha por um valor de 10% a 20% mais baixo que o artífice da cidade"[129].

Em 1882, Boríssov calculou o montante da produção de samovares em cerca de 5 milhões de rublos, com 4-5 mil trabalhadores (incluindo os artesãos). A estatística fabril abrange, também nesse caso, apenas uma parte ínfima da totalidade da manufatura capitalista. O *Índice* de 1879 calculava, na província de Tula, 53 fábricas de samovar (todas com trabalho manual), com 1.479 trabalhadores e uma produção total de 836 mil rublos. O *Índice* de 1890, 162 fábricas, 2.175 trabalhadores e 1,1 milhão de rublos, ainda que somente 50 fábricas (das quais uma a vapor), com 1.326 trabalhadores, some 698 mil rublos de produção. É evidente que, dessa vez, centenas de pequenos estabelecimentos foram classificados entre as "fábricas". Finalmente, em 1894--1895, a *Lista* indica 25 fábricas (das quais 4 a vapor), com 1.202 trabalhadores (+ 607 à parte) e uma produção total de 1.613.000 rublos. Por esses dados, não se pode comparar nem o número de fábricas nem o número de trabalhadores (pela razão acima mencionada e também pela mistura de trabalhadores internos e externos nos anos anteriores). Não há dúvida de que a manufatura

---

[127] Em *Труды куст. ком.*, cit., fasc. X, o senhor Manokhin oferece uma excelente descrição da indústria de samovares em Suksun, na província de Perm. A organização é a mesma de Tula. Ver em ibidem, fasc. IX, o artigo do senhor Boríssov sobre as indústrias artesanais para a exposição de 1882.

[128] V. Boríssov no fascículo 7 de *Труды куст. ком.*, cit., p. 893.

[129] Ibidem, p. 916.

foi progressivamente suplantada pela grande indústria mecanizada: em 1879, duas fábricas dispunham de cem ou mais trabalhadores; em 1890, duas (uma a vapor); em 1894-1895, quatro (três a vapor)[130].

Encontramos exatamente a mesma organização na indústria de acordeões, que se encontra em um estágio inferior de desenvolvimento econômico[131]. "Há mais de dez especialidades diferentes envolvidas na produção de acordeões"[132]; a fabricação das distintas partes do acordeão ou a realização de determinadas operações parciais constituem objeto de diferentes indústrias "artesanais" *quase* independentes. "Nos períodos de calmaria, todos os artesãos trabalham para fábricas ou oficinas mais ou menos grandes, cujos donos lhes fornecem o material; já nos períodos de grande intensificação da demanda por acordeões, surge uma massa de pequenos produtores que compram as peças dos artesãos, montam eles mesmos os acordeões, levam-nos para as lojas locais onde são então comprados de bom grado."[133] Em 1882, o senhor Boríssov calculou de 2 mil a 3 mil trabalhadores nessa indústria, e o total da produção, aproximadamente 4 milhões de rublos; em 1879, as estatísticas fabris indicavam duas "fábricas", com 22 trabalhadores e produção de 5 mil rublos; em 1890, 19 fábricas, com 275 trabalhadores e produção de 82 mil rublos; em 1894-1895, havia uma fábrica, com 23 trabalhadores (mais 17 externos) e uma produção total de 20 mil rublos[134]. Não se utilizam, de modo algum, motores a vapor. Todos esses saltos numéricos indicam uma

---

[130] Aparentemente, existem características análogas na organização da serralharia de Tula e arredores. O senhor Boríssov calculava que, em 1882, havia de 2 mil a 3 mil trabalhadores empregados nessa indústria, produzindo mercadorias no valor de cerca de 2,5 milhões de rublos. A subordinação desses "artesãos" ao capital comercial é muito grande. As "fábricas" de ferragens da província de Tula têm também, por vezes, trabalhadores à parte (ver *Перечень*, cit., p. 393-5).

[131] O desenvolvimento da produção de acordeões é interessante também como processo de substituição dos instrumentos populares primitivos e de criação de um amplo mercado nacional: sem tal mercado não poderia haver divisão parcial do trabalho, e sem a divisão do trabalho não se chegaria ao barateamento do produto. "Em virtude do barateamento do acordeão, um instrumento de cordas popular primitivo – a balalaica – foi quase universalmente suplantado" (*Труды куст. ком.*, fasc. IX, p. 2.276).

[132] *Труды куст. ком.*, cit., v. IX, p. 236.

[133] Ibidem.

[134] O censo da cidade de Tula calculou em 29 de novembro de 1891 que havia na cidade 36 estabelecimentos de comércio de acordeões e 34 oficinas de fabricação de acordeões. Ver *Памятную книжку Тульской губ. на 1895 г.* [Livro comemorativo da província de Tula para 1895] (Tula, 1895).

440 O DESENVOLVIMENTO DO CAPITALISMO NA RÚSSIA

escolha puramente aleatória de estabelecimentos isolados, constituídos como parte integrante da complexa organização da manufatura capitalista.

3. A TÉCNICA NA MANUFATURA. A DIVISÃO DO TRABALHO E SEU SIGNIFICADO

Tiremos agora as conclusões dos dados expostos e examinemos se de fato eles caracterizam um estágio particular do desenvolvimento do capitalismo em nossa indústria.

O traço comum a todas as indústrias analisadas é a conservação da produção manual e a divisão do trabalho sistemática e amplamente praticada. O processo de produção é dividido em várias operações parciais, realizadas por vários mestres-artesãos especializados. A preparação de tais especialistas requer um treinamento bastante longo e, portanto, o *aprendizado* é o companheiro natural da manufatura. É sabido que, nas condições gerais da economia mercantil e do capitalismo, esse fenômeno conduz às piores formas de dependência e exploração[135]. O desaparecimento do aprendizado está ligado ao maior desenvolvimento da manufatura e à formação de uma grande indústria mecanizada, quando as máquinas reduzem o período de instrução ao *minimum* ou as operações são tão simples e parciais que se tornam acessíveis até mesmo para as crianças (ver acima o exemplo de Zagárie).

A conservação da produção manual como base da manufatura explica sua relativa imobilidade, que salta particularmente aos olhos quando comparada com a fábrica. O desenvolvimento e o aprofundamento da divisão do trabalho transcorrem de maneira bastante lenta, de modo que a manufatura

---

[135] Limitemo-nos a um único exemplo. No subúrbio de Boríssovka, distrito de Gráivoron, província de Kursk, há uma indústria de ícones que ocupa cerca de quinhentas pessoas. Em sua maioria, os mestres prescindem de trabalhadores assalariados, mas mantêm aprendizes trabalhando de catorze a quinze horas por dia. Esses mestres são hostis à proposta de criação de uma escola de pintura, temendo perder a força de trabalho gratuita na pessoa dos aprendizes (*Отчеты и исследования*, cit., v. I, p. 333). No trabalho em domicílio para a manufatura capitalista, a situação das crianças não é melhor que a dos aprendizes, pois o trabalhador domiciliar é obrigado a prolongar a jornada de trabalho até *nec plus ultra* e exigir ao máximo todas as forças da família.

conserva sua forma habitual durante décadas (ou mesmo séculos): vimos que muitas das indústrias analisadas têm origem bastante antiga e, no entanto, não se observou, até recentemente, nenhuma grande mudança nos modos de produção da maioria delas.

No que se refere à divisão do trabalho, não repetiremos aqui as teses de conhecimento geral da economia teórica sobre seu papel no processo de desenvolvimento das forças produtivas de trabalho. Com base na produção manual, não poderia haver outro progresso técnico senão na forma da divisão do trabalho[136]. Observemos apenas as duas circunstâncias mais importantes que esclarecem a necessidade da divisão do trabalho como etapa preparatória para a grande indústria mecanizada. Em primeiro lugar, apenas o desmembramento do processo de produção em uma série de operações puramente mecânicas mais simples possibilita a introdução de máquinas que são aplicadas, de início, às operações mais simples e só gradualmente passam a dominar as operações mais complexas. Na tecelagem, por exemplo, o tear mecânico dominou há muito tempo a produção dos tecidos simples, enquanto a tecelagem da seda continua a ser realizada predominantemente à mão; no negócio da serralheria, a máquina é aplicada, antes de mais nada, a uma das operações mais simples: o polimento etc. Mas essa fragmentação da produção em operações mais simples – como passo preparatório necessário para a introdução da grande produção mecanizada – conduz, ao mesmo tempo, a um aumento das pequenas indústrias. A população das redondezas tem a possibilidade de realizar tais operações parciais em domicílio, seja por encomenda dos manufatores, com o material deles (colocar cerdas em escovas, costurar peles de carneiro, casacos de pele, luvas, sapatos etc. na indústria do couro, fazer o acabamento de pentes na manufatura de pentes, "torcer" tubos para samovares etc.), seja até mesmo "de maneira independente", comprando o material, fabricando as distintas partes do produto e vendendo-as aos manufatores (chapéus, carruagens, acordeões etc.). Parece um paradoxo que o crescimento das pequenas indústrias (por vezes "independentes") seja a expressão do

---

[136] "A forma domiciliar da grande produção e a manufatura são o resultado inevitável e até certo ponto desejável para a pequena indústria independente, quando ela abrange uma grande área" (Kharizomiénov em *Iuridítcheski Viéstnik*, n. 11, 1883, p. 435).

442 O DESENVOLVIMENTO DO CAPITALISMO NA RÚSSIA

crescimento da manufatura capitalista, mas é um fato. A "independência" de tais "artesãos" é completamente fictícia. Seu trabalho não poderia ser realizado, seu produto não teria nenhum valor de uso, em alguns casos, *sem a conexão* com outros trabalhos parciais, com as outras partes do produto. Somente o *grande capital* que domina (de uma forma ou de outra) a massa dos trabalhadores parciais pôde criar[137] e criou essa conexão. Um dos erros fundamentais da economia populista consiste em ignorar ou encobrir o fato de que o "artesão" parcial é parte integrante da manufatura capitalista. A segunda circunstância, que deve ser especialmente enfatizada, é que a manufatura forma trabalhadores hábeis. A grande indústria mecanizada não teria sido capaz de se desenvolver tão rapidamente no período pós-reforma se não tivesse sido precedida por uma longa época de preparação dos trabalhadores pela manufatura. Por exemplo, os pesquisadores da tecelagem "artesanal" do distrito de Pokrov, província de Vladímir, observam a notável "habilidade e experiência técnicas" dos tecelões do *vólost* de Kudíkino (nele se localiza a aldeia de Orékhovo e as famosas fábricas de Morózov): "em nenhum lugar [...] vemos tanta intensidade no trabalho [...], ali se pratica sempre uma estrita divisão do trabalho entre o tecelão e o bobinador [...]. O passado [...] formou os trabalhadores de Kudíkino [...] com técnicas de produção perfeitas [...], capacidade de se orientar em quaisquer dificuldades"[138]. "Não é possível construir fábricas em qualquer aldeia e em quantidades que nos convenham", lemos sobre a tecelagem da seda. A "fábrica deve ir atrás do tecelão naquelas aldeias onde a chegada de forasteiros [ou, acrescentemos, o trabalho em domicílio] formou um contingente de trabalhadores familiarizados com o negócio"[139]. Estabelecimentos como os de fabricação de calçados em São Petersburgo[140] não teriam se desenvolvido tão rapidamente se, digamos, na região de Kimri

---

[137] Por que somente o capital *pôde* criar essa conexão? Porque a produção mercantil engendra, como vimos, a fragmentação dos pequenos produtores e sua completa decomposição; porque a pequena indústria deixou como herança para a manufatura as oficinas capitalistas e o capital mercantil.

[138] *Пром. Влад. губ.*, cit., v. IV, p. 22.

[139] Ibidem, v. III, p. 63.

[140] Em 1890, contava com 514 trabalhadores e 600 mil rublos de produção; em 1894-1895, 845 trabalhadores e 1.288.000 rublos. [Dados referentes à "Associação da Produção Mecanizada de Calçados de São Petersburgo". Ver *Перечень фабрик* [Lista de fábricas] (São Petersburgo, 1897), n. 13.450, p. 548-9.

MANUFATURA CAPITALISTA E TRABALHO CAPITALISTA EM DOMICÍLIO 443

não tivessem sido formados, durante séculos, trabalhadores habilidosos que agora buscam trabalho fora de sua localidade de residência etc. Por isso, entre outras coisas, é muito importante que a manufatura tenha dado surgimento a toda uma série de grandes regiões que se especializaram em determinada produção e formaram massas de trabalhadores habilidosos[141].

A divisão do trabalho na manufatura capitalista leva à deformação e à mutilação do trabalhador, inclusive do "artesão" parcial. Surgem os virtuosos e os aleijados da divisão do trabalho: os primeiros são exemplares raros que surpreendem os pesquisadores[142]; os segundos constituem uma massa de "artesãos" de peito miúdo, braços excessivamente desenvolvidos, "corcundas" etc. etc.[143]

4. A DIVISÃO TERRITORIAL DO TRABALHO E A SEPARAÇÃO ENTRE AGRICULTURA E INDÚSTRIA

Como já foi observado, a divisão do trabalho em geral está diretamente relacionada à divisão territorial do trabalho, à especialização de determinadas regiões na produção de um único produto, às vezes de um único tipo de

[141] Esse fenômeno é muito apropriadamente caracterizado como "artesanato por atacado". "A partir do século XVII", lê-se em Korsak, "a indústria rural começou a se desenvolver de maneira mais notável: aldeias inteiras, especialmente as da região de Moscou, situadas ao longo das grandes estradas, dedicaram-se à produção de um artesanato qualquer; alguns moradores tornaram-se curtidores, outros tecelões, outros tingidores, carreiros, ferreiros etc. No fim do século passado, muitos desses *artesanatos por atacado*, como alguns os denominam, espalharam-se pela Rússia" (Korsak, *О формах промышленности*, cit., p. 119-21).

[142] Limitemo-nos a dois exemplos: Khvórov, famoso serralheiro de Pávlovo fazia fechaduras tão pequenas que 24 peças chegavam a pesar 1 *zolotnik* [antiga medida de peso correspondente a 4,6 gramas (N. T.)]; algumas peças de tais fechaduras eram do tamanho de uma cabeça de alfinete (Labzin, *Исследование промышленности ножевой и т. д.* [Estudo da indústria de facas etc.], São Petersburgo, 1870, p. 44). Um fabricante de brinquedos da província de Moscou trabalhou quase toda a vida na ornamentação de cavalinhos de pau, chegando ao ponto de terminar quatrocentas peças num único dia (*Сборник стат. свед. по Моск. губ.*, cit., v. VI, fasc. 2, p. 38-9).

[143] O senhor Grigóriev caracteriza os artesãos de Pávlovo da seguinte maneira: "Encontrei-me com um desses trabalhadores que atuaram durante seis anos no mesmo torno e que, com o pé esquerdo descalço, havia desgastado mais da metade da espessura do piso de tábua; ele me disse com amarga ironia que o patrão queria demiti-lo quando desgastasse a tábua inteira" (Grigóriev, *Кустарное замочно-ножевое производство Павловского района*, cit., p. 108-9).

444 O DESENVOLVIMENTO DO CAPITALISMO NA RÚSSIA

produto ou até mesmo de determinada parte de um produto. O predomínio da produção manual, a existência de uma massa de pequenos estabelecimentos, a manutenção do laço do trabalhador com a terra, a sujeição do mestre-artesão a uma determinada especialidade, tudo isso condiciona inevitavelmente o caráter fechado das distintas regiões manufatureiras; às vezes, esse caráter fechado chega a um completo isolamento do mundo exterior[144], com o qual apenas os patrões comerciantes se relacionam.

Na passagem a seguir, o senhor Kharizomiénov subestima a importância da divisão territorial do trabalho:

> as vastas distâncias do Império estão relacionadas com as acentuadas diferenças das condições naturais: uma região é rica em florestas e animais selvagens, outra em gado e uma terceira em argila e ferro. Foram essas particularidades naturais que determinaram o caráter da indústria. As longas distâncias e os inconvenientes das vias de comunicação tornaram impossível ou extremamente caro o transporte de matérias-primas. Como consequência, a indústria teve de se amontoar na região onde havia uma abundância de matéria-prima ao alcance das mãos. Daí surgiu o traço característico da nossa indústria: a especialização da produção de mercadorias em regiões enormes e densas.[145]

A divisão territorial do trabalho constitui um traço característico não da nossa indústria, mas da manufatura (tanto na Rússia quanto em outros países); não foi a pequena indústria que formou essas grandes regiões; a fábrica rompeu o isolamento e facilitou a transferência de estabelecimentos e de massas de trabalhadores para outros lugares. A manufatura não apenas cria regiões densas, mas também introduz a especialização no interior dessas regiões (divisão do trabalho por mercadorias). A disponibilidade de matérias-primas numa dada localidade não é de modo algum obrigatória para a manufatura, e até é bastante comum a ela, pois a manufatura já pressupõe relações comerciais bastante amplas[146]. Em conexão com as características da manufatura descritas acima, cabe destacar que, nesse estágio da evolução

---

[144] Curtimento de pele de esquilo no distrito de Kargópol e indústria de colheres no de Semiónov.

[145] Em *Iuridítcheski Viéstnik*, cit., p. 440.

[146] A indústria de tecido, como as de Pávlovo e Gjel, os curtumes de Perm, entre tantas outras, utilizam matérias-primas importadas (ou seja, não locais). (Ver nossos *Этюдах*, cit., p. 122-4.)

capitalista, existe uma forma particular de separação entre a agricultura e a indústria. O industrial típico já não é o camponês, mas sim o "mestre-artesão" que não se ocupa com a agricultura (no outro extremo, estão o comerciante e o dono da oficina). Na maioria dos casos (como vimos acima), as indústrias organizadas segundo o tipo de manufatura têm centros não agrícolas: ou cidades ou (muito mais frequentemente) aldeias cujos moradores quase não se dedicam à agricultura e que devem ser classificadas como povoados de caráter comercial e industrial. A separação entre a indústria e a agricultura tem aqui bases profundas, enraizadas tanto na técnica da manufatura quanto em sua economia, nas peculiaridades de seus costumes (ou cultura). A técnica acorrenta o trabalhador a uma única especialidade e, portanto, torna-o, por um lado, inapto para a agricultura (fraco etc.) enquanto, por outro, exige uma dedicação contínua e prolongada ao ofício. A estrutura econômica da manufatura se caracteriza por uma diferenciação incomparavelmente mais profunda dos industriais que nas pequenas indústrias, e vimos que, nestas últimas, paralelamente à decomposição da indústria, dá-se a decomposição da agricultura. Com o total empobrecimento das massas de produtores, condição e consequência da manufatura, seu pessoal não pode ser recrutado entre agricultores mais ou menos bem colocados. As particularidades culturais da manufatura incluem, em primeiro lugar, uma longa existência da indústria (às vezes centenária), o que deixa uma marca especial na população; em segundo lugar, um padrão de vida mais alto da população[147]. Falaremos mais detalhadamente sobre essa última circunstância em seguida, mas primeiro notemos que a manufatura não faz uma separação completa

---

[147] O senhor V. V. afirma em seus *Ensaios sobre a indústria artesanal* que "temos [...] muito poucos rincões artesanais que abandonaram completamente a agricultura" (*Очерки кустарной промышленности*, São Petersburgo, 1886, p. 36) – nós já demonstramos que, pelo contrário, eles são muitos – e que "as fracas manifestações de divisão do trabalho que observamos em nossa pátria devem ser atribuídas não tanto à energia do progresso industrial, mas à imobilidade da extensão da propriedade territorial camponesa" (ibidem, p. 40). O senhor V. V. não percebe que esses "rincões artesanais" se distinguem por um regime específico de técnica, economia e cultura, que eles caracterizam um estágio particular do desenvolvimento do capitalismo. O importante é que essas "aldeias industriais" receberam, em sua maioria, um *nadiel* muito pequeno (ibidem, p. 39) (em 1861, quando sua vida industrial datava de dezenas e às vezes centenas de anos!) e, é claro, sem essa tolerância das autoridades, não teria havido capitalismo.

446   O DESENVOLVIMENTO DO CAPITALISMO NA RÚSSIA

entre a indústria e a agricultura. Enquanto a técnica é manual, os grandes estabelecimentos não conseguem suplantar os absolutamente pequenos, sobretudo se os pequenos artesãos prolongam a jornada de trabalho e diminuem seu nível de consumo: nessas condições, como vimos, a manufatura provoca até mesmo o desenvolvimento das pequenas indústrias. É natural, portanto, que, na maioria dos casos, o centro não agrícola da manufatura seja rodeado de povoados agrícolas cujos moradores também se dedicam à indústria. Consequentemente, também nesse aspecto se manifesta de maneira destacada o caráter transitório da manufatura entre a pequena produção manual e a fábrica. Se, mesmo no Ocidente, o período manufatureiro do capitalismo não pôde produzir uma separação completa dos operários industriais da agricultura[148], na Rússia, com a manutenção de muitas instituições que fixam os camponeses à terra, essa separação não podia deixar de demorar-se. Repetimos, portanto, que o mais típico da manufatura capitalista russa é o centro não agrícola, que atrai a população das aldeias vizinhas – cujos habitantes são semiagricultores, semi-industriais – e prevalece sobre essas aldeias.

É sobretudo notável o fato de que a população desses centros não agrícolas possui um nível cultural mais elevado. Uma instrução mais elevada, um nível de consumo e de vida muito mais elevado, uma acentuada separação da "aldeia-mãezinha" "cinzenta": tais são os traços distintivos mais comuns dos moradores desses centros[149]. Compreende-se a enorme importância

[148] *O capital*, Livro I, cit., p. 818-9.

[149] A importância desse fato nos obriga a complementar os dados da seção 2 com os que se seguem. O subúrbio de Buturlínovka, no distrito de Bobrov, província de Vorónej, é um dos centros produtores de couro. Há 3.681 quintas, das quais 2.383 não se dedicam à agricultura. Há mais de 21 mil habitantes. As quintas com pessoas alfabetizadas correspondem a 53% contra 38% no distrito (*Земско-стат. сборник по Бобровскому уезду* [Coletânea de informações estatísticas do distrito de Bobrov]). O subúrbio de Pokrov e a aldeia de Balákovo, na província de Samara, têm cada um mais de 15 mil habitantes, entre os quais há, especialmente, muitos forasteiros. Sem propriedades: 50% e 42%. A alfabetização é acima da média. As estatísticas observam que as aldeias comerciais e industriais se distinguem, em geral, pela maior alfabetização e pelo "surgimento em massa de quintas sem propriedade agrícola" (*Земско-стат. сборники по Новоузенскому и Николаевскому уездам* [Coletânea de informações estatísticas dos distritos de Novouzen e Nikolaev]). Sobre o nível cultural superior dos "artesãos", ver também *Труды куст. ком.*, cit., v. III, p. 42; A. Smirnov, *Павлово и Ворсма* [Pávlovo e Vorsma] (Moscou, 1864), p. 59; Grigóriev, *Кустарное замочно-ножевое производство Павловского района*, cit., p. 106 e seg.; Annénski, *Доклад*, cit., p. 61; *Нижегородский сборник* [Coletânea de Níjni Nóvgorod], v. II (Níjni Nóvgorod, 1869), p. 223-39; *Отчеты и исследования*, cit., v. II, p. 243; v. III,

desse fato, que testemunha de forma clara o papel histórico progressista do capitalismo e, além disso, do capitalismo puramente "popular", de cuja "artificialidade" dificilmente o mais ardente populista se atreveria a falar, pois a imensa maioria dos centros caracterizados pertence de hábito à indústria "artesanal"! O caráter transitório da manufatura também se manifesta aqui, uma vez que a transformação de caráter espiritual da população está apenas começando, mas só a grande indústria mecanizada a concluirá.

5. A ESTRUTURA ECONÔMICA DA MANUFATURA

Em todas as indústrias que analisamos, organizadas segundo o tipo da manufatura, a grande massa de trabalhadores não é independente, está subordinada ao capital, recebe apenas o salário, sem possuir nem a matéria-prima nem o produto acabado. Em essência, a enorme maioria dos trabalhadores dessas "indústrias" são *trabalhadores assalariados*, ainda que essa relação nunca atinja, na manufatura, a perfeição e a pureza próprias da fábrica. Na manufatura, o capital industrial entrelaça-se ao capital comercial das mais diversas maneiras, e a dependência do trabalhador em relação ao capitalista adquire muitas formas e matizes, desde o trabalho assalariado na oficina de terceiros até a dependência para comprar matérias-primas ou vender o produto, passando pelo trabalho em domicílio para um "patrão". Na manufatura, ao lado da massa de trabalhadores dependentes continua sempre sendo mantido um número mais ou menos considerável de produtores *quase* independentes. Mas toda essa diversidade de formas de dependência apenas obscurece o traço fundamental da manufatura, ou seja, que aqui a cisão entre os representantes do trabalho e os do capital já se manifesta em toda a sua força.

---

p. 151. Além disso, a *Пром. Влад. губ.* (cit., v. III, p. 109) faz uma transcrição vívida de uma conversa que um pesquisador, o senhor Kharizomiénov, teve com seu cocheiro, um tecelão de seda. Esse tecelão atacou com virulência e rispidez a vida "cinzenta" dos camponeses, o baixo nível de seu consumo, seu subdesenvolvimento etc., e terminou com a exclamação: "Oh, Deus, e só por isso está viva esta gente!". Há muito já se tem observado que o camponês russo é ainda mais pobre na consciência de sua pobreza. Já do trabalhador da manufatura capitalista (para não falar do da fábrica) pode-se dizer, *em relação a isso*, que ele é uma pessoa relativamente muito rica.

No momento da libertação dos camponeses, essa cisão já estava assegurada nos nossos principais centros manufatureiros por uma sucessão de várias gerações. Em todas as "indústrias" acima analisadas, vemos uma massa da população que não tem nenhum meio de vida além do trabalho em uma relação de dependência das pessoas da classe proprietária e, por outro, uma pequena minoria de industriais abastados que detém (de uma forma ou de outra) quase toda a produção da região. É esse o fato fundamental que confere à nossa manufatura um caráter capitalista muito acentuado, em contraste com o estágio anterior. A dependência do capital e o trabalho assalariado existiam também ali, mas ainda não tinham se cristalizado em nenhuma forma sólida, ainda não tinham abarcado as massas de industriais, as massas da população, não tinham provocado uma cisão entre os diferentes grupos de pessoas que participavam da produção. E, mesmo no estágio anterior, a produção mantém sua pequena escala, a diferença entre patrões e trabalhadores é relativamente pequena, quase não há grandes capitalistas (que estão sempre na dianteira da manufatura) nem há operários parciais acorrentados a uma única operação e, portanto, acorrentados ao capital que agrupa essas operações parciais num único mecanismo produtivo.

Eis o testemunho de um velho escritor que confirma enfaticamente essa caracterização dos dados que demos acima: "No povoado de Kimri, como em outras aldeias russas ditas ricas, por exemplo, Pávlovo, metade da população é composta de mendigos que sobrevivem apenas de esmolas [...]. Se o trabalhador adoecer e, ademais, viver sozinho, corre o risco de ficar sem nem um pedaço de pão para a semana seguinte"[150].

Dessa maneira, já na década de 1860, manifestava-se plenamente o traço fundamental da economia da nossa manufatura: a oposição entre a "riqueza" de toda uma série de "povoados" "famosos" e a proletarização completa da imensa maioria dos "artesãos". Acrescenta-se a esse traço a circunstância de que os trabalhadores manufatureiros mais típicos (precisamente os

---

[150] N. Ovsiánikov, "Отношения верхней части Поволжья к Нижегородской ярмарке" [Relações da parte alta da região do Volga com a feira de Níjni Nóvgorod], artigo em *Нижегородский сборник*, cit., v. II. O autor baseia-se em dados da cidade de Kimri do ano 1865. A visão geral da feira é acompanhada, nesse escritor, de uma caracterização das relações sociais e econômicas nas indústrias representadas na feira.

mestres-artesãos que romperam completa ou quase completamente com a terra) tendem ao estágio posterior do capitalismo, e não ao anterior, e encontram-se mais próximos do trabalhador da grande indústria mecanizada que do camponês. Os dados acima citados sobre o nível cultural dos artesãos demonstram-no enfaticamente. Mas não se pode estender isso a toda a massa de trabalhadores da manufatura. A manutenção de um grande número de pequenos estabelecimentos e pequenos proprietários, a manutenção dos laços com a terra e o desenvolvimento extraordinariamente amplo do trabalho em domicílio, tudo isso leva a que muitos "artesãos" da manufatura gravitem, ainda, em direção ao campesinato, para se transformarem em pequenos proprietários, para o passado e não para o futuro[151], e ainda se deixem seduzir por ilusões de toda a sorte sobre a possibilidade (por meio de uma extrema intensidade do trabalho, por meio da parcimônia e da astúcia) de se tornarem senhores independentes[152]. Eis uma avaliação notavelmente justa dessas ilusões pequeno-burguesas, feita pelo pesquisador das "indústrias artesanais" da província de Vladímir:

> A vitória definitiva da grande indústria sobre a pequena, o agrupamento dos trabalhadores dispersos em numerosos cubículos entre as paredes de uma fábrica de seda é apenas uma questão de tempo, e quanto mais cedo essa vitória chegar, tanto melhor para os tecelões.
>
> A organização contemporânea da indústria da seda caracteriza-se pela instabilidade e pela indeterminação das categorias econômicas, pela luta da grande produção contra a pequena, contra a agricultura. Essa luta atrai o proprietário e o tecelão para as ondas de agitação, sem lhes dar nada, mas arrancando-os da agricultura, arrastando-os para as dívidas e sobrecarregando-os com todo o seu peso durante a estagnação. A concentração da produção não reduzirá o salário do tecelão, mas tornará supérfluo iludir e seduzir os trabalhadores com o álcool, atraí-los com adiantamentos que não correspondem a seu rendimento anual. Com o enfraquecimento da concorrência mútua, os fabricantes perderão o interesse em gastar somas consideráveis para enredar o tecelão em dívidas.

---

[151] Exatamente igual a seus ideólogos populistas.

[152] Para os heróis do esforço individual independente (como Dujkin, nos *Павловские очерки* [Ensaios de Pávlovo], de V. Korolenko), tal transformação no período manufatureiro ainda é possível, mas certamente não para a massa de trabalhadores parciais despossuídos.

450 O DESENVOLVIMENTO DO CAPITALISMO NA RÚSSIA

Além disso, a grande produção opõe de forma tão clara os interesses do fabricante ao dos trabalhadores, a riqueza de um à miséria dos outros, que a um tecelão não é permitido ter a tendência de se tornar ele próprio um fabricante. A pequena produção não dá ao tecelão mais que a grande, mas não tem um caráter tão estável como esta última e, portanto, corrompe muito mais profundamente o trabalhador. Para o tecelão-artesão, algumas perspectivas falsas são desenhadas, ele está à espera do momento que lhe permitirá reabastecer seu próprio acampamento. Para alcançar esse ideal, faz todos os esforços, endivida--se, rouba, mente, vê em seus companheiros não mais amigos na desgraça, mas inimigos, concorrentes no mesmo campo miserável que é desenhado para ele em um futuro distante. O patrão não compreende sua miséria econômica, bajula os compradores e os fabricantes, esconde dos companheiros os lugares e as condições de compra das matérias-primas e de comercialização do produto fabril. Imaginando-se como proprietário independente, torna-se um instrumento voluntário e miserável, um brinquedo nas mãos dos grandes comerciantes. Antes de sair da lama, enchendo três ou quatro arados, ele já fala da situação difícil do patrão, da preguiça e da embriaguez dos tecelões, da necessidade de proteger o fabricante contra perdas por dívidas. O patrão é o princípio corrente do servilismo industrial, como nos bons e velhos tempos o mordomo e o porta--chaves eram a personificação viva do servilismo. Quando os instrumentos de produção não estão completamente separados do produtor, e este se apresenta com a possibilidade de se tornar proprietário independente, quando o abismo econômico entre o comprador e o tecelão é unido pelos fabricantes, patrões e intermediários, que dirigem e exploram as categorias econômicas inferiores e são explorados pelas categorias superiores; então a consciência social dos trabalhadores é obscurecida e sua imaginação corrompida por ficções. A competição surge onde a solidariedade deveria existir e onde os interesses dos grupos econômicos essencialmente hostis se unem. Não se limitando à exploração econômica, a moderna organização da produção de seda encontra seus agentes entre os explorados e lhes impõe o trabalho de turvar a consciência e corromper o coração dos trabalhadores.[153]

---

[153] *Пром. Влад. губ.*, cit., fasc. III, p. 124-6.

6. O CAPITAL MERCANTIL E INDUSTRIAL NA MANUFATURA. O "COMPRADOR" E O "FABRICANTE"

Dos dados acima citados, fica evidente que, ao lado das grandes oficinas capitalistas, encontramos sempre, em dada etapa do desenvolvimento capitalista, uma quantidade muito grande de pequenos estabelecimentos; estes, em geral, chegam até mesmo a predominar em número, mas desempenham um papel inteiramente subordinado na soma total da produção. Essa conservação (e mesmo, como vimos acima, esse desenvolvimento) dos pequenos estabelecimentos na manufatura é um fenômeno plenamente natural. Na produção manual, os grandes estabelecimentos não têm vantagem decisiva sobre os pequenos; a divisão do trabalho, ao criar as operações mais simples e parciais, facilita o surgimento das pequenas oficinas. É, pois, *típico* da manufatura capitalista um pequeno número de estabelecimentos relativamente grandes ao lado de um número significativo de estabelecimentos pequenos. Haveria alguma relação entre uns e outros? Os dados acima reunidos não deixam dúvida de que há uma relação muito estreita entre eles, que os grandes estabelecimentos surgem a partir dos pequenos, que os pequenos estabelecimentos, às vezes, constituem apenas ramos externos da manufatura, que na imensa maioria dos casos a relação entre uns e outros é o capital mercantil que pertence aos grandes patrões e subjuga os pequenos. O patrão de uma grande oficina *deve* proceder à compra de matérias-primas e à venda de artigos em larga escala; quanto maior o volume dos negócios do seu comércio, menores são (por unidade de produto) os custos de compra e venda da mercadoria, classificação, armazenamento etc. etc., e assim surge a revenda de material no varejo aos pequenos patrões, a compra de artigos que depois o manufatureiro revende como se fossem dele[154]. Se

[154] Acrescentemos um outro exemplo ao acima exposto. Na indústria de móveis da província de Moscou (informações de 1876 do livro do senhor Isáiev), os maiores industriais são os Zenin, que iniciaram a fabricação de móveis caros e "formaram gerações inteiras de artífices habilidosos". Em 1845, montaram uma serraria (12 mil rublos, 14 trabalhadores e uma máquina a vapor em 1894-1895). Note-se que, nessa indústria, foram calculados ao todo 708 estabelecimentos, 1.979 trabalhadores – dos quais 846 (42,7%) assalariados – e uma produção de 459 mil rublos. A partir do início dos anos 1860, os Zenin passam a comprar material por atacado em Níjni Nóvgorod; compram por vagão a 13 rublos o cento e revendem aos pequenos artesãos por 18 a 20 rublos. Em 7 aldeias (com 116 trabalhadores), a

452 O DESENVOLVIMENTO DO CAPITALISMO NA RÚSSIA

a servidão e a usura se unem a essas operações de venda de matérias-primas e de compra de artigos (como acontece com frequência), se o pequeno patrão empresta matéria-prima e entrega produtos para saldar dívidas, o grande manufatureiro obtém um lucro tão elevado sobre seu capital como jamais poderia obter com trabalhadores assalariados. A divisão do trabalho dá novo impulso ao desenvolvimento de relações de dependência entre os pequenos e os grandes patrões: estes ou distribuem material em domicílio para a fabricação (ou produção de certas operações detalhadas), ou compram dos "artesãos" partes do produto, variedades especiais do produto etc. Em resumo, uma das características mais distintivas da manufatura é *a mais estreita e indissolúvel ligação entre o capital mercantil e o capital industrial.* O "comprador" quase sempre se confunde aqui com o manufatureiro (o "fabricante", segundo o uso corrente e incorreto da palavra que denomina "fábrica" qualquer oficina mais ou menos grande). Por isso, na imensa maioria dos casos, os dados relativos ao montante da produção dos grandes estabelecimentos *não dão, ainda, nenhuma ideia* da sua verdadeira importância para nossas "indústrias artesanais"[155], pois os patrões de tais estabelecimentos dispõem não só da atividade laboral dos trabalhadores em seus estabelecimentos, mas também do trabalho de uma massa de trabalhadores em domicílio e mesmo (*de facto*) do trabalho de uma massa de pequenos patrões *quase* independentes, em relação aos quais são "compradores"[156]. Os

maioria vende móveis aos Zenin, que têm em Moscou um armazém de móveis e madeira compensada com circulação de até 40 mil rublos (fundado em 1874). Para os Zenin trabalham até vinte pessoas isoladamente.

[155] Eis um exemplo para ilustrar o que foi dito no texto. Na aldeia de Neguin, no distrito de Trubtchevsk, província de Oriol, há uma fábrica de óleo com oito trabalhadores e uma produção total de 2 mil rublos (*Índice* de 1890). Essa pequena fábrica parece indicar que o papel do capital na produção local de petróleo é muito pequeno. Mas o fraco desenvolvimento do capital industrial significa apenas um enorme desenvolvimento do capital mercantil e usurário. A partir da coletânea de estatísticas dos *zemstvos*, ficamos sabendo que, nessa aldeia, das 186 quintas, 160 são completamente subordinadas ao fabricante local, que chega a pagar todos os seus impostos, empresta-lhes tudo o de que precisam (e por muitos e muitos anos) e, como pagamento da dívida, recebem cânhamo a preço reduzido. E em semelhante servidão está a massa de camponeses da província de Oriol. Em tais condições, podemos nos alegrar com o fraco desenvolvimento do capital industrial?

[156] Podemos imaginar, portanto, qual seria a organização econômica de tais "indústrias artesanais", se os grandes manufatureiros fossem excluídos da análise (pois não se trata de indústria artesanal, mas

dados sobre a manufatura russa revelam desse modo, com particular destaque, a lei estabelecida pelo autor de *O capital*, segundo a qual a etapa de desenvolvimento do capital mercantil é inversamente proporcional à etapa de desenvolvimento do capital industrial. E, de fato, podemos caracterizar todas as indústrias descritas na seção 2 da seguinte maneira: quanto menor o número de grandes oficinas, mais desenvolvida será a atividade do "comprador", e vice-versa; só muda a forma do capital, que domina em ambos os casos e coloca o artesão "independente" numa situação muitas vezes incomparavelmente pior que a do trabalhador assalariado.

O erro fundamental da economia populista consiste, justamente, em ignorar ou obscurecer a ligação entre os grandes e os pequenos estabelecimentos, por um lado, e entre o capital mercantil e o industrial, por outro. "O fabricante da região de Pávlovo não é mais que uma forma complexa de comprador", diz o senhor Grigóriev[157]. Isso é correto não apenas para Pávlovo, mas também para a maioria das indústrias organizadas de acordo com a manufatura de tipo capitalista; é também correta a situação inversa: na manufatura, o comprador é uma forma complexa de "fabricante"; nisso consiste, entre outras coisas, uma das diferenças essenciais entre o comprador da manufatura e o comprador das pequenas indústrias camponesas. Mas encontrar na ligação entre o "comprador" e o "fabricante" um argumento a favor da pequena indústria (como pensam o senhor Grigóriev e muitos outros populistas) significa tirar uma conclusão completamente arbitrária, violando os fatos em proveito de uma ideia preconcebida. Toda uma série de dados comprova, como vimos, que a incorporação do capital mercantil ao capital industrial piora, em grande medida, a situação do produtor imediato em relação à do trabalhador assalariado, prolonga sua jornada de trabalho, diminui seu salário, retarda o desenvolvimento econômico e cultural.

---

de indústria fabril!) e se os "compradores" fossem apresentados como um fenômeno "completamente supérfluo na essência, causado apenas pela desordem na comercialização dos produtos" (senhor V. V., *Очерки кустарной промышленности*, cit., p. 150)!

[157] Grigóriev, *Кустарное замочно-ножевое производство Павловского района*, cit., p. 119.

7. O TRABALHO CAPITALISTA EM DOMICÍLIO COMO APÊNDICE DA MANUFATURA

O trabalho capitalista em domicílio, ou seja, a transformação em casa, com pagamento por peça, do material recebido do empresário, encontra-se também, como assinalamos no capítulo anterior, nas pequenas indústrias camponesas. Veremos mais adiante que ele se encontra (e em larga escala) também na fábrica, ou seja, na grande indústria mecanizada. Dessa maneira, o trabalho capitalista em domicílio se encontra em todas as fases do desenvolvimento do capitalismo na indústria, mas é mais característico justamente na manufatura. Tanto as pequenas indústrias camponesas quanto a grande indústria mecanizada podem prescindir muito facilmente do trabalho em domicílio. O período manufatureiro de desenvolvimento do capitalismo – com a conservação inerente do vínculo do trabalhador com a terra, com a abundância de pequenos estabelecimentos em torno dos grandes – é difícil, quase impossível de se imaginar sem a distribuição do trabalho em domicílio[158]. E, como vimos, os dados russos demonstram de fato que, nas indústrias organizadas de acordo com a manufatura de tipo capitalista, a distribuição do trabalho em domicílio é praticada, sobretudo, em amplas proporções. Eis por que consideramos mais apropriado analisar, neste capítulo, as características do trabalho capitalista em domicílio, embora alguns dos exemplos a seguir não possam ser especificamente incluídos na manufatura.

Assinalemos, antes de mais nada, a abundância de intermediários entre o capitalista e o trabalhador no trabalho em domicílio. O grande empresário não pode distribuir ele próprio o material a centenas e milhares de trabalhadores, às vezes espalhados em diversas aldeias; é necessário que surjam intermediários (em alguns casos, até uma hierarquia de intermediários) que tomem o material a granel e o distribuam em pequenas cotas. O resultado

---

[158] Como se sabe, também na Europa ocidental o período manufatureiro do capitalismo caracterizou-se por um amplo desenvolvimento do trabalho em domicílio, por exemplo na indústria de tecelagem. É interessante notar que, ao descrever como um exemplo clássico da manufatura a produção relojoeira, Marx assinala que o mostrador, a mola e a caixa dos relógios raramente são fabricados na própria manufatura, que em geral o trabalhador parcial trabalha em domicílio (Karl Marx, *O capital*, Livro I, cit., p. 417-8).

MANUFATURA CAPITALISTA E TRABALHO CAPITALISTA EM DOMICÍLIO   455

é um verdadeiro *sweating system*, um sistema para extrair até a última gota de suor, um sistema para explorar da forma mais extenuante: o "mestre-artesão" (ou o "intermediário" ou a "comerciante" da indústria de rendas etc.), que é próximo do trabalhador, sabe aproveitar até mesmo casos especiais de necessidade e busca métodos de exploração que seriam impensáveis em um grande estabelecimento e eliminam completamente a possibilidade de qualquer controle e vigilância[159].

Junto com o *sweating system* e, talvez, como uma de suas formas, deve-se colocar o *truck system*, o pagamento em suprimentos, perseguido nas fábricas e que continua a prevalecer na indústria artesanal, em especial quando há distribuição de trabalho em domicílio. Acima, ao descrever as distintas indústrias separadamente, demos exemplos desse fenômeno bastante difundido.

O trabalho capitalista em domicílio, além disso, está ligado de forma indissolúvel a um ambiente de trabalho extremamente anti-higiênico. A total miséria do trabalhador, a completa impossibilidade de regulamentar, mediante quaisquer regras, as condições de trabalho, a junção do local de moradia com o local de trabalho: tais são as condições que transformam a habitação dos trabalhadores empregados em domicílio em focos de indignidade sanitária e enfermidades profissionais. Nos grandes estabelecimentos, a luta contra fenômenos análogos ainda é possível, mas o trabalho em domicílio é, nesse sentido, o aspecto mais "liberal" da exploração capitalista.

A duração exorbitante da jornada de trabalho é também uma das características necessárias do trabalho em domicílio para o capitalista e as pequenas indústrias em geral. Já citamos anteriormente alguns exemplos que comparam a duração da jornada de trabalho das "fábricas" e dos "artesãos".

---

[159] É por isso que, entre outras coisas, a fábrica luta contra tais intermediários, por exemplo contra os "tarefeiros": trabalhadores que contratam por conta própria trabalhadores auxiliares. Ver Kobeliátski, *Справочная книга для фабрикантов и пр.* [Livro de referência para fabricantes etc.] (São Petersburgo, 1897), p. 24 e seg. Toda a literatura sobre as indústrias artesanais está repleta de fatos que testemunham a imensa exploração dos artesãos por intermediários na distribuição de trabalho em domicílio. Citemos, como um exemplo entre muitos outros, o comentário geral de Korsak, *О формах промышленности*, cit., p. 258, sobre as descrições da tecelagem "artesanal" (citada acima), sobre as indústrias que empregam mulheres na província de Moscou (*Сборник стат. свед. по Моск. губ.*, cit., v. VI e VII).

No trabalho em domicílio, observa-se quase sempre o recrutamento de mulheres e crianças para a produção desde a mais tenra idade. Para ilustrar, citemos alguns dados da descrição da indústria com participação feminina na província de Moscou. A dobagem de fios emprega 10.004 mulheres; as crianças começam a trabalhar a partir dos 5 ou 6 anos (!), o salário diário é de 10 copeques e o anual, de 17 rublos. A jornada de trabalho na indústria em que há participação feminina chega em geral a 18 horas. Na indústria de malhas, as crianças começam a trabalhar a partir dos 6 anos, o salário diário é de 10 copeques e o anual, de 22 rublos. Balanço da indústria com participação feminina: 37.514 trabalhadoras; elas começam a trabalhar com 5 ou 6 anos (em 6 das 19 indústrias, e essas 6 indústrias fornecem 32.400 trabalhadoras); o salário médio diário é de 13 copeques e o anual, de 26,20 rublos[160].

Um dos aspectos mais prejudiciais do trabalho capitalista em domicílio é que este leva à redução do nível de consumo do trabalhador. O empresário adquire a possibilidade de selecionar seus trabalhadores naquelas áreas rurais onde o padrão de vida da população é particularmente baixo e o vínculo com a terra permite que se trabalhe por uma ninharia. Por exemplo, o patrão de um estabelecimento rural que fabrica meias explica que, em Moscou, os aluguéis são caros e as mestres-artesãs "devem receber pão branco [...]. Enquanto, para nós, elas trabalham em suas próprias *isbás*, comem pão preto [...]. Como Moscou pode competir conosco?"[161]. Na indústria de dobagem de fios, os salários extremamente baixos se explicam pelo fato de que o salário das esposas, das filhas dos camponeses etc. não passa de um salário auxiliar. "Para as pessoas que vivem exclusivamente desse trabalho, esse sistema de produção reduz os salários ao impossível, faz com que aqueles que vivem exclusivamente do trabalho fabril reduzam seu consumo abaixo do *minimum* ou não permite que esse consumo aumente. Tanto um quanto o outro criam condições extremamente anormais."[162] "A fábrica procura o tecelão barato",

---

[160] A senhora Gorbunova, ao descrever as indústrias que empregam trabalho feminino, calculou de maneira equivocada 18 copeques e 37,77 rublos, utilizando apenas dados médios de cada indústria e não levando em conta o número diferente de trabalhadoras nas diferentes indústrias.

[161] *Сборник стат. свед. по Моск. губ.*, cit., v. VII, p. 104.

[162] Ibidem, p. 285.

diz o senhor Kharizomiénov, "e ela o encontra em sua aldeia natal, longe dos centros industriais [...]. A redução dos salários à medida que se vai dos centros da indústria para a periferia é um fato que não deixa margem a dúvidas."[163] Consequentemente, os empresários sabem muito bem como tirar vantagem das condições que, de um modo artificial, retêm a população nas aldeias.

A fragmentação dos trabalhadores em domicílio é um aspecto não menos prejudicial a esse sistema. Eis uma característica desse aspecto da questão enfatizada pelos próprios compradores: "As operações tanto de uns quanto de outros [pequenos e grandes compradores de pregos dos ferreiros de Tver] são construídas sobre os mesmos princípios: para obter os pregos, pagar uma parte em dinheiro e uma parte em ferro, e manter sempre os ferreiros trabalhando em suas casas, *de modo a facilitar os acordos*"[164]. Nessas palavras, encerra-se a solução mais simples para a "vitalidade" da nossa indústria "artesanal"!

A fragmentação dos trabalhadores em domicílio e a abundância de intermediários levam, naturalmente, ao florescimento da servidão, a todas as formas de dependência pessoal que costumam acompanhar as relações "patriarcais" nas aldeias rurais. A dívida dos operários com os patrões é o fenômeno mais difundido na indústria "artesanal" em geral e no trabalho doméstico em particular[165]. Muitas vezes, o trabalhador é não apenas um *Lohnsklave* [escravo do salário], mas também um *Schuldsklave* [escravo das dívidas]. Acima apontamos alguns exemplos da situação em que o "caráter patriarcal" das relações coloca o trabalhador[166].

Passando das características do trabalho capitalista em domicílio para as condições de sua expansão, devemos observar, antes de mais nada, a relação

[163] *Пром. Влад. губ.*, cit., v. III, p. 63. Ver ibidem, p. 250.

[164] *Отчеты и исследования*, cit., v. I, p. 218. Ver ibidem, p. 280: declaração do fabricante Irodov, sobre por que é mais vantajoso distribuir o trabalho em domicílio aos tecelões manuais.

[165] Exemplos das dívidas dos trabalhadores com os patrões podem ser encontrados nas seguintes indústrias da província de Moscou: escovas (*Сборник стат. свед. по Моск. губ.*, cit., v. VI, fasc. 1, p. 32), pentes (ibidem, p. 261), brinquedos (idem, v. VI, fasc. 2, p. 44), miçangas etc. etc. Na indústria da seda, o tecelão tem tantas dívidas com o fabricante que este paga seus impostos e, em geral, "arrenda o tecelão como se arrenda a terra" etc. (*Пром. Влад. губ.*, cit., v. III, p. 51-5).

[166] "É claro", lemos sobre os ferreiros da província de Níjni Nóvgorod, "também aqui o patrão explora o trabalho do trabalhador, mas em escala menor [?], e isso é feito de modo patriarcal, de acordo com o consenso geral [!], sem nenhum mal-entendido" (*Труды куст. ком.*, cit., v. IV, p. 199).

desse sistema com a fixação dos camponeses no *nadiel*. A falta de liberdade de locomoção, a necessidade de, às vezes, arcar com perdas financeiras para poder se libertar da terra (ou seja, quando os gastos com a terra excedem os rendimentos dela provenientes, de modo que aquele que aluga o *nadiel* ainda paga algo ao locatário), o isolamento estamental da comunidade camponesa: tudo isso amplia artificialmente o campo de atuação do trabalho doméstico capitalista, liga artificialmente o camponês a essas formas de exploração, que são as piores. As instituições caducas e a ordem agrária, totalmente impregnada do espírito de estamento, exercem assim a mais nociva influência tanto para a agricultura quanto para a indústria, conservando formas de produção tecnicamente atrasadas e causando um maior desenvolvimento da servidão e da dependência pessoal, da situação mais difícil e mais desamparada dos trabalhadores[167].

Além disso, não resta dúvida da ligação entre o trabalho em domicílio realizado para os capitalistas e a decomposição do campesinato. A ampla difusão do trabalho em domicílio pressupõe duas condições: 1) a existência de uma massa de proletariado rural que *deve* vender sua força de trabalho e, além disso, vendê-la a preço baixo; 2) a existência de camponeses abastados, *familiarizados* com as condições locais, que possam assumir o papel de agentes na distribuição do trabalho. O empregado enviado pelo comerciante nem sempre é capaz de desempenhar esse papel (em especial nas indústrias mais ou menos complexas) e dificilmente poderá algum dia cumpri-lo tão "artisticamente" quanto o camponês local, "seu irmão"[168]. Os grandes empresários não teriam, provavelmente, sido capazes de realizar metade de suas operações de trabalho em domicílio, se não tivessem à sua disposição um exército inteiro de pequenos empresários ao qual pudessem confiar a mercadoria a

---

[167] Naturalmente, em qualquer sociedade capitalista, sempre haverá o proletariado rural que aceita trabalho em domicílio nas piores condições; mas as instituições obsoletas fortalecem o campo de ação do trabalho em domicílio e dificultam a luta contra ele. Em 1861, Korsak já assinalava a relação entre a enorme difusão do trabalho em domicílio no nosso país e nosso regime agrário (*O формах промышленности*, cit., p. 305-7).

[168] Já vimos que os grandes patrões industriais, os comerciantes, os intermediários e os mestres-artesãos são, ao mesmo tempo, agricultores abastados. "O mestre-artesão", lemos, por exemplo, na descrição da tecelagem de galões da província de Moscou (*Сборник стат. свед. по Моск. губ.*, cit., v. VI, fasc. II, p. 147), "é tão camponês quanto seu tecelão, só tem a mais que ele uma *isbá*, um cavalo e uma vaca, e talvez tenha a chance de beber chá com toda a família duas vezes ao dia".

MANUFATURA CAPITALISTA E TRABALHO CAPITALISTA EM DOMICÍLIO   459

crédito ou em comissão, e os quais, em todo caso, agarram-se avidamente à oportunidade de ampliar suas pequenas operações comerciais.

Por fim, é da maior importância assinalar o papel do trabalho capitalista em domicílio na teoria da população excedente criada pelo capitalismo. Ninguém falou tanto da "libertação" dos trabalhadores pelo capitalismo russo como os senhores V. V., N. e outros populistas, e, no entanto, nenhum deles se deu ao trabalho de analisar as formas concretas do "exército de reserva" de trabalhadores que foi e está sendo criado na Rússia na época pós-reforma. Nenhum dos populistas notou o detalhe de que os trabalhadores em domicílio constituem provavelmente a maior parte do nosso "exército de reserva" do capitalismo[169].

Graças à distribuição de trabalho em domicílio, os empresários têm a possibilidade de aumentar imediatamente sua produção quanto quiserem, sem gastar nem muito capital nem tempo considerável na construção de oficinas etc. E essa expansão imediata da produção se deve, muitas vezes, às condições do mercado, quando o aumento da demanda decorre da revitalização de algum grande ramo da indústria (por exemplo, a construção de ferrovias) ou em circunstâncias como guerras etc.[170]. É por isso que o segundo aspecto desse processo que descrevemos no capítulo II como a formação de milhões de proletários agrícolas constitui, entre outras coisas, um

---

[169] O equívoco dos populistas é tanto maior porque a maioria deles afirma seguir a teoria de Marx, que enfatizou, nos termos mais categóricos, o caráter capitalista do "trabalho domiciliar moderno" e apontou, sobretudo, que esses trabalhadores em domicílio constituem uma das formas de superpopulação relativa própria do capitalismo (Karl Marx, *O capital,* Livro I, cit., p. 537).

[170] Um pequeno exemplo. Na província de Moscou, a indústria da alfaiataria é amplamente difundida (no total, as estatísticas da província calculavam, no final da década de 1870, 1.123 alfaiates locais e 4.291 vindos de fora), sendo que a maioria dos alfaiates trabalhava para os comerciantes de Moscou costurando vestidos. O centro da indústria de alfaiataria é o *vólost* de Perkhuchov, distrito de Zvenígorod (ver dados sobre os alfaiates de Perkhuchov no anexo I ao cap. V, indústria n. 36). Os alfaiates de Perkhuchov fizeram negócios particularmente bons durante a guerra de 1877. A pedido de empreiteiros especiais, faziam tendas militares e os mestres-artesãos recebiam um "benefício" de 5 a 6 rublos por dia, com três máquinas de costura e dez diaristas. Os diaristas recebiam 20 copeques por dia. "Dizem que nesse momento de febre, em Chádrino (principal aldeia do *vólost* de Perkhuchov) viviam diaristas de diferentes povoados das redondezas que somavam trezentas pessoas" (*Сборник стат. свед. по Моск. губ.* [Coletânea de informações estatísticas da província de Moscou], v. VI, fasc. II, cit., 256). "Nessa época, os alfaiates de Perkhuchov, melhor dizendo, os donos das oficinas, lograram tamanho sucesso que quase todos conseguiram se acomodar de maneira magnífica" (ibidem.) Essas centenas de diaristas, que talvez a cada cinco ou dez anos realizem um trabalho intenso, devem estar constantemente a postos, nas fileiras do exército de reserva do proletariado (Karl Marx, *O capital,* Livro I, cit., p. 537).

460   O DESENVOLVIMENTO DO CAPITALISMO NA RÚSSIA

enorme desenvolvimento do trabalho capitalista em domicílio na época pós-
-reforma. "Aonde foram parar as mãos libertas das ocupações domésticas, no
sentido estrito da economia natural, as que produziam para a própria família
e para os poucos consumidores do bazar da vizinhança? As fábricas super-
lotadas de trabalhadores e *a rápida expansão da grande produção doméstica*
oferecem uma resposta clara".[171] As cifras citadas na seção a seguir eviden-
ciam a dimensão atual, na Rússia, do número de trabalhadores ocupados em
domicílio pelos empresários da indústria.

8. O QUE É A INDÚSTRIA ARTESANAL?

Nos dois capítulos anteriores, tratamos principalmente da indústria que, entre nós, costuma-se denominar "indústria artesanal"; podemos agora tentar
responder à questão colocada no título.

Comecemos com alguns dados estatísticos para julgar quais são exatamente aquelas formas de indústria analisadas acima que a literatura inclui na
massa geral das "indústrias artesanais".

Os estatísticos de Moscou, ao concluir o estudo das "indústrias" camponesas, produziram um balanço *de todas e quaisquer* ocupações não agrícolas.
Calcularam 141.329 pessoas[172] ocupadas com indústrias locais (fabricação de
mercadorias), entre as quais incluíram os artífices (parte dos sapateiros, vi-
draceiros e muitos outros), serradores de madeira etc. Não menos de 87 mil
(de acordo com os cálculos que fizemos dos distintos ofícios) são trabalhadores em domicílio empregados por capitalistas[173]. Dos 29.446 trabalhadores assalariados nas 54 indústrias para as quais pudemos reunir dados, havia 17.566
trabalhadores em domicílio, ou seja, 59,65%. Sobre a província de Vladímir,

---

[171] *Промыслах Владимирской губернии* [A indústria na província de Vladímir], v. III, p. 20; destaque
nosso.

[172] *Сборник стат. свед. по Моск. губ.*, cit., v. VII, fasc. III.

[173] Lembremos que o senhor Kharizomiénov (em *Iuridítcheski Viéstnik*, cit.) calculou que, dos 102.245
trabalhadores nas 42 indústrias da província de Moscou, 66% estão empregados em indústria, com
predomínio incondicional do sistema domiciliar de grande produção.

obtivemos os seguintes resultados[174]: 18.286 pessoas trabalham em 31 indústrias, das quais 15.447 em indústrias em que predomina o trabalho capitalista em domicílio (incluindo 5.504 assalariados, ou melhor, assalariados de segundo grau). Em seguida, 150 artífices rurais (dos quais 45 assalariados) e 2.689 pequenos produtores de mercadorias (dos quais 511 assalariados). O resultado dos trabalhadores empregados ao modo capitalista é igual a (15.447 + 45 + 511 =) 16.003, ou seja, 87,5%[175]. Para a província de Kostromá (com base nas tabelas do senhor Tillo, em *Trabalhos da comissão das indústrias artesanais*), temos 83.633 industriais locais, dos quais 19.701 são trabalhadores florestais (também "artesãos"!), 29.564 trabalhadores em domicílio para capitalistas; cerca de 19.954 pessoas em indústrias em que predominam os pequenos produtores de mercadorias e cerca de 14.414 artífices rurais. Nos nove distritos da província de Viatka, há (segundo os mesmos *Trabalhos*) 60.019 industriais locais, dos quais 9.672 moleiros e fabricantes de azeite, 2.032 artífices puros (tingidores de tecidos), 14.928 são em parte artífices, em parte produtores de mercadorias, com enorme predominância do trabalho independente, 14.424 em indústrias parcialmente subordinadas ao capital, 14.875 em indústrias completamente subordinadas ao capital, 4.088 em indústrias em que há total predominância do trabalho assalariado[176]. Segundo dados dos *Trabalhos* para as demais províncias, elaboramos uma tabela das indústrias cuja organização dispõe de dados mais ou menos detalhados. Obtivemos 97 indústrias com 107.957 trabalhadores e uma produção total de 21.151.000 rublos. Destes,

---

[174] Em cinco fascículos de *Пром. Моск. губ.* [A indústria na província de Moscou].

[175] Infelizmente, não tivemos a chance de entrar em contato com o mais recente trabalho sobre a indústria artesanal na província de Iaroslav (*Кустарные промыслы* [As indústrias artesanais], edição do Escritório de Estatísticas dos *zemstvos* da província de Iaroslav, 1904). A julgar pela extensa resenha do *Rússkie Viédomosti* (n. 248, 1904), essa é uma pesquisa extremamente valiosa. Há, na província, 18 mil artesãos (em 1903, havia 33.898 trabalhadores fabris). A indústria está em decadência. Um quinto das empresas têm trabalhadores assalariados. Estes constituem um quarto do número total de artesãos. Estabelecimentos com cinco ou mais trabalhadores empregam 15% do número total de artesãos. Exatamente metade de todos os artesãos trabalha para patrões com o material fornecido por estes. A agricultura está em declínio: um sexto dos artesãos não tem cavalos e vacas; um terço cultiva a terra com mão de obra contratada; um quinto não tem lavoura. O salário de um artesão é 1,5 rublo por semana! [Nota da 2ª edição.]

[176] Todos esses números são aproximados, pois as fontes não fornecem dados exatos. Entre os artífices rurais, há moleiros, ferreiros etc. etc.

462 O DESENVOLVIMENTO DO CAPITALISMO NA RÚSSIA

há 70.204 trabalhadores (produção de 18.621.000 rublos) nas indústrias em que predomina o trabalho assalariado e o trabalho capitalista em domicílio; nas indústrias em que os trabalhadores assalariados e os trabalhadores empregados em domicílio pelos capitalistas são apenas uma minoria, há 26.935 trabalhadores (produção de 1.706.000 rublos); e, finalmente, nas indústrias em que há um predomínio quase total do trabalho independente, há 10.818 trabalhadores (produção de 824 mil rublos). Segundo dados estatísticos dos *zemstvos* acerca de sete ofícios dos distritos Gorbátov e Semiónov (província de Níjni Nóvgorod), há 16.303 artesãos, dos quais 4.614 trabalham para o mercado; 8.520 "para um patrão" e 3.169 são assalariados, ou seja, há 11.689 trabalhadores empregados ao modo capitalista. Segundo o censo artesanal de Perm de 1894-1895, dos 26 mil artesãos, 6,5 mil (25%) são assalariados e 5,2 mil (20%) trabalham para um comprador, ou seja, 45% dos trabalhadores estão empregados ao modo capitalista[177].

Por mais fragmentários que sejam esses dados (não tínhamos outros à nossa disposição), eles mostram claramente que, em geral, *uma massa de trabalhadores empregados ao modo capitalista* está incluída entre os "artesãos". Por exemplo, há (segundo os dados acima) *mais de 200 mil pessoas* trabalhando em domicílio para capitalistas em 50 a 60 distritos, nem todos estudados de modo completo. Provavelmente, em toda a Rússia, esses trabalhadores devem chegar a 2 milhões[178]. Se, porém, acrescentamos os trabalhadores as-

---

[177] Ver nossos *Этюды*, cit., p. 181-2. Os artífices (25%) estão entre os "artesãos". Excluindo estes últimos, obteremos 29,3% de trabalhadores assalariados e 29,5% dos que trabalham para o comprador (ibidem, p. 122), isto é, 58,8% de trabalhadores empregados ao modo capitalismo.

[178] Na indústria de confecções, por exemplo, o trabalho capitalista em domicílio se encontra de maneira particularmente desenvolvida, e essa indústria tem se desenvolvido rapidamente. "A demanda por artigos de primeira necessidade, como um vestido pronto, aumenta a cada ano" (*Viéstnik Finánsov*, n. 52, 1897, comentários sobre a feira de Níjni Nóvgorod). Apenas a partir dos anos 1880 essa produção se desenvolveu em enorme escala. Hoje em dia, em Moscou, um vestido pronto é produzido no valor de pelo menos 16 milhões de rublos, com um número de trabalhadores que chega a 20 mil. Estima-se que essa produção chegue a 100 milhões de rublos em toda a Rússia (*Успехи русской промышленности по обзорам экспертных комиссий* [Êxitos da indústria russa segundo avaliação de comissões de especialistas], São Petersburgo, 1897, p. 136-7). O censo de São Petersburgo de 1890 calculou na indústria da confecção (grupo XI, classes 116-118) 39.912 pessoas, contando também as famílias de industriais, das quais 19 mil trabalhadores e 13 mil que trabalham com suas famílias (*С.-Петербург по переписи 15 декабря 1890 года* [São Petersburgo segundo o censo de 15 de dezembro de 1890]). De acordo com o censo de 1897, 1.158.865 pessoas estão envolvidas na produção de roupas

MANUFATURA CAPITALISTA E TRABALHO CAPITALISTA EM DOMICÍLIO   463

salariados que trabalham para os "artesãos", o número desses trabalhadores assalariados, como se vê pelos dados acima, não é de modo algum tão pequeno como algumas vezes se pensa: é preciso reconhecer que 2 milhões de trabalhadores industriais empregados ao modo capitalista fora das "fábricas" é, antes, um número mínimo[179].

À pergunta: "O que é a indústria artesanal?", os dados expostos nos dois últimos capítulos obrigam-nos a responder que se trata de um conceito absolutamente inadequado para a investigação científica e no qual se resumem, em geral, todas as formas de indústrias, desde o trabalho em domicílio e o artesanato até o trabalho assalariado exercido em grandes manufaturas[180]. Essa mistura de tipos absolutamente heterogêneos de organização econômica que predomina nas descrições das "indústrias artesanais"[181] foi adotada sem nenhuma crítica e sem nenhum sentido pelos economistas populistas, que assim deram um gigantesco passo atrás, por exemplo, em comparação com um escritor como Korsak, e aproveitaram a confusão de conceitos predominante para criar teorias curiosas. A "indústria artesanal" era encarada como algo economicamente homogêneo, sempre igual a si mesma e *oposta* [*sic*!] ao "capitalismo", pelo qual, sem preâmbulos demorados, entendia-se a

---

na Rússia, além de 1.621.511 membros da família; no total, 2.780.376 pessoas. [A informação referente a esse último censo foi incluída na 2ª edição.]

[179] Lembremos que o número de "artesãos" na Rússia é calculado em pelo menos 4 milhões de pessoas (números do senhor Kharizomiénov. O senhor Andréiev estima 7,5 milhões de pessoas, mas seus procedimentos são demasiado amplos); portanto, os dados finais fornecidos no texto cobrem cerca de um décimo do número total de "artesãos".

[180] Ver nossos Этюды, cit., p. 179 e seg.

[181] O desejo de conservar o termo "método artesanal" para determinar cientificamente as formas das indústrias resultou, em nossa literatura, em raciocínios e definições puramente escolásticos acerca desse "método artesanal". Um cientista "entendeu" por artesão apenas os produtores de mercadorias, outro incluiu entre eles os artífices; um considerava que era necessário haver conexão com a terra, outro assumiu isso como exceção; um excluiu o trabalho assalariado, outro admitiu, por exemplo, até dezesseis trabalhadores etc. etc. Não será demais afirmar que tais raciocínios (em vez de uma investigação das diferentes formas de indústria) não podiam servir para nada. Notemos que a vitalidade do termo especial "método artesanal" explica-se, acima de tudo, pela estratificação da sociedade russa: o "artesão" é um industrial das classes mais baixas, a quem se pode tutelar e sobre o qual se pode fazer, sem constrangimento, toda sorte de projeções; com isso, porém, não se distingue a forma da indústria. O comerciante e o nobre (mesmo que sejam pequenos industriais) raramente são incluídos entre os "artesãos". As indústrias "artesanais" são em geral todas as espécies de indústrias *camponesas* e somente as indústrias camponesas.

indústria "fabril". Tome-se, por exemplo, a página 79 dos *Ensaios*, em que se lê o título: "Capitalização [?] das indústrias"[182] e, em seguida, diretamente, sem reservas ou explicações, "Dados das fábricas"... Uma simplicidade comovente, como se pode ver: o "capitalismo" é a "indústria fabril", e a indústria fabril é o que aparece sob esse título nas publicações oficiais. E, *na base* de uma tão profunda "análise", são descontadas da conta do capitalismo as massas de trabalhadores empregados ao modo capitalista, incluídos entre os "artesãos". *Na base* de tal "análise", evita-se completamente a questão das diferentes formas da indústria na Rússia. *Na base* de tal "análise" se forma um dos preconceitos mais nocivos e absurdos sobre a oposição entre a nossa indústria "artesanal" e a nossa indústria "fabril", sobre o afastamento entre a segunda e a primeira, sobre a "artificialidade" da indústria "fabril" etc. Isso é justamente um preconceito, porque ninguém jamais tentou tocar nos dados que, em todos os ramos da indústria, mostram a mais estreita e indissolúvel conexão entre a indústria "artesanal" e a indústria "fabril".

A tarefa deste capítulo consistia justamente em demonstrar em que consiste essa conexão e quais são justamente os traços particulares da técnica, da economia e da cultura que representam a forma de indústria que, na Rússia, coloca-se entre a pequena indústria e a grande indústria mecanizada.

---

[182] O termo "capitalização", de predileção dos senhores V. V. e N., é admissível, digamos, num artigo de jornal, por sua brevidade; porém, é completamente inadequado para uma investigação econômica cujo objetivo é analisar as diferentes formas e fases do capitalismo, seu significado, suas conexões e seu consequente desenvolvimento. Por "capitalização" pode-se entender o que bem se queira: a contratação de um "trabalhador", uma compra, uma fábrica a vapor. E tente dizer alguma coisa depois, se tudo está na mesma pilha!

CAPÍTULO VII
O DESENVOLVIMENTO DA GRANDE INDÚSTRIA MECANIZADA

1. O CONCEITO CIENTÍFICO DE FÁBRICA E O SIGNIFICADO DA ESTATÍSTICA "FABRIL"

Antes de passar para a grande indústria mecanizada (fabril), é preciso estabelecer que, cientificamente, seu conceito não corresponde de modo algum ao sentido corrente desse termo. Em nosso país, na estatística oficial e na literatura em geral, entende-se por fábrica qualquer estabelecimento fabril mais ou menos grande, com um número mais ou menos considerável de trabalhadores assalariados. A teoria de Marx, porém, denomina grande indústria mecanizada (fabril) apenas uma determinada etapa do capitalismo, precisamente a superior. A característica fundamental e mais essencial desse estágio consiste no emprego de um sistema de máquinas para a produção[1]. A passagem da manufatura para a fábrica marca uma completa revolução técnica que subverte a arte manual do mestre-artesão adquirida durante séculos, e essa revolução técnica é seguida pela mais brusca ruptura das relações sociais de produção, o cisma definitivo entre os distintos grupos de pessoas que participam da produção, o rompimento completo com a tradição, o agravamento e a ampliação de todos os aspectos sombrios do capitalismo e, com isso, a socialização em massa do trabalho pelo capitalismo. A grande indústria mecanizada é, dessa maneira, a última palavra do capitalismo, a última palavra de seus "momentos positivos"[2] e negativos.

Disso fica claro que precisamente a transição da manufatura para a fábrica tem um sentido especialmente importante na questão do desenvolvimento

---

[1] Karl Marx, *O capital*, Livro I: *O processo de produção do capital* (trad. Rubens Enderle, São Paulo, Boitempo, 2013), cap. 13.

[2] Ibidem, p. 545.

do capitalismo. Quem mistura esses dois estágios perde a possibilidade de compreender o papel transformador e progressista do capitalismo. É justamente esse erro que cometem nossos economistas populistas, que, como já vimos, identificam de maneira ingênua o capitalismo em geral com a indústria "fabril" e pensam resolver a questão da "missão do capitalismo"[3] e até de seu "sentido unificador" mediante a simples referência aos dados das estatísticas fabris. Isso sem mencionar o fato de que, nas questões relativas às estatísticas fabris, esses escritores revelaram (como demonstraremos em detalhe adiante) uma impressionante ignorância; um erro ainda mais profundo consiste em sua compreensão espantosamente estereotipada e estreita da teoria de Marx. Em primeiro lugar, é ridículo reduzir a questão do desenvolvimento da grande indústria mecanizada a uma única estatística fabril. Trata-se de uma questão não apenas de estatística, mas das formas e dos estágios pelos quais passa o desenvolvimento da indústria de um dado país. Apenas depois de esclarecer a essência dessas formas e suas particularidades distintivas, tem sentido ilustrar o desenvolvimento de uma ou outra forma mediante a elaboração adequada dos dados estatísticos. Limitar-se aos dados das estatísticas pátrias conduz inevitavelmente a misturar as mais diferentes formas de capitalismo, a não enxergar a floresta por causa das árvores. Em segundo lugar, reduzir toda a missão do capitalismo ao aumento do número de trabalhadores "fabris" significa revelar uma compreensão tão profunda quanto aquela revelada pelo senhor Mikháilovski, que se espantou com o fato de as pessoas falarem em socialização do trabalho pelo capitalismo quando toda essa socialização se reduz a algumas centenas ou milhares de trabalhadores serrando, picando, cortando, aplainando etc. num mesmo recinto[4].

A tarefa da exposição a seguir é dupla: de um lado, observaremos em detalhe a questão da situação de nossas estatísticas fabris e a questão da utilidade de seus dados. Esse trabalho, em grande parte negativo, é necessário,

---

[3] N. em *Rússkoe Bogátstvo* [A riqueza russa], n. 6, 1894, p. 103 e 119. Ver também os seus *Очерки нашего пореформенного общественного* [Ensaios sobre nossa economia social pós-reforma] (São Petersburgo, 1893) e os *Судьбы капитализма в России* [Destinos do capitalismo na Rússia] (São Petersburgo, 1882), do senhor V. V.

[4] *Otétchestvennie Zapíski* [Anais pátrios], n. 7, 1883; carta do senhor Postoronni à redação.

O DESENVOLVIMENTO DA GRANDE INDÚSTRIA MECANIZADA 467

tendo em vista que nossa literatura abusa abertamente dessas estatísticas. De outro lado, analisaremos os dados que atestam o crescimento da grande indústria meçanizada na época pós-reforma.

2. NOSSA ESTATÍSTICA FABRIL

A principal fonte da estatística fabril na Rússia é o registro que os donos de fábricas enviam anualmente ao Departamento de Comércio e Manufatura, como exige uma lei promulgada no início do corrente século[5]. As prescrições pormenorizadas da lei de prestação de informações pelos fabricantes não passam de boa vontade, e a estatística fabril manteve até hoje sua velha organização, exatamente igual à anterior à reforma, constituindo um simples apêndice aos informes dos governadores. Não há nenhuma definição exata do conceito de "fábrica" e, por isso, os órgãos de administração das províncias e até dos distritos empregam esse termo das mais variadas maneiras. Não há nenhum órgão central comandando a coleta correta e uniforme das informações, bem como sua verificação. A distribuição dos estabelecimentos industriais em diferentes repartições (de Mineração, Departamento de Comércio e Manufatura, Departamento de Impostos Extraordinários etc.) contribui mais ainda para a confusão[6].

No Anexo II, citamos dados de nossa indústria fabril na época pós-reforma, constantes das edições oficiais, a saber, de 1863-1879 e 1885-1891. Esses dados se referem apenas às produções que não estão sujeitas a um imposto especial; ademais, para os diferentes períodos, há informações sobre um número diferente de produções (distinguem-se, por uma maior completude, os

---

[5] Para um exame circunstanciado das fontes da nossa estatística, ver *Статистическом временнике Росс. империи* [Publicação periódica de estatística do Império russo], série II, fasc. 6 (São Petersburgo, 1872); *Материалы для статистики ф.-з. промышленности в Европейской России за 1868 г.* [Materiais para uma estatística da indústria fabril na Rússia europeia para 1868], elaborados pelo senhor Bok, p. i-xxiii.

[6] Ver o artigo "К вопросу о нашей ф.-з. статистике" ["A questão de nossa estatística fabril"], em nossos *Этюды* [Estudos de casos], em que analisamos detalhadamente as mais recentes publicações do Departamento de Comércio e Manufatura sobre a nossa indústria fabril.

dados de 1864-1865, 1885 e anos seguintes); por isso, destacamos 34 produções sobre as quais há informações de 1864-1879 e 1885-1890, ou seja, para 22 anos. Para julgar o mérito desses dados, analisemos, antes de mais nada, as edições mais importantes sobre a nossa estatística fabril. Comecemos com os anos 1860.

Os organizadores da estatística fabril dos anos 1860 estavam muito conscientes do caráter enormemente insatisfatório dos dados com os quais estavam trabalhando. Segundo suas respostas unânimes, o número de trabalhadores e a soma da produção diminuem de forma significativa na declaração dos fabricantes:

> não existe nem mesmo, para as diferentes províncias, uma definição uniforme do que se deve considerar uma fábrica, uma vez que muitas províncias consideram fábricas, por exemplo, os moinhos de vento, as olarias para queima de tijolos e os pequenos estabelecimentos industriais; já outras os excluem de seus cálculos, de modo que mesmo a indicação comparativa do número total de fábricas nas diferentes províncias perde seu sentido.[7]

Buchen, Bok e Timiriázev[8] fazem observações ainda mais ásperas, indicando, além do mais, a inclusão de trabalhadores ocupados em domicílio entre os trabalhadores fabris, enquanto alguns fabricantes incluem apenas os trabalhadores que moram na própria fábrica etc. "Não há e não haverá estatística oficial da indústria fabril e manufatureira", diz o senhor Buchen, "enquanto não forem alterados os principais fundamentos de coleta dos materiais primários."[9] "Nas tabelas das fábricas, foram incluídas em muitas produções, evidentemente por algum mal-entendido, um grande número de empreendimentos de artífices e artesãos, completamente carentes de caráter fabril."[10] Em vista disso, a redação do *Anuário* abdicou até mesmo de incluir um balanço dos dados publicados, "não desejando trazer a público números

---

[7] P. Semiónov no prefácio ao *Стат. временнику* [Anuário estatístico], fasc. I, 1866, p. xxvii.

[8] *Стат. атлас главнейших отраслей фабрично-заводской промышленности Европейской России с поименным списком фабрик и заводов* [Atlas estatístico dos setores mais importantes da indústria fabril da Rússia Europeia com uma lista nominal de fábricas], 3 fasc. (São Petersburgo, 1869, 1870 e 1873).

[9] *Ежегодник м-ва фин.* [Anuário do Ministério das Finanças], fasc. I, p. 140.

[10] Ibidem, p. 306.

O DESENVOLVIMENTO DA GRANDE INDÚSTRIA MECANIZADA 469

incorretos e claramente exagerados"[11]. Para oferecer ao leitor uma ideia precisa do tamanho desse claro exagero, tomemos os dados do *Anuário*, o qual se distingue favoravelmente de todas as demais fontes por oferecer uma lista nominal das fábricas que têm produção superior a mil rublos. Hoje em dia (desde 1885), os estabelecimentos com produção inferior não figuram entre as fábricas. O cálculo desses pequenos estabelecimentos, segundo o *Anuário*, mostra que, no número total, foram incluídas 2.366 fábricas, com 7.327 trabalhadores e uma produção total de 987 mil rublos. Contudo, segundo o *Anuário*, o número total de fábricas, em 71 produções, é de 6.891, com 342.473 trabalhadores e produção total de 276.211.000 rublos. Os pequenos estabelecimentos representam, portanto, 34,3% do número total de estabelecimentos, 2,1% do número total de trabalhadores e 0,3% do total da produção. É evidente que, no caso de estabelecimentos tão pequenos (em média, a um estabelecimento correspondem pouco mais de três trabalhadores e menos de quinhentos rublos de produção), seria ridículo considerá-los fábricas, e qualquer tipo de registro completo está fora de questão. Além do mais, não só tais estabelecimentos foram considerados fábricas pela nossa estatística, como centenas de artesãos foram incluídos de maneira absolutamente artificial e arbitrária sob o tipo "fábrica". Por exemplo, o mesmo *Anuário* indica na produção de fios e cabos do *vólost* de Izbilets, distrito de Gorbátov, província de Níjni Nóvgorod, a fábrica "dos camponeses do *vólost* de Izbilets; cerca de 929 trabalhadores, 308 rodas de fiar; produção total de 100.400 rublos"[12]; ou no povoado de Vorsma, no mesmo distrito, a fábrica dos "camponeses sob dependência temporária do conde Cheremétiev; forjas: 100; bancadas de trabalho (nos domicílios): 250; rodas de amolar movidas a cavalo: 3; manuais: 20; trabalhadores: 902; produção total: 6.610 rublos"[13]. Pode-se imaginar a ideia da realidade que essas estatísticas oferecem[14]!

[11] Idem.

[12] Ibidem, p. 149.

[13] Ibidem, p. 281.

[14] No que diz respeito à redução do número de trabalhadores e ao total da produção declarados pelos fabricantes, as fontes citadas oferecem duas experiências interessantes de verificação. Timiriázev comparou as declarações que mais de uma centena de fabricantes fizeram para as estatísticas oficiais

470   O DESENVOLVIMENTO DO CAPITALISMO NA RÚSSIA

Um lugar especial entre as fontes da estatística fabril dos anos 1860 é ocupado pela *Coletânea de estatísticas militares*[15]. Ela traz dados de todas as fábricas do Império russo, inclusive as de mineração e sujeitas a impostos especiais, e calcula, para 1866 na Rússia Europeia, nada mais nada menos que 70.631 fábricas, 829.573 trabalhadores e produção total de 583.317 mil rublos!! Essas curiosas cifras foram obtidas, em primeiro lugar, graças ao fato de que não foram tomadas dos registros do Ministério das Finanças, mas sim de informações especiais do Comitê Central de Estatística (pois essas informações não foram publicadas nem sequer em uma edição do comitê, e também não se sabe quem as reuniu e elaborou, nem como e quando)[16]; em segundo lugar, graças ao fato de que os organizadores da *Coletânea de estatísticas militares* não hesitaram nem por um instante em incluir entre as fábricas os menores estabelecimentos[17] e, ademais, adicionaram informações especiais de outros materiais: tanto do Departamento de Comércio e Manufatura quanto da Intendência e da Repartição de Artilharia e da Marinha, bem como, por fim, "das mais variadas fontes"[18]. Ao utilizar, portanto, a *Coletânea de*

---

com as suas próprias para a exposição de 1865. Os números relativos a estas últimas foram 22% mais altos do que os das primeiras (*Ежегодник м-ва фин.*, cit., fasc. I, p. iv-v). Em 1868, o Comitê Central de Estatística realizou, a título de experiência, uma vistoria nas indústrias fabris das províncias de Moscou e Vladímir (essas duas províncias concentravam, em 1868, quase metade de todos os trabalhadores fabris e do total da produção das fábricas da Rússia Europeia). Destacando as produções sobre as quais há dados do Ministério das Finanças e do Comitê Central de Estatística, obtemos as seguintes cifras: segundo informações do Ministério das Finanças, calculavam-se 1.749 fábricas, 186.521 trabalhadores, produção de 131.568.000 rublos; já segundo o Comitê Central de Estatística, eram 1.704 fábricas, 196.315 trabalhadores empregados em estabelecimentos mais 33.485 trabalhadores externos e uma produção total de 137.758.000 rublos.

[15]   *Военно-стат. сборник* [Coletânea de estatísticas militares], fasc. IV (Rússia, São Petersburgo, 1871).

[16]   Muito provavelmente essas informações foram tomadas pura e simplesmente dos informes dos governadores, os quais, como veremos adiante, sempre exageram em enormes proporções o número de fábricas.

[17]   *Военно-стат. сборник*, cit., p. 319.

[18]   Ibidem, p. xxiii. Quão amplamente a *Coletânea de estatísticas militares* emprega o conceito de fábrica fica evidente no seguinte: ele denomina a estatística do *Anuário* de "estatística dos nossos *grandes* estabelecimentos" (*Стат. временнику*, cit., p. 319, destaque dos autores). Como vimos, um terço desses "grandes" estabelecimentos tem uma produção total inferior a mil rublos! Omitimos provas mais detalhadas do motivo pelo qual os números da *Coletânea de estatísticas militares* não são adequados à comparação com os dados contemporâneos das estatísticas fabris porque essa tarefa já foi realizada pelo senhor Tugan-Baranóvski (ver o seu livro *Фабрика и т. д.* [A fábrica etc.], São Petersburgo, 1898, p. 336 e seg.). Ver *Этюды*, cit., p. 271 e 275.

estatísticas militares para uma comparação com os dados contemporâneos, os senhores N.[19], Kárychev[20] e Kablukov[21] demonstraram um completo desconhecimento acerca das fontes fundamentais da nossa estatística fabril e uma atitude altamente acrítica em relação a essa estatística.

Na época dos debates na Sociedade Econômica Livre do Império* a respeito do relatório de M. I. Tugan-Baranóvski, que apontou o completo equívoco das cifras da *Coletânea de estatísticas militares*, algumas pessoas afirmaram que, se há algum equívoco no número de trabalhadores, é muito pequeno (de 10% a 15%). Foi o que disse, por exemplo, o senhor V. V.[22]. A ele "se juntou" o senhor V. Pokróvski, que se limitou a uma declaração igualmente infundada[23]. Sem nem sequer tentar uma análise crítica das distintas fontes da nossa estatística fabril, essas pessoas e seus apoiadores se limitaram a dizer lugares-comuns sobre o caráter insatisfatório da estatística fabril, sobre o fato de que nos últimos tempos os dados se tornaram mais exatos (??) e assim por diante. Dessa maneira, a questão fundamental sobre o erro grosseiro dos senhores N. e Kárychev foi simplesmente *abafada*, como notou de maneira perfeitamente justa P. B. Struve[24]. Por isso, não achamos supérfluo apontar esses exageros nos dados da *Coletânea de estatísticas militares*, que podem ser notados por qualquer um que leia com atenção as fontes. Para 71 produções, há dados paralelos de 1866 tanto do Ministério das Finanças (*Anuário do Ministério das Finanças*, I) quanto de origem desconhecida (*Coletânea de estatísticas militares*). Para essas produções, com exceção das metalúrgicas, a *Coletânea de estatísticas militares* exagerou o número de trabalhadores fabris na Rússia Europeia em *50 mil pessoas*. Além disso, para aquelas produções sobre as quais o *Anuário* fornece

---

[19] *Очерки*, cit., p. 125, e *Rússkoe Bogátstvo*, n. 6, 1894.

[20] *Iuridítcheski Viéstnik*, n. 9, 1899, e *Материалы по русскому народному хозяйству* [Materiais sobre a economia nacional russa] (Moscou, 1898).

[21] *Лекции по экономии сельского хозяйства* [Conferências sobre economia agrícola] (Moscou, 1897), p. 13.

[*] Fundada em São Petersburgo durante o reinado de Catarina II, é uma das mais antigas associações científicas da Rússia e, de fato, a primeira organização social, atuando com independência do governo. (N. T.)

[22] Ver os informes estenográficos sobre os debates (São Petersburgo, 1898), p. 1.

[23] Ibidem, p. 3.

[24] Ibidem, p. 11.

472 O DESENVOLVIMENTO DO CAPITALISMO NA RÚSSIA

apenas números gerais para todo o Império, renunciando a elaborá-los de maneira detalhada, dado o "evidente exagero" dessas cifras[25], a *Coletânea de estatísticas militares* calculou *ainda 95 mil pessoas a mais*. Na produção de tijolos, o número de trabalhadores foi exagerado em *10 mil pessoas* no *minimum*; para se convencer, vale a pena comparar os dados por província da *Coletânea de estatísticas militares*, bem como os dados da *Coletânea de informações e materiais da repartição do Ministério das Finanças*[26]. Na produção metalúrgica, a *Coletânea de estatísticas militares* exagerou *o número de trabalhadores* em *86 mil pessoas*, em comparação com o *Anuário*, incluindo, evidentemente, parte dos trabalhadores das minas. Nas produções sujeitas a impostos especiais, o exagero da *Coletânea de estatísticas militares* é, como mostraremos no parágrafo a seguir, de *cerca de 40 mil pessoas*. O balanço do exagero é de *280 mil pessoas*. Esse é o número *mínimo*, pois não temos material para verificar os dados da *Coletânea de estatísticas militares* referente a *todas* as produções. Pode-se julgar, portanto, quão competentes são as pessoas que, acerca dessa questão, afirmam que o erro dos senhores N. e Kárychev é insignificante!

Nos anos 1870, houve esforços ainda menos significativos que nos anos 1860 para a coleta e elaboração dos dados da estatística fabril. No *Anuário do Ministério das Finanças*, há informações acerca de apenas quarenta produções (não sujeitas a impostos especiais) de 1867-1879[27] – a exclusão das demais produções foi motivada pelo "caráter extremamente insatisfatório do material" sobre as produções "que estão ligadas ao cotidiano da agricultura ou são parte constituinte das indústrias dos artífices e artesãos"[28]. A fonte mais valiosa para os anos 1870 é o *Índice de fábricas* do senhor P. Orlov[29]. Essa edição fornece uma lista nominal de todos os estabelecimentos com produção total

---

[25] *Стат. временнику*, cit., p. 306.

[26] *Сборника сведений и материалов по ведомству м-ва фин.* [Coletânea de informações e materiais do Ministério das Finanças], n. 4, 1866, e n. 6, 1867.

[27] *Ежегодник м-ва фин.*, cit., fasc. VIII, X e XII; ver Anexo II.

[28] Ibidem, fasc. VIII, p. 482, bem como fasc. X, p. 590.

[29] P. Orlov, *Указатель фабрик и заводов* [Índice de fábricas e oficinas] (São Petersburgo, 1881), informações de 1879, tomadas dos mesmos registros disponibilizados pelos fabricantes ao Departamento de Comércio e Manufatura.

O DESENVOLVIMENTO DA GRANDE INDÚSTRIA MECANIZADA 473

de pelo menos 2 mil rublos. Os demais estabelecimentos, como os pequenos ou os que não podem ser separados do artesanato, não foram incluídos
na lista nominal, *mas entraram nos dados totais* citados pelo *Índice*. Como
não é fornecido um balanço específico dos estabelecimentos com um total
de 2 mil rublos ou mais de produção, os dados gerais do *Índice*, tal qual as
edições anteriores, mescla os pequenos e os grandes estabelecimentos; para
as distintas produções e distintas províncias, incluem-se os pequenos estabelecimentos (por puro acaso, é óbvio) na estatística[30]. Quanto às produções
relacionadas à agricultura, o *Índice* repete[31] a ressalva do *Anuário*, abdicando
de definir "*até mesmo* um total *aproximado*" (destaques do autor) em virtude
da inexatidão e da incompletude dos dados[32]. Esse julgamento (como veremos adiante, plenamente justo) não impediu, contudo, que no balanço geral
do *Índice* fossem incluídos todos os dados, que, dessa maneira, ficaram misturados com dados relativamente confiáveis. Citemos dados gerais do *Índice*
para a Rússia Europeia, notando que esses dados abarcam, diferentemente
dos anteriores, também produções sujeitas a impostos especiais (a 2ª edição
do *Índice* (1887) fornece informações de 1884; a 3ª edição (1894), de 1890):

Ano	Número de fábricas	Produção total (em milhares de rublos)	Número de trabalhadores
1879[33]	27.986	1.148.134	763.152
1884	27.235	1.329.602	826.794
1890	21.124	1.500.871	875.764

Mostraremos adiante que, na realidade, o número de fábricas de modo
algum diminui, conforme indicam esses dados; tudo reside no fato de que,
em momentos distintos, um número diferente de pequenos estabelecimentos foi incluído entre as fábricas. Por exemplo, para uma produção total de
mil rublos, foram calculados, quanto ao número de estabelecimentos, 19.277

---

[30] Os exemplos serão citados no parágrafo a seguir. Aqui nos referimos à p. 679 e seg. do *Índice*; ao lhe
dar uma olhada, o leitor poderá facilmente se convencer da correção do que se afirma no texto.

[31] P. Orlov, *Указатель фабрик и заводов*, cit., p. 396.

[32] Na terceira edição do *Índice* (São Petersburgo, 1894), essa ressalva não foi repetida, e não foi repetida
em vão, pois os dados permanecem tão insatisfatórios quanto antes.

[33] Alguns dados insuficientes foram complementados aproximadamente, ver *Índice*, cit., p. 695.

em 1884, mas 21.124 em 1890; para uma produção total de 2 mil rublos ou mais: 11.509 em 1884, mas 17.642 em 1890[34].

A partir de 1889, o Departamento de Comércio e Manufatura começou a publicar edições especiais das *Coletâneas de dados da indústria fabril da Rússia* (1885 e anos seguintes). Esses dados se baseiam no mesmo material (registro dos fabricantes), mas sua elaboração está longe de ser satisfatória, pois sucumbe perante o tratamento dos dados dos anos 1860 acima citados. A única melhoria consiste no fato de que os pequenos estabelecimentos, ou seja, os que possuem uma produção total inferior a mil, foram excluídos do rol das fábricas, e as informações sobre esses pequenos estabelecimentos são citados em separado, sem distribuição segundo as produções[35]. É claro que tal caracterização das "fábricas" é absolutamente insuficiente: nas atuais condições dos métodos de recolhimento das informações, não se pode nem falar de um registro *completo* das empresas com produção total superior a mil rublos; a divisão das "fábricas" relacionadas à agricultura é feita de maneira puramente casual, por exemplo, moinhos d'água e de vento em dada província e em dado ano são considerados fábricas e em outros, não[36]. O autor do artigo "Principais balanços da indústria fabril na Rússia de 1885-1887" (no *Código* desses anos) comete reiteradamente o mesmo erro, perdendo de vista o caráter heterogêneo e incomparável desses dados para as diferentes províncias. Por fim, acrescentemos à caracterização dos *Códigos* que, até 1891, eles abarcavam apenas produções não sujeitas a impostos especiais; já a partir de 1892 passaram a abarcar todas as produções, inclusive as de mineração e as sujeitas a impostos especiais; com isso, não destacam em particular os dados que poderiam ser comparáveis com os dados anteriores e não explicam em absoluto os métodos para a inclusão das mineradoras entre as

---

[34] Ver o agrupamento de fábricas segundo a soma da produção nas 2ª e 3ª edições do *Índice*.

[35] É evidente que os dados desses pequenos estabelecimentos são puramente casuais: em algumas províncias e em alguns anos calculam-se centenas e milhares de pequenos estabelecimentos, em outros, dezenas de unidades. Por exemplo, na província da Bessarábia, de 1887 a 1890: 1.479, 272, 262, 1.684; na província de Penza, de 1885 a 1891: 4, 15, 0, 1.127, 1.135, 2.148, 2.264 etc. etc.

[36] Ver exemplos nos *Этюды*, cit., p. 274. O senhor Tugan-Baranóvski cometeu um pequeno erro ao afirmar que, de 1885 a 1891, o número de fábricas reais diminuiu (*Фабрика*, cit., p. 350), comparando o número médio de trabalhadores por fábrica em diferentes produções e tempos (ibidem, p. 355). Os dados do *Свод* [Código] são demasiado caóticos para permitir, sem uma elaboração especial, tais conclusões.

O DESENVOLVIMENTO DA GRANDE INDÚSTRIA MECANIZADA   475

fábricas em geral (por exemplo, as estatísticas da mineração jamais forneceram o valor da produção das mineradoras, apenas a quantidade de produto. Como os autores do *Código* determinaram o total da produção, não se sabe).

Aos anos 1880 corresponde mais uma fonte de informações da nossa indústria fabril que chama a atenção por sua qualidade negativa e porque foram precisamente esses dados que o senhor Kárychev utilizou[37]. A *Coletânea de informações sobre a Rússia de 1884-1885*[38] mostra, numa de suas tabelas, "a soma da produção na indústria fabril na Rússia Europeia" (Tabela 39); o número de fábricas e de trabalhadores é de toda a Rússia, sem distribuição por província. A fonte das informações são "os dados dos relatórios dos senhores governadores"[39]. Os dados abrangem todas as produções, inclusive aquelas sujeitas a impostos especiais e as de mineração, e para cada produção inclui-se o número "médio" de trabalhadores e a produção por fábrica em toda a Rússia Europeia. Pois foram essas "médias" que o senhor Kárychev se pôs a "analisar". Para julgar o significado dessas médias, comparemos os dados da *Coletânea* e os do *Código* (para tal comparação, é preciso separar dos primeiros dados as produções metalúrgicas, sujeitas a impostos especiais, a pesqueira, entre "outras"; restam 53 produções; dados da Rússia Europeia):

Fontes	Número de		Produção total (em milhares de rublos)
	Fábricas	Trabalhadores	
Coletânea de informações estatísticas da Rússia	54.179	559.476	569.705
Código do Departamento de Comércio e Manufatura	14.761	499.632	672.079
	+ 39.418	+ 59.844	– 102.374
	+ 267%	+ 11,9%	– 15,2%

---

[37] N. A. Kárychev, "Статистический обзор распространения главнейших отраслей обрабатывающей промышленности в России" ["Resumo estatístico da distribuição dos principais ramos da indústria de transformação na Rússia"], *Iuridítcheski Viéstnik*, n. 9, 1889. Ao lado do mais recente trabalho do senhor Kárychev, examinados por nós nos *Этюды*, esse artigo é um modelo de como não se utilizar os dados da nossa estatística fabril.

[38] *Сборник сведений по России за 1884/85 г.* [Coletânea de informações sobre a Rússia de 1884-1885] (São Petersburgo, Comitê Central de Estatística, 1887).

[39] Ibidem, p. 311.

476 O DESENVOLVIMENTO DO CAPITALISMO NA RÚSSIA

Dessa maneira, os relatórios dos governadores contaram como "fábricas" dezenas de milhares de pequenos empreendimentos agrícolas e artesanais! É claro que semelhantes estabelecimentos foram parar entre as fábricas absolutamente por acaso, de acordo com as distintas produções, as distintas províncias e os distintos distritos. Eis alguns exemplos do número de fábricas para algumas produções segundo a *Coletânea* e o *Código*: peles: 1.205 e 269; couro: 4.709 e 2.026; esteiras: 562 e 55; amido e melaço: 1.228 e 184; farinha: 17.765 e 3.940; óleos: 9.341 e 574; alcatrão: 3.366 e 328; tijolos: 5.067 e 1.488; cerâmica e azulejos: 2.573 e 147. Pode-se imaginar que sorte de "estatística" se obtém quando se julga a "dimensão das empresas"[40] em nossa indústria fabril de acordo com os "números médios", baseados em semelhantes contagens de "fábricas"! O senhor Kárychev a avalia justamente dessa maneira, incluindo na grande indústria apenas aquelas produções cujo *"número médio"* de trabalhadores por fábrica (em toda a Rússia) acima mencionado *é maior que cem*. Mediante tal método fenomenal, ele extrai a conclusão de que apenas um quarto de toda a produção somada vem da "grande indústria, entendida nas proporções acima indicadas"[41]!! Mostraremos adiante que, na prática, as fábricas com cem ou mais trabalhadores constituem mais da metade de toda a produção da nossa indústria fabril. Notemos, a propósito, que os dados dos comitês de estatística das províncias (que são utilizados para os relatórios dos governadores) caracterizam-se sempre pela completa indeterminação do conceito de "fábrica" e que o registro dos pequenos estabelecimentos é acidental. Por exemplo, na província de Smolensk, em 1893-1894, em alguns

---

[40] Parágrafo IV do artigo do senhor Kárychev. Notemos que, em vez do *Código*, seria possível comparar com a *Coletânea* o *Índice* do senhor Orlov, cuja segunda edição (de 1884) o senhor Kárychev também cita.

[41] N. A. Kárychev, "Статистический обзор распространения главнейших отраслей обрабатывающей промышленности в России", cit., p. 47. "Desse modo, três quartos desta última [a produção anual] correspondem a empresas relativamente pequenas. As raízes desse fenômeno podem estar em muitos elementos substancialmente importantes da economia nacional russa. Aqui devem ser incluídas, entre outras coisas, a disposição das terras da massa da população e a vitalidade da comunidade [*sic*!], que dificultam o desenvolvimento, entre nós, da classe profissional dos trabalhadores fabris. A isso se combina [!] também *a difusão de formas de transformação domiciliar dos produtos* justamente naquela zona da Rússia [a média] onde principalmente estão localizadas nossas fábricas" (idem, destaques do senhor Kárychev). Pobre "comunidade"! Deve se responsabilizar por tudo, até mesmo pelos erros estatísticos de seus sábios admiradores!

distritos, dezenas de pequenos produtores de óleo foram incluídos entre as fábricas e, em outros, nenhum; na província foram calculadas 152 "fábricas" de alcatrão (segundo o *Índice* de 1890 não havia nenhuma), com o mesmo tipo de registro acidental nos distintos distritos etc.[42]. Na província de Iaroslav, nos anos 1890, a estatística local calculou 3.376 fábricas (contra 472 do *Índice* de 1890), incluindo (nos diferentes distritos) centenas de moinhos, forjas, pequenas fábricas de amido de batata e assim por diante[43].

Nos últimos tempos, nossa estatística fabril passou por uma reforma que alterou o programa de coleta de informações, modificou o conceito de "fábrica" (foram introduzidos novos requisitos: presença de motor mecânico ou número de trabalhadores superior a quinze) e envolveu a inspeção fabril na coleta e na verificação das informações. Para detalhamentos, remetemos os leitores a nossos *Estudos de casos*, em que examinamos em detalhes a *Lista de fábricas*[44], composta segundo o novo programa, e pela qual fica evidente que, apesar da reforma, as melhorias em nossa estatística fabril são *quase imperceptíveis*; que o conceito de "fábrica" permaneceu absolutamente indefinido; que os dados são tão aleatórios quanto antes e que se exige, portanto, o maior cuidado ao se lidar com eles[45]. Apenas um recenseamento da in-

---

[42] Dados do livro do senhor D. Jbankov, *Санитарное исследование фабрик и заводов Смоленской губ.* [Estudo sanitário das fábricas da província de Smolensk], fasc. I (Smolensk, 1894).

[43] *Обзор Яросл. губ.* [Relatório da província de Iaroslav], fasc. II (Iaroslav, 1896). Ver também "Ведомость о фабриках и заводах в 1893 г." ["Registro sobre as fábricas em 1893"], em *Памятную книжку Тульской губ. на 1895 г.* [Livreto comemorativo da província de Tula para 1895] (Tula, 1895), seção 6, p. 14-5.

[44] *Перечень фабрик и заводов* [Lista de fábricas e oficinas] (São Petersburgo, 1897). Segundo os cálculos do senhor Kárychev, o resumo dos dados da *Lista* para a Rússia Europeia é o seguinte: 14.578 fábricas, 885.555 trabalhadores e uma produção no valor de 1.345.346.000 rublos.

[45] Nos resumos dos relatórios dos inspetores fabris, publicados pelo Ministério do Comércio e da Indústria (1901-1903), há informações do número de fábricas e dos trabalhadores empregados (relativas a 64 províncias da Rússia), com distribuição das fábricas por grupos, de acordo com o número de trabalhadores (até 20; 21-50; 51-100; 101-500; 501-1.000; mais de 1.000). Trata-se de um grande passo na nossa estatística fabril. Os dados das grandes oficinas (21 ou mais trabalhadores) são, provavelmente, mais ou menos confiáveis. Os dados das "fábricas" com menos de vinte trabalhadores são causais e inúteis. Por exemplo, em 1903, na província de Nóvgorod, são apontadas 266 fábricas com menos de 20 trabalhadores; 1.975 é o número total de trabalhadores empregados nelas, ou seja, menos de 8 trabalhadores em média. Em Perm, há 10 fábricas desse tipo, com 159 trabalhadores! Obviamente, é ridículo! Balanço de 1903 para 64 províncias: 15.821 fábricas, com 1.640.406

dústria organizado de maneira correta, à europeia, será capaz de tirar nossa estatística industrial de sua condição caótica[46].

Da análise da nossa estatística fabril decorre que é impossível utilizar os dados, na enorme maioria dos casos, sem o devido tratamento e que o principal objetivo desse tratamento deve consistir em separar o relativamente útil do absolutamente inútil. No próximo parágrafo, examinaremos, nesse sentido, os dados das produções mais importantes e colocamos a questão: aumentou ou diminuiu o número de fábricas na Rússia? A principal dificuldade dessa questão consiste no fato de que o conceito de "fábrica" é aplicado da maneira mais caótica em nossa estatística fabril; por isso, as respostas negativas a essa questão, dadas às vezes com base nos dados das estatísticas fabris (por exemplo, o senhor Kárychev), não possuem nenhum significado. É fundamental, antes de mais nada, estabelecer uma caracterização precisa para o conceito de "fábrica" – sem isso, seria absurdo ilustrar o desenvolvimento da grande indústria com dados sobre estabelecimentos que, em épocas diferentes, incluem um número variável de pequenos moinhos, produtores de óleo, olarias etc. etc. Tomemos como critério que o número de trabalhadores por estabelecimento é de pelo menos dezesseis e então veremos que tais empreendimentos industriais na Rússia Europeia eram, em 1866, no *maximum* 2,5-3 mil; em 1879, giravam em torno de 4,5 mil; em 1890, em torno de 6 mil; em 1894-1896, em torno de 6,4 mil; em 1903, em torno de 9 mil[47]. Por conseguinte, o número de fábricas na Rússia na época pós-reforma aumentou e, ademais, aumentou bastante rápido.

---

trabalhadores, se excluirmos as fábricas com menos de 20 trabalhadores, obteremos 10.072 fábricas, com 1.576.754 trabalhadores. [Nota da 2ª edição.]

[46] Ver *Viéstnik Finánsov*, n. 35, 1896. Atas dos informes e dos debates no Congresso de Níjni Nóvgorod. O senhor Mikháilovski mostrou de maneira bastante clara o estado caótico da estatística fabril, descrevendo o percurso do questionário "até chegar ao último funcionário policial, o qual, contra um recibo, finalmente o distribui às empresas que considera relevantes e, mais comumente, às empresas a que já o enviara no ano anterior"; esse questionário é preenchido ou com as respostas "do ano anterior" (basta dar uma olhada nos *Códigos* do Ministério do Comércio e da Indústria relativos às diferentes produções nas diferentes províncias para se convencer da correção dessa observação) ou com indicações desprovidas de sentido.

[47] Os dados referem-se a todas as indústrias (ou seja, inclusive as sujeitas a impostos especiais), exceto as de mineração. Para 1879, 1890 e 1894-1895, calculamos os dados com base no *Índice* e na *Lista*.

3. ANÁLISE DOS DADOS HISTÓRICO-ESTATÍSTICOS SOBRE O DESENVOLVIMENTO DA GRANDE INDÚSTRIA

Observamos acima que, para o julgamento do desenvolvimento da grande indústria de acordo com os dados da estatística fabril, é fundamental distinguir, nestes últimos, entre o material relativamente útil e o absolutamente inútil. Examinemos, com esse objetivo, o principal produto da nossa indústria de transformação.

1) Produções têxteis

À frente das produções relacionadas ao tratamento da lã, encontra-se a de feltro, que em 1890 gerou mais de 35 milhões de rublos e empregou 45 mil trabalhadores. Os dados histórico-estatísticos sobre essa produção demonstram uma diminuição significativa no número de trabalhadores, mais precisamente de 72.638 em 1866 para 46.740 em 1890[48]. Para uma avaliação desse fenômeno, é preciso chamar a atenção para o fato de que até os anos 1860, incluindo esses anos, a produção de feltro tinha uma organização peculiar, original: concentrava-se em estabelecimentos relativamente grandes, os quais, contudo, não tinham nenhuma relação com a indústria fabril capitalista, mas baseavam-se no trabalho de camponeses servos ou temporariamente submetidos. Nas análises da indústria "fabril" dos anos 1860,

---

Excluem-se dessa *Lista* as tipografias, que anteriormente não eram consideradas pelas estatísticas fabris (ver Этюды, cit., p. 273). Para 1868, temos, segundo os dados do *Anuário* relativos a 71 produções, 1.861 estabelecimentos (de um total de 6.891) com 16 ou mais trabalhadores; em 1890, essas 71 produções representavam cerca de quatro quintos do número total de estabelecimentos com 16 ou mais trabalhadores. Consideramos que o conceito de "fábrica" adotado por nós é o mais exato porque os programas mais diversos da nossa estatística aceitaram incontestavelmente a inclusão de estabelecimentos com dezesseis ou mais trabalhadores entre as fábricas, e isso para todas as produções. Sem dúvida, a estatística fabril nunca pôde nem pode agora registrar *todos* os estabelecimentos com dezesseis ou mais trabalhadores (ver exemplos no capítulo VI, seção 2), mas não temos motivos para pensar que anteriormente havia mais omissões do que há agora. Os dados de 1903 são provenientes dos *Resumos dos informes dos inspetores fabris*. Para 50 províncias da Rússia Europeia, calculam-se 8.856 fábricas com mais de 20 trabalhadores.

[48] Em todos os casos, salvo ressalva especial, tomamos para 1866 os dados do *Anuário*; para 1879 e 1890, os dados do *Índice*. O *Resumo histórico-estatístico* fornece informações anuais da indústria do feltro de 1855 a 1879; eis o número médio de trabalhadores por quinquênio: de 1855-1859 a 1875-1879: 107.433; 96.131; 92.117; 87.960 e 81.458.

480 O DESENVOLVIMENTO DO CAPITALISMO NA RÚSSIA

portanto, as fábricas de feltro eram divididas em: 1) as que pertenciam a latifundiários ou nobres e 2) as mercantis. As primeiras produziam sobretudo para o Exército e os contratos públicos eram repartidos igualmente entre as fábricas, de forma proporcional ao número de máquinas à disposição delas. O trabalho forçado determinou o atraso técnico de semelhantes estabelecimentos e o emprego de um número incrivelmente maior de trabalhadores, em comparação com as fábricas mercantis, baseadas em trabalho livre assalariado[49]. A maior diminuição no número de trabalhadores empregados na produção de feltro ocorreu justamente nas províncias onde existem muitos latifúndios; assim, em treze províncias com latifúndios (citadas no *Resumo da indústria manufatureira*), o número de trabalhadores diminuiu de 32.921 para 14.539 (respectivamente, em 1866 e 1890); já nas províncias mercantis (Moscou, Grodno, Livônia, Tchernígov e São Petersburgo), de 31.291 para 28.257. Disso fica claro que se trata de duas tendências opostas que, no entanto, expressam ambas o desenvolvimento do capitalismo, a saber: por um lado, a diminuição do número de estabelecimentos latifundiários de caráter patrimonial e possessório; por outro, o desenvolvimento de fábricas puramente capitalistas a partir de estabelecimentos mercantis. Um número significativo de trabalhadores da produção de feltro nos anos 1860 não era em absoluto composto de trabalhadores *fabris* no sentido estrito do termo; eram camponeses dependentes que trabalhavam para os latifundiários[50].

A produção de feltro é um exemplo de um fenômeno original da história russa que é a aplicação do trabalho servil à indústria. Como nos limitamos

---

[49] Ver *Обзор различных отраслей мануфактурной промышленности в России* [Resumo dos diferentes ramos da indústria manufatureira na Rússia], v. I (São Petersburgo, 1862), em especial p. 165 e 167. Ver também *Военно-стат. сборник*, cit., p. 357 e seg. No presente, nas listas de fabricantes de feltro, raramente se encontram aqueles grandes nomes da nobreza, os quais constituíam a imensa maioria nos anos de 1860.

[50] Eis alguns exemplos extraídos das estatísticas dos *zemstvos*. Sobre a fábrica de feltro de N. P. Gladkov, distrito de Volsk, província de Sarátov (306 trabalhadores em 1866), lemos na coletânea estatística dos *zemstvos* desse distrito (p. 275) que os camponeses eram obrigados a trabalhar na fábrica do senhor. "Trabalhavam na fábrica até se casar e, depois, ficavam sujeitos à corveia ou deviam pagar tributo ao proprietário". No povoado de Riasi, distrito de Ranenburg, província de Riazan, havia em 1866 uma fábrica de feltro com 180 trabalhadores. Os camponeses cumpriam a corveia trabalhando na fábrica, que fechou em 1870 (*Сборник стат. свед. по Ряз. губ.* [Coletânea de informações estatísticas da província de Riazan], v. II, fasc. I, Moscou, 1822, p. 330).

aqui à época pós-reforma, bastam-nos as indicações resumidas acima sobre o reflexo desse fenômeno na nossa estatística fabril[51]. Para julgar precisamente o desenvolvimento desse ramo da indústria, citemos ainda dados das estatísticas relativas aos motores a vapor: em 1875-1878, na produção de fios de lã e feltro na Rússia Europeia, calculavam-se 167 estabelecimentos mecanizados, com 209 máquinas a vapor e 4.632 cavalos de potência; já em 1890, eram 197 estabelecimentos, com 341 máquinas a vapor de 6.602 cavalos de potência. Como se vê, o emprego da máquina a vapor não se deu de forma muito rápida, o que se explica em parte pelas tradições das fábricas dos latifundiários, em parte pela substituição do feltro por tecidos mais baratos de lã cardados e mesclados[52]. Na produção de tecido de lã, em 1875-1879 havia 7 estabelecimentos mecanizados, com 20 máquinas a vapor de 303 cavalos de potência; já em 1890 eram 28 estabelecimentos mecanizados, com 61 máquinas a vapor de 1.375 cavalos de potência[53].

Notemos, ainda, as produções de tratamento da lã para feltro, que mostram com especial destaque o caráter incomparável dos dados das estatísticas fabris nos diferentes períodos: em 1866, calculavam-se 77 fábricas com 295 trabalhadores; em 1890, 57 fábricas com 1.217 trabalhadores. Do primeiro número, os pequenos estabelecimentos com produção total de menos de 2 mil rublos correspondem a 60 estabelecimentos com 137 trabalhadores; do

---

[51] Ver Nisselóvitch, *История заводско-фабричного законодательства Российской империи* [História da legislação fabril do Império russo], partes I e II (São Petersburgo, 1883-1884); A. Semiónov, *Изучение исторических сведений о российской внешней торговле и промышленности* [Estudo de informações históricas sobre o comércio exterior e indústria russa] (São Petersburgo, 1858-1859), 3 v.; V. I. Semiévski, *Крестьяне в царствование Екатерины II* [Os camponeses no reinado de Catarina II] (São Petersburgo, 1881); *Сборник стат. свед. по Моск. губ. Отд. санит. стат.* [Coletânea de informações estatísticas da província de Moscou. Departamento de estatísticas sanitárias] (resumo geral) (Moscou, 1890), artigo de A. V. Pogójev, "О вотчинно-посессионных фабриках Моск. губ." ["Sobre as fábricas baseadas no trabalho dos servos na província de Moscou"]; M. Tugan-Baranóvski, *Русская фабрика* [A fábrica russa], cit., v. I.

[52] Ver *Успехи русской промышленности по обзорам экспертных комиссий* [Os êxitos da indústria russa segundo os estudos da comissão de especialistas] (São Petersburgo, 1897), p. 60.

[53] Os dados sobre os motores a vapor, tanto nesse caso quanto nos casos a seguir, foram tirados de *Материалы для статистики паровых двигателей в Росс. империи* [Materiais para uma estatística dos motores a vapor no Império russo] (São Petersburgo, Comitê Central de Estatística, 1882); para o ano 1890, de *Свод данных о ф.-з. промышленности* [Código de dados da indústria fabril]; já o número de estabelecimentos mecanizados foi tirado de P. Orlov, *Указатель фабрик и заводов*, cit.

segundo, um estabelecimento com 4 trabalhadores. Havia 39 pequenos estabelecimentos em 1866 no distrito de Semiónov, província de Níjni Nóvgorod, onde, também agora, desenvolve-se de maneira vigorosa a indústria do feltro, relacionada, contudo, ao "artesanato", e não à produção "fabril"[54].

Além disso, entre as produções têxteis, ocupam um lugar particularmente destacado as produções de tratamento do algodão, que contam hoje mais de 200 mil trabalhadores. Aqui, observamos um dos maiores erros da nossa estatística fabril, a saber: a mistura dos trabalhadores fabris com os trabalhadores empregados em domicílio ao modo capitalista. O desenvolvimento da grande indústria mecanizada consistiu aqui (como em muitos outros casos) em atrair os que trabalhavam em domicílio para as fábricas. Compreende-se que tipo de deformação representa esse processo se entre as "fábricas" se contam os escritórios de distribuição e os pequenos intermediários, se os trabalhadores em domicílio se misturam aos fabris! Em 1866 (segundo o *Anuário*), calculávamos até 22 mil trabalhadores em domicílio, incluídos os fabris (sendo que esse número está longe de ser completo, pois, para a província de Moscou, no *Anuário*, fica evidente, por razões puramente acidentais, a omissão das anotações sobre o "trabalhado por aldeia", tão abundante na província de Vladímir). Em 1890 (segundo o *Índice*), calculamos apenas cerca de 9 mil desses trabalhadores. Está claro que as cifras da estatística fabril (em 1866, havia 59 mil trabalhadores nas fábricas de tecido; em 1890, 75 mil) *diminuem* com o aumento do número de trabalhadores *fabris* que de fato existem[55]. Eis dados de quais estabelecimentos foram incluídos, em momentos diversos, entre as "fábricas" de tecido[56]:

[54] Ver capítulo VI, seção 2.

[55] Ver Tugan-Baranóvski, *Русская фабрика*, cit., p. 420. Semiónov calculava, por volta de 1859, que o número total de tecelões manuais empregados pelos capitalistas nas aldeias era 385.857 (*Изучение исторических сведений о российской внешней торговле и промышленности*, cit., v. III, p. 273); a estes acrescentava ainda 200 mil trabalhadores empregados nas aldeias por "outras produções fabris" (ibidem, p. 302). Hoje em dia, como vimos, o número de trabalhadores empregados em domicílio ao modo capitalista é incomparavelmente maior.

[56] Entre os pequenos intermediários, estão incluídos os estabelecimentos com produção inferior a 2 mil rublos. Os dados de uma pesquisa especial das fábricas das províncias de Moscou e Vladímir, realizada em 1868 pelo Comitê Central de Estatística, indicam mais de uma vez que a soma da produção das pequenas tecelagens é simplesmente o pagamento pelo trabalho. Os escritórios contam os

O DESENVOLVIMENTO DA GRANDE INDÚSTRIA MECANIZADA · 483

Ano	Número de "fábricas" de tecidos	Entre elas		
		Fábricas	Escritórios	Intermediários
1866	436	256	38	142
1879	411	209	66	136
1890	311	283	21	7

Dessa maneira, o decréscimo do número de "fábricas" mostrado pelas "estatísticas" denota, na verdade, a substituição dos escritórios e dos pequenos intermediários pela fábrica. Ilustremos esse fato com o exemplo de duas fábricas:

Ano	Fábrica de I. M. Teriéntev na cidade de Chuia						Fábrica de I. N. Garelin na cidade de Ivánovo-Voznessensk					
		Número de trabalhadores						Número de trabalhadores			
	Número de teares mecânicos	Nos estabelecimentos	Externos	Total	Produção total (em milhares de rublos)		Número de teares mecânicos	Nos estabelecimentos	Externos	Total	Produção total (em milhares de rublos)
1866	Manual	—	205	670	875	130	Escritório de distribuição	—	?	1.917	1.917	158
1879	A vapor	648	920	—	920	1.346	A vapor	893	1.274	—	1.274	2.137
1890	"	1.502	1.043	—	1.043	1.244	"	1.141	1.483	—	1.483	2.058
1894-1895	"	?	1.160	—	1.160	1.878	"	?	2.134	—	2.134	2.933

Em consequência, para uma avaliação do desenvolvimento da grande indústria mecanizada de um dado ramo, é muito mais adequado considerar o número de teares mecânicos. Em 1860, havia cerca de 11 mil[57]; em 1890, cerca de 87 mil. A grande indústria mecanizada desenvolveu-se, portanto, com enorme rapidez. Na produção de fios e tecidos, em 1875-1878 calculavam-se 148 estabelecimentos mecanizados, com 481 máquinas a vapor de 20.504

---

estabelecimentos que distribuem trabalho em domicílio. Para 1866, o número desses estabelecimentos está longe de ser completo, em razão das evidentes omissões referentes à província de Moscou.

[57] *Военно-стат. сборник*, cit., p. 380; *Обзор мануфактурной промышленности* [Resumo da indústria manufatureira], v. II (São Petersburgo, 1863), p. 451. Em 1898, calculavam-se 100.630 teares mecânicos na produção de tecido (em todo o Império, provavelmente). Ver também *Успехи русской промышленности по обзорам экспертных комиссий*, cit., p. 33.

cavalos de potência; já em 1890, havia 168 estabelecimentos mecanizados, com 554 máquinas a vapor e 38.750 cavalos de potência.

Exatamente o mesmo erro nossa estatística comete no que se refere à produção de linho, demonstrando de forma incorreta a diminuição do número de trabalhadores fabris (1866: 17.171; 1890: 15.497). De fato, em 1866, dos 16.900 teares dos fabricantes de linho, apenas 4.749 se encontravam nos estabelecimentos e os 12.151 restantes eram dos intermediários[58]. Portanto, em 1866 estavam incluídos entre os trabalhadores fabris cerca de 12 mil trabalhadores em domicílio; já em 1890, apenas cerca de 3 mil (calculado de acordo com o *Índice*). O número de teares mecânicos cresceu de 2.263 em 1866 (calculado de acordo com a *Coletânea de estatísticas militares*) para 4.041 em 1890; já o de fusos passou de 95.495 para 218.012. Na produção de fio e tecido de linho, em 1875-1878, havia 28 estabelecimentos mecanizados, com 47 máquinas a vapor de 1.604 cavalos de potência; já em 1890, eram 48 estabelecimentos mecanizados, com 83 máquinas a vapor e 5.027 cavalos de potência[59].

Por fim, das produções têxteis, é preciso mencionar ainda tingimento, estamparia e acabamento, ramos em que a estatística mistura as fábricas com os menores estabelecimentos de artífices, que possuem de um a dois trabalhadores e produzem algumas centenas de rublos[60]. Entende-se por que decorre disso uma grande confusão que esconde o crescimento rápido da grande indústria mecanizada. Eis os dados sobre esse crescimento: em 1875--1878, nas indústrias de cardação, tingimento, branqueamento e aprestamento de lã, havia 80 estabelecimentos mecanizados, com 255 máquinas a vapor de 2.634 cavalos de potência; já em 1890, 189 estabelecimentos mecanizados com 858 máquinas a vapor e 9.100 cavalos de potência.

---

[58] *Военно-стат. сборник*, cit., p. 367-8; informações da Intendência.

[59] Na produção de seda havia, em 1879, 495 teares mecânicos e 5.996 teares manuais (*Resumo histórico--estatístico*), enquanto em 1890 havia 2.899 dos primeiros e mais 7.500 dos segundos.

[60] Por exemplo, em 1879, calculavam-se 729 fábricas nessas produções; delas, 466 contavam com 977 trabalhadores e uma produção total de 170 mil rublos. Hoje também é possível encontrar muitas dessas "fábricas", por exemplo, como indústrias artesanais nas províncias de Viatka e Perm.

2) Produção de artigos de madeira

Nesta seção, os dados mais confiáveis são os referentes à serraria, ainda que, em tempos anteriores, eles também incluíssem os pequenos estabelecimentos[61]. O enorme desenvolvimento dessa produção na época pós-reforma (1866: 4 milhões de rublos; 1890: 19 milhões de rublos) veio acompanhado de um aumento significativo do número de trabalhadores (4 mil e 15 mil) e do número de estabelecimentos com máquinas a vapor (26 e 430), o que é particularmente interessante, pois testemunha com ênfase o crescimento da indústria madeireira. A serraria constitui apenas uma das operações da indústria madeireira, uma companheira de viagem indispensável dos primeiros passos da grande indústria mecanizada.

No que concerne às demais produções dessa seção, mobília e carpintaria, esteiras, alcatrão, estas se destacam em especial pelos dados caóticos da estatística fabril. Os pequenos estabelecimentos, tão abundantes nessas produções, eram classificados no passado como "fábricas" numa quantidade arbitrária e, ainda hoje, às vezes são assim classificados[62].

3) Indústrias químicas de processamento de produtos animais e de cerâmica

Os dados propriamente ditos da indústria química destacam-se por serem relativamente confiáveis. Eis informações de seu crescimento: em 1857, o consumo de produtos químicos na Rússia foi de 14 milhões de rublos (3,4 milhões de rublos em produção nacional e 10,6 milhões de rublos em importação); em 1880, 36,25 milhões de rublos (7,5 milhões em produção nacional e 28,75 milhões em importação); em 1890, 42,7 milhões de rublos (16,1 milhões em produção nacional e 26,6 milhões em importação)[63]. Esses

---

[61] *Военно-стат. сборник*, cit., p. 389; *Обзор мануф. пром.*, cit., v. I, p. 309.

[62] Por exemplo, em 1879, das 91 fábricas de esteiras, 39 tinha produção inferior a mil rublos (ver *Этюды*, cit., p. 155). Na produção de alcatrão, foram calculadas, em 1890, 140 fábricas, todas com produção superior a 2 mil rublos; em 1879, foram calculadas 1.033 fábricas, das quais 911 tinham produção inferior a 2 mil rublos; em 1866, foram calculadas 669 fábricas (em todo o Império), enquanto, segundo a *Coletânea de estatísticas militares*, chegavam a 3.164!! (Ver nossos *Этюды*, cit., p. 156 e 271).

[63] *Военно-стат. сборник*, cit.; *Ист.-стат. обзо*, cit.; *Произв. силы* [Forças produtivas], v. IX, p. 16. Número de trabalhadores: em 1866, 5.645; em 1890, 25.471; de 1875 a 1890: 141 pequenos estabelecimentos, com 208 máquinas a vapor e 3.319 cavalos de potência.

486 O DESENVOLVIMENTO DO CAPITALISMO NA RÚSSIA

dados são particularmente interessantes, porque as indústrias químicas têm um significado extraordinariamente importante como fabricantes de materiais auxiliares para a grande indústria mecanizada, ou seja, artigos de consumo *produtivo* (e não pessoal). Em relação à produção de potássio e nitrato, notemos que o número de fábricas não é confiável em razão, mais uma vez, da inclusão de pequenos estabelecimentos[64].

A indústria de processamento de gordura caracteriza-se por uma queda inquestionável na época pós-reforma. Assim, a soma da produção de sebo para vela e de gordura fundida foi calculada em 13,6 milhões de rublos em 1866-1868 e em 5 milhões de rublos em 1890[65]. Essa queda se explica pelo crescimento do uso de óleos minerais na iluminação, em vez das antigas velas de sebo.

Na produção de couro (1866: 2.308 estabelecimentos, com 11.463 trabalhadores e produção total de 14,6 milhões de rublos; 1890: 1.621 estabelecimentos, com 15.564 trabalhadores e produção total de 26,7 milhões de rublos), a estatística mistura constantemente fábricas e pequenos estabelecimentos. O custo relativamente alto do material, o que explica a elevada produção total, e o fato de que essa produção demanda um número muito reduzido de trabalhadores fazem com que seja particularmente difícil a delimitação entre empresas artesanais e fabris. Em 1890, do número total de fábricas (1.621), apenas 103 tinham uma produção total inferior a 2 mil rublos; em 1879, 2.008 de um número total de 3.320[66]; em 1866, das 2.308[67] fábricas, 1.042 tinham uma produção total inferior a mil rublos (havia 2.059 trabalhadores nessas 1.042 fábricas, com produção total de 474 mil rublos).

---

[64] Ver o *Índice* de 1879 e 1890 sobre a produção de potássio. A produção de nitrato se concentra, atualmente, em uma fábrica de São Petersburgo, enquanto nos anos 1860 e 1870 extraía-se nitrato de leira (leira = monte de esterco).

[65] Entre as fábricas, incluía-se, nos anos 1860 e 1870, uma massa de pequenos estabelecimentos.

[66] Em 1875, o professor Kittari, em seu *Mapa da produção de couro na Rússia*, contou 12.939 estabelecimentos, com produção total de 47,5 milhões de rublos, enquanto a estatística fabril calculou 2.764 estabelecimentos, com produção total de 26,5 milhões de rublos (*Resumo histórico-estatístico*). Em outra produção dessa seção, a de peles, observa-se a mesma confusão entre fábricas e pequenos estabelecimento: ver o *Índice* de 1879 e de 1890.

[67] A *Coletânea de estatísticas militares* calculou até 3.890!!

Em consequência, o número de fábricas aumentou: em 1878, havia 38 estabelecimentos mecanizados, com 34 máquinas a vapor e 332 cavalos de potência, muito embora a estatística fabril demonstre que houve uma diminuição. Os pequenos curtumes são, ainda hoje, bastante numerosos: por exemplo, a publicação do Ministério das Finanças sobre *A indústria fabril e o comércio na Rússia*[68] calcula cerca de 9.500 fábricas artesanais, com 21 mil trabalhadores e produção total de 12 milhões de rublos. Essas empresas "artesanais" são significativamente maiores que aquelas que eram classificadas como "fábricas" nos anos 1860. Uma vez que os pequenos estabelecimentos aparecem entre as "fábricas" em quantidade desigual de acordo com as distintas províncias e os diferentes anos, devemos nos referir aos dados estatísticos dessa produção com grande cautela. Em 1875-1878, a estatística a respeito dos motores a vapor calculava, nessa produção, 28 estabelecimentos mecanizados, com 33 máquinas a vapor e 488 cavalos de potência; já em 1890, havia 66 estabelecimentos mecanizados, com 82 máquinas a vapor e 1.112 cavalos de potência. Nessas 66 fábricas, estavam concentrados 5.522 trabalhadores (mais de um terço do total) e uma produção de 12,3 milhões de rublos (46% do total), de modo que a concentração da produção é muito significativa, e a produtividade do trabalho nos grandes estabelecimentos é incomparavelmente superior à média[69].

As produções de cerâmica dividem-se em duas categorias, segundo o caráter dos dados da estatística fabril: em alguns, quase não se observa mistura entre a grande e a pequena produção, por isso os dados estatísticos são relativamente confiáveis. Incluem-se aqui as produções de vidro, porcelana, faiança, alabastro e cimento. É especialmente notável o rápido crescimento desta última produção, testemunhando o desenvolvimento da indústria da construção: a produção em 1866 foi calculada em 530 mil rublos[70] e, em

---

[68] *Фабричнозаводская промышленность и торговля России* [A indústria fabril e o comércio na Rússia] (São Petersburgo, Ministério das Finanças, 1893).

[69] Se separarmos por data de fundação as 1.506 fábricas mencionadas pelo *Índice* de 1890, veremos que 97 foram fundadas não se sabe quando; 331 até 1850; 47 nos anos 1850; 239 nos anos 1860; 320 nos 1870; 351 nos 1880; 21 em 1890. A cada década, mais fábricas foram fundadas que na anterior.

[70] *Военно-стат. сборник*, cit.

488 O DESENVOLVIMENTO DO CAPITALISMO NA RÚSSIA

1890, em 3,826 milhões de rublos; havia 8 estabelecimentos mecanizados em 1875-1878 e 39 em 1890. Nas produções de tijolo e cerâmica, ao contrário, foi incluída uma enorme quantidade de pequenos estabelecimentos, por isso os dados da estatística fabril são especialmente insatisfatórios, especialmente exagerados nos anos 1860 e 1870. Por exemplo, na produção de tijolos, calculava-se que, em 1879, havia 552 estabelecimentos, com 1.900 trabalhadores e produção total de 538 mil rublos; em 1890, havia 158 estabelecimentos, com 1.978 trabalhadores e produção total de 919 mil rublos. Excluindo os pequenos estabelecimentos (com produção inferior a 2 mil rublos), obtemos, em 1979, 70 estabelecimentos, com 840 trabalhadores e produção total de 505 mil rublos; em 1890, 143 estabelecimentos, com 1.859 trabalhadores e produção total de 857 mil rublos. Ou seja, em vez da diminuição do número de "fábricas" e da estagnação do número de trabalhadores demonstradas pela estatística, na verdade ocorreu um aumento significativo, tanto de um quanto de outro. Os dados oficiais da produção de tijolos em 1879 são: 2.627 estabelecimentos, com 28.800 trabalhadores e produção total de 6,963 milhões de rublos; em 1890, 1.292 estabelecimentos, com 24.334 trabalhadores e produção total de 7,249 milhões de rublos. Já quando se excluem os pequenos estabelecimentos (com produção inferior a 2 mil rublos), havia, em 1879, 518 estabelecimentos, com 19.057 trabalhadores e produção total de 5,625 milhões de rublos; em 1890, 1.096 estabelecimentos, com 23.222 trabalhadores e produção total de 7,24 milhões de rublos[71].

4) Indústrias metalúrgicas

Na estatística fabril das indústrias metalúrgicas, as inconsistências são, primeiro, a inclusão dos pequenos estabelecimentos (exceto nos anos 1860 e 1870)[72] e, segundo e sobretudo, a "subordinação" das fábricas mineiras não

---

[71] Os pequenos estabelecimentos dessas indústrias são incluídos atualmente entre os artesanais. Ver, para uma amostra, a tabela das pequenas indústrias (Anexo I) ou nossos *Этюды*, cit., p. 158-9. O *Anuário do Ministério das Finanças* (fasc. I) recusou-se a fazer um balanço dessas produções em razão do óbvio exagero dos dados. Desde então, o progresso das estatísticas consistiu em aumentar a audácia e a despreocupação com relação à qualidade do material.

[72] Por exemplo, nos anos 1860, dezenas de forjas pertenciam às "fábricas siderúrgicas" em algumas províncias. Ver a *Сборник свед. и материалов по ведомству мин-ва финансов*, cit., n. 4, 1866, p. 406;

O DESENVOLVIMENTO DA GRANDE INDÚSTRIA MECANIZADA   489

ao Departamento de Comércio e Manufatura, mas ao Departamento de Minas. As informações do Ministério das Finanças excluem, "por princípio", as fábricas mineiras, mas nunca houve quaisquer regras uniformes e imutáveis sobre a separação das fábricas mineiras das demais (e dificilmente seria possível criá-las). Por isso, as estatísticas fabris publicadas pelo Ministério das Finanças sempre registram, à parte, também as fábricas mineiras, embora essa inclusão seja proporcionalmente desigual nas distintas províncias para os distintos anos[73]. Forneceremos mais adiante, quando analisarmos a indústria mineira, os dados gerais sobre o crescimento do emprego de motores a vapor na metalurgia pós-reforma.

5) Indústrias de produtos alimentícios

Essas produções merecem especial atenção quanto à questão que nos interessa, pois a inconsistência dos dados da estatística fabril atinge aqui seu mais alto grau. E no balanço geral da nossa indústria fabril, a produção alimentícia ocupa um lugar de destaque. Assim, segundo o *Índice* de 1890, do número total de 21.124 fábricas recenseadas na Rússia Europeia, com 875.764 trabalhadores e produção total de 1,501 bilhão de rublos, a fração correspondente à produção alimentícia era de 7.095 fábricas, com 45 mil trabalhadores e produção total de 174 milhões de rublos. O fato é que os principais produtos dessa seção – farinha, cereais e óleos – provêm da transformação de produtos agrícolas. Os pequenos estabelecimentos que se ocupam com essa transformação na Rússia são calculados em centenas e em milhares em cada província, e visto que não há quaisquer regras gerais para separar as "fábricas" desses estabelecimentos, a estatística exclui *de maneira absolutamente casual* esses pequenos estabelecimentos. Por isso, o número de "fábricas" nos diferentes anos e nas diferentes províncias apresenta saltos monstruosos. Eis, por exemplo, números relativos às fábricas de farináceos em diferentes anos, segundo diferentes fontes:

n. 6, 1867, p. 384; *Стат. временник*, cit., série II, fasc. 6. Ver também (acima, seção 2) o exemplo do *Anuário* de 1866, que incluiu os pequenos artesãos do distrito de Pávlov entre os "fabricantes".

[73] Ver nos *Этюды*, cit., p. 269 e 284 – análise dos erros em que incorreu o senhor Kárychev, ao ignorar essa circunstância. O *Índice* de 1879 (p. 356 e 374) calcula, por exemplo, as fábricas mineiras de Kulebaki e Viksa ou suas sucursais, que foram excluídas do *Índice* de 1890.

em 1865, 857 (*Coletânea de informações e materiais segundo a repartição do Ministério das Finanças*); em 1866: 2.176 (*Anuário*) e 18.426 (*Coletânea de estatísticas militares*); em 1885, 3.949 (*Código*) e 17.765 (*Coletânea de informações sobre a Rússia*); em 1889, 1890 e 1891: 5.073, 5.605 e 5.201[74] (*Código*); em 1894-1895: 2.308 (*Lista*). Dentre os 5.041 moinhos recenseados em 1892 (*Código*), 803 eram movidos a vapor, 2.907 a água, 1.323 a vento e 8 a cavalo! Algumas províncias contavam apenas os moinhos a vapor; outras, também os movidos a água (de 1 a 425); as terceiras (minoria), também os a vento (de 1 a 530) e a cavalo. Pode-se imaginar o significado de tal estatística e as conclusões a que se chega com o emprego ingênuo desses dados[75]! É evidente que, para julgar o crescimento da grande indústria mecanizada, devemos, primeiramente, estabelecer um critério para o conceito de "fábrica". Tomemos como critério a presença de um motor a vapor: os moinhos a vapor são o companheiro de viagem típico da grande indústria mecanizada[76].

Obtemos o seguinte quadro do desenvolvimento da produção *fabril* nesse ramo[77]:

	50 províncias da Rússia Europeia		
Ano	Número de moinhos a vapor	Número de trabalhadores	Soma da produção (em milhares de rublos)
1866	126	?	?
1879	205	3.621	21.353
1890	649	10.453	67.481
1892	803	11.927	80.559

Pela mesma razão, é insatisfatória a estatística da produção de óleo. Por exemplo, em 1879, calculavam-se 2.450 fábricas, com 7.207 trabalhadores e

---

[74] Há, além disso, 32.957 "pequenos moinhos" não incluídos entre as "fábricas".

[75] Ver exemplos de conclusões semelhantes do senhor Kárychev no artigo dos *Estudos de casos*, citado acima.

[76] Naturalmente, os grandes moinhos de água têm caráter de fábrica, mas não temos dados para distingui-los dos pequenos. Segundo o *Índice* de 1890, havia 250 moinhos de água com 10 ou mais trabalhadores. Havia no total 6.378 trabalhadores.

[77] *Coletânea de Índice e Código*. Segundo a *Lista*, em 1894-1895 havia 1.192 moinhos a vapor na Rússia Europeia. Em 1875-1878, as estatísticas relativas aos motores a vapor contavam 294 moinhos a vapor na Rússia Europeia.

produção total de 6.486.000 rublos; já em 1890, 383 fábricas, com 4.746 trabalhadores e produção total de 12.232.000 rublos. Mas essa diminuição no número de fábricas e no número de trabalhadores é apenas aparente. Se tornarmos os dados de 1879 e 1890 comparáveis, ou seja, se excluirmos os estabelecimentos cuja produção é inferior a 2 mil rublos (não entram nas listas nominais), obteremos, para 1879, 272 estabelecimentos, com 2.941 trabalhadores e produção total de 5.771.000 rublos; já para 1890, 379 estabelecimentos, com 4.741 trabalhadores e produção total de 12.232.000 rublos. Que a grande indústria mecanizada se desenvolveu nessa produção de maneira não menos veloz que na de farináceos é evidente, por exemplo, pela estatística de motores a vapor: em 1875-1878, havia 27 fábricas a vapor, com 28 máquinas a vapor e 521 cavalos de potência; já em 1890, eram 113 estabelecimentos mecanizados, com 116 máquinas a vapor e 1.886 cavalos de potência.

As demais produções dessa seção são relativamente pequenas. Notemos que na produção de mostarda e pescados, por exemplo, a estatística dos anos 1860 calculava centenas desses pequenos estabelecimentos, os quais não têm nada em comum com as fábricas e, no presente, não possuem relação com estas. Pode-se ver de quais correções necessitam os dados da nossa estatística fabril nos diferentes anos pelo seguinte: com exceção da produção de farináceos, o *Índice* de 1879 calculou para essa seção 3.555 estabelecimentos, com 15.313 trabalhadores; já em 1890, 1.842 estabelecimentos, com 19.159 trabalhadores. Em sete produções[78], pequenos estabelecimentos (com produção inferior a 2 mil rublos) foram incluídos: em 1879, 2.487, com 5.176 trabalhadores e produção de 916 mil rublos; já em 1890, 7 estabelecimentos com 10 trabalhadores e produção de 2 mil rublos! Para comparar os dados, portanto, é preciso subtrair, em um caso, 5 mil trabalhadores e, em outro, 10 mil!

6) Produções sujeitas a impostos especiais e outras

Em algumas produções sujeitas a impostos especiais, observamos uma diminuição do número de trabalhadores fabris de 1860 até o presente, mas a

---

[78] Óleos, amido, melado, malte, confeitaria, conservas e vinagre.

dimensão dessa diminuição está longe de ser aquela que afirma o senhor N.[79], que acredita cegamente em cada cifra publicada. O fato é que, para a maioria das produções sujeitas a impostos especiais, a única fonte de informações que temos é a *Coletânea de estatísticas militares*, que, como sabemos, exagera em enorme medida os resultados da estatística fabril. E, infelizmente, para a verificação dos dados, temos pouco material. Na destilaria, a *Coletânea de estatísticas militares* calculou, em 1866, 3.836 fábricas, com 52.660 trabalhadores (em 1890: 1.620 fábricas, com 26.102 trabalhadores); ademais, o número de fábricas não corresponde aos dados do Ministério das Finanças, que em 1865-1866 contou 2.947 fábricas em atividade; já em 1866-1867, contou 3.386[80]. A julgar por esses dados, o número de trabalhadores foi exagerado em cerca de 5-9 mil pessoas. Na produção de vodca, a *Coletânea de estatísticas militares* calcula 4.841 fábricas, com 8.326 trabalhadores (em 1890: 242 fábricas, com 5.266 trabalhadores); destas, 3.207 encontram-se na província da Bessarábia e possuem 6.873 trabalhadores. O absurdo dessas cifras salta aos olhos. E, de fato, sabemos, a partir das informações do Ministério das Finanças[81], que o número real de fábricas de vodca na província da Bessarábia era de dez-doze; já em toda a Rússia Europeia, eram 1.157. O número de trabalhadores, portanto, está exagerado em *6 mil* no *minimum*. A razão do exagero, pelo visto, está no fato de que os "estatísticos" da Bessarábia incluíram os proprietários de vinhedos entre os pequenos fabricantes (ver abaixo sobre a produção de tabaco). Na produção de vinho e de mel, a *Coletânea de estatísticas militares* calcula 2.374 fábricas, com 6.825 trabalhadores (em 1890: 918 fábricas, com 8.346 trabalhadores), enquanto o *Anuário do Ministério das Finanças* calcula para a Rússia Europeia 2.087 fábricas em 1866. Também aqui o número de trabalhadores está exagerado[82].

---

[79] *Русск. Богатство* [A riqueza russa], n. 6, 1894, p. 104-5.

[80] *Ежегодник м-ва фин.*, cit., fasc. I, p. 76 e 82. O número total de fábricas (inclusive as que não estão em atividade) era de 4.737 e 4.646.

[81] *Стат. временнику*, cit., fasc. I, p. 104.

[82] Por exemplo, na província de Simbirsk, a *Coletânea de estatísticas militares* calcula 218 fábricas (!), com 299 trabalhadores e produção de 21,6 mil rublos (segundo o *Anuário*, havia nessa província sete fábricas). Provavelmente, trata-se de pequenos estabelecimentos domésticos e camponeses.

Nas produções de açúcar de beterraba e açúcar refinado, a *Coletânea de estatísticas militares* exagera o número de trabalhadores em *11 mil*, calculando 92.126 contra 80.919, segundo o *Anuário do Ministério das Finanças* (em 1890: 77.875). Na produção de tabaco, a *Coletânea de estatísticas militares* calcula 5.327 fábricas (!), com 26.116 trabalhadores (em 1890: 281 fábricas, com 26.729 trabalhadores); destas, 4.993 encontravam-se na província da Bessarábia e possuíam 20.038 trabalhadores. Na verdade, em 1866, havia na Rússia 343 fábricas de tabaco; já na província da Bessarábia, eram treze[83]. O exagero no número de trabalhadores chega a *cerca de 20 mil*, e os próprios autores da *Coletânea de estatísticas militares* observaram que "as fábricas recenseadas na província da Bessarábia [...] não são nada mais que plantações de tabaco"[84]. O senhor N. talvez tenha achado supérfluo dar uma olhada no texto dessa edição estatística, que ele utiliza; por isso não notou os erros e discorreu muito seriamente sobre "o aumento insignificante no número de trabalhadores nas fábricas de tabaco"[85]!! O senhor N. toma diretamente os resultados do número de trabalhadores em produções sujeitas a impostos especiais, de acordo com a *Coletânea de estatísticas militares* e com o *Índice de 1890* (186.053 e 144.332), e calcula a porcentagem da queda... "Em 25 anos, houve uma redução significativa no número de trabalhadores, diminuiu em 22,4%. "Aqui" [ou seja, nas produções sujeitas a impostos especiais] que não se pode nem falar de aumento, o número de trabalhadores simplesmente diminuiu em um quarto em relação ao número anterior."[86] De fato, não há nada "mais simples"! Pega-se o primeiro número que aparece e calcula-se a porcentagem! E nem se nota o pequeno detalhe de que há um exagero nos números da *Coletânea de estatísticas militares* de cerca de *40 mil* trabalhadores.

---

[83] *Ежегодник м-ва фин.*, cit., p. 61; *Обзор мануф. пром.*, cit., v. II – este último fornece informações semelhantes para 1861: 534 fábricas com 6.937 trabalhadores, já na província da Bessarábia, 31 fábricas com 73 trabalhadores. O número de fábricas de tabaco oscila de maneira acentuada de ano a ano.

[84] *Военно-стат. сборник*, cit., p. 414.

[85] Senhor N. em *Rússkoe Bogátstvo*, cit., p. 104.

[86] Idem.

7) Conclusões

A crítica apresentada nas duas últimas seções da nossa estatística fabril leva-nos às seguintes conclusões:

1. *O número de fábricas na Rússia cresce rapidamente na época pós-reforma.*

A conclusão inversa, decorrente dos números da nossa estatística fabril, está errada. Ocorre que, em nosso país, incluem-se entre as fábricas os pequenos estabelecimentos de artífices, artesanais, e agrícolas, e *quanto mais nos afastamos do presente, maior o número de pequenos estabelecimentos que são incluídos entre as fábricas.*

2. *O número de trabalhadores fabris e o montante da produção das fábricas no período anterior também é exagerado por nossa estatística.* Isso se deve ao fato de que, em primeiro lugar, ela incluía mais os pequenos estabelecimentos que agora. Por isso são especialmente duvidosos os dados daquelas produções que são próximas das indústrias artesanais[87]. Em segundo lugar, isso se deve ao fato de que, no período anterior, era mais comum que agora incluir entre os trabalhadores fabris os trabalhadores em domicílio empregados ao modo capitalista.

3. É costume entre nós pensar que, uma vez que se tomam os números oficiais da estatística fabril, eles devem ser considerados comparáveis com outros números apresentados pela mesma estatística, devem ser considerados mais ou menos confiáveis, até que se prove o contrário. Do que expusemos acima, decorre uma tese oposta, a saber: qualquer comparação de dados da nossa estatística fabril, em diferentes momentos e em diferentes províncias, deve ser considerada duvidosa, até que se prove o contrário.

---

[87] Se tomarmos os dados brutos de todas as produções e grandes intervalos de tempo, o exagero resultante da causa indicada será pequeno, pois os pequenos estabelecimentos fornecem uma pequena porcentagem do total de trabalhadores e da produção. Naturalmente, isso pressupõe comparar dados extraídos das mesmas fontes (está fora de cogitação comparar informações do Ministério das Finanças com informações dos relatórios do governador ou da *Coletânea de estatísticas militares*).

4. O DESENVOLVIMENTO DA INDÚSTRIA MINEIRA[88]

No período inicial do desenvolvimento que ocorreu após a reforma na Rússia, o principal centro da indústria mineira foi o Ural. Formando uma região que até pouco tempo atrás era nitidamente separada da Rússia central, o Ural apresenta, ao mesmo tempo, uma estrutura industrial original. A base da "organização do trabalho" no Ural é, há muito, a servidão e esta, até hoje, fim do século XIX, continua presente em importantes aspectos do cotidiano das fábricas mineiras. Outrora, a servidão serviu de base para um maior progresso do Ural e seu domínio não apenas na Rússia, mas em parte da Europa. No século XVIII, o ferro era um dos principais artigos de exportação da Rússia; a quantidade de ferro exportada em 1782 girava em torno dos 3,8 milhões de *puds*; em 1800-1815, de 2 milhões a 1,5 milhão de *puds*; em 1815-1838, cerca de 1,33 milhão de *puds*. Ainda "nos anos 1820, a Rússia extraía 1,5 vez mais ferro que a França, 4,5 vezes mais que a Prússia e 3 vezes mais que a Bélgica". Todavia, a mesma servidão que ajudou o Ural a ocupar uma posição tão alta no capitalismo embrionário europeu foi a causa da queda do Ural durante o florescimento do capitalismo. O desenvolvimento da indústria do ferro no Ural foi bastante lento. Em 1718, a Rússia produzia cerca de 6,5 milhões de *puds* de ferro fundido; em 1767, cerca de 9,5 milhões de

---

[88] Fontes: Semiónov, *Изучение ист. свед. о росс. торг. и промышл.* [Estudo dos dados históricos do comércio exterior e da indústria na Rússia], v. III (São Petersburgo, 1859), p. 323-39; *Военно-стат. сборник*, cit., seção sobre a indústria mineira; *Ежегодник м-ва фин.*, cit., fasc. I (São Petersburgo, 1869); *Сборник стат. свед. по горной части на 1864-1867 гг.* [Coletânea de informações estatísticas da mineração de anos 1864-1867] (São Petersburgo, 1864-1867) (publicação do Comitê Científico do Corpo de Engenheiros da Mineração); I. Bogoliubski, *Опыт горной статистики Росс. империи* [Ensaio da estatística da mineração do Império russo] (São Petersburgo, 1878); *Историко-статистический обзор промышленности России* [Resumo histórico-estatístico da indústria da Rússia], v. I (São Petersburgo, 1883) (artigo de Keppen); *Сборник стат. свед. о горнозав. промышленности России в 1890 г.* [Coletânea de informações estatísticas da indústria mineira fabril da Rússia em 1890] (São Petersburgo, 1892); idem para 1901 (São Petersburgo, 1904) e para 1902 (São Petersburgo, 1905); K. Skalkóvski, *Горнозаводская производительность России в 1877 г.* [A produtividade da mineração da Rússia em 1877] (São Petersburgo, 1879); *Горнозаводская промышленность в России* [A indústria mineira fabril na Rússia] (edição do Departamento de Minas para a exposição de Chicago, São Petersburgo, 1890); idem para 1896 (São Petersburgo, 1897); *Произв. силы России* [Forças produtivas na Rússia] (São Petersburgo, 1896), seção VII; *Viéstnik Finánsov* de 1896-1897; coletânea das estatísticas dos *zemstvos* para os distritos de Ekaterinburg e Krasnoufimsk, província de Perm e outras.

puds; em 1806, 12 milhões de *puds*; nos anos 1830, 9-11 milhões de *puds*; nos anos 1840, 11-13 milhões de *puds*; nos anos 1850, 12-16 milhões de *puds*; nos anos 1860, 13-18 milhões de *puds*; em 1867, 17,5 milhões de *puds*. Em cem anos de produção, não logrou duplicá-la e a Rússia ficou muito atrás dos outros países europeus, onde a grande indústria mecanizada provocou um desenvolvimento gigantesco da metalurgia.

A principal razão da estagnação do Ural foi a servidão; os industriais da mineração eram tanto latifundiários quanto fabricantes, baseavam seu domínio não no capital e na concorrência, mas no monopólio[89] e no direito de proprietário. Em 1890, todas as 262 fundições do Império tinham 41,4 milhões de *dessiatinas* de terra (dos quais 8,7 milhões de *dessiatinas* de bosques) e, destes, 10,2 milhões de *dessiatinas* (dos quais cerca de 7,7 milhões de bosques) eram das 111 fábricas do Ural. Em números médios, portanto, cada fábrica do Ural possuía enormes latifúndios de cerca de 100 mil *dessiatinas* de terra. Até hoje, não foi completada a repartição das terras de *nadiel* entre os camponeses dessas *datchas*. Os meios de obtenção de mão obra no Ural não são apenas a contratação, mas também *o pagamento em trabalho na terra senhorial*. Por exemplo, a estatística dos *zemstvos* do distrito de Krasnoufimsk, na província de Perm, calcula que cerca de mil propriedades camponesas utilizam as terras das fábricas como pastagem, bosque etc., seja gratuitamente, seja mediante pagamento reduzido. É evidente que o uso gratuito, na prática, custa muito caro, pois, graças a ele, os salários são extraordinariamente reduzidos; as fábricas têm "seus" trabalhadores presos às fábricas e a preços baixos[90]. Eis como caracteriza essas relações o senhor V. D. Belov:

---

[89] Durante a libertação dos camponeses, os mineiros dos Urais insistiram e defenderam especialmente a preservação da lei que proibia a abertura de estabelecimentos que usavam combustíveis nos distritos fabris. Ver detalhes nos Этюды, cit., p. 193-4.

[90] O trabalhador do Ural "é metade agricultor, de modo que o trabalho de mineração lhe é de grande ajuda na propriedade agrícola, embora receba menos que nas outras regiões mineiras" (*Viéstnik Finánsov*, n. 8, 1897). Como se sabe, as condições de libertação da servidão dos camponeses do Ural estavam de acordo, precisamente, com a posição dos camponeses em relação ao trabalho de mineração; a população mineira foi dividida em mestres-artesãos, que, não dispondo de terras, tinham de se dedicar ao trabalho na fábrica durante todo o ano, e em trabalhadores rurais, que, mesmo dispondo de terras de *nadiel*, tinham de realizar trabalhos auxiliares. É altamente característico o termo

O Ural é forte – relata o senhor Belov – graças ao trabalhador, que foi educado por uma história "genuína". O trabalhador de outras fábricas, estrangeiras ou petersburguesas, é indiferente aos interesses dessas fábricas: hoje está aqui, amanhã em outro lugar. A fábrica funciona, ele trabalha; os lucros são substituídos pelos prejuízos, ele pega suas trouxas e parte tão fácil e rapidamente quanto chegou. Ele e o dono da fábrica são dois eternos inimigos [...]. Completamente diferente é a situação do trabalhador das fábricas do Ural: ele é um habitante local e tem, nas vizinhanças da fábrica, sua terra, sua propriedade e, finalmente, sua família. Sua prosperidade está intimamente, indissoluvelmente ligada à prosperidade da fábrica. A fábrica vai bem, ele vai bem; ela vai mal, ele vai mal, mas não pode partir [*sic*!]: não há trouxas pra carregar [*sic*!]; partir significa destruir todo o seu mundo, largar tanto a sua terra como a sua propriedade e a sua família [...]. E ei-lo disposto a suportar por anos, pronto para trabalhar pela metade do salário ou mesmo ficar sem trabalho em metade de seu tempo laboral para dar a outro trabalhador da mesma localidade a possibilidade de ganhar seu pedaço de pão. Em resumo, ele está disposto a fazer qualquer acordo com o patrão, desde que fique na fábrica. Dessa maneira, entre os trabalhadores e as fábricas do Ural, há uma ligação indissolúvel; as relações entre eles são as mesmas do passado, de antes da libertação da dependência servil; mudou apenas a forma dessas relações, nada mais. O princípio da antiga servidão foi substituído pelo grande princípio da vantagem mútua.[91]

Esse grande princípio da vantagem mútua manifesta-se, antes de tudo, numa redução especial do salário. "No Sul [...] o trabalhador custa o dobro e até o triplo que no Ural" – por exemplo, segundo dados referentes a alguns milhares de trabalhadores, são 450 rublos (por ano e por trabalhador) contra 177 rublos. No Sul, "na primeira oportunidade de ganhar um salário razoável no trabalho no campo, em sua terra natal ou, em geral, em qualquer outro lugar, os trabalhadores abandonam as fábricas, as minas, as mineradoras"[92]. No Ural, não se sonha com salários razoáveis.

---

que ainda hoje se emprega em referência aos trabalhadores do Ural, ou seja, eles são "endividados" pelo trabalho. Quando se lê, por exemplo, na estatística dos *zemstvos* "informações sobre a equipe de trabalho que estava endividada pelo trabalho na oficina da fábrica de Artin", verifica-se involuntariamente a capa para comprovar a data: trata-se realmente de 1894 e não de 1844?

[91] *Труды комиссии по иссл. куст. пром.* [Trabalhos da comissão para uma pesquisa sobre as indústrias artesanais], fasc. XVI (São Petersburgo, 1887), p. 8-9. Mais adiante o autor fala de uma indústria "popular saudável"!

[92] *Viéstnik Finánsov*, n. 17, 1897, p. 265.

Em ligação natural e indissolúvel com o baixo salário e a situação de escravidão do trabalhador do Ural está o atraso técnico da região. No Ural, a fundição do ferro é feita predominantemente a lenha, em altos-fornos antiquados, de sopro frio ou pouco aquecido. Em 1893, 37 dos 110 altos-fornos eram de sopro frio; já no Sul, eram 3 de 18. Um alto-forno aquecido com combustível mineral fornece, em média, 1,4 milhão de *puds* ao ano; já com lenha, 217 mil *puds*. Em 1890, o senhor Keppen escreveu: "O método de fundição de ferro em grãos ainda se mantém firme nas fábricas do Ural, enquanto em outras partes da Rússia já foi completamente substituído pelo forno reverberatório". Por outro lado, o emprego de motores a vapor no Ural é muito menor que no Sul. Finalmente, não se pode deixar de notar também a reclusão, o isolamento do Ural em relação ao centro da Rússia, em virtude da enorme distância e da ausência de ferrovias. Até muito recentemente, o envio de produtos do Ural a Moscou era feito, sobretudo, por meio da "flutuação" primitiva pelos rios uma vez ao ano[93].

Assim, os resquícios mais diretos dos ordenamentos pré-reforma, o forte desenvolvimento do pagamento em trabalhado, a sujeição dos trabalhadores, a baixa produtividade do trabalho, o atraso da técnica, os baixos salários, a predominância da produção manual, a exploração primitiva e de rapina originária das riquezas naturais da região, os monopólios, a restrição à concorrência, a reclusão e o isolamento em relação ao movimento geral da indústria e do comércio, tal é o quadro geral do Ural.

A região mineira no Sul[94] é, em muitos aspectos, diametralmente oposta ao Ural. Enquanto o Ural é antigo, os ordenamentos dominantes na região "são consagrados pelos séculos", o Sul é jovem e encontra-se em formação. A indústria puramente capitalista por ter se desenvolvido nessa região nas últimas

---

[93] Ver a descrição dessa flutuação no conto "Бойцы" [Os lutadores], do senhor Mámin-Sibiriak. Nas obras desse escritor, destaca-se a vida cotidiana do Ural, que pouco difere daquela pré-reforma, como a falta de direitos, a ignorância e a humilhação da população ligada às fábricas, "a depravação infantil conscienciosa" "dos senhores", a ausência daquela camada média (*raznotchínets, intelligentsia*) tão característica do desenvolvimento do capitalismo em todos os países, inclusive da Rússia.

[94] Nas estatísticas da mineração, por "Sul e Sudoeste da Rússia" entendem-se as províncias da Volínia, do Don, de Ekaterinoslav, Kiev, Astracã, Bessarábia, Podolski, Táurida, Khárkov, Kherson, Tchernígov. A elas referem-se as cifras citadas. Tudo o que mais adiante se refere ao Sul pode ser dito (com pequenas alterações) sobre a Polônia, que foi outra região mineira importante na época da pós-reforma.

décadas não conhece nem tradições, nem estamentos, nem nacionalidades, nem isolamento de determinada população. Para o Sul da Rússia, transferiram-se e transferem-se em massa capitais estrangeiros, engenheiros e trabalhadores, e, na atual época de efervescência (1898), fábricas inteiras são transportadas dos Estados Unidos para lá[95]. O capital internacional não teve dificuldade de se transferir para dentro dos muros fiscais e erguer-se em terra "alheia": *ubi bene, ibi patria**... Eis dados estatísticos da substituição do Ural pelo Sul:

Ano	Ferro fundido (em milhares de *puds*)						Carvão extraído em todo o Império (em milhares de *puds*)
	Total do Império	%	No Ural	%	No Sul	%	
1867	17.028	100	11.084	65,1	56	0,3	26,7
1877	24.579	100	16.157	65,7	1.596	6,5	110,1
1887	37.389	100	23.759	63,5	4.158	11,1	276,8
1897	114.782	100	41.180	35,8	46.349	40,4	683,9
1902	158.618	100	44.775	28,2	84.273	53,1	1.005,21

Dessas cifras, fica claro que tipo de revolução técnica está em curso na Rússia e de que enorme capacidade de desenvolvimento das forças produtivas é dotada a grande indústria. O domínio do Ural era equivalente ao domínio do trabalho forçado, do atraso da técnica e da estagnação[96]. Atualmente, vemos,

---

[95] *Viéstnik Finánsov*, n. 16, 1897: a sociedade Nikopol-Mariupol encomendou uma fábrica de tubos nos Estados Unidos e a transportou para a Rússia.

* A pátria está onde se vive bem. (N. T.)

[96] Não seria demais dizer que os industriais da mineração no Ural retratam as coisas de forma um pouco diferente. Eis com que eloquência se lamentaram nos congressos do ano passado: "Os méritos históricos do Ural são conhecidos de todos. Ao longo de duzentos anos, toda a Rússia arava e colhia, forjava, cavava e cortava com os produtos das suas fábricas. Carregava no peito as cruzes de cobre do Ural, andava em carros cujos eixos eram do Ural, atirava com espingardas cujo aço vinha do Ural, fritava *blinis* em frigideiras fabricadas no Ural, dedilhava nos bolsos os copeques do Ural. O Ural atendeu ao consumo de todo o povo russo [que quase não consumia ferro: em 1851, 14 libras por habitante; em 1895, 1,13 *pud*; em 1897, 1,33 *pud*], fabricando produtos de acordo com seus gostos e necessidades. Generoso [?], esbanjou suas riquezas naturais sem acompanhar a moda, sem se deixar levar pela fabricação de trilhos, lareiras francesas e monumentos. E por esse serviço secular, um belo dia, foi esquecido e abandonado" ("Итоги горнопромышленных съездив на Урале" ["Balanço dos congressos dos industriais da mineração do Ural"], *Viéstnik Finánsov*, n. 32, 1897). Com efeito, que desprezo pelos pilares "consagrados pelos séculos"! Tudo culpa do malvado capitalismo, que introduziu tal "instabilidade" em nossa economia nacional. Seria uma simples questão de viver à moda antiga, "não se deixar levar pela fabricação de trilhos" e fritar *blinis* nas frigideiras fabricadas no Ural!

500 O DESENVOLVIMENTO DO CAPITALISMO NA RÚSSIA

ao contrário, que o desenvolvimento da indústria mineira se dá com maior velocidade na Rússia que na Europa ocidental e, em parte, é até mais rápido que na América do Norte. Em 1870, a Rússia produziu 2,9% da produção mundial (22 milhões de *puds* de 745 milhões); já em 1894, 5,1% (81.300.000 *puds* de 1.584.200.000)[97]. Nos últimos dez anos (1886-1896), a fundição de ferro na Rússia triplicou (de 32,5 para 96,5 milhões de *puds*), enquanto a França precisou, para dar semelhante passo, de 28 anos (1852-1880), os Estados Unidos de 23 anos (1845-1868), a Inglaterra de 22 (1824-1846), a Alemanha de 12 (1859-1871)[98]. O desenvolvimento do capitalismo nos países jovens *se acelera* significativamente com o exemplo e a ajuda dos países mais velhos. Claro, a última década (1888-1898) foi um período de especial efervescência que, como em qualquer florescimento capitalista, leva inevitavelmente à crise; mas o desenvolvimento capitalista, em geral, pode se dar apenas aos saltos.

A aplicação de máquinas à produção e o incremento do número de trabalhadores ocorreu mais rapidamente no Sul que no Ural[99]:

| | Máquinas a vapor e cavalos de potência utilizados na produção mineira | | | | | | Número de trabalhadores empregados na mineração (exceto extração de sal) | | |
| Ano | Em toda a Rússia | | No Ural | | No Sul | | Em toda a Rússia | No Ural | No Sul |
	Máquina a vapor	Potência	Máquina a vapor	Potência	Máquina a vapor	Potência			
1877	895	27.880	268	8.070	161	5.129	256.919	145.455	13.865
1893	2.853	115.429	550	21.330	585	30.759	444.646	238.630	54.670

Dessa maneira, no Ural, o número de cavalos-vapor aumentou 2,5 vezes; já no Sul, ele *sextuplicou*; o número de trabalhadores no Ural cresceu em 1,66 vez; já no Sul ele quase *quadruplicou*[100]. Como consequência, é

---

[97] *Viéstnik Finánsov*, n. 22, 1897.

[98] Ver *Viéstnik Finánsov*, n. 50, 1897.

[99] O senhor Bogoliubski calcula que, em 1868, o negócio da mineração empregava 526 máquinas a vapor, com 13.575 cavalos de potência.

[100] O número de trabalhadores na produção de ferro, no Ural, era de 145.910 em 1886 e 164.126 em 1893; no Sul, era de 5.956 e 16.467. Um aumento de 0,125 (aproximadamente) e de 2,75 vezes. Para 1902, não há dados sobre o número de máquinas a vapor e potência. Em 1902, o número de mineiros

justamente na grande indústria capitalista que o número de trabalhadores cresce de forma rápida, ao mesmo tempo que aumenta enormemente a produtividade do trabalho.

Além do Sul, vale lembrar que o Cáucaso também se caracteriza por um crescimento surpreendente da indústria mineira no período pós-reforma. A extração de petróleo, que nos anos 1860 não chegava nem a 1 milhão de *puds* (557 mil em 1865), foi de 1,7 milhão de *puds* em 1870, 5,2 milhões de *puds* em 1875, 21,5 milhões de *puds* em 1880, 116 milhões de *puds* em 1885, 242,9 milhões de *puds* em 1890, 384 milhões de *puds* em 1895 e 637,7 milhões de *puds* em 1902. Quase todo esse petróleo é extraído na província de Baku, e a cidade de Baku, "de uma cidade insignificante, tornou-se um centro industrial de primeira classe na Rússia, com 112 mil habitantes"[101]. O enorme desenvolvimento da indústria de extração e processamento de petróleo levou ao aumento do consumo de querosene na Rússia, suplantando por completo o produto americano (crescimento do consumo pessoal com o barateamento do produto pelo processamento fabril), e à intensificação do consumo de resíduos de petróleo como combustível em fábricas e ferrovias (crescimento do consumo produtivo)[102]. O número de trabalhadores empregados na indústria mineira do Cáucaso também cresceu de maneira extraordinariamente rápida, a saber, de 3.431 em 1877 para 17.603 em 1890, ou seja, um crescimento de *cinco vezes*.

Para ilustrar a estrutura da indústria no Sul, tomemos os dados da produção de carvão na bacia do Don (aqui o tamanho médio das minas é menor que em outras regiões da Rússia). Agrupando as minas segundo o número de trabalhadores, obtemos o seguinte quadro[103]:

(exceto os envolvidos na extração de sal) era de 604.972 em toda a Rússia, dos quais 249.805 no Ural e 145.280 no Sul.

[101] *Viéstnik Finánsov*, n. 21, 1897. Em 1863, havia 14 mil habitantes em Baku e, em 1885, 45,7 mil.

[102] Em 1882, mais de 62% das locomotivas a vapor eram alimentadas a lenha e, em 1895-1896, 28,3% a lenha, 30% a petróleo e 40,9% a carvão (*Произв. силы*, cit., v. XVII, p. 62). Depois de conquistar o mercado interno, a indústria do petróleo correu em busca de mercados estrangeiros, e a exportação de petróleo para a Ásia cresce muito rapidamente (*Viéstnik Finánsov*, n. 32, 1897), contrariamente às previsões apriorísticas de alguns economistas russos que gostam de discorrer sobre a ausência de mercados externos para o capitalismo russo.

[103] Dados tirados da lista de minas disponível na *Coletânea de informações sobre a indústria mineira em 1890*.

502 O DESENVOLVIMENTO DO CAPITALISMO NA RÚSSIA

Grupo de minas por número de trabalhadores	Na bacia do Don						Por mina				
	Número de			Carvão extraído (em milhares de puds)	Número de		Trabalhadores	Carvão (em milhares de puds)	Máquinas a vapor	Cavalos de potência	Carvão por trabalhador (em milhares de puds)
	Minas	Poços e galerias	Trabalhadores		Máquinas a vapor	Cavalos de potência					
I. Minas com até 10 trabalhadores	27	31	172	178	—	—	6,4	6,6	—	—	1,0
II. 10 a 25	77	102	1.250	3.489	8	68	16,2	45,3	0,1	0,8	2,8
III. 25 a 100	119	339	5.750	28.693	62	766	48,3	241,1	0,5	6,4	4,9
IV. 100 a 500	29	167	6.973	59.130	87	1.704	240,4	2.038,9	3	58,7	8,4
V. 500 a 1.000	5	67	3.698	23.164	24	756	739,6	4.632,8	4,8	151,2	6,3
VI. 1.000 ou mais trabalhadores	3	16	5.021	53.605	29	1.724	1.673,7	17.868,3	9,6	574,6	10,6
Minas com número desconhecido de trabalhadores	9	40	? (2.296)	15.008	18	808					
Total	269	762	25.167	183.267	228	5.826	93,5	681,3	0,9	21,6	7,3

Dessa maneira, nessa região (e apenas nela), existem minas de camponeses extremamente pequenas, as quais, todavia, apesar de numerosas, desempenham papel absolutamente insignificante na produção geral (104 pequenas minas respondem por apenas 2% de toda a extração de carvão) e distinguem-se por uma produtividade do trabalho extremamente baixa. As 37 grandes minas, ao contrário, ocupam cerca de três quintos do número total de trabalhadores e respondem por mais de 70% de toda a extração de carvão. A produtividade do trabalho aumenta à medida que aumentam o tamanho das minas, até mesmo independentemente do uso de máquinas (ver, por exemplo, as categorias V e III de minas segundo o número de cavalos de potência e produção por trabalhador). A concentração da produção na bacia do Don cresce cada vez mais: assim, em quatro anos (1882-1886), de 512 exportadores de carvão, 21 enviaram mais de 5 mil vagões (ou seja, 3 milhões de *puds*) cada um, totalizando 229.700 de 480.800 vagões, ou seja, menos da metade. Porém, em outros quatro anos (1891-1895), dos 872 exportadores, 55 enviavam mais de 5 mil vagões cada um, totalizando 925.400 de 1.178.800 vagões, ou seja, mais de oito décimos do número total[104].

Os dados expostos sobre o desenvolvimento da indústria mineira apresentam especial importância em dois aspectos: em primeiro lugar, mostram de maneira particularmente evidente a essência das mudanças nas relações socioeconômicas que ocorrem na Rússia em todos os campos da economia nacional; em segundo lugar, ilustram a tese teórica segundo a qual na sociedade capitalista em desenvolvimento crescem com especial rapidez aqueles ramos da indústria que fabricam *os meios de produção*, ou seja, objetos não de consumo pessoal, mas produtivos. A mudança de um regime de economia social para outro afeta a indústria mineira com especial evidência devido ao fato de que os representantes típicos de ambos os regimes são aqui regiões bem particulares: em uma região, pode-se observar um país pré-capitalista, com técnicas primitivas e rotineiras, dependência pessoal que fixa a população à localidade, solidez das tradições estamentais, monopólios e assim por

---

[104] Dos dados de N. S. Avdákov, *Краткий статистический обзор донецкой каменноугольной промышленности* [Breve resumo estatístico da indústria mineira de Don] (Khárkov, 1896).

diante; em outra, rompimento total com as tradições, revolução da técnica e rápido crescimento de uma indústria mecanizada puramente capitalista[105]. Nesse exemplo, fica particularmente claro o erro dos economistas populistas. Eles negam o caráter progressista do capitalismo na Rússia, alegando que nossos empresários se valem de bom grado, na agricultura, do pagamento em trabalho, na indústria, da distribuição de trabalho em domicílio e, na mineração, buscam fixar os trabalhadores, proibir por lei a concorrência dos pequenos estabelecimentos etc. Saltam aos olhos a ilogicidade de tais reflexões e a flagrante violação da perspectiva histórica. De que se pode depreender, na prática, que a tentativa dos nossos empresários de se valer das vantagens dos métodos pré-capitalistas da economia deve ser colocada na conta do nosso capitalismo e não dos resquícios da antiguidade, que freiam o desenvolvimento do capitalismo e, em muitos casos, são preservados por força da lei? Podemos nos surpreender com o fato de que, por exemplo, os industriais da mineração no Sul anseiem pela fixação dos trabalhadores e pela proibição legal da concorrência dos pequenos estabelecimentos, se em outra região da indústria mineira essa fixação e essas proibições existem desde sempre e mesmo agora, se em outra os fabricantes, com técnicas inferiores, com trabalhadores dóceis e baratos, recebem pelo ferro fundido, sem preocupações, "copeque por copeque ou, às vezes, até mesmo um copeque e meio por copeque"[106]? Não é de se admirar, ao contrário, que em tais condições ainda existam pessoas que são capazes de idealizar os ordenamentos econômicos pré-capitalistas, pessoas que fecham os olhos para a necessidade urgente e premente de abolir todas as instituições caducas que impedem o desenvolvimento do capitalismo[107]?

[105] Nos últimos anos, o Ural começou a mudar e a se transformar por influência das novas condições de vida, e essa transformação será tanto mais rápida quanto mais ele estiver conectado às ferrovias da "Rússia". Desse ponto de vista, será de especial importância a suposta ligação por via férrea do Ural com o Sul para a troca do minério do Ural pelo carvão de Donets. Até o momento, o Ural e o Sul quase não competem entre si, trabalhando em vários mercados e vivendo principalmente das encomendas do Estado. Mas a chuva abundante de encomendas do Estado não é eterna.

[106] Artigo de Egunov em *Отч. и иссл. по куст. пром.* [Informes e estudos sobre a indústria artesanal], v. III, p. 130.

[107] Por exemplo, o senhor N. dirigiu todas as suas lamentações exclusivamente contra o capitalismo (ver, em particular, sobre os mineiros do Sul, *Очерки*, cit., p. 211 e 296) e, desse modo, deturpou por completo a relação entre o capitalismo russo e o regime pré-capitalista da nossa indústria mineira.

O DESENVOLVIMENTO DA GRANDE INDÚSTRIA MECANIZADA **505**

Por outro lado, os dados do crescimento da indústria mineira são importantes por que mostram com clareza o rápido crescimento do capitalismo e do mercado interno à custa dos artigos de consumo produtivo, em comparação com os artigos de consumo pessoal. Circunstância ignorada, por exemplo, pelo senhor N., que argumenta que a satisfação de todo o mercado interno da indústria mineira "ocorrerá, provavelmente, muito em breve"[108]. O fato é que o consumo de metais, carvão e outros (por habitante) não permanece nem pode permanecer imutável na sociedade capitalista, mas *eleva-se* necessariamente. Cada nova *versta* da rede ferroviária, cada nova oficina, cada arado adquirido por um burguês rural, *elevam* o montante da demanda de produtos da indústria mineira. Se, por exemplo, de 1851 a 1897 o consumo de ferro fundido na Rússia cresceu de 14 libras para 1,33 *pud* por habitante, o fato é que essa última grandeza deve ainda crescer muito vigorosamente para se aproximar da grandeza da demanda de ferro fundido nos países avançados (na Bélgica e na Inglaterra, é de mais de 6 *puds* por habitante).

5. O NÚMERO DE TRABALHADORES NAS GRANDES EMPRESAS CAPITALISTAS ESTÁ AUMENTANDO?

Depois de analisar os dados da indústria fabril e mineira, podemos, agora, tentar responder a essa questão que tanto ocupou os economistas populistas e à qual eles deram uma resposta negativa (os senhores V. V., N., Kárychev, Kablukov afirmaram que o número de trabalhadores fabris na Rússia está crescendo – se é que está crescendo – mais devagar que a população). Observemos, primeiramente, que a questão deve ser: ou a população mercantil-industrial está aumentando à custa da agricultura (sobre isso falaremos a seguir) ou o número de trabalhadores na grande indústria mecanizada está aumentando. Não se pode afirmar que, numa sociedade capitalista em desenvolvimento, deve ocorrer um aumento do número de trabalhadores

---

[108] Senhor N., *Очерки*, cit., p. 123.

nos pequenos estabelecimentos industriais e na manufatura, pois a fábrica substitui constantemente as formas mais primitivas de indústria. Ora, como demonstramos detalhadamente, os dados da nossa estatística fabril nem sempre se referem à *fábrica* no sentido científico do termo.

Para analisar os dados relativos à questão que nos interessa, devemos considerar, em primeiro lugar, as informações de todas as produções e, em segundo lugar, as informações de um longo intervalo de tempo. Apenas sob essas condições, garante-se, mais ou menos, a comparabilidade dos dados. Consideramos os anos 1865 e 1890: um período de 25 anos após a reforma. Faremos um balanço dos dados estatísticos disponíveis. A estatística fabril fornece informações mais completas para 1865: calcula na Rússia Europeia 380.638 trabalhadores fabris em todas as produções, exceto no ramo dos destilados, cerveja, açúcar de beterraba e tabaco[109]. Para determinar o número de trabalhadores nessas produções, devemos considerar os únicos dados existentes, o da *Coletânea de estatísticas militares*, ainda que esses dados, como provamos acima, devam ser corrigidos. Somando os 127.935 trabalhadores das produções citadas[110], obtemos como resultado do número total de trabalhadores fabris na Rússia Europeia em 1865 (produções sujeitas ou não a impostos especiais) *508.573 pessoas*[111]. Para 1890, o total correspondente é de *830.730 pessoas*[112]. Aumento de 65%, ou seja, mais significativo que o crescimento da população. É preciso ter em vista, contudo, que *na prática o aumento foi, sem dúvida, maior do que mostram essas cifras*: provamos em detalhes que os dados da estatística fabril dos anos 1860 são exagerados,

---

[109] *Сборника сведений и материалов по ведомству м-ва фин.*, cit., n. 6, 1867. Acima já foi demonstrado que, para uma comparação com os dados contemporâneos, só se podem tomar dados da mesma fonte, ou seja, do Ministério das Finanças.

[110] Na produção cervejeira, são 6.825 pessoas; há exagero também aqui, mas não há dados para corrigi-los; na de açúcar de beterraba, são 68.334 (segundo o *Anuário do Ministério das Finanças*), na de tabaco, 6.116 (corrigido) e na destilaria, 46.660 (corrigido).

[111] O senhor Tugan-Baranóvski cita, para 1866, números do senhor Vechniákov: 493.371 pessoas (*Фабрика*, cit., p. 339). Não sabemos por que meios foram obtidas essas cifras, cuja diferença daquelas que citamos é bastante insignificante.

[112] Segundo o *Índice* de 1890. Do total de 875.764, é preciso subtrair os trabalhadores que foram considerados duas vezes na estatística mineira: 291 na indústria do asfalto, 3.468 na de sal e 32.275 na de trilhos.

O DESENVOLVIMENTO DA GRANDE INDÚSTRIA MECANIZADA 507

porque incluem pequenos estabelecimentos de artesãos, artífices e agrícolas, bem como trabalhadores em domicílio. Infelizmente, não podemos oferecer uma correção completa de todos esses exageros, dada a insuficiência do material; quanto a uma correção parcial, preferimos evitá-la, tanto mais que abaixo citaremos dados mais exatos sobre o número de trabalhadores nas grandes fábricas.

Passemos à estatística da mineração. Em 1865, o número de trabalhadores nas minas englobava apenas a produção de cobre e ferro, bem como a exploração de ferro e platina; na Rússia Europeia, eram *133.176 trabalhadores*[113]. Em 1890, essas produções ocupavam *274.748 trabalhadores*[114], *ou seja, mais que o dobro*. Esse último número representa 80,6% do número total de mineiros na Rússia Europeia em 1890; admitindo que as produções indicadas ocupavam, em 1865, também 80,6% do total de trabalhadores mineiros[115], obtemos como resultado, para 1865, *165.230 trabalhadores*; já para 1890, *340.912 trabalhadores*. Aumento de 107%.

Além disso, entre os trabalhadores das grandes empresas capitalistas estão também os trabalhadores das ferrovias. Em 1890, havia na Rússia Europeia, na Polônia e no Cáucaso *252.415 trabalhadores*[116]. O número de ferroviários

---

[113] Sobre o número de trabalhadores mineiros nos anos 1860, ver: *Стат. временник*, cit., série I, 1866; *Ежегодник м-ва фин.*, cit., fasc. I; *Сборник стат. сведений по горной части на 1864-1867 гг.* [Coletânea de informações estatísticas da mineração de 1864-1867] (São Petersburgo, 1864-1867), publicação do Comitê Científico de Mineração.

[114] *Сборник стат. свед. о горнозав. пром. в 1890 г.* [Coletânea de informações estatísticas da indústria mineira de 1890] (São Petersburgo, 1892). O total, segundo essa coletânea, é 342.166 na Rússia Europeia, mas, descontando os trabalhadores das fábricas de querosene (incluídos no *Índice*) e corrigindo alguns pequenos erros, obtemos: 340.912 pessoas.

[115] Entre as demais produções mineiras, há aquelas em que provavelmente o número de trabalhadores aumentou pouco (extração de sal); há aquelas em que o número de trabalhadores teve de aumentar muito (extração de carvão, pedreira); e há aquelas em que simplesmente não existiam na década de 1860 (por exemplo, extração de mercúrio).

[116] *Статистический обзор железных дорог и внутренних водных путей* [Resumo estatístico de ferrovias e hidrovias navegáveis] (São Petersburgo, Ministério de Vias de Comunicação, 1893), p. 22. Infelizmente, não tínhamos dados somente para a Rússia Europeia. Consideramos não apenas os trabalhadores ferroviários permanentes, mas também os temporários (10.447) e diaristas (74.504). O salário médio anual de um trabalhador temporário é 192 rublos e o de um diarista, 235 rublos. O salário médio diário é 78 copeques. Por conseguinte, tanto os trabalhadores temporários quanto os diaristas estão empregados a maior parte do ano e, por isso, é errado omiti-los, como faz o senhor N. (*Очерки*, cit., p. 124).

508 O DESENVOLVIMENTO DO CAPITALISMO NA RÚSSIA

em 1865 é desconhecido, mas pode ser determinado aproximadamente, com certo grau de satisfação, uma vez que o número de trabalhadores nas estradas de ferro por *versta* de linha oscila muito pouco. Calculando nove trabalhadores por *versta*, obtemos, para 1865, que o número de trabalhadores nas estradas de ferro é de *32.076 pessoas*[117].

Citemos os dados dos nossos cálculos.

Ano	Número de trabalhadores nas grandes empresas capitalistas (em milhares)			
	Na indústria fabril	Na indústria mineira	Nas ferrovias	Total
1865	509	165	32	706
1890	840	340	252	1.432

Dessa maneira, o número de trabalhadores nas grandes empresas capitalistas mais que dobrou em 25 anos, ou seja, cresceu muito mais rapidamente que a população em geral, como também cresceu mais rapidamente que a população urbana[118]. O desvio cada vez maior de trabalhadores da agricultura e das pequenas indústrias para as grandes empresas industriais está, portanto, fora de dúvidas[119]. É o que dizem os dados da mesma estatística a que nossos populistas tanto recorreram e que usam tão mal. Mas o

[117] Havia para cada *versta*: 9,0 trabalhadores ferroviários em 1886; 9,5 em 1890; 10,2 em 1893; 10,6 em 1894; 10,9 em 1895; esses números têm uma clara tendência ascendente. Ver *Сборник свед. по России* [Coletânea de informações sobre a Rússia] de 1890 e 1896 e *Viéstnik Finánsov*, n. 39, 1897. Advertimos que, no presente parágrafo, ocupamo-nos exclusivamente da comparação dos dados de 1865 e 1890; por isso, é completamente indiferente se tomamos o número de trabalhadores ferroviários de todo o Império ou apenas da Rússia Europeia; se tomamos nove pessoas por *versta* ou menos; se tomamos todos os ramos da indústria mineira ou só daquelas com dados de 1865.

[118] Na Rússia Europeia, em 1863, a população urbana era de 6,1 milhões de pessoas; já em 1897, era de 12 milhões.

[119] Os dados mais recentes sobre o número de trabalhadores nas grandes empresas capitalistas são os seguintes: para 1900, há dados sobre o número de trabalhadores fabris nas empresas que não estão sujeitas a impostos especiais; para 1903, há dados sobre as empresas sujeitas a impostos especiais. Sobre os trabalhadores mineiros, há dados para 1902. O número de trabalhadores ferroviários pode ser calculado à razão de onze pessoas por *versta* (informações até 1º de janeiro de 1904). Ver *Ежег. России* [Anuário da Rússia] (1906) e *Сборник свед. о горнозав. пром.* [Coletânea de informações sobre a indústria mineira] (1902). Combinando esses dados, obtemos que, em cinquenta províncias da Rússia Europeia, em 1900-1903 havia 1.261.571 trabalhadores fabris; 477.025 mineiros; 468.941 ferroviários; total: 2.207.537. Em todo o Império russo, havia 1.509.516 trabalhadores fabris; 626.929 mineiros; 655.929 ferroviários; total: 2.792.374. O que foi dito no texto também é confirmado por esses números. [Nota da 2ª edição.]

ponto culminante do mal uso da estatística é o método, deveras fenomenal, que consiste no seguinte: eles calculam a proporção de *trabalhadores fabris em relação a toda a população* (!) e, com base na cifra obtida (1%), vangloriam-se da insignificância desse "punhado" de trabalhadores[120]! O senhor Kablukov, por exemplo, depois de repetir esse mesmo cálculo da porcentagem de "trabalhadores fabris na Rússia"[121] em relação à população, diz o seguinte: "No Ocidente, porém [!!], a quantidade de trabalhadores empregados na indústria de transformação" – não seria óbvio para qualquer ginasiano que não se trata em absoluto da mesma coisa: "trabalhadores fabris" e "trabalhadores empregados na indústria de transformação"? – "constitui uma porcentagem completamente distinta em relação à população", a saber, de 53% na Inglaterra a 23% na França. "Não é difícil ver que a diferença em relação aos trabalhadores fabris [!!] ali e entre nós é tão grande que nem sequer se pode falar de uma identidade entre o curso do nosso desenvolvimento e o da Europa ocidental." E isso é dito por um catedrático e estatístico especializado! Com uma valentia extraordinária, incorre em duas deturpações de um fôlego só: 1) os trabalhadores fabris são substituídos por trabalhadores empregados na indústria de transformação; 2) estes últimos são substituídos pela população empregada na indústria de transformação. Vamos esclarecer aos nossos sábios estatísticos o significado dessas diferenças. Na França, segundo o censo de 1891, havia 3,3 milhões de trabalhadores empregados na indústria de transformação – menos de um décimo da população (36,8 milhões de habitantes distribuídos por ocupação; 1,3 milhão não distribuídos por ocupação). Isso corresponde aos trabalhadores de todos os estabelecimentos e todas as empresas industriais, e não apenas aos fabris. A população empregada na indústria de transformação era de cerca de 9,5 milhões de pessoas (aproximadamente 26% de toda a população); aqui, ao número de trabalhadores somam-se patrões etc.: 1 milhão; funcionários: 200 mil; *membros das famílias*: 4,8 milhões; e serviçais: 200 mil[122]. Para ilus-

---

[120] N., *Очерки*, cit., p. 326 e outras.

[121] *Лекции по экономии сельского хозяйства*, cit., p. 14.

[122] *The Statesman's Yearbook* (Londres, Palgrave Macmillan, 1897), p. 472.

510 O DESENVOLVIMENTO DO CAPITALISMO NA RÚSSIA

trar as relações correspondentes na Rússia, é preciso tomar como exemplo alguns centros de destaque, pois não temos estatísticas das ocupações de toda a população. Tomemos um centro urbano e um rural. Em Petersburgo, a estatística fabril calculava 51.760 trabalhadores fabris em 1890 (segundo o *Índice*); já segundo o censo de São Petersburgo de 15 de dezembro de 1890, 341.991 pessoas de ambos os sexos eram empregadas na indústria de transformação da seguinte maneira[123]:

	Número de pessoas de ambos os sexos		
	Independentes (ou seja, aqueles que se mantêm por si mesmos)	Membros da família e serviçais	Total
Patrões	13.853	37.109	50.962
Administração (funcionários)	2.226	4.574	6.800
Trabalhadores	148.111	61.098	209.209
Solitários	51.514	23.506	75.020
Total	**215.704**	**126.287**	**341.991**

Outro exemplo: no povoado de Bogoródski, distrito de Gorbátov, província de Níjni Nóvgorod (que, como vimos, não se ocupa da agricultura e é "uma enorme fábrica de couro em atividade ininterrupta") há, segundo o *Índice* de 1890, *392 trabalhadores fabris*, enquanto a população industrial é, segundo o censo dos *zemstvos* de 1889, cerca de 8 mil (população total = 9.241 pessoas; as famílias com indústrias compõem nove décimos). Vamos deixar que os senhores N., Kablukov e companhia matutem sobre esses números!

Adendo à 2ª edição. Temos atualmente os resultados do censo geral de 1897 com a estatística das ocupações de toda a população. Eis os dados que elaboramos para todo o Império russo[124] (em milhões):

---

[123] *С.-Петербург по переписи 1890 г.* [São Petersburgo, segundo o censo de 1890] (São Petersburgo, 1893). Tomamos o resultado dos grupos II a XV. No total, 551.700 pessoas estão empregadas em ocupações da indústria, das quais 200.748 no comércio, transporte e hospedaria. Por "produtores individuais" entendem-se os pequenos produtores que não mantêm trabalhadores assalariados.

[124] *Общий свод по империи результатов разработки данных первой всеобщей переписи населения 28/I 1897 г.* [Resumo geral para o Império dos resultados da elaboração dos dados do primeiro censo geral da população, de 28 de janeiro de 1897], v. II (edição do Comitê Central de Estatística),

O DESENVOLVIMENTO DA GRANDE INDÚSTRIA MECANIZADA 511

Ocupações	Independentes	Membros de família	Total da população
		Ambos os sexos	
a) Funcionários e tropa	1,5	0,7	2,2
b) Clero e profissões liberais	0,7	0,9	1,6
c) Rentistas e pensionistas	1,3	0,9	2,2
d) Privados de liberdade, prostitutas, ocupações indeterminadas e desconhecidas	0,6	0,3	0,9
Total da população improdutiva	*4,1*	*2,8*	*6,9*
e) Comércio	1,6	3,4	5,0
f) Transporte e comunicação	0,7	1,2	1,9
g) Empregados privados, serviçais, diaristas	3,4	2,4	5,8
Total da população semiprodutiva	*5,7*	*7,0*	*12,7*
h) Agricultura	18,2	75,5	93,7
i) Indústria	5,2	7,1	12,3
Total da população produtiva	*23,4*	*82,6*	*106,0*
Total	33,2	92,4	125,6

Não é preciso dizer que esses dados confirmam de forma plena o que afirmamos anteriormente sobre o disparate do método populista de comparar o número de trabalhadores fabris com a população total.

É interessante agrupar os dados citados sobre a distribuição da população da Rússia por ocupação, sobretudo para ilustrar *a divisão social do trabalho* como base da produção mercantil e do capitalismo na Rússia. Desse ponto de vista, a população pode ser separada em três grandes subdivisões: I) população agrícola; II) população comercial-industrial; III) população improdutiva (mais precisamente: que não participa da atividade econômica). De todos os nove grupos citados na tabela (a-i) apenas um não pode ser direta e inteiramente relacionado a uma dessas três subdivisões básicas. Trata-se precisamente do grupo *g*: "Empregados privados, serviçais, diaristas". Esse grupo deve ser dividido *aproximadamente* entre a população comercial-industrial e a agrícola. Relacionamos à primeira a parte desse grupo que é

tabela XXI, p. 296. Os grupos de ocupações estão reunidos assim: a) 1, 2 e 4; b) 3 e 5-12; c) 14 e 15; d) 16 e 63-65; e) 46-62; f) 41-45; g) 13; h) 17-21; i) 22-40.

apontada como residente nas cidades (2,5 milhões) e à segunda os que residem nos distritos (3,3 milhões). Obtemos, dessa forma, o seguinte quadro da distribuição da população da Rússia:

População agrícola na Rússia	97,0 milhões
Comercial-industrial	21,7 milhões
Improdutiva	6,9 milhões
Total	**125,6 milhões**

Esse quadro deixa claro que, por um lado, a circulação de mercadorias e, consequentemente, a produção mercantil têm os dois pés bem fincados na Rússia. A Rússia é um país capitalista. Por outro lado, vemos que ela está muito atrasada em seu desenvolvimento econômico, em comparação com outros países capitalistas.

Adiante. Depois da análise que fizemos na presente obra, a estatística relativa às ocupações da população da Rússia pode e deve ser utilizada para determinar *aproximadamente* em quais categorias *fundamentais* se divide a população russa, segundo sua situação *de classe*, ou seja, segundo sua situação na estrutura social da produção.

Tal definição – evidentemente, apenas aproximada – é possível porque conhecemos os grupos econômicos fundamentais em que se divide o campesinato. E toda a massa da população agrícola da Rússia pode ser considerada camponesa, pois o número de latifundiários no balanço geral é absolutamente insignificante. Ademais, uma parte nada pequena dos latifundiários se inclui entre os rentistas, funcionários, altos dignitários etc. Da massa camponesa de 97 milhões de pessoas, é preciso distinguir três grupos principais: o inferior, que são as camadas proletárias e semiproletárias da população; o médio, que é constituído pelos pequenos patrões mais pobres; e o superior, que são os pequenos patrões abastados. Já analisamos detalhadamente as principais características desses grupos como elementos de diferentes *classes*. O grupo inferior é a população despossuída que vive principal ou parcialmente *da venda de sua força de trabalho*. O grupo médio são os pequenos patrões mais pobres, pois o camponês médio, nos melhores anos, mal e mal consegue sobreviver, mas a *principal* fonte de sobrevivência é, aqui, *a peque-na propriedade agrícola independente* (supostamente independente, é claro). Por fim, o grupo superior são os pequenos patrões abastados, que exploram um número mais ou menos considerável de assalariados rurais e diaristas com *nadiel* e qualquer trabalhador assalariado em geral.

A fração aproximada desses grupos na soma total é 50%, 30% e 20%. Acima, consideramos constantemente o número de quintas e propriedades agrícolas. Agora, consideraremos a fração da população. Com essa mudan-ça, o grupo inferior aumenta e o superior diminui. Mas foi justamente essa mudança que ocorreu, indubitavelmente, na Rússia durante a década passa-da, como é evidenciado de modo irrefutável pela diminuição do número de cavalos, a ruína do campesinato, o crescimento da miséria e do desemprego nas aldeias etc.

Quer dizer, na população agrícola, temos cerca de 48,5 milhões de pro-letários e semiproletários; cerca de 29,1 milhões de pequenos patrões pobres com suas famílias; e cerca de 19,4 milhões de pessoas que vivem em peque-nas propriedades abastadas.

Em seguida, há a questão da distribuição da população comercial-indus-trial e improdutiva. Esta última compreende os elementos da população que pertencem claramente à grande burguesia: todos os rentistas ("que vivem do rendimento de seu capital e bens imóveis" – a primeira subdivisão do décimo quarto grupo da nossa estatística: 900 mil); em seguida, parte da *intelligentsia* burguesa, do alto funcionalismo militar e civil etc., ou seja, no total, cerca de 1,5 milhão de pessoas. No outro polo dessa mesma população improdutiva, estão os escalões mais baixos do Exército, da Marinha, da gen-darmaria e da polícia (cerca de 1,3 milhão de pessoas), serviçais e numerosos servidores (total de quase 500 mil pessoas), e quase 500 mil mendigos, de-socupados etc. etc. Aqui podemos distribuir os grupos apenas aproximada-mente, os que mais se aproximam dos tipos econômicos fundamentais: cerca de 2 milhões na população proletária ou semiproletária (em parte, lúmpem), cerca de 1,9 milhão de pequenos patrões mais pobres e cerca de 1,5 milhão de pequenos patrões abastados, incluindo parte de servidores, administra-ção, *intelligentsia* burguesa etc.

514 O DESENVOLVIMENTO DO CAPITALISMO NA RÚSSIA

Por fim, é na população comercial-industrial – composta em grande parte, sem dúvida, por proletários – que se encontra o maior abismo entre estes últimos e a grande burguesia. Mas o censo não fornece nenhum dado sobre a distribuição dessa população em patrões, produtores individuais, trabalhadores etc. Resta tomarmos como amostra os dados citados sobre a população industrial de Petersburgo, distribuída segundo sua situação na produção. Com base nesses dados, é possível estimar, aproximadamente, que 7% pertence à grande burguesia, 10% aos pequenos patrões abastados, 22% aos pequenos patrões mais pobres e 61% ao proletariado. É claro que a pequena produção é muito mais vigorosa no conjunto da Rússia que em Petersburgo, mas, em compensação, não atribuímos à população semiproletária uma massa de produtores individuais e artesãos que trabalha em domicílio para os patrões. No conjunto, portanto, as relações que consideramos diferem provavelmente muito pouco da realidade. Para a população comercial-industrial, obtivemos cerca de 1,5 milhão de grandes burgueses, cerca de 2,2 milhões de abastados, cerca de 4,8 milhões de pequenos produtores necessitados e cerca de 13,2 milhões de proletários e semiproletários.

Unindo a população agrícola, comercial e improdutiva, obtemos para toda a população da Rússia a seguinte distribuição aproximada, segundo a situação de classe.

	Total da população de ambos os sexos
Grande burguesia, latifundiários, altos funcionários e demais	cerca de 3,0 milhões
Pequenos patrões abastados	cerca de 23,1 milhões
Pequenos patrões mais pobres	cerca de 35,8 milhões
Proletários[125] e semiproletários	cerca de 63,7 milhões
Total	**cerca de 125,6 milhões**

Não temos dúvida de que haverá, entre nossos economistas e políticos *kadetes*, vozes indignadas contra tal apresentação "simplificada" da economia da Rússia. Pois é mais conveniente e vantajoso ocultar a profundidade das contradições econômicas numa análise detalhada e, ao mesmo tempo,

---

[125] São pelo menos 22 milhões de pessoas; ver a seguir.

queixar-se da concepção "grosseira" dos socialistas sobre o *conjunto* dessas contradições. Semelhante crítica das conclusões a que chegamos é, evidentemente, desprovida de qualquer significado científico.

Relativamente ao *grau da aproximação* de um ou outro número, divergências específicas são possíveis, é claro. Desse ponto de vista, é interessante notar o trabalho do senhor Lossítski: "Estudos de casos sobre a população da Rússia segundo o censo de 1897"[126]. O autor utilizou dados diretos do censo do número de trabalhadores e serviçais. Ele definiu a população proletária da Rússia, segundo esses dados, em 22 milhões; camponesa e agrícola, em 80 milhões; patrões e empregados do comércio e da indústria, cerca de 12 milhões, e a população não industrial, em cerca de 12 milhões.

O efetivo do proletariado, segundo esses dados, aproxima-se das nossas conclusões[127]. Negar a enorme massa da população semiproletária que existe entre os camponeses pobres que dependem dos "salários", entre os artesãos etc., significaria zombar de todos os dados sobre a economia da Rússia. Vale recordar os 3,25 milhões de *quintas* sem cavalos só na Rússia Europeia, os 3,4 milhões de quintas com um cavalo, o conjunto de informações da estatística dos *zemstvos* acerca dos arrendamentos, dos "salários", dos orçamentos, entre outros, para que não reste dúvida do enorme efetivo da população semiproletária. Admitir que as populações proletária e semiproletária juntas constituem metade do campesinato significa provavelmente diminuir, e de modo algum exagerar, seu efetivo. E fora da população agrícola, a porcentagem de proletários e semiproletários é ainda maior.

Além disso, se não se deseja trocar todo o quadro econômico por ninharias, é preciso acrescentar aos pequenos patrões abastados uma parte significativa da administração comercial-industrial, dos serviçais, da *intelligentsia* burguesa, do funcionalismo e assim por diante. Aqui, talvez tenhamos procedido com excessiva cautela, estimando o efetivo de tal população com cifras demasiado

---

[126] Lossítski, "Этюды о населении России по переписи 1897 года" ["Estudos de casos sobre a população da Rússia segundo o censo de 1897"], *Mir Bóji* [Mundo de Deus], n. 8, 1905.

[127] Não é aqui o lugar adequado para entrar em detalhes sobre as estatísticas dos trabalhadores e empregados que o senhor Lossítski usou. Ao que parece, essa estatística peca por uma diminuição muito significativa do número de trabalhadores.

altas: é bem provável que devêssemos aumentar o número dos pequenos patrões mais pobres e diminuir o número dos abastados. Evidentemente, porém, tais divisões não pretendem uma exatidão estatística absoluta.

A estatística deve servir para ilustrar as relações socioeconômicas estabelecidas por meio de uma análise abrangente, e não se converter em um fim em si mesma, como ocorre, com bastante frequência, em nosso país. Dissimular a multiplicidade de camadas pequeno-burguesas da população russa significaria falsificar diretamente o quadro da nossa realidade econômica.

6. ESTATÍSTICA DE MOTORES A VAPOR

O uso de motores a vapor na produção é um dos traços mais característicos da grande indústria mecanizada. É interessante, portanto, considerar os dados disponíveis sobre essa questão. Para 1875-1878, o número de motores a vapor é fornecido pelos *Materiais para uma estatística dos motores a vapor no Império russo*[128]. Para 1892, temos os números do *Resumo dos dados da indústria fabril*, que abrangem todas as produções fabris e mineiras. Eis uma comparação desses dados:

Número de motores a vapor na indústria

	1875-1878			1892		
	Caldeiras a vapor	Máquinas a vapor	Potência	Caldeiras a vapor	Máquinas a vapor	Potência
Rússia Europeia (50 províncias)	7.224	5.440	98.888	11.272	10.458	256.469
Polônia	1.071	787	14.480	2.328	1.978	81.346
Cáucaso	115	51	583	514	514	5.283
Sibéria e Turquestão	100	75	1.026	134	135	2.111
Total no Império	**8.510**	**6.353**	**114.977**	**14.248**	**13.085**	**345.209**

Em dezesseis anos, o número de motores a vapor cresceu, em quantidade de potência, *3 vezes* na Rússia e *2,5 vezes* na Rússia Europeia. O número

---

[128] *Материалы для стат. паров. двигателей в Российской империи*, cit. Dos treze grupos de produção, para comparação com 1892, excluímos os grupos I (agricultura), XII (tipografia e litografia) e XIII ("de encanamentos" etc.). As locomotivas são contadas juntamente com as máquinas a vapor.

de máquinas a vapor aumentou em menor proporção, mas a potência média de uma máquina a vapor se elevou de maneira considerável, precisamente de 18 cavalos de potência para 24 cavalos de potência na Rússia Europeia e de 18 cavalos de potência para 41 cavalos de potência no reino da Polônia. A grande indústria mecanizada, portanto, desenvolveu-se muito rapidamente no período considerado. Em termos de potência a vapor, em 1875-1878 estavam à frente das demais províncias: São Petersburgo (17.808 cavalos de potência), Moscou (13.668), Kiev (8.363), Perm (7.348), Vladímir (5.684) – ao todo, essas 5 províncias contavam com 52.871 cavalos de potência, cerca de três quintos do total na Rússia Europeia. Vinham em seguida: Podólia (5.480), Piotrków (5.071), Varsóvia (4.760). Em 1892, essa ordem muda: Piotrków (59.063), São Petersburgo (43.961), Ekaterinoslav (27.839), Moscou (24.704), Vladímir (15.857), Kiev (14.211) – essas últimas 5 províncias possuíam 12.572 cavalos de potência, ou seja, quase metade do total na Rússia Europeia; em seguida, Varsóvia (11.310) e Perm (11.245). Essas cifras demonstram de maneira evidente a formação de dois novos centros industriais: na Polônia e no Sul. Na província de Piotrków, a potência a vapor cresceu 11,6 vezes; nas províncias de Ekaterinoslav e do Don, juntas[129], ela passou de 2.834 para 30.932 cavalos de potência, ou seja, cresceu 10,9 vezes. Esses centros industriais cresceram tão rapidamente que passaram dos últimos para os primeiros lugares e suplantaram os velhos centros industriais. Notemos que esses dados revelam um crescimento especialmente rápido da indústria que produz artigos de consumo *produtivo*, ou seja, indústria mineira e metalúrgica. Em 1875-1878, essa indústria empregava 1.040 máquinas a vapor, com 22.966 cavalos de potência (na Rússia Europeia); já em 1890, empregava 1.960 máquinas a vapor, com 74.204 cavalos de potência, ou seja, o crescimento em catorze anos foi maior que o crescimento do número total de motores a vapor em toda a indústria em dezesseis anos. A indústria que fabrica meios de produção ocupa uma fração cada vez maior de toda a indústria[130].

[129] Juntamos essas províncias tendo em vista a mudança de fronteiras depois de 1878.

[130] Quanto avançou o uso de motores a vapor na Rússia desde 1892 pode ser visto pelo fato de que, em 1904, segundo os relatórios dos inspetores de fábrica, havia 27.579 caldeiras a vapor em 64 províncias, afora as 31.887 caldeiras a vapor agrícolas. [Nota da 2ª edição.]

7. CRESCIMENTO DAS GRANDES FÁBRICAS

A insuficiência dos dados da nossa estatística fabril, provada acima, obriga-nos a proceder a cálculos mais complexos para determinar como a grande indústria mecanizada se desenvolveu depois da reforma na Rússia. Preparamos uma amostra com os dados de 1866, 1879, 1890 e 1894-1895 referentes às maiores fábricas, a saber: as que possuem cem ou mais trabalhadores no próprio estabelecimento[131]. No entanto, como os trabalhadores à parte são estritamente separados apenas nos dados da *Lista* de 1894-1895, é possível que nos anos anteriores (sobretudo 1866 e 1879) os dados tenham sido um tanto exagerados, apesar das correções apontadas na nota.

Eis as informações sobre essas grandes fábricas [ver página seguinte]:

Iniciemos a análise dessa tabela com os dados de 1866-1879-1890. O número de grandes fábricas variou nesses anos: 644-852-951 ou, em porcentagem, 100-132-147. Em 24 anos, o número de grandes fábricas cresceu, portanto, quase uma vez e meia. Além disso, se tomarmos os dados referentes às diferentes categorias de grandes fábricas, veremos que, quanto maior a fábrica, mais rápido foi o aumento do número de fábricas: A) 512-641-712; B) 90-130-140; C) 42-81-99. Isso indica uma concentração crescente da produção.

O número de estabelecimentos mecanizados cresceu mais rapidamente que o número de fábricas; assim, em porcentagem, 100-178-226. Um número cada vez maior de grandes estabelecimentos está passando a empregar máquinas a vapor. Quanto maiores as fábricas, maior o número de estabelecimentos mecanizados entre elas; calculando a porcentagem desses

---

[131] Fontes: *Ежегодник м-ва фин.*, cit., fasc. I (dados referentes a apenas 71 produções); *Índice*, 1ª e 3ª edições; dados sobre todas as produções, assim como os da *Lista* – mas para comparar os dados da *Lista* com os do *Índice* é necessário subtrair a fabricação de trilhos das indústrias incluídas neste último. Foram excluídos aqueles estabelecimentos nos quais foram incluídos, entre os trabalhadores fabris, os trabalhadores em domicílio. Às vezes, a inclusão de trabalhadores em domicílio é indicada expressamente em notas; às vezes, ela é evidente na comparação com os dados dos diferentes anos: ver, por exemplo, os dados sobre a produção de tecido de algodão da província de Sarátov em 1879, 1890 e 1894-1895 (ver cap. VI, seção 2, 1); Sinzheimer (*Ueber die Grenzen der Weiterbildung des fabrikmässigen Grossbetriebes in Deutschland*, Stuttgart, 1893) inclui entre as grandes empresas fabris aquelas com cinquenta trabalhadores ou mais. Esse critério não nos parece baixo, porém, dada a dificuldade de calcular os dados russos, tivemos de nos limitar às fábricas maiores.

O DESENVOLVIMENTO DA GRANDE INDÚSTRIA MECANIZADA 519

Maiores fábricas da Rússia Europeia

Grupo de fábricas por número de trabalhadores	1866				1879				1890				1894-1895			
	Número de fábricas		Número de trabalhadores	Produção total (em milhares de rublos)	Número de fábricas		Número de trabalhadores	Produção total (em milhares de rublos)	Número de fábricas		Número de trabalhadores	Produção total (em milhares de rublos)	Número de fábricas		Número de trabalhadores	Produção total (em milhares de rublos)
	Total	Dentre elas, com motores a vapor			Total	Com motores a vapor			Total	Com motores a vapor			Total	Com motores a vapor		
a) 100-499	512	204	109.061	99.830	641	354	141.727	201.542	712	455	156.699	186.289				
b) 500-999	90	68	59.867	48.359	130	119	91.887	117.830	140	140	94.305	148.546				
c) 1.000 ou mais	42	35	62.801	52.877	81	76	156.760	170.533	99	99	213.333	253.130				
Total[132]	644	307	231.729	201.066	852	549	390.374	489.905	951	694	464.337	587.965				
a) 100-499					981	534	219.735	289.006	1.133	769	252.656	355.258				
b) 500-999					166	145	115.586	142.648	183	183	121.553	190.265				
c) 1.000 ou mais					91	83	174.322	198.272	115	115	248.937	313.065				
Total[133]					1.238	762	509.643	629.926	1.431	1.067	623.146	858.588				
a) 100-499					979	532	219.436	288.759	1.131	767	252.063	352.526	1.136	935	252.676	374.444
b) 500-999					164	144	113.936	140.791	182	182	120.936	186.115	215	212	143.453	229.363
c) 1.000 ou mais					86	78	163.044	177.537	108	108	226.207	276.512	117	117	259.541	351.426
Total[134]					1.229	754	496.416	607.087	1.421	1.057	599.206	815.153	1.468	1.264	655.670	955.233

[132] Dados de 1866, 1879 e 1890 para 71 produções, das quais estão disponíveis dados de 1866.

[133] Dados de 1879 e 1890 para todas as produções, tanto sujeitas como não sujeitas a impostos especiais.

[134] Dados de 1879, 1890 e 1894-1895 para todas as indústrias, exceto a de trilhos (siderúrgica).

estabelecimentos em relação ao número total de fábricas de uma dada categoria, obtemos as seguintes cifras: A) 39%-53%-63%; B) 75%-91%-100%; C) 83%-94%-100%. O uso de motores a vapor está intimamente ligado à expansão do montante da produção, à expansão da cooperação na produção.

O número de trabalhadores em todas as produções variou, em porcentagem, da seguinte maneira: 100-168-200. Em 24 anos, o número de trabalhadores duplicou, ou seja, ultrapassou o crescimento do número total de "trabalhadores fabris". O número médio de trabalhadores nas grandes fábricas foi, por ano, 359-458-488; por categoria, A) 213-221-220; B) 665-706--673; C) 1.495-1.935-2.154. As grandes fábricas concentram, portanto, uma fração cada vez maior de trabalhadores. Em 1866, as fábricas *com mil* ou mais trabalhadores empregava 27% do total de trabalhadores das grandes fábricas; em 1879, 40%; em 1890, 46%.

A variação da soma da produção de todas as grandes fábricas é expressa pelas seguintes porcentagens: 100-243-292; já por categorias: A) 100-201-187; B) 100-245-308; C) 100-323-479. Consequentemente, a soma da produção de todas as grandes fábricas cresceu quase o triplo, sendo que quanto maior a fábrica, mais rápido se deu esse crescimento. Mas se compararmos a produtividade do trabalho para cada ano em particular, segundo as distintas categorias, veremos algo um pouco diferente. A grandeza média da produção correspondente a um trabalhador em todas as grandes fábricas será: 866-1.250-1.260 rublos; já por categorias: A) 901-1.410-1.191; B) 800-1.282-1.574; C) 841--1.082-1.118. Por conseguinte, não se observa, para cada ano em particular, da categoria inferior para a superior, um aumento da produção (correspondente a um trabalhador). Isso ocorre porque, nas diferentes categorias, entram, em proporção desigual, fábricas de diferentes ramos, as quais se distinguem pelo valor distinto da matéria-prima e, consequentemente, também pelo montante distinto da produção anual de um trabalhador[135].

Consideramos supérfluo analisar com a mesma minúcia os dados de 1879-1890 e 1879-1890-1894-1895, uma vez que significaria repetir tudo

---

[135] Por exemplo, para 1866, dezessete refinarias de açúcar entraram na categoria A, nas quais um trabalhador é responsável por cerca de 6 mil rublos de produção anual, enquanto nas fábricas têxteis (incluídas nas categorias superiores) um trabalhador responde por 500-1.500 rublos de produção anual.

o que foi dito acima a propósito de algumas relações percentuais ligeiramente distintas.

Nos últimos tempos, no *Código de relatórios dos inspetores fabris*, foram citados dados sobre a distribuição das fábricas por grupos, segundo o número de trabalhadores. Eis os dados para 1903:

Grupos de estabelecimentos fabris	Em 64 províncias da Rússia		Em 50 províncias da Rússia Europeia	
	Número de estabelecimentos	Número de trabalhadores	Número de estabelecimentos	Número de trabalhadores
Com menos de 20 trabalhadores	5.749	63.652	4.533	51.728
Com 21 a 50 trabalhadores	5.064	158.602	4.253	134.194
Com 51 a 100 trabalhadores	2.271	156.789	1.897	130.642
Com 101 a 500 trabalhadores	2.095	463.366	1.755	383.000
Com 501 a 1.000 trabalhadoes	404	276.486	349	240.440
Com mais de 1.000 trabalhadores	238	521.511	210	457.534
Total	15.821	1.640.406	12.997	1.397.538

Esses dados somente podem ser comparados com os citados acima se admitirmos certa inexatidão – insignificante, na verdade. Em todo caso, esses dados mostram que o número de grandes fábricas (acima de 99 ou acima de 100 trabalhadores) e o número de trabalhadores crescem rapidamente. Cresce também a concentração de trabalhadores – e, consequentemente, também da produção – nas maiores dessas grandes fábricas.

Ao comparar os dados das grandes fábricas com os dados de todas as "fábricas" da nossa estatística oficial, vemos que, em 1879, as grandes fábricas constituíam 4,4% de todas as "fábricas" e concentravam 66,8% do total de trabalhadores fabris e 54,8% da produção total. Em 1890, as grandes fábricas representavam 6,7% de todas as "fábricas" e concentravam 71,1% de todos os trabalhadores fabris e 57,2% da produção total. Em 1903, as grandes fábricas, aquelas com mais de cem trabalhadores, representavam, na Rússia Europeia, 17% do total de fábricas e concentravam 76,6% do número total de trabalhadores fabris[136]. Dessa maneira, as grandes fábricas, principalmente a vapor, concentravam, apesar de seu número insignificante, uma parte predominante e crescente dos trabalhadores e da soma da produção de todas as "fábricas". Já vimos com que enorme rapidez essas grandes fábricas vêm crescendo desde a reforma. Citemos, agora, mais dados sobre empresas igualmente grandes da indústria de mineração[137].

Maiores empresas industriais na Rússia Europeia em 1890

Grupos de fábricas, minas, galerias etc., segundo número de trabalhadores	Na indústria mineira			Na indústria fabril e mineira		
	Número de empresas		Número de trabalhadores	Número de empresas		Número de trabalhadores
	Total	Dentre estas, com motor a vapor		Total	Dentre estas, com motor a vapor	
a) Com 100-499 trabalhadores	236	89	58.249	1.369	858	310.906
b) 500-999	73	38	50.607	256	221	172.160
c) 1.000 ou mais	71	49	149.098	186	164	398.035
Total	380	176	257.954	1.811	1.243	881.101

Na indústria mineira, a concentração de trabalhadores nas pequenas empresas é ainda muito grande (embora a porcentagem de empresas que utilizam motores a vapor seja menor). De 305 mil trabalhadores, 258 mil, ou seja, 84,5%, estão concentrados nas empresas com 100 trabalhadores ou mais; quase metade dos trabalhadores mineiros (145 mil de 305 mil) está empregada nas poucas grandes fábricas (mil ou mais trabalhadores). Do número total de trabalhadores fabris e mineiros da Rússia Europeia (1.180.000 em 1890), *três quartos* (74,6%) estão concentrados em empresas que possuem

---

[136] Os dados totais sobre a nossa indústria fabril, segundo o *Índice* e a *Lista,* foram fornecidos acima, na seção 2 (ver Этюды, cit., p. 276). Notemos que o aumento do percentual de grandes fábricas em relação ao total de "fábricas" indica, antes de mais nada, o estreitamento gradual desse último conceito em nossa estatística.

[137] Os dados foram calculados a partir da *Coletânea de informações estatísticas sobre a indústria mineira em 1890,* excluídas as fábricas que figuram no *Índice.* Com essa exclusão, o total de trabalhadores mineiros da Rússia Europeia diminui 35 mil (340 – 35 = 305 mil).

100 ou mais trabalhadores; quase metade (570 mil de 1.180.000) está concentrada em empresas que possuem 500 trabalhadores ou mais[138].

Consideramos que não é supérfluo abordar aqui a questão levantada pelo senhor N. a respeito do "atraso" do desenvolvimento do capitalismo e do crescimento da "população fabril" no período de 1880-1890, em comparação com o período de 1865-1880[139]. Dessa descoberta notável, o senhor N. foi capaz, graças à lógica original que o distingue, de concluir que "os fatos confirmam inteiramente" a afirmação apresentada em seus *Ensaios* segundo a qual "o capitalismo, ao alcançar certo nível de desenvolvimento, reduz seu próprio mercado interno". Em primeiro lugar, é absurdo partir do "atraso do desenvolvimento" para chegar à conclusão de que há uma redução no mercado interno. Uma vez que o número de trabalhadores fabris cresce mais rapidamente que a população (e esse é precisamente o caso, segundo os dados do próprio senhor N.: um aumento de 25% entre 1880 e 1890), isso significa que a população está se desviando da agricultura e que o mercado interno está crescendo, até mesmo para os artigos de consumo pessoal (e nem estamos falando do mercado para os meios de produção). Em segundo lugar, é inevitável num país capitalista que haja uma "diminuição do crescimento", expressa em porcentagem, em determinado estágio de desenvolvimento, pois as pequenas grandezas aumentam mais rapidamente em porcentagem que as grandes. Do fato de que os passos iniciais do desenvolvimento do capitalismo são mais rápidos pode-se concluir apenas a tendência de um jovem país alcançar os mais velhos. Tomar, porém, o crescimento percentual do período inicial como norma para os últimos períodos é incorreto. Em terceiro lugar, *o próprio fato de uma "diminuição do crescimento" não está provado para*

---

[138] O censo industrial de 1895 na Alemanha calculou para toda a indústria, incluindo a construção de minas, que não é registrada na Rússia, 248 estabelecimentos com mil trabalhadores ou mais; havia 430.286 trabalhadores nesses estabelecimentos. Consequentemente, as maiores fábricas russas são maiores que as alemãs.

[139] Os dados que citamos sobre as grandes fábricas indicam também uma porcentagem mais baixa de crescimento em 1879-1890, em comparação com 1866-1879.

os períodos que o senhor N. tomou para comparação. O desenvolvimento da indústria capitalista só pode ser cíclico; por isso, para comparar diferentes períodos é necessário tomar os dados de toda uma série de anos[140], de modo que se distingam anos de especial florescimento, anos de ascensão e anos de declínio. Ao não fazer isso, o senhor N. incorreu no grave erro de não notar que 1880 foi um ano de especial ascensão. Além do mais, o senhor N. não hesitou em "compor" uma afirmação contrária. "É preciso observar ainda", discorre, "que 1880, um ano intermediário [entre 1865 e 1890], foi um ano de más colheitas, por isso o número de trabalhadores registrados nesse ano foi menor que o normal"!![141] Não faria mal ao senhor N. dar uma olhada no texto da própria edição da qual ele extraiu as cifras de 1880[142], pois poderia ter lido ali que 1880 se destaca por um "salto" da indústria, em especial de couro e maquinário[143], que isso se deveu ao aumento da demanda de artigos depois da guerra e do aumento dos pedidos do governo. Bastava folhear o *Índice* de 1879 para ter uma ideia clara das dimensões desse salto[144]. Mas, em nome de sua teoria romântica, o senhor N. não hesita em deturpar completamente os fatos.

8. DISTRIBUIÇÃO DA GRANDE INDÚSTRIA

Além da questão da concentração da produção nos maiores estabelecimentos, para caracterizar a grande indústria mecanizada é importante a questão da concentração da indústria fabril nos diferentes centros e dos distintos

[140] Como fez, por exemplo, G. Tugan-Baranóvski em seu *A fábrica* (cit., p. 307 e diagrama). O diagrama mostra claramente que 1879 e, sobretudo, 1880 e 1881 foram anos de especial ascensão.

[141] Senhor N., Очерки, cit., p. 103-4.

[142] Ver *Índice* (3ª edição).

[143] Ibidem, p. iv.

[144] Ver, por exemplo, a produção de tecidos: fabricação incrementada de tecidos para o Exército; a produção de couro passou por uma grande revitalização; produtos de couro: uma grande fábrica produz 2,5 milhões de rublos "para a repartição militar" (ibidem, p. 288). As fábricas de Ijiévski e Sestroriétski produzem artigos de artilharia no valor de 1,5 milhão de rublos contra 1,25 milhão de rublos em 1890. Na produção de cobre, chama a atenção a fabricação de artigos para tropas e equipamentos militares (ibidem, p. 388-9); as fábricas de pólvora estão trabalhando a todo vapor etc.

tipos de centro fabril. Infelizmente, nossa estatística fabril não só fornece material insatisfatório, que não se presta a comparações, como ainda o elabora mal: por exemplo, as edições contemporâneas apresentam a distribuição das indústrias apenas para as províncias como um todo (e não para as cidades e distritos, como era feito nas melhores edições dos anos 1860, que também eram ilustradas com mapas da distribuição das indústrias fabris). Mas, para oferecer uma ideia exata da distribuição da grande indústria, é preciso tomar os dados dos distintos centros, ou seja, das distintas cidades, povoados fabris ou grupos de povoados fabris, situados a uma curta distância umas das outras; províncias ou distritos são unidades territoriais demasiado grandes[145]. Com isso em vista, consideramos fundamental calcular, a partir do *Índice* de 1879 e 1890, dados sobre a concentração da nossa indústria fabril nos centros mais importantes. Na tabela que figura no anexo (Anexo III), foram incluídos dados de 103 centros fabris da Rússia Europeia que concentram cerca de metade do total de trabalhadores fabris[146].

A tabela mostra três tipos principais de centros fabris na Rússia. 1) Cidades. Estas vêm em primeiro lugar e distinguem-se por uma maior concentração tanto de trabalhadores quanto de estabelecimentos. Nesse sentido, destacam-se em especial as grandes cidades. As capitais concentram cerca de 70 mil trabalhadores fabris (incluídos os subúrbios): Riga, 16 mil; Ivánovo-Voznessensk, 15 mil; Bogoródski, 10 mil, em 1890; as demais

---

[145] "No território dos distritos [da província de Moscou], as fábricas se distribuem de maneira bastante desigual: em distritos muito industriais, juntamente com localidades que, por comportar uma aglomeração mais ou menos significativa de estabelecimentos fabris, podem ser chamadas de verdadeiros centros fabris, encontram-se *vólosts* quase sem nenhuma indústria fabril – e, inversamente, nos distritos que são em geral pobres de fábricas, há regiões em que esta ou aquela indústria se desenvolveu em maior ou menor grau e, ao lado das *isbás* dos artesãos e pequenos intermediários, surgiram estabelecimentos maiores, com todos os atributos da grande produção" (*Сборник стат. свед. по Моск. губ. Отд. санит. стат.*, cit., v. IV, parte I, p. 141). Essa edição, o que há de melhor na literatura contemporânea das estatísticas fabris, mostra a localização da grande indústria por meio de um mapa detalhado. Para o quadro completo da distribuição da indústria fabril, falta apenas o agrupamento dos centros pelo número de fábricas, trabalhadores e produção total.

[146] A tabela inclui apenas os estabelecimentos com produção de pelo menos 2 mil rublos e os moinhos a vapor. Os trabalhadores à parte foram excluídos quando havia indicação de que haviam sido incluídos entre os trabalhadores fabris; tal exclusão foi assinalada com asterisco (*). A ascensão da indústria em 1879 não podia deixar de influenciar esses dados.

cidades possuem menos de 10 mil trabalhadores. Basta uma rápida vista-d'olhos nos números oficiais de trabalhadores fabris em algumas grandes cidades (Odessa: 8,6 mil em 1890; Kiev: 6 mil; Rostov do Don: 5,7 mil etc.) para se convencer de que essas cifras são ridiculamente pequenas. O exemplo de São Petersburgo citado acima mostra quantas vezes esses números precisariam aumentar para alcançar o número de trabalhadores industriais nesses centros. Além das cidades, é fundamental mencionar os subúrbios. Os subúrbios das grandes cidades são, não raro, centros industriais importantes, mas, segundo nossos dados, apenas um desses centros se destaca: o subúrbio de São Petersburgo, onde se calculavam 18,9 mil trabalhadores em 1890. Alguns povoados do distrito de Moscou que entraram em nossa tabela também são subúrbios, em essência[147].

O segundo tipo de centro são as aldeias fabris, especialmente numerosas nas províncias de Moscou, Vladímir e Kostromá (dos 63 centros rurais mais importantes que entraram em nossa tabela, 42 ficam nessas províncias). Na dianteira desses centros, está a vila de Orékhovo-Zúievo (na tabela, Orékhovo e Zúievo são apresentadas separadamente, mas trata-se de um único centro); em número de trabalhadores, perde apenas para as capitais (26,8 mil em 1890)[148]. Nas três províncias indicadas, bem como nas províncias de Iaroslav e Tver, a maioria dos centros rurais fabris forma uma grande fábrica têxtil (fiação e tecelagem de algodão, linho, lã, entre outros). No passado, tais aldeias quase sempre comportavam escritórios de distribuição, ou seja, centros de manufatura capitalista que submetiam a massa de tecelões manuais dos arredores. Naqueles casos em que a estatística não

[147] "A grande aldeia de Tcherkízovo, perto de Moscou, é, de acordo com os moradores, uma grande fábrica e, literalmente, uma extensão de Moscou [...]. Mesmo ao lado, além do posto avançado de Semiónov [...] também há muitas fábricas diferentes [...]. Não muito longe dali, temos a aldeia de Izmáilovo, com estabelecimentos de tecelagem e a enorme manufatura de Izmáilovo." Isso ao norte de Moscou. Ao sul, "além do posto avançado de Serpukhov, encontramos, antes de tudo, a enorme manufatura de Danílov, que sozinha representa toda a cidade [...]. Além disso, a uma curta distância umas das outras, há um cinturão de grandes fábricas de tijolos" etc. (*Сборник стат. свед.* [Coletânea de informações estatísticas], v. IV, parte I, p. 143-4). Na realidade, portanto, a concentração da indústria fabril é maior do que poderíamos representar em nossa tabela.

[148] Em 1879, calculava-se que eram apenas 10,9 mil trabalhadores. Obviamente, vários métodos de registro foram aplicados.

mistura os trabalhadores domiciliares com os fabris, os dados sobre o desenvolvimento de tais centros mostram com clareza o crescimento da grande indústria mecanizada, que atrai milhares de camponeses dos arredores e os transforma em trabalhadores fabris. Além disso, uma quantidade considerável de centros fabris é formada por grandes fábricas mineiras e metalúrgicas (Kolomna, na aldeia de Bobrovo, Iúsovka, Briansk etc.); a maioria diz respeito à indústria mineira e, por isso, não entrou na nossa tabela. As fábricas de açúcar de beterraba, situadas em aldeias e vilas das províncias do Sudoeste, também formam centros rurais fabris; como exemplo, citemos uma das maiores: a vila de Smela, na província de Kiev.

O terceiro tipo de centro fabril são as aldeias "artesanais", cujos maiores estabelecimentos são considerados, não raro, "fábricas". Exemplos de tais centros correspondem em nossa tabela às aldeias de Pávlov, Vorsma, Bogoródski, Dubovka. A comparação do número de trabalhadores fabris em tais centros com toda a sua população industrial foi feita acima para Bogoródski.

Agrupando os centros que constam da nossa tabela por número de trabalhadores em cada centro e por tipo de centro (cidades ou aldeias), temos: [ver tabela na página seguinte]:

Com base nessa tabela, fica evidente que, em 1879, 103 centros concentravam 356 mil trabalhadores (de um total de 752 mil); já em 1890, eram 451 mil (de 876 mil). O número de trabalhadores aumentou, portanto, 26,8%, enquanto nas grandes fábricas em geral (com cem ou mais trabalhadores), o aumento foi de apenas 22,2%, e o número total de trabalhadores fabris subiu apenas 16,5% no mesmo período. Assim, há uma concentração de trabalhadores nos grandes centros. Em 1879, apenas 11 centros tinham mais de 5 mil trabalhadores, enquanto em 1890 já eram 21 centros. Salta especialmente aos olhos o aumento do número de centros com 5 mil a 10 mil trabalhadores. Isso ocorre por duas razões: 1) pelo destacado crescimento da indústria fabril no Sul (Odessa, Rostov do Don, entre outros); 2) pelo crescimento das aldeias fabris nas províncias centrais.

A comparação entre centros urbanos e rurais mostra que estes últimos abrangiam em 1890 *cerca de um terço* do número total de trabalhadores dos principais centros (152 mil de um total de 452 mil). Para toda a Rússia, essa

Centros mais importantes da indústria fabril na Rússia Europeia

Categorias de centros segundo o número de trabalhadores e o tipo de centro	1879						1890					
	Número de centros			Número de fábricas	Soma da produção (em milhares de rublos)	Número de trabalhadores	Número de centros			Número de fábricas	Soma da produção (em milhares de rublos)	Número de trabalhadores
	Nas cidades	Nas aldeias	Total				Nas cidades	Nas aldeias	Total			
Centros com 10.000 trabalhadores ou mais	4	1	5	1.393	279.398	158.670	6	1	7	1.644	361.371	206.862
Centros com 5 a 10 mil trabalhadores	6	—	6	148	65.974	49.340	10	4	14	931	151.029	90.229
Centros com 1 a 5 mil trabalhadores	22	37	59	1.029	174.171	133.712	17	48	65	804	186.422	144.255
Total de centros com 1 mil trabalhadores ou mais	32	38	70	2.570	519.543	341.722	33	53	86	3.379	698.822	441.346
Centros com menos de 1 mil trabalhadores	8	20	28	260	17.144	14.055	6	10	16	259	8.159	9.898
Centros sem trabalhadores	—	5	5	1	—	—	1	—	1	—	—	—
Total	40	63	103	2.831	536.687	355.777	40	63	103	3.638	706.981	451.244
Cidades (e subúrbios)	40	—	40	2.574	421.310	257.181	40	—	40	3.327	535.085	298.651
Povoados (urbanos e vilas)	—	63	63	257	115.377	98.596	—	63	63	311	171.896	152.593

relação deve ser ainda maior, ou seja, mais de um terço dos trabalhadores fabris deve se encontrar fora das cidades. Com efeito, entraram em nossa tabela todos os principais centros urbanos, mas, além dos que mencionamos, existem muitos e muitos centros rurais com algumas centenas de trabalhadores (aldeias com fábricas de vidro, olarias, destilarias, produtoras de açúcar de beterraba, entre outros). Os trabalhadores mineiros também se encontram principalmente fora das cidades. Pode-se pensar, por isso, que não menos (e talvez mais) da metade do total de trabalhadores fabris e mineiros encontra-se fora das cidades. Essa conclusão tem um significado importante, pois mostra que, na Rússia, a população *industrial* é superior em tamanho à população *urbana*[149].

Ao considerarmos a questão da relativa rapidez do desenvolvimento da indústria fabril nos centros urbanos e rurais, vemos que, sem dúvida, estes últimos estão mais avançados. O aumento do número de centros urbanos que possuem ao menos mil trabalhadores foi muito fraco (de 32 para 33) no período considerado; já o aumento do número de centros rurais foi muito intenso (de 38 para 53). O número de trabalhadores nos 40 centros urbanos cresceu apenas 16,1% (de 257 mil a 299 mil); já nos 63 centros rurais foi de 54,7% (de 98,5 mil para 152,5 mil). O número médio de trabalhadores em um único centro urbano elevou-se apenas de 6,4 mil para 7,5 mil; já em um centro rural foi de 1,5 mil para 2,4 mil. Assim, a indústria fabril parece ter uma tendência de se espalhar com especial rapidez para fora das cidades, criar novos centros fabris e fazê-los crescer mais rapidamente que os centros urbanos e penetrar mais profundamente nas regiões rurais aparentemente mais distantes do mundo das grandes empresas capitalistas. Essa circunstância altamente importante demonstra, em primeiro lugar, com que rapidez a grande indústria mecanizada transforma as relações socioeconômicas. O que antes demorava séculos agora se faz em uma dezena de anos. Vale a pena comparar, por exemplo, a formação desses centros não agrícolas – como as "aldeias artesãs" mencionadas no capítulo anterior: Bogoródski, Pávlov,

---

[149] O censo de 28 de janeiro de 1897 confirmou essa conclusão. A população urbana em todo o Império foi calculada em 16.828.395 pessoas de ambos os sexos. A população comercial e industrial, como mostramos acima, é de 21,7 milhões. [Nota da 2ª edição.]

530   O DESENVOLVIMENTO DO CAPITALISMO NA RÚSSIA

Kimri, Khotéitchi, Velíkoe etc. – com o processo de criação de novos centros pela fábrica moderna, que atrai aos milhares a população rural para as aldeias industriais[150]. A divisão social do trabalho recebe um grande impulso. A mobilidade da população se torna condição necessária da vida econômica, em vez do sedentarismo e do isolamento anteriores. Em segundo lugar, a transferência das fábricas para a aldeia mostra que o capitalismo supera os obstáculos impostos pelo isolamento estamental da comunidade camponesa e chega a tirar proveito desse isolamento. Embora não sejam poucos os inconvenientes da construção de fábricas nas aldeias, ao menos ela lhes garante trabalhadores mais baratos. Se não permitem que o mujique vá até a fábrica, a fábrica vai até o mujique[151]. O mujique não tem plena liberdade (graças à caução solidária e à dificuldade de sair da comunidade) de procurar o empregador mais vantajoso; já o empregador sabe muito bem onde encontrar o trabalhador mais barato. Em terceiro lugar, o número significativo de centros fabris rurais e seu rápido crescimento mostram como é infundada a opinião de que a fábrica russa está apartada da massa do campesinato e que sua influência sobre esta última é fraca. O caráter peculiar da distribuição da nossa indústria fabril mostra, ao contrário, que sua influência é muito ampla

[150] "Na vila de Krivoi Rog, de 1887 a 1896, a população cresceu de 6 mil para 17 mil habitantes; na fábrica de Kamiénski, da sociedade de Dniepre, de 2 mil para 18 mil; perto da estação de Drujkovka, onde em 1892 havia apenas algumas construções da estação, surgiu um povoado de 6 mil habitantes; na fábrica de Gdántsevo, há aproximadamente 3,5 mil pessoas; perto da estação de Konstantinovka, onde foram construídas várias fábricas, uma nova povoação está se formando; em Iúzovka, formou-se uma cidade de 29 mil habitantes [...]. Em Níjne-Dnieprovsk, perto de Ekaterinoslav, numa área deserta e arenosa onde há agora várias fábricas, um novo povoado de 6 mil habitantes está se constituindo. A fábrica em Mariupol atraiu um novo povoado de 10 mil habitantes etc. Nas minas de carvão, formam-se centros populacionais" (*Viéstnik Finánsov*, n. 50, 1897). De acordo com o *Rússkie Viédomosti* (n. 322, 21 de novembro de 1897), a assembleia dos *zemstvos* do distrito de Bakhmut solicitou a transformação das aldeias comerciais de mil habitantes em vilas e as de 5 mil habitantes em cidades... "Temos visto um crescimento sem precedentes de povoados comerciais e industriais [...]. No total, até trinta aldeias estão surgindo e crescendo a uma velocidade tipicamente americana [...]. Em Volíntsev, onde uma grande usina siderúrgica com dois altos-fornos, uma fundição de aço e uma laminadora de trilhos entrará em operação nos primeiros dias de novembro, há cerca de cinco a seis mil pessoas construindo casas em uma estepe que até recentemente era quase deserta. Com o influxo da população trabalhadora, observa-se também um influxo de comerciantes, artífices e pequenos industriais em geral, que contam com a venda fácil e rápida de toda espécie de mercadorias à população trabalhadora."

[151] "A fábrica procura um tecelão barato e encontra-o em sua aldeia natal. A fábrica deve seguir o tecelão" (*Пром. Влад. губ.* [A indústria na província de Vladímir], v. III, p. 63).

e está longe de se restringir aos limites dos estabelecimentos[152]. Mas, por outro lado, essa peculiaridade da distribuição da nossa indústria fabril não pode deixar de influenciar o atraso temporário da ação transformadora que a grande indústria mecanizada opera na população empregada por ela. Ao transformar *de vez* o mujique provinciano em trabalhador, a fábrica pode, durante algum tempo, garantir "mãos" mais baratas, menos desenvolvidas e menos exigentes. É evidente, todavia, que semelhante atraso só pode ser de curta duração e é adquirido ao preço de uma maior ampliação do campo sobre o qual recai a influência da grande indústria.

9. DESENVOLVIMENTO DA INDÚSTRIA MADEIREIRA E DA INDÚSTRIA DE CONSTRUÇÃO

Uma das condições necessárias para o crescimento da grande indústria mecanizada (e um companheiro de viagem extremamente característico do seu crescimento) é o desenvolvimento da indústria de combustíveis e materiais para obras e da indústria da construção. Comecemos pela indústria madeireira.

O corte da madeira e o processamento inicial para torná-la própria para o consumo pessoal são uma ocupação tradicional do campesinato e em quase todos os lugares faz parte do ciclo geral de trabalho do agricultor. Mas, por indústria madeireira, compreendemos exclusivamente a preparação da madeira *para a venda*. A época pós-reforma se caracteriza por um crescimento especial dessa indústria: a demanda por madeira cresceu rapidamente como artigo de consumo pessoal (crescimento das cidades, aumento da população não agrícola nas aldeias, perda dos bosques quando os camponeses foram emancipados) e, em particular, como artigo de consumo produtivo. O desenvolvimento do comércio, da indústria, da vida urbana, dos assuntos militares, das ferrovias etc. etc., levou ao enorme crescimento da demanda

---

[152] Recordemos o que foi dito (cap. III, seção 4) acerca da influência da indústria de mineração no distrito de Bakhmut, província de Ekaterinoslav, sobre a ordem agrícola local. Também são características as habituais queixas dos proprietários fundiários sobre a "corrupção" da população pelas fábricas.

por madeira para consumo não das pessoas, mas do capital. Nas províncias industriais, por exemplo, o preço da lenha crescia "não a cada dia, mas a cada hora" e "nos últimos cinco anos [em 1881] o preço da lenha mais que duplicou"[153]. "O preço da madeira começou a aumentar a passos gigantescos."[154] Na província de Kostromá, "com o consumo de madeira nas fábricas, o preço da lenha dobrou em sete anos"[155] etc. A licença para envio de produtos florestais para o estrangeiro elevou-se de 5.947.000 rublos em 1856 para 30.153.000 rublos em 1881 e 39.200.000 rublos em 1894, ou seja, um crescimento na proporção 100:507:659[156]. Nos anos 1866-1868, passaram pelas vias fluviais da Rússia Europeia 156 milhões de *puds*[157] em média por ano de material de construção e lenha; já em 1888-1890 foram 701 milhões de *puds* em média por ano[158], ou seja, o volume transportado subiu mais de quatro vezes. Pelas estradas de ferro, passaram 290 milhões de *puds*[159] em média em 1888-1890, enquanto em 1866-1868 passaram, provavelmente, apenas 70 milhões de *puds*[160]. Ou seja, todo o transporte de produtos florestais nos anos 1860 foi de cerca de 226 milhões de *puds*; já em 1888-1890, foram 991 milhões de *puds* – um aumento de mais de quatro vezes. O enorme crescimento da indústria madeireira precisamente no pós-reforma está, assim, fora de dúvida.

Qual é a organização dessa indústria? Puramente capitalista. A madeira é comprada dos latifundiários por empresários, "industriais madeireiros", que contratam trabalhadores para cortar e serrar a madeira, trasladá-la e assim por diante. Por exemplo, na província de Moscou, as

---

[153] *Пром. Влад. губ.*, cit., v. I, p. 61.

[154] Ibidem, v. IV, p. 80.

[155] Jbankov, *Влияние отхожих заработков на движение населения* [Influência dos trabalhos exercidos fora da localidade de residência no movimento da população] (Kostromá, 1887), p. 25.

[156] *Произв. силы*, cit., p. 39, sobre o mercado externo da Rússia. A exportação de materiais de madeira em 1902 foi de 55,7 milhões de rublos; em 1903, 66,3 milhões de rublos. [Nota da 2ª edição.]

[157] *Военно-стат. сборник*, cit., p. 486-7.

[158] *Статистический обзор железных дорог и внутренних водных путей*, cit., p. 40.

[159] Ibidem, p. 26.

[160] Supondo que representem aproximadamente um quinto de toda a carga ferroviária (*Военно-стат. сборник*, cit., p. 511 e 518-9).

estatísticas dos *zemstvos* calcularam apenas 337 industriais madeireiros entre os 24 mil camponeses ocupados na indústria madeireira[161]. No distrito de Slobodskoi, província de Viatka, calcularam 123 indústrias madeireiras ("as pequenas constituem, em sua maioria, empreiteiras das grandes", e estas últimas são apenas dez); já os trabalhadores empregados no negócio da madeira eram 18.865, com um salário de 19,5 rublos por trabalhador[162]. O senhor Korolenko calculou que, em toda a Rússia Europeia, estavam empregados como trabalhadores madeireiros até 2 milhões de camponeses[163], e esse número dificilmente é exagerado se, por exemplo, em nove distritos da província de Viatka (de onze), calculam-se 56.430 trabalhadores madeireiros e, em toda a província de Kostromá, cerca de 47 mil[164]. Os trabalhadores madeireiros são os mais mal pagos; as condições higiênicas são deploráveis e a saúde dos trabalhadores sofre uma acentuada deterioração; abandonados no meio da floresta, os trabalhadores ficam mais indefesos e, nesse ramo da indústria, prevalecem muito fortemente a escravidão, o *truck-system* e outros companheiros de viagem das indústrias camponesas "patriarcais". Citemos, a modo de confirmação dessa característica, alguns comentários de pesquisadores locais. Os estatísticos de Moscou indicam a existência de "sopas fiadas obrigatórias", que geralmente reduzem de maneira considerável o salário dos lenhadores. Os lenhadores de Kostromá "vivem em agrupamentos nas florestas, em cabanas construídas às pressas, ruins, que não têm fogão, apenas lareira. A comida é ruim e o pão vira pedra em uma semana, o ar é repugnante [...] as roupas estão sempre úmidas [...] tudo isso tem uma influência deletéria sobre a saúde dos lenhadores". A população dos *vólosts* madeireiros vive "numa sujeira muito maior" que aqueles que trabalham fora (ou seja, nos *vólosts* onde há predominância de trabalhadores de

---

[161] *Сборник стат. свед. по Моск. губ. Отд. санит. стат.*, cit., v. VII, fasc. I, parte 2. Muitas vezes, na nossa indústria madeireira, não distinguimos estritamente entre patrões e operários, chamando-os também de industriais florestais.

[162] *Труды куст. ком.* [Trabalhos da comissão da indústria artesanal], v. XI, p. 397.

[163] Trabalho livre assalariado.

[164] Calculado segundo os *Труды куст. ком.* [Trabalhos da Comissão Artesanal].

indústrias vindos de fora de seu local de residência)[165]. Sobre o distrito de Tikhvin, província de Nóvgorod, lemos: "A agricultura constitui um rendimento secundário, ainda que todos os dados oficiais indiquem que o povo mantém plantações de cereal [...]. Tudo o que o camponês recebe para suas necessidades essenciais, ele ganha na preparação e no traslado de madeira para os industriais madeireiros. Mas logo virá uma crise: em uns cinco a dez anos não haverá mais florestas [...]". "Os trabalhadores empregados nas indústrias madeireiras são preferencialmente sirgadores; passam o inverno em cabanas que parecem cortiços florestais [...]; já na primavera, desabituados da lida doméstica, são atraídos pelo traslado e pelo corte da madeira; somente a ceifa do feno os mantém sedentários [...]." Os camponeses se encontram numa relação de "eterna escravidão" com os industriais madeireiros[166]. Os pesquisadores de Viatka notam que a contratação de trabalhadores madeireiros coincide em geral com a época do pagamento de tributos, que provisões compradas fiado reduz de maneira acentuada os salários [...] "Os madeireiros, bem como os lenhadores, recebem cerca de 17 copeques por dia no verão e cerca de 33 copeques se têm um cavalo. Esse pagamento insignificante é uma remuneração insuficiente pelo trabalho, quando se lembra que essa indústria é realizada nas condições mais insalubres"[167] etc. etc.

Assim, os trabalhadores madeireiros representam uma das principais partes constitutivas do proletariado rural, que possui um pedaço

---

[165] *Сборник стат. свед. по Моск. губ.*, cit., p. 19-20 e 39. Ver resumo absolutamente análogo em *Труды куст. ком.*, cit., v. XII, p. 265.

[166] *Труды куст. ком.*, cit., p. 1.372-3 e 1.474. "Graças às necessidades da indústria madeireira, a forja, o couro, a pelaria e, em parte, os calçados desenvolveram-se no distrito de Tikhvin; a primeira fornece o croque e a segunda, botas, casacos e luvas." A propósito, vemos aqui um exemplo do impulso que a fabricação dos meios de produção (isto é, o crescimento da primeira subdivisão da economia capitalista) dá à produção de bens de consumo (ou seja, a segunda subdivisão). Não é a produção que segue o consumo, é o consumo que segue a produção.

[167] *Труды куст. ком.*, cit., v. XI, p. 399-400, 405 e 147. Ver as numerosas indicações da coletânea dos *zemstvos* do distrito de Trubchevsk, na província de Oriol, de que "a agricultura tem uma importância secundária" e que o papel principal cabe às indústrias, em especial à madeireira (*Сборник стат. свед. по Трубчевскому уезду* [Coletânea de informações estatísticas do distrito de Trubchevsk], Oriol, 1887, sobretudo as notas por aldeia).

insignificante de terra e é obrigado a vender sua força de trabalho nas condições mais desfavoráveis. Trata-se de uma ocupação altamente incerta e insignificante. Os trabalhadores madeireiros formam, portanto, uma forma de exército de reserva (ou superpopulação relativa na sociedade capitalista) que a teoria denominou *oculta*[168]: uma determinada (e, como vimos, grande) parte da população rural deve estar constantemente pronta para pegar semelhante trabalho, deve necessitar constantemente dele. Tal é a condição de existência e desenvolvimento do capitalismo. À medida que a economia predatória da indústria madeireira destrói as florestas (e esse processo ocorre em grande velocidade), sentimos cada vez mais intensamente a necessidade de substituir a madeira pelo carvão, e a indústria carvoeira, a única em condições de assegurar uma base sólida para a grande indústria mecanizada, se desenvolve cada vez mais rapidamente. A demanda da fábrica moderna consiste na disponibilidade de combustível barato, que poderia ser recebido em qualquer momento e em qualquer quantidade por um valor determinado pouco instável. A indústria madeireira não está em condições de atender a essa demanda[169]. É por isso que a predominância da indústria madeireira sobre a carvoeira no fornecimento de combustível corresponde a um estágio subdesenvolvido do capitalismo. No que se refere às relações sociais de produção, a indústria madeireira se relaciona com a carvoeira do mesmo modo que a manufatura capitalista se relaciona com a grande indústria mecanizada. A indústria madeireira corresponde ao estado mais atrasado da técnica, a que explora de maneira tradicional as riquezas naturais; a indústria carvoeira conduz a uma completa revolução da técnica e a um amplo emprego de máquinas. A indústria madeireira mantém o produtor como camponês, a indústria carvoeira transforma-o em trabalhador fabril. A indústria madeireira mantém quase inteiramente intacta a velha

---

[168] Karl Marx, *O capital*, Livro I, cit., p. 716.

[169] Eis uma ilustração extraída de *Отчет членов комиссии по исследованию фабрично-заводской промышленности в Царстве Польском* [Relatório dos membros da comissão de pesquisa da indústria fabril do Reino da Polônia] (São Petersburgo, 1888, parte 1). O carvão na Polônia custa metade do preço do de Moscou. O consumo médio de combustível por *pud* na Polônia é de 16 a 37 copeques; já na região de Moscou é de 50 a 73 copeques. Os estoques de combustível na região de Moscou são para doze a vinte meses e, na Polônia, para não mais que três meses, no mais das vezes para uma a quatro semanas.

estrutura patriarcal da vida, submetendo os trabalhadores abandonados no meio da floresta aos piores tipos de escravidão, aproveitando-se de sua ignorância, vulnerabilidade e fragmentação. A indústria carvoeira cria a mobilidade da população, forma grandes centros industriais e conduz, inevitavelmente, ao controle da produção. Em resumo, a troca descrita tem um significado tão progressista quanto a troca da manufatura pela fábrica[170].

O negócio da construção se encontrava exatamente da mesma maneira no ciclo dos trabalhos domiciliares do camponês, e continua assim ainda hoje, visto que a economia camponesa seminatural se mantém. O desenvolvimento posterior leva os trabalhadores da construção a se transformarem em *artesãos* especializados, que trabalham de acordo com a demanda do consumidor. Tal organização da indústria da construção se encontra, hoje, significativamente desenvolvida nas aldeias e nas pequenas cidades; em geral, o artífice mantém o vínculo com a terra e trabalha para um círculo bastante restrito de consumidores. Com o desenvolvimento do capitalismo, a manutenção dessa estrutura da indústria torna-se inviável. O crescimento do comércio, da fábrica, das cidades, das estradas de ferro leva a uma demanda de construções completamente diferentes, em nada semelhantes em termos de arquitetura ou tamanho aos antigos edifícios da época patriarcal. As novas construções exigem materiais muito variados e caros, exigem a cooperação de uma massa de trabalhadores de variadas especialidades, exigem um longo tempo para serem concluídas; a distribuição dessas novas

---

[170] O senhor N., depois de tocar na questão da substituição da indústria madeireira pela indústria carvoeira (*Очерки*, cit., p. 211 e 243), limitou-se, como de costume, às lamentações. A pequena circunstância de que, por trás da indústria carbonífera capitalista, encontra-se a indústria madeireira capitalista, cujas formas de exploração são incomparavelmente piores, o nosso romântico trata de não a notar. Em compensação, sobre o "número de trabalhadores", ele se espalha! O que significam 600 mil mineiros ingleses em comparação com milhões de camponeses desempregados, pergunta ele (ibidem, p. 211)? Responderemos: a formação pelo capitalismo de uma superpopulação relativa é inquestionável, mas o senhor N. não compreendeu de modo algum a relação desse fenômeno com as necessidades da grande indústria mecanizada. Comparar o número de camponeses ocupados, ainda que temporária e irregularmente, em trabalhos diversos com o número de mineiros especializados ocupados apenas na extração de carvão é um procedimento completamente sem sentido. O senhor N. se vale de tal procedimento apenas para dissimular o fato – que destrói sua teoria – de que tanto o número de trabalhadores fabris e mineiros quanto a população comercial e industrial em geral estão crescendo rapidamente na Rússia.

O DESENVOLVIMENTO DA GRANDE INDÚSTRIA MECANIZADA   537

construções não corresponde de modo algum à distribuição tradicional da população: são erguidas nas grandes cidades ou nos subúrbios, em lugares inabitados, ao longo de linhas férreas ainda em construção etc. O artífice local se transforma em trabalhador fora de seu local de residência, contratado por empresários *empreiteiros* que gradualmente se interpõem entre o consumidor e o produtor, transformando-se em um verdadeiro capitalista. O desenvolvimento em saltos da economia capitalista, a sucessão de longos anos ruins e períodos de "febre na construção" (como o que acontece hoje, em 1898) dão um enorme impulso à expansão e ao aprofundamento das relações capitalistas na construção.

Tal é, segundo os dados da nossa literatura econômica, a evolução da indústria analisada no período da pós-reforma[171]. Essa evolução se expressa com especial clareza na divisão territorial do trabalho, na formação de vastas regiões nas quais a população trabalhadora se especializa neste ou naquele tipo de trabalho da construção[172]. Semelhante especialização das regiões já pressupõe a formação de grandes mercados para os trabalhos de construção e, vinculada a isso, a formação de relações capitalistas. Citemos como ilustração os dados de uma dessas regiões. O distrito de Pokróvski, na província de Vladímir, é há muito tempo famoso por seus carpinteiros, que desde o início do século já constituíam mais da metade da população total. Após a reforma, a carpintaria continuou a se desenvolver[173]. "Na região da carpintaria, o elemento análogo aos mestres de ofício

---

[171] Como já foi observado, a constatação dessa evolução é dificultada pelo fato de que, em nossa literatura, os trabalhadores da construção são frequentemente chamados de "artesãos", categoria em que também são colocados de maneira completamente equivocada os assalariados. Sobre o desenvolvimento análogo da organização da indústria da construção no Ocidente, ver, por exemplo, Webb, *Die Geschichte des britischen Trade Unionismus* (Stuttgart, 1895), p. 7.

[172] Por exemplo, na província de Iaroslav, o distrito de Danílov é particularmente famoso por seus fabricantes de fogões, estucadores e pedreiros, e seus distintos *vólosts* fornecem mestres-artesãos preferencialmente de uma dessas profissões. A região de Zavóljski, no distrito de Iaroslav, fornece sobretudo pintores, já os carpinteiros vêm da região central do distrito de Malogo etc. (*Обзор Яросл. губ.* [Resumo da província de Iaroslav], fasc. II., Iaroslav, 1896, p. 135 e outras).

[173] No fim dos anos 1850, cerca de 10 mil carpinteiros saíram do distrito de Argun (o *vólost* de Argun é o centro da indústria). Nos anos 1860, das 548 aldeias do distrito de Pokróvski, 503 foram ocupadas por carpinteiros (*Пром. Влад. губ.*, cit., v. IV, p. 161 e seg.).

538 O DESENVOLVIMENTO DO CAPITALISMO NA RÚSSIA

e aos fabricantes são os empreiteiros", que em geral se destacam dentre os membros mais hábeis dos *artéis*. Alguns empreiteiros já têm trezentos--quinhentos carpinteiros e já se tornaram verdadeiros capitalistas... Não à toa os camponeses daqui dizem que *"não há comércio mais lucrativo que o dos carpinteiros"*[174]. Seria difícil caracterizar com mais nitidez a essência da organização moderna da indústria! "A carpintaria deixou uma marca profunda em todas as bases da vida do camponês local [...]. O camponês carpinteiro desvia-se pouco a pouco da agricultura e, em seguida, abandona-a por completo." A vida nas capitais imprimiu no carpinteiro a marca da cultura: vive de maneira comparativamente mais asseada que o camponês das cercanias e destaca-se nitidamente por sua "inteligência", por "um nível relativamente alto de desenvolvimento intelectual"[175].

O número total de trabalhadores da construção na Rússia deve ser bastante significativo, a julgar pelos dados fragmentados disponíveis. Na província de Kaluga, em 1896, calcularam-se 39.860 trabalhadores da construção, entre locais e vindos de fora. Na província de Iaroslav, em 1894-1895 – segundo dados oficiais –, havia 20.170 pessoas trabalhando fora de sua comuna. Na província de Kostromá, eram cerca de 39.500. Em 9 distritos da província de Viatka (de 11), cerca de 30.500 trabalhavam fora de sua comuna (nos anos 1880). Nos 4 distritos da província de Tver (de 12), há 15.584, entre os locais e os que trabalhavam fora de sua comuna. No distrito de Gorbátov, na província de Níjni Nóvgorod, eram 2.221, entre

---

[174] Ibidem, p. 165, destaque nosso.

[175] Ibidem, p. 166. Outras fontes oferecem caracterizações homogêneas. Ver Jbankov, *Влияние отхожих заработков на движение населения*, cit.; "О городских отхожих заработках в Солигалич. уезде, Костр. губ." ["Sobre os trabalhos urbanos exercidos fora da localidade de residência no distrito de Soligálitch, província de Kostromá"], *Iuridítcheski Viéstnik*, n. 9, 1890; *Бабья сторона* [A terra das mulheres] (Kostromá, 1891); *Опыт общей программы для исследования отхожих заработков* [Tentativa de programa comum para pesquisa dos trabalhos exercidos fora da localidade de residência]; *Отхожие промыслы в Смол. губ. в 1892-1895 гг.* [Indústrias exercidas fora da localidade de residência na província de Smolensk em 1892-1895] (Smolensk, 1896); "Влияние отхожих заработков на движение населения" ["Influência dos trabalhos fora do local de residência no movimento da população"], *Vratch* [O médico], n. 25, 1895. Ver também *Обзор Яросл. губ.*, cit.; *Труды куст. ком.*, cit.; *Стат. обзор Калужской губ. за 1896 г.* [Resumo da província Kaluga de 1896] (Kaluga, 1897); *С.-х. обзор Нижег. губ. за 1896 г.* [Resumo agrícola da província de Níjni Nóvgorod de 1896] (Níjni Nóvgorod, 1897); entre outras publicações estatísticas dos *zemstvos*.

os locais e os que trabalhavam fora de sua comuna. Só de carpinteiros, saíam da província de Riazan, segundo dados oficiais de 1875-1876, não menos que 20 mil ao ano. No distrito de Oriol, na província de Oriol, havia 2 mil trabalhadores da construção. Em 3 distritos da província de Poltava (de 15), 1.440. No distrito de Nikoláievski, província de Samara, 1.339[176]. A julgar por essas cifras, o número de trabalhadores da construção na Rússia Europeia deve somar *pelo menos 1 milhão* de pessoas[177]. É preciso, antes, reconhecer essa cifra como mínima, pois todas as fontes testemunham que o número de trabalhadores da construção vem crescendo rapidamente na época pós-reforma[178]. Os trabalhadores da construção representam o proletário industrial em formação, cujo laço com a terra – muito fraco já no presente[179] – enfraquece mais e mais a cada ano. Em virtude de sua condição, os trabalhadores da construção diferenciam-se nitidamente dos trabalhadores madeireiros, aproximando-se mais dos fabris. Trabalham nas grandes cidades e nos centros industriais, o que, como vimos, eleva significativamente seu nível cultural. Se a velha indústria madeireira decadente caracteriza as formas subdesenvolvidas do

---

[176] Como fontes, além das mencionadas na nota anterior, ver as coletâneas dos *zemstvos*. O senhor V. V. (*Очерки куст. пром.* [Ensaios da indústria artesanal], p. 61) fornece dados de treze distritos das províncias de Poltava, Kursk e Tambov. Os trabalhadores da construção (erroneamente o senhor V. V. os considera "pequenos industriais") somam 28.644, ou seja, de 2,7% a 22,1% da população masculina adulta dos distritos. Se tomássemos como norma a porcentagem média (8,8%), obteríamos, para a Rússia Europeia, 1,33 milhão de trabalhadores da construção (estimando 15 milhões de trabalhadores adultos do sexo masculino). Ora, essas províncias ocupam uma posição intermediária entre as províncias no que diz respeito ao maior e ao menor desenvolvimento da indústria da construção.

[177] O censo de 28 de janeiro de 1897 (*Общий свод* [Código geral], 1905) calcula que em todo o Império a população *independente* (tem seus próprios meios de vida) na indústria da construção é de 717 mil pessoas mais 469 mil agricultores que exercem essa indústria como atividade secundária. [Nota da 2ª edição.]

[178] Os dados sobre o valor dos edifícios segurados contra incêndios podem servir em parte para calcularmos o tamanho da indústria da construção civil. Em 1884, esse valor era de 5.968.000.000 de rublos; em 1893, 7.854.000.000 de rublos (*Произв. силы*, cit., v. XII, p. 65). Isso resulta num crescimento anual de 188 milhões de rublos.

[179] Na província de Iaroslav, por exemplo, de 11% a 20% da população total, ou seja, de 30% a 56% dos trabalhadores do sexo masculino saem de sua localidade de residência para trabalhar; 68,7% se ausentam o ano inteiro (*Обзор Яросл. губ.*, cit.). É evidente que eles são "camponeses" somente na "denominação oficial" (ibidem, p. 117).

540 O DESENVOLVIMENTO DO CAPITALISMO NA RÚSSIA

capitalismo, que ainda admite as velhas estruturas patriarcais da vida, a indústria da construção em desenvolvimento caracteriza o estágio superior do capitalismo, leva à formação de uma nova classe de trabalhadores industriais e marca a profunda decomposição do velho campesinato.

10. APÊNDICE DA FÁBRICA

Chamamos de apêndice da fábrica as formas de trabalho assalariado e da pequena indústria cuja existência está diretamente ligada à fábrica. Aqui se encontram, antes de mais nada (e em parte), os trabalhadores madeireiros e da construção, sobre os quais já falamos, que ora se incluem na população industrial dos centros fabris, ora pertencem à população das aldeias vizinhas[180]. Além disso, aqui se incluem os trabalhadores das turfeiras, que às vezes são explorados pelos próprios donos das fábricas[181]; carreteiros, carregadores e empilhadores de mercadorias e, em geral, os assim chamados peões, que sempre compõem uma parte grande da população dos centros fabris. Em Petersburgo, por exemplo, o censo de 15 de dezembro de 1890 registrou 44.814 pessoas (de ambos os sexos) no grupo dos "diaristas, peões"; em seguida, 51 mil pessoas (de ambos os sexos) na indústria do transporte, das quais 9,5 mil estão empregadas particularmente no transporte pesado e de cargas. Depois, alguns trabalhos auxiliares para as fábricas são conduzidos por pequenos industriais "independentes"; nos centros ou subúrbios fabris surgem indústrias tais como a fabricação de barris para fábricas de óleos e

---

[180] Por exemplo, na província de Riazan, "numa fábrica de Khlúdov [1894-1895: 4.849 trabalhadores, 6 milhões de rublos de produção], são empregados no inverno até 7.000 cavalos no transporte de lenha, dos quais a maioria pertence aos camponeses do distrito de Egoriévski" (*Труды куст. ком.*, cit., v. VII, p. 1.109-10).

[181] Também reina o caos nas estatísticas da produção de turfa. Normalmente ela não é incluída na produção "fabril" (ver Kobeliátski, *Справ. книга* [Livro de referência], p. 15), mas às vezes é incluída: por exemplo, a *Lista* calcula 12 explorações, com 2.201 trabalhadores, na província de Vladímir e somente nessa província, embora a turfa seja extraída em outras províncias. Segundo Svirski (*Фабрики и заводы Влад. губ.* [As fábricas da província de Vladímir]), em 1890, 6.038 pessoas estavam empregadas na extração da turfa na província de Vladímir. No total, na Rússia, o número de trabalhadores empregados na produção de turfa deve ser maior em muitas vezes.

destilarias[182], urdidura de cestos para acondicionar vidro[183], construção de caixas para guardar artigos de ferragem e serralheria, fabricação de cabos para ferramentas de carpintaria e serralheria[184], fabricação de grampos para as sapatarias, "taninos" para os curtumes etc.[185], preparação de telas para embalar produtos fabris (em Kostromá e em outras províncias), preparação de "palitos" para fósforos (em Riazan, Kaluga e outras províncias), montagem de caixas de papel para as fábricas de tabaco (nos subúrbios de Petersburgo)[186], preparação de serragem para as fábricas de vinagre[187], aproveitamento de sobras de fios (em Lodz) pelos pequenos fiadores, desenvolvido graças à demanda das grandes fábricas[188] etc. etc. Todos esses pequenos industriais, como os trabalhadores assalariados acima citados, pertencem ou à população industrial dos centros fabris ou à população semiagrícola dos povoados vizinhos. Além disso, quando a fábrica se limita à produção de artigos semiacabados, ela, às vezes, traz à vida pequenas indústrias que se ocupam do acabamento posterior do artigo; por exemplo, a produção mecânica de fios deu impulso à tecelagem artesanal, ao lado das fábricas mineiras surgiram "artesãos" que produzem artigos de metal etc. Finalmente, o trabalho capitalista em domicílio também representa, não raro, um apêndice da fábrica[189].

---

[182] *Труды куст. ком.*, cit., fasc. IV.

[183] Ibidem, fasc. VIII, na província de Nóvgorod.

[184] Ibidem, fasc. IX, nos *vólosts* subdistritais do distrito de Tula.

[185] Na província de Perm, nas proximidades da cidade de Kungur; na província de Tver, na aldeia de Kimri e outras.

[186] Ver *Отчет земской управы С.-Петербургского уезда за 1889 г.* [Informes da direção dos *zemstvos* do distrito de São Petersburgo para 1889]; informe do senhor Vóinov referente ao 5º Setor Médico.

[187] *Отчеты и исслед.* [Informes e pesquisas], v. I, p. 360.

[188] *Отчеты по исследованию ф.-з. промышленности в Царстве Польском* [Informes e pesquisas da indústria fabril no Reino da Polônia] (São Petersburgo, 1888), p. 24.

[189] Segundo a *Lista*, são 16 fábricas com mil trabalhadores ou mais no estabelecimento e 7.857 trabalhadores na qualidade de trabalhadores externos. Em 14 fábricas com 500-999 trabalhadores, há 1.352 trabalhadores externos. A *Lista* registra o trabalho externo de forma puramente acidental e com um abismo de lacunas. O *Código de relatórios dos inspetores fabris* calcula que, em 1903, havia 632 escritórios de distribuição com 65.115 trabalhadores. Esses dados são, naturalmente, muito incompletos, mas é característico que a imensa maioria desses escritórios e dos trabalhadores por eles empregados corresponda aos centros da indústria fabril (região de Moscou: 503 escritórios, com 49.345 trabalhadores; província de Sarátov (tecido): 33 escritórios, com 10 mil trabalhadores). [Nota da 2ª edição.]

A época da grande indústria mecanizada se caracteriza em todos os países por um amplo desenvolvimento do trabalho capitalista em domicílio em ramos da indústria como, por exemplo, a confecção. Acima, já falamos sobre como esse tipo de trabalho é difundido na Rússia, em que condições ele difere e por que nos parece mais correto descrevê-lo no capítulo sobre a manufatura.

Para uma descrição mais ou menos completa do apêndice da fábrica, é fundamental uma estatística completa das ocupações da população ou uma descrição monográfica de toda a vida econômica dos centros fabris e seus arredores. Todavia, mesmo os dados fragmentários a que fomos obrigados a nos limitar mostram como é incorreta a opinião difundida em nosso país segundo a qual a indústria fabril é apartada dos demais tipos de indústria; que a população fabril é apartada da população que não é empregada entre as quatro paredes de uma fábrica. O desenvolvimento das formas da indústria, assim como de quaisquer relações sociais em geral, não pode ocorrer de outro modo senão de forma muito gradual, numa massa de formas de transição entrelaçadas que parecem um retorno ao passado. Por exemplo, o crescimento das pequenas indústrias manifestado (como vimos) pelo progresso da manufatura capitalista. Vimos que, às vezes, a fábrica pode desenvolver pequenas indústrias. O trabalho de um "comprador" também é um apêndice da manufatura e da fábrica. Para avaliar de maneira correta o significado de semelhantes fenômenos, é necessário colocá-los em relação com toda a estrutura da indústria em determinado estágio de desenvolvimento e com as tendências fundamentais desse desenvolvimento.

11. A COMPLETA SEPARAÇÃO DA INDÚSTRIA E DA AGRICULTURA

Apenas a grande indústria mecanizada produz a completa separação da indústria e da agricultura. Os dados russos confirmam plenamente essa tese, que foi estabelecida pelo autor de *O capital* para outros países[190], mas em geral é ignorada pelos economistas populistas. O senhor N., oportuna e

---

[190] Karl Marx, *O capital*, Livro I, cit., p. 572 e seg.

inoportunamente, discorre em seus *Ensaios* sobre "a separação da indústria e da agricultura", mas não lhe ocorre analisar, com dados exatos, como acontece propriamente esse processo e quais diferentes formas ele adquire. O senhor V. V., ao indicar a ligação de nosso trabalhador industrial com a terra (*na manufatura*, pois nosso autor não considera necessário distinguir os distintos estágios do capitalismo, apesar de fingir que segue a teoria do autor de *O capital*!), fala com veemência da "vergonhosa [*sic*!] dependência" da "*nossa* [destaque do autor] produção capitalista" do trabalhador agricultor etc.[191] O senhor V. V., pelo visto, nunca ouviu falar que, não apenas entre "nós", mas em todo o Ocidente, o capitalismo, antes da grande indústria mecanizada, não foi capaz de romper definitivamente os laços entre o trabalhador e a terra – e se ouviu, esqueceu-se! Por fim, o senhor Kablukov, mais recentemente, ofereceu aos estudantes a seguinte deturpação espantosa dos fatos: "Enquanto no Ocidente o trabalho nas fábricas constitui a única fonte de subsistência do trabalhador, entre nós, *com relativamente poucas exceções* [*sic*!!!], o trabalhador considera o trabalho na fábrica uma ocupação secundária, *é mais atraído pela terra*"[192].

A estatística sanitária de Moscou fez um estudo factual dessa questão, nomeadamente o trabalho do senhor Deméntiev sobre "a relação dos trabalhadores fabris com a agricultura"[193]. Os dados coletados sistematicamente, abrangendo cerca de 20 mil trabalhadores, mostraram que os trabalhadores fabris que partem para os trabalhos rurais são 14,1%. Ainda muito mais importante, porém, é o fato, provado pelo referido trabalho de maneira minuciosa, de que é *justamente a produção mecanizada que separa os trabalhadores da terra*. Da série de números citada como confirmação, tomemos as mais relevantes[194]:

---

[191] V. V., *Судьбы капитализма в России*, cit., p. 114 e outras.

[192] *Лекции по экономии сельского (sic!) хозяйства* [Conferências sobre economia agrícola (*sic!*)] (Moscou, 1897), p. 13, edição para estudantes. Talvez o douto estatístico considere possível atribuir 85% dos casos a "exceções relativamente pequenas" (ver mais adiante no texto)?

[193] *Сборник стат. свед. по Моск. губ. Отд. санит. стат.* [Coletânea de informações estatísticas da província de Moscou. Departamento de estatísticas sanitárias], v. IV, parte II (Moscou, 1893). Reimpresso no conhecido livro do senhor Deméntiev, *Фабрика и т. д.* [A fábrica etc.].

[194] *Сборник стат. свед.*, cit., p. 292; *Фабрика*, cit., 2. ed., p. 36.

Fábricas	Porcentagem de trabalhadores que vão para o campo	
De tecido de algodão manual com tinturaria	72,5	Produção manual
De tecido de seda	63,1	
De porcelana e louça	31,0	
De estamparia manual e escritórios para distribuição das bases	30,7	
De feltro (produção inteira)	20,4	
De fiação de algodão e teares mecânicos	13,8	Produção mecanizada
Teares mecânicos com estamparia e acabamento	6,2	
Fábrica de construção de maquinário	2,7	
De estamparia e acabamento mecanizado	2,3	

Acrescentamos à tabela do autor a distribuição de oito produções entre manuais e mecânicas. Relativamente à nona produção, a de feltro, observemos que parte se dá por métodos manuais e parte por mecanizados. Assim, das fábricas manuais saem para trabalhar no campo cerca de 63% dos tecelões; já das tecelagens em que se trabalha com teares mecânicos *não sai ninguém* e, dos trabalhadores das seções das tecelagens que usam força mecânica, saem 3,3%. "Assim, como consequência, a causa mais importante que leva os trabalhadores fabris a romper o vínculo com a terra é a substituição da produção manual pela mecânica. Apesar do número relativamente alto de fábricas com produção manual, a quantidade de trabalhadores em comparação com a quantidade de fábricas é absolutamente insignificante; em consequência, obtemos porcentagens muito insignificantes daqueles que vão trabalhar nos campos: 14,1% de todos os trabalhadores adultos e 15,4% de todos os adultos exclusivamente da camada camponesa"[195]. Recordemos que os dados da vistoria sanitária nas fábricas da província de Moscou fornecem as seguintes cifras: fábricas com motores mecânicos: 22,6% do total (incluindo 18,4% que utilizam motores a vapor); nela estão 80,7% dos trabalhadores. As fábricas manuais representam 69,2%; já seus trabalhadores, apenas 16,2%. Nas 244 fábricas que utilizam motores mecânicos, há 92.302 trabalhadores (378 trabalhadores por fábrica); já

[195] *Сборник*, cit., p. 280; *Фабрика*, cit., p. 26.

nas 748 fábricas manuais, há 18.520 trabalhadores (25 trabalhadores por fábrica)[196]. Mostramos acima como é significativa a concentração dos trabalhadores fabris russos nos grandes estabelecimentos, a grande maioria mecanizada, com 488 trabalhadores ou mais por estabelecimento. O senhor Deméntiev pesquisou em detalhes a influência do local de nascimento dos trabalhadores, das diferenças entre trabalhadores locais e forasteiros e das camadas sociais (pequeno-burgueses e camponeses) para o rompimento com a terra e disso resultou que todas essas diferenças se atenuam diante de um fator fundamental: a substituição da produção manual pela mecânica[197].

> Quaisquer que tenham sido as causas que contribuíram para a transformação do antigo agricultor em trabalhador fabril, o fato é que esses trabalhadores especiais já existem. Figuram como camponeses, mas estão ligados à aldeia apenas pelos tributos que lhe são cobrados quando mudam de passaporte, pois, na prática, não têm na aldeia nem propriedade agrícola nem casa, que em geral vendem. Mesmo o direito à terra eles conservam, por assim dizer, apenas juridicamente, e as revoltas de 1885-1886 em muitas fábricas mostraram que esses trabalhadores se consideram absolutamente alheios à aldeia, do mesmo modo que os camponeses da aldeia olham para eles, herdeiros de seus conterrâneos aldeões, como forasteiros, estranhos. Diante de nós temos, portanto, uma classe já formada de trabalhadores que não têm um teto, que não têm de fato nenhuma propriedade, uma classe que não está ligada a nada e vive um dia depois do outro. E não foi ontem que ela se formou. Já tem sua genealogia fabril e boa parte já está na terceira geração.[198]

Por fim, quanto à questão da ruptura das fábricas com a agricultura, há um material interessante fornecido pela estatística fabril mais recente. A *Lista*

---

[196] *Сборник*, v. IV, parte I, p. 167, 170 e 177.

[197] O senhor Jbankov, em seu *Estudo sanitário das fábricas da província de Smolensk*, estima que, apenas na manufatura de Iártsev, a porcentagem de trabalhadores que trabalham também no campo era de cerca de 10% a 15% (*Санитарное исследование фабрик и заводов Смоленской губ.*, v. II, Smolensk, 1894-1896, p. 307 e 445; em 1893-1894, a manufatura de Iártsev empregava 3.106 dos 8.810 trabalhadores da província de Smolensk). Os trabalhadores não permanentes nessa fábrica somavam 28% dos homens (em todas as fábricas: 29%) e 18,6% das mulheres (em todas as fábricas: 21%; ver ibidem, p. 469). Deve-se notar que são considerados trabalhadores não permanentes: 1) aqueles que estavam na fábrica havia menos de um ano; 2) aqueles que trabalham no campo no verão; 3) aqueles que por algum motivo "pararam completamente de trabalhar na fábrica vários anos" (ibidem, p. 445).

[198] *Сборник*, cit., p. 298; *Фабрика*, cit., p. 46.

546   O DESENVOLVIMENTO DO CAPITALISMO NA RÚSSIA

de fábricas (informações de 1894-1895) dá informações sobre o número de dias por ano em que funciona cada fábrica. O senhor Kásperov apressou-se em utilizar esses dados em benefício das teorias populistas, calculando que, "em média, uma fábrica russa trabalha 165 dias ao ano" e "35% das fábricas do nosso país trabalham menos de 200 dias ao ano"[199]. É evidente que, tendo em vista a imprecisão do conceito de "fábrica", números indiscriminados como esses têm pouco significado, pois não foi indicado o número de trabalhadores empregados em dada quantidade de dias ao ano. Vimos acima (seção 7) os cálculos correspondentes aos dados da *Lista* sobre as grandes fábricas (com cem trabalhadores ou mais), que empregam cerca de três quartos do total de trabalhadores fabris. Verificamos que a média de dias de trabalho é, por categorias: A) 242; B) 235; C) 273[200]; já para todas as grandes fábricas: 244. Se calcularmos a média de dias de trabalho por trabalhador, obteremos 253 dias de trabalho ao ano por cada trabalhador de grande fábrica. Das doze seções nas quais a *Lista* divide a produção, só em uma, justamente a seção 11 (produtos alimentícios), a média de dias trabalhados nas categorias inferiores é menor que 200: A) 189; B) 148; C) 280. Nas fábricas das categorias A e B dessa seção, estão empregados 110.588 trabalhadores = 16,2% do total de trabalhadores das grandes fábricas (655.670). Notemos que, nesta seção, estão combinadas produções completamente heterogêneas, por exemplo, de açúcar de beterraba e tabaco, destilaria e farinha, entre outras. Para as demais seções, o número médio de dias de trabalho em uma fábrica é a seguinte: A) 259; B) 271; C) 272. Dessa maneira, quanto maior a fábrica, maior o número de dias ocupados ao longo do ano. Os dados totais de todas as grandes fábricas da Rússia Europeia confirmam, portanto, as conclusões da estatística sanitária de Moscou e provam que a fábrica cria uma classe de trabalhadores fabris permanentes.

Assim, os dados dos trabalhadores fabris russos confirmam plenamente a teoria de *O capital* segundo a qual a grande indústria mecanizada provoca

---

[199] *Стат. итоги промышленного развития России* [Balanço estatístico do desenvolvimento industrial na Rússia]; informe do membro da Sociedade Livre de Economia, M. I. Tugan-Baranóvski, e debate em torno desse informe nas reuniões da Seção III (São Petersburgo, 1898), p. 41.

[200] Recordemos que a categoria A inclui as fábricas com 100 a 499 trabalhadores; a B, as com 500 a 999; e a C, as com mil ou mais.

uma completa e decisiva revolução nas condições de vida da população industrial, separando-a em definitivo da agricultura e das tradições seculares patriarcais ligadas a ela. Mas, ao destruir as relações patriarcais e pequeno--burguesas, a grande indústria mecanizada cria, por outro lado, as condições que aproximam os trabalhadores contratados na agricultura daqueles contratados na indústria: primeiro, em geral transfere para a aldeia o modo de vida comercial-industrial que surge de início nos centros não agrícolas; segundo, cria mobilidade na população e grandes mercados de contratação, tanto de trabalhadores rurais quanto de industriais; terceiro, ao introduzir máquinas na agricultura, a grande indústria mecanizada leva para a aldeia trabalhadores industriais habilidosos, que se distinguem por um melhor nível de vida.

12. OS TRÊS ESTÁGIOS DE DESENVOLVIMENTO DO CAPITALISMO NA INDÚSTRIA RUSSA

Faremos agora um balanço das conclusões fundamentais a que nos levam os dados sobre o desenvolvimento do capitalismo em nossa indústria[201].

Os três principais estágios desse desenvolvimento são três: a pequena produção mercantil (pequenas indústrias, sobretudo camponesas); a manufatura capitalista; a fábrica (grande indústria mecanizada). Os fatos refutam completamente a concepção difundida em nosso país de que não há conexão entre as indústrias "fabris" e as "artesanais". Ao contrário, sua separação é puramente artificial. A ligação e a continuidade das formas por nós indicadas são as mais diretas e as mais estreitas. Os fatos mostram com perfeita clareza que a tendência fundamental da pequena produção comercial consiste no desenvolvimento do capitalismo, em particular na formação da manufatura, e que a manufatura se transforma rapidamente, sob os nossos olhos, na grande indústria mecanizada. Talvez um dos fenômenos que mostre mais claramente a ligação estreita e direta entre as formas consecutivas da indústria seja o fato de que uma série de fabricantes grandes ou muito grandes

---

[201] Ao nos limitarmos, como indicado no prefácio, à época pós-reforma, deixamos de lado as formas de indústria que se baseavam no trabalho dos servos.

548 O DESENVOLVIMENTO DO CAPITALISMO NA RÚSSIA

foram eles mesmos pequenos industriais entre os pequenos industriais e passaram por todas as etapas, desde a "produção popular" até o "capitalismo". Savva Morózov foi camponês servo (resgatou-se em 1820), pastor, cocheiro, trabalhador tecelão, tecelão artesão, indo a pé a Moscou para vender sua mercadoria aos compradores, em seguida tornou-se dono de um pequeno estabelecimento, de um escritório de distribuição e, por fim, de uma fábrica. Quando morreu, em 1862, ele e seus muitos filhos possuíam duas grandes fábricas. Em 1890, as quatro fábricas pertencentes a seus descendentes empregavam 39 mil trabalhadores e produziam 35 milhões de rublos em produtos[202]. Na produção de seda da província de Vladímir, há uma série de grandes fabricantes que começaram como trabalhadores tecelões e tecelões artesãos[203]. Os maiores fabricantes de Ivánovo-Voznessensk (os Kuváiev, Fokin, Zubkov, Kokuchin, Bobrov, entre muitos outros) começaram como artesãos[204]. Todas as fábricas de brocado da província de Moscou começaram como oficinas artesanais[205]. Um fabricante da região de Pávlov, Zaviálov, ainda em 1864 "lembrava-se vividamente dos tempos em que era um simples trabalhador do mestre-artesão Khabárov"[206]. O fabricante Varypáiev começou como um pequeno artesão[207]; Kindrátov começou como artesão e ia a pé a Pávlovo levando seus artigos em uma cesta[208]. O fabricante Asmólov foi condutor de cavalos de mercadores, depois pequeno comerciante, dono de uma pequena oficina de tabaco e, por fim, dono de uma fábrica com faturamento de muitos milhões[209]. Etc. etc. Seria interessante conferir: como

---

[202] *Пром. Влад. губ.*, cit., v. IV, p. 5-7; *Índice* de 1890; Chichmariov, *Краткий очерк промышленности в районе Нижегородской и Шуйско-Ивановской жел. дорог* [Breve ensaio da indústria na região das ferrovias de Níjni Nóvgorod e Chuisko-Ivánova] (São Petersburgo, 1892), p. 28-32.

[203] Ibidem, cit., v. III, p. 7 e segs.

[204] Chichmariov, *Краткий очерк промышленности в районе Нижегородской и Шуйско-Ивановской жел. дорог*, cit., p. 56-62.

[205] *Сборник стат. свед. по Моск. губ.* [Coletânea de informações estatísticas da província de Moscou], v. VII, fasc. III (Moscou, 1883), p. 27-8.

[206] A. Smírnov, *Павлово и Ворсма* [Pávlovo e Vorsma], p. 14.

[207] Labzin, *Павлово и Ворсма*, cit., p. 66.

[208] Grigóriev, *Павлово и Ворсма*, cit., p. 36.

[209] *Ист.-стат. обзор*, cit., v. II, p. 27.

O DESENVOLVIMENTO DA GRANDE INDÚSTRIA MECANIZADA   549

os economistas populistas definiriam nesses casos e em casos semelhantes o início "artificial do capitalismo" e o fim da economia "popular"?

As três formas básicas da indústria que denominamos acima distinguem--se, antes de mais nada, pelas diferentes modalidades da técnica. A pequena produção mercantil se caracteriza por uma técnica manual, completamente primitiva, que permaneceu quase inalterada desde tempos imemoriais. O industrial continua sendo o campesino que adota, por tradição, métodos de transformação da matéria-prima. A manufatura leva à divisão do trabalho, que produz uma transformação substancial da técnica e converte o camponês em mestre-artesão, em "trabalhador especializado em determinadas peças". Mas a produção manual permanece e, em sua base, os progressos dos meios de produção são inevitavelmente marcados por uma grande lentidão. A divisão do trabalho aparece de forma espontânea e, assim como o trabalho camponês, é adotada por tradição. Só a grande indústria mecanizada introduz uma mudança radical, lança ao mar a arte manual, transforma a produção em princípios novos, racionais, aplica sistematicamente os dados da ciência à produção. Enquanto o capitalismo não havia organizado a grande indústria mecanizada na Rússia, e mesmo nos ramos da indústria em que ele ainda não a organizou, observamos uma estagnação quase completa da técnica, vemos o emprego do mesmo torno manual, do mesmo moinho de água ou de vento que há séculos é usado na produção. Ao contrário, nos ramos da indústria que foram submetidos à fábrica, vemos uma completa revolução da técnica e um progresso extraordinariamente rápido dos métodos de produção mecanizados.

Vemos que os diferentes estágios do desenvolvimento capitalista estão ligados às diferentes modalidades da técnica. A pequena produção mercantil e a manufatura se caracterizam pela predominância dos pequenos estabelecimentos, dentre os quais apenas alguns grandes se destacam. A grande indústria mecanizada substitui, finalmente, os pequenos estabelecimentos. Também nas pequenas indústrias se formam relações capitalistas (oficinas com trabalhadores assalariados e capital mercantil), mas são fracamente desenvolvidas e não estabelecem uma oposição acentuada entre os grupos que participam da produção. Aqui não há ainda grandes capitais ou amplas camadas de proletariado. O abismo entre o dono dos meios de produção e os trabalhadores já atinge dimensões significativas. Surgem os povoados industriais "ricos", cuja massa de habitantes é composta de trabalhadores absolutamente despossuídos. Um pequeno número de comerciantes que movimenta grandes somas de dinheiro comprando matérias-primas e vendendo produtos, e uma massa de trabalhadores especializados que vivem um dia depois do outro – tal é o quadro geral da manufatura. Mas a abundância de pequenos estabelecimentos, a manutenção dos laços com a terra, a conservação das tradições na produção e no regime de vida, tudo isso cria uma massa de elementos intermediários entre os extremos da manufatura e atrasa o desenvolvimento desses extremos. Na grande indústria mecanizada, esse atraso desaparece e os antagonismos sociais atingem um alto desenvolvimento. É como se todos esses aspectos sombrios do capitalismo se concentrassem: a máquina, como se sabe, dá um enorme impulso ao prolongamento desmedido da jornada de trabalho; mulheres e crianças ingressam na produção; forma-se (e nas condições da produção fabril deve se formar) o exército de reserva de desempregados etc. Contudo, a socialização do trabalho realizada em enorme escala pela fábrica e a transformação dos sentimentos e dos conceitos da população que ela emprega (em particular, a destruição das tradições patriarcais e pequeno-burguesas) provocam uma reação: a grande indústria mecanizada, à diferença dos estágios anteriores, exige com urgência uma regulamentação planejada da produção e um controle social sobre ela (uma das manifestações dessa tendência é a legislação fabril)[210].

O próprio caráter do desenvolvimento da produção se altera nos diferentes estágios do capitalismo. Nas pequenas indústrias, esse desenvolvimento segue o curso do desenvolvimento da economia camponesa; o mercado é extremamente estreito, a distância entre o produtor e o consumidor não é grande, o montante insignificante da produção adapta-se com facilidade à demanda local, que oscila pouco. Por isso, a indústria se caracteriza por uma maior estabilidade nesse estágio, mas essa estabilidade equivale à estagnação

---

[210] Sobre a relação entre a legislação fabril e as condições e relações engendradas pela grande indústria mecanizada, ver o capítulo II da segunda parte do livro *A fábrica russa*, do senhor Tugan-Baranóvski e, em particular, o artigo em *Nóvoie Slovo* de julho de 1897.

da técnica e à manutenção das relações sociais patriarcais, entranhadas em cada resquício das tradições medievais. A manufatura trabalha para o grande mercado, às vezes para toda a nação, e, em conformidade com isso, a produção adquire um caráter de instabilidade próprio do capitalismo, que é mais forte na fábrica. O desenvolvimento da grande indústria mecanizada não pode se realizar senão aos saltos, com alternância de períodos de florescimento e períodos de crise. A ruína dos pequenos produtores se agrava em grande medida com esse crescimento aos saltos da fábrica; os trabalhadores ou são atraídos em massa para a fábrica ou são repelidos. A condição de existência e desenvolvimento da grande indústria mecanizada torna-se a formação de um exército de reserva de pessoas desempregadas e dispostas a aceitar qualquer trabalho. No capítulo II, mostramos em quais camadas do campesinato esse exército é recrutado e, nos capítulos seguintes, assinalamos para que principais tipos de ocupação o capital mantém esses reservistas de prontidão. A "instabilidade" da grande indústria mecanizada sempre provocou e ainda provoca queixas reacionárias daqueles que continuam a ver as coisas com olhos de pequeno produtor e se esquecem de que foi graças apenas a essa "instabilidade" que a estagnação anterior foi substituída pela rápida transformação dos meios de produção e de todas as relações sociais.

Uma das manifestações dessa transformação é a separação entre a indústria e a agricultura, a libertação na indústria das relações sociais das tradições da estrutura feudal e patriarcal que gravitavam em torno da agricultura. Na pequena indústria mercantil, o industrial ainda não se desvencilhou da carapaça do camponês; na maioria dos casos, ele permanece um agricultor, e essa relação da pequena indústria com a pequena agricultura é tão profunda que observamos uma interessante lei que é aquela da decomposição paralela dos pequenos produtores na indústria e na agricultura. A separação da pequena burguesia e dos trabalhadores assalariados anda de mãos dadas nos dois campos da economia nacional, preparando em ambos os polos da decomposição a ruptura do industrial com a agricultura. Na manufatura, essa ruptura já é bastante significativa. Surge toda uma série de centros industriais que não se ocupam com agricultura. O principal representante dessa indústria já não é o camponês, mas o comprador e o manufatureiro, por um lado, e o "mestre-artesão", por outro. A indústria e o relativo desenvolvimento das relações comerciais com o resto do mundo elevam o nível de vida e a cultura da população; o trabalhador da manufatura já olha o camponês agricultor com desprezo. A grande indústria mecanizada finaliza essa transformação, separa definitivamente a indústria e a agricultura e, como vimos, cria uma classe especial da população, completamente alheia ao antigo campesinato, do qual se diferencia por outra estrutura de vida, outra estrutura de relações sociais, um alto nível de consumo tanto material quanto espiritual[211]. Nas pequenas indústrias e na manufatura, ainda se veem resquícios das relações patriarcais e das diversas formas de dependência pessoal que, nas condições gerais da economia capitalista, agravam enormemente a situação dos trabalhadores, humilham-nos e corrompem-nos. A grande indústria mecanizada, ao concentrar uma massa de trabalhadores que, não raro, vêm dos confins do país, já não tolera os resquícios da dependência patriarcal e pessoal e distingue-se por um verdadeiro "desdém pelo passado". E essa ruptura com as tradições antiquadas é precisamente uma das condições essenciais que tornaram possíveis e necessários a regulamentação e o controle social da produção. Ao falar da transformação das condições de vida da população pela fábrica, é preciso notar em particular que a atração de mulheres e adolescentes[212] para a produção é um fenômeno progressista em sua essência. É indiscutível que a fábrica capitalista coloca essas categorias da população trabalhadora em situação especialmente difícil, que, para ela, são especialmente necessárias a redução e a regulamentação da jornada de trabalho, a garantia de condições de higiene no trabalho e assim por diante, mas as tentativas de proibir por completo o trabalho industrial de mulheres e adolescentes ou manter a estrutura patriarcal da vida, a qual exclui tal trabalho, são reacionárias e

---

[211] Sobre o tipo "fabril", ver o cap. VI, seção 2. Ver também *Сборник стат. свед. по Моск. губ.*, cit., v. VII, fasc. III, p. 58 (o trabalhador fabril é um orador, é "inteligente"); *Нижег. сборник* [Coletânea de Níjni Nóvgorod], v. I, p. 42-3; v. VII, fasc. III, p. 113-4 e outras; *Nóvoie Slovo*, outubro de 1897, p. 63. Ver também as obras acima mencionadas do senhor Jbankov, que trata dos trabalhadores que partem para a cidade em busca de emprego no comércio e na indústria.

[212] Segundo os dados do *Índice* relativo às fábricas da Rússia Europeia, em 1890, dos 875.764 trabalhadores empregados, 210.207 (24%) eram mulheres, 17.793 (2%) eram meninos e 8.216 (1%) eram meninas.

utópicas. Ao romper o isolamento patriarcal dessas categorias da população, que antes não saíam do círculo restrito das relações domésticas e familiares, ao atraí-las para a participação direta na produção social, a grande indústria mecanizada impulsiona seu desenvolvimento, aumenta sua independência, ou seja, cria condições de vida incomparavelmente superiores à imobilidade patriarcal das relações pré-capitalistas[213].

Os dois primeiros estágios da indústria se caracterizam pelo sedentarismo da população. O pequeno industrial, permanecendo um camponês, fixa-se à aldeia pela propriedade agrícola. Em geral, o mestre-artesão permanece acorrentado à pequena e isolada região industrial que foi criada pela manufatura. No primeiro e no segundo estágios de seu desenvolvimento, não há nada na estrutura da indústria que perturbe esse sedentarismo e esse isolamento do produtor. Relações entre diferentes regiões industriais são raras. A transferência da indústria para outras localidades só se dá mediante o reassentamento de pequenos produtos isolados, que estabelecem novas pequenas indústrias nas periferias do país. A grande indústria mecanizada, ao contrário,

---

[213] "A tecelã pobre vai para a fábrica com o pai e o marido, trabalha com eles e independentemente deles. Ela é arrimo de família tanto quanto o marido." "Na fábrica [...], a mulher é uma produtora independente, tal qual o marido." "A alfabetização cresce de forma particularmente rápida entre as trabalhadoras fabris" (*Пром. Влад. губ.*, cit., v. III, p. 113, 118, 112 etc.). É bastante acertada a conclusão do senhor Kharizomiénov: a indústria destrói "a dependência econômica da mulher em relação à família [...] e ao chefe de família [...]. Na fábrica alheia, a mulher equipara-se ao homem; é a igualdade do proletário [...]. A capitalização da indústria desempenha papel proeminente na luta da mulher pela sua independência da família". "A indústria cria para a mulher uma situação nova e completamente independente da família e do marido" (*Iuridítcheski Viéstnik*, n. 12, 1883, p. 582 e 596). Na *Сборнике стат. свед. по Моск. губ.* [Coletânea de informações estatísticas da província de Moscou] (v. VII, fasc. II, Moscou, 1882, p. 152 e 138-9), os pesquisadores comparam a posição da trabalhadora nas produções manual e mecânica de meias. O salário por dia na produção manual é de aproximadamente oito copeques, na mecanizada, de catorze a trinta copeques. Na produção mecânica, a situação da trabalhadora é descrita da seguinte forma: "Estamos diante de uma moça livre, desimpedida de obstáculos, emancipada da família e de tudo o que constitui as condições de existência da mulher camponesa, uma moça que pode ir a qualquer momento de um lugar para outro, de um patrão para patrão, e a qualquer momento pode encontrar-se sem trabalho, sem pão [...]. Na produção manual, a tricoteira tem um salário mais escasso, um salário insuficiente para cobrir as despesas da comida, um salário possível apenas se ela, como membro de uma família que possui uma propriedade agrícola, que possui uma terra de *nadiel*, recorre em parte aos produtos dessa terra; na produção mecânica, a mestra-artesã, além de comida e chá, tem um salário que lhe permite viver fora da unidade familiar e não precisar do rendimento que a família obtém da terra. Ao mesmo tempo, o salário da mestra-artesã na produção mecanizada, nas condições existentes, é mais garantido".

necessariamente cria mobilidade na população; as relações comerciais entre as distintas regiões ampliam-se enormemente; as ferrovias facilitam a circulação. A demanda por trabalhadores cresce no geral, ora aumentando nos períodos de febre, ora diminuindo nos períodos de crise, de modo que se torna necessário que os trabalhadores passem de um estabelecimento a outro, de um canto do país a outro. A grande indústria mecanizada cria uma série de novos centros industriais, que às vezes surgem em áreas antes desabitadas com uma rapidez sem precedentes – um fenômeno que seria impossível sem deslocamentos maciços de trabalhadores. Adiante, trataremos das dimensões e do significado das chamadas indústrias não agrícolas fora do local de residência. Aqui, nos limitamos a uma breve indicação dos dados da estatística sanitária dos *zemstvos* da província de Moscou. Uma pesquisa com 103.175 trabalhadores fabris mostrou que 53.238, ou seja, 51,6%, são trabalhadores nativos do distrito onde trabalham. Consequentemente, quase metade do total de trabalhadores migrou de um distrito para outro. Trabalhadores nativos da província de Moscou eram 66.038 – ou 64%[214]. Mais de um terço dos trabalhadores era proveniente de outras províncias (sobretudo das vizinhanças da província de Moscou, da zona industrial da região central). Além disso, a comparação entre os distritos mostra que os distritos mais industriais se distinguem por uma porcentagem menor de trabalhadores nativos: por exemplo, nos distritos pouco industriais de Mojaisk e Volokolamsk, 92 a 93% dos trabalhadores fabris são nativos do distrito onde trabalham. Nos distritos muito industriais de Moscou, Kolomna e Bogoródski, a porcentagem de trabalhadores nativos cai para 24%, 40% e 50%. Os pesquisadores concluem que "o significativo desenvolvimento da produção fabril no distrito favorece o influxo de elementos externos para esse distrito"[215]. Esses dados mostram também (acrescentamos nós) que o deslocamento dos trabalhadores industriais se caracteriza pelos mesmos traços do deslocamento dos trabalhadores

---

[214] Na província menos industrial de Smolensk, uma sondagem com 5 mil trabalhadores fabris mostrou que 80% deles eram nativos da província de Smolensk (Jbankov, *Санитарное исследование фабрик и заводов Смоленской губ.*, cit., v. II, p. 442).

[215] *Сборник стат. свед. по Моск. губ. Отд. санит. стат.* [Coletânea de informações estatísticas da província de Moscou, seção de estatística sanitária], v. IV, parte I (Moscou, 1890), p. 240.

agrícolas. Os trabalhadores partem não apenas daqueles lugares onde há excesso de trabalhadores, mas também daqueles onde há escassez. Por exemplo, o distrito de Bronnitsy atraiu 1.125 trabalhadores de distritos da província de Moscou e outros, mas ao mesmo tempo cedeu 1.246 trabalhadores aos distritos mais industriais de Moscou e Bogoródski. Portanto, o trabalhador vai embora não apenas porque não encontra "ocupação ao alcance da mão em sua localidade", mas também porque vai aonde é melhor para ele. Por mais elementar que seja esse fato, nunca é demais relembrá-lo aos economistas populistas, que idealizam as ocupações locais e condenam as indústrias exercidas fora da localidade de residência, ignorando o significado progressista da mobilidade da população que o capitalismo cria.

Os traços característicos acima descritos, que distinguem a grande indústria mecanizada das formas de indústrias anteriores, podem ser resumidos com duas palavras: socialização do trabalho. De fato, tanto a produção para um enorme mercado nacional e internacional quanto o desenvolvimento de estreitas relações comerciais entre as diferentes regiões do país e entre os distintos países para a compra de matéria-prima e materiais auxiliares, tanto o enorme progresso técnico quanto a concentração de produção e população em empresas colossais, a destruição das tradições decrépitas do cotidiano patriarcal, a mobilidade da população, a elevação do consumo e do nível de desenvolvimento dos trabalhadores, todos esses são elementos do processo capitalista que socializa cada vez mais a produção do país e também os que participam da produção[216].

[216] Os dados expostos nos três últimos capítulos mostram, em nossa opinião, que a classificação de Marx das formas e dos estágios capitalistas da indústria é mais correta e mais substancial que a classificação difundida atualmente, que confunde manufatura com fábrica e distingue o trabalho para o comprador como uma forma especial de indústria (Held, Bucher). Confundir manufatura e fábrica significa basear a classificação em características puramente externas e deixar passar as particularidades essenciais da técnica, da economia e do ambiente cotidiano que distinguem o período manufatureiro e o período mecanizado do capitalismo. Quanto ao trabalho capitalista em domicílio, sem dúvida, este desempenha papel muito importante no mecanismo da indústria capitalista. Também não há dúvida de que o trabalho para o comprador é especialmente característico do capitalismo domiciliar, mas encontra-se (e em proporções consideráveis) nos mais diversos períodos de desenvolvimento do capitalismo. É impossível compreender a importância do trabalho para o comprador sem colocá-lo em relação com todo o regime da indústria num dado período ou num dado estágio de desenvolvimento do capitalismo. Tanto o camponês que tece cestos a pedido do lojista do campo quanto o mestre de

Quanto à relação da grande indústria mecanizada na Rússia e de um mercado interno para o capitalismo, os dados que analisamos acima levam à seguinte conclusão. O rápido desenvolvimento da indústria fabril na Rússia cria um enorme mercado em expansão para os meios de produção e aumenta de maneira especialmente rápida a fração da população empregada na fabricação de artigos de consumo produtivo, e não pessoal. Mas o mercado de artigos de consumo pessoal se amplia rapidamente em consequência do crescimento da grande indústria mecanizada, que desvia uma fração cada vez maior da população da agricultura para o comércio e a indústria.

No que se refere ao mercado interno para os produtos da fábrica, analisamos detalhadamente o processo de formação desse mercado nos primeiros capítulos do presente trabalho.

Pávlov que fabrica cabos para facas em domicílio a pedido de Zaviálov, e a trabalhadora que costura vestidos, sapatos, luvas ou engoma caixas a pedido dos grandes fabricantes ou comerciantes, todos trabalham para o comprador, mas o trabalho capitalista em domicílio tem, em todos esses casos, um caráter e um significado diferentes. Não negamos o mérito, por exemplo, de Bücher no estudo das formas industriais *pré*-capitalistas, mas consideramos incorreta sua classificação das formas industriais capitalistas. Não podemos concordar com as concepções do senhor Struve (ver *Mir Bóji*, n. 4, 1898), na medida em que ele aceita a teoria de Bücher (nas partes por ele indicadas) e a aplica aos "artesãos" russos. (Desde que estas linhas foram escritas – em 1899 –, o senhor Struve logrou concluir seu ciclo de desenvolvimento científico e político. De vacilante entre Bücher e Marx, entre economia liberal e economia socialista, ele se tornou o mais puro burguês liberal. E o autor destas linhas orgulha-se de ter contribuído, na medida do possível, para depurar a social-democracia de tais elementos.) [Nota da 2ª edição.]

CAPÍTULO VIII
A FORMAÇÃO DO MERCADO INTERNO

Falta, agora, fazer um balanço dos dados examinados nos capítulos anteriores e tentar oferecer uma ideia da interdependência das diferentes esferas da economia nacional e de seu desenvolvimento capitalista.

1. O CRESCIMENTO DA CIRCULAÇÃO MERCANTIL

Como se sabe, a circulação mercantil precede a produção mercantil e constitui uma (mas não a única) das condições de surgimento desta última. No presente trabalho, limitamos nossa tarefa à análise da produção mercantil e capitalista, por isso não pretendemos nos deter mais longamente na importante questão do crescimento da circulação mercantil na Rússia pós-reforma. Para termos uma ideia geral da velocidade do crescimento do mercado interno, bastam as breves indicações a seguir.

A malha ferroviária russa teve um crescimento de 3.819 quilômetros em 1865 para 29.063 quilômetros em 1890[1], ou seja, um crescimento de mais de sete vezes. Houve progresso semelhante na Inglaterra, durante um período mais longo (1845: 4.082 quilômetros; 1875: 26.819 quilômetros, crescimento de seis vezes), e na Alemanha, durante um período mais curto (1845: 2.143 quilômetros; 1875: 27.981 quilômetros, crescimento de doze vezes). A quantidade de ferrovias inauguradas por ano oscilou acentuadamente nos diferentes períodos: por exemplo, no quinquênio de 1868-1872 foram

---

[1] *Übersichten der Weltwirtschaft* (Berlim, Sprach-und Handelswissenschaft (P. Langenscheidt [1898]), v. CXX, p. 766. Em 1904, havia 54.878 quilômetros de vias férreas na Rússia Europeia (incluindo o Reino da Polônia, o Cáucaso e a Finlândia) e 8.351 quilômetros na Rússia Asiática [Nota da 2ª edição.]

abertas 8.806 *verstas*, enquanto no de 1878-1882 foram apenas 2.221[2]. É possível julgar, pela amplitude dessas flutuações, como é enorme o exército de reserva de desempregados necessários ao capitalismo, que ora amplia, ora reduz a demanda de trabalhadores. No desenvolvimento da construção de estradas de ferro da Rússia, houve dois períodos de enorme crescimento: fim dos anos 1860 (e início dos anos 1870) e segunda metade dos anos 1890. De 1865 a 1875, o crescimento médio anual da malha ferroviária russa foi de 1,5 mil quilômetros, já de 1893 a 1897, foi de cerca de 2,5 mil quilômetros.

A quantidade de carga transportada pelas ferrovias foi a seguinte: 1868: 439 milhões de *puds*; 1873: 1.117 milhões de *puds*; 1881: 2.532 milhões de *puds*; 1893: 4.846 milhões de *puds*; 1896: 6.145 milhões de *puds*; 1904: 11.072 milhões de *puds*. De maneira não menos rápida, cresceu também o movimento de passageiros: 1868: 10,4 milhões de passageiros; 1873: 22,7; 1881: 34,3; 1893: 49,4; 1896: 65,5; e 1904: 123,6[3].

O desenvolvimento do transporte por vias fluviais é representado da seguinte maneira (dados de toda a Rússia)[4]:

Ano	Embarcações a vapor		Outras embarcações	Capacidade de carga das embarcações (em milhões de *puds*)			Valor das embarcações (em milhões de rublos)			Número de pessoas que trabalham nas embarcações		
	Número	Potência		A vapor	Outras	Total	A vapor	Outras	Total	A vapor	Outras	Total
1868	646	47.313	—	—	—	—	—	—	—	—	—	—
1884	1.246	72.105	20.095	6,1	362	368,1	48,9	32,1	81	18.766	94.099	112.865
1890	1.824	103.206	20.125	9,2	401	410,2	75,6	38,3	113,9	25.814	90.356	116.170
1895	2.539	129.759	20.580	12,3	526,9	539,2	97,9	46,0	143,9	32.689	85.608	118.297

[2] V. Mikháilovski, "Развитие русской жел.-дор. сети" [Desenvolvimento da malha ferroviária russa], *Труды ИВЭ Общ.* [Trabalhos da Sociedade Livre Imperial], n. 2, 1898.

[3] *Военно-стат. сборник* [Coletânea de estatísticas militares], p. 511; N., *Очерки нашего пореформенного общественного* [Ensaios sobre nossa economia social pós-reforma] (São Petersburgo, 1893), anexo; *Производительные силы России* [Forças produtivas] (São Petersburgo, 1896), v. XVII, p. 67; *Viéstnik Finánsov* [Jornal das Finanças], n. 43, 1898; *Ежегодника России* [Anuário da Rússia] de 1905 (São Petersburgo, 1906).

[4] *Военно-стат. сборник*, cit., p. 445; *Производительные силы*, cit., v. XVII, p. 42; *Viéstnik Finánsov*, n. 44, 1898.

A carga transportada por via fluvial na Rússia Europeia ficou, em 1881, em 899.700.000 *puds*; em 1893, 1.181.500.000 *puds*; em 1896, 1.553.000.000 de *puds*. O valor dessas cargas foi de 186.500.000 rublos; 257.200.000 rublos; 290 milhões de rublos.

Em 1868, a frota comercial da Rússia consistia em 51 embarcações a vapor, com uma capacidade de 14,3 mil *lasts**, e 700 embarcações a vela, com capacidade de 41,8 mil *lasts*; já em 1896, a capacidade de 522 embarcações a vapor era de 161,6 mil *lasts*[5].

O desenvolvimento da navegação mercantil em todos os portos marítimos foi o seguinte. No quinquênio de 1856-1860, o número médio de embarcações que chegaram mais o das que partiram foi de 18.901, com capacidade de 3.783.000 toneladas; em 1886-1890, a média foi de 23.201 embarcações (+23%), com capacidade de 13.845.000 toneladas (+266%). A capacidade, portanto, cresceu 3,66 vezes. Ao longo de 39 anos (de 1856 a 1894), a capacidade cresceu 5,5 vezes. No entanto, quando separamos as embarcações russas das estrangeiras, verificamos que, em 39 anos, o número de embarcações russas aumentou 3,4 vezes (de 823 para 2.789) e sua capacidade subiu 12,1 vezes (de 112.800 toneladas para 1.368.000 toneladas); já o número de embarcações estrangeiras teve um aumento de 16% (de 18.284 para 21.160), tendo sua capacidade se ampliado em 5,3 vezes (de 3.448.000 para 18.267.000 toneladas)[6]. Notemos que o montante da capacidade das embarcações que chegam e partem também oscila de maneira significativa conforme o ano (por exemplo, em 1878, foram 13 milhões de toneladas; em 1881, 8,6 milhões de toneladas). De acordo com esses dados, pode-se julgar, em parte, as flutuações na demanda de peões, trabalhadores portuários etc. Também aqui o capitalismo exige uma massa de pessoas sempre necessitadas de trabalho e prontas a pegá-lo, ao primeiro chamado, por mais instável que seja.

---

* Unidade de medida de tonelagem dos navios mercantes na Rússia, usada até o início do século XX. O volume de tonelagem de 1 *last* corresponde a 5,663 metros cúbicos e o peso é de cerca de 2 toneladas. (N. E. R.)

5 *Военно-стат. сборник*, cit., p. 758; e *Ежег. мин-ва фин.* [Anuário do Ministério das Finanças], I, 363; *Производительные силы*, cit., v. XVII, p. 30.

6 *Производительные силы*, cit.; *Внешняя торговля России* [Mercado interno da Rússia], p. 56 e seg.

O desenvolvimento do comércio exterior pode ser verificado pelos seguintes dados[7]:

Ano	Número de habitantes na Rússia, sem a Finlândia (em milhões)	Exportações e importações somadas (em milhões de rublos de papel)	Valor do giro total do comércio exterior por habitante (em rublos)
1856-1860	69,0	314,0	4,55
1861-1865	73,8	347,0	4,70
1866-1870	79,4	554,2	7,00
1871-1875	86,0	831,1	9,66
1876-1880	93,4	1.054,8	11,29
1881-1885	100,6	1.107,1	11,00
1886-1890	108,9	1.090,3	10,02
1897-1901	130,6	1.322,4	10,11

Pode-se ter uma ideia do montante das operações bancárias e da acumulação de capital pelos seguintes dados. O total de emissões do Banco Estatal cresceu de 113 milhões de rublos em 1860-1863 (170 milhões em 1864-1868) para 620 milhões de rublos em 1884-1888; já a soma dos depósitos em conta corrente passou de 335 milhões de rublos em 1864-1868 para 1,495 bilhões de rublos em 1884-1888[8]. As operações realizadas por cooperativas, caixas de empréstimos e poupanças (rurais e industriais) cresceram de 2,75 milhões de rublos em 1872 (21,8 milhões de rublos em 1875) para 82,6 milhões de rublos em 1892 e 189,6 milhões de rublos em 1903[9]. A hipoteca sobre a propriedade fundiária cresceu nas seguintes proporções entre 1889 e 1894: o valor da terra hipotecada subiu de 1,395 bilhões de rublos para 1,827 bilhões de rublos; já o total dos empréstimos foi de 791 milhões de rublos para 1,044 bilhão de rublos[10]. As operações das caixas de poupança cresceram, sobretudo nos anos 1880 e 1890. Em 1880, havia 75 caixas; em 1897, 4.315 (destas, 3.454 dos correios e telégrafos). Em 1880, havia 4,4 milhões de rublos em depósitos; em

---

[7] Ibidem, p. 17; *Ежегодника России* [Anuário da Rússia] de 1904 (São Petersburgo, 1905).

[8] *Сборник сведений по России* [Coletânea de informações sobre a Rússia] (São Petersburgo, 1890), v. CIX.

[9] *Сборник сведений по России* (São Petersburgo, 1896), tabela CXXVII.

[10] Ibidem.

1897, 276,6 milhões de rublos. O saldo no fim do ano consistia em 9 milhões de rublos em 1880 e 494,3 milhões de rublos em 1897. O ganho anual de capital se destaca, sobretudo, nos anos *da fome* (1891: 52,9 milhões de rublos; 1892: 50,5 milhões de rublos) e nos últimos dois anos (1896: 51,6 milhões de rublos; 1897: 65,5 milhões de rublos)[11].

As informações mais recentes mostram um desenvolvimento ainda maior das caixas de poupança. Em 1904, havia 6.557 caixas em toda a Rússia, o número de depositantes era de 5,1 milhões de pessoas e o total de depósitos, 1.105.500.000 rublos. A propósito, em nosso país, tanto os velhos populistas quanto os novos oportunistas do socialismo disseram – mais de uma vez – muitas ingenuidades (para dizer o mínimo) sobre o crescimento das caixas de poupança como um sinal de bem-estar "do povo". Portanto, talvez não seja supérfluo comparar a distribuição dos depósitos nessas caixas na Rússia (1904) e na França (1900)[12].

Na Rússia:

Montante de depósitos	Número de depositantes (em milhares)	%	Total de depósitos (em milhões de rublos)	%
Até 25 rublos	1.870,4	38,7	11,2	1,2
De 25 a 100 rublos	967,7	20,0	52,8	5,4
De 100 a 500 rublos	1.380,7	28,6	308,0	31,5
Mais de 500 rublos	615,5	12,7	605,4	61,9
Total	4.834,3	100	977,4	100

Na França:

Montante de depósitos	Número de depositantes (em milhares)	%	Total de depósitos (em milhões de rublos)	%
Até 100 francos	5.273,5	50,1	143,6	3,3
De 100 a 500 francos	2.197,4	20,8	493,8	11,4
De 500 a 1.000 francos	1.113,8	10,6	720,4	16,6
Mais de 1.000 francos	1.948,3	18,5	2.979,3	68,7
Total	10.533,0	100	4.337,1	100

---

[11] *Viéstnik Finánsov*, n. 26, 1898.

[12] Informações do *Bulletin de l'Office du Travail*, n. 10, 1901.

Quanto material há aqui para os apologistas populistas-revisionistas-*kadetes*! É interessante, entre outras coisas, que na Rússia os depósitos se distribuem também em doze grupos, segundo as ocupações e as profissões dos depositantes. Como resultado, a maior parte dos depósitos corresponde à agricultura e às indústrias rurais – 228,5 milhões de rublos – e esses depósitos crescem de modo particularmente rápido. A aldeia se civiliza e tirar proveito da ruína do mujique se torna cada vez mais vantajoso.

Mas voltemos ao nosso tema. Vemos que os dados atestam o enorme crescimento da circulação de mercadorias e do acúmulo de capital. Já demonstramos de que maneira se formou, em todos os ramos da economia nacional, o campo para a aplicação do capital e de que maneira o capital mercantil se converteu em industrial, ou seja, como se voltou para a produção e criou relações capitalistas entre os que participam da produção.

2. O CRESCIMENTO DA POPULAÇÃO COMERCIAL-INDUSTRIAL

Já dissemos que o crescimento da população industrial à custa da população agrícola é um fenômeno necessário em qualquer sociedade capitalista. De que modo se realiza a separação consecutiva da indústria e da agricultura também já foi analisado; resta apenas fazer um balanço dessa questão.

1) O crescimento das cidades

A expressão mais evidente do processo analisado é o crescimento das cidades. Eis os dados sobre esse crescimento na Rússia Europeia (cinquenta províncias) na época da pós-reforma[13]:

---

[13] Para 1863, os números são dos *Статистического временника Российской империи* [Anais estatísticos do Império russo] (I, 1866) e da *Внешняя торговля России* [Coletânea de estatísticas militares]. Os números relativos à população urbana das províncias de Oremburgo e Ufá foram corrigidos de acordo com a tabela da cidade. Por isso o total da população urbana será 6.105.100 e não 6.087.100, como mostra a *Coletânea de estatísticas militares*. Para 1885, os dados são da *Военно-стат. сборника* [Coletânea de informações estatísticas sobre a Rússia de 1884-1885]. Para 1897, as cifras são do censo de 28 de janeiro de 1897 (*Первая всеобщая перепись населения Росс. империи 1897 г.* [Primeiro censo geral da população do Império russo de 1897], fasc. 1 e 2, São Petersburgo, Comitê de Estatística Central, 1897 e 1908). A população constante das cidades, segundo o censo de 1897, é de 11.830.500

A FORMAÇÃO DO MERCADO INTERNO 563

Ano	População da Rússia Europeia (em milhares)			% da população urbana	Número de cidades com:				Grandes cidades com:				População (em milhares) das 14 maiores cidades em 1863
	Total	Nas cidades	Nos distritos		Mais de 200 mil habitantes	De 100 mil a 200 mil habitantes	De 50 mil a 100 mil habitantes	Total de grandes cidades	Mais de 200 mil habitantes	De 100 mil a 200 mil habitantes	De 50 mil a 100 mil habitantes	Total	
1863	61.420,5	6.105,1	55.315,4	9,94	2	1	10	13	891,1	119,0	683,4	1.693,5	1.741,9
1885	81.725,2	9.964,8	71.760,4	12,19	3	7	21	31	1.854,8	998,0	1.302,7	4.155,5	3.103,7
1897	94.215,4	12.027,1	82.188,3	12,76	5	9	30	44	3.238,1	1.177,0	1.928,4	6.397,5	4.266,3

Assim, a porcentagem da população urbana cresce constantemente, ou seja, a população abandona a agricultura pelas ocupações comerciais-industriais[14]. As cidades estão crescendo duas vezes mais rápido que o restante da população: de 1863 a 1897, a população total aumentou 53,3%, a rural, 48,5%, e a urbana, 97%. Em onze anos (1885-1897), "o fluxo mínimo da população rural para a cidade" foi calculado pelo senhor V. Mikháilovski em 2,5 milhões de pessoas[15], ou seja, 200 mil pessoas ao ano.

A população das cidades que representam os grandes centros industriais e comerciais cresce muito mais rápido que a população das cidades em geral. O número de cidades com mais de 50 mil habitantes mais que triplicou de 1863 a 1897 (de 13 para 44). Em 1863, apenas 27% do total de moradores das cidades (1,7 milhão de 6,1 milhões de pessoas) residia nesses grandes centros; em 1885, cerca de 41% (4,1 milhões de 9,9 milhões)[16]; já em 1897, mais

---

pessoas, ou seja, 12,55%. Tomamos a população presente nas cidades. Observemos que é impossível garantir a plena homogeneidade e comparabilidade dos dados de 1863, 1885 e 1897. Por isso nos limitamos à comparação das relações mais gerais e destacamos os dados das grandes cidades.

[14] O número de povoados urbanos de caráter agrícola é extremamente pequeno e o número de habitantes nesses povoados, em comparação com o número total de cidadãos, é absolutamente insignificante (ver o senhor Grigóriev no livro *Влияние урожаев и хлебных цен на некоторые стороны русского народного хозяйства* [Influência das colheitas e dos preços do trigo em alguns aspectos da economia nacional russa] (São Petersburgo, 1897), v. II, p. 126.

[15] *Nóvoie Slovo* [Palavra Nova], jun. 1897, p. 113.

[16] O senhor Grigóriev cita uma tabela (*Влияние урожаев и хлебных цен*, cit., p. 140) pela qual se pode ver que, em 1885, 85,6% das cidades tinham menos de 20 mil habitantes; nelas, havia 38% dos

da metade, cerca de 53% (6,4 milhões de 12 milhões). Dessa maneira, se nos anos 1860 o caráter da população definia-se principalmente pela população das cidades médias, em 1890 as grandes cidades tinham plena superioridade. A população das 14 maiores cidades aumentou de 1,7 milhão de habitantes em 1863 para 4,3 milhões, ou seja, um aumento de 153%, enquanto a população urbana aumentou 97%. Em consequência, o enorme crescimento dos grandes centros industriais e a formação de uma série de centros novos estão entre os sintomas característicos da época pós-reforma.

2) O significado da colonização interna

Como já indicamos[17], a teoria deduz a lei do crescimento da população industrial à custa da população agrícola do fato de que, na indústria, o capital variável cresce de maneira absoluta (o crescimento do capital significa o crescimento do número de trabalhadores industriais e o crescimento de toda a população comercial-industrial); já "na agricultura diminui em termos absolutos o capital variável requerido para a exploração de um terreno determinado, ou seja", continua Marx, "que tal capital [variável] só pode crescer na medida em que novas terras forem cultivadas, o que, por sua vez, pressupõe um crescimento ainda maior da população não agrícola"[18]. Disso fica claro que o fenômeno do crescimento da população industrial só pode ser observado de modo puro quando temos diante de nós um território já povoado, cuja terra já foi toda ocupada. A população de tal território, sendo expulsa da agricultura pelo capitalismo, não tem outra saída senão emigrar, seja para os centros industriais, seja para outros países. Mas a situação muda substancialmente se temos diante de nós um território em que as terras ainda não foram totalmente ocupadas, que ainda não foi totalmente povoado. A população de tal território, expulsa da agricultura nas áreas povoadas, pode migrar para uma área não povoada desse território e tomar "novas terras para cultivo".

---

habitantes urbanos; 12,4% de todas as cidades (82 de 660) tinham menos de 2 mil habitantes, e nelas havia somente 1,1% do número total de habitantes urbanos (110 mil de 9,962 milhões).

[17] Ver cap. I, seção 2.

[18] Karl Marx, *O capital*, Livro III: *O processo global da produção capitalista* (trad. Rubens Enderle, São Paulo, Boitempo, 2017), p. 699.

Obtém-se, assim, um crescimento da população agrícola, e esse crescimento (no decurso de um tempo determinado) se dá de maneira não menos, se não mais, rápida que o crescimento da população industrial. Nesse caso, temos diante de nós dois processos diferentes: 1) o desenvolvimento do capitalismo em um país mais antigo e povoado, ou em parte dele; 2) o desenvolvimento do capitalismo em uma "terra nova". O primeiro processo significa o desenvolvimento das relações capitalistas existentes; o segundo, a formação de novas relações capitalistas em um novo território. O primeiro processo significa o desenvolvimento do capitalismo em profundidade e o segundo, em amplitude. É evidente que a confusão de tais processos deve conduzir, inevitavelmente, a uma representação equivocada do processo, que desvia a população da agricultura para as ocupações industriais.

A Rússia pós-reforma mostra justamente uma manifestação simultânea de ambos os processos. Nos anos 1860, no início da época pós-reforma, as regiões periféricas do Sul e do Leste da Rússia Europeia eram, em grande medida, territórios despovoados, para os quais se dirigiu um enorme fluxo de migrantes da Rússia Central agrícola. Essa formação de uma nova população agrícola em novas terras mascarou, até certo ponto, o movimento paralelo de abandono da agricultura pela indústria que ocorria paralelamente. Para vermos com mais clareza essa particularidade da Rússia com base nos dados sobre a população urbana, devemos separar as cinquenta províncias da Rússia Europeia em grupos distintos. Citemos dados sobre a população urbana de nove áreas da Rússia Europeia de 1863 e 1897 [na próxima página].

Para a questão que nos interessa, as três regiões mais importantes são: 1) industrial não agrícola (onze províncias dos dois primeiros grupos, incluindo duas capitais)[19] – essa é uma região cuja emigração para outras regiões foi muito fraca; 2) agrícola central (treze províncias do terceiro grupo) – essa é uma região cuja emigração para outras regiões foi muito forte, seja para a

---

[19] A pertinência de juntar as províncias não agrícolas às capitais é comprovada pelo fato de que a população das capitais é completada, sobretudo, por pessoas oriundas dessas províncias. Segundo o censo de Petersburgo de 15 de dezembro de 1890, havia ali 726 mil camponeses e pequeno-burgueses; destes, 544 mil (ou seja, três quartos) eram camponeses e pequeno-burgueses dessas onze províncias que formam a primeira região.

566 O DESENVOLVIMENTO DO CAPITALISMO NA RÚSSIA

Grupos de províncias da Rússia Europeia	Número de províncias	População (em milhares)						% da população urbana		% de crescimento da população de 1863 a 1897		
		1863			1897			1863	1897	Total	Rural	Urbana
		Total	Aldeias	Cidades	Total	Aldeias	Cidades					
I. Capitais	2	2.738,4	1.680,0	1.058,4	4.541,0	1.989,7	2.551,3	38,6	56,2	65	18	141
II. Industriais e não agrícolas	9	9.890,7	9.165,6	725,1	12.751,8	11.647,8	1.104,0	7,3	8,6	29	26	52
Províncias capitais, não agrícolas e industriais	11	12.629,1	10.845,6	1.783,5	17.292,8	13.637,5	3.655,3	14,1	21,1	36	25	105
III. Agrícolas centrais da Pequena Rússia e do Médio Volga	13	20.491,9	18.792,5	1.699,4	28.251,4	25.464,3	2.787,1	8,3	9,8	38	35	63
IV. Da Nova Rússia, do Baixo Volga e orientais	9	9.540,3	8.472,6	1.067,7	18.386,4	15.925,6	2.460,8	11,2	13,3	92	87	130
Total dos quatro primeiros grupos	33	42.661,3	38.110,7	4.550,6	63.930,6	55.027,4	8.903,2	10,5	13,9	49	44	95,6
V. Bálticas	3	1.812,3	1.602,6	209,7	2.387,0	1.781,6	605,4	11,5	25,3	31	11	188
VI. Ocidentais	6	5.548,5	4.940,3	608,2	10.126,3	8.931,6	1.194,7	10,9	11,8	82	81	96
VII. Do Sudoeste	3	5.483,7	4.982,8	500,9	9.605,5	8.693,0	912,5	9,1	9,5	75	74	82
VIII. Do Ural	2	4.359,2	4.216,5	142,7	6.086,0	5.794,6	291,4	3,2	4,7	39	37	105
IX. Extremo Norte	3	1.555,5	1.462,5	93,0	2.080,0	1.960,0	120,0	5,9	5,8	33	34	29
Total	50	61.420,5	55.315,4	6.105,10	94.215,4	82.188,2	12.027,2	9,94	12,76	53,3	48,5	97,0

Províncias por grupo: I) São Petersburgo e Moscou; II) Vladímir, Kaluga, Kostromá, Nijni Nóvgorod, Nóvgorod, Pskov, Smolensk, Tver e Iaroslav; III) Vorónej, Kazan, Kursk, Oriól, Penza, Poltava, Riazan, Sarátov, Simbirsk, Tambov, Tula, Khárkov e Tchernígov; IV) Astracã, Bessarábia, do Don, Ekaterinoslav, Oremburgo, Samara, Táurida, Kherson e Ufá; V) Curlândia, Livônia e Reval; VI) Vilno, Vitébsk, Grodno, Kovno, Minsk e Moguilev; VII) Volínia, Podólia e Kiev; VIII) Viatka e Perm; IX) Arkhánguelsk, Vólogda e Olonets.

região anterior, seja principalmente para a região seguinte; 3) periferia agrícola (nove províncias do quarto grupo) – trata-se da região que foi colonizada na época pós-reforma. Como se pode ver na tabela, a porcentagem da população urbana em todas essas 33 províncias é muito menor que a porcentagem da população urbana em toda a Rússia Europeia.

Na primeira região, não agrícola ou industrial, observamos um aumento particularmente rápido da porcentagem da população urbana: de 14,1% para 21,1%. O crescimento da população rural aqui é muito fraco, quase duas vezes mais fraco que em toda a Rússia. O crescimento da população urbana, ao contrário, é significativamente superior à média (105% contra 97%). Se compararmos a Rússia com os países industriais da Europa ocidental (como não raro se faz em nosso país), devemos comparar esses países somente com essa região, pois apenas ela se encontra em condições similares às dos países industriais capitalistas.

Na segunda região, agrícola central, vemos um quadro diferente. A porcentagem de população urbana aqui é muito baixa e cresce de maneira lenta. O aumento da população de 1863 a 1897, tanto urbana quanto rural, é significativamente menos intenso que a média da Rússia. A explicação desse fenômeno reside no fato de que um enorme fluxo de emigrantes deixou essa região rumo às áreas periféricas. Segundo os cálculos do senhor V. Mikháilovski, de 1885 a 1897 partiram daqui *cerca de 3 milhões de pessoas*, ou seja, mais de um décimo da população[20].

Na terceira região, as periféricas, vemos que a porcentagem da população urbana aumentou um pouco *menos que a média* (de 11,2% para 13,3%, ou seja, na proporção de 100 para 118, com uma média de 9,94 a 12,76, ou seja, na proporção de 100 para 128). Entretanto, o crescimento da população urbana não apenas não foi mais fraco como ficou *muito acima da média* (+130% contra +97%). O desvio da população da agricultura para a indústria foi, consequentemente, muito acentuado, mas ficou encoberto pelo enorme crescimento da população agrícola, impulsionado pela imigração: nessa

---

[20] *Nóvoie Slovo*, jun. 1897, p. 109. "Esse movimento não encontra paralelo na história recente da Europa Ocidental" (ibidem, p. 110-1).

região, a população rural cresceu 87% contra uma média de 48,5% na Rússia. Em particular nas províncias, essa escamoteação do processo de industrialização da população é ainda mais evidente. Por exemplo, na província de Táurida, a porcentagem da população urbana em 1897 permaneceu a mesma de 1863 (19,6%); já na província de Kherson, essa porcentagem até diminuiu (de 25,9% para 25,4%), embora em ambas as províncias o crescimento das cidades tenha ficado apenas ligeiramente atrás do das capitais (+131%, +135% contra +141% nas duas capitais). Como consequência, a formação de uma nova população agrícola em novas terras leva a um crescimento ainda maior da população não agrícola.

3) O crescimento das vilas e aldeias comerciais-industriais

Além das cidades, têm importância como centros industriais: em primeiro lugar, os subúrbios, que nem sempre são considerados em conjunto com as cidades e abarcam cada vez mais os arredores das grandes cidades; em segundo lugar, as vilas e as aldeias. Tais centros industriais[21] são particularmente numerosos nas províncias industriais nas quais a população urbana é extraordinariamente baixa[22]. A tabela por regiões sobre a população urbana que citamos acima mostra que em nove províncias industriais essa porcentagem era de 7,3% em 1863 e de 8,6% em 1897. Ocorre que a população comercial-industrial dessas províncias está concentrada sobretudo nas aldeias industriais, e não nas cidades. Entre as "cidades" das províncias de Vladímir, Kostromá, Níjni Nóvgorod e outras, não são poucas aquelas que têm menos de 3 mil, 2 mil e até mil habitantes, enquanto uma série de "aldeias" tem 2-3-5 mil apenas de trabalhadores fabris. Na época pós-reforma, diz com razão o autor do *Обзоре Ярославской губ.* [Resumo da província de Iaroslav][23], "a cidade começou a crescer ainda mais rapidamente e, juntando-se a isso, houve o crescimento de um novo tipo de assentamento humano, intermediário entre a cidade e a aldeia: os centros fabris".

---

[21] Sobre os centros industriais, ver capítulo VII, seção 8, e o anexo III.

[22] Sobre a importância desse fato, já assinalada por Korsak, vale comparar as acertadas observações do senhor Volguin em *Обоснование народничества в трудах г. Воронцова* [Fundamentos do populismo nos trabalhos do senhor Voróntsov] (São Petersburgo, 1896), p. 215-6.

[23] *Обзоре Ярославской губ.*, fasc. II (Iaroslav, 1896), p. 191.

A FORMAÇÃO DO MERCADO INTERNO   569

Já citamos dados sobre o enorme crescimento desses centros e sobre o número de trabalhadores fabris que se concentram neles. Vimos que esses centros não são poucos na Rússia, não apenas nas províncias industriais, mas também no Sul. No Ural, a porcentagem da população urbana é a mais baixa: nas províncias de Viatka e Perm, 3,2% em 1863 e 4,7% em 1897, mas o exemplo seguinte deixa clara a magnitude relativa da população "urbana" e industrial.

No distrito de Krasnoufimsk, província de Perm, a população urbana é de 6,4 mil pessoas (1897), enquanto no setor fabril do distrito o censo do *zemstvo* de 1888-1891 calcula 84,7 mil habitantes, dos quais 56 mil não estão ocupados de nenhuma forma com a agricultura e apenas 5,6 mil tiram seus meios de subsistência principalmente da terra. No distrito de Ekaterinburg, segundo o censo do *zemstvo*, há 65 mil pessoas que não possuem terras e 81 mil que possuem apenas prados. Isso quer dizer que a população industrial não urbana de apenas *dois* distritos é maior que a população urbana de toda a província (em 1897, 195.600!).

Finalmente, além dos povoados fabris, têm importância como centros fabris as aldeias comerciais-industriais, que estão na dianteira das grandes regiões artesanais ou se desenvolveram rapidamente na época pós-reforma por se localizarem às margens dos rios, das ferrovias etc. Exemplos de semelhantes aldeias foram citados no capítulo VI, seção 2; ademais, vimos que essas aldeias, assim como as cidades, atraem a população do campo e se distinguem em geral por um nível maior de alfabetização[24]. Citemos ainda, a

---

[24] Pode-se julgar quão significativo é o número de aldeias russas que constituem centros populacionais muito grandes pelos seguintes dados (ainda que velhos) da *Coletânea de estatísticas militares*: em 25 províncias da Rússia Europeia, calculavam-se, nos anos 1860, 1.334 povoações com mais de 2 mil habitantes. Destas, 108 tinham de 5 a 10 mil habitantes; 6, de 10 a 15 mil; uma, de 15 a 20 mil; e uma, mais de 20 mil (*Военно-стат. сборник*, cit., p. 169). O desenvolvimento do capitalismo acarretou em todos os países, e não só na Rússia, a formação de novos centros industriais que não eram classificados oficialmente como cidades. "As diferenças entre a cidade e o campo se apagam: nas proximidades das cidades industriais em crescimento, isso é causado pelo desalojamento dos estabelecimentos industriais e das moradias dos trabalhadores, que são deslocados para subúrbios e arredores da cidade; nas proximidades das pequenas cidades em declínio; isso é causado pelo fato de que estas últimas se assemelham às aldeias vizinhas, bem como pelo desenvolvimento dos grandes povoados industriais [...]. As diferenças entre as populações urbanas e rurais são suavizadas pelas numerosas formações transitórias. A estatística reconheceu isso há muito: ela deixou de lado o conceito histórico-jurídico de cidade e pôs em seu lugar o conceito estatístico que distingue a população de um local apenas pelo número de

título de amostra, os dados da província de Vorónej, a fim de demonstrar a importância relativa dos povoados comerciais-industriais urbanos e não urbanos. A *Сводный сборник* [Coletânea resumida] da província de Vorónej fornece uma tabela combinada que agrupa os *povoados* de 8 distritos da província. Nesses distritos, há 8 cidades, com população de 56.149 pessoas (em 1897). Desses povoados, destacam-se 4, com 9.376 quintas e 53.732 habitantes, ou seja, são muito maiores que as cidades. Nesses povoados, há 240 estabelecimentos comerciais e 404 industriais. Do total de quintas, 60% não cultivam a terra de nenhuma forma, 21% cultivam por contrato ou meiação, 71% não têm gado de trabalho nem equipamentos, 63% compram trigo o ano inteiro, 86% estão ocupadas nas indústrias. Ao reduzir toda a população desses centros ao comércio e à indústria, não apenas não exageramos, como até diminuímos o tamanho desta última, pois, em todos esses 8 distritos, 21.956 propriedades não cultivam a terra de nenhuma forma. E, ainda assim, nas províncias agrícolas que selecionamos, a população comercial-industrial que reside fora das cidades não é menor que a das cidades.

4) As indústrias não agrícolas exercidas fora da localidade de residência

Mesmo adicionando as aldeias e as vilas fabris e comerciais-industriais às cidades, ainda estamos longe de esgotar toda a população industrial da Rússia. A falta de liberdade de movimento e o isolamento estamental da comunidade camponesa explicam plenamente essa notável particularidade da Rússia: somos obrigados a incluir na população industrial uma parte nada pequena da população rural que tira seus meios de subsistência do trabalho realizado em centros industriais e passa uma parte do ano nesses centros. Estamos falando das chamadas indústrias não agrícolas exercidas fora da localidade de residência. Do ponto de vista oficial, esses "industriais" são camponeses agricultores que apenas ganham um "salário auxiliar", e a maioria dos representantes

---

habitantes" (Bücher, *Die Entstehung der Volkswirtschaft*, Tubinga, 1893, p. 296-7 e 303-4). Nesse sentido, a estatística russa está muito atrás da europeia. Na Alemanha e na França (*Statesman's Yearbook*, p. 536 e 474), incluem-se entre as cidades as povoações com mais de 2 mil habitantes e, na Inglaterra, os *net urban sanitary districts*, ou seja, as aldeias fabris e assim por diante. Consequentemente, os dados russos sobre a população "urbana" não são, em absoluto, comparáveis aos europeus.

da economia populista adotou esse ponto de vista sem refletir. Depois de tudo o que expusemos acima, não há necessidade de provar mais detalhadamente o equívoco. Em todo caso, por mais divergente que seja a atitude em relação a esse fenômeno, não resta nenhuma dúvida de que ele expressa *o movimento da população da agricultura para as ocupações comerciais-industriais*[25]. Até que ponto esse fato altera a noção que temos do tamanho da população industrial fornecida pelas cidades pode ser verificado a partir do seguinte exemplo. Na província de Kaluga, a porcentagem da população urbana é muito inferior à média da Rússia (8,3% contra 12,8%). Mas eis que o *Стат. обзор* [Resumo estatístico] dessa província calcula para 1896, a partir dos dados dos passaportes, o total de meses que esses trabalhadores se ausentam de seus locais de residência. Verifica-se que são 1.491.600 meses; dividido por 12, isso dá 123.300 habitantes ausentes, ou seja, *"cerca de 11% do total da população"*[26]! Acrescente essa população à urbana (1897: 97.900) e a porcentagem da população industrial revela-se muito significativa.

É claro que determinada parte dos trabalhadores não agrícolas que atuam fora de sua localidade de residência está incluída na população disponível nas cidades e se integra à população dos centros industriais não urbanos dos quais já falamos. Mas apenas uma parte, pois, dado o caráter errante dessa população, é difícil recenseá-los nos centros determinados; além disso, os censos populacionais ocorrem em geral no inverno, enquanto a maior parte dos trabalhadores industriais deixa suas casas na primavera. Eis dados de algumas das principais províncias com trabalhadores não agrícolas fora do local de residência[27].

---

[25] O senhor N. *não notou* em absoluto o processo de industrialização da população na Rússia! O senhor V. V. notou e reconheceu que o crescimento das saídas expressa o desvio da população da agricultura (*Судьбы капитализма в России* [Destinos do capitalismo na Rússia], São Petersburgo, 1882, p. 149); contudo, não apenas não trouxe esse processo para o conjunto de suas reflexões sobre os "destinos do capitalismo" como tentou mascará-lo com lamentações acerca do fato de que "há pessoas que consideram tudo isso muito natural [para a sociedade capitalista? E o senhor V. V. poderia imaginar o capitalismo sem esse fenômeno?] e quase desejável" (ibidem). Desejável sem nenhum "quase", senhor V. V.!

[26] *Стат. обзор Калужской губ. за 1896 г.* [Resumo estatístico da província de Kaluga de 1896] (Kaluga, 1897), p. 46.

[27] "Виды на жительство, выданные крестьянскому населению Моск. губ. в 1880 и 1885 гг." [Vistos de residência emitidos para a população camponesa da província de Moscou em 1880 e 1885], em

572 O DESENVOLVIMENTO DO CAPITALISMO NA RÚSSIA

Vistos de residência concedidos (em %)

Estações do ano	Província de Moscou (1885)		Província de Tver (1897)	Província de Smolensk (1895)	Província de Pskov (1895) – Passaportes		Província de Kostromá (1880)		
	Homens	Mulheres	Homens e mulheres	Homens e mulheres	Homens	Mulheres	Homens		Passaportes e passagens de mulheres
							Passaportes	Passagens	
Inverno	19,3	18,6	22,3	22,4	20,4	19,3	16,2	16,2	17,3
Primavera	32,4	32,7	38,0	34,8	30,3	27,8	43,8	40,6	39,4
Verão	20,6	21,2	19,1	19,3	22,6	23,2	15,4	20,4	25,4
Outono	27,8	27,4	20,6	23,5	26,7	29,7	24,6	22,8	17,9
Total	100,1	99,9	100	100	100	100	100	100	100

O número máximo de emissões de passaportes corresponde, em todos os lugares, à primavera. Em consequência, dos trabalhadores temporariamente ausentes, boa parte não entra nos censos urbanos[28]. E, no entanto, seria mais correto incluir esses habitantes temporários da cidade na população urbana que na rural. "Uma família que ao longo do ano ou na maior parte dele tira seus meios de subsistência do salário recebido na cidade pode ser considerada, com muito mais fundamento, residente da cidade, a qual assegura sua subsistência, e não da aldeia, à qual está ligada apenas por laços de parentesco

Статистический ежегодник Московского губернского земства [Anuário estatístico do *zemstvo* da província de Moscou] (Moscou, 1886); *Стат. Ежег. Твер. губ. за 1897 г.* [Anuário estatístico da província de Tver de 1897]; D. Jbankov, *Отхожие промыслы в Смол. губ.* [Indústrias exercidas fora da localidade de residência na província de Smolensk] (Smolensk, 1896); do mesmo autor, *Влияние отхожих заработков и т. д.* [Influência dos salários obtidos fora da localidade de residência etc.] (Kostromá, 1887); *Промыслы крестьянского населения Псковской губ.* [Indústrias da população camponesa da província de Pskov] (Pskov, 1898). Os erros nas porcentagens relativas à província de Moscou não puderam ser corrigidos, pois os dados fornecidos são absolutos. Para a província de Kostromá, existem apenas dados por distrito e em porcentagens: tivemos de considerar as médias dos distritos e, em virtude disso, separamos particularmente os dados da província de Kostromá. Para a província de Iaroslav, calcula-se que os industriais que trabalham fora de sua localidade de residência durante o ano todo correspondem a 68,7%; outono e inverno: 12,6%; primavera e verão: 18,7%. Notemos que os dados da província de Iaroslav (*Обзоре Ярославской губ.*, cit., fasc. II) não são comparáveis com os anteriores, pois se baseiam em testemunhos de sacerdotes e outros, e não nos dados relativos aos passaportes.

[28] É fato conhecido, por exemplo, que no verão a população dos subúrbios de São Petersburgo cresce, e num nível bastante considerável.

ou fiscais"[29]. A enorme importância que, ainda hoje em dia, têm esses laços fiscais pode ser vista, por exemplo, a partir do fato de que, entre os moradores de Kostromá que vão trabalhar fora, "os patrões recebem por ela [pela terra] uma pequena parte dos tributos, e geralmente a alugam apenas para que o arrendatário construa hortas em torno dela, já todos os tributos são pagos pelo patrão"[30]. E no *Resumo da província de Iaroslav*[31] há repetidas referências a essa necessidade dos trabalhadores de indústrias fora do local de residência de se livrar da dependência e dos pagamentos da aldeia, bem como do *nadiel*[32].

Qual é, afinal, o número de trabalhadores não agrícolas que atuam fora da sua localidade de residência? O número de trabalhadores empregados em indústrias que atuam fora de sua localidade de residência constitui não

---

[29] *Стат. обзор Калужской губ. за 1896 г.*, cit., seção II, p. 18.

[30] D. Jbankov, "Бабья сторона. Статистико-этнографический очерк *Бабья сторона*" [O lado das mulheres. Ensaio estatístico e etnográfico], em *Материалы для статистики Костромской губернии* [Materiais para estatísticas da província de Kostromá], v. III (Kostromá, 1891), p. 21.

[31] *Обзоре Ярославской губ.*, cit., fasc. II.

[32] Ibidem, p. 28, 48, 149, 150, 166 e *passim*. "As indústrias exercidas fora da localidade de residência [...] são uma modalidade que encobre o processo ininterrupto de crescimento das cidades [...] A propriedade comunitária da terra e as distintas particularidades da vida financeira e administrativa da Rússia não permitem que os camponeses se tornem moradores da cidade com a mesma facilidade com que isso é possível no Ocidente [...] Os fios jurídicos mantêm seu laço (dos que vão trabalhar fora) com a aldeia, mas, em essência, por suas ocupações, hábitos e gostos, eles se aproximam mais da cidade e não raro enxergam esse laço como um fardo" (*Rússkaia Mysl* [Pensamento Russo], n. 11, 1896, p. 227). Muito justo. Contudo, para um publicista, é pouco. Por que o autor não se pronuncia pela completa liberdade de movimento, pela liberdade do camponês de partir da comunidade? E os nossos liberais ainda têm medo dos populistas. Em vão.

E, a título de comparação, eis o raciocínio do senhor Jbankov, um simpatizante do populismo: "A marcha para as cidades é, por assim dizer, um para-raios [*sic!*] contra o aumento crescente de nossas capitais e grandes cidades e o aumento do proletariado urbano e sem terra. Tanto no aspecto sanitário quanto no socioeconômico, é preciso considerar útil essa influência dos salários obtidos fora do local de residência: enquanto a massa do povo não for completamente arrancada da terra, que representa para os que trabalham fora de sua localidade de residência uma certa garantia [que 'garantia' é essa que eles devem comprar a dinheiro!?], esses trabalhadores não podem ser feitos de instrumento cego da produção capitalista e, ao mesmo tempo, conserva-se a esperança na construção de comunidades agroindustriais" (*Iuridítcheski Viéstnik* [Mensageiro Jurídico], n. 9, 1890, p. 145). E por acaso a manutenção das esperanças pequeno-burguesas não é, na verdade, útil? Já no que se refere ao "instrumento *cego*", a experiência da Europa e todos os fatos observados na Rússia mostram que essa qualificação é muito mais adequada ao trabalhador que conserva o laço com a terra e com as relações patriarcais que àquele que rompeu esse laço. Os números e dados do próprio senhor Jbankov demonstram que o "petersburguês" que vem de fora para trabalhar é mais letrado, cultivado e desenvolvido que o que ficou em um distrito "florestal" qualquer de Kostromá.

menos de *5 a 6 milhões*. De fato, em 1884, na Rússia Europeia, foram emitidos 4,67 milhões de passaportes e passagens[33]; já a renda obtida com a emissão de passaportes cresceu mais de três vezes de 1884 a 1890 (de 3,3 para 4,5 milhões de rublos). Em 1897, foram emitidos na Rússia 9.495.700 passaportes e passagens (dos quais, 9.333.200 nas cinquenta províncias da Rússia Europeia). Em 1898, 8.259.900 (7.809.600 na Rússia Europeia)[34]. Vimos acima[35] que, nas onze províncias agrícolas, o número de passaportes emitidos é maior do que calcula o senhor S. Korolenko (2 milhões contra 1,7 milhão). Agora podemos acrescentar dados das seis províncias não agrícolas: o senhor Korolenko calcula que o número de trabalhadores excedentes seja de 1.287.800 pessoas e o número de passaportes emitidos seja de 1.298.600[36]. Dessa maneira, em 17 províncias da Rússia Europeia (11 nas Terras Negras mais 6 fora delas), o senhor Korolenko calculou 3 milhões de trabalhadores excedentes (em relação à demanda local). Nos anos 1890, foram emitidos nessas 17 províncias 3,3 milhões de passaportes e passagens. Em 1891, essas 17 províncias foram responsáveis por 52,2% da renda obtida com a emissão de passaportes. Portanto, *o número de trabalhadores que se encontram fora de sua localidade de residência, com toda a probabilidade, gira em torno de 6 milhões de pessoas.* Finalmente, os dados da estatística do *zemstvo* (em grande parte, ultrapassados) levaram o senhor Uvárov à conclusão de que os números do senhor S. Korolenko estão próximos da verdade, e a cifra de 5 milhões de trabalhadores fora do seu local de residência tem alta probabilidade de estar correta"[37].

---

[33] L. P. Vessin, *Значение отхожих промыслов и т. д. «Дело», Спб* [O significado das indústrias fora do local de residência etc.], *Dielo* [Negócios], São Petersburgo, n. 7, 1886, e n. 2, 1887.

[34] *Статистика производств, облагаемых акцизом и т. д. за 1897-1898 гг.* [Estatística das indústrias sujeitas a impostos especiais etc. de 1897-1898] (São Petersburgo, 1900). Publicação da Direção Geral de Impostos Especiais. O número de trabalhadores excedentes (em relação à demanda local) foi calculado pelo senhor S. Korolenko em 6,3 milhões.

[35] Ver cap. III, seção 9.

[36] Províncias: Moscou (1885, dados ultrapassados), Tver (1896), Kostromá (1892), Smolensk (1895), Kaluga (1895) e Pskov (1896). As fontes foram indicadas acima. Dados de todas as autorizações de deslocamento para homens e mulheres.

[37] "Вестник общественной гигиены, судебной и практической медицины" [Boletim de higiene pública, medicina forense e prática], 1896, julho. M. Uvárov: "О влиянии отхожего промысла на

Agora, pergunta-se: qual é o número de trabalhadores não agrícolas e agrícolas que atuam fora de seu local de residência? O senhor N. afirma, com muito engano e ousadia, que "a imensa maioria das indústrias camponesas fora do local de residência é agrícola"[38]. Tchaslávski, a quem remete o senhor N., expressa-se com muito mais cautela, não cita nenhum dado e limita-se a considerações gerais sobre o tamanho das regiões que fornecem estes ou aqueles trabalhadores. Os dados do senhor N. sobre o movimento de passageiros nas estradas de ferro também não provam nada, pois os trabalhadores não agrícolas saem de suas casas de preferência na primavera e, ademais, usam muito mais as ferrovias que os trabalhadores agrícolas[39]. Nós, ao contrário, supomos que a maioria (ainda que não a "imensa" maioria) dos que atuam fora de sua localidade de residência é composta, provavelmente, de trabalhadores não agrícolas. Essa opinião se baseia, em primeiro lugar, nos dados sobre a distribuição da renda obtida com a emissão de passaportes e, em segundo lugar, nos dados do senhor Vessin. Baseando-se em dados de 1862-1863 sobre a distribuição da renda obtida com "taxas alfandegárias de diversas naturezas" (a maior parte, passaportes), Fleróvski concluiu que o maior movimento de camponeses em busca de salários procede das capitais e das províncias não agrícolas[40]. Se tomarmos as onze províncias que apresentamos acima como uma única região (item 2 desta seção) e das quais partem, em sua imensa maioria, os trabalhadores não agrícolas, veremos que em 1885 somente 18,7% da população da Rússia Europeia se encontrava nessas províncias (em 1891, 40,7%)[41]. Muitas outras províncias fornecem trabalhadores não agrícolas, por isso devemos pensar que os trabalhadores agrícolas constituem menos da metade dos que saem em busca de trabalho.

санитарное положение России" [Sobre a influência das indústrias fora do local de residência na condição sanitária da Rússia], 1896. O senhor Uvárov compilou dados de 126 distritos de 20 províncias.

[38] N., *Очерки*, cit., p. 16.

[39] Ver acima p. 253, nota 132.

[40] *Положение рабочего класса в России* [A situação da classe trabalhadora na Rússia], 1869, p. 400 e seg.

[41] Os dados relativos à renda obtida com a emissão de passaportes foram tomados da *Сборн. свед. по России* [Compilação de informes da Rússia] (1884-1885). Em 1885, essa renda na Rússia Europeia foi de 37 rublos por mil habitantes; nas onze províncias não agrárias foi de 86 rublos por mil habitantes.

O senhor Vessin distribuiu em grupos 38 províncias da Rússia Europeia (responsáveis por 90% do total de vistos de ausência), segundo o tipo predominante de migração, e informa os seguintes dados[42]:

Grupos de províncias	Número de autorizações de ausência em 1884 (em milhares)			População em 1885 (em milhares)	Vistos (por mil habitantes)
	Passaportes	Passagens	Total		
I. 12 províncias com predomínio de trabalhos não agrícolas fora do lugar de residência	967,8	794,5	1.762,3	18.643,8	94
II. 5 províncias intermediárias	423,9	299,5	723,4	8.007,2	90
III. 21 províncias com predomínio de trabalho agrícola exercido fora da localidade de residência	700,4	1.046,1	1.746,5	42.518,5	41
38 províncias	**2.092,10**	**2.140,10**	**4.232,2**	**69.169,5**	**61**

Essas cifras mostram que as indústrias exercidas fora da localidade de residência são mais acentuadamente desenvolvidas no primeiro que no terceiro grupo [...] Além disso, pelos números citados fica evidente que, de acordo com os diferentes grupos, a própria duração da ausência varia. Onde há predomínio de indústrias não agrícolas exercidas fora da localidade de residência, a duração da ausência é significativamente maior.[43]

[42] As duas últimas colunas da tabela foram adicionadas por nós. No grupo I, entraram as províncias: Arkhánguelsk, Vladímir, Vólogda, Viatka, Kaluga, Kostromá, Moscou, Nóvgorod, Perm, São Petersburgo, Tver e Iaroslav; no grupo II: Kazan, Níjni Nóvgorod, Riazan, Tula e Smolensk; no grupo III: Bessarábia, Volínia, Vorónej, Ekaterinoslav, do Don, Kiev, Kursk, Oremburgo, Oriol, Penza, Podolski, Poltava, Samara, Sarátov, Simbirsk, Táurida, Tambov, Ufá, Khárkov, Kherson e Tchernígov. Notemos que, nesse agrupamento, há incorreções que exageram a importância do êxodo agrícola. As províncias de Smolensk, Níjni Nóvgorod e Tula deveriam entrar no grupo I (ver *С.-х. обзор Нижегородской губ. за 1896 г.* [Resumo agrícola da província de Níjni Nóvgorod para 1896], cap. XI; *Памятная книжка Тульской губ. на 1895 г.* [Livreto comemorativo da província de Tula], seção VI, p. 10; o número dos que saíram para trabalhar em indústrias fora de seu local de residência é de 188 mil pessoas – mas o senhor S. Korolenko calculou apenas 50 mil trabalhadores excedentes! –, das quais 107 mil são de seis distritos do Norte e de fora das Terras Negras). A província de Kursk deve entrar no grupo II (S. Korolenko, *Вольнонаемный zтруд в хозяйствах и т. д.* [Trabalho assalariado livre nas fazendas etc.], p. 574: de sete distritos, a maior parte vai para as indústrias de artes e ofícios, e os oito restantes são apenas agrícolas). Infelizmente, o senhor Vessin não fornece dados do número de autorização de ausência por província.

[43] *Dielo*, n. 7, 1886, p. 134.

Finalmente, a estatística das produções sujeitas a impostos especiais acima citada nos permite distribuir o número de vistos de residência emitidos por habitante em todas as cinquenta províncias da Rússia Europeia. Fazendo as correções indicadas nos grupos do senhor Vessin e distribuindo nos mesmos três grupos as doze províncias que faltavam em 1884 (no grupo I: Olonets e Pskov; no grupo II: Báltico e Noroeste, ou seja, nove províncias; no grupo III: Astracã), obtemos o seguinte quadro:

Grupos de províncias	Total de vistos de residência emitidos	
	1897	1898[44]
I. 17 províncias com predomínio de saídas para trabalhos não agrícolas	4.437.392	3.369.597
II. 12 províncias intermediárias	1.886.733	1.674.231
III. 21 províncias com predomínio de saídas para trabalhos agrícolas	3.009.070	2.765.762
Total para 50 províncias	9.333.195	7.809.590

Segundo esses dados, as indústrias exercidas fora da localidade de residência são consideravelmente mais fortes no grupo I que no grupo III.

Assim, não resta dúvida de que a mobilidade da população em direção ao polo não agrícola da Rússia é incomparavelmente maior que ao polo agrícola. O número de trabalhadores não agrícolas que se encontram fora da sua localidade de residência deve ser maior que o número de trabalhadores agrícolas e constitui *não menos que 3 milhões de pessoas*.

Todas as fontes atestam o enorme e cada vez mais intenso crescimento da migração em busca de trabalho. A renda obtida com a emissão de passaportes cresceu de 2,1 milhões de rublos em 1888 (1,75 milhão de rublos em 1866) para 4,5 milhões de rublos em 1893-1894, ou seja, mais que dobrou. O número de emissões de passaportes e de passagens aumentou na província

---

[44] A propósito, o autor da análise desses dados (L. P. Vessin, *Значение отхожих промыслов в жизни русского крестьянства.* — «Дело», Спб., cit., 1886, n. 7, p. 575), atribui a diminuição de emissão de passaportes em 1898 à diminuição da emigração dos trabalhadores para o Sul no verão, causada pela colheita ruim e pela difusão das máquinas agrícolas. Essa explicação não tem nenhuma serventia, pois o número de vistos de residência emitidos diminuiu menos no grupo III e mais no grupo I. [Nota da 2ª edição.]

de Moscou: de 1877 a 1885: 20% (para homens) e 53% (para mulheres); na província de Tver, de 1893 a 1896: 5,6%; na província de Kaluga, de 1885 a 1895: 23% (e o número de meses de ausência aumentou 26%); na província de Smolensk, 100 mil em 1875, 117 mil em 1895 e 140 mil em 1895; na província de Pskov, 11.716 em 1865-1875, 14.944 em 1876 e 43.765 em 1896 (para homens). Na província de Kostromá, em 1868, foram emitidos 23,8 passaportes e passagens para cada cem homens, 0,85 para cada cem mulheres, enquanto em 1880 foram 33,1 e 2,2. etc. etc.

De maneira semelhante ao movimento da população da agricultura para as cidades, a saída em busca de trabalho não agrícola representa *um fenômeno progressivo*. Ela arranca a população dos rincões abandonados, atrasados, esquecidos pela história, e a atrai para o turbilhão da vida moderna. Eleva o nível de alfabetização da população[45], bem como sua consciência[46], e inculca-lhe hábitos e necessidades[47] culturais. Os camponeses são impelidos a sair "por motivos de força maior", ou seja, o melhor desenvolvimento exterior e a melhor polidez dos petersburgueses; eles buscam "onde é melhor". "A vida e o trabalho em Petersburgo são considerados mais fáceis que na aldeia."[48]

Todos os moradores da aldeia são chamados *cinzentos* e, o que é estranho, eles não se ofendem com tal denominação, e eles mesmos se chamam assim, culpan-

---

[45] D. Jbankov, *Влияние отхожих заработков и т. д.*, cit., p. 36 e seg. Porcentagem de homens alfabetizados que saem para trabalhar nos distritos da província de Kostromá = 55,9%; nos distritos fabris = 34,9%; entre os distritos sedentários (florestais) = 25,8%; porcentagem de mulheres: 3,5%, 2,0% e 1,3%; aprendizes: 1,44%, 1,43% e 1,07%. Nos distritos onde os trabalhadores saem em busca de trabalho, as crianças estudam em São Petersburgo.

[46] "Os petersburgueses alfabetizados cuidam-se muito melhor e de maneira mais consciente" (Ibidem, p. 34), de modo que as doenças infecciosas não são tão perniciosas entre eles quanto são nos *vólosts* "*com menor nível cultural*" (destaque do autor).

[47] "Os distritos dos quais os trabalhadores saem são muito superiores às localidades agrícolas e florestais no que se refere à qualidade de vida [...]. As roupas dos que vão para Petersburgo são muito mais limpas, mais bonitas e higiênicas [...]. A garotada é mantida limpa, por isso, encontram-se com menos frequência sarna e outras doenças de pele" (Ibidem, p. 39. Ver também *Отхожие пром. в Смол, губ.* [As indústrias fora do local de residência na província de Smolensk], p. 8). "As aldeias das quais as pessoas saem para trabalhar diferenciam-se das sedentárias: as moradias, as vestimentas, todos os hábitos e divertimentos lembram muito mais a vida pequeno-burguesa que a camponesa" (*Отхожие пром. в Смол, губ.*, cit., p. 3). Na província de Kostromá, nos *vólosts* dos quais os trabalhadores saem para trabalhar, "pode-se encontrar papel, tinta, lápis e pena em metade das casas" ("Бабья сторона", cit., p. 67- 8).

[48] Ibidem, p. 26-7 e p. 15.

do os pais por não tê-los enviado para estudar em São Petersburgo. No entanto, é preciso advertir que também esses moradores *cinzentos* da aldeia estão longe de ser tão cinzentos quanto aqueles das localidades puramente agrícolas: adotam involuntariamente a aparência e os hábitos dos que vão a Petersburgo, a capital derrama indiretamente sua luz sobre eles.[49]

Na província de Iaroslav (além dos exemplos de enriquecimento), "uma outra razão impele todos a sair de casa. É opinião comum que o homem que não viveu em Petersburgo ou em outro lugar, mas ocupou-se da agricultura ou de algum ofício, ganha para toda a vida a alcunha de pastor e, para esse homem, é difícil encontrar noiva"[50]. A saída para a cidade eleva a personalidade cívica do camponês, libertando-o do abismo das relações patriarcais, da dependência pessoal e estamental, que são tão fortes nas aldeias[51].

Um fator primordial que sustenta a existência da saída é o despertar da consciência individual no meio popular. A libertação da dependência servil e o longo contato da parte mais enérgica da população rural com a vida na cidade há tempos despertaram no campesinato de Iaroslav o desejo de defender seu "eu", de sair da situação dependente e miserável à qual as condições de vida na aldeia o condenavam para buscar uma situação de suficiência, independência e honra [...]. O camponês, ao viver do salário obtido fora, sente-se mais livre e mais igual às pessoas dos demais estamentos, por isso a juventude rural, cada vez mais intensamente, tende a ir para a cidade.[52]

A partida para a cidade enfraquece a velha família patriarcal, coloca a mulher em posição de maior independência, de maior igualdade de direitos com o homem.

Em comparação com as localidades em que a população é sedentária, a família de Soligálitch e Tchukhloma [distritos da província de Kostromá de onde partem mais trabalhadores] é muito menos sólida, não apenas no sentido do poder patriarcal do ancião, mas também das relações entre pais e filhos, marido

---

[49] Ibidem, p. 27.

[50] *Обзоре Ярославской губ.*, cit., fasc. II, p. 118.

[51] Por exemplo, os camponeses de Kostromá são impelidos a se inscrever na classe dos pequeno-burgueses, entre outras coisas, "a possibilidade de castigo corporal, que para os petersburgueses refinados é ainda mais terrível que para o habitante cinzento" (Ibidem, p. 58).

[52] Ibidem, p. 189-90.

580 O DESENVOLVIMENTO DO CAPITALISMO NA RÚSSIA

e mulher. Dos filhos enviados a Píter aos doze anos, obviamente não se pode esperar um amor profundo pelos pais nem apego ao teto paterno; eles se tornam cosmopolitas involuntariamente: "A pátria está onde se vive bem".[53]

"Acostumada a se virar sem o poder e a ajuda de um homem, a mulher de Soligálitch não se parece em nada com as camponesas de outras zonas agrícolas: é independente, autônoma [...]. Aqui, espancamento e tortura de esposas são raras exceções [...]. Em geral, a igualdade entre homens e mulheres manifesta-se em quase toda parte e em todos os aspectos."[54]

Finalmente – *last but not least* – os trabalhos não agrícolas exercidos fora da localidade de residência elevam os salários não apenas dos trabalhadores assalariados que partem, *mas também dos que ficam.*

Esse fato se expressa ainda mais claramente num fenômeno comum: as províncias não agrícolas, ao se distinguirem por um salário mais alto que as agrícolas, atraem os trabalhadores rurais destas últimas[55]. Eis dados interessantes sobre a província de Kaluga:

Grupos de distritos segundo as dimensões das saídas	Porcentagem de trabalhadores do sexo masculino que saem para trabalhar fora, em relação ao total da população do sexo masculino	Salário mensal (em rublos)	
		Dos trabalhadores industriais fora do local de residência	Do trabalhador rural anual
I.	38,7	9	5,9
II.	36,3	8,8	5,3
III.	32,7	8,4	4,9

"Esses dados esclarecem plenamente [...] os fenômenos 1) de que as indústrias exercidas fora da localidade de residência influenciam o aumento dos salários na produção agrícola e 2) de que elas atraem as melhores forças da população."[56] Aumenta não só o dinheiro, mas o salário real. No grupo de distritos em que, de cem trabalhadores, mais de sessenta trabalham fora de sua localidade de residência, o salário médio anual do assalariado

[53] Ibidem, p. 88.

[54] *Iuridítcheski Viéstnik*, n. 9, 1890, p. 142.

[55] Ver cap. IV, seção 4.

[56] *Стат. обзор Калужской губ. за 1896 г.*, cit., seção II, p. 48.

A FORMAÇÃO DO MERCADO INTERNO   581

rural é 69 rublos ou 123 *puds* de centeio; nos distritos em que 40% a 60% dos trabalhadores trabalham fora de sua localidade de residência, é 64 rublos ou 125 *puds* de centeio; nos distritos em que menos de 40% dos trabalhadores trabalham fora de sua localidade de residência, é 59 rublos ou 416 *puds* de centeio[57]. Nesses mesmos distritos, a porcentagem de reclamações de carência de trabalhadores diminui de maneira regular: 58%-42%-35%. Na indústria de transformação, o salário é maior que na agricultura, e "as indústrias, na opinião de muitos senhores correspondentes, contribuem para o desenvolvimento de novas necessidades (chá, chita, sapatos, relógios etc.) no campesinato médio, aumentam o nível destas últimas e, dessa maneira, influenciam o aumento dos salários"[58]. Eis uma opinião típica de um correspondente:

> A carência [de trabalhadores] é completa, e o motivo é que a população suburbana é mimada, trabalha nas oficinas das ferroviais e serve ali mesmo. A proximidade com Kaluga e com os bazares faz com que os moradores das redondezas se reúnam ali para vender ovos, leite etc., e depois embriagam-se sem freios nas tabernas; a razão é que a população cobra muito e não quer fazer nada. Considera-se uma *vergonha* viver como trabalhador rural, busca-se ir para a cidade, onde formam o proletariado e as companhias de ouro*; a aldeia já sofre com a carência de trabalhadores produtivos e saudáveis.[59]

Com todo o direito, podemos denominar tal avaliação das indústrias exercidas fora da localidade de residência de *populista*. O senhor Jbankov, por exemplo, ao assinalar que não são os trabalhadores excedentes que saem, mas os "necessários", os quais são substituídos por agricultores forasteiros, considera "evidente" que "tais substituições mútuas são muito desvantajosas"[60]. Para quem, ó senhor Jbankov? "A vida nas cidades incute muitos

---

[57] Ibidem, seção I, p. 27.

[58] Ibidem, p. 41.

* Trata-se de uma fraseologia da língua russa que, historicamente, adquiriu dois significados diferentes, ambos relativos à realidade do Império russo. De início, era o nome não oficial da companhia dos granadeiros palacianos; mais tarde, a expressão adquiriu um significado figurado e negativo, referindo-se aos representantes das classes mais baixas da cidade e do submundo. (N. T.)

[59] *Стат. обзор Калужской губ. за 1896 г.*, cit., p. 40. Destaque do autor.

[60] "Бабья сторона", cit., p. 39 e p. 8. "Será que esses autênticos agricultores [os forasteiros] não exercerão, com sua condição de vida abastada, uma influência sóbria também sobre os moradores naturais

hábitos culturais de extração inferior e a tendência ao luxo e à ostentação, o que leva a um gasto inútil [*sic*!!] de muito dinheiro"[61]; o gasto com essa ostentação, entre outras coisas, é em grande medida "improdutivo" (!!)[62]. O senhor Herzenstein vocifera abertamente contra "a civilização de fachada", "a vida desregrada", "a farra imprudente", "a bebedeira selvagem e a depravação barata" e assim por diante[63]. A partir da saída em massa, a estatística de Moscou conclui diretamente a necessidade "de medidas que diminuam a necessidade do salário obtido fora da localidade de residência"[64]. O senhor Kárychev reflete sobre as indústrias exercidas fora da localidade de residência: "Apenas o aumento do uso da terra camponesa em proporções suficientes para satisfazer as principais [!] necessidades de uma família pode resolver esse seriíssimo problema de nossa economia nacional"[65].

E não passa pela cabeça de nenhum desses senhores de boa alma que, em vez de tagarelar sobre a resolução desses "seriíssimos problemas", seria necessário, antes, preocupar-se com a plena liberdade de mobilidade do camponês, a liberdade de renunciar à terra e sair da comunidade, a liberdade de se instalar (sem "resgates" em dinheiro) em qualquer comunidade do Estado que lhe convenha, seja ela urbana ou rural!

---

que veem a base de sua existência não na terra, mas nos salários ganhos fora?" (ibidem, p. 40). "No entanto", lamenta o autor, "citamos acima o exemplo de uma influência oposta." Eis o exemplo. Os moradores de Vólogda compraram terras e viviam "de maneira muito abastada". "Quando perguntei a um deles por que, dada a sua boa situação, enviara o filho para estudar em São Petersburgo, recebi a seguinte resposta: "Sim, *não* somos pobres, mas, veja, nossa vida aqui é muito cinzenta, e ele, olhando os demais, quis se instruir, e em casa já gostava de estudar" (ibidem, p. 25). Pobres populistas! Como não lamentar que até mesmo o exemplo dos mujiques agricultores abastados que compram terras não pode "tirar da ilusão" a juventude que, desejando "se instruir", foge "da segurança de seu *nadiel*"!

[61] D. Jbankov, *Влияние отхожих заработков и т. д.*, cit., p. 33. Destaque do autor.

[62] *Iuridítcheski Viéstnik*, n. 9, 1890, p. 138.

[63] *Rússkaia Mysl* (não *Rússki Viéstnik* [O Mensageiro Russo], mas bem *Rússkaia Mysl* [Pensamento Russo]), n. 9, 1887, p. 163.

[64] *Виды на жительство и т. д.* [Vistos de residência etc.], cit., p. 7.

[65] *Rússkoe Bogátstvo* [A Riqueza Russa], n. 7, 1896, p. 18. Assim, as "principais" necessidades devem ser cobertas pelo *nadiel*, e as demais – evidentemente – pelos "salários locais" obtidos naquelas "aldeias" que "sofrem com a carência de trabalhadores produtivos e saudáveis"!

A FORMAÇÃO DO MERCADO INTERNO   583

Assim, o desvio da população da agricultura se expressa na Rússia pelo crescimento (mascarado em parte pela colonização interna) das cidades, dos subúrbios, das aldeias e vilas fabris e comerciais-industriais, bem como pela busca de trabalho fora da localidade de residência. Todos esses processos que se desenvolveram rapidamente e se desenvolvem tanto em amplitude quanto em profundidade durante o pós-reforma são parte fundamental do desenvolvimento capitalista e têm um significado profundamente progressista em relação às velhas formas de vida.

3. O CRESCIMENTO DO USO DO TRABALHO ASSALARIADO

Na questão do desenvolvimento do capitalismo, o que talvez tenha mais importância é o grau de desenvolvimento do trabalho assalariado. O capitalismo é o estágio de desenvolvimento da produção mercantil em que também a força de trabalho se torna uma mercadoria. A tendência fundamental do capitalismo consiste no fato de que toda a força de trabalho da economia nacional é empregada na produção somente depois de sua compra e venda pelos empresários. Tentamos analisar em detalhes como essa tendência se manifestou na Rússia pós-reforma, agora devemos apresentar um balanço dessa questão. Primeiramente, faremos o cálculo conjunto dos dados citados nos capítulos anteriores sobre o número de vendedores de força de trabalho, em seguida (na próxima seção), delinearemos o contingente de compradores de força de trabalho.

Os vendedores de força de trabalho são fornecidos pela população trabalhadora do país, a qual participa da produção de valores materiais. Estima-se que essa população seja composta de cerca de 15,5 milhões de trabalhadores adultos do sexo masculino[66]. Demonstramos no capítulo II que o grupo

---

[66] O número dado pelo *Resumo de materiais estatísticos* (*Свода стат. материалов и т. д.*, Chancelaria do Comitê de Ministros, 1894) é de 15.546.618 pessoas. Esse número foi obtido da seguinte maneira. Considera-se que a população urbana equivale à população que não participa da produção de valores materiais. A população camponesa masculina adulta foi diminuída em 7% (4,5% no serviço militar obrigatório e 2,5% no serviço civil).

inferior do campesinato nada mais é que o proletariado rural; com isso, advertimos[67] que examinaríamos mais adiante as formas de venda da força de trabalho por esse proletariado. Façamos, agora, um balanço das categorias de trabalhadores assalariados enumeradas anteriormente: 1) trabalhadores agrícolas assalariados, cujo número é cerca de 3,5 milhões (na Rússia Europeia); 2) trabalhadores fabris, mineiros e ferroviários: cerca de 500 mil. Um total de 5 milhões de trabalhadores profissionais assalariados. Em seguida: 3) trabalhadores da construção: cerca de 1 milhão; 4) trabalhadores empregados no negócio da madeira (corte de árvores e transformação primária, transporte fluvial etc.), no trabalho de escavação, construção de ferrovias, carga e descarga de mercadorias e, em geral, qualquer tipo de trabalhos de "peões" nos centros industriais: cerca de 2 milhões[68]; 5) trabalhadores ocupados em domicílio ao modo capitalista, bem como os que trabalham por contratação na indústria de transformação não pertencente à "indústria fabril": cerca de 2 milhões.

No total, são *cerca de 10 milhões de trabalhadores assalariados*. Destes, excluímos aproximadamente um quarto de mulheres e crianças[69]. Restam *7,5 milhões de trabalhadores homens adultos assalariados*, ou seja, *cerca de metade* de toda a população masculina adulta do país participa da produção de valores materiais[70]. Parte dessa enorme massa de trabalhadores assalariados rompeu definitivamente com a terra e vive exclusivamente da venda da força de trabalho. Aqui se incluem a enorme maioria dos trabalhadores fabris (e, sem dúvida, mineiros e ferroviários), uma fração dos trabalhadores da

---

[67] Ver neste volume p. 190, nota 166.

[68] Vimos acima que só os trabalhadores madeireiros somam 2 milhões de pessoas. O número de trabalhadores empregados nos dois últimos tipos de trabalho que indicamos deve ser maior que o número de trabalhadores não agrícolas que trabalham fora da sua localidade de residência, pois parte dos trabalhadores da construção, peões e, sobretudo, trabalhadores madeireiros pertencem aos trabalhadores locais e não aos que trabalham fora. E vimos que o número de trabalhadores não agrícolas que trabalham fora da sua localidade de residência é de, pelo menos, 3 milhões de pessoas.

[69] Na indústria fabril, como vimos, mulheres e crianças correspondem a pouco mais de um quarto do número total de trabalhadores. Na indústria mineira, madeireira, de construção etc., mulheres e crianças são em número muito pequeno. Do trabalho capitalista em domicílio, ao contrário, elas participam, provavelmente, mais que os homens.

[70] Façamos a ressalva, para evitar mal-entendidos, de que não pretendemos de modo algum uma prova estatística desses números, mas queremos apenas demonstrar a variedade de formas do trabalho assalariado e a multiplicidade de seus representantes.

A FORMAÇÃO DO MERCADO INTERNO 585

construção civil e naval e os peões; e, finalmente, uma fração nada pequena de trabalhadores das manufaturas capitalistas e moradores dos centros capitalistas que trabalham em domicílio para os capitalistas. A outra fração – uma fração grande – ainda não rompeu com a terra e cobre parte de suas despesas com produtos tirados de sua propriedade agrícola (um pedaço ínfimo de terra) e forma, portanto, aquele tipo de trabalhador assalariado com *nadiel* que buscamos descrever em detalhes no capítulo II. Na exposição anterior, demonstramos que toda essa enorme massa de trabalhadores assalariados se formou, principalmente, na época pós-reforma e continua a crescer rapidamente.

É importante notar o significado da nossa conclusão na questão sobre a superpopulação relativa (ou o contingente do exército de reserva) criada pelo capitalismo. Os dados sobre o número geral de todos os trabalhadores assalariados de todos os ramos da economia nacional revelam com especial clareza o erro fundamental da economia populista nessa questão. Como já tivemos a oportunidade de indicar em outro lugar[71], o erro consiste no fato de que os economistas populistas (senhores V. V., N. e outros), que muito falam sobre a "libertação" dos trabalhadores pelo capitalismo, não pensaram em pesquisar as formas concretas da superpopulação capitalista na Rússia; além do mais, não compreenderam em absoluto a necessidade de uma massa de trabalhadores de reserva para a própria existência e o próprio desenvolvimento do nosso capitalismo. Com palavras de lamúria e cálculos curiosos acerca do número de trabalhadores "fabris"[72], transformaram uma das condições básicas do desenvolvimento do capitalismo em prova da impossibilidade, do equívoco, da falta de bases do capitalismo e assim por diante. Na verdade, o capitalismo russo nunca teria se desenvolvido até o

[71] V. I. Lênin, *Этюдах* [Estudos de casos], p. 38-42.

[72] Recordemos as reflexões do senhor N. sobre o "punhado" de trabalhadores e os seguintes cálculos, verdadeiramente clássicos, do senhor V. V. (*Очерки теоретической экономии* [Ensaios de economia teórica], São Petersburgo, 1895, p. 131). Nas cinquenta províncias da Rússia Europeia, há 15.547.000 trabalhadores adultos do sexo masculino; destes, 1,02 milhão estão "unidos pelo capital" (863 mil na indústria fabril + 160 mil trabalhadores ferroviários); os demais são "população agrícola". Com a "plena capitalização da indústria de transformação", "a indústria fabril capitalista" ocupará o dobro de mãos (13,3%, em vez de 7,6%; os restantes 86,7% da população "permanecerão na terra e ficarão inativos durante metade do ano"). Pelo visto, comentários poderiam apenas enfraquecer a impressão produzida por essa amostra notável da ciência econômica e da estatística econômica.

nível atual, não teria existido nem sequer um ano, se a expropriação dos pequenos produtores não tivesse criado uma massa de muitos milhões de trabalhadores assalariados prontos para, ao primeiro chamado, atender à demanda máxima dos empresários na agricultura, no negócio madeireiro e da construção, no comércio, na indústria de transformação, de mineração, de transportes etc. Dizemos demanda máxima, porque o capitalismo só pode se desenvolver aos saltos e, consequentemente, o número de produtores que necessita da venda da força de trabalho deve ser sempre superior à demanda média de trabalhadores por parte do capitalismo. Se calculamos agora o número total de trabalhadores assalariados das distintas categorias, não queremos de modo algum dizer com isso que o capitalismo tem condições de manter todos eles constantemente empregados. Não existe nem pode existir ocupação constante na sociedade capitalista, não importa qual categoria de trabalhadores assalariados tomarmos. Dos milhões de trabalhadores nômades e sedentários, uma fração constante permanece na reserva de desempregados e esta ora assume enormes proporções nos anos de crise – ou porque houve uma queda nesta ou naquela indústria em determinada região, ou porque houve uma difusão especialmente rápida da produção mecanizada, que substitui os trabalhadores –, ora se reduz ao mínimo, causando até mesmo uma "carência" de trabalhadores – da qual não raro se queixam os empresários de determinados ramos da indústria em determinados anos e em determinadas regiões do país. É impossível definir, ainda que de maneira aproximada, a quantidade de desempregados num ano médio, dada a completa ausência de dados estatísticos minimamente confiáveis; mas não há dúvida de que seu número deve ser muito grande: são prova disso as enormes oscilações da indústria capitalista, do comércio e da agricultura que apontamos repetidas vezes, bem como os déficits habituais no orçamento dos camponeses dos grupos inferiores – como constata a estatística do *zemstvo*. O aumento do número de camponeses que são empurrados para as fileiras do proletariado industrial e rural e o aumento da demanda por trabalho assalariado são os dois lados da mesma moeda. No que se refere às formas de trabalho assalariado, elas são altamente variadas na sociedade capitalista ainda enredada nos remanescentes das instituições do regime pré-capitalista. Seria profundamente equivocado ignorar essa diversidade, e é nesse erro que incorrem aqueles que argumentam, como o senhor V. V., que o capitalismo "permanece restrito a um recanto de 1 milhão, 1,5 milhão de trabalhadores e não sai disso"[73]. Em vez do capitalismo, o que se apresenta aqui é apenas a grande indústria mecanizada. Mas de que maneira arbitrária e artificial delimita-se aqui esse 1,5 milhão de trabalhadores a um "setor" especial, sem nenhuma relação com qualquer outro campo do trabalho assalariado! Na verdade, essa relação é muito estreita e, para caracterizá-la, basta remeter a dois traços da estrutura econômica contemporânea. Em primeiro lugar, na base dessa estrutura repousa a economia monetária. O "poder do dinheiro" manifesta-se com toda a sua força tanto na indústria quanto na agricultura, tanto na cidade quanto na aldeia, mas apenas na grande indústria mecanizada atinge seu pleno desenvolvimento, suplanta completamente os remanescentes da economia patriarcal, concentra um pequeno número de instituições gigantescas (bancos), liga-se diretamente à grande produção social. Em segundo lugar, na base da estrutura econômica contemporânea repousa a compra e a venda da força de trabalho. Mesmo se considerarmos os menores produtores da agricultura ou da indústria, veremos que a exceção é aquele que não é contratado ou não contrata terceiros. Mais uma vez, porém, essas relações somente alcançam seu pleno desenvolvimento, sua plena separação das formas anteriores de economia na grande indústria mecanizada. Por isso, aquele "setor" que certos populistas consideram insignificante encarna de fato a quintessência das relações sociais contemporâneas; já a população desse "setor", ou seja, o proletariado, é, no sentido literal da palavra, a linha de frente, a vanguarda de toda a massa de trabalhadores e explorados[74].

---

[73] *Nóvoie Slovo*, n. 6, 1896, p. 21.

[74] *Mutatis mutandis*, sobre a relação dos trabalhadores assalariados da grande indústria mecanizada com os demais trabalhadores assalariados, podemos dizer o mesmo que diz o casal Webb sobre a relação dos trade-unionistas com os não trade-unionistas na Inglaterra: "Os membros das *trade-unions* constituem cerca de 4% da população. As *trade-unions* calculam em suas fileiras cerca de 20% de trabalhadores homens adultos que vivem do trabalho físico". Mas: "Die Gewerkschaftler [...] zählen in der Regel die Elite des Gewerbes in ihren Reihen. Der moralische und geistige Einfluss, den sie auf die Masse ihrer Berufsgenossen ausüben, steht deshalb ausser jedem Verhältniss zu ihrer numerischen Stärke" [As *trade-unions* contam, por via de regra, com trabalhadores de elite de cada ramo fabril. Por isso, sua influência moral e intelectual sobre a massa dos trabalhadores fabris não é proporcional a

588 O DESENVOLVIMENTO DO CAPITALISMO NA RÚSSIA

Por isso, somente analisando toda a estrutura econômica contemporânea sob o ângulo das relações que se formaram nesse "pequeno setor", é possível compreender as inter-relações fundamentais entre os diferentes grupos de pessoas que participam da produção e, portanto, examinar a tendência fundamental de desenvolvimento da estrutura dada. Aquele que, ao contrário, vira as costas para esse "setor" e encara os fenômenos econômicos sob o ângulo da pequena produção patriarcal será transformado pelo curso da história em sonhador ingênuo e ideólogo da pequena burguesia e dos agrários.

4. A FORMAÇÃO DO MERCADO INTERNO PARA A FORÇA DE TRABALHO

Para resumir os dados que citamos acerca dessa questão na exposição anterior, limitamo-nos a um quadro da migração dos trabalhadores na Rússia Europeia. Tal quadro nos é fornecido pela edição do Departamento de Agricultura[75], com base nas declarações dos patrões. O quadro da migração de trabalhadores oferece uma ideia geral de como exatamente se forma o mercado interno para a força de trabalho; usando o material da referida edição, buscamos apenas diferenciar a migração dos trabalhos agrícolas e não agrícolas, ainda que, no mapa anexado à referida edição para ilustrar a migração dos trabalhadores, essa diferença não seja feita.

As principais migrações de *trabalhadores agrícolas* são as seguintes: 1) das províncias agrícolas centrais para as regiões periféricas do Sul e do Leste; 2) das províncias das Terras Negras do Norte para as províncias das Terras Negras do Sul, de onde os trabalhadores partem para as regiões periféricas[76];

---

seu número] (S. e B. Webb, *История британского тред-юнионизма* [História do trade-unionismo britânico], Stuttgart, Dietz, 1895, p. 363, 365 e 381).

[75] S. A. Korolenko, *Сельскохозяйственные и статистические сведения по материалам, полученным от хозяев* [Informações agrícolas e estatísticas segundo o material obtido dos patrões], fasc. V: *Вольнонаемный труд в хозяйствах владельческих и передвижение рабочих, в связи с статистико-экономическим обзором Европейской России в сельскохозяйственном и промышленном отношениях* [Trabalho livre assalariado nas propriedades de donos de terras e a migração de trabalhadores em relação aos resumos estatísticos da Rússia Europeia nas relações agrícolas e industriais] (São Petersburgo, Departamento de Agricultura e Indústria Rural, 1892).

[76] Ver cap. III, seções 9 e 10.

3) das províncias agrícolas centrais para as províncias industriais[77]; 4) das províncias agrícolas centrais e do Sudoeste para a região de cultivo de beterraba (aqui chegam até trabalhadores da Galícia).

As principais migrações *de trabalhadores não agrícolas*: 1) para as capitais e grandes cidades, principalmente, das províncias não agrícolas, mas também, em grande medida, das províncias agrícolas; 2) para a área industrial de Vladímir, Iaroslav e outras províncias das mesmas localidades; 3) para os novos centros da indústria ou novos ramos dela, para centros de indústria não fabril, entre outros. Aqui se inclui o movimento: a) para as fábricas de açúcar de beterraba das províncias do Sudoeste; b) para a região mineira do Sul; c) para o trabalho portuário (em Odessa, Rostov do Don, Riga, entre outros); d) para a extração de turfa nas províncias de Vladímir e outras; e) para a região mineira do Ural; f) para as indústrias pesqueiras (em Astracã, no Mar Negro e de Azov, entre outros); g) para o trabalho em embarcações, navios, pesca e transporte fluvial de madeira etc.; h) para o trabalho nas ferrovias etc.

Tais são as principais migrações de trabalhadores que, segundo os correspondentes-empregadores, exercem maior ou menor influência nas condições de contratação dos trabalhadores nas diferentes localidades. Para representar de maneira mais clara o significado dessas migrações, comparemos com elas os dados relativos aos salários nas distintas regiões de saída e chegada de trabalhadores. Limitando-nos a 28 províncias da Rússia Europeia, divididas em seis grupos, segundo o caráter da migração de trabalhadores, obtemos os seguintes dados[78]:

---

[77] Ver cap. IV, seção 4.

[78] Excluímos as demais províncias para não complicar a exposição com dados que não oferecem nada de novo para a questão analisada; além disso, as demais províncias ou estão à margem das principais migrações em massa de trabalhadores (Ural, Norte) ou se distinguem por particularidades etnográficas e jurídico-administrativas (províncias bálticas, províncias compreendidas na zona de residência judaica, províncias bielorrussas e outras). Dados da edição acima citada. Os números relativos aos salários representam a média por província; o salário de verão pago ao diarista é a média dos três períodos: lavoura, colheita e limpeza. As regiões (1 a 6) compreendem as seguintes províncias: 1) Táurida, Bessarábia e do Don; 2) Kherson, Ekaterinoslav, Samara Sarátov e Oremburgo; 3) Simbirsk, Vorónej e Khárkov; 4) Kazan, Penza, Tambov, Riazan, Tula, Oriol e Kursk; 5) Pskov, Nóvgorod, Kaluga, Kostromá, Tver e Níjni Nóvgorod; 6) São Petersburgo, Moscou, Iaroslav e Vladímir.

Grupos de províncias segundo o caráter da migração dos trabalhadores	Salários médios em 10 anos (1881-1891)					Dimensão da migração dos trabalhadores		
	Trabalhador anual		% de pagamento em dinheiro em relação ao total	Trabalhador temporário (no verão)	Diarista com alimentação própria (no verão)	Agrícola		Não agrícola
	Sem manutenção	Incluindo a manutenção				Chegada	Saída	Chegada
	Rublos			Rublos	Copeques			
1. Enorme chegada agrícola	93,00	143,50	64,8	55,67	82	Cerca de 1 milhão de trabalhadores	—	—
2. Enorme chegada agrícola; saída insignificante	69,80	111,40	62,6	47,30	63	Cerca de 1 milhão de trabalhadores	Número insignificante	—
3. Saída agrícola significativa; chegada fraca	58,67	100,67	58,2	41,50	53	Número insignificante	Mais de 300 mil trabalhadores	Número insignificante
4. Enorme saída, a maioria agrícola, mas também não agrícola	51,50	92,95	55,4	35,64	47	—	Mais de 1,5 milhão de trabalhadores	—
5. Enorme saída não agrícola; chegada agrícola fraca	63,43	112,43	56,4	44,0	55	Número insignificante	Número muito insignificante	Cerca de 1,25 milhão de trabalhadores	—
6. Enorme chegada não agrícola; entrada agrícola também bastante considerável	79,80	135,80	58,7	53,00	64	Número bastante significativo	—	(nas capitais)

Chegada (Não agrícola): linhas 1 e 2 — Número significativo para a região mineira; linha 3 — Número insignificante; linha 6 — Um número enorme.

Essa tabela mostra de maneira evidente a base do processo que cria um mercado interno para a força de trabalho e, consequentemente, um mercado interno para o capitalismo. Duas regiões principais, com relações capitalistas *mais* desenvolvidas, atraem uma massa de trabalhadores: a região do capitalismo agrícola (regiões periféricas do Sul e do Leste) e a região do capitalismo industrial (capitais e províncias industriais). O salário é mais baixo na região de saída, as províncias agrícolas centrais, que se distinguem por um menor desenvolvimento do capitalismo tanto na agricultura quanto na indústria[79]; nas regiões de chegada, porém, há aumento do salário para todos os tipos de trabalho, assim como há aumento do pagamento em dinheiro em relação a todos os tipos de pagamento, ou seja, a economia monetária se fortalece em detrimento da natural. As regiões intermediárias, que ficam entre as regiões de maior saída (e maiores salários) e as regiões de menor saída (e menores salários), mostram a permuta de trabalhadores acima indicada: os trabalhadores saem em uma quantidade tal que, nos lugares de saída, cria-se uma carência de trabalhadores, a qual atrai os forasteiros vindos das províncias "onde o trabalho é mais barato".

Em essência, o processo bilateral de desvio da população da agricultura para a indústria (industrialização da população) e desenvolvimento da agricultura comercial-industrial capitalista (industrialização da agricultura) que está representado na nossa tabela resume toda a exposição anterior referente à questão da formação de um mercado interno para a sociedade capitalista. O mercado interno para o capitalismo é criado pelo desenvolvimento paralelo do capitalismo na agricultura e na indústria[80], pela formação da classe dos

---

[79] Dessa maneira, os camponeses fogem em massa das localidades onde as relações econômicas são mais patriarcais, onde o sistema de pagamento em trabalho e as formas primitivas de indústrias se conservaram mais e vão para as localidades que se distinguem pela completa decomposição dos "pilares". Eles fogem da "produção popular", sem dar ouvidos ao coro de vozes da "sociedade". E, nesse coro, duas vozes se distinguem claramente: "Pouco apegados!", ruge ameaçador o Sabakévitch, e: "Só o *nadiel* não basta", corrige com polidez o *kadet* Manílov. [Sabakévitch é um personagem da novela *Almas mortas*, de Nikolai Gógol, e representa o tipo do latifundiário rude e ganancioso. (N. T.)]

[80] Há muito a economia teórica estabeleceu essa simples verdade. Sem falar de Marx, que apontou diretamente o desenvolvimento do capitalismo na agricultura como um processo de "criação de um mercado interno para o capital industrial" (*O capital*, Livro I: *O processo de produção do capital*, trad. Rubens Enderle, São Paulo, Boitempo, 2013, p. 816), aqui nos referimos a A. Smith. No capítulo XI

empresários rurais e industriais, de um lado, e da classe dos trabalhadores assalariados rurais e industriais, de outro. Os principais fluxos migratórios dos trabalhadores mostram as principais formas desse processo, mas estão longe de mostrar todas; na exposição anterior, demonstramos que as formas desse processo são diferentes na propriedade camponesa e na latifundiária, nas diferentes regiões da agricultura mercantil, nos diferentes estágios do desenvolvimento capitalista da indústria etc.

Até que ponto esse processo é deturbado e complicado pelos representantes da nossa economia populista é demonstrado com especial clareza no § VI da seção II dos *Ensaios* do senhor N., cujo título é notável: "Influência da redistribuição das forças produtivas sociais na situação econômica da população agrícola". E eis como senhor N. concebe essa "redistribuição":

> Na sociedade [...] capitalista, cada aumento da força produtiva do trabalho implica a "liberação" de um número correspondente de trabalhadores, que são obrigados a buscar qualquer outra forma de salário; e uma vez que isso se verifica em todos os ramos da produção, e tal "liberação" se realiza em toda a sociedade capitalista, não lhes resta outra saída senão se voltar para o instrumento de produção do qual ainda não foram privados, a saber: a terra. [...]
> Nossos camponeses não foram privados da terra, por isso dirigem suas forças a ela. Privados do trabalhado na fábrica, ou obrigados a abandonar suas atividades domésticas auxiliares, não veem outra saída senão se aplicar com mais intensidade na exploração da terra. Todas as coletâneas estatísticas dos *zemstvos* constatam o fato da ampliação das áreas de cultivo.[81]

Como se vê, o senhor N. conhece um capitalismo absolutamente especial, que nunca existiu em lugar nenhum e que nenhum economista teórico foi capaz de imaginar. O capitalismo do senhor N. não desvia a população da agricultura para a indústria, não divide os agricultores em duas classes opostas. Muito pelo contrário. O capitalismo "libera" os trabalhadores da indústria e nada "lhes" resta senão voltar-se para a terra, pois "nossos camponeses

---

do Livro I e no capítulo IV do Livro III de *A riqueza das nações* (trad. Daniel Moreira Miranda, São Paulo, Edipro, 2022), Smith apontou os traços mais característicos do desenvolvimento da agricultura capitalista e observou o paralelismo desse processo com o processo de crescimento das cidades e de desenvolvimento da indústria.

[81] N., *Очерки*, cit., p. 126 e 128.

não foram privados da terra"!! Essa "teoria" que, com originalidade, "redistribui" em poética desordem todos os processos do desenvolvimento capitalista repousa sobre o simplório método dos populistas, analisado em detalhes anteriormente: confundir a burguesia camponesa e o proletariado rural, ignorar o crescimento da agricultura mercantil, inventar contos de fadas sobre o isolamento das "indústrias artesanais" das "indústrias fabris" "capitalistas", em vez de analisar as formas consecutivas e as variadas manifestações do capitalismo na indústria.

5. O SIGNIFICADO DAS REGIÕES PERIFÉRICAS. MERCADO INTERNO OU EXTERNO?

No primeiro capítulo, assinalamos o erro da teoria que liga a questão do mercado externo para o capitalismo à questão da realização do produto[82]. A necessidade de mercado externo para o capitalismo não se explica de modo algum pela impossibilidade de realização do produto no mercado interno, mas pela circunstância de o capitalismo não ter condições de repetir os mesmos processos de produção nas dimensões anteriores, sob condições invariáveis (como era nos regimes pré-capitalistas), que leva inevitavelmente ao crescimento ilimitado da produção, superando os velhos e estreitos limites das unidades econômicas precedentes. Em razão do desenvolvimento desigual, próprio do capitalismo, um ramo da produção supera os outros e tende a ultrapassar as fronteiras da velha região das relações econômicas. Tomemos, por exemplo, a indústria têxtil no início da época pós-reforma. Altamente desenvolvida do ponto de vista das relações capitalistas (a manufatura começa a se transformar em fábrica), ela se apodera completamente do mercado da Rússia Central. Mas as grandes fábricas, que cresceram tão rapidamente, já não podiam se satisfazer com as antigas dimensões do mercado; começaram a buscar mercado mais longe, na nova população que colonizava a Nova Rússia, o sudoeste do Volga, o Cáucaso do Norte, depois a Sibéria etc. A tendência

---

[82] Ver neste volume p. 72 e seg.

das grandes fábricas de ultrapassar as velhas fronteiras dos mercados é inegável. Isso significa que, nas regiões que serviam a esses velhos mercados, em geral, não se podia consumir uma maior quantidade de produtos da indústria têxtil? Significa, por exemplo, que as províncias industriais e agrícolas centrais não podem, em geral, absorver uma quantidade maior de produtos fabricados? Não. Sabemos que a decomposição do campesinato, o crescimento da agricultura mercantil e o aumento da população industrial continuou e continua a ampliar o mercado interno também dessa velha região. Mas essa ampliação do mercado interno é retida por muitos fatores (principalmente a conservação de instituições caducas que retardam o desenvolvimento do capitalismo agrícola); e é claro que os fabricantes não ficam à espera de que os outros ramos da economia nacional alcancem a indústria têxtil em termos de desenvolvimento capitalista. Os fabricantes precisam do mercado imediatamente, e se o atraso dos outros aspectos da economia nacional restringe o mercado numa velha região, ele vai buscar mercado em outra região, em outros países ou nas colônias de um velho país.

Mas o que é uma colônia no sentido político-econômico? Já indicamos acima que, segundo Marx, as características fundamentais desse conceito são as seguintes: 1) existência de terras desocupadas, livres, facilmente acessíveis aos colonos; 2) existência de uma divisão mundial do trabalho já formada e de um mercado mundial, graças ao qual as colônias podem se especializar na produção maciça de produtos agrícolas, recebendo em troca artigos industriais prontos, "que em outras circunstâncias eles teriam de produzir por si mesmos"[83]. Também já foi tratado em local adequado o fato de que as regiões periféricas do Sul e do Oeste da Rússia Europeia, formadas na época pós-reforma, distinguem-se justamente pelos traços apontados e constituem, em sentido econômico, colônias da Rússia Europeia Central[84]. Esse conceito de

---

[83] Ver neste volume cap. IV, seção 2, p. 271, nota 18.

[84] "Graças a elas, graças a essas formas populares de produção, e baseada nelas, todo o sul da Rússia foi colonizado e povoado" (N., *Очерки*, cit., p. 284). Como é notavelmente amplo e rico em conteúdo o conceito de "formas populares de produção"! Abrange tudo o que for conveniente: a agricultura camponesa patriarcal, o pagamento em trabalho na terra senhorial, os ofícios artesanais primitivos, a pequena produção mercantil e as relações tipicamente capitalistas que vimos acima (cap. II), no interior da comunidade camponesa, segundo dados das províncias de Táurida e Samara etc. etc.

colônia se aplica ainda melhor a outras regiões periféricas, como o Cáucaso. Sua "conquista" econômica pela Rússia se deu muito mais tarde que a política e não foi ainda completamente concluída. Na época pós-reforma, ocorreu, por um lado, uma forte colonização do Cáucaso[85], uma extensa área de terra cultivada pelos colonos (particularmente o Cáucaso do Norte) que produzia trigo, tabaco etc. para a venda e atraía massas de trabalhadores assalariados rurais da Rússia. Por outro lado, houve a substituição das indústrias "artesanais" nativas, seculares, que decaíram em virtude da concorrência com os produtos fabricados em Moscou. Decaiu a antiga produção de armas em virtude da concorrência com os artigos importados de Tula e da Bélgica; decaiu a fundição artesanal em virtude da concorrência com o produto russo, bem como o processamento artesanal do cobre, do ouro, da prata, da argila, da banha, da soda, do couro etc.[86]. Todos esses produtos eram produzidos a um custo menor nas fábricas russas que enviavam seus artigos para o Cáucaso. Decaiu a fabricação de copos de chifre em virtude da queda da estrutura feudal da Geórgia e de seus históricos banquetes; decaiu a indústria de gorros em virtude da troca dos trajes asiáticos pelos europeus; decaiu a produção de odres e jarros usados para o consumo do vinho local, que, pela primeira vez, passou a ser vendido (desenvolvendo a indústria de tonéis) e conquistou, por seu turno, o mercado russo. Dessa maneira, o capitalismo russo arrastou o Cáucaso para a circulação mundial de mercadorias, nivelou suas particularidades locais – remanescentes do antigo isolamento patriarcal – e *criou um mercado* para suas fábricas. Um país que era pouco povoado no início do período da pós-reforma, ou era povoado por montanheses, um país que ficava à margem da economia mundial e até mesmo à margem da história, transformou-se em um país de industriais do petróleo, comerciantes de vinho, produtores de alimentos e tabaco. E o senhor Cupon despiu impiedosamente o montanhês altivo de seu poético traje nacional e vestiu-o com os trajes de

---

[85] Ver os artigos de P. Semiónov em *Viéstnik Finánsov*, n. 21, 1897; e V. Mikháilovski em *Nóvoie Slovo*, jun. 1897.

[86] Ver os artigos de K. Khatísov no volume II de *Отчетов и исслѣд. по куст. пром.* [Informes e pesquisas sobre a indústria artesanal]; e de P. Ostriakov no fasc. V de *Труды куст. ком.* [Trabalhos da comissão da indústria artesanal].

um lacaio europeu (Gleb Uspénski)*. Ao lado do processo de intensificação da colonização e do crescimento da população agrícola, ocorreu o processo (mascarado por esse crescimento) de desvio da população da agricultura para a indústria. A população urbana do Cáucaso cresceu de 250 mil em 1863 para cerca de 900 mil em 1897 (a população total do Cáucaso cresceu 95% de 1851 a 1897). Não temos necessidade de acrescentar que o mesmo aconteceu e está acontecendo tanto na Ásia Central quanto na Sibéria etc.

Dessa maneira, surge, naturalmente, a pergunta: onde, afinal, está a fronteira entre o mercado interno e o externo? Tomar como critério a fronteira política do Estado seria uma solução demasiado mecânica – e, ademais, seria uma solução? Se a Ásia Central é um mercado interno e a Pérsia é um mercado externo, onde devemos incluir Quiva e Bucara? Se a Sibéria é um mercado interno e a China é um mercado externo, onde devemos incluir a Manchúria? Semelhantes perguntas não têm muita importância. Importante é que o capitalismo não pode existir e se desenvolver sem uma ampliação constante do seu domínio, sem a colonização de novos países e sem atrair os velhos países não capitalistas para o turbilhão da economia mundial. Essa característica do capitalismo manifestou-se e continua a se manifestar com enorme força na Rússia pós-reforma.

Consequentemente, o processo de formação de mercado para o capitalismo apresenta dois aspectos, a saber: o desenvolvimento do capitalismo em profundidade, ou seja, o crescimento subsequente da agricultura capitalista e da indústria capitalista num território específico, determinado e fechado; e o desenvolvimento do capitalismo em amplitude, ou seja, a ampliação do domínio do capitalismo sobre novos territórios. Pelo plano do presente trabalho, limitamo-nos de maneira quase exclusiva ao primeiro aspecto do processo e, por isso, consideramos particularmente necessário destacar que o outro aspecto tem um significado extremamente importante. Um estudo mais ou menos completo do processo de colonização das regiões periféricas e da ampliação do território russo do ponto de vista do desenvolvimento do

---

* A expressão "senhor Cupon" foi adotada na literatura dos anos 1880 e 1890 para designar o capital e os capitalistas; foi introduzida pelo escritor Gleb Uspénski em seus ensaios de *Грехи тяжкие* [Pecado capital]. (N. E. R. adaptada.).

A FORMAÇÃO DO MERCADO INTERNO   597

capitalismo demandaria um trabalho especial. Basta mencionar aqui que a Rússia se encontra em condições especialmente vantajosas, se comparada com outros países capitalistas, em virtude da abundância de terras livres e propícias à colonização em suas regiões periféricas[87]. Já sem remeter à Rússia Asiática, temos ainda, na Rússia Europeia, aquelas regiões periféricas que – em razão das enormes distâncias e das péssimas vias de comunicação – estão ainda muito precariamente ligadas à Rússia Central. Tomemos, por exemplo, "o extremo Norte", a província de Arkhánguelsk; as vastas extensões de terra e as riquezas naturais são exploradas ainda em grau muito ínfimo nessa região. Um dos principais produtos locais, a madeira, destinava-se principalmente à Inglaterra até pouco tempo atrás. Nesse sentido, portanto, essa região específica da Rússia Europeia servia de mercado externo para a Inglaterra, e não de mercado interno para a Rússia. Os empresários russos, é claro, invejavam os ingleses e, agora, com a abertura da estrada de ferro até Arkhánguelsk, estão exultantes, porque preveem "um ganho de confiança e mais atividade empresarial nos distintos ramos da indústria da região"[88].

6. A MISSÃO DO CAPITALISMO

Ainda resta, para concluir, fazer um balanço da questão que, na literatura, foi chamada de a "missão" do capitalismo, ou seja, seu papel histórico

---

[87] O fator indicado no texto tem também outro aspecto. O desenvolvimento em profundidade do capitalismo em um território antigo, há muito povoado, é retardado pela colonização das regiões periféricas. A solução das contradições próprias do capitalismo, que são por ele engendradas, retrasa-se pelo fato de que o capitalismo pode facilmente desenvolver-se em amplitude. Por exemplo, a existência simultânea das formas mais avançadas de indústria e das formas semifeudais de agricultura representa, sem dúvida, uma contradição. Se o capitalismo russo não tivesse para onde se estender além das fronteiras do território já ocupado antes da época pós-reforma, essa contradição entre a grande indústria capitalista e as instituições arcaicas da vida rural (fixação dos camponeses à terra, entre outras) teria levado rapidamente ao completo definhamento dessas instituições, à completa pavimentação do caminho para o capitalismo agrícola na Rússia. Mas a possibilidade de procurar e encontrar um mercado nas regiões periféricas colonizáveis (para o fabricante), a possibilidade de partir para novas terras (para o camponês) ameniza a agudeza dessa contradição e atrasa a sua solução. É evidente que *tal* atraso no crescimento do capitalismo equivale à preparação de um crescimento ainda maior e um crescimento mais amplo num futuro próximo.

[88] *Производительные-силы*, cit., v. XX, p. 12.

no desenvolvimento econômico da Rússia. O reconhecimento desse papel progressivo é perfeitamente compatível (como tratamos de demonstrar em detalhes em cada etapa de nossa exposição factual) com o pleno reconhecimento dos aspectos negativos, sombrios do capitalismo, com o pleno reconhecimento das profundas e multifacetadas contradições sociais que são inevitavelmente próprias do capitalismo e revelam o caráter historicamente transitório desse regime econômico. Justamente os populistas, que tentam com todas as suas forças apresentar as coisas como se reconhecer a natureza histórica progressiva do capitalismo significasse ser um apologista, são justamente eles que pecam com uma avaliação (quando não se calam) insuficiente das contradições mais profundas do capitalismo russo, dissimulando a decomposição do campesinato, o caráter capitalista da evolução da nossa agricultura, a formação de uma classe de trabalhados rurais e industriais com *nadiel*, mascarando o completo predomínio das piores e mais baixas formas de capitalismo na famigerada indústria "artesanal".

O papel histórico progressivo do capitalismo pode ser resumido em duas breves teses: aumento das forças produtivas do trabalho social e socialização desse trabalho. Mas ambos os fatos se manifestam em processos bastante diversos e em diferentes ramos da economia nacional.

O desenvolvimento das forças produtivas do trabalho social só pode ser observado plenamente na grande indústria mecanizada. Até esse estágio superior do capitalismo, mantiveram-se a produção manual e a técnica primitiva, a qual progrediu por uma via puramente espontânea e com extraordinária lentidão. Nesse sentido, a época pós-reforma se distingue radicalmente das épocas anteriores da história russa. A Rússia da relha e do mangual, do moinho de água e do tear manual começou a se transformar rapidamente na Rússia do arado e do debulhador, do moinho a vapor e do tear mecânico. Não há nenhum ramo da economia nacional submetido à produção capitalista em que não se tenha observado uma transformação igualmente completa da técnica. O processo dessa transformação, pela própria natureza do capitalismo, não pode ocorrer senão por meio de desigualdades e desproporções: os períodos de florescimento são substituídos por períodos de crise, o desenvolvimento de um ramo da

A FORMAÇÃO DO MERCADO INTERNO   599

indústria conduz ao declínio de outro, o progresso da agricultura abarca, em uma região, um aspecto da economia rural, em outra, outro aspecto, o crescimento do comércio e da indústria supera o crescimento da agricultura etc. Uma série de erros cometidos pelos escritores populistas decorre da tentativa de provar que esse desenvolvimento desproporcional, aos saltos e imprudente não é um desenvolvimento[89].

Outra particularidade do desenvolvimento das forças produtivas sociais impulsionado pelo capitalismo consiste no fato de que o crescimento dos meios de produção (consumo produtivo) está longe de superar o consumo pessoal: apontamos isso mais de uma vez, tanto na agricultura quanto na indústria. Essa particularidade decorre das leis gerais da realização do produto na sociedade capitalista e se encontra em plena conformidade com a natureza antagônica dessa sociedade[90].

---

[89] "Vejamos [...] o que pode nos trazer o desenvolvimento posterior do capitalismo mesmo no caso de conseguirmos afogar a Inglaterra no mar e tomar o seu lugar" (N., *Очерки*, cit., p. 210). A indústria do algodão na Inglaterra e nos Estados Unidos, que responde por dois terços do consumo mundial, emprega, no total, pouco mais de 600 mil pessoas. "E ocorre que mesmo nesse caso, se obtivéssemos uma parte significativa do mercado mundial [...], ainda assim o capitalismo não estaria em condições de explorar toda a enorme massa de força de trabalho que agora ele priva de ocupação. O que significam, de fato, 600 mil trabalhadores ingleses e estadunidenses em comparação com os milhões de camponeses que passam meses inteiros sem qualquer ocupação?" (ibidem, p. 211).

"Até agora, havia história, mas agora não há mais." Até agora, cada passo no desenvolvimento do capitalismo na indústria têxtil foi acompanhado pela decomposição do campesinato, pelo crescimento da agricultura mercantil e do capitalismo agrícola, pelo desvio da população da agricultura para a indústria, pelo direcionamento de "milhões de camponeses" para a construção, exploração madeireira e qualquer outro tipo de trabalho não agrícola por contratação, pela migração em massa para as regiões periféricas e pela transformação destas em mercado para o capitalismo. Mas isso tudo foi até agora, doravante nada disso acontecerá mais!

[90] A ignorância do significado dos meios de produção e a atitude inescrupulosa em relação à "estatística" levaram à seguinte afirmação do senhor N., que não resiste sequer a uma crítica: "[...] toda [!] a produção capitalista na esfera da indústria de transformação produz, no melhor dos casos, novos valores que não ultrapassam 400-500 milhões de rublos" (N., *Очерки*, cit., p. 328). O senhor N. baseia esse cálculo em dados de arrecadação de 3% de impostos diretos e indiretos, sem pensar se semelhantes dados são capazes de abarcar "toda a produção capitalista na esfera da indústria de transformação". Além disso, pega dados que não abarcam (segundo suas próprias palavras) a indústria mineira e, no entanto, classifica apenas o mais-valor e o capital variável como "novos valores". Nosso teórico se esqueceu de que também o capital constante nos ramos da indústria de artigos de consumo pessoal constitui um novo valor *para a sociedade*, na medida em que é trocado pelo capital variável e pelo mais-valor dos ramos da indústria que fabricam meios de produção (indústria da mineração, construção, madeira, construção de ferrovias etc.). Se o senhor N. não tivesse confundido o número

600   O DESENVOLVIMENTO DO CAPITALISMO NA RÚSSIA

A socialização do trabalho pelo capitalismo se manifesta nos seguintes processos. Em primeiro lugar, o próprio crescimento da produção mercantil aniquila a fragmentação das pequenas unidades econômicas que caracteriza a economia natural e enreda os pequenos mercados em um enorme mercado nacional (e, em seguida, mundial). A produção para si transforma-se em produção para toda a sociedade, e quanto maior é o desenvolvimento do capitalismo, mais acentuada se torna a contradição entre o caráter coletivo da produção e o caráter individual da apropriação. Em segundo lugar, o capitalismo cria, no lugar da antiga fragmentação da produção, uma concentração nunca antes vista tanto na agricultura quanto na indústria. Esta é a manifestação mais evidente e mais destacada, mas de modo algum a única, da particularidade do capitalismo analisada. Em terceiro lugar, o capitalismo substitui as formas de dependência pessoal que constituíam parte inalienável do sistema econômico precedente. Na Rússia, a natureza progressiva do capitalismo é particularmente acentuada nesse sentido, uma vez que a dependência pessoal do produtor existia em nosso país (e continua a existir) não apenas na agricultura, mas também na indústria de transformação ("fábricas" com trabalho dos servos), na indústria mineradora, na indústria pesqueira[91] etc. Em comparação com o trabalho do camponês dependente

de trabalhadores "fabris" com o número total de trabalhadores empregados à maneira capitalista na indústria de transformação, teria facilmente percebido o equívoco de seus cálculos.

[91] Por exemplo, num dos principais centros da indústria pesqueira russa, a costa de Murmansk, a forma "nativa" e verdadeiramente "consagrada pelo tempo" das relações econômicas era o "*pokrut*", que já estava plenamente estabelecido no século XVII e permaneceu quase inalterado até muito recentemente. "A relação dos *pokrútchenniki* com os patrões não se limita apenas ao tempo da pesca: pelo contrário, abarca toda a vida do *pokrútchennik*, que está em eterna dependência econômica dos patrões" (*Сборник материалов об артелях в России* [Coletânea de materiais sobre os *artéis* da Rússia], fasc. II, São Petersburgo, 1874, p. 33). Felizmente, pelo visto o capitalismo nesse ramo também se distingue "por uma relação desdenhosa com seu próprio passado histórico". "O monopólio [...] é substituído pela organização capitalista da indústria com trabalhadores livres assalariados" (*Производительные-силы*, cit., v. V, p. 2-4). [O *pokrut* era uma forma de relação econômica que existia entre os membros dos *artéis* que se dedicavam à pesca de peixes ou animais marinhos no norte da Rússia. A palavra "*pokrut*" significa a contratação de pessoas para atuar na pesca e a parte da produção de cada *artel*. Nesses *artéis*, os meios de produção necessários à pesca pertenciam ao patrão, cuja relação com os trabalhadores era de escravização. Os patrões recebiam normalmente dois terços do produto e os trabalhadores, apenas um terço. Os trabalhadores eram obrigados a vender sua parte a um preço baixo ao patrão e recebiam mercadorias como pagamento, o que era extremamente desvantajoso para os trabalhadores. (N. E. R.)]

ou escravizado, o trabalho do trabalhador livre assalariado representa um fenômeno de progresso em todas as esferas da economia nacional. Em quarto lugar, o capitalismo cria necessariamente uma mobilidade na população que os antigos sistemas da economia nacional não exigiam e que era impossível em amplas proporções, de certo modo. Em quinto lugar, o capitalismo diminui constantemente a fração da população que se ocupa com a agricultura (na qual dominam as formas mais atrasadas de relações socioeconômicas) e aumenta o número de grandes centros industriais. Em sexto lugar, a sociedade capitalista aumenta a necessidade da população de unir-se, associar-se, e confere a essas associações um caráter especial, em comparação com as associações das épocas anteriores. Ao destruir as uniões estreitas, locais, estamentais da sociedade medieval, ao criar uma concorrência encarniçada, o capitalismo, ao mesmo tempo, racha toda a sociedade em grandes grupos de pessoas que ocupam posições diferentes na produção e dá um enorme impulso à associação no interior de cada grupo[92]. Em sétimo lugar, todas as mudanças na velha estrutura econômica provocadas pelo capitalismo conduzem, inevitavelmente, a uma mudança na fisionomia espiritual da população. O desenvolvimento econômico em saltos, a rápida transformação dos meios de produção e sua enorme concentração, o declínio de quaisquer formas de dependência pessoal e do caráter patriarcal das relações, a mobilidade da população, a influência dos grandes centros industriais etc., tudo isso leva necessariamente a uma profunda mudança no próprio caráter do produtor, e já tivemos a oportunidade de assinalar observação similar dos pesquisadores russos.

Para voltar à economia populista, com cujos representantes tivemos de polemizar de modo recorrente, podemos resumir as razões de nossas divergências da seguinte maneira. Em primeiro lugar, não poderíamos deixar de reconhecer que a própria concepção dos populistas do processo de desenvolvimento do capitalismo na Rússia, bem como a representação da estrutura das relações econômicas que existiam na Rússia antes do capitalismo, são indiscutivelmente equivocadas; do nosso ponto de vista, é particularmente

---

[92] Ver nossos *Этюдах*, cit., p. 91, nota 85, e p. 198.

importante a forma como eles ignoram as contradições capitalistas na estrutura da economia camponesa (tanto agrícola quanto industrial). Ademais, no que se refere à questão da lentidão ou da rapidez do desenvolvimento do capitalismo na Rússia, tudo depende de com o que comparamos esse desenvolvimento. Se comparamos a época pré-capitalista na Rússia com a capitalista (e essa é justamente a comparação necessária para resolver acertadamente a questão), o desenvolvimento da economia social deve ser considerado extraordinariamente rápido. Se, porém, comparamos essa rapidez do desenvolvimento com aquela que seria possível nas condições contemporâneas da técnica e da cultura em geral, devemos considerar de fato que o desenvolvimento do capitalismo na Rússia é lento. E não poderia não ser lento, pois em nenhum país capitalista sobreviveria tal abundância de instituições antigas, incompatíveis com o capitalismo, freando seu desenvolvimento, agravando desmedidamente a situação dos produtores, que "sofrem tanto com o capitalismo quanto com seu desenvolvimento insuficiente". Finalmente, a razão mais profunda da divergência com os populistas talvez resida na diferença de concepções fundamentais dos processos socioeconômicos. Ao estudar estes últimos, o populista tira, geralmente, umas e outras conclusões moralizantes; não vê os diferentes grupos de pessoas que participam da produção como criadores destas ou daquelas formas de vida; não se propõe a apresentar o conjunto completo das relações socioeconômicas como resultado da inter-relação entre esses grupos, que possuem interesses diversos e papéis históricos diversos... Se o autor destas linhas logrou oferecer material para o esclarecimento dessas questões, pode-se considerar que seu trabalho não foi em vão.

ANEXOS

ANEXO I (ao capítulo V)

Tabela dinâmica de dados estatísticos sobre as pequenas indústrias camponesas da província de Moscou

1) O travessão nas células indica zero. Célula vazia significa que "não existem informações".
2) As indústrias estão dispostas em ordem crescente de número de trabalhadores (familiares e assalariados juntos), que corresponde à média de toda a indústria por estabelecimento.
3) Para as indústrias n. 31 e n. 33 é fornecido o valor da matéria-prima processada, que constitui 50%-57% do valor dos artigos, ou seja, da soma da produção.
4) O número médio de cavalos por patrão, segundo os dados de 19 indústrias, é de 1,4; e por categoria: I) 1,1; II 1,5; III) 2,0.
5) A porcentagem de patrões que cultivam a terra com um trabalhador, segundo dados de 16 indústrias, é de 12%; e por categoria: I) 4,5%; II) 16,7%; III 27,3%.

Número da indústria	Denominação da indústria	Número total de estabelecimentos				Número total de trabalhadores				Produção total (em rublos)				Número de estabelecimentos com trabalhadores assalariados				
		Total	Por categoria			Total	Por categoria			Total	Por categoria			Total	Por categoria			
			I	II	III		I	II	III		I	II	III		I	II	III	
1	De telega	76	40	25	11	127	40	50	37	30.100	9.500	10.500	10.100	4	—	1	3	→
2	De jogos (de torno)	47	22	17	8	83	22	34	27	13.500	2.900	5.300	5.300	7	—	4	3	→
3	De óculos	27	12	8	7	49	12	16	21	11.550	3.000	4.300	4.250	1	—	—	1	→
4	Marcenaria	274	196	66	12	576	277	213	86	96.800	48.650	33.850	14.300	16	—	5	11	→
5	De cestas	121	35	52	34	265	35	104	126	40.860	4.100	16.250	20.510	—	—	—	—	→
6	De violões	29	9	12	8	61	9	24	28	16.000	2.025	5.900	8.075	—	—	—	—	→
7	De brinquedos (em Serguei Posad)	41	28	8	5	95	48	24	23	27.330	13.130	8.000	6.200	5	—	3	2	→
8	De espelhos	142	99	27	16	332	134	89	109	67.350	19.170	18.180	30.000	32	3	13	16	→
9	De estufas	74	29	36	9	188	50	100	38	54.400	11.900	30.090	12.410	34	5	21	8	→
Total para 9 indústrias (n. 1-9)		*831*	*470*	*251*	*110*	*1.776*	*627*	*654*	*495*	*357.890*	*114.375*	*132.370*	*111.145*	*99*	*8*	*47*	*44*	→
10	De couro (couro cru)	10	4	3	3	27	9	9	9	29.890	2.450	6.040	21.400	8	2	3	3	→
11	De couro (peles grandes)	22	7	11	4	63	10	31	22	78.911	6.942	34.135	37.834	6	—	3	3	→
12	De pincéis	15	8	4	3	42	16	12	14	19.700	7.000	6.600	6.100	1	—	1	—	→
13	De forja	42	9	24	9	133	18	72	43	25.700	3.100	13.900	8.700	28	3	17	8	→

Número da indústria	Denominação da indústria	Número de trabalhadores assalariados				Número médio de cavalos por patrão				% de patrões que cultivam a terra com um trabalhador				Quais empresas estão incluídas nas categorias			Número da indústria
		Total	I	II	III	Total	I	II	III	Total	I	II	III	I	II	III	
1	De telega	7	—	1	6	1,2	0,9	1,3	1,9	1	—	—	9	Com 1 trabalhador	Com 2 trabalhadores	Com 3 trabalhadores ou mais	1
2	De jogos (de torno)	10	—	4	6	1,2	0,8	1,3	2,0	—	—	—	—		Idem ao n. 1		2
3	De óculos	2	—	—	2										Idem ao n. 1		3
4	Marcenaria	48	—	7	41									Com 1 a 2 trabalhadores	Com 3 a 4 trabalhadores	Com 5 trabalhadores ou mais	4
5	De cestas	—	—	—	—	0,9	1	0,8	1	—	—	—	—		Idem ao n. 1		5
6	De violões	—	—	—	—	1,1	1,1	1,1	1,1	—	—	—	—		Idem ao n. 1		6
7	De brinquedos (em Serguei Posad)	9	—	4	5	0,7	0,6	0,5	1,4					Com 1 a 2 trabalhadores	Com 3 trabalhadores	Com 4 a 5 trabalhadores	7
8	De espelhos	84	3	20	61	1,4	1,1	1,5	2,5	9,9	—	7,4	75		Idem ao n. 4		8
9	De estufas	42	6	23	13	2,2	1,7	2,5	2,7					Com 1 a 3 estufas	Com 4 a 6 estufas	Com 7 a 12 estufas	9
	Total para 9 indústrias (n. 1-9)	202	9	59	134												
10	De couro (couro cru)	13	2	6	5									Processam 50 a 150 peles	Processam 300 a 600 peles	Processam 1.000 peles	10
11	De couro (peles grandes)	16	—	8	8									Processam 60 a 200 peles	Processam 250 a 800 peles	Processam 1.200 a 1.700 peles	11
12	De pincéis	2	—	2	—									Com 2 trabalhadores	Com 3 trabalhadores	Com 4 a 6 trabalhadores	12
13	De forja	32	3	17	12	0,8	0,7	1,2	0,6	—	—	—	—		Idem ao n. 12		13

606 O DESENVOLVIMENTO DO CAPITALISMO NA RÚSSIA

Número da indústria	Denominação da indústria	Número total de estabelecimentos				Número total de trabalhadores				Produção total (em rublos)				Número de estabelecimentos com trabalhadores assalariados				
		Total	Por categoria			Total	Por categoria			Total	Por categoria			Total	Por categoria			
			I	II	III		I	II	III		I	II	III		I	II	III	
14	De acabamento	40	22	9	9	130	44	25	61	37.400	7.400	5.100	24.900	13	3	1	9	→
15	Cerâmica	121	72	33	16	452	174	144	134	224.800	81.500	71.800	71.500	60	28	16	16	→
16	De peles	28	14	8	6	105	37	32	36	9.167	3.261	2.821	3.085	—	—	—	—	→
17	De gorros	25	8	10	7	92	13	35	44	40.450	7.500	14.750	18.200	4	—	1	3	→
18	De ganchos	45	22	16	7	198	54	77	67	50.250	12.150	19.200	18.900	22	6	9	7	→
	Total para 9 indústrias (n. 10-18)	*348*	*166*	*118*	*64*	*1.242*	*375*	*437*	*430*	*516.268*	*131.303*	*174.346*	*210.619*	*142*	*42*	*51*	*49*	→
19	De artigos de cobre	139	70	58	11	716	138	348	230	441.700	44.500	219.200	178.000	86	19	56	11	→
20	De escovas	150	81	59	10	835	264	426	145	233.000	62.300	122.400	48.300	94	32	52	10	→
21	De sapatos	64	39	14	11	362	116	99	147	291.490	87.740	82.990	120.760	41	16	14	11	→
22	De tijolos	233	167	43	23	1.402	476	317	609	357.000	119.500	79.000	158.500	105	43	39	23	→
23	De arreios	32	17	10	5	194	49	57	88	70.300	16.200	18.600	35.500	26	11	10	5	→
24	De amido	68	15	42	11	429	75	261	93	129.808	12.636	55.890	61.282	68	15	42	11	→
25	De couro (peles pequenas)	11	2	5	4	75	4	25	46	77.570	800	28.450	48.320	9	—	5	4	→
26	Brinquedos (jogos de metal)	16	6	5	5	117	10	38	69	56.400	3.800	18.600	34.000	13	3	5	5	→
27	De chapéus	54	16	20	18	450	35	113	302	127.650	8.950	32.500	86.200	45	7	20	18	→
28	Pintura	37	12	14	11	313	53	111	149	229.000	39.500	81.500	108.000	32	7	14	11	→
	Total para 10 indústrias (n. 19-28)	*804*	*425*	*270*	*109*	*4.893*	*1.220*	*1.795*	*1.878*	*2.013.918*	*395.926*	*739.130*	*878.862*	*519*	*153*	*257*	*109*	→
29	De peneiras	10	5	3	2	115	26	28	61	69.300	7.300	15.000	47.000	7	2	3	2	→
30	De bandejas	29	7	12	10	340	15	67	258	102.530	4.130	22.400	76.000	23	2	11	10	→

Número da indústria	Denominação da indústria	Número de trabalhadores assalariados				Número médio de cavalos por patrão				% de patrões que cultivam a terra com um trabalhador				Quais empresas estão incluídas nas categorias			Número da indústria
		Total	I	II	III	Total	I	II	III	Total	I	II	III	I	II	III	
14	De acabamento	43	3	2	38	1,2	0,8	1	2,3	—	—	—	—	Pintores e polidores	Fabricam mercadorias para venda em série	Fabricam mercadorias para vender em lojas	14
15	Cerâmica	149	33	29	87									Com 1 a 3 trabalhadores	Com 4 a 5 trabalhadores	Com 6 trabalhadores ou mais	15
16	De peles	—	—	—	—	1,2	1,2	0,9	1,5	—	—	—	—	Com 2 a 3 trabalhadores	Com 4 trabalhadores	Com 5 trabalhadores ou mais	16
17	De gorros	9	—	2	7									Com 1 a 2 trabalhadores	Com 3 a 4 trabalhadores	Com 5 trabalhadores ou mais	17
18	De ganchos	70	7	24	39	1,1	0,9	1	2,1	27,9	9,1	31,2	71,4	Com 2 a 3 trabalhadores	Com 4 a 7 trabalhadores	Com 8 a 12 trabalhadores	18
	Total para 9 indústrias (n. 10-18)	*334*	*48*	*90*	*196*												
19	De artigos de cobre	428	22	204	202									Com 1 a 3 trabalhadores	Com 4 a 11 trabalhadores	Com 12 ou mais	19
20	De escovas	343	47	188	108	1,2	1	1,5	1,8	39	20	54	91		Idem ao n. 19		20
21	De sapatos	217	47	68	102	1,5	1,3	1,6	2,1	12	8	21	19	Com 1 a 5 trabalhadores	Com 6 a 10 trabalhadores	Com 11 ou mais	21
22	De tijolos	835	92	186	557										Idem ao n. 21		22
23	De arreios	135	19	36	80									Com 2 a 4 trabalhadores	Com 5 a 7 trabalhadores	Com 13 ou mais	23
24	De amido	277	45	165	67	3,4	2,7	3,2	5,3					Trabalham em 1 a 2 peneiras	Trabalham com 3 peneiras	Trabalham com 4 peneiras e 1 tambor	24
25	De couro (peles pequenas)	69	—	23	46									Fabricam 500 peles	Fabricam de 5 a 10 mil peles	Fabricam 18 a 23 mil peles	25
26	Brinquedos (jogos de metal)	94	3	32	59	1,2	0,6	2	1,2	25	—	20	60	Com 1 a 2 trabalhadores	Com 6 a 9 trabalhadores	Com 11 a 18 trabalhadores	26
27	De chapéus	372	9	83	280									Com 1 a 3 trabalhadores	Com 4 a 9 trabalhadores	Com 10 ou mais	27
28	Pintura	220	21	74	125									Com 1 a 5 trabalhadores	Com 6 a 9 trabalhadores	Com 10 ou mais	28
	Total para 10 indústrias (n. 19-28)	*2.990*	*305*	*1.059*	*1.626*												
29	De peneiras	58	3	12	43	1,8	1	2,3	3	60	20	100	100	Trabalham com tecido à mão	Trabalham com tecido à mão e à maquina	Idem, porém maior	29
30	De bandejas	284	2	44	238									Com 1 a 3 trabalhadores	Com 4 a 8 trabalhadores	Com 9 ou mais	30

608 O DESENVOLVIMENTO DO CAPITALISMO NA RÚSSIA

Número da indústria	Denominação da indústria	Número total de estabelecimentos				Número total de trabalhadores				Produção total (em rublos)				Número de estabelecimentos com trabalhadores assalariados				
		Total	I	II	III	Total	I	II	III	Total	I	II	III	Total	I	II	III	
31	Artigos de chifres (distrito de Dmítrov)	22	12	5	5	345	52	76	217	201.400	24.400	44.000	133.000	15	5	5	5	→
32	De alfinetes	10	6	3	1	163	53	35	75	54.800	16.900	9.900	28.000	10	6	3	1	→
33	Artigos de chifres (no distrito de Bogródski)	31	9	11	11	553	80	164	309	149.900	22.100	43.100	84.700	31	9	11	11	→
	Total para 5 indústrias (n. 29-33)	*102*	*39*	*34*	*29*	*1.516*	*226*	*370*	*920*	*577.930*	*74.830*	*134.400*	*368.700*	*86*	*24*	*33*	*29*	→
	Total para 33 indústrias	*2.085*	*1.100*	*673*	*312*	*9.427*	*2.448*	*3.256*	*3.723*	*3.466.006*	*716.434*	*1.180.246*	*1.569.326*	*846*	*227*	*388*	*231*	→
34	De ábacos	91	55	29	7	171 (?)	82	42	38	46.670	13.750	16.470	16.450	?				→
35	De rendados	39	16	15	8	88	16	34	38	?				14	—	8	6	→
36	De alfaiataria	43	18	17	8	286	62	123	101	?				34	9	17	8	→
37	De porcelanas	20	6	9	5	1.861	108	621	1.132	1.399.000	69.000	435.000	895.000	20	6	9	5	→

ANEXO I 609

Número da indústria	Denominação da indústria	Número de trabalhadores assalariados				Número médio de cavalos por patrão				% de patrões que cultivam a terra com um trabalhador				Quais empresas estão incluídas nas categorias			Número da indústria
		Total	Por categoria			Total	Por categoria			Total	Por categoria			I	II	III	
			I	II	III		I	II	III		I	II	III				
→ 31	Artigos de chifres (distrito de Dmítrov)	302	31	66	205									Com 5 a 11 trabalhadores	Com 12 a 19 trabalhadores	Com 20 ou mais	31
→ 32	De alfinetes	134	35	26	73									Com 7 a 10 trabalhadores	Com 11 a 13 trabalhadores	Mais de 13	32
→ 33	Artigos de chifres (no distrito de Bogródski)	518	66	150	302										Idem ao n. 31		33
→	*Total para 5 indústrias (n. 29-33)*	*1.296*	*137*	*298*	*861*												
→	*Total para 33 indústriass*	*4.822*	*499*	*1.506*	*2.817*												
→ 34	De ábacos	9				1,1	0,9	1,1	2,8	2,2	—	—	28	Torneiros	Marceneiros	Moldadores	34
→ 35	De rendados	30	—	8	22	1,2	1,2	1,1	1,2					Com 1 máquina	Com 2 a 3 máquinas	Com 4 ou mais	35
→ 36	De alfaiataria	191	20	89	82	1,3	1	1,2	2	28	5,5	29,4	75	Com 2 a 5 trabalhadores	Com 6 a 9 trabalhadores	Com 10 a 16 trabalhadores	36
→ 37	De porcelanas	1.817	96	601	1.120									Possuem até 30 trabalhadores	Possuem 31 a 104 trabalhadores	Possuem 120 ou mais	37

ANEXO II (ao capítulo VII)

Resumo dos dados estatísticos da indústria fabril da Rússia Europeia

Ano	Dados sobre um número variado de produções sobre as quais há informações em diferentes momentos			Dados de 34 indústrias		
	Número de fábricas	Produção total (em milhares de rublos)	Número de trabalhadores	Número de fábricas	Produção total (em milhares de rublos)	Número de trabalhadores
1863	11.810	247.614	357.835	—	—	—
1864	11.984	274.519	353.968	5.782	201.458	272.385
1865	13.686	286.842	380.638	6.175	210.825	290.222
1866	6.891	276.211	342.473	5.775	239.453	310.918
1867	7.082	239.350	315.759	6.934	235.757	313.759
1868	7.238	253.229	331.027	7.091	249.310	329.219
1869	7.488	287.565	343.308	7.325	283.452	341.425
1870	7.853	318.525	356.184	7.691	313.517	354.063
1871	8.149	334.605	374.769	8.005	329.051	372.608
1872	8.194	357.145	402.365	8.047	352.087	400.325
1873	8.245	351.530	406.964	8.103	346.434	405.050
1874	7.612	357.699	411.057	7.465	352.036	399.376
1875	7.555	368.767	424.131	7.408	362.931	412.291
1876	7.419	361.616	412.181	7.270	354.376	400.749
1877	7.671	379.451	419.414	7.523	371.077	405.799
1878	8.261	461.558	447.858	8.122	450.520	432.728
1879	8.628	541.602	482.276	8.471	530.287	466.515
1885	17.014	864.736	615.598	6.232	479.028	436.775
1886	16.590	866.804	634.822	6.088	464.103	442.241
1887	16.723	910.472	656.932	6.103	514.498	472.575
1888	17.156	999.109	706.820	6.089	580.451	505.157
1889	17.382	1.025.056	716.396	6.148	574.471	481.527
1890	17.946	1.033.296	719.634	5.969	577.861	493.407
1891	16.770	1.108.770	738.146	—	—	—

1) Aqui estão reunidos dados da 1ndústria fabril da Rússia Europeia na época pós-reforma que podemos encontrar nas publicações oficiais, tais como: *Статистический временник Российской империи* [Dados estatísticos do Império russo], v. I (São Petersburgo, 1866); *Сборник сведений и материалов по ведомству мин-ва. Фин.* [Coletânea de informações e materiais do departamento do Ministério de Finanças], n. 4, 1866, e n. 6, 1867; *Ежегодник министерства фин.* [Anuário do Ministério das Finanças], fasc. I, VIII, X e XII; *Свод данных о фабрично-заводской промышленности России* [Compêndio de dados sobre a indústria fabril russa] (edição do Departamento de Comércio e Manufatura, 1885-1891). Todos esses dados são baseados em uma mesma fonte, a saber, os relatórios enviados pelos fabricantes ao Ministério das Finanças. Sobre o significado desses dados e sua qualidade, falamos detalhadamente ao longo do livro.

2) As 34 produções sobre as quais são fornecidas informações de 1864-1879 são as seguintes: fiação de algodão; tecelagem de algodão; fiação de linho; estampagem de tecido; fiação de cânhamo e cordas; fiação de lã; tecelagem de feltro; tecelagem de seda e fitas; brocados e esteiras; fio e tecido de ouro; produção de artigos de malha; tingimento; acabamento; oleado e envernizamento; papel de escrita; papel de parede; borracha; produtos químicos e tintas; cosméticos; vinagre; águas minerais; fósforos, lacres e laca; couro, camurça e marroquim; cola, estearina; sabão e velas de sebo; velas de cera; vidro, cristal e espelhos; porcelana e louça; construção de máquinas; fundição de ferro; cobre e bronze; fio de ferro, prego e pequenos artigos de metal.

ANEXO III (ao capítulo VII)

Centros da indústria fabril mais importantes da Rússia Europeia

Província	Distrito	Cidade ou aldeia	1879			1890			Número de moradores segundo o censo de 1897
			Número de fábricas	Produção total (em milhares de rublos)	Número de trabalhadores	Número de fábricas	Produção total (em milhares de rublos)	Número de trabalhadores	
	Moscou	Cidade de Moscou	618	95.403	61.931	806	114.788	67.213	1.035.664
	"	Povoado de Danílov	3	2.502	1.837	6	10.370	3.910	3.958
	"	Aldeia de Tcherkízovo	1	53	125	12	449	322	?
	"	Aldeia de Izmáilovo	—	—	—	1	1.604	1.104	3.416
	"	Aldeia de Puchkino	2	3.060	1.281	1	620	1.076	3.151
	"	Vila de Balachikha	1	1.050	905	1	3.045	2.687	?
	"	Aldeia de Reútovo	1	2.900	2.235	1	2.180	2.134	3.256
	Veréiski	Aldeia de Nara-Fomínski	3	2.690	1.955	3	2.445	1.133	?
	Brónnitsy	Aldeia de Troístsko-Rámenski	1	3.573	2.893	1	4.773	5.098	6.865
	Klin	Aldeia de Solnétchnaia Gorá	1	60	304	2	1.384	1.073	?
	"	Aldeia de Nekrássina	1	1.300	538	1	3.212	2.794	?
Moscou	Kolomna	Aldeia de Ozióry	4	214	1.163	5	4.950	5.574	11.166
	"	Vila de Sadki	3	1.775	1.865	1	1.598	1.830	?
	"	Aldeia de Bobrovo	1	4.558	2.556	1	4.608	3.396	5.116
	Dmítrov	Cidade de Dmítrov e arredores	2	3.600	3.462	3	4.167	3.565	
	"	Aldeia de Múromtsev	1	1.774	2.371	1	2.076	1.816	?
	Sérpukhov	Cidade de Sérpukhov e arredores	21	18.537	9.780	23	11.265	5.885	?
	"	Aldeia de Nefédova	—	—	—	1	2.735	2.000	?
	Bogoródski	Cidade de Bogoródski e aldeia de Glúkhov em seus arredores	16	3.870	9.548	16	8.880	10.405	9.309
	"	Pávlovsk Posad	15	2.623	2.751	13	1.760	2.071	9.991
	"	Aldeia de Istómkino	1	2.006	1.426	1	2.007	1.651	2.085
	"	Aldeia de Krestovozdvíjenski	4	740	935	5	1.415	1.670	?
	"	Aldeia de Zúievo	10	3.216	2.059	9	5.876	2.054	9.908
Total para a província sem a cidade de Moscou			92	60.101	49.989	108	81.419	63.268	—

Nota. O total "para a província" significa o total dos centros listados na província.

Província	Distrito	Cidade ou aldeia	1879			1890			Número de moradores segundo o censo de 1897
			Número de fábricas	Produção total (em milhares de rublos)	Número de trabalhadores	Número de fábricas	Produção total (em milhares de rublos)	Número de trabalhadores	
Tver	Tver	Cidade de Tver e arredores	23	6.440	8.404	26	8.720	6.875	53.477
	Vychunevolótski	Cidade de Vychni Volotchók e arredores	1	1.780	1.221	2	3.584	2.393	16.722
	"	Aldeia de Zavárovo	1	1.130	2.003	1	1.020	2.186	?
	Kortchezski	Aldeia de Kuznetsovo	1	400	861	1	500	1.220	2.503
	Rjev	Cidade de Rjev	15	1.894	3.533	6	411	765	21.397
	Por província		41	11.644	16.022	36	14.235	13.439	—
Riazan	Egoriévski	Cidade de Egoriévski	20	4.126	3.532	15	5.598	5.697	19.241
Nijni Nóvgorod	Arzamás	Cidade de Arzamás	24	394	380	18	255	366	10.591
	Gorbátov	Aldeia de Bogoródski	41	315	219	58	547	392	12.342
	"	Aldeia de Pávlovo	21	233	272	26	240	589	12.431
	"	Aldeia de Vorsma	3	116	303	4	181	894	4.674
	Balakhna	Aldeia de Sórmovo	1	2.890	1.911	1	1.500	1.000	2.963
	Para a província		90	3.950	3.085	107	2.723	3.241	—
Grodno	Bialystok	Cidade de Bialystok	59	2.122	1.619	98	2.734	3.072	63.927
	"	Vila de Suprasl	7	938	854	5	447	585	2.459
Kazan	Kazan	Cidade de Kazan	66	8.083	3.967	78	7.663	4.787	131.508
Tambov	Tambov	Aldeia de Raskázovo	19	1.067	2.128	13	940	2.058	8.283
Tchernígov	Suraj	Povoado de Klintsy	15	1.892	2.456	27	1.548	1.836	12.166
Smolensk	Dukhovschina	Aldeia de Iártsevo	1	2.731	2.523	1	4.000	3.106	5.761
Kaluga	Jisdrinski	Aldeia de Liudinovo	1	2.488	3.118	1	529	1.050	7.784
	Medin	Aldeias de Tróitskoe e Kóndrovo	1	1.047	1.019	1	1.330	1.285	?

ANEXO III

Província	Distrito	Cidade ou aldeia	1879			1890			Número de moradores segundo o censo de 1897
			Número de fábricas	Produção total (em milhares de rublos)	Número de trabalhadores	Número de fábricas	Produção total (em milhares de rublos)	Número de trabalhadores	
Oriol	Briansk	Nas proximidades da estação de Bejiétskoi	1	6.970	3.265	1	8.485	4.500	19.054
"	"	Aldeia de Sérguievo-Raditskoie	1	1.000	1.012	1	257	400	2.808
Tula	Tula	Cidade de Tula	95	3.671	3.661	248	8.648	6.418	111.048
Vladimir	Pokróvski	Vila de Nikólskoie, estação de Oriékhovo	2	7.316	10.946	3	22.160	26.852	{ 25.233 / 7.219
"	"	Aldeia de Diúlevo	1	425	1.100	1	600	1.400	3.412
"	"	Aldeia de Likina	1	317	389	2	1.184	1.155	?
"	"	Aldeia de Kirjatch	11	1.025	1.437	9	628	825	?
"	Chuia	Cidade de Chuia	38	5.161	4.879*	32	6.857	5.473	4.799**
"	"	Cidade de Ivánovo-Voznessensk	49	20.867	9.943	52	26.403	15.387	53.949
"	"	Aldeia de Teikovo	4	5.913	3.524*	4	4.642	3.581	5.780
"	"	Aldeia de Kokhmá	9	3.232	2.413	6	2.769	1.666*	3.337
"	Mélenki	Cidade de Mélenki	16	1.597	2.769	15	2.509	2.498	8.904
"	"	Aldeia de Gus	2	2.284	3.438	2	3.748	5.241	12.007
"	Viázniki	Cidade de Viázniki e aldeia de Iártsevo em seus arredores	8	2.879	3.017	6	3.012	3.331	7.398
"	"	Aldeia de Iujá	1	—	—	1	2.390	1.961	3.378
"	Aleksándrov	Cidade de Karabánovo	1	5.530	4.248	1	5.000	3.879	?
"	"	Aldeia de Strúnino	2	3.522	1.688	1	4.950	2.771	
"	Pereiaslavl	Cidade de Pereiaslavl	8	2.671	2.154	6	2.703	2.157	8.662
"	Kovrov	Cidade de Kovrov e arredores	4	1.760	1.723	5	1.940	2.062	14.570
"	"	Aldeia de Górki	1	1.350	838	1	1.632	1.332	?
"	"	Aldeia de Kólobovo	1	676	575	2	895	885	?
"	Vladimir	Aldeia de Sóbino	1	2.200	1.819	1	—	2.000	5.486
"	"	Aldeia de Stávrovo	3	1.834	1.335	2	567	871	?
"	Murom	Cidade de Murom	26	1.406	1.407*	27	943	1.274*	12.589
"	Iúrev-Polski	Cidade de Iúrev-Polski	12	1.062	1.138*	7	1.183	1.126*	5.637
		Para a província	201	73.027	60.780	186	96.715	87.727	—

* O asterisco significa que foram excluídos do número de trabalhadores fabris os trabalhadores que trabalham fora.

** Há aqui, ao que parece, uma gralha. Esse número deve se referir à cidade de Kirjatch. (N. E. R.)

614 O DESENVOLVIMENTO DO CAPITALISMO NA RÚSSIA

Província	Distrito	Cidade ou aldeia	1879			1890			Número de moradores segundo o censo de 1897
			Número de fábricas	Produção total (em milhares de rublos)	Número de trabalhadores	Número de fábricas	Produção total (em milhares de rublos)	Número de trabalhadores	
São Petersburgo	São Petersburgo	Cidade de São Petersburgo	538	117.500	48.888	490	126.645	51.760	1.267.023
	"	Suburbio de São Petersburgo	84	40.085	24.943	51	35.927	18.939	
São Petersburgo	Narva	Narva e arredores**	7	12.361	6.484	6	15.288	7.566	16.577
	Tsárskoie Seló	Povoado de Kólpino	1	3.148	1.872	1	2.906	1.930	12.241
Para a província			630	173.094	82.187	548	180.766	80.195	—
Kiev	Kiev	Cidade de Kiev	76	3.279	1.858	125	16.186	5.901	247.432
	Tcherkassi	Vila de Smela	9	4.070	1.434	8	4.715	1.238	15.187
Kostromá	Kostromá	Cidade de Kostromá	32	3.899	5.181	24	5.220	4.907	41.268
	Kinechma	Kinechma e arredores	4	421	157	9	1.737	1.748	7.564
	"	Aldeia de Tezinó	3	768	950	3	1.866	2.420	?
	"	Aldeia de Boniátchki	3	1.865	2.365	3	1.331	1.495	3.158
	"	Aldeia de Navoloki	—	—	—	1	1.314	1.305	?
	"	Aldeia de Vitchuga	1	940	800	2	684	1.138	?
	"	Aldeia de N. Goltchikha	4	389	265	4	260	686*	?
Kostromá	Nerekhta	Cidade de Nerekhta	1	883	1.204	—	—	—	3.002
	"	Aldeia de Kisselevo	2	1.189	1.196	3	2.855	2.368	?
	"	Aldeia de Iákovliev	5	1.041	1.095*	5	1.378	2.177*	?
	"	Aldeia de Pistsovo	4	1.634	417	5	923	1.773	2.668
	"	Aldeia de Frolovka	1	1.700	1.300	1	1.750	1.530	?
	Iúrievets	Aldeia de Ro	2	383	569	1	750	830	4.778
	"	Aldeia de Rodniki	4	1.154	776	3	2.188	2.792	3.225
Por província			66	16.266	16.275	64	22.256	25.169	—

* O asterisco significa que foram excluídos do número de trabalhadores fabris os trabalhadores que trabalham fora.
** Aqui foi incluída, em parte, a província da Estônia (manufatura de Krenholm).

Província	Distrito	Cidade ou aldeia	1879			1890			Número de moradores segundo o censo de 1897
			Número de fábricas	Produção total (em milhares de rublos)	Número de trabalhadores	Número de fábricas	Produção total (em milhares de rublos)	Número de trabalhadores	
Livônia	Riga	Cidade de Riga	151	19.094	11.962	226	26.568	16.306	256.197
	Iaroslavl	Cidade de Iaroslavl e seus arredores	49	5.245	4.206	47	12.996	9.779	70.610
	"	Norsk posad	1	2.500	2.304	2	1.980	1.639	2.134
	"	Vólost de Velíkoie Seló	1	910	956	6	2.169	2.992	4.534
Para a província			51	8.655	7.466	55	17.145	14.410	—
Khárkov	Khárkov	Cidade de Khárkov	102	4.225	2.171	122	5.494	3.406	174.846
Sarátov	Sarátov	Cidade de Sarátov	103	4.495	1.983	89	7.447	2.224	137.109
	Tsarítsin	Cidade de Tsarítsin	25	272	218	57	1.086	751	55.967
	"	Povoado de Dubovka	21	157	110	26	221	270	16.255
Para a província			149	4.924	2.311	172	8.754	3.245	—
Samara	Samara	Cidade de Samara	(?) 1	18	10	48	4.560	1.377	91.672
Kherson	Odessa	Cidade de Odessa	159	13.750	3.763	306	29.407	8.634	405.041
do Don	Nakhitchevan	Cidade de Nakhitchevan	34	873	732	45	3.472	3.098	29.312
	Novotcherskassk	Cidade de Novotcherskassk	15	278	128	28	965	467	52.005
	Rostov	Cidade de Rostov do Don	26	4.898	2.750	92	13.605	5.756	119.886
Ekaterinoslav	Ekaterinoslav	Cidade de Ekaterinoslav	33	1.003	469	63	4.841	3.628	121.216
	Bakhmut	Vila de Iuzovka	1	2.000	1.300	3	8.988	6.332	28.076
	Ekaterinoslav	Aldeia de Kamensk	—	—	—	1	7.200	2.400	16.878
Para ambas as províncias			109	9.052	5.379	232	39.071	21.681	—
Total dos 103 centros listados			2.831	536.687	355.777	3.638	706.981	451.244	—

CRONOLOGIA

Ano	Vladímir Ilitch Lênin	Acontecimentos históricos
1870	Nasce, no dia 22 de abril, na cidade de Simbirsk (atual Uliánovsk).	
1871		Em março, é instaurada a Comuna de Paris, brutalmente reprimida em maio.
1872		Primeira edição de *O capital* em russo, com tradução de Mikhail Bakúnin e Nikolai F. Danielson.
1873		Serguei Netcháiev é condenado a vinte anos de trabalho forçado na Sibéria.
1874	Nasce o irmão Dmítri Ilitch Uliánov, em 16 de agosto.	Principal campanha *naródniki* (populista) de "ida ao povo".
1876		Fundação da organização *naródniki* Terra e Liberdade, da qual adviriam diversos marxistas, como Plekhánov.
1877		Marx envia carta ao periódico russo Отечественные Записки/ *Otetchestvênie Zapiski*, em resposta a um artigo publicado por Nikolai Mikhailóvski sobre *O capital*.
1878	Nasce a irmã Maria Ilinítchna Uliánova, em 18 de fevereiro.	Primeira onda de greves operárias em São Petersburgo, que duram até o ano seguinte.
1879		Racha de Terra e Liberdade: a maioria funda A Vontade do Povo, a favor da luta armada. A minoria organiza A Partilha Negra. Nascem Trótski e Stálin.

Ano	Vladímir Ilitch Lênin	Acontecimentos históricos
1881		Assassinato do tsar Aleksandr II no dia 13 de março. Assume Aleksandr III. Marx se corresponde com a revolucionária russa Vera Zássulitch.
1882		Morre Netcháiev. Marx e Engels escrevem prefácio à edição russa do *Manifesto Comunista*.
1883		Fundação da primeira organização marxista russa, Emancipação do Trabalho.
1886	Morre o pai, Ilia Uliánov. Lênin conclui as provas finais do ensino secundário como melhor aluno.	
1887	Aleksandr Uliánov, seu irmão mais velho, é enforcado em São Petersburgo por planejar o assassinato do tsar. Em agosto, Lênin ingressa na Universidade de Kazan. Em dezembro, é preso após se envolver em protestos e expulso da universidade.	
1888	Lê textos de revolucionários russos e começa a estudar direito por conta própria. Inicia primeira leitura minuciosa de *O capital*. Reside em Kazan e Samara.	
1889	Conhece A. P. Skliarenko e participa de seu círculo, a partir do qual entra em contato com o pai de Netcháiev.	Fundada em Paris a Segunda Internacional.
1890	Primeira viagem a São Petersburgo, a fim de prestar exames para a Faculdade de Direito.	
1891	Recebe diploma de primeira classe na Faculdade de Direito da Universidade de São Petersburgo. Participa de "iniciativa civil" contra a fome, em denúncia à hipocrisia das campanhas oficiais.	
1892	Autorizado a trabalhar sob vigilância policial, exerce a advocacia até agosto do ano seguinte no tribunal em Samara.	

CRONOLOGIA 619

Ano	Vladímir Ilitch Lênin	Acontecimentos históricos
1893	Participa de círculos marxistas ilegais, atacando o narodinismo, e leciona sobre as obras de Marx. Muda-se para São Petersburgo, onde integra círculo marxista com Krássin, Rádtchenko, Krjijanóvski, Stárkov, Zapórojets, Váneiev e Sílvin.	
1894	Publica *Quem são os "amigos do povo" e como lutam contra os social-democratas?*. Conhece Nadiejda K. Krúpskaia. Encontra os "marxistas legais" Piotr Struve e M. I. Túgan--Baranóvski no salão de Klásson.	Morte de Aleksandr III. Coroado Nicolau II, o último tsar.
1895	Viaja à Suíça, à Alemanha e à França, entre maio e setembro. Conhece social-democratas russos exilados, como Plekhánov e o grupo Emancipação do Trabalho. De volta à Rússia, é preso em 8 de dezembro, em razão de seu trabalho com a União de Luta pela Emancipação da Classe Operária, e condenado a catorze meses de confinamento, seguidos de três anos de exílio.	
1896	Prisão solitária.	Nadiejda K. Krúpskaia é presa.
1897	Exílio em Chúchenskoie, na Sibéria.	
1898	Casamento com Krúpskaia no dia 22 de julho, durante o exílio. Em Genebra, o grupo Emancipação do Trabalho publica "As tarefas dos social-democratas russos", escrito por Lênin no fim de 1897.	Congresso de fundação do Partido Operário Social-Democrata da Rússia (POSDR), em Minsk, de 13 a 15 de março.
1899	Publicação de seu primeiro livro, *O desenvolvimento do capitalismo na Rússia*, em abril, durante o exílio.	
1900	Com o fim do exílio na Sibéria, instala-se em Pskov. Transfere-se para Munique em setembro.	Publicada a primeira edição do jornal *Искра/Iskra*, redigido no exterior e distribuído clandestinamente na Rússia.
1901	Começa a usar sistematicamente o pseudônimo "Lênin".	
1902	Publica *O que fazer?* em março. Rompe com Struve.	Lançada a Освобождение/*Osvobojdenie*, periódico liberal encabeçado por Struve.

O DESENVOLVIMENTO DO CAPITALISMO NA RÚSSIA

Ano	Vladímir Ilitch Lênin	Acontecimentos históricos
1903	Instala-se em Londres em abril, após breve residência em Genebra. Publicação de "Aos pobres do campo". Lênin se dissocia do *Iskra*.	II Congresso do POSDR, em Bruxelas e depois em Londres, de 30 de julho a 23 de agosto, no qual se dá a cisão entre bolcheviques e mencheviques.
1904	Abandona o Comitê Central do partido. Publicação de *Um passo em frente, dois passos atrás* e do primeiro número do jornal bolchevique *Вперёд/Vperiod*, em Genebra.	Início da Guerra Russo-Japonesa; a Rússia seria derrotada no ano seguinte. Mártov publica "O embate do 'estado de sítio' no POSDR".
1905	Escreve *Duas táticas da social-democracia na revolução democrática* em junho-julho. Chega a São Petersburgo em novembro. Orienta a publicação do primeiro jornal diário legal dos bolcheviques, o *Новая Жизнь/Nóvaia Jizn,* publicado entre outubro e dezembro.	Em 22 de janeiro, Domingo Sangrento em São Petersburgo marca início da primeira Revolução Russa. III Congresso do POSDR, de 25 de abril a 10 de maio, ocorre sem a presença dos mencheviques. Motim no encouraçado *Potemkin* em 14 de junho. Surgem os sovietes. Manifesto de Outubro do tsar.
1906	Em maio, faz seu primeiro discurso em comício, em frente ao palácio da condessa Panina.	V Congresso do POSDR em Londres, de 13 de abril a 1º de junho. Convocação da Primeira Duma.
1907		Publicação da obra *Resultados e perspectivas,* na qual Trótski, a partir do balanço da Revolução de 1905, apresenta uma primeira versão da teoria da revolução permanente. Segunda Duma (fevereiro). Nova lei eleitoral (junho). Terceira Duma (novembro).
1908	Escreve *Materialismo e empiriocriticismo,* publicado no ano seguinte. Em dezembro, deixa Genebra e parte para Paris.	
1909	Na primavera, conhece Armand, com quem manteria uma relação próxima.	
1910	Encontra Máximo Górki na Itália. Participa do Congresso de Copenhague da Segunda Internacional. Funda o *Рабочая Молва/Rabótchaia Molva* em novembro e inicia série de artigos sobre Tolstói.	Congresso de Copenhague.

CRONOLOGIA **621**

Ano	Vladímir Ilitch Lênin	Acontecimentos históricos
1911	Organiza escola do partido em Longjumeau, perto de Paris.	Assassinato do ministro tsarista Piotr Stolípin, em 18 de setembro.
1912	Instala-se em Cracóvia em junho. Eleito para o Bureau Socialista Internacional. Lança o *Правда/Pravda* em maio, após organização do Comitê Central dos bolcheviques, em Praga, no mês de janeiro.	VI Congresso do Partido em Praga, essencialmente bolchevique. Após anos de repressão, os operários russos retomam as greves. Bolcheviques e mencheviques deixam de pertencer ao mesmo partido. Quarta Duma.
1913	Muda-se para Poronin em maio. Escreve longos comentários ao livro *A acumulação do capital*, de Rosa Luxemburgo. Entre junho e agosto, viaja à Suécia e à Áustria.	
1914	Preso por doze dias no Império Austro--Húngaro após a eclosão da Primeira Guerra. Ele e Krúpskaia partem para Berna. Lê *Ciência da lógica*, de Hegel, depois conhecida como *Cadernos filosóficos* e faz anotações sobre a obra.	Início da Primeira Guerra Mundial. O apoio dos social-democratas alemães aos créditos de guerra gera uma cisão no socialismo internacional. Greves gerais em Baku. São Petersburgo é renomeada como Petrogrado.
1915	Participa da Reunião Socialista Internacional em Zimmerwald.	Movimentos grevistas na Rússia ocidental. Reunião socialista internacional em Zimmerwald, na Suíça, em setembro, com lideranças antimilitaristas.
1916	Escreve *Imperialismo, estágio superior do capitalismo*. Comparece à II Conferência de Zimmerwald, em Kienthal (6 a 12 de maio). Morte de sua mãe, Maria Aleksándrovna Uliánova.	Dissolução da Segunda Internacional, após o acirramento do embate entre antimilitaristas e sociais-chauvinistas.
1917	Desembarca na Estação Finlândia, em São Petersburgo, em 16 de abril, e se junta à liderança bolchevique. No dia seguinte, profere as "Teses de abril". Entre agosto e setembro, escreve *O Estado e a revolução*.	Protesto das mulheres no 8 de março deflagra Revolução de Fevereiro, a qual põe abaixo o tsarismo. O Partido Bolchevique passa a denominar-se Partido Comunista. A Revolução de Outubro inicia a implantação do socialismo.

Ano	Vladímir Ilitch Lênin	Acontecimentos históricos
1918	Dissolve a Assembleia Constituinte em janeiro. Publicação de *O Estado e a revolução*. Em 30 de agosto, é ferido em tentativa de assassinato por Dora (Fanni) Kaplan. Institui o "comunismo de guerra".	Assinado o Tratado de Brest-Litovsk em março. Fim da Primeira Guerra Mundial em novembro. Início da guerra civil na Rússia. Trótski organiza o Exército Vermelho, com mais de 4 milhões de combatentes, para enfrentar a reação interna e a invasão por tropas de catorze países.
1919	Abre o I Congresso da Comintern.	Fundação da Internacional Comunista (Comintern). Início da Guerra Polaco-Soviética.
1920	Escreve *Esquerdismo, doença infantil do comunismo*.	II Congresso da Internacional Comunista, de 21 de julho a 6 de agosto. Morre Inessa Armand. Fim da Guerra Polaco-Soviética.
1921	Em 21 de março, assina decreto introduzindo a Nova Política Econômica (NEP).	X Congresso do Partido, de 1º a 18 de março. Marinheiros se revoltam em Kronstadt e são reprimidos pelo governo bolchevique.
1922	No dia 25 de dezembro, dita seu testamento após sofrer dois acidentes vasculares.	Tratado de Criação da União Soviética e Declaração de Criação da URSS. Stálin é apontado secretário-geral do Partido Comunista.
1923	Após um terceiro acidente vascular, fica com restrições de locomoção e fala, e sofre dores intensas.	XII Congresso do Partido, entre 17 e 25 de abril, o primeiro sem a presença de Lênin. Fim dos conflitos da Guerra Civil.
1924	Morre no dia 21 de janeiro. No mesmo ano, é publicado *Lênin: um estudo sobre a unidade de seu pensamento*, de György Lukács.	XIII Congresso do Partido, em janeiro, condena Trótski, que deixa Moscou.

Selo postal lançado no ano do falecimento do autor.

Publicado em janeiro de 2024, ano do centenário de morte de Lênin, este livro foi composto em Minion Pro, corpo 11/14,9 e impresso em papel Pólen Natural 70 g/m² pela gráfica Lis para a Boitempo, com tiragem de 5 mil exemplares.

Lênin em 1900, um ano após a publicação de *O desenvolvimento do capitalismo na Rússia*.